OLDENBOURG GRUNDRISS DER GESCHICHTE

OLDENBOURG
GRUNDRISS DER
GESCHICHTE

HERAUSGEGEBEN
VON
LOTHAR GALL
KARL-JOACHIM HÖLKESKAMP
HERMANN JAKOBS

BAND 6

DIE FORMIERUNG EUROPAS 840–1046

VON
JOHANNES FRIED

3., überarbeitete Auflage

R. OLDENBOURG VERLAG
MÜNCHEN 2008

Bibliografische Information Der Deutschen Bibliothek

Die Deutsche Bibliothek verzeichnet diese Publikation in der Deutschen Nationalbibliografie; detaillierte bibliografische Daten sind im Internet über <http://dnb.d-nb.de> abrufbar.

© 2008 Oldenbourg Wissenschaftsverlag GmbH, München
Rosenheimer Straße 145, D-81671 München
Internet: oldenbourg.de

Das Werk einschließlich aller Abbildungen ist urheberrechtlich geschützt. Jede Verwertung außerhalb der Grenzen des Urheberrechtsgesetzes ist ohne Zustimmung des Verlages unzulässig und strafbar. Dies gilt insbesondere für Vervielfältigungen, Übersetzungen, Mikroverfilmungen und die Einspeicherung und Bearbeitung in elektronischen Systemen.

Umschlaggestaltung: Dieter Vollendorf, München
Gedruckt auf säurefreiem, alterungsbeständigem Papier (chlorfrei gebleicht).

Satz: primustype Robert Hurler GmbH, Notzingen
Druck: MB Verlagsdruck Ballas, Schrobenhausen
Bindung: Buchbinderei Kolibri, Schwabmünchen
ISBN 978-3-486-49703-8

VORWORT DER HERAUSGEBER

Die Reihe verfolgt mehrere Ziele, unter ihnen auch solche, die von vergleichbaren Unternehmungen in Deutschland bislang nicht angestrebt wurden. Einmal will sie – und dies teilt sie mit anderen Reihen – eine gut lesbare Darstellung des historischen Geschehens liefern, die, von qualifizierten Fachgelehrten geschrieben, gleichzeitig eine Summe des heutigen Forschungsstandes bietet. Die Reihe umfasst die alte, mittlere und neuere Geschichte und behandelt durchgängig nicht nur die deutsche Geschichte, obwohl sie sinngemäß in manchem Band im Vordergrund steht, schließt vielmehr den europäischen und, in den späteren Bänden, den weltpolitischen Vergleich immer ein. In einer Reihe von Zusatzbänden wird die Geschichte einiger außereuropäischer Länder behandelt. Weitere Zusatzbände erweitern die Geschichte Europas und des Nahen Ostens um Byzanz und die Islamische Welt und die ältere Geschichte, die in der Grundreihe nur die griechisch-römische Zeit umfasst, um den Alten Orient und die Europäische Bronzezeit. Unsere Reihe hebt sich von anderen jedoch vor allem dadurch ab, dass sie in gesonderten Abschnitten, die in der Regel ein Drittel des Gesamtumfangs ausmachen, den Forschungsstand ausführlich bespricht. Die Herausgeber gingen davon aus, dass dem nacharbeitenden Historiker, insbesondere dem Studenten und Lehrer, ein Hilfsmittel fehlt, das ihn unmittelbar an die Forschungsprobleme heranführt. Diesem Mangel kann in einem zusammenfassenden Werk, das sich an einen breiten Leserkreis wendet, weder durch erläuternde Anmerkungen noch durch eine kommentierende Bibliographie abgeholfen werden, sondern nur durch eine Darstellung und Erörterung der Forschungslage. Es versteht sich, dass dabei – schon um der wünschenswerten Vertiefung willen – jeweils nur die wichtigsten Probleme vorgestellt werden können, weniger bedeutsame Fragen hintangestellt werden müssen. Schließlich erschien es den Herausgebern sinnvoll und erforderlich, dem Leser ein nicht zu knapp bemessenes Literaturverzeichnis an die Hand zu geben, durch das er, von dem Forschungsteil geleitet, tiefer in die Materie eindringen kann.

Mit ihrem Ziel, sowohl Wissen zu vermitteln als auch zu selbständigen Studien und zu eigenen Arbeiten anzuleiten, wendet sich die Reihe in erster Linie an Studenten und Lehrer der Geschichte. Die Autoren der Bände haben sich darüber hinaus bemüht, ihre Darstellung so zu gestalten, dass auch der Nichtfachmann, etwa der Germanist, Jurist oder Wirtschaftswissenschaftler, sie mit Gewinn benutzen kann.

Die Herausgeber beabsichtigen, die Reihe stets auf dem laufenden Forschungsstand zu halten und so die Brauchbarkeit als Arbeitsinstrument über eine längere Zeit zu sichern. Deshalb sollen die einzelnen Bände von ihrem Autor oder einem anderen Fachgelehrten in gewissen Abständen überarbeitet werden. Der Zeitpunkt der Überarbeitung hängt davon ab, in welchem Ausmaß sich die allgemeine Situation der Forschung gewandelt hat.

Lothar Gall   Karl-Joachim Hölkeskamp   Hermann Jakobs

INHALT

Vorwort IX

I. Darstellung 1

    Einleitung 1
    1. Menschen und Umwelt 8
    2. Gesellschaftliche Bindungen 19
    3. Wissen und Verstehen 33
    4. Haus und Wirtschaft 40
    5. Regionale Bindungen und Schranken 48
    6. Königreiche und ihre Verfassung 58
    7. Das Papsttum im früheren Mittelalter 94
    8. Religiosität und Kirche 100
    9. Schulen und Bildung 110

II. Grundprobleme und Tendenzen der Forschung 117

    Einleitung 117
    1. Menschen und Umwelt 125
    2. Gesellschaftliche Bindungen 130
    3. Wissen und Verstehen 154
    4. Wirtschaftsgeschichte 157
    5. Regionale Bindungen und ihre Überwindung 163
    6. Königreiche und ihre Verfassung 171
    7. Das Papsttum im früheren Mittelalter 192
    8. Religiosität und Kirche 194
    9. Schulen und Bildung 202

III. Quellen und Literatur 209

    Allgemeine Literatur 209

    Einleitung 211
    1. Menschen und Umwelt 220
    2. Gesellschaftliche Bindungen 227
    3. Wissen und Verstehen 257
    4. Wirtschaftsgeschichte 260
    5. Regionale Bindungen und ihre Überwindung 265
    6. Königreiche und ihre Verfassung 274
    7. Das Papsttum im früheren Mittelalter 299
    8. Religiosität und Kirche 302
    9. Schulen und Bildung 315

Anhang

Abkürzungs- und Siglenverzeichnis. 327
Zeittafel 329
Stammtafeln 332
Autorenregister 335
Personenregister 344
Ortsregister 348
Sachregister 352

VORWORT ZUR DRITTEN AUFLAGE

Diese dritte Auflage hat länger als erhofft auf sich warten lassen. Die Gründe hierfür sind einerseits eine erheblich größere Literaturmenge, die sich in der auf etwa 2 000 Titel angewachsenen Bibliographie niederschlägt, und die gleichwohl nicht alles gleichmäßig zu zitieren vermag, weshalb die genannten Titel stellvertretend für andere, nicht genannte stehen mögen. Andererseits hat die Mediävistik in den siebzehn Jahren, die seit der ersten Auflage vergangen sind, einen erheblichen Aufschwung genommen. Dies zeigt sich nicht nur in einer regelrechten Publikations- und Thesenflut, sondern hatte sowohl eine thematische Ausweitung als auch eine Öffnung unseres Faches gegenüber anderen Disziplinen zur Folge. Neue Forschungsdiskurse, wie etwa die Erinnerungskritik oder die Ritualforschung, sollten hierbei aber die großen Forschungsfelder des 20. Jahrhunderts, wie etwa die Entstehung der Nationen oder die Königswahl, nicht verdrängen; beides hatte seinen Weg in den Text zu finden.

Großen Dank für die mit mir geteilte Last des Korrekturlesens und die Erstellung des Registers schulde ich meinen Frankfurter Mitarbeitern Barbara Schlieben, Daniel Föller, Janus Gudian, Sinja Lohf, Christopher Reis, Cordula Rudek, Roland Scheel, Kerstin Simon und Andreas Weidemann.

Frankfurt am Main, im Januar 2008   Johannes Fried

I. Darstellung

EINLEITUNG

Geschichte, wie sie hier behandelt werden soll, ist erinnerte, durch historische Forschung gesicherte Vergangenheit. Sie schreibt keine Epochen vor; jede Ordnung in der Zeit ist ein gesellschaftliches, kulturelles oder wissenschaftliches Konstrukt. Nach mehr oder weniger plausiblen Kriterien erinnerte und einander zugeordnete oder voneinander geschiedene Geschehensbündel erwecken unter „Fachleuten" einen gewissen Konsens und konstituieren damit eine Einheit. Epochen sind mithin das Ergebnis historischer Perspektive, nicht der Vergangenheit als solcher. Die betroffenen Zeitgenossen ahnen von den späteren gelehrten Kontraktionen noch nichts, die Urteilsmaßstäbe, nach denen sie von den Historikern durchgeführt werden, wären ihnen fremd und unverständlich. Wer im Jahre 840 handelt, denkt noch nicht an das Jahr 1046, und die Jüngeren erinnern kaum den Tod Ludwigs des Frommen, nach dem dieser Band einsetzt. Erst der reflektierende Historiker meint zu erkennen, dass aus der Zergliederung und der Agonie des Frankenreiches seit 840 eine neue Vielfalt bislang unbekannter Reiche und Völker Gestalt gewinnt, die auch, als mit der europäischen Kirchenreform des 11. Jh. ein neuer Einheitsimpuls wirksam wird, stabil bleibt und eine eigentümliche Ausprägung erfährt. Das Fanal dieser Reform, die Europas Antlitz verändert, ist die Absetzung dreier Päpste durch Kaiser Heinrich III. im Jahre 1046. Beide Daten, 840 und 1046, lassen sich also durchaus in europäischen und welthistorischen Dimensionen sehen, und es muss einen Weg von hier nach dort geben.

Gleichwohl, legte man andere Maßstäbe zur Epochenbestimmung fest, etwa die Herrschergenealogien oder die Religiosität, die Kaiser Heinrichs Vorgehen bestimmt, oder die Entfaltung der Wissenschaft, die mit den von Karl dem Großen ausgehenden Impulsen einsetzt, oder – um den Zeitgenossen näherzukommen – die „Heilsgeschichte", die Geschichte nämlich von Schöpfung, Sündenfall, Erlösung und Erwartung des Jüngsten Tags mit dem Gericht, die sich für die Theologen des Mittelalters als „Weltwoche" in sechs „Welttage" zergliedert, deren letzter mit Christus begann, und deren siebter nach dem „Jüngsten Gericht" in den ewigen Weltsabbat mündet: es träten andere Epochen hervor. Auch Oralität und Literalität als gesellschaftsprägende und kulturschöpferische Faktoren ließen sich geltend machen, um von

Die Epoche

anderen Zeitkonstrukten wie etwa einer rituell realisierten ewigen Gegenwart oder zyklischen Modellen ganz abzusehen, wie sie das Alte Ägypten oder die Antike kannten. Für solche Phänomene, Inhalte oder Erwartungen bedeuteten die Jahre 840 und 1046 nichts.

Fällt es also vergleichsweise leicht, nach eigens definierten Referenzen die Geschichte von Staaten und Völkern oder von Institutionen wie Papsttum und Kirche in Epochen zu gliedern, die geistige, materielle oder religiöse Kultur menschlicher Gesellschaften folgt lebensnäheren Rhythmen. Die Zeit spielt auch für sie eine maßgebliche Rolle. Doch ihre Zeitkonstrukte unterliegen einem vorwissenschaftlichen, allgemein menschlichen Zeitbewusstsein, das freilich durchaus zu Wissenschaft (wie etwa Komputistik oder Kosmologie) führen kann. Lebenser„fahrung", die solche Konstrukte indessen sind, harmonieren sie mit der Konstruktion von „Bewegung" am Himmel, auf der Erde und unter den Menschen. Um ihrer inne zu werden, bedürfen derartige Zeit- und Bewegungskonstrukte der Wissenskulturen, Wissenstraditionen und der sprachlichen Symbole. Begriffe (*Nomina*) wie „Tag", „Nacht", „Jahr" und „Jahreszeiten" stellen derartige Symbole dar, auch Bildchiffren wie die imaginative Ordnung „des gestirnten Himmels über uns" oder auch die Sprachmuster der Bewegung wie etwa die „zunehmenden" oder „abnehmenden" Mondphasen, wie der Sonnen„lauf" („Aufgang" und „Niedergang"), wie die Beschreibung dieses Laufs durch die Stern„zeichen" (*Signa*) der Ekliptik oder auch Erinnerungsmale wie alljährlich wiederkehrende Heiligentage und Kirchenfeste oder ihrer aller Repräsentation durch Zahlen, Proportionen oder im Buch. Mythen, Historien oder Rituale dienen der Verbreitung solcher Konstrukte. In der Tat, die hier betrachtete karolinger- und ottonenzeitliche Epoche befasst sich wie wenige andere Phasen der europäischen Geschichte mit der Zeit (als Moment der göttlichen Schöpfung), mit Zeitberechnung (etwa als Weltalterberechnung, als Kalkulation des großen Sonne-Mond-Zyklus oder auch des ersten Ostern) und mit dem Kalender. Sie verschmilzt ein zyklisches und ein lineares, auf ein Ziel hin gerichtetes Zeitkonzept: die „lineare", konzeptuell zumal auf Augustin zurückweisende Heilsgeschichte nämlich und den verschiedenen antiken – jüdischen wie heidnischen – Mustern entlehnten „Zyklus" des Tages mit seinen sich täglich wiederholenden Stunden von der Prim bis zur Komplet, der Woche mit ihren ewig wiederkehrenden Tagen von Sonntag bis Samstag und des Kirchenjahres mit den gleichbleibenden Rhythmen seiner beweglichen und unbeweglichen Feste. Zeit- und Bewegungskonstrukte münden so in Rituale, wie überhaupt Symbol und Ritual weithin die frühmittelalterliche Gesellschaft, ihren Fest- und ihren Alltag durchziehen. Das Verstehen von Zeit und Bewegung, des gottgelenkten Kosmos, erfordert geradezu Zeichendeutung – Zeichen nämlich am Himmel wie Sonnenfinsternis oder Sternkonstellationen und auf Erden wie Missgeburt unter Tier und Mensch oder Unheil kündender „Blutregen". Die menschliche indessen spiegelt in der Fülle ihrer Rituale und Liturgien jene göttliche Ordnung. Das Verhalten soll ihnen folgen. „Nimm der Welt den Compotus, und alles verfällt blinder Unwissenheit", hatte Cassiodor in seinem Lehrbuch der „Institutionen" (II,4,7) dem Mittelalter zur Warnung mit auf den Weg gegeben (nach BORST: 68, S. 32). Die Jüngeren beherzigten die Lehre: mit der Komputistik, eben der Berechnung von Zeit und Kosmos, begann die abendländische Wissenschaft.

Handelnde und leidende Menschen stehen im Schnittpunkt aller Entwicklungslinien und knüpfen die Knoten sozialer Vernetzung; ihr Wissen und Denken wandeln sich von Generation zu Generation, weil sie die Erfahrungen der früheren immer neu und anders erinnern. Ihre Rituale sind – wenn auch kontextuell – bedeutsam, doch nicht immer eindeutig; sie weisen über sich hinaus auf Lebenszusammenhänge, lassen sich als (vor-)sprachlicher Text lesen und deshalb durch den Historiker deuten. Rituale sind körperlich zu vollziehende, auf Wiederholung angelegte, symbolisch besetzte und regelrecht geordnete Handlungsgefüge, die menschliche, über- und außermenschliche, zeitliche und zeitlose Wirklichkeit, Makro- und Mikrokosmos repräsentieren. Ihr „Skript" ist prinzipiell stabil, wenn auch kompetenter Veränderung zugänglich. Sie stiften Gedächtnis, wirken und integrieren Gemeinschaft oder grenzen „Fremde" aus. Ihr Vollzug garantiert den Fortbestand des Lebens, der Heils- und Weltordnung, der Gemeinschaft. Rituale bedienen sich einer überschaubaren, kaum vermehrbaren Anzahl von Ausdrucksmitteln: menschlicher Körper und ihrer Bewegungen in einem abgegrenzten Ritualraum, ihrer Gesten und Mimik, der Kleidung und Tätowierung, der Sprache, sonstiger Töne und des Rhythmus, spezieller Gegenstände, der Höhlen, Hütten oder Bauten. Rituelles Handeln ist von bloß ritualisiertem Handeln zu unterscheiden, das Rituale ohne ihren symbolischen Gehalt imitiert oder mit ihnen spielt. Rituale und ritualisiertes Handeln finden sich in allen menschlichen Kulturen und Lebensbereichen, in der Auseinandersetzung mit Himmel und Erde, mit Geburt und Tod, mit Heiligem und Profanem, mit Angst und Mut, in Religion und Recht, im Alltag wie im Fest, in der Erziehung wie in der Kunst, in Krisen wie in der Routine, im Statuserhalt wie im Statuswechsel, im Umgang mit Tieren wie in der Feldbestellung, unter Freunden wie gegenüber Fremden, im Frieden wie im Krieg, kurz: in allem Menschlichen.

Der Blick auf die Menschen, ihr Wissen und die ihr Verhalten lenkenden, Erinnerung und Gemeinschaft stiftenden, Gemeinschaft trennenden, Gesellschaft ordnenden Rituale könnte, so hoffen wir, auch die divergierenden Perspektiven der Historiker, wenn nicht vereinen, so doch verbinden. Der zu beschreibende Weg „von 840 nach 1046" wird also auf politisches und institutionengeschichtlich bestimmtes Geschehen nicht verzichten können; aber es hieße, die zahlreichen neuen Fragestellungen in der Mediävistik beiseite schieben, wollten wir allein bei der „politischen Geschichte" verharren. So sei der Blick auf den „ganzen" Menschen, nicht nur auf den „Homo politicus", gerichtet, um von seinen Erfahrungen aus auch auf den vorgezeichneten Weg zu achten.

Allgemeine Prägung der Epoche

Der Niedergang des Karolingischen Imperiums und der Aufstieg nationaler Königreiche – Englands, Frankreichs, mit Vorbehalten auch Italiens, der spanischen und skandinavischen Königreiche, Deutschlands, Polens, Böhmens, Ungarns, Altbulgariens und Russlands – prägt politisch unsere Epoche. Ein eigentümliches Spannungsverhältnis zwischen „nationaler" Politik und „internationaler" Kultur, von Regionalismus und raumübergreifender Gemeinschaft, von Konkurrenz und gemeinsamen Werten, von gemeinsamer Religion und divergierenden Ritualen, eine erste Andeutung von einem „Europa" sich ausbildender Vaterländer wird die Folge sein. Das Papsttum, das unter Nikolaus I. (858–867) auf einem Gipfelpunkt zu stehen scheint, passt sich mit gewissen Phasenverschiebungen dieser Entwicklung an; es verfällt mit dem Ausgang der Karolinger lethargischer Schwäche, aus der es erst die durch neue religiöse Impulse erfrischten Kräfte der sich formenden Nationen wieder befreien. Das byzantinische Reich behauptet sich indessen gegen andrängende Gefahren von außen und strahlt verstärkt nach dem ottonischen Westen und nach Russland. Das muslimische Kalifat von Córdoba entfaltet seine schönste Blüte; seine Kulturkontakte mit den Christen beschränken sich nun nicht mehr nur auf den Krieg. Die Normannen, deren Raub- und Handelsfahrten rund um den Kontinent dessen politisches Gefüge zunächst erschütterten, erweisen sich bald als fähigste „Reichsgründer"; freilich dringt, Zeichen einer noch recht begrenzten Kommunikation, die geographische Horizonterweiterung, die sie mit ihrem Aktionsradius von Konstantinopel über Grönland bis Vinland/Amerika faktisch gewinnen, nur langsam in das allgemeine Weltbild der Europäer. Gleichwohl wirken ihre Plünderungszüge ins Frankenreich nicht nur schädigend; sie mobilisieren und dynamisieren gesellschaftliche, wirtschaftliche und geistige Kräfte. Afrika indessen wirkt wie ausgeblendet aus ihrem Wahrnehmungshorizont; und Jerusalem winkt nur als zunächst selten, im Kontext endzeitlicher Erwartungen um die Jahrtausendwende häufiger aufgesuchtes Pilgerziel. „Statik" freilich wäre die falscheste Charakterisierung unserer Epoche, die in jeder Hinsicht, politisch, sozial, ökonomisch, intellektuell oder religiös, stärkstem Wandel unterliegt. Die Gesellschaft differenziert sich zusehends. Der Fürstenadel und das Rittertum entstehen; die Ordnung der „drei Stände", der „Beter", „Krieger" und „Arbeiter", wird im 9. und 10. Jh. entdeckt; der „Bauern"stand beginnt, sich in der Folge zu etablieren; Lohnarbeit breitet sich aus; die Grundlagen der neuen Stadtentwicklung werden durch Ausbau der alten Römerstädte und gezielte Gründung neuer Märkte und Produktions-, auch kirchlicher Zentren wie Bistümer und Klöster gelegt. Die Grundherrschaft gewinnt jetzt ihre „klassische" Gestalt. Die einsetzende „Vergetreidung" der Lebensmittelversorgung zeitigt von der Anspannung der Pferde bis zur mechanischen Mühle allerlei technische Innovationen. Geldwesen und Fernhandel erfahren kräftigen Aufschwung, ohne dass er zeitlich genauer verortet werden kann. Die geistige Kultur leitet nach der verstärkt „rezeptiven" Phase der Karolingerzeit zu eigenständigem Fragen und Forschen über; mögen die Anfänge auch bescheiden sein, ohne sie wäre jede Scholastik, wäre jede künftige europäische Wissens- und Wissenschaftskultur undenkbar. Die Kirche erzielt im Osten und Norden Missionsgewinne wie schon lange nicht mehr, während ihre Prediger dort, wo sie schon länger etabliert ist, die Angst vor dem letzten Gericht und dem Weltbrand entfachen, die im 10. und frühen 11. Jh. in Byzanz wie im Westen aus latenter zu brennender Sorge entflammt: Wann kommt der Jüngste Tag? Religiöse Erneuerung, ja Aufbruch im wörtlichsten Sinne (man denke an die Pilgerbewegung seit der Jahrtausendwende) sind Früchte dieser Entwicklung, deren Folgen wiederum der Aufschwung der geistigen und materiellen Kultur und der kirchlich-normativen Lebensformen sind. Im Zusammenwirken dieser Vielfalt von Kräften und Fähigkeiten und in wachsender Auseinandersetzung mit dem verpflichtenden Vorbild der vorchristlichen Antike und der Kirchenväter gewinnt eine eigenständige, neue Zivilisation Kontur: „Europa".

Freilich, das Mittelalter ist „finster"; so kolportiert es jedenfalls ein verbreitetes Klischee. China, die muslimische Welt, Byzanz, andere Zivilisationen der Erde kennen keine vorausgehende Hochkultur wie jene Griechenlands und Roms, die für Jahrhunderte abreißt, um „unterentwickelten", barbarischen Völkern ein verpflichtendes Erbe zu hinterlassen und mit ihm eine Chance zu eröffnen. Allein „Lateineuropa", der (im Unterschied zur griechischen und arabischen Welt) durch lateinische Literalität geprägte Okzident, hat sein „finsteres Mittelalter". Der dunkelste Fleck aber dieses von der Völkerwanderung bis zu dem lichtvollen Glanz der Renaissance währenden Zeitalters ist das 10. Jh. Es heißt geradezu *saeculum obscurum*. Die Menschen leben – im wörtlichen wie im übertragenen Sinne – ohne Manieren (schmatzend und rülpsend, mit den Fingern – ungewaschen – essend), heimgesucht von Heerscharen von Parasiten, oft krank; sie welken gewöhnlich rasch dahin. Ihre Kleidung ist, von wenigen Ausnahmen abgesehen, gräulichzerschlissen und erdfarben; Bleich- oder Färbemittel sind selten und teuer. Nur die Reichsten besitzen mehr als ein oder zwei Gewänder. Die Wohnstätten sind eng und schmutzig und stinken, Kloaken werden auf dem Herren- wie auf dem Bauernhof nicht selten neben den Brunnen gegraben. Wo man kann, richtet man sich in den steinernen Resten und Ruinen der Römerzeit ein, sonst dienen – zumal in Mitteleuropa – Pfostenhäuser oder gar in den Boden eingetiefte Grubenhäuser zur Wohnung. Ihre Fenster sind, wenn überhaupt schon vorhanden, klein, eher Löcher zu nennen, und im Winter mit Stroh verstopft. Lichter – Talg oder Wachs, auch im Süden kaum noch Öl – kann sich fast niemand leisten. Wenn es kalt ist, friert man, nach Überschwemmungen drohen Hunger, Krankheit und Tod. Düster also im wahrsten Sinne des Wortes sind die Verhältnisse dieser Zeit.

Manche – wie die 991 bei Reims versammelten Synodalen – empfinden den Gegensatz zur glanzvollen Epoche der Kirchenväter und leiden an der Finsternis der Gegenwart. In der Tat, für düster gilt vor allem die geistige Kultur

Charakterisierung der Epoche als „finster"

des 10. Jh. Bereits der Erfinder des *saeculum obscurum*, der Kardinal und Geschichtsschreiber C. Baronius, konstatierte in seinen „Annales ecclesiastici" (1603) zum Jahre 900: „Siehe, es beginnt das Jahr des Erlösers 900, mit dem ein neues Jahrhundert anhebt, das wegen seiner Rauhigkeit und Unfruchtbarkeit für Gutes das eiserne, wegen der Formlosigkeit überfließenden Übels das bleierne und wegen des Mangels an Schriftstellern das dunkle heißt." Unfruchtbar, formlos, stumm – so geht das 10. Jh. in die Geschichtsschreibung der Neuzeit ein; seine Dunkelheit wird zum Signum der ganzen Epoche. Erörtern die Historiker, ob neben der karolingischen, jener des

Eine Renaissance? 12. Jh. und der „eigentlichen" noch eine „andere Renaissance", die „ottonische", postuliert werden dürfe, so meldet sich alsbald tiefe Skepsis: Neben einer von einer dünnen Oberschicht getragenen kirchlichen Bildung fließe der von ihr weitgehend unberührte Strom archaisch-heidnischer Folklore und finstersten Aberglaubens; christlich sei Europa erst im Zuge von Reformation und Gegenreformation geworden. Jedes statische Interpretationsmodell verwehrt freilich den Zugang zur Geschichte des früheren Mittelalters. Die Menschen (nicht nur die gesellschaftliche oder materielle Umwelt) wandeln sich in den zweihundert Jahren von 840 bis 1046: Ihr Verhalten unterliegt einem Zivilisationsschub, die Lebensformen ändern sich, ihre Wissenshorizonte erweitern sich; die Religiosität und mit ihr das Weltbild streifen, ohne sie schon ganz zu verlieren, magische Vorstellungen ab; Gerechtigkeit etabliert sich als Ideal; die Seele durchlebt Etappen der Empfindsamkeit; „Seelenadel" wird ein weltverändernder Wert; rationales Denken gewinnt an Differenzierungsvermögen, an Systematik und insgesamt an Überzeugungskraft und Resonanz; neue, zuvor unbekannte Ziele treten in den Blick.

Aufhellung und Nachtarbeit ist – vom Chorgebet der Mönche abgesehen – nicht üblich. Die
Aufklärung Menschen leben mit der Sonne. Die „böse" Finsternis verbreitet Angst, bei einfachen Kriegern im Heere Ottos d. Gr., sobald die Sonne sich verfinstert, wie bei dem gelehrten Bischof Thietmar von Merseburg, wenn es nächtens in der Kirche spukt. Doch kennt man Mittel der Aufklärung. Die Sonnenfinsternis wird astronomisch erklärt, die Gespenster vertreibt christliche Magie. Die Liturgie schreibt vor, dass bei Vollzug der Eucharistie jeder Altar durch brennende Kerzen geschmückt sei; an herausragenden Festtagen werden ganze Lichterkronen, hunderte von Bienenwachskerzen, entzündet. Ein leistungsfähiger Wirtschaftszweig (Seidlerei), der Fernhandel (Wachs aus den Wäldern Russlands und Polens), der Reichtum einiger Fürsten (etwa der Piasten), das Kunstgewerbe (Kerzenleuchter oder Radleuchter) leben aus diesem liturgischen Erfordernis nach Licht. Dazu aber kommt der weitere Schmuck des Altars, sein Retabel leuchtet im Kerzenschein auf und taucht das Halbdunkel des Kirchenraumes in sein farbiges oder goldenes Licht; um 1000 entstehen die ersten farbigen Kirchenfenster. Der Umgang mit dem Licht und die Haltung gegenüber der Finsternis sind in diesen „dunklen Jahrhunderten" offenbar anders als in neueren Zeiten. Sie mühen sich mit ihren Mitteln, das Dunkel und das in ihm verborgene Böse zu erhellen und zu bannen. Das gilt

erst recht im übertragenen Sinne. Mit sparsamsten Mitteln erfasst Bernward von Hildesheim die Neigung der Menschen, jede Schuld von sich auf andere zu wälzen. Adam verweist auf Eva, diese auf die Schlange; so zeigt es in Augenhöhe Bernwards Tür; im heilsgeschichtlichen Wissen freilich kehrt sich die Bewegung um: von der Schlange über Eva zu Adam. Das Bild muss gemeinsam mit dem Beicht- und Bußwesen seiner Zeit, mit seinen eindringlichen, zur Seelenprüfung aufrufenden Fragen betrachtet werden. Denn führen die älteren Bußbücher ihre Kataloge i.d.R. noch in objektiver Form („Wenn jemand"...), so wenden sich die karolingischen und ottonischen Poenitentialien für die sich ausbreitende Ohrenbeichte zunehmend in persönlicher Ansprache an den Sünder: „Hast *du* teuflische Lieder gesungen?" „Hast *du* Amulette fabriziert?" „Hast *du* dich gegen deinen Bischof verschworen?" Unter dem Druck derartiger Fragen wandelt sich alles: das Lebensgefühl, der Selbstwert, der Blick auf die eigene Biographie und auf die anderen, die Fremden, die Ziele; der Gläubige hat zu sich selbst zu stehen. Er wird in einem Maße auf sich selbst verwiesen und zur inneren Selbstprüfung und Selbstkontrolle angehalten wie noch in keinem der früheren Jahrhunderte. Das Gewissen wird geweckt und beginnt den Menschen zu beherrschen. „Ich" und „Selbst" gewinnen einen zuvor unbekannten Stellenwert.

Der Mensch, der seine Lebenswelt und sich selbst wahrnimmt und gestaltet, bestimmt die folgende Ordnung des Stoffes. Das politische, wirtschaftliche oder kirchliche Geschehen steht für ihn, beginnt er sich in der Welt zu orientieren, nicht im Vordergrund; er wird durch seine gesellschaftliche und natürliche Umwelt geprägt, bevor er sich dessen bewusst wird. Ein Erinnerungswissen formt ihn, das sich individuellem, kollektivem und kulturellem Gedächtnis verdankt und sich seiner Zeitlichkeit bewusst ist. Durch Erziehung selektiertes Wahrnehmen, internalisiertes Verhalten, soziales Wissen, sozialisationsbedingter Habitus, erprobte Verstehensmuster und ein Denken, das sich im Kraftfeld dieser Faktoren einrichtet, prägen seine Existenz; sie sind Voraussetzungen intentionalen Handelns und jeder Auseinandersetzung mit den materiellen oder gesellschaftlichen Gegebenheiten, unterliegen zugleich aber auch einer steten Rückbindung an diese und einem fortgesetzten Wandel durch sie. Sie nutzen auf herrschaftlicher und kirchlicher Ebene und zumal im Bereich politischer Kommunikation und ihrer Zeitkonstrukte eine reiche Fülle an Symbolen, Gesten, Ritualen und ritualisiertem Handeln. Das frühere Mittelalter „theoretisiert" weniger als es „ritualisiert" und bedient sich damit einer „Sprache", die heute nicht ohne weiteres mehr verstanden wird. Im Folgenden werden deshalb, ohne starre Grenzlinien zu ziehen, zunächst derartige „Bindungen" erfasst, bevor menschliche „Leistungen" darzustellen und zu beurteilen sind.

Gliederung

1. Menschen und Umwelt

Die Menschen der Zeit
Modernes Interesse an der Körperlichkeit dürfte dem früheren Mittelalter ganz fremd gewesen sein; es malt keine Portraits und beschreibt keine Personen. Weit verstreute und zufällig überlieferte Einzelheiten müssen gesammelt werden, um wenigstens einige lebensvolle Züge der Großen von damals einzufangen. Ludwig der Deutsche vermag ein stählernes Schwert von der Spitze bis zum Griff zu biegen. Otto der Große sächselt, wenn er spricht. Sein gleichnamiger Sohn ist von kleiner Statur (Brun v. Querfurt), aber stark (Thietmar), sein Gesicht glänzt rötlich (Magdeburger Annalen). Dreier Autoren bedarf es, um drei Einzelzüge des jungen Kaisers festzustellen. Was wissen die Großen ihrer Zeit über die räumlichen Entfernungen hinweg tatsächlich voneinander? König Konrad II. bietet, ohne dessen Herkunft zu kennen, dem Abt Poppo von Stablo, einem strengen Reformmönch, das Bistum Straßburg an; Poppo aber zieht das Klosterleben vor, lehnt deshalb unter dem (rechtserheblichen) Vorwand, ein Klerikersohn zu sein, ab; Konrad muss es glauben und ist einigermaßen verblüfft, als man ihn später aufklärt: er sei dem heiligmäßigen Abte auf den Leim gekrochen, Poppo sei in Wahrheit ein adeliger, fürs Bischofsamt bestens geeigneter Rittersohn. Mangelndes Wissen und Fehlinformationen sind schwer zu korrigieren. Biografien im modernen Sinne sind mit Informationen derartig dubiosen Gewissheitsgrades nicht zu schreiben. „Leben" wird nicht in unserem Sinne bewusst.

Stereotype Aussagen
Stereotypie beherrscht, jedenfalls nach modernem Empfinden, das Feld: Die Menschen sind „schön" oder „groß", sie stammen „von vornehmen Eltern". Ein differenzierender Blick unterbleibt, ein entsprechendes Vokabular scheint zu fehlen, das Interesse an persönlichen Charakteristika ist noch nicht erwacht. Die Menschen besitzen noch keine „unverwechselbaren Kennzeichen"; sie handeln nicht individuell, wie eigenwillig sie auch sein mögen. Der hl. Ulrich von Augsburg ist bei seiner Geburt „mager und schwächlich", seine Eltern schämen sich seines „kläglichen Aussehens". Wider Erwarten gedeiht der Knabe, erweckt nun einen „prächtigen Eindruck", erlangt sogar ein „angenehmes Äußeres"; jetzt sind die Eltern stolz. Ulrich kann Bischof werden: „Der König betrachtet seine gebieterische Gestalt...". Mehr wird über des Heiligen Leiblichkeit in seiner gar nicht so kurzen Vita nicht mitgeteilt. Auch die erhaltenen Stifter- oder Widmungsbilder hochgestellter Personen repräsentieren Typen, keine Individuen.

Wahrnehmung der andern
Gleichwohl gehen die Menschen nicht achtlos aneinander vorüber. Sind sie gleichen Standes, ziehen sie voreinander den Hut oder begrüßen sich mit Handschlag; Geistliche tauschen den Friedenskuss; der Vasall kniet vor seinem Herrn; der König speist Arme und erniedrigt sich – nun ein „Knecht" (*minister*) – vor Gott: Rituale der Interaktion, Kommunikation und Gesellschaft, dies alles und ein durch und durch rituelles Königtum. Der leibhaftige Knecht spürt die Rute auf seinem Rücken, wenn er dem Herrn nicht gehorcht. Handlungsantriebe treten in den Blick, die guten der Heiligen und der

ihnen Nachfolgenden, die schlechten der anderen. Zumeist sind es Männer, auf die Licht fällt. In der Öffentlichkeit handelnde Frauen treten – von den Königinnen abgesehen – selten in der Überlieferung hervor. Die vielfach erwähnten „Tränen" der Demut, Zerknirschung und religiösen Devotion fließen gewiss auch in Wirklichkeit, nicht nur im Topos heiligen Verhaltens. Eine nicht endende Flut von Klagen über den „Wucher" lassen die Nöte der Armen und Schwachen, auch die Betroffenheit mancher Zeitgenossen ahnen. Die „Gier" der Großen nach immer mehr und umfangreicheren Lehen beschäftigt wieder und wieder die kirchlichen Autoren des 9. Jh., deren „Visionen" Mächtige oder Arme mit dem Strafgericht des unbestechlichsten aller Richter, bald mit schlimmsten Höllenstrafen, bald mit seligem Wohlergehen schrecken oder trösten. Alle kennen die Angst. Die Sorge vor Besitz- und Ehrverlust führt regelmäßig zu blutigen Fehden und treibt die adeligen Männer nicht selten in einen vorzeitigen Tod; schutzbedürftige junge Witwen sind gerade im Hochadel die Folge. Machtstreben und Ruhmsucht fordern höchsten Einsatz. Die Mittel passen sich den Bedürfnissen an; List ist besser als Krieg. Wer Recht und Verträge listig zu hintertreiben vermag, ohne sie förmlich zu verletzen, genießt den Ruf, größte Geistesgaben zu besitzen. Denn Formen und Rituale sind tabu. Eide bricht man nicht, sondern „lüppet", „vergiftet" man, wo sie im Wege stehen. Derartiges registrieren die Geschichtsschreiber, sobald sie auf Adel und Prälaten schauen, und zeigen damit, wie stark beide eingebunden sind in ein dichtes Netz sozialer Konventionen, denen sie sich nicht entziehen dürfen und auf die sie zu achten verstehen. Gerade auf den Großen lastet ein kräfteraubender Erwartungsdruck; die unteren Schichten der sozialen Pyramide, die „Volksmassen", erscheinen kaum in den erzählenden Quellen oder im Bilde, es sei denn als Objekte materieller Ausbeutung oder religiöser „Liebe" der Großen. Nur selten, versteckt etwa in das Gesprächsbüchlein für die Klosterschüler des Ælfric von Eynsham, ist das Stöhnen eines Bauern zu hören, der klagt: „Ach! Ach! Eine große Plage ist es, denn ich bin nicht frei."

Etwas mehr als die historiographischen Quellen verraten einige Friedhofsgrabungen. Adelige dürften – wenigstens in Mitteleuropa – im Schnitt um 5 bis 10 cm höher gewachsen sein als die „bäuerlichen Unterschichten"; die Ursache wird in der besseren Ernährung mit tierischem Eiweiß vermutet. Die Züricher Münsterhofgrabung lässt eine Körpergröße von durchschnittlich 168 cm bei Männern und 160 cm bei Frauen jeweils nichtadeliger Herkunft erkennen. Die Lebensmittelversorgung schwankt ohnehin, je nach Region, nach Böden, Wetter, Jahreszeit, Ernteerträgen oder sozialem Stand. Die Gaumen sind selten verwöhnt, denn das Nahrungsangebot bietet für die meisten Menschen wenig Abwechslung; in vergleichsweise nahe beieinander gelegenen Gebieten kann es bereits erheblich differieren, ohne dass ein Austausch durch Handel üblich oder auch schon möglich wäre. Allein die Herrentafel mag köstlicher gedeckt sein. Die Pferdebohne dient noch als wichtiger Eiweißlieferant, auch andere Hülsenfrüchte sind bezeugt. Die „Verge-

Demographische Daten

treidung" ist gleichwohl eingeleitet. Milchprodukte, vor allem Käse, fehlen auf keinem Speiseplan, der durch das Fleisch der Haustiere, selten durch Wildbret ergänzt wird. Obst und Gemüse wird, so weit wie möglich, genossen; die Früchte sind freilich i. d. R. klein und wenig ergiebig. Die Mageninhalte von Moorleichen zeigen, dass Rohkost gewöhnlich nur ungenügend gewaschen war; Ungeziefer und Sandkörner garnieren sie. Die häufigen Krankheiten hinterlassen ihre entstellenden Spuren. Der Sand schleift den Zahnschmelz ab, Zahnausfall führt zu Gesichtsdeformationen, ein schlecht verheilter Knochenbruch zu erheblichen Behinderungen in der Beweglichkeit; Tuberkulose bewirkt, wenn sie überstanden wird, schwerste Verwachsungen, Mutterkornvergiftung die Knochenfäule. Regionale Epidemien sind häufig, auch wenn das frühere Mittelalter von Pandemien verschont bleibt. Die Heiligenleben der Zeit erwähnen regelmäßig „Blinden"-Heilungen; in der Tat, viele Menschen leiden in ihren zugigen, rauchvernebelten Hütten unter entzündeten, eiternden, verklebten, eben „blinden" Augen. Kampfwunden, wenn sie nicht tödlich sind, machen die Recken frühzeitig zu Krüppeln. Der Anblick der Menschen ist selten ungetrübt „schön". Wie aber lässt sich der Kampf vermeiden, wenn er als soziale Pflicht gilt?

Lebenserwartung und Geschlechterrelation Die Lebenserwartung ist nicht unbedingt niedrig, doch die hohe Kindersterblichkeit senkt ihren Mittelwert entscheidend. Sie liegt, um ein Beispiel herauszugreifen, für die Toten des Züricher Münsterhofs bei 46 %. Von ihnen sterben in den ersten sechs Lebensjahren 51 %, danach sinkt die Sterblichkeitsrate rapide. Gewiss ist, dass im früheren Mittelalter mit einer gezielten Benachteiligung weiblicher Säuglinge zu rechnen ist. Bei ungestörten Friedhöfen aus älterer Zeit scheint eine abnorme Relation von 100 männlichen zu 76/71 weiblichen Toten möglich zu sein; auch zeigen einige (nicht alle!) Personenverzeichnisse aus Grundherrschaften des 9. Jh. z. T. einen krassen Männer-Überschuss. Im Spätmittelalter indessen kehrt sich die Relation um: jetzt dominiert die Frauenrate mit 114 gegenüber der Männerrate von 100. Die Münsterhofgrabung in Zürich zeigt schon für das 9./10. Jh. einen weiblichen Überschuss von 113 und für das 10./11. Jh. sogar einen solchen von 129 zu 100. Haben wir also mit einem Trend wachsender (Über-)Lebenschancen für Frauen zu rechnen? Man möchte eine bessere Versorgung mit eisenhaltiger Nahrung dafür verantwortlich machen. Auch karitative Einrichtungen wie kirchliche Findelhäuser werden gelegentlich schon in unserer Epoche eingerichtet. Wer die Hürden der Kindheit und frühen Jugend übersteht, erreicht häufig auch ein höheres Alter. Das Züricher Beispiel bietet einen Altersschnitt der erwachsenen Toten von 50 bis 60 Jahren; Frauen sterben regelmäßig schon in ihren 40er, Männer häufiger erst in ihren 60er Jahren. Das alles entspricht durchaus dem Lebensalter, das erwachsene Mönche (eine Gruppe, die aufgrund der Quellenlage gut zu beobachten ist) zu erreichen pflegen. Literarische Quellen, die gerade für Angehörige des Hochadels ausgewertet werden können, zeigen einen eher umgekehrten Trend: In sechs Generationen des sächsischen Königshauses überleben 34mal die (i. d. R.

jüngeren) Frauen die Männer und nur 13mal sterben die Gemahlinnen vor ihren Gatten. Die Ursachen sind in Fehde, Krieg und gerichtlichem Zweikampf zu suchen. Das bleibt nicht ohne Wirkung; aus dem 10. Jh. kennen wir eine Reihe älterer Witwen mit großen Vermögen, die sich nur schwer gegen die Verwandtschaft des verstorbenen Gatten behaupten. Eine altenglische „Frauenklage" weiß von demselben Leid. Klostergründungen zur Vermögenssicherung auf Lebenszeit erscheinen oft als letzter Ausweg. Freilich wird man die hieraus resultierende Reduktion der Adelsvermögen nicht allein für ein sinkendes gesellschaftliches Ansehen „der Frau" in derselben Zeit verantwortlich machen dürfen, wie es eine Heiligkeitsstatistik zu spiegeln scheint. Danach fällt die Rate weiblicher Heiliger seit der Mitte des 10. Jh. rasch und erreicht in der 2. Hälfte des 11. Jh. ihren Tiefpunkt. Doch dokumentiert die Statistik wohl nur jene Schwierigkeiten, welche die auf das Mönchsideal fixierte Frömmigkeit mit der Keuschheitsforderung für Männer bereitet. Der berüchtigte *liber Gommorrhianus* des Rigoristen Petrus Damiani (ep. 31 von 1049) mit seinen Klagen über homosexuelle Praktiken im Kloster zeigt, wie schwer man sich mit ihr tut.

Wie aber begreift sich der Mensch? Wie wird er gedeutet? Wie benimmt er sich? Die Eigenart der Quellen verhindert klare Antworten. Rituale verhüllen vielfach die außerrituelle Wirklichkeit. Die Masse der Menschen, der schlichte Alltagsmensch, kommt kaum zu Wort. Was niedergeschrieben wird, folgt antiken oder patristischen Vorbildern, wird von Adeligen für Adelige, von Mönchen für Mönche verfasst; es dient vor allem dem Gebetsgedächtnis für Kirchenpatrone oder Klostergründer, für Heilige, Könige, Königinnen oder vereinzelt für Adelige (wie für einen Gerald von Aurillac). Erst gegen Ende unserer Epoche begegnen etwa mit der Vita des Erzbischofs Brun von Köln oder mit den „Gesta" Kaiser Konrads II. Darstellungen, die so weltliche Ziele wie die Legitimation einer umstrittenen Politik verfolgen. Die Autoren karolingischer oder ottonischer Lebensbeschreibungen lassen sich dabei nie von der Frage leiten, wie ihr Held „wirklich" war. Ihr vorwiegendes Interesse gilt den Ritualen, dem Arrangement dessen, was sein soll, dem Ewigen, das der Mensch und wie er es verkörperte. Denn diesem Anspruch folgt der einer „Vita" würdige Heilige oder König. Freilich ändert sich das Ideal. Die Ottonenzeit rückt statt des Gründerheiligen oder weltabgewandten Mönches, den das 9. Jh. besonders feiert, den Reichsbischof im Spannungsfeld von Heiligkeit und Königsdienst in den Mittelpunkt. Das Ziel des „Biographen" ist auch jetzt nicht, Individuen oder menschliche Gruppen in ihrem irdisch-realen, vergänglichen Sein zu schildern; Protokollaussagen zum irdischen „Elend" werden nie, selbst wenn Kritik am Helden anklingt, erstrebt. Das Aufleuchten ewiger Wahrheit auf Erden ist vielmehr – auch und gerade im Königsdienst – festzuhalten. Der Mensch ist bestimmt, seinem Schöpfer zu dienen, nicht dem Geschöpf. „Je mehr das Einatmen des Göttlichen einen Menschen ins Rechte bringt, umso göttlicher bindet sich einer an Gott in allen Dingen", verkündet Bernward von Hildesheim, einer der Erzieher des Kaisers Otto III., in seinem

Persönlichkeitsschilderungen

Testament; Gott selbst „bildet sich dem Menschen an", um sein göttliches Ebenbild im Menschen zu erhalten und zu erretten. Der Mensch formt sich nicht selbst, er hütet nur – gut oder schlecht – einen ihm von Gott anvertrauten Schatz. So sehen es die Geistlichen, und andere bringen nicht zu Pergament, was sie wahrnehmen, erwarten und erhoffen. Das alles gestattet durchaus, wie etwa in den beiden, etwa dreißig Jahre auseinanderliegenden Lebensbeschreibungen der Königin Mathilde, höchst unterschiedliche politische oder besitzrechtliche Interessen zu Wort kommen zu lassen; doch wie die Menschen tatsächlich einander wahrnehmen, ist kaum zu erkennen.

Verhalten Nur vereinzelt – gewöhnlich nicht aus den Viten, sondern aus anderen Quellen – tritt ein literarisch ungeschminktes Verhalten hervor. Karl, der 17-jährige Sohn des westfränkischen Königs Karl des Kahlen, treibt nach der Jagd in übermütiger Kurzweil sein Spiel mit dem jungen Albuin und stirbt – immer wieder von epileptischen Anfällen heimgesucht – zwei Jahre danach an den Folgen des Schwerthiebes, mit dem jener, sich wehrend, ihm den Kopf „von der linken Schläfe bis zur rechten Kinnbacke" spaltete. Einer seiner Neffen, Karlmann, wird mit 18 Jahren von einem Jagdgenossen tödlich getroffen, ein anderer Neffe, König Ludwig III., der Sieger von Saucourt (881), der Held des althochdeutschen „Ludwigsliedes", zertrümmert sich, als er ein Mädchen zu Pferd bis ins Haus der Eltern jagt, am Türsturz den Schädel. Noch einer der letzten Karolinger, der westfränkische Ludwig IV., stürzt zu Tode, als er einem aus dem Unterholz brechenden Wolf nachsetzt. Doch nicht nur die karolingische Familie vergeudet ihr Leben. Ekkehard, wohl ein Seitenverwandter der ottonischen Könige, will „Größeres" vollbringen als der ihm vom König vorgezogene Hermann Billung, sammelt eine Gruppe auserlesener Ritter um sich, zieht trotz des ausdrücklichen Verbots des Königs gegen den Feind, wird umzingelt und mit den Seinen erschlagen; keiner entkommt. Es ist Adelslos, herrisch auftreten, Held sein zu müssen. Rituale durchsetzen das Leben. König Ludwigs d. J. einzig legitimes Söhnlein Ludwig fällt zu Regensburg aus dem Fenster der Königspfalz und bricht sich das Genick; „dieser nicht so sehr vorzeitige als vielmehr ehrlose Tod", wie der Abt Regino von Prüm formuliert, trifft denselben König schlimmer als seines unehelichen Sohnes Hugo Untergang. Denn Hugo fällt – als Held, vor dem Feind; sein Tod birgt keine Schande. „Der Tod ist besser für jeden edlen Menschen als ein ehrloses Leben"; der Vers des Beowulf-Liedes (v. 2890) ist adelige Lebensmaxime. Die leicht zu vermehrenden Beispiele derartiger Taten und Urteile verdeutlichen zweierlei: Zumal der Laienadel legt ein raues, wenig zivilisiertes Gebaren an den Tag; er unterliegt darin einer ihm durch seine Umwelt aufgenötigten Lebensform, der er nicht schlagartig – selbst als Mönch nur partiell – entsagen kann, die er vielmehr durch allmähliche Erfahrungs- und von Generation zu Generation sich wandelnde Erziehungsprozesse, auch schmerzvolle, veredeln muss. Es scheint, als verliere sich mit der Zeit sein Ungestüm, jedenfalls gehen die entsprechenden Belege dafür seit der Jahrtausendwende zurück.

Der Wandlungsprozess lässt sich verfolgen. Seelenadel statt Geburtsadel lautet das Erziehungsmuster gerade des 10. Jh. Die alttestamentlichen Makkabäer werden den Adelsherren gerne als Ideal vorgestellt: schwertgewaltig, doch den Tempel erneuernd. Wie dieses Ideal wirkt, lässt sich am Beispiel verdeutlichen: Heinrich II., der zum Kleriker erzogene und später zur Ehre des Altars erhobene Gründer Bambergs, liebt derbe Späße. „Lüstern" vergnügt er sich mit der ganzen Hofgesellschaft – Damen, Rittern, Bischöfen – an der Todesangst eines nackten, mit Honig bestrichenen Mannes, den ein Bär abschleckt. Abt Poppo von Stablo, lange vor seinem Kaiser heilig gesprochen, interveniert: der Bär wird fortgeführt, Poppo tröstet das verängstigte Opfer und schilt – gegen die Etikette! – ob der „unwürdigen Illusion" den König; Heinrich aber unterdrückt seinen Zorn und „erträgt demütig Poppos Mahnung und Schelte". Die höfische Kultur, das Ethos des hohen Mittelalters, wird in kleinen Schritten geformt und eingeübt. Vom Rohen und Groben zum Feinen, vom Derben zum Sensiblen, vom Ungestümen zum Reflektierten, vom Hochmut zur Demut, vom „Unmenschlichen" zum „Menschlichen" – der Weg zu einer verfeinerten Zivilisation zieht sich unabsehbar weit, aber Heinrichs Zeitgenossen wollen ihn gehen.

<small>Wandlungen</small>

Autobiographien gibt es noch nicht; doch handelt, wer nach sich fragt, anders, als wer es unterlässt. Die Beobachtung des eigenen Ich war der Antike nicht fremd, im früheren Mittelalter indessen anscheinend aus der Mode geraten. Selbst Gottschalk der Sachse, der sich gegen die Fremdbestimmung seines Lebens durch Eltern und Kloster zur Wehr setzt, verbannt und verfolgt wird und ein begnadeter Dichter ist, beobachtet, auch wenn er in der ersten Person Singular spricht, nur wenig sich selbst. Zudem ist er ein Außenseiter und repräsentiert kaum eine allgemeine Tendenz unter seinen Zeitgenossen. Typisch dürfte vielmehr jene „Selbstbeweinung" sein, der sich Dhuoda hingibt; ihre Tränen entspringen, so viel (oder besser so wenig) die Gräfin in ihrem Mahnbüchlein für ihren Sohn auch über sich einflicht, allgemeinem Sündenbewusstsein und Angst vor dem Jüngsten Gericht, nicht skrupulöser Selbstbetrachtung. Die Bußbücher und die Bußpraxis der Epoche fördern aber eine solche. Indes, erst Rather von Verona, jenes „Genie der Reflexion" (A. Hauck), gleichfalls ein Außenseiter, findet zu einem wirklich neuen Ton. Der fromme Bischof liest allabendlich in Gregors „Moralia in Job"; da trifft ihn die Erkenntnis: „Ich bin selbst gemeint." Atemlos notiert er in die nächste greifbare Handschrift, was er über sich denkt. Wenig jünger (jedenfalls in der vorliegenden, spätwestsächsischen Überlieferung) ist die altenglische Dichtung „The Seafarer"; auch sie lässt einen „Verbannten" sprechen: „Über mich selbst kann ich ein wahres Lied sagen." Es mag durchaus sein, dass hinter diesem einsamen, frierenden und hungrig das Steuerruder packenden lyrischen Ich in der Tat ein erlebender und sich selbst reflektierender Mensch, ein aus der Heimat Verbannter, steht, der „fern von hier das Land anderer Völker aufsucht". Die Seefahrt, das Toben der Elemente um ihn herum, wird zum Sinnbild seines Daseins, seiner Ängste, seiner Sehnsucht nach Heil. Gott und

<small>Selbstthematisierung</small>

das Schicksal sind – wie im alten „Hildebrandslied" – noch immer „stärker als irgendeines Menschen Gedanke". Doch ist der Seemann nicht ein Spielball höherer Mächte; denn „steuern soll man einem eigensinnigen Gemüt und dieses in Grenzen halten". Der Schluss verrät das Lied als geistliche Dichtung. Dennoch: Fassen wir hier ein wenig vom Selbstbewusstsein jener Vikinger, die damals in ihren offenen Drachenbooten nach Island, nach Grönland und nach Vinland steuern?

<small>Freundschaft und Liebe</small> „Freundschaft" wird selten, am häufigsten unter Mönchen, als affektives Verhältnis angesprochen. „Greif zur Leier, kleiner Knabe, lass ein süßes Lied erklingen...", so heißt es im Nachhall eines der persönlichsten, wirkungsmächtigsten Lieder, das ein Mönch für seinen Freund schrieb. Das Wort *amicitia* bedeutet i. d. R. freilich ein Rechtsverhältnis mit traditionellen oder vereinbarten Leistungen. Die „Liebe" aber, so scheint es, kommt vollends zu kurz. Wir kennen kein Liebespaar der Epoche. Buß- und Strafkataloge erwähnen den Ehebruch und die Vergewaltigung; sexuelle Bedürfnisse werden diskriminiert – gewiss das Zeichen eines fortwirkenden und wenig sublimierten Sexualtriebes. „Rachglüste und vulgäre Liebe" gelten für üblich unter Adelsleuten (Odo, Vita Geraldi I,8). Gerald von Aurillac aber, ein Ritter, gleichwohl ein Heiliger, zähmt sie. Zwar bedrängt auch ihn beim Anblick der prallen Haut eines Mädchens – so weiß jedenfalls sein „Biograph", Abt Odo v. Cluny – sexuelles Begehren, doch erlischt es, sobald er die Schöne im flackernden Lichte des Feuers betrachtet, welches das Liebeslager erwärmen soll. *Amor* und *caritas*, die oft anzutreffenden lateinischen Worte für „Liebe", besitzen gewöhnlich keinen affektiven Wert, sondern bezeichnen eher objektive Verpflichtungen zwischen Verwandten oder Freunden, auch zwischen Eheleuten. Aber Liebe, jene körperlich-seelische Bindung zweier Menschen, die sie im Innersten berührt und verwandelt, sie bleibt den Überlieferungen des früheren Mittelalters fremd. Fehlt sie ihm in Wirklichkeit vielleicht auch nicht, so beansprucht sie doch weniger Aufmerksamkeit im Leben als zu liebesgünstigeren Zeiten. Ihre Thematisierung wird ein Zeichen des kulturellen Wandels. Gesellschaftliche Schranken, der Kampf ums nackte Überleben binden einstweilen die Kräfte und gestatten kaum den Luxus verfeinerter Empfindsamkeit. So harrt auch die Liebe noch ihrer literarischen (Wieder-)Entdeckung, und erst am Ende der hier betrachteten Zeit wagt sich, noch etwas derb und unbeholfen, ein lateinischer Dichter ans älteste Liebeslied des christlichen Mittelalters: „Komm schnell, Geliebte... Komm in mein Schlafgemach..." (Carm. Cantabrigiense 27).

Die geistig-seelische Disposition der Menschen ist im früheren Mittelalter eine andere als in späterer Zeit. Es will uns scheinen, als unterlägen die Zeitgenossen unmittelbarer als in späteren Jahrhunderten ihren Emotionen, als besäßen diese damals einen größeren Einfluss auf ihr Tun als hernach. „Unreflektierte Direktheit bei der Triebbefriedigung" glaubt man ihnen attestieren zu müssen (Dinzelbacher), auch „Hingabe an den Augenblick" (von den Steinen). Die Konsequenzen derartiger Urteile, treffen sie zu, sind noch kaum erfasst und von den Historikern – textfixiert, nicht Menschen betrachtend wie sie i. d. R. sind – auch schwer in ihre Überlegungen einzukalkulieren. Doch eine Kulturtheorie ohne sie zielte am Menschen vorbei.

So selten wie auf sich selbst blicken die Menschen auf ihre natürliche Umwelt, um sie zu beschreiben. Geographische Exkurse der zeitgenössischen gelehrten Literatur folgen den Regeln der Rhetorik, nicht des Sehens. Wie das, was geschieht, tatsächlich wahrgenommen wird und auf die Betrachter wirkt, ist kaum zu fassen. Die Einsamkeit, die den schon erwähnten „Seefahrer" bedrückt, ist ein vereinzeltes Zeugnis, das in seiner ungewöhnlichen „Redseligkeit" nicht als typisch zu gelten hat. Sein Schiff treibt neben den Klippen, die Kälte durchdringt die Füße und bindet sie mit kalten Fesseln, die See tost, „...Wälder bekommen Blüten, Wohnstätten werden schön. Wiesen erstrahlen... Auch der Kuckuck mahnt mit traurigem Ruf, des Sommers Wart singt, kündet Sorge..." Die seltenen Pilgerberichte der Zeit konzentrieren sich auf „heilige" Orte und Stätten, begnügen sich, wenn sie überhaupt selbst Gesehenes und nicht literarisch Tradiertes erfassen, mit vagen Angaben und schildern, was gläubige Erwartung zu sehen und zu erleben lehrt; bestenfalls zählen sie Bauten auf. Natur, Siedlungsbedingungen und -leistungen, Kulturlandschaften, überhaupt der geographische Raum werden nicht erfasst; von geopolitischem Denken findet sich nicht die geringste Spur. Liudprand von Cremona, einer der wenigen Reisenden der Epoche, der einen Bericht über seine Fahrt nach Konstantinopel hinterlässt, belustigt sich allein über „einen ziemlich großen, hügeligen, mit Buschwerk bestandenen, keineswegs anmutigen Tierpark" des Kaisers bei Konstantinopel (Legatio c. 37), dessen symbolische Bedeutung der Gesandte nicht erfasst oder erfassen möchte. Der hochinteressante Bericht des Johannes von Gorze, der als Gesandter Ottos d. Gr. den Weg von Deutschland nach Córdoba zieht, erwähnt lediglich einige Reisestationen, die je näher sie der Heimat, desto zahlreicher, je weiter sie in der Ferne liegen, desto spärlicher sind. Hätte man nach diesem Bericht zu urteilen, Sachsen und Lothringen unterschieden sich in nichts von der Provence oder Andalusien. Die fremde Welt ist als solche wenig attraktiv, wimmelt aber von Gefahren; sie kennenzulernen, wird durch keine Berichte nahegelegt. Die Neugier schlummert noch.

Wenige Ausnahmen sind für das 9. und 10. Jh. zu erwähnen: Die altenglische, im Auftrag König Alfreds d. Gr. übersetzte „Historia adversus paganos" des Orosius bietet zwei „Exkurse" über Schifffahrten um Skandinavien herum und in der Ostsee, die, wenn sie auch keine unmittelbaren Autopsie-Berichte des Übersetzers darstellen, sich doch auf entsprechende Erfahrungen dritter stützen. Kulturgeographische Eindrücke sucht man freilich vergebens. Ohthere, einer von Alfreds Informanten, brüstet sich, an zwei Tagen mit nur sechs Gehilfen („Speeren") 60 Walrösser erlegt zu haben – allein ihrer kostbaren Zähne und Häute wegen. Die Abendländer vernichten Wälder, zerstören „Biotope", rotten halbe Tierpopulationen aus – aber sie registrieren es nicht. Es bedarf der Reisenden anderer Kulturkreise, um mehr zu erkennen.

Wie sah Europa aus?

Wahrnehmung der Umwelt

Einer von ihnen, der Jude Ibrâhîm ibn Jaʿqûb aus Tortosa, verrät einen wachen Sinn auch für das landschaftsverändernde Eingreifen der Menschen. Ganze Länder können „aus Wiesen, Dickicht und Morast bestehen"; Burgen und Städte werden errichtet, „Brücken über den Morast" angelegt (übers. JACOB, Arabische Berichte, 1927, S. 12 f.). Ibrâhim (= at-Tartûschî) weiß die auffallende Schafzucht Frieslands mit der schlechten Qualität der Böden zu erklären. Erst im Zeitalter der Kreuzzüge werden auch die Lateiner Seh- und Erzählgewohnheiten annehmen, die sie ihre Augen für die fremde Welt zu öffnen lehren.

Die eigene lebensnahe Umwelt verleitet noch weniger als die Fremde zum landschaftsbeschreibenden Exkurs. Wald, latein. *silva*, meint auch die undurchdringliche Wildnis, den ungeformten Baustoff der Welt, das Chaos. Der aus der antiken Philosophie überkommene Sprachgebrauch spiegelt vielleicht nicht die reale Wahrnehmung des früheren Mittelalters, aber er trifft sich mit der Erfahrung dieser Zeit. Jesus flieht nach der Versuchung für den Dichter des „Heliand" nicht in die „Steinwüste" der Bibel, sondern in den „tiefen Wald" (*sinweldi*, v. 1121). Berichte über Rodungen, so selten sie überhaupt fassbar werden, sind wenig ergiebig; selbst wenn sie die Kolonisationstätigkeit einmal über Jahre oder Jahrzehnte verfolgen lassen, bleiben sie blind für die einschneidenden Veränderungen. Die mageren Angaben von Grenzbeschreibungen sind noch das ausführlichste, in ihrer Armut verräterisch genug. Sie springen, soweit die Blicke reichen, von Geländepunkt zu Geländepunkt, von Berggipfeln zu Felsmalen, zu markanten Bäumen, zu Bachquellen, aber sie beschreiben kein „Land", keine Siedlungsbedingungen, keine zu überwindenden Schwierigkeiten. Erwähnungen „bebauten und unbebauten Landes", zu Tausenden in mittelalterlichen Schenkungs-Urkunden überliefert, folgen den Rechtsformeln und widmen sich nicht dem Wahrgenommenen. Die Urbare zählen Höfe und die Einkünfte aus ihnen, aber sie schweigen über ihre Lage und die Gestalt der Ackerfluren. Im 9. und 10. Jh. wird durch das Kloster Lorsch der zuvor unbesiedelte Odenwald erschlossen; die vergleichsweise reiche Lorscher Überlieferung berichtet darüber nichts. Als die Erz- und Silbervorkommen des Rammelsberges bei Goslar um 960 entdeckt und seit dem späteren 10. Jh. in großem Stile ausgebeutet werden, führt der Energiebedarf bereits nach wenigen Jahrzehnten zu einer ökologischen Krise im Harz, so gewaltig war der Holzverbrauch; die schnell wachsende Fichte hält dort nun ihren Einzug, Ergebnis gezielten Aufforstens. Unsere schriftlichen Quellen verlieren auch darüber kein Wort; doch die datierbaren Holzkohlenreste der mittelalterlichen Kohlenmeiler sprechen eine klare Sprache. Wie weit begreifen die Menschen, was sie tun?

Klima und Siedlung — Regressive landschaftsgenetische Forschung hat für den Historiker an die Stelle zeitgenössischer Beobachtungen und Berichte zu treten. Die heutige Kenntnis von Klima, Bodenbeschaffenheit, Vegetation und Wasserhaushalt einer Region machen Siedlungs- und Kulturzusammenhänge erschließbar, die von den Zeitgenossen weder als Ganzes überblickt, noch im Einzelnen geschildert werden. Vor allem die Paläobotanik leistet hier unschätzbare Dienste. Ein systematisch über den Kontinent gelegtes Netz von Pollenprofilen indiziert den Wandel der Flora, wie er gerade auch durch menschliche Eingriffe verursacht ist. Getreide und Wegerich kennzeichnen stets die Siedlungsphasen, der Abfall der Buchenkurve, das Auftreten der Birke und Hasel indessen die Auflichtung des Waldes; die entgegengesetzten Kurven verweisen auf abermalige Verwaldung. Man rechnet mit einer siedlungsfreundlichen Klima-Entwicklung bis zu einem Optimum um 1200/1250. Damals expandieren die Vikinger im Bereich des Nordatlantik, wo das Klima-Optimum bereits um 1100 erreicht wird; an den Nordseeküsten toben weniger Sturmfluten als seitdem; Heuschrecken – auch dies eine Wirkung des milderen Klimas – überfallen im Jahr 873 Gallien.

Was aber ist zu erkennen? Wie sieht Europa im früheren Mittelalter aus? Riesige Waldgebiete, arm an Wild, „zum Verhungern leer" – der moderne Geograph trifft sich in seiner Charakteristik mit dem altsächsischen Dichter, der vom „Grab des Waldes" sprechen kann [*waldes hlêo*, Heliand v. 1510; GRADMANN: 285, S. 367]. Tödlicher Urwald, der kein Durchkommen gestattet, kennzeichnet noch weite Flächen vor allem Mittel- und Osteuropas, auch Englands, weniger indessen des Westens und ganz vereinzelt nur des Südens. Hier liegen die Reserven des Landesausbaus und die scheinbar unerschöpflichen Ressourcen der Energiegewinnung. „Die großen Waldgebiete ließen bis zum Ende des 10. Jh. ein immenses Feld für Kolonisation" [HIGOUNET: 275, S. 44]. Vom Harz bis nach Nordhessen, im Siegerland, in Ostfranken, in Schwarzwald und Vogesen, im Massif Central, den Ardennen, dem „Kohlenwald", in Böhmen, Polen oder Russland – fast nichts als „wüster" Wald. Bolesław Chrobrys Klage zu Beginn des 11. Jh., er könne die zugesagten Zahlungen an St. Peter in Rom nicht entrichten, weil der deutsche König Heinrich II. den Weg verlege, ist keine billige Entschuldigung, sondern Ausdruck schwierigster Kommunikationsbedingung. Die wenigen „Straßen" durch die „wüste Einöde" (*desertum*) sind leicht zu kontrollieren; durch den Böhmerwald führt im 10. Jh. wohl nur der eine Weg von Prag nach Regensburg. Ausgedehnte Sumpfregionen widersetzen sich von der norddeutschen Tiefebene bis nach Innerpolen dem Vordringen des ackerbautreibenden Menschen. Flüsse und größere Bäche sind unreguliert; ihre Niederungen sind überschwemmungsgefährdet und feucht, die Menschen weichen ihnen aus, Straßen und Wege meiden sie, wo immer sie können. Auch die Mittel- und Hochgebirge weisen noch alle Siedlung ab. Wie Inseln in einem Meer aus Wald und Sumpf erscheinen die Altsiedelgebiete; sie bevorzugen die leichten Böden. O. Schlüters berühmte, gleichwohl umstrittene Karte verdeutlicht wenigstens diese Situation, wenn sie auch für weitere Einzelheiten unbrauchbar oder mit größter Vorsicht zu benutzen ist. Eine Mahnung Karls d. Gr. charakterisiert die Lage: „Zur Rodung geeignetes Land soll man roden und verhindern, dass Ackerland wieder vom Wald überwuchert wird, aber auch nicht dulden, dass Wälder, wo sie nötig sind, übermäßig ausgeholzt und geschädigt werden" (Capitulare de villis); von den Sümpfen spricht Karl noch nicht. Doch Schritt um Schritt ändert sich das Bild. Zuerst wird der Wald zurückgedrängt; der Zugriff auf die großen Sumpfregionen folgt dann seit dem späteren 11. und im 12. Jh. In staufischer Zeit überwiegt wenigstens in Südwestdeutschland bereits das Verbot des unkontrollierten Holzschlagens im Wald und in den Forsten. Der Umbruch vom früheren zum hohen Mittelalter ist deutlich.

Die Entwicklung kennt freilich Rückschläge und Sprünge. Selbst dort, wo die Römer schon rodeten, hat oftmals erneut vordringender Wald das Siedlungswerk wieder beseitigt. Karls d. Gr. zitierte Aufforderung spiegelt durchaus reale Erfahrungen. „Ausbauphasen" wechseln in ein und derselben Region mehrfach mit „Wüstungsphasen"; sogar Phasenüberlagerungen sind zu registrieren. Zumal schwere Böden widersetzen sich – dem Ackergerät entsprechend – kontinuierlich der Bearbeitung und damit fürs Erste auch einer dichten Besiedlung. Die großen Gefahren der Zeit indessen, die Auflösung des Karls-Reiches, die Einfälle der Sarazenen, Normannen und Ungarn, die feudale „Anarchie", schaden dem Trend wenig. Der Blutzoll, den sie fordern, verzögert das Bevölkerungswachstum allenfalls unmerklich, der Landesausbau wird eher beschleunigt, da Burgen errichtet und ihre Herren wirtschaftlich gesichert werden müssen.

Bevölkerungsdichte Doch gibt es neben den unbewohnbaren und dünn besiedelten Regionen des Ostens und Nordens Europas, in denen Städte fehlen, oder der Hochgebirge auch ausgedehnte Zonen mit vergleichsweise dichter Besiedlung. Die antiken Stadtlandschaften Italiens und Galliens hatten zwar in der Völkerwanderungszeit und durch die große Pest des 6. Jh. erhebliche Bevölkerungsverluste zu beklagen, aber sie zählen noch immer zu den volkreichsten Gebieten. Für das muslimische Spanien werden im 10. Jh. Großstädte mit mehr als 100 000 Einwohnern vermutet. Sonst aber ist Europa eine Agrarlandschaft. Das westfränkische Gebiet liegt dabei offener als England oder Mitteleuropa; die Ile de France etwa ist eine der fruchtbarsten, reichsten und fast schon überbevölkerten Zonen des Frankenreiches und bleibt dies während der gesamten hier ins Auge zu fassenden Epoche. Das Rhein-Main-Gebiet und der Raum um Regensburg, in gewissem Ausmaß auch der Bodensee-Raum zeichnen sich durch vergleichsweise hohe Landeserschließung im Ostteil des Frankenreiches aus. Je weiter man indessen nach Osten vordringt, desto rascher schwindet die Zahl der Menschen und die Bevölkerungsdichte, desto stärker steigen aber auch die Möglichkeiten künftigen Landesausbaus.

Genaue Zahlen zur Bevölkerungsgröße stehen nicht zur Verfügung. Populationshistoriker können nur Schätzwerte vorlegen, gewonnen aufgrund bestimmter mathematischer Funktionen und mehr oder minder zutreffender Prämissen, Hypothesen und einiger weniger sachlicher Anhaltspunkte. Die Angaben differieren z. T. erheblich und schwanken für ganz Europa in der Zeit um 1000 bald über (Bennett), bald unter (Russell) der 40 Millionen-Grenze. Der kleinere Wert dürfte der Wahrheit näher liegen. Nur der allgemeine Trend ist gewiss: Die Bevölkerung wächst fortgesetzt überall in Europa und im Schnitt stark. Einzelne Wachstumsschübe zu bestimmen oder ihre Verteilung innerhalb der hier betrachteten 200 Jahre festzulegen, erscheint unmöglich. Die Indikatoren – Vermehrung der Ortsnamen, Häufung geteilter und geviertelter Hufen, Ausweitung älterer Hof- zu Gruppensiedlungen, Vergrößerung der Fluren, Zunahme der Pfarrkirchen oder insgesamt der Landesausbau, wie ihn seit 800 die Pollenkurven signalisieren – begegnen im 9. Jh. so gut wie im 10. und frühen 11. Auch wenn erst seit dem ausgehenden 12. Jh. Klagen wegen Überbevölkerung häufiger ertönen, so steigt dennoch mit der „Verdichtung" der Menschen der Veränderungsdruck auf ihre überkommenen sozialen Verhältnisse, Lebensformen und Besitzverteilungen. Der normannische Chronist Dudo von St. Quentin (†1026) meint zwar, Überbevölkerung und Landnot hätten die Normannen aus ihrer alten Heimat vertrieben, doch verschweigt er, dass dort, wo sie sich niederlassen, in der Normandie, die Menschen noch dichter leben als in Skandinavien. Sein Argument bezeugt somit eher literarische Bildung als die Fähigkeit zur Wahrnehmung sozialen Wandels.

2. Gesellschaftliche Bindungen

Das mittelalterliche Europa, die abendländische Kultur sei, so hat Ranke gelehrt und so wird gelegentlich noch heute wiederholt, hervorgegangen aus der Verbindung der romanischen und der germanischen Völker. Doch dies ist falsch. Nicht nur, dass Ranke die Iren und Slawen vergaß, denen ein unübersehbarer Anteil an der Formierung der europäischen Zivilisation zukommt, die Rolle, die er im Geiste der Romantik den Völkern zuwies, konnten diese nicht spielen, weil es sie noch nicht gab. Europas geistige Einheit ist vielmehr die Frucht einer Begegnung der Barbaren des Nordens und Ostens mit der übernationalen mittelmeerisch-christlichen Kultur der Antike. Die keltischen, germanischen, slawischen und romanischen Völker, die Europa bis zur Gegenwart kennt, sind ihrerseits erst Kinder, z. T. recht spätgeborene, aus dieser Begegnung. Mochten germanische Kleinvölker („Stämme") als Eindringlinge in das universale Imperium das „nationale", besser das „gentile" Prinzip pflanzen oder wieder in die Weltgeschichte eintreten lassen (A. Dove), sie wurden dort zugleich ein- oder umgeschmolzen. Nur wer damals dem Tiegel entkam – ein Teil der Goten, die Franken, die Angel-Sachsen, die Langobarden, die Alemannen und Bayern –, kann den „gentilen" Gedanken bis zu den Karolingern und in deren Frankenreich hinüberretten. Dort aber erstirbt auch er, schneller im Westen, allmählicher im Osten, um dann – verwandelt – in den neuen Großvölkern wieder zu erstehen; erst mit deren Formierung ist die „Geburt Europas" (Ch. Dawson) vollendet. Jener Prozess der Volkwerdung aber ist bei den „Slawen" und den „Germanen" frühzeitiger zu beobachten als bei den „Romanen". Die „Dä-

Gemeinschaftsbewusstsein

nen" oder „Polen" (der Name begegnet seit der Jahrtausendwende) sind als Völker somit nicht jünger als die „Franzosen" oder „Italiener", vielleicht sogar ein klein wenig älter. Der Boden, auf dem die „Romanen" sich als Völker konstituieren, ist zwar überladen von alter Geschichte, ihre Ethnogenese vollzieht sich gleichwohl erst – wie diejenige der übrigen Völker Europas – vom 9. zum 11. Jh. Erst seitdem wird die Einheit in nationaler Vielfalt zum Kennzeichen der europäischen Kultur.

Europas Einheit   Europas „Einheit" manifestiert sich, wie unlängst M. MITTERAUER [122] durch interkulturellen Vergleich mit China, Byzanz und der arabischen Kultur aufzeigte, in anderer Weise als durch derartige Ethnogenese. Sie gründet in gleichartigen gesellschaftlichen, wirtschaftlichen, technischen, geistigen und religiösen Entwicklungen, die sich an keine „nationalen" Grenzen halten, und nicht zuletzt in den Hauptnahrungsmitteln und den zu ihrer Gewinnung und Verarbeitung notwendigen Technologien. Der Roggenbau etwa erfordert auf schweren Böden den schweren (Räder-)Pflug, die Mühle und eine entsprechende Antriebskraft, die sich durch Erfindung der Nockenwelle auf das Wasser konzentriert. Sie macht damit eine Energiequelle fruchtbar, die sich vielfältig – z. B. als Walk- oder Hammermühle oder als Pumpwerk – einsetzen lässt, die aber unaufhaltsam sozialen, wirtschaftlichen, herrschaftsrechtlichen Wandel (z. B. in Form von „Bannmühlen"), leistungsfähige Transportmittel, Zugkraft und eine entsprechende Infrastruktur mit sich bringt. Der Nassreisanbau in China, der sich zu der nämlichen Zeit ausbreitet wie in Europa der Roggenanbau, erfordert keine derartigen Technologien und führt über kurz oder lang in allen betroffenen kulturellen Bereichen zu grundlegend anderer Entwicklung.

Die Lebens- und Kommunikationsverhältnisse verwehren den meisten Menschen im früheren Mittelalter freilich, große soziale Gruppen, Völker, Sprachgemeinschaften oder auch nur die Gesamtheit einer grundherrlichen *familia* wahrzunehmen. Überschaubar, weil allein erfahrbar, ist gewöhnlich nur der engste Lebenskreis. So dominieren die personalen Bindungen zwischen Nachbarn und Verwandten, zwischen dem Herrn, seinen Vasallen und abhängigen Leuten, zwischen Bischöfen, Pfarrern und ihren Gemeinden, zwischen dem Abt und seinen Mönchen; bischöfliche Visitationen, wie sie etwa Regino von Prüm in seinem „Sendhandbuch" [HARTMANN: 1600] beschreibt, verwirklichen sie. Allein an den Grenzen mögen andere Erfahrungen hinzutreten. Jedes übergreifende Gemeinschaftsbewusstsein ist indessen an spezielle Trägergruppen, an Adel, Bischöfe, Klerus und Mönche, an literarisch geschulte Gelehrte, gebunden, die durch Erfahrung und Bildung, durch z. T. weiträumige Kommunikation mit Anderen und Fremden den sonst beschränkten Horizont auszuweiten vermögen; sie bedürfen freilich auch dieser Anderen und Fremden, um ihnen als ein „Wir" gegenüberzutreten zu können. Auch und gerade das Heer wirkt in dieser Frühzeit gemeinschaftsbildend; denn es vereint die waffenfähigen und waffenpflichtigen Männer zu überregionalen Verbänden und fördert in der Abwehr der Feinde oder beim Kampf in der Fremde zugleich das Bewusstsein von Zusammengehörigkeit und wechselseitiger Angewiesenheit. In den genannten Gruppen aber spielen sich jene Einungsprozesse ab, welche die Völker entstehen lassen. Es bedarf dazu integrativer Zentren, etwa eines Königs, gemeinschaftsstiftender Symbole und Mythen, einer kollektiv erinnerten, in mündlichen Liedern oder literarisch überlieferter Geschichte, verbindender Kulte (Mauritius-, Wenzels-, Adalbertskult sind bekannte Beispiele aus dem 10. und frühen 11. Jh.) und nicht zuletzt – aufgenötigt oder selbstbestimmt – der Bereitschaft zur Einheit; Sprach- und Verkehrsgemeinschaften erleichtern zweifellos die Einung, sind aber keine konstitutiven Voraussetzungen.

Völker besitzen im 9. und 10. Jh. längst nicht jenes Gewicht, das ihnen Nationalhistoriker des 19. und 20. Jh. zuweisen wollten. Die Franken sind zwar stolz auf ihr „erhabenes" Volk, und die Sachsen feiern das ihnen zugefallene Königtum, weil ihre *Natio* nun „Herrin über viele Völker" sei. „Nationale" Triebkräfte sucht man im früheren Mittelalter indessen vergebens, auch wenn sich etwa die Bayern des eben zum König gewählten Heinrich II. in Merseburg mit den über ihre schwindende Königsnähe enttäuschten Sachsen prügeln (1002). Der beißende Spott, mit dem anderssprachige Nachbarn einander überschütten, ist oft nichts weiter als ein defensives Abgrenzungsmanöver. *Stulti sunt Romani Sapienti sunt Paioari, Modica est sapienti In romana plus habent Stultitia Quam sapientia – tolesint uualha spahesint peigira luzic ist spahe inuualhum merahapent tolaheiti dennespahi* – „Dumm sind die Welschen, schlau die Bayern...". Andere Zeitgenossen wie der Abt Regino von Prüm nehmen Unterschiede nicht nur vorurteilsvoll und dumpf wahr, sie versuchen, sie zu systematisieren: „Die verschiedenen Völkerstämme (*nationes populorum*) unterscheiden sich untereinander nach Abstammung, Sitte, Sprache und Recht". Aber auch hier werden allein Abgrenzungen, innere Bindungen und Lebensformen, nicht Handlungsintentionen erfasst.

Alte und neue Völker

Europa zergliedert sich zudem um 840 keineswegs gleichmäßig in eine Reihe von (im Sinne Reginos definierten) Völkerschaften und deren „Länder"; bis um die Jahrtausendwende wird sich das nur partiell ändern. Weite Regionen zumal in West- oder Südeuropa sind mehr oder weniger dicht besiedelt und kennen dennoch keine „Völker". Die Namen allein – *Gothi, Aquitani, Burgundiones* u. a. – dürfen hier, das wird in der neueren Forschung nicht immer angemessen beachtet, nicht täuschen; sie belegen in der fraglichen Zeit gewöhnlich allein die Bewohnerschaft eines Landes – also der *Gothia, Aquitania* oder *Burgundia* – mit einer altüberkommenen Bezeichnung. Der Sprachgebrauch bürgert sich seit dem 9. Jh. vor allem im Westen ein. Der scheinbare Volksname ist nun bloße regionale Herkunftsangabe, die nicht mehr wie einst auf die Zugehörigkeit zu dem durch Abstammung, Tradition, Recht und Lebensformen konstituierten Verband, zum *populus* oder zur *gens Gothorum* oder *Burgundionum*, verweist. Es fehlt ein Integrationszentrum, es fehlen eine Trägergruppe des „Wir"-Bewusstseins, einheitstiftende My-

Landschaftliche Bindung

then, Kulte oder Geschichte. Affektive Verbundenheit ist nirgends zu erkennen; kein „Burgunder" oder „Aquitanier" brüstet sich seiner Herkunft, seiner Verwandtschaft mit Gunther von Worms, Hagen von Tronje oder Waltharius. Das Recht ist in eine Vielzahl regionaler „coutumes" zersplittert. Die alten Völker haben sich verflüchtigt, die neue Bevölkerung, die an ihre Stelle getreten ist, bleibt einstweilen ungeeint und amorph. Der Volksgedanke muss sich neu und in anderer Weise als bisher, nicht aus „gentilem" Denken, sondern aus der Bindung an einen Herrscher und sein Reich, etablieren. Die „Reconquista" Spaniens knüpft zwar an die westgotische Vergangenheit an, doch als „Goten" begreifen sich die Bewohner bzw. die Führungsschicht Asturiens, Leóns oder Altkastiliens immer weniger; „Kastiler" aber oder gar „Spanier" sind sie noch keinesfalls. Ähnlich ist es um die Bewohner der „spanischen Mark" bestellt; „Goten" lassen sie sich kaum mehr nennen, „Katalanen" aber heißen sie noch nicht. Einige Herrschaftsträger greifen mitunter auf den alten Gotennamen zurück, um ihre Würde durch vorgespiegeltes Alter zu legitimieren; die *gens Gothorum* besteht deshalb aber nicht fort und wird dadurch auch nicht wiederbelebt. Allein die „Basken" scheinen sich – zu Recht – als eigenes „Volk" zu verstehen. Zwar sind im 8. und 9. Jh. Regungen zur Ausbildung einer zuvor unbekannten Nation, der „Aquitanier", zu beobachten; doch es bleibt bei diesen Ansätzen. „Volk", das im Sinne Reginos durch Blutsverwandtschaft, eigenes Recht und eigene Lebensformen gekennzeichnet sein sollte, werden die *Aquitani* nie. Ähnlich ergeht es anderen Anläufen zur Ethnogenese auf der Basis von Reichsteilen oder eigener Herrschaftsbildung im Frankenreich. Selbst die „Lothringer", jener Verband, der sich im Laufe des 9. Jh. am stärksten gentiler Geschlossenheit annähert, bleibt Einwohnerschaft und wird keine „gens" im alten Sinne; das Land wird – kaum geeint – mehrfach geteilt, Westen und Osten sind durch die Sprache geschieden, Norden und Süden durch das Recht und seit 958 auch politisch durch eigene Herzöge.

Franzosen und Deutsche
Nur einige „Stämme" der Völkerwanderungszeit sind auch im 9. Jh. wirkliche „Völker", allen voran die Franken, denen freilich – bei so häufigen Teilungen – die Vorstellung „nationaler Einheit" oder „nationalen Handelns" fremd ist, weiterhin die Alemannen, Bayern und Sachsen, kaum indessen noch die Thüringer. Es dauert lange, bis sich diese Völkervielfalt und ihre Sprecher, der sie tragende Adel, zu einer neuen Einheit erheben und sich als solche, als „Franzosen" oder „Deutsche", begreifen. Noch im gesamten 9. Jh. findet sich nur „Stammesbewusstsein", im 10. Jh. ändert sich das kaum. Dass breitere Kreise auch nur des Adels, der das später sog. *regnum Teutonicum* trägt, sich vor dem 11. Jh. als „deutsch" empfinden, halte ich – obwohl einige Historiker es bejahen – für ausgeschlossen. Das westfränkische Königtum betont, was auffällt und zweifellos einen Wandel signalisiert, seit dem Jahr 911 seinen „fränkischen" Charakter; ob sich aber deshalb bereits eine Kerngruppe des Herrschaftsverbandes als „Franzosen" und nicht mehr als „Franken" begreift, ist kaum zu erkennen. Auch hier ist mit einer Übergangsphase zu

rechnen, die vielleicht erst in der zweiten Hälfte des 11. Jh. beendet ist. Scharfe Schnitte dürfen bei diesen Prozessen kollektiver Bewusstseinsbildung gewiss nicht gezogen werden. Ein deutsches oder französisches Volksrecht wird es im Mittelalter nie geben, es sei denn, man schränkte es auf das subjektive Recht der Könige und die ihnen gebührende Huldigung ein. Als politische Triebkraft ist „deutsches" oder „französisches" Volksbewusstsein ebenso wenig zu fassen, auch wenn die innerhalb der Reichsgrenzen zunehmende intergentile Versippung die Herausbildung einer Führungsschicht mit einem neuartigen, pränationalen Zusammengehörigkeitsbewusstsein erlaubt, das ältere und fortbestehende Bindungen überlagert. Die Langobarden verschwinden nach der Eroberung ihres Reiches durch Karl d. Gr. (774) als selbständiges Volk; in der „Lombardei" leben zwar noch zu Beginn des 11. Jh. einige Menschen nach langobardischem Recht, doch gemeinsam mit anderen, die sich vor Gericht auf das fränkische, alemannische oder bayerische Recht berufen. Als Völker-Gemisch betrachtet dieses Konglomerat aus Nachkommen von „Romanen", „Langobarden", eingewanderten „Franken", „Alemannen" oder „Bayern" niemand. Einen eigenen gentilen Verband bilden sie schon gar nicht; wohl aber bürgert sich allmählich, um die Einwohnerschaft als Ganzes zu bezeichnen, ein neuer, vom antiken Landesnamen abgeleiteter Begriff ein: „Italer". Volk (im Sinne Reginos von Prüm oder des modernen Nationenbegriffs) sind sie aber noch lange nicht. Einstweilen schiebt sich ohnehin die Zugehörigkeit zu einer bestimmten „Civitas" vor jedes „italienische" Volksbewusstsein. Die langobardischen Fürsten Süditaliens pflegen zwar die ältere Tradition, doch vom „Volk der Langobarden" spricht in dieser Region, in der sich Byzantiner, Muslime, Lateiner begegnen, nun niemand mehr.

Außerhalb des Frankenreiches wird die politische Geographie noch weniger als in seinem Innern durch „Völker" geprägt. Die Bretonen dürfen als ein solches gelten. Sonst indessen leben lediglich auf den britischen Inseln sich tatsächlich als „Gentes" begreifende „Schotten", „Angeln" und „Sachsen". Die Normannen sind kein Volk; ihre soziale Verbandsbildung stützt sich auf Sippen, gemeinsame Götterkulte, Dinggenossenschaften und zunehmend auch auf das Königtum. Erst der Kontakt mit dem Frankenreich entzündet in Skandinavien den „nationalen Gedanken". Durch Herrschaftsbildung entstehen jetzt die neuen Völker der „Dänen", „Schweden" und „Norweger", auch der „Normannen" (in der „Normandie"); die neuen Reichsbildungen schweißen sie zusammen.

Norden

Im Osten Europas vollziehen sich ähnliche Veränderungen. Balten und Finnen könnten als Völker schon älter sein, doch ihre Frühgeschichte verliert sich im Dunkel der Schriftlosigkeit. Ein wenig helleres Licht fällt auf die „Urgesellschaft" der Slawen, die sich in eine Fülle kleiner und kleinster „Civitates" gliedern (sog. „Bayerischer Geograph"). Ein gesamtslawisches, volkhaftes Zusammengehörigkeitsgefühl ist unwahrscheinlich. Während nämlich die altrussische sog. Nestorchronik (12. Jh.) mit einem slawischen

Osten

Gemeinschaftsbewusstsein zu rechnen scheint und die Westslawen in der Tat unter dem Liachen-Namen zusammenfasst, fehlen unter diesen selbst entsprechende Spuren. Wiederum beflügelt erst die Berührung mit den entwickelteren Nachbarreichen der Franken, Byzantiner oder Deutschen und mit der christlichen Kirche eigene großräumige Herrschaftsbildung und damit ihre Ethnogenesen. So schicken sich seit der 2. Hälfte des 9.Jh. zunächst die „Mährer" (bis 907), dann die „Tschechen" (1. Hälfte 10.Jh.), schließlich auch die „Polen" (2. Hälfte 10.Jh.) an, in die europäische Völkergemeinschaft einzutreten. Polens älteste Urkunde – noch ohne den Eigennamen von Volk und Land, der erst mit dem Jahr 1000 begegnet –, das rätselvolle Regest *Dagome iudex* (um 990/92), beschreibt die Grenze des ganzen Landes, das gerade – wohl zum Zwecke der Kirchenorganisation – dem Apostolischen Stuhle übertragen wird. Seit wann die „Rus" als Volk betrachtet werden dürfen, und unter welchen Umständen Reichsbildung und Ethnogenese sich vollziehen, ist eine alte Streitfrage. Die Awaren waren schon zu Ende des 8.Jh. durch Karl d. Gr. besiegt, ihre Reste verlieren sich im 9.Jh. im Völkerkessel Pannoniens, der dann seit etwa 900 mit der „Landnahme" der Ungarn eine Neuordnung erfährt.

Verwandtschaft   Stärker als alle Bindung an das Volk wirkt jene an die Verwandten. Ihnen verdankt jeder Mensch seinen Status, auf sie konzentrieren sich seine ersten Handlungsintentionen. Ob arm oder mächtig, ob adelig oder unfrei, die Verwandtschaft prägt entscheidend seine Lebenswelt. Sie weitet seinen Handlungsspielraum aus oder engt ihn ein. Die familiären Fesseln abzustreifen, ist nahezu – selbst für den Mönch – ausgeschlossen. Die Erlaubnis zur Ehe steht gewöhnlich nicht im Belieben der Individuen, sie wird – da stets das Vermögen betroffen ist – durch die Verwandten erteilt. Nicht wer will, darf heiraten, sondern nur wessen Ehe materiell gesichert werden kann. Die Heiratskreise sind vergleichsweise eng: Unfreie sollten die Grundherrschaft ihres Herrn nicht verlassen, Freie sehen sich durch die gewöhnlich geringe räumliche Mobilität in ihrer Kandidaten-Auswahl beschränkt. Allein der Adel unterliegt z.T. anderen Konditionen; er heiratet untereinander und schließt seine Ehen durchaus über weite geographische Entfernungen, im 9. und 10.Jh. zunehmend auch über gentile Grenzen hinweg. Das Kirchenrecht schreibt darüber hinaus im 9. und 10.Jh. immer strengere Exogamie-Gebote vor; ihre Nichtbeachtung gefährdet die Legitimität und damit die Erbfähigkeit des Nachwuchses. Grundsätzlich gilt seit etwa der Jahrtausendwende jeder geringere als der 7. (kanonische) Verwandtschaftsgrad als Ehehindernis, für kirchliche Eiferer oft genug Anlass zu unerbittlichem Eingreifen.

Clan und Sippe, oder wie sonst jene durch Besitz und Zusammengehörigkeitsgefühl geeinten Gruppen von Verwandten heißen, sind keine starren Rechtsgebilde, sie befinden sich in fortgesetztem Wandel; hinzu gehört, wessen man sich als verwandt erinnert. Die Quellen des 9. und 10.Jh. nennen die fraglichen Gruppen gewöhnlich *consanguinei et amici*, ohne damit auf eine scharfe Trennung der „Blutsverwandten" von den „Verschwägerten" abzuheben. Das Bild, das die Quellen von der Verwandtschaft zeichnen, ist z. T. uneinheitlich und widersprüchlich. Dhuoda erinnert (um 840) ihren ältesten Sohn – soweit wir die von ihr Genannten sicher zu identifizieren vermögen – an die Gedächtnispflege fast ausschließlich agnatischer Verwandter, allenfalls will sie noch ihre eigenen Eltern ins Gebetsgedächtnis ihres Sohnes aufgenommen wissen; nach einer der Zahl der Agnaten vergleichbaren Gruppe von Kognaten hält man in ihrem Memorialbüchlein indessen vergebens Ausschau. Auch Hildebrand fragt in dem nach ihm benannten Liede seinen ihm noch fremd gegenübertretenden Sohn allein, „wer sein Vater sei", nicht nach irgendwelchen Kognaten. Anderseits vollzieht sich der soziale Aufstieg einer Reihe adeliger Familien – wie etwa der westfränkischen „Rorgoniden" oder der in Sachsen zu Einfluss gelangenden „Liudgeriden" – durch Verwandtschaft zu Bischöfen; dies setzt ebenso die Wirksamkeit kognatischer Beziehungen voraus wie die Tatsache, dass wiederholt berühmter männlicher oder weiblicher Spitzenahnen gedacht wird. Für Erbrecht und Standesqualität der Nachkommen kann es entscheidend sein. Wenigstens einige dieser kognatischen Gruppen werden durch Zusammengehörigkeits-Bewusstsein enger geeint sein als andere. Die Sitte der Nachbenennung bei der Namenswahl dürfte derartige Verhältnisse spiegeln. Denn Familien „besitzen" gewöhnlich einen Schatz an spezifischen Namen, den sie eben nur an ihre Nachkommen weitergeben.

Allein familiäres Totengedächtnis vereint alle, die dazu gehören, zu einem Verband: die Lebenden, welche die Erinnerung an „ihre" Toten pflegen, und die Toten, denen die Lebenden verdanken, was sie sind. Dieses Gedächtnis wird seit dem 9. Jh. neu organisiert, indem es aus der bloß familiären, wenig stabilen Pflege eigens gestifteten Klöstern übertragen wird, die sich seiner fortan anzunehmen haben. Memorialbücher verzeichnen nun die Namen, derer zu gedenken ist, und fassen damit zugleich die zu einem Verwandtschafts-Verband zählenden Individuen „für alle Ewigkeit" zusammen; die Sippe erscheint nun geradezu als eine durch klösterliches Gebetsgedächtnis konstituierte Gemeinschaft von Lebenden und Toten. Derartige Memoria verleiht auf Dauer der Adelssippe eine neue Wirklichkeit und stiftet nach rückwärts wie in die Zukunft eine ihr bislang unbekannte Kontinuität, nach rückwärts durch Erinnerung, in die Zukunft durch das Fortbestehen des die Memoria pflegenden Klosters; selbst nach dem Aussterben der Familie setzen die Klöster das Andenken an ihre Stifterfamilien fort. Memoria wird damit zu einem konstitutiven Zentrum dynastischen Denkens und damit zugleich des von diesem initiierten verfassungshistorischen Wandels. Doch wecken auch die gleichzeitig eingeschärften Exogamiegebote ein diachrones, um einen „Stamm" geordnetes Familienbewusstsein; ja, man wird gerade das kirchlich geformte Eherecht zu einem entscheidenden Antrieb zur paradigmatischen Konstruktion des adeligen Geschlechts zu betrachten haben.

Memoria

Die Nähe zum König und der Umfang des Allodialgutes bestimmen den sozialen Rang einer Familie, den sie eifersüchtig hütet; der Anteil am Eigengut

Adelsbesitz

hält entsprechende Verwandten-Gruppen zusammen und trägt ebenfalls – wahrscheinlich viel nachhaltiger als biologische Verwandtschaft oder Verschwägerung – zur Stabilisierung als Sippenverband bei; der Kampf um Besitz-Anteile und Königsgut sprengt die Verbände wieder auf. Wie virulent in der hier fraglichen Zeit noch die Vorstellung ist, in der auch die Toten Anteil am Sippengut haben, ist kaum auszumachen. Doch dürfte der Gedanke der „Seelteil"-Stiftung bei Besitzüberweisung an ein Kloster wenigstens im 9. Jh. noch wirksam sein. Ebenso legitimiert ein Sippenmitglied im Mönchs-Konvent eine Übertragung des ihm zustehenden Besitzanteils an das Kloster; der Mönch repräsentiert dort seine Sippe, und nach seinem Tode bestreitet der Konvent aus den Einkünften des übertragenen Familiengutes die notwendige Memorialpflicht.

Besitzgröße und -mobilität   Nach allem, was wir wissen, ist auch und gerade der Adelsbesitz weder nach Größe noch nach Lage konstant. Im Gegenteil: Er ist im 9. Jh. weit gestreut, z. T. noch über Teilreichsgrenzen hinweg; seine Fluktuation ist groß. Jeder rechtsförmliche Eheschluss führt unter Freien und im Adel, in gewissen Grenzen wohl auch innerhalb von Grundherrschaften, zu einem teilweise erheblichen Besitzrevirement, weshalb die „Verwandten und Freunde" den Ehen auch zuzustimmen haben. Die aus dem Gut des Mannes zu bildende Morgengabe der Frau fällt zwar mit ihrem Tod an die gemeinsamen Erben, bleibt damit also in der Familie des Mannes; doch die z. T. erhebliche Mitgift, welche zu Lasten der Familie der Braut aufzubringen ist, scheidet bei legitimen Erben, wenn die Ehe also ihren erklärten Zweck erfüllte, aus dem Vermögen der Brautfamilie aus. Der nie unterbrochene Machtkampf zwischen den verschiedenen Adelsgruppen trägt das Seine zur hohen Besitzmobilität bei. Innerhalb weniger Generationen kann sich auf diese Weise der räumliche Schwerpunkt ganzer Adelsfamilien erheblich verlagern. Zuweisung oder Entzug von Lehnsbesitz durch den König oder sonstige Herren verstärkt diese Entwicklung noch. Die Vorstellung eines prinzipiell unveräußerlichen Stammgutes oder Handgemals, im späteren Mittelalter unabdingbare Erfordernis adeligen Standes, scheint innerhalb des Frankenreiches und seiner Nachfolger einstweilen kein sonderliches Gewicht zu besitzen. Das mag in jener nordgermanischen Gesellschaft, welche die Sagas spiegeln, (noch?) anders gewesen sein. Gleichwohl muss das Streben auch des übrigen Adels darauf gerichtet sein, die seinem Status gefährliche Mobilitäts-Dynamik zu bremsen und stattdessen auf ungebrochene Kontinuität seines Besitzes zu dringen, stabile Herrschaftszentren zu schaffen, den darum gelagerten Besitz dauerhaft beisammen zu halten, abzurunden und zu vergrößern. Dies gelingt ihm tatsächlich in mehreren Etappen während der hier fraglichen Epoche. Das 9./10. Jh. sieht die Erblichkeit der Lehen sich ausbreiten, das 10./11. Jh. wird die Einrichtung des „unvergänglichen" Besitzmittelpunktes verwirklichen. Als Keimzellen dafür bieten sich unterschiedliche Möglichkeiten an: die Anlage einer Grablege des Geschlechts, deren Schutz – unter Ausschluss der übrigen – allein einem Erben zugewiesen wird; die nach festgelegten

Regeln sich vererbende Vogtei über ein adeliges „Haus"-Kloster, das die Memoria-Pflege übernimmt; der Bau einer „Stamm"-Burg, deren Erbgang gleichfalls eingeschränkt wird; die allmählich aufkommende Primogenitur oder ihr entsprechende Rechtsprinzipien ergänzen die Maßnahmen. Der gesamte Wandlungsprozess, der entscheidend die Patrilinearität adeliger Geschlechter stärkt, schlägt sich am sichtbarsten in der Namensgebung großer und kleiner Adelsfamilien nieder; seitdem nämlich beginnen sie sich nach ihren „Stammsitzen" – zumeist nach Burgen – zu nennen.

Die verheiratete Frau besitzt innerhalb der Rechtssphäre des „Hauses", gegenüber dem gesamten Vermögen und den mit seiner Nutzung betrauten Menschen, „Schlüsselgewalt". Nach außen, d. h. insbesondere vor Gericht, gilt sie gewöhnlich – so wie Kinder – für „unmündig", nicht gerichtsfähig. Doch ist fraglich, wie weit hier Theorie und Wirklichkeit zusammenfallen. Bereits die Gräfin Dhuoda wirtschaftet selbständig an Stelle ihres häufig am Königshof weilenden Ehemannes, schließt vermögensrelevante Verträge, macht Schulden, handelt also in einem eminenten Maße autonom. Noch ottonische und frühsalische Königinnen besitzen einen hohen Einfluss auf Besitz und Herrschaft der jeweiligen Könige. Doch verliert sich dieser Einfluss in dem Maße, in dem das „Reichs"-Denken sich objektiviert und das Königtum dem älteren, überwiegend personalen, hausherrschaftlichen Verständnis entzogen wird; herrschaftliche Aktivitäten der Fürstinnen konzentrieren sich dann überwiegend auf ihre Eigengüter und das Wittum. Der „Investiturstreit" bedeutet hier zweifellos einen tiefen Einschnitt, wie umgekehrt die seit dem 9. Jh. einsetzende Verkirchlichung des Eherechts von nachhaltiger Wirkung auf die vermögensrechtliche Sicherheit der Ehefrau ist.

<small>Frauen</small>

Auf sozial tieferer Ebene sind durchaus ähnliche Verhältnisse zu beobachten. Frauen arbeiten hart, zu Hause, auf dem Feld, an den Webstühlen oder in sonst einem Handwerk. Bereits im 9. Jh. lassen sich in den Städten gewerbetreibende Frauen nachweisen, die vielleicht eigenverantwortlich wirtschaften. Auch im bäuerlichen Bereich spielt die Frau eine hervorragende Rolle, nicht nur als Mutter und Hüterin des Herdfeuers. Man hat errechnet, dass in manchen Grundherrschaften des 10. Jh. Frauen, seien es Witwen oder Erbtöchter, über etwa zehn Prozent der Bauernhöfe verfügen; in Südgallien liegt – bedingt durch ein den Frauen günstigeres Erbrecht – ihr Anteil wohl noch um einiges höher.

Die Stellung der Töchter oder Schwestern erscheint aus mancherlei Gründen problematisch. Sie partizipieren am Familienbesitz und gefährden bei zu großer erbberechtigter Nachkommenschaft seinen Bestand und damit die Grundlage des eigenen Status. Um den negativen Effekt unvorteilhafter Ehen zu vermeiden, mutet der Adel nicht nur seinen Töchtern, sondern zunehmend auch den jüngeren Söhnen Ehelosigkeit zu. Er versorgt sie, wenn er sie nicht zum Nutzen der Familie verheiraten kann, standesgemäß durch Einweisung in ein Kloster oder Stift; der Besitzverlust lässt sich so in Grenzen halten. Das Leben in der mehr oder weniger streng geregelten

<small>Ehe und Nachkommenschaft</small>

Gemeinschaft, nicht zuletzt auch die argwöhnische Wachsamkeit der Schicksalsgenossinnen verhindern zumeist die gefürchtete Nachkommenschaft. Keuschheitsideal und Diskriminierung der Sexualität tragen dazu bei, die Wirkung der sozialen Disziplinierung erträglicher zu machen. Adelssöhne werden, wenn sie dazu taugen und keinem Kloster offeriert oder zum Kleriker geschoren werden, zum Ritter erzogen. Sie bleiben damit dem weltlichen Leben erhalten – bezahlen aber diesen Vorteil mit dem Risiko vorzeitigen Todes. Auch er verhindert regelmäßig eine große, das Erbe verzehrende Nachkommenschaft. So rechnet man denn auch damit, dass der größte Teil der altadeligen Familien bis zum 13. Jh. ausgestorben ist.

Entsprechende Möglichkeiten stehen den „Armen" verständlicherweise nur beschränkt offen. Ein Bauernhof verkraftet im 9. Jh. gewöhnlich nur einen Mann und eine Frau; sie mag die Mutter, eine Schwester oder die Ehefrau des Bauern sein. Überzählige Söhne oder Brüder müssen – wenn die Bauernstelle nicht zu teilen ist und nicht selten gerade auch dann –, sind sie frei: sich einem Herrn ergeben, der für ihren Unterhalt aufzukommen hat; sind sie unfrei: sich vom Herrn zu neuen Diensten verwenden lassen. Ein freies Eherecht der Hörigen gibt es nicht; der Herr wacht über die legitimen, d. h. vermögensrechtlich wirksamen Verbindungen gemäß den Bedürfnissen seiner Grundherrschaft. Ehen über deren Grenzen hinweg – von den Herren wenig geschätzt, aber bei der üblichen Gemengelage häufig geschlossen – erfordern besondere, die Nachkommen und das Erbe verteilende Regelungen. Derartige Familienplanung erklärt freilich kaum den starken Bevölkerungsanstieg, der seit der demographischen Katastrophe des 6. Jh. zu verzeichnen ist. Die Menschen vermehren sich auch ohne die wirtschaftliche Sicherung eines Bauernhofes und ohne rechtsförmige Ehe. Der soziale Druck durch den Bevölkerungsanstieg kann durch vermehrten Landesausbau aufgefangen werden.

Stellung der Kinder   Man hat behauptet, das Mittelalter sei die längste Zeit wenig kinderfreundlich gewesen; es habe die Frühverstorbenen nicht beweint und die Überlebenden stets wie kleine Erwachsene behandelt. Dieses Urteil bedarf der Korrektur. Kinder erhalten die vorzüglichste Ernährung; sie werden jahrelang gestillt, die prestigefördernden Knaben länger als die Mädchen. Nur der Adel kann sich Ammen leisten; man vermutet jedoch, dass es erst im beginnenden 11. Jh. in Mode kommt. Vielleicht wächst deshalb zum Hochmittelalter hin die Kopfzahl adeliger Familien. Zeitgenössische Wunderberichte belegen rührende Sorge und liebevolle Zuneigung der Eltern zu ihren männlichen und weiblichen Kindern, deren unzeitiger Tod erschüttert. Doch „mit sieben Jahren hört die Kindheit auf", wie eine zwar erst im hohen Mittelalter formulierte, sachlich aber schon in der hier relevanten Zeit gültige Regel lehrt. Die „Jugendlichen" werden von früh an auf ihre Aufgabe im Leben vorbereitet. Mit zwei oder drei Jahren lernt der Adelsknabe Reiten und den Umgang mit Kampfwaffen, wenn er nicht in einer Klosterschule oder bei einem Kleriker auf ein Leben als Geistlicher oder Mönch vorbereitet wird.

Von den Kindern der „arbeitenden" Bevölkerung wird erwartet, dass sie im Alter von zehn Jahren ihren Lebensunterhalt verdienen. Körperliche Züchtigung ist überall – im Fürstenhaus, auf dem Bauernhof oder im Schulzimmer – an der Tagesordnung; sie gilt nicht als Gegensatz zur Kindesliebe. Lateinische Vokabeln und Grammatik, aber auch das Grundprinzip der sozialen Hierarchie, dass der Höhere nämlich körperliche Gewalt über den Niederen besitze, werden regelrecht eingebleut.

Der Adel ist die „Spitze" einer hierarchisch geordneten Gesellschaft, in sich aber alles andere als homogen. Er differenziert sich im 9. Jh. noch weiter durch Nähe oder Ferne zum König, durch Besitz- und Herrschaftsakkumulation, welche im 10. Jh. die Bildung stabiler Fürstentümer erlaubt, und durch besondere Erfolge etwa in der Grenzsicherung. Unersättliche „Gier" nach *honores*, nach den vom König zu vergebenden großen Lehen, erfüllt alle, die im 9. Jh. erfolgreich sein wollen. *Potentes, maiores* oder *optimates* werden sie von den Zeitgenossen genannt, die damit zugleich andeuten, dass, wer hervorragen will, auch „mächtig", „größer", einer der „edelsten" sein muss. Entsprechend anspruchsvoll und anmaßend ist das Auftreten dieser Herren; ein über alle Selbstzweifel und Skrupel erhabenes Selbstwertgefühl ist ihnen anerzogen und nötigt sie, auf kleinste Beleidigungen aggressiv zu reagieren. Sie erfüllen so die in sie gesetzten Erwartungen, wahren das Prestige, das Fundament weiteren Aufstiegs. Dem *potens* aber steht nach dem Verständnis der Zeit nicht der „Schwache" gegenüber, sondern der „Arme" (*pauper*). „Armut" kennzeichnet mithin keinesfalls nur echtes Elend, vielmehr alle, die keine Herrschaftsrechte besitzen. Doch darf deshalb das Vorhandensein wirklicher wirtschaftlicher Not nicht geleugnet werden, auch wenn es schwer fällt, ihr Ausmaß zu erfassen.

Dem Gegensatz *potens* und *pauper* tritt eine zweite Dichotomie zur Seite. Sie ist rechtlicher Natur und scheidet die Rechtsstände des „Freien" und des „Knechtes". Das Abstractum „Freiheit" liefert noch keine allgemeine gesellschaftliche Wahrnehmungskategorie; es steht allenfalls einigen lateinisch gebildeten Zeitgenossen zur Verfügung; volkssprachlich ist es vor dem 10. Jh. kaum verbreitet. Und „Unfreiheit" ist schon gar kein mittelalterlicher Maßstab. „Ich kenne nur Freie und Knechte", soll Karl d. Gr. behauptet haben, ohne damit die Wirklichkeit zu beschreiben. Äußerungen dieser Art folgen einem in seiner Leistungsfähigkeit eingeschränkten Deutungsschema. Denn in der Wirklichkeit gibt es weder „die" *liberi*, noch „die" *servi*, vielmehr stufenlose Abschattierungen aller möglicher Freiheitsbeschränkungen und der unterschiedlichsten Grade von Unfreiheit. Der „Freie" ragt durch eine Fülle von Rechten hervor, die anderen versagt oder eingeschränkt sind; doch können dem Knecht mehr und mehr Freiheitsrechte (*libertates*) zuerkannt werden. Auch der sozial ganz unten eingestufte Unfreie besitzt – im Unterschied zur antiken Auffassung vom Sklaven als Sache – Persönlichkeit; er ist vermögens- und (eingeschränkt) geschäftsfähig. „Knechte" wirtschaften in Eigenverantwortung, auf eigenen Gewinn (nicht nur zum Nutzen des Herrn),

Hierarchische Ordnung

Potens und pauper

Frei und unfrei

und ohne ihre Zustimmung darf von Rechts wegen ihr Status in keiner Weise verschlechtert werden. Erst allmählich lernt man, das Abstractum „Freiheit" auf ein entscheidendes Kernelement zu gründen: den freien Willen. Vorstufen zu dieser Entwicklung, die sich mit der hochmittelalterlichen Scholastik durchsetzt und deshalb hier nicht weiter verfolgt wird, lassen sich seit dem 9. Jh. greifen. Doch reiht man noch lange lediglich Einzelkriterien aneinander. Wulfstan von York etwa beklagt um die Jahrtausendwende, dass „Freie nicht mehr sich selbst bestimmen können, nicht mehr gehen können, wohin, und mit ihrem Eigengut tun können, was sie wollen" (friʒe men ne motan pealdan heora sylfra, ne faran þar hi pillað, ne ateon heora aʒen spa spa hi pillað, WHITELOCK 1976, S. 52, Z. 48 ff. Anm.); er nennt also die drei Freiheitskriterien der Selbstbestimmung, Freizügigkeit und Verfügungsmacht über das Eigentum, die damals – so kann der Historiker hinzufügen – selbst beim Adel nicht uneingeschränkt realisiert und bei Knechten nicht völlig ausgeschlossen sind.

<small>Gesellschaftliche Dynamik</small>
Eben gerade weil „Freiheit" nicht als starre Größe, vielmehr jeweils konkret als einzelnes Recht oder additives Privilegienbündel betrachtet wird, das vermehrt oder (widerrechtlich) gemindert werden kann, unterliegt der tatsächliche Status der Freien, Minder- und Unfreien raschem Wandel. Die Gesellschaft des früheren Mittelalters verharrt insgesamt schon gar nicht in Statik; im Gegenteil: sie ist – räumlich und ständisch – höchst mobil. So gottgegeben und unveränderlich zeitgenössische Deutungsschemata auch die Sozialordnung beurteilen mögen, die jeweiligen Grenzen sind stets durchlässig und in raschem Fluss, auch wenn die Kluft zwischen *potens* und *pauper* unüberwindlich erscheint. Die wachsende Bevölkerung, der Einfluss der Siedlungsexpansion und des Landesausbaus, fortschreitende Arbeitsteilung und gewerbliche Differenzierung, die aufkommende Geldwirtschaft und die verstärkt einsetzende Urbanisierung, die Gemengelage der Grundherrschaften und ihrer jeweiligen in den unterschiedlichsten Formen abhängigen Leute, die sich erst verdichtende, dann auflösende Villikationsverfassung, die zahlreichen Reaktionen auch auf die politischen Veränderungsprozesse, die fortschreitende Feudalisierung, die Ausdifferenzierung des Adels in hoch und nieder, die Entstehung der Fürstentümer, die Notwendigkeit, äußere Feinde abzuwehren – dies alles verstärkt sowohl als Einzelfaktor wie auch durch Wechselwirkung die gesellschaftliche Dynamik. Im späten 9. Jh. vermag ein erfolgreicher Königsvasall die Grundlagen zur künftigen Grafschaft Flandern zu legen, während ein minder glücklicher Standesgenosse etwa in Aquitanien den Status seiner Familie gegen die Pressionen des Herzogs letztlich nicht verteidigen kann; er gründet ein Kloster (beispielsweise Aurillac), seine Erben sind mediatisiert. Anderswo öffnen sich neue Chancen der Vermögensbildung; Geld etwa mobilisiert. Im Jahre 1009 stirbt z. B. ein Kaufmann wohl aus Flandern in Barcelona; sein kostbares Handelsgut, vor allem Tücher, aber auch Barvermögen hinterlässt er teilweise seinem Bruder, der in der Heimat zurückgeblieben war. Die Juden, die Königsschutz genießen, verbreiten sich

von Südgallien aus nach Norden; im 10. Jh. entstehen in den Städten am Rhein, aber auch in Magdeburg größere Judengemeinden. Das Königtum fördert auch hier ihre Niederlassung. Hervorragende und – wie in Troyes oder Mainz – bald berühmte Schulen blühen auf. Juden sind keineswegs nur (Fern-)Händler, obwohl die Könige im ostfränkisch-deutschen Reich gerade mit ihnen als den Kaufleuten schlechthin rechnen; sie besitzen Grund und Boden, einige bauen Wein an; in Soest betreibt ein Jude ein Salzbergwerk. Ihre Gemeinden wachsen, wobei umstritten ist, ob und wieweit sie (zeitweise) Proselyten machen. Ihre Lebensformen achten streng auf Abgrenzung gegen die sie umgebende Gesellschaft; Spannungen und Konflikte, die sich um die Jahrtausendwende häufen, bleiben nicht aus.

Neue gesellschaftliche Gruppen formen sich. Berühmt und problematisch sind etwa die *agrarii milites* in Sachsen, die Widukind von Corvey erwähnt. Mag auch ihr sozialer Status im Einzelnen unklar sein, dass ihr Auftreten mit der Abwehr der Ungarn zusammenhängt, dürfte feststehen. Der Aufstieg der Ministerialität, d. h. jener unfreien „Dienstleute" (*ministeriales* oder *servientes*), die der Herr zunehmend seit dem 10. Jh. zu gehobenem Hof- oder Schwert-Dienst (und nur zu ihm) heranzieht, ist nur für Deutschland charakteristisch. Anders das Rittertum. Es begegnet als eine spezifische Militärkaste im gesamten vom Karolingerreich geformten Europa. Auch seine Wurzeln, das zeigt die neuere Forschung immer deutlicher, reichen sowohl in Südfrankreich als auch in Italien oder im ottonischen Sachsen ins 10. und ins 9. Jh. zurück.

<small>Anfänge des Rittertums</small>

Eine allgemeine Zunahme von „Freiheit" und Emanzipation aus älteren Bindungen zeichnet sich gerade für nichtadelige Schichten als säkularer Trend ab. „Sieht man heute nicht viele, die durch Gehorsam oder gewisses Genie sich nicht allein die Freiheit verdienen, vielmehr Herrengut erwerben, ja durch... Heirat oftmals sogar die Knechts- über die Herrenfamilie erheben?" – Rather von Verona bemerkt derartiges (Migne, PL 136,168 f.). „Verelendung" ist gewiss nicht das soziale Signum der Epoche. Wer den Klagen über Ausbeutung der „Armen" seine Feder leiht, zählt gewöhnlich zu den Grundherren, und es ist in der Regel völlig unklar, wer tatsächlich stärker betroffen ist, der in seinen *servi* geschädigte Herr oder der Knecht. Kollektive Leistungsverweigerungen, Verschwörungen von Unfreien, Abwanderungen in (zumeist geistliche) Grundherrschaften mit günstigerem Recht zeigen, dass die Unterschichten nicht tatenlos bleiben. Umstritten ist, wie weit es in der hier fraglichen Epoche bereits Mark- oder Dorfgenossenschaften gibt, wie weit sie also auch als Träger oder lediglich als Nutznießer des eben erwähnten Widerstands in Betracht kommen könnten. Eine Reihe von Gerichtsprozessen gegen entlaufene oder sich durch Abgabenverweigerung der Herrengewalt entziehende Hörige verdeutlicht etwa um die Jahrtausendwende im Westen und Osten des einstigen Karlsreiches den sozialen Druck, der zunehmend auf den Grundherrschaften lastet. „Jeder Knecht läuft seinem Herrn davon, entsagt dem Christentum und wird Vikinger", schilt Wulfstan von

<small>Immer mehr Selbstbestimmung</small>

York und droht mit göttlicher Vergeltung [WHITELOCK, 1976, S. 58, Z. 104 f.]. Milderung der Abgaben und Verbesserung des personalen Rechtsstandes lassen sich denn auch mannigfach vom 9. zum 11. Jh. beobachten. Schollenbindung erweist sich als weitaus hemmender denn bloße Unfreiheit. Die *mancipia* des 9. Jh., zumeist besitzlose und ihrem Herrn zu ungemessenem Dienst verpflichtete, unfreie Menschen, hatten wohl das größte Veränderungspotential; niedrigste Dienste (der Knecht des Schweinehirten rangiert am tiefsten auf der sozialen Stufenleiter), aber auch angesehene Gewerbe und Handel sind ihnen zugewiesen. Gleichwohl lehrt Burchards von Worms Hofrecht, dass zu Beginn des 11. Jh. auch Hofbesitzer unter den Hörigen in der Abwanderung in andere Grundherrschaften und vor allem in die älteren oder eben entstehenden Städte neue Erwerbschancen suchen. Doch lässt sich eine entgegengesetzte Entwicklung nicht leugnen. Der Adel ist bestrebt, auch die letzten freien Bauern in verstärkte Abhängigkeit zu zwingen. Andernorts treten Freie mit ihrem Besitz „freiwillig" in die *familia* eines Grundherrn ein, sei es aus Not oder aus dem Bedürfnis nach wirksamerem Schutz, gewöhnlich aber zu einem geringen Zins. Auf Dauer gleichen sich so die entgegengesetzten Tendenzen aus, und ein mehr oder weniger homogener Bauernstand mit einem gegenüber dem 9. Jh. deutlich abgeschwächten Abgabendruck ist das Ergebnis. *Servus* meint nun geradezu den Bauern, oft sogar noch allgemeiner: den mit seinen Händen arbeitenden Menschen, jedenfalls nicht mehr ausschließlich den Knecht.

„Bauern" Die längste Zeit war dieser „Bauer" ein von Historikern verbreiteter Mythos; er galt als eine aus grauer germanischer Vorzeit oder gar aus der jüngeren Steinzeit ins Mittelalter und die Neuzeit hinüberschreitende Gestalt, die Symbolfigur einer Jahrtausende währenden Kontinuität menschlicher Kultur. In Wahrheit verbirgt sich hinter dem Begriff eine der tiefsten sozialökonomischen Umwälzungen der europäischen Geschichte während der in diesem Buch betrachteten Epoche. Denn jetzt erst gewinnt das Wort *gebûro/ gibure, agricola, rusticus,* „Bauer" jene Bedeutung, die es im Kern bis heute behalten wird und die den Begriff im späteren 10. Jh. zur Standesbezeichnung der unmittelbaren Agrarproduzenten macht. Seitdem erst werden dem „Bauern" bestimmte Rechtsmerkmale zugewiesen. Die durchweg lateinischen Quellen zur karolingischen Grundherrschaft kennen noch keine *rustici* oder *agricolae*; das ahd. *gibure* bezeichnet zunächst den Haus- oder Siedlungsgenossen, den Nachbarn (von *bur* „Haus"), nicht den „Landmann". „Nachbarn" und „Hausgenossen" aber konnten alle sein: Freie und Unfreie, feldbestellende Pflüger, Spezialisten jeglicher Tätigkeit, Händler, in den Krieg ziehende Kämpfer. Gerade dies letzte, das Schwert führen und in den Krieg ziehen zu dürfen, zeichnet noch im 9. Jh. die Freien vor den Unfreien aus; doch erweist es sich bei wachsender Kriegsbelastung und gleichzeitig steigender Intensivierung des Ackerbaus zunehmend als Fluch. Allzu oft kommt die Hofarbeit zu kurz. Karls d. Gr. und anderer Könige Schutzmaßnahmen greifen nicht weit genug; sie suchen Symptome zu beseitigen, nicht die

Krankheit. Die wachsenden Menschenzahlen fordern höhere Erträge an Nahrungsmitteln, fordern also die Steigerung der Landarbeit. Daher soll der freie Agrarproduzent durch keinen Kriegsdienst mehr von seiner Arbeit abgehalten werden, so wird er von diesem entlastet – seine Produktivität und sein Wohlstand wachsen in der Tat. Aber der Gewinn ist teuer erkauft. Denn mit der Kriegspflicht verliert er zugleich ein Statusmerkmal seiner bisherigen Freiheit; er ist nun verstärkt auf Schutz angewiesen. Der Gerichtsstand im Schöffengericht und die Unmittelbarkeit zum König lassen sich dann auf Dauer auch nicht halten. Seit dem beginnenden 11. Jh. mehren sich Klagen wie jene der Leute von Wohlen (im Aargau), deren Beschwerdeführer nicht mehr zum König vorzudringen vermögen. Die Landfrieden des 12. Jh. verbieten schließlich dem einst freien, sein Land bebauenden und das Schwert führenden Manne, eine Waffe zu tragen.

Der den Wandel bestimmende Prozess erfasst freilich nicht allein den „Bauern"; dieser partizipiert nur an einem allgemeinen Vorgang. War bisher zur Kennzeichnung des Rechtsstandes entscheidend, ob man „frei" oder „Knecht" sei, wird jetzt maßgeblich, was man tut. Die Handarbeit wird als Wert neu entdeckt, der *laborator* wird um die Jahrtausendwende geradezu neben dem „Krieger" und „Beter" der Repräsentant eines Drittels der Menschheit. Nicht dass zuvor Arbeitsteilung völlig unbekannt gewesen wäre, auch die karolingische Grundherrschaft kommt ohne spezialisierte Tätigkeit – der Feld- und Stallarbeit, des Grob- und Feinschmiedes, des Fischers oder sogar des Bäckers und vieler anderer „Berufe" – nicht aus. Doch mittlerweile ist Arbeitskraft Mangelware geworden, sind die Chancen zur Statusverbesserung durch spezialisierte Arbeit unermesslich gestiegen, schreitet die funktionale und arbeitsteilige Differenzierung der Tätigkeiten unaufhaltsam fort. Die Gesellschaft bietet ein bunteres und komplexeres Bild als je zuvor. „Betrügt den Knecht nicht um seinen Lohn", mahnt Rather von Verona die Herren; die Gewinnerwartungen aber steigen gleichfalls, sie zergliedern das traditionsgebundene Zusammenleben und sprengen das überkommene schlichte Denkschema des gesellschaftlichen Dualismus. Die Sprache folgt nur dieser Entwicklung, wobei das Ausmaß ihrer zeitlichen Verzögerung unbestimmbar bleibt. Es dürfte indessen bezeichnend sein, dass erst zu Beginn des 11. Jh. der Schulmeister und Abt Ælfric von Eynsham seine Lateinschüler im Spiel oder der unbekannte Heinrich die Leser seines *Summarium* mit der Fülle der „Berufe" konfrontiert.

<small>Funktionale Sicht der Gesellschaft</small>

3. Wissen und Verstehen

Das, was ist, offenbart sich nicht spontan und schon gar nicht vollständig. Es bedarf, um etwas zu sein, der Begriffe, einiger Deutungsmuster und mehr oder weniger komplexer Verstehenskonzepte, kurz: repräsentierender Symbole und eines Theorienbündels, welches die unermessliche Fülle der Einzel-

<small>Wahrnehmung und Wissen</small>

heiten ordnet und ihre Explikation ermöglicht; es bedarf strukturierender und konstruierender Erinnerung, die aus einer sinnlich erfahrenen Datenmenge ein „Etwas" macht. Theorie im angedeuteten Sinne konstituiert die menschliche Welt als eine aus „Realität", symbolischer Repräsentation, „Wissen" und „Mentalität" verschlungene Einheit; der Historiker, der darauf nicht achtet, verfehlt die menschliche Wirklichkeit und ihre Geschichte.

Das verfügbare Wissen ist stets sektoral, fragmentarisch und wechselnd; es addiert sich im früheren Mittelalter nirgends zu einer in Bibliotheken und Büchern oder sonstigen Medien gespeicherten, prinzipiell überall und jedermann in gleicher Weise zugänglichen Datenbank. Wer Wissen sammeln will (und es werden immer mehr), muss es mühselig aufspüren und von weit her zusammentragen. Doch das so Vereinte bleibt fragmentarisch, isoliert, auf Kapazität und Ingeniosität, auf die Zufälligkeiten eines Lebens beschränkt; es steht nur einem begrenzten Personenkreis in seiner nächsten Umgebung zur Verfügung und verbreitet sich allein über Schüler und Enkelschüler. Das Wissen einzelner Gelehrtenzirkel unterscheidet sich denn auch beträchtlich voneinander, und nur allmählich vernetzt und verdichtet sich, was man hier und da weiß, nehmen Lehrer, Schüler, Schulen, die Kommunikation zwischen ihnen, die Bücher und der Wissenstransfer zu, wächst die allgemeine geistige Verfügungsmasse. Derartiges Wissen aber, ausschnitthaft und sporadisch wie es ist, prägt die Orientierung in Raum und Zeit und in der Gesellschaft; es engt somit auch Aktionshorizonte ein, gleichgültig ob der ländererobernde König oder der feldbestellende Bauer, der *litteratus* oder der *illitteratus* betroffen ist. Alle menschliche Orientierung in Zeit und Raum und Gesellschaft, jede Handlungsintention und Verhaltensweise ist davon geprägt.

Die Wahrnehmung der natürlichen und sozialen Umwelt ist situationsgebunden, auf Einzelphänomene ausgerichtet, nicht systematisch. Das Denken ist additiv und subordiniert noch kaum; nur auf den Schulen wie etwa in Auxerre, bei den besten Lehrern lernt man seit dem 9. und 10. Jh. philosophisch zu „dividieren", systematisch und kontrollierbar in „Kategorien" zu denken. Alle gedankliche Abstraktion fällt – weil ungewohnt und lebensweltlich kaum gefordert – schwer und stößt noch regelmäßig an mühsam zu übersteigende Leistungsgrenzen. Die vielfältigen Erscheinungen des Daseins werden gewöhnlich je als unzerteilte Ganzheit, als „totales Phänomen" (M. Mauss) erfasst, nicht analytisch als Komponenten- oder Funktionsbündel. Die sozialen Deutungsschemata wenigstens der gebildeten Oberschicht (andere kennen wir nicht) orientieren sich zunächst an „Volk", „Kirche" oder „Haus", an theoretischen Modellen, die aus der Begegnung mit der antiken Welt und aus heimischen Traditionen erwachsen und auf den traditionell geordneten, um eine jeweilige Mitte – König, Gott, Herr – kreisenden Lebenszusammenhang gerichtet sind, nicht auf die Interdependenz bestimmter gesellschaftlicher Gruppen oder Verfassungsstrukturen. Erst um die Jahrtausendwende etabliert sich das funktionale, tripartite Konzept der „Beter", „Krieger" und „Arbeiter", findet Zustimmung oder weckt Kritik. Als Ganzes wird die Welt in mythischen Bildern gedacht, als wahrgenommene Wirklichkeit bleibt sie indessen eine Ansammlung weitgehend isolierter Wirkungen, die von ihrem jeweiligen Verursacher ausgehen. Im Blick auf sie wird eine Person, ein Gegenstand oder ein Ereignis eben als ihr Urheber näher bestimmt. Komplexe Faktorenbündel bleiben verborgen. Man achtet zwar in beschränktem Maße auf Kausalzusammenhänge (etwa zwischen einem Naturgeschehen und der es bedingenden menschlichen Moral), registriert aber gewöhnlich allein Wirkungen und dringt zu keinem kausalistischen Gesamtschema vor, welches auch nur ansatzweise die komplexen Zusammenhänge zwischen den Ursachen- und Wirkungsbündeln in Einzelkomponenten zerlegen und gewichten könnte. Die Franken werden deshalb z. B. von den Normannen geschlagen, nicht etwa weil die vielfältig bedingte Schwerfälligkeit ihres Heeresaufgebotes der analysierbaren hohen Mobilität ihrer Feinde unterlegen wäre, sondern weil sie sich in lasterhaften Ausschweifungen und gottloser Ausbeutung der Armen versündigten und Gottes Zorn heraufbeschworen. Ihre Kampftechnik ändern die Franken denn auch nicht, und Kriegsschiffe bauen sie – von einem kurzfristigen und bald vergessenen Flottenprogramm Karls d. Gr. abgesehen – schon gar nicht; es empfiehlt ihnen auch niemand, und keiner beklagt den Mangel. Die Franken bleiben vielmehr mit all ihren Gegenmaßnahmen gegen die „Piraten" ihren Traditionen verhaftet, d. h. aufs Festland fixiert und auf ein gottgefälliges Leben verwiesen. Widersprüche und Leistungsgrenzen in der Verhaltensorientierung sind die Folge derartiger Weltsicht, die vor allem in Krisenzeiten irritieren muss. Das westfränkische Königtum zerfällt, und der regionale Adel etabliert seine Macht. Hätte es anders kommen sollen, wären neue, „bessere" Wahrnehmungsweisen vonnöten gewesen, die zugleich ein angemesseneres Verhalten nahegelegt hätten. Solche leistungsfähigeren Theorien werden, wenn sie nicht durch die Umstände aufgezwungen werden, etwa durch Schulung des Denkens mit Hilfe spätantiker Divisionstechniken und aristotelischer Logik möglich, welche die Phänomene anders als bisher einzuteilen und zu ordnen und damit auch einen anderen praktischen Umgang mit ihnen lehren. Gegen Ende unserer Epoche beginnt man denn auch, in neuer, geradezu revolutionärer Weise erst die Dinge des Glaubens, dann die rechtlichen Beziehungen in der Gesellschaft und zuletzt auch das göttliche Sechstagewerk, die Natur, zu erschließen.

Im 9. Jh. stößt man allenthalben auf Zeugnisse eines heidnisch-magischen Weltbildes, nur wenig korrigiert von christlich-spätantiker Weltsicht. Die Natur unterliegt unerforschlichen Kräften; man sucht sie in Analogie zu den vertrauten sozialen Beziehungen zu erfassen, belebt und bewegt von allerlei Geistern und Dämonen, welche die Menschen verwirren, ihren Schabernack und Schlimmeres mit ihnen treiben; der Epileptiker gilt für besessen, auch wenn er, wie vermutlich Karl III., ein Königssohn ist. Bei Behinderungen hat der Teufel seine Hand im Spiel; sie verheißen Unheil. Mit christlich-magischen Praktiken sucht man sich des Bösen zu erwehren; Exorzismus ist an der

Magisches Weltbild

Tagesordnung. Das Handeln wird von Ritualen begleitet; kein Kriegszug ohne die hl. Messe, nicht nur wenn es gegen Heiden geht; kein Hausbau ohne magischen Zauber. Die liturgisch gestaltete „Grundsteinlegung" der Kirche kommt auf. Im päpstlichen Rom kratzt noch manch ein Frommer die Farbe von den heiligen Ikonen, um daraus einen Heiltrunk zu brauen; gebrochene Beine werden im Ostfrankenreich beschworen, nicht anders denn ein entflogener Bienenschwarm auch: *Kirst, imbi ist hucze...*, „Christus, die Bienen sind ausgeschwärmt..." (Lorscher Bienensegen); im Westen wird eine adelige Dame in ein Fass gezwängt und als Hexe in der Saône ertränkt. Im Norden dienen Goldbrakteaten als Ladungszauber und siegverleihende oder apotropäische Amulette. Auch die hohe Geistlichkeit hat nicht als „aufgeklärt" zu gelten, selbst wenn einige – wie Claudius von Turin im frühen 9. oder Abbo von Fleury im späten 10. Jh. – über Auswüchse magischen Denkens spotten. Berühmt sind die Antworten, die Papst Nikolaus I. auf eine Reihe von Fragen nach heidnischen und christlichen Lebensformen den eben bekehrten Bulgaren erteilt. Thietmar, alsbald Bischof von Merseburg, pendelte im Traum, um sein künftiges Geschick zu erfahren. Die Lebenswelt ist alles andere als rationalistisch geordnet, obwohl die Anzeichen für das Aufkommen einer „arithmetischen Mentalität" (A. Murray) zunehmen. Und am Ende der Epoche kann Berengar von Tours die beunruhigende Frage stellen, was es denn sei, was mit der Hostie zerkaut, mit dem Wein am Altar getrunken werde. Der erste „Abendmahlsstreit" war damit heraufbeschworen.

Die Christianisierung trägt durch Kritik von Dämonenkult und Animismus, durch den von ihr gebilligten spätantiken Rationalismus entscheidend zur Entzauberung der Welt bei, ohne deshalb ein materialistisch-mechanistisches Weltbild zu schaffen. Als die Jahrtausendwende sich nähert, blicken viele angstvoll zum Himmel, um dort die Zeichen des sich nährenden Weltenrichters und des von seinem Kommen eingeleiteten Weltendes abzulesen. In Aquitanien fällt „Blutregen"; König Robert II. von Frankreich ist höchst besorgt und fragt die gelehrtesten Bischöfe seines Reiches, was er verheißt; Gauzlin von Bourges und Fulbert von Chartres, Männer von Bedeutung in der abendländischen Wissenschaftsgeschichte, wälzen deshalb Bibel und Geschichtsbücher, um eine übereinstimmende Antwort zu finden: blutiges Unheil. Der Bischof von Kolberg besänftigt das aufgepeitschte Meer, indem er vier geweihte Steine in die Wogen wirft. Der spätere Erzbischof von Magdeburg, Tagino, fällt beim Toben eines Gewitters in Ohnmacht, wird mit rationalistischen Erklärungen des Naturphänomens „wiederbelebt", hatte also Angst vor den hypostasierten Naturgewalten, aber lernt, sie durch Vernunft zu bannen. Die Bußbücher fragen stets, wer unerlaubten Zauber und magische Praktiken verrichtet; man rechnet also noch lange mit ihnen. Wandel ist dennoch zu spüren. Statt irgendwelcher animistischer und numinoser Kräfte werden nun anrufbare Heilige „zuständig". Man bemüht sich vermehrt um eine vernünftige Ordnung im Naturgeschehen und um rationale Erklärung des göttlichen Schöpfungswerkes. Man beginnt, die Welt anders zu lesen.

Die Orientierung auf der Erde erfolgt bei eingeschränkten geographischen Kenntnissen. Man denkt allein räumlich, nicht flächig auf eine abstrahierende Karte fixiert. Lagebeschreibungen erscheinen dem an Atlas und Globus gewöhnten modernen Reisenden entsprechend vage, weil sie sich mit Himmelsrichtungen und Tagereisen begnügen. Der genannte Ohthere „steuerte nahe dem Lande genau nach Norden. Auf dem Wege ließ er drei Tage lang das wüste Land zur Rechten, die offene See zur Linken. Dann befand er sich so weit im Norden, wie die Walfischer zu gehen pflegen. Er fuhr weiter nach Norden,... abermals drei Tage lang. Da wandte sich das Land nach Osten oder das Meer ins Land hinein, das wusste er nicht... Darauf segelte er nahe dem Lande nach Südosten so weit, wie er in vier Tagen segeln konnte... Er berichtete, das Normannenland sei sehr lang und sehr schmal... An manchen Stellen gebe es aber viel Bergland und längs des angebauten Landes liege weiter oberhalb wildes Ödland... Das angebaute Land sei gegen Osten am ausgedehntesten und werde im Norden immer schmaler" [PRITSAK: 488, S. 202 f.]. Zuverlässigem Wissenstransfer sind bei derartigem Primärwissen enge Grenzen gesetzt. Eine „Imago mundi" – etwa der Typ der aus dem 10. Jh. überlieferten Beatus-Welt- oder der verbreiteten T-Karte – dient weder der geographischen Standortbestimmung für Reisende, noch als Datensammlung zur Wissenskontrolle, sondern der Illustration. Die geringe Zahl der Straßen verhindert ohnehin, dass man in die Irre läuft, während neues Wissen nur nach Überwindung zahlreicher Hindernisse den Weg ins Kartenbild findet. Man giert nicht nach ihm. Niemand entwirft eine Straßenkarte. Die ungeheure Horizonterweiterung in der nördlichen Hemisphäre, zu welcher die Normannen den Lateineuropäern verhelfen könnten, registriert im Franken- oder Ottonenreich niemand. Geographische Kenntnisse verbreiten sich mündlich, setzen durch Generationen erneuerte Kontakte voraus. Zwar werden antike Geographen und Agrimensoren (selten genug!) abgeschrieben, doch wird ihr Wissen nicht publik, gar an der Erfahrung gezielt überprüft oder praktisch nachvollzogen; das Wissen der Kaufleute, Seefahrer und Missionare beginnt erst im 13. Jh. sich mit jenem der Gelehrten zu vereinen. Keine Grundherrschaft wird vermessen, kein Rodungsunternehmen, von dem wir lesen, geometrisch geplant. Man umschreibt den Raum, setzt seine Marken, schützt das in Besitz Genommene mit Hilfe des Priesters gegen schädigende Geister. Man denkt in Tagewerken, nicht in Flächen, in Grenzbeschreibungen, nicht in Katastern. Alles folgt einem anthropomorphen Weltbild und bewirkt eine eigentümlich buchgelehrte Weltanschauung, die oft genug mit der erfahrbaren Wirklichkeit kollidiert und an deren Fehlerhaftigkeit sich Generation für Generation stets aufs Neue reibt, mag sie auch noch so oft stillschweigend korrigiert worden sein. Ihre grundlegende Kritik kann erst dann erfolgen, wenn das unterschiedlichste Wissen vereint, miteinander verglichen und an der Erfahrung kontrolliert wird, wenn Kriterien für „real" und „irreal" oder „fiktiv" gefunden sind. Einstweilen bleibt das überlieferte Wissen noch ungesammelt und ungewichtet; Verlässliches steht ungeschieden neben Imaginärem.

Geographischer Horizont

Oralität Die meisten Menschen können weder lesen noch schreiben; so ist die Kultur auf das Gedächtnis verwiesen. Die Oralität der Gesellschaft wird in der hier fraglichen Zeit wenn überhaupt nur unwesentlich verringert; umgekehrt stößt die Literalität – von Karls d. Gr. Reformen nachhaltig gefördert – auf zähen Widerstand. Der überschaubare Alltag bedarf noch keiner Schrift. Die Lebenswelt und ihre Ordnung vertrauen auf die mündlich tradierte Erfahrung; literarisch vermitteltes Wissen fällt hier kaum ins Gewicht, bleibt vergangenen Verhältnissen verpflichtet und vermag nur wenig auf politisches, nahezu nicht auf wirtschaftliches Handeln einzuwirken. Doch verbreitet sich seit karolingischer Zeit die paränetische Literaturgattung der „Fürstenspiegel" und gewinnt einen gewissen Einfluss. Auch das Recht vollzieht sich mündlich. Rechtsformeln, nicht der Tatsachenbeweis beherrschen es; der Eid, nicht die Unterschrift ist das wichtigste Beglaubigungsmittel. Immerhin belegen Textsammlungen mit „Volksrechten" bis ins 10. Jh. das Bemühen um ihre schriftliche Verfügbarkeit. Die Kunst des Lesens und Schreibens verharrt nahezu ausschließlich in den Kreisen des Klerus und der Mönche; es braucht einfach nicht mehr. Allein dort, wo Rechtgläubigkeit und kirchliche Erneuerung gefragt sind, ist der Rückgriff auf eine schriftlich fixierte Tradition unerlässlich. Einige Könige (nie die jeweiligen Dynastiegründer) und hohe Adelsherren können wenigstens lesen; das wenige, was sie aufzuschreiben haben, diktieren sie. Allein in Italien, wo die spätantike Notariatskunst nicht ganz erlischt, beherrschen vergleichsweise viele Laien die Schreibkunst, ein Faktum, das für die Entstehung der europäischen Rechtswissenschaft in mehreren Phasen seit dem 9. Jh. nicht ohne Folgen bleiben soll. Aus Deutschland stammen hingegen Klagen über schrumpfende Lesefähigkeit im Adel.

Kommunikation Da die Gesellschaft insgesamt sich wandelt, ist wenigstens partiell mit neuen Verhaltens- und Erziehungsmustern zu rechnen. Der Bauer, der bereit ist, seinen Hof aufzugeben, sich den Zwängen, aber auch dem Schutz der Grundherrschaft zu entziehen, um sie mit den Unsicherheiten der Fremde und dem Risiko „freien" Unternehmertums in der Stadt zu vertauschen, muss sich auf seine neue Umwelt einstellen. Bislang selbstverständliche personale Bindungen werden sich lockern, neue entstehen. War das Zusammenleben mit Fremden einst von Gastfreundschaft oder Misstrauen bestimmt, so muss es einer offeneren und zugleich versachlichten Einstellung weichen. Die sich ausbreitende Geldwirtschaft substituiert vollends personale Bindungen, erleichtert die Kooperation mit Fremden, setzt freilich auch neue Maßstäbe und zwingt, sich auf rasch wechselnde Bedingungen einzulassen. Auch der Adel verändert sein Verhalten. A. Nitschke meint in der Tat zeigen zu können, dass adlige Erziehungsideale bis in die karolingische Zeit zu Selbständigkeit, entschiedenem, eigenwilligen Handeln, zu leicht verletzbarem Stolz führten, dass seit dem 10. Jh. aber in vermehrtem Maße religiöse Demut und Ergebenheit in den Willen eines Höheren hervorträten. Verzeihung zu erbitten, wird nun geübt, um sich, anpassungsbereit, in den hierarchisch geordneten Personenverband einzufügen. Das Lehnswesen diszipliniert die bindungslose Freiheit des Adels; der Leihegedanke erlaubt, alles, was man hat, von einem Höheren, in letzter Instanz von Gott, abzuleiten. Auch wenn derartige Beobachtungen vielleicht der Korrektur bedürfen, die Zähmung des rauen Kriegeradels der Frühzeit zum höfischen Ritter ist nicht zu bestreiten. „Streite niemals mit deinem Herrn oder Meister", wird dem jugendlichen Ruodlieb empfohlen (Z. 502), auch: „Wo immer man Glocken läutet oder die Messe singt, steige vom Pferd, eile dorthin, auf dass du am katholischen Frieden teilhaben kannst" (Z. 514 ff.). Die Erziehungsmuster scheinen den Zielen der damaligen Friedensbewegung zu folgen.

Selten erlernt man fremde Sprachen, da man ihrer kaum bedarf. Die überregionale, oft schon überlokale Kommunikation ist gewöhnlich eng begrenzt. Die wenigsten Menschen – vielleicht von Kaufleuten abgesehen – reisen in ein fremdsprachiges Ausland. Der Bewegungsradius bleibt gewöhnlich an die nächste Umgebung gebunden; Weltbild und sprachlicher Horizont sind entsprechend beschränkt, der heimatlichen Lebenswelt angepasst. Zeugnisse gesprochener Sprache sind freilich selten und stammen, wie es scheint, aus romanisch-deutschen Grenzgebieten, *sagemir uueo namunhabet deser man. uuanna pistdu. uuerpistdu. uuanna quimis.* „Sage mir, wie heißt dieser Mann? Von wo bist du? Wer bist du? Von wo kommst du?" [STEIN-MEYER/SIEVERS, Ahd.Glossen, III, 1895, 12,24 ff.]. Die Fahrt zum nächsten Markt ist für viele bereits die weiteste Reise ihres Lebens. Neben dem hohen Adel, den Kriegern oder der hohen Geistlichkeit und ihren Begleitern überschauen allein die Kaufleute einen ausgedehnteren Horizont. Juden besitzen im früheren Mittelalter wohl das umfassendste und solideste geographische Wissen; der Radius ihrer Fernreisen und Kommunikationskreise reicht von China und Indien über Aden, Ägypten, Nordafrika, Spanien, Gallien und die Länder nördlich der Alpen bis hin nach Kiew und Konstantinopel. Die erwähnten Gruppen sind damals zugleich die Träger der Mehrsprachigkeit und wohl auch der entscheidenden sprachlichen Innovationen. Selbst der hohe fränkische Laienadel des 9. Jh. versteht in der Regel die romanische wie die „deutsche" Volkssprache, dazu auch (wenigstens etwas) Latein, das unter Gelehrten die internationale Verkehrssprache darstellt. Im 10. Jh. ist die Mehrsprachigkeit unter Laien eher rückläufig, doch kann sie für Otto d. Gr. gegen romanisch-sprachige Feinde noch immer schlachtentscheidend sein. Die Juden reden in Deutschland untereinander wahrscheinlich noch die romanische Sprache Galliens, von wo sie einwanderten, lernen Hebräisch, einige sogar Latein; in Spanien tritt Arabisch, in Süditalien und Sizilien auch Griechisch hinzu, dessen Kenntnis sonst in Europa nicht sehr ausgedehnt ist. Juden sind somit die „geborenen" Gesandten und Dolmetscher; als Kulturvermittler spielen sie eine Hauptrolle. In manchen Grenzgebieten überlappen sich Sprachfähigkeiten und Sprachzonen. Der Gebrauch des Romanischen im lothringischen Raum östlich der Sprachgrenze bleibt im Saar-Mosel-Raum bis ins 9. und regional bis ins 11. Jh. hinein erhalten, was wenigstens teilweise mit der entwickelten Winzerkultur zusammenhängen dürfte. Slawische

Sprachkenntnisse

Sprachkenntnisse sind indessen unter Bayern und Sachsen eher bescheiden, während umgekehrt die westslawischen Völker der christlich-lateinischen Kultur sich annähern. Der Gebrauch der slawischen Liturgie, welche der hl. Method in Mähren einführen will, wird, vielleicht nach anfänglichem Schwanken, durch Papst Johannes VIII. als Häresie verboten.

4. Haus und Wirtschaft

„Haus" Die Menschen säen und ernten, sie kaufen und verkaufen, treiben Handel, verlangen und zahlen Abgaben und Zölle, schlagen Münzen, gründen und besuchen Märkte – und wissen doch kaum, was sie tun: wirtschaften. Die Vorstellung von einem Gesamtzusammenhang aller auf Warenproduktion, Nachfrage, Absatz, Konsumption und – verwerflich oder nicht – Gewinn gerichteten Maßnahmen gibt es noch nicht; es fehlt jeder das wirtschaftliche Ganze erfassende Begriff, es fehlt der Blick dafür. Die antike Lehre vom „Hauswesen", die „Oikonomie", ist vergessen und würde an den Verhältnissen auch wenig ändern, obwohl das „Haus" die Denkfigur ist, unter welcher man die herrschaftlich geordnete Zusammengehörigkeit von Mensch und Besitz und den Beziehungen zwischen ihnen subsumiert. Doch die antike Ökonomik war selbst noch keine Wirtschaftslehre in dem hier angesprochenen breiten Sinne. Ihr letztes Ziel hieß Autarkie und nicht Profit; ihr fehlte noch, wie G. Mickwitz und M. Finley zeigten, der spezifische Wirtschafts-Rationalismus, der später das Abendland auszeichnen und den Europäern die Welt öffnen wird. Er ist eine mentale Attitüde, die nicht plötzlich in Erscheinung tritt, sondern langsam, durch Generationen hindurch und durch mancherlei Rückschläge gefestigt, im planenden Bewusstsein sich einnistet. Wenn irgendwo, dann dringt die Vernunft über die Wirtschaft in die abendländische Gesellschaft. Jeder kleinste Schritt darauf zu ist von kaum zu überschätzendem Gewicht. So könnte es sein, dass gerade die dunkelsten Jahrhunderte hierin Entscheidendes leisten, indem die Menschen dieser Zeit jene wenigen intellektuellen Fertigkeiten, die sie von der Antike lernen, abweichend von ihren Lehrmeistern auch in ihrem Wirtschaftshandeln zur Geltung bringen. In der Tat, erste wirtschaftstheoretische Überlegungen lassen sich in karolingischer Zeit nachweisen [Emmerich: 945]. Die Triebkraft aber, die dorthin drängt, heißt im früheren Mittelalter wie später: Profit, „schnöder Gewinn". Die Aussicht auf ihn verführt, die Mehrung des Reichtums lockt. Als sich – wohl im Krisenjahr 868 – eine Hungersnot abzeichnet, kaufen clevere Geistliche in Lyon systematisch die noch erreichbaren Getreidevorräte auf, um sie auf dem Höhepunkt der Not wieder abzustoßen; die Gewinne betragen 300–400 %. Steht noch im 9. Jh. der „Stolz" an der Spitze der Todsünden, so verdrängt ihn im 11. Jh. der „Geiz".

Bedingungen des Reichtums
Reichtum setzt sich aus einem ausgedehnten Grundbesitz und einer gut gefüllten Schatztruhe zusammen; auf diese beiden richtet sich denn zunächst

die ganze Erwerbsgier. Der Reiche ist zugleich der Mächtige und Große, der Angehörige der Führungsschicht, der Arme aber der Schwache, auf Schutz Angewiesene, der Beherrschte. Reichtum ist Herrschaftsattribut; er wird kaum durch ertragreiches Wirtschaften erworben oder gesteigert, sondern vor allem durch Geburt und Heirat, durch königliche Gunst, durch schamlosen „Raub", „Wucher" und nackte Gewalt. Die Quellen des 9. Jh. hallen wider von einschlägigen Klagen. Der kraftvolle Ritter ist das Adelsideal, nicht der besorgte Gutsherr. Die Kirchen sind zur Steigerung ihres Vermögens auf fromme Stiftungen angewiesen.

Das alles zeitigt wirtschaftsgeschichtliche Konsequenzen. Das 9. Jh. erweist sich, soweit das Frankenreich (im Zuge der Vikingereinfälle wohl auch England) betroffen ist und bedingt durch die nicht abreißende Kette karolingischer Teilungen, als eine Epoche wiederholter überregionaler und reichsweiter Umverteilung der Vermögen, die niemanden verschont und am wenigsten den König: aus seiner Hand geht das Gut an den Adel, aus dem Besitz der einen Adelsfamilie in den einer anderen oder einiger Klöster und Kirchen, aus deren Bestand wieder in die Verfügungsgewalt adeliger Herren; der ganze Kreislauf wird mehrfach durchlaufen. Berühmt ist das Beispiel der *villa* Neuilly-St-Front (D. Aisne), das Hinkmar von Reims aufzeichnet. Fern gelegener Außenbesitz ist – zumal über politische Grenzen hinweg – ohnehin gefährdet. Jeder Herr steht zudem unter dem wachsenden Forderungsdruck seiner Vasallen und sonstigen Dienstleute, auf die er angewiesen ist und deren Unterhalt ihm obliegt. Er muss ihn i. d. R. mit Landzuweisungen abgelten, also durch Schwächung seines eigenen Besitzes, die notwendigerweise wiederum die eigene „Gier" anheizt. Auch hier also ein Kreislauf der Bedürfnisse. Erst im 10. Jh. wird – wenigstens bei den Mächtigsten – eine gewisse Konsolidierung erreicht; bis dahin ist, von gleich zu erörternden Ausnahmen abgesehen, nahezu jeder Ansatz, den Besitz als Ganzes zu behandeln und zu bewirtschaften, ausgeschlossen. Im Blick sind stets einzelne, z. T. freilich recht ausgedehnte Komplexe, *fisci, ministeria, praedia, villae* oder *villicationes*. Allein der Kernbereich einer Grundherrschaft – die Quellenlage erlaubt regelmäßig freilich nur Einsichten in klösterliche, selten in bischöfliche oder königliche, nahezu nie in adelige Organisation – unterliegt einer stärkeren Kontrolle durch den Herrn und öffnet sich einer kontinuierlicheren, raumübergreifenden Planung.

Grundherrschaften, d. h. mit dem Recht zu wirtschaftlicher Nutzung und herrschaftlicher Durchdringung einem Herrn zugeordnete Landgebiete einschließlich der das Land bebauenden Leute, sind disparate Herrschafts-, nicht geschlossene Wirtschaftseinheiten; ihr einziger Zusammenhalt besteht in der rechtlichen Zuordnung zu eben diesem Herrn. Wirtschaftlich erscheinen sie dem heutigen Betrachter als additive Gebilde, nicht als straff durchorganisierte Betriebe, doch gibt es zentrale Einrichtungen wie (die mit der Vergetreidung immer bedeutsamer werdende Wasser-) Mühle, Brauhaus oder Schmiede, die sich, wenigstens idealtypisch, um den Herrenhof konzentrie-

<small>Grundherrschaft als Wirtschaftsform</small>

ren. Aber unsere Quellen enthüllen im Vergleich zur Antike einen beträchtlichen Fortschritt, da römische Polyptycha keinen Besitz, vielmehr nur Grundlagen für die Besteuerung verzeichneten. Die seit Karls d. Gr. Zeit einsetzenden Urbare spiegeln den eigentümlichen Willen, den weitgestreuten Gesamtbestand an Einkünften und Besitz möglichst geschlossen zu überschauen. Sie bieten mit diesem Bestreben wertvollste Nachrichten zu Landwirtschaft, Sozialgeschichte oder Demographie. Die Verschriftlichung wird zudem dort, wo es möglich ist, d. h. wo keine älteren, etablierten Verhältnisse es verhindern, von einer organisatorischen Maßnahme eingeleitet und begleitet, die sich gleichfalls in den Urbaren niederschlägt: gemeint ist die „Verhufung", die administrative Aufteilung weiter Teile des Besitzes in einzelne Bauernstellen. Sie lässt sich weniger im Süden Galliens oder in Italien, verstärkt aber in der „Francia" und in den später deutschen Gebieten des Reiches in königlichen und klösterlichen Grundherrschaften durchführen und verleiht ihnen jene für das 9. und 10. Jh. charakteristische Form der Zweiteilung in Herrenland und „Bauern"land; sie bedeutet zugleich eine Parzellierung des Landes zum Zwecke besserer Erfassung und Kontrolle der zu entrichtenden Abgaben. Auch sie setzt unter Karl d. Gr. ein. Verhufung und Urbare folgen den „dividierenden" Erkenntnismethoden der Zeit und offenbaren einen Zug zur Systematik. Im Urbar selbst ist das Ganze gefasst, es ist ortsweise in die jeweiligen Besitzmassen an Herrenland und Leuteland gegliedert, das seinerseits in „freie", „Ledilen"- und „Knechts-Hufen" eingeteilt und entsprechend verzeichnet ist.

Die Urbare sind damit ein erster ordnender Zugriff auf das Ganze einer Grundherrschaft. Sie sind zunächst ein Phänomen der Geistes-, dann erst der Wirtschaftsgeschichte. Das uns heute selbstverständlich anmutende Unterfangen ist für die damalige Zeit höchst ungewohnt, vielfach sogar unbegreiflich neu; es wird keineswegs allgemein nachgeahmt, obwohl Karl d. Gr. und Ludwig d. Fr. darauf drängen; vor allem werden sie nicht fortgeschrieben, so dass der Wandel dieser Grundherrschaften, die Dynamik, die Ursachen und die Bedingungen der Veränderung nicht verfolgt werden können. Dennoch: das Urbar setzt ein abstrahierendes, eben das „Ganze" konzipierendes Denken voraus, das sich mit diesem Schritt einem tatsächlich recht inhomogenen Besitz zuwendet; die Aufzeichnungen übergehen nie die *mansi absi*, die unbewirtschafteten oder ertraglosen Hufen. Wahrscheinlich gelingt das Unternehmen nicht einmal dort auf Anhieb, wo es zuerst eingeführt wird, in der königlichen Grundherrschaft. Als Ludwig d. Fr. 839 seinem ältesten Sohn Lothar das Angebot macht, das Reich zu teilen, scheitert der junge Kaiser „allein an seiner Ignoranz" (Nithard 1,7); „Kenntnis des *ganzen* Reiches (oder Königsgutes)" besitzt auch 842 (und wohl auch beim Vertrag von Verdun) niemand, obwohl eine Kommission aus Sachverständigen eben dieses „gleichmäßig teilen" soll (ebd. IV, 5). Die Denkfigur „das Ganze und seine Teile" auf Grundherrschaften anzuwenden, ist bislang eben absolut unüblich, breitet sich aber im 9. Jh. aus, wie Flodoard etwa für die Reimser Erzbischöfe bezeugt. Ganz einzigartig steht der wenig ältere Gedanke Adalhards von Corbie, den Ernteertrag unterschiedlich guter Jahre zu mitteln, um eine realisierbare Abgabenordnung zu erreichen, aber auch um den Bedarf schwankungsfrei zu kalkulieren. Gewiss ist das alles noch nicht mit der Rechenhaftigkeit späterer Jahrhunderte zu vergleichen; aber hier beginnt ein wirtschaftsbezogenes Rechnen, das der Antike noch fremd gewesen sein dürfte und seitdem aus der mittelalterlichen Wirtschaftsweise nie mehr ganz verschwinden wird. Freilich wird nicht jede Grundherrschaft in Urbaren festgeschrieben, ihr Ertrag nicht stets gemittelt; der Fortschritt breitet sich nicht gleichmäßig und kontinuierlich aus, er bricht sogar ab, wie überhaupt keine der Neuerungen der karolingischen und nachkarolingischen Zeit, auch nicht die gewinnträchtigsten, sofortige allgemeine Nachahmung findet. Der Informationsfluss ist zu diskontinuierlich, das Wissen zu fragmentarisch, die Verhältnisse sind zu uneinheitlich und wechselhaft. Das Vernünftige, wenn es überhaupt schon ein Maß darstellt, hat sich zudem stets erst durch wiederholte Erfahrung als solches zu erweisen und muss sich ständig mit dem Überkommenen, mit Gegenmodellen und den verfügbaren Ressourcen arrangieren. Auch zeigen sich bereits seit dem späteren 9. Jh. innerhalb der Grundherrschaften Auflösungserscheinungen, die sich in der folgenden Zeit fortsetzen und denen sich die Gestalt der urbarialen Aufzeichnungen anpasst. Diese werden zu Heberegistern; sie nehmen seit dem 10. und erst recht seit dem 11. Jh. vor allem im Westen, aber auch in Deutschland zahlenmäßig zu.

Einige Faktoren sind dabei wirksam, die kaum ohne maßgebliche Beteiligung der Grundherren denkbar erscheinen und für Vorbereitung und Aufkommen wirtschaftsorientierter Rechenhaftigkeit im Mittelalter von Bedeutung sein dürften. Die auf pure Gewalt gegründete Extension des Reichtums stößt ebenso an Grenzen wie die saturierten Klöster des 9. Jh., die den um ihr Seelenheil besorgten Stiftern des folgenden Säkulums nicht mehr leistungsfähig genug erscheinen; man wendet sich neuen Reformklöstern zu, die nun aufblühen. Der Wandel der Frömmigkeit und wirtschaftsrelevantes Verhalten greifen ineinander. Die Herren müssen neue Wege betreten, soll bei Fortbestand ihrer Verbindlichkeiten der schon erlangte Reichtum wenigstens gewahrt werden; doch nicht jeder vermag es. Sie stehen zugleich unter dem Druck der wachsenden Population; in der Prümer Grundherrschaft halbiert und viertelt man im Laufe des 9. Jh. immer mehr Hufen – gewiss die ineffektivste Methode zur Lösung des anstehenden Problems der Versorgung von immer mehr Menschen. Ein bloßes Ausweichen aufs Herrenland empfiehlt sich ebenso wenig. Dort nimmt die Bevölkerung kaum in geringerem Maße zu als unter den Hufenbauern. So wird denn die Lösung der Schwierigkeiten gerade nicht in der Ausweitung des Sallandes und der Eigenwirtschaft gesucht, sondern in einer verstärkten Zuweisung sogar von Herrenland an die abhängigen Leute. Die Verhufung schreitet fort. Die Ackerland-Weideland-Relation scheint – wenigstens im Falle Prüms – auf den Mansen stärker zugunsten des Ackerlandes auszufallen als bei der *terra indominicata*; durch

<small>Wirtschaftlicher Wandel innerhalb der Grundherrschaft</small>

Zunahme der Bauernstellen wächst also zugleich die Getreideproduktion. Die Intensivierung des Ackerbaus drängt die extensivere Viehweidewirtschaft zurück. Der Ernteertrag ist freilich (im Vergleich zu heute) gering (und unter modernen Historikern umstritten); er liegt im Schnitt bei wohl hohen Schwankungen etwa beim Dreifachen des Saatgutes. Der Trend geht nicht zur großflächigen Arbeitsorganisation, er läuft vielmehr in entgegensetzte Richtung auf selbständige Bauernwirtschaft zu, welche Überschüsse in Eigenregie vermarktet und den Herrn in Rentenform am Gewinn partizipieren lässt. Die Zunahme der Geldwirtschaft macht sich auch hier bemerkbar. Das alles führt letztlich auch zur Auflösung der einstigen Villikationen, *fisci* oder *ministeria*, von denen um die Mitte des 11. Jh. nur noch wenig zu erkennen ist. Ein neues Verhältnis zwischen dem Herrn und seinen Leuten, ja eine einschneidende Neustrukturierung der Grundherrschaft, die fortan der selbständig wirtschaftende Einzelbauer prägen wird, sind die Folge. Die sog. Markgenossenschaften mit Flurzwang, sollten sie wirklich erst im Hochmittelalter entstehen, könnten funktional die Einheit stiftende ältere Grundherrschaft fortsetzen. Andere Indizien für strukturelle Schwierigkeiten der Grundherrschaft fallen auf. Der Bischof von Augsburg etwa registriert zu Beginn des 9. Jh. über 5 % unbesetzte Hofstellen; andernorts liegt der Prozentsatz höher. Er scheint insgesamt im Laufe des Jahrhunderts sogar zu steigen. Die Leute finden zweifellos – bei zunehmender Bevölkerung – anderswo ihr Auskommen. Der Arbeitskräfte-Bedarf wächst demnach wenigstens so schnell, wenn nicht noch schneller als die Bevölkerung selbst. Entsprechend steigt der Anreiz, die heimische Grundherrschaft zu verlassen und in der Fremde sich bietende Chancen zu nutzen. Die Mobilität der Bevölkerung korreliert mit ihrer Zunahme. „Ich war arm..., deshalb verließ ich die Heimat, dort (in der Fremde) habe ich von meiner Arbeit gelebt" (Burchard, Hofr. c. 2). Rückwirkungen auf die Grundherrschaft bleiben nicht aus: Der „Immobilienmarkt" gerät in Bewegung, auch Hörige veräußern und erwerben Grundbesitz, einzelne Hufen werden durch Zusammenlegen und Zukauf vergrößert. Das Hofrecht des Bischofs Burchard von Worms, aufgezeichnet für die *familia* seines inmitten einer der wirtschaftlich blühendsten Regionen des deutschen Reiches gelegenen Hochstifts, lässt erkennen, wie weit diese ganze Entwicklung um 1025 schon gediehen ist. Einstige Bindungen sind gelockert, der selbstbestimmte Spielraum der Hörigen ist größer geworden. Der Westen und Süden Europas sind in diesem Trend eher noch weiter fortgeschritten. Katalonien etwa zeigt seit der Mitte des 10. Jh. bis zur Mitte des folgenden Jh. einen Anstieg der Preise für Weinberge um das Drei- bis Fünffache der ursprünglichen Kosten. Der Boden wird gewinnbringendes Kapital; sein Verkauf oder seine Beleihung finanzieren neue Geschäfte wie den expandierenden Fernhandel.

Einzelne Maßnahmen
Die Wirtschaftsaktivitäten der Grundherren und ihrer Leute weiten sich inhaltlich wie räumlich aus. Die Anbauflächen einzelner Höfe können durch Zurodung bis zu den „natürlichen" Leistungsgrenzen der Arbeitskraft einer

Bauernfamilie und der verfügbaren Technik wachsen. Man rechnet heute mit der Einführung der Langstreifenfluren (statt der „einzelbäuerlichen" kleinen Blockfluren) in der Zeit des 7. bis 11. Jh.; sie setzt freilich gemeinschaftliche Feldbestellung voraus und deutet auf Zuteilung von Streifenanteilen hin, lässt also auf organisatorische Maßnahmen der Grundherrschaft oder der Markgenossenschaft schließen; doch scheint es regelrechten Flurzwang noch nicht zu geben. Wenn die Einführung der Langstreifen an eine verbesserte Pflugtechnik gebunden ist, so könnte schon an das 7. Jh. zu denken sein. Denn der schwere, asymmetrisch schollewendende Pflug findet seit dem Ende der Römerzeit Eingang in die Bodenbearbeitung. Zuvor ist nur der leichte Hakenpflug in Gebrauch. Die Bearbeitung schwerer Böden wird somit jetzt möglich; neue Siedlungsgebiete erschließen sich seitdem. Die größten Reserven zum Landesausbau bieten Ödländer und Waldgebiete. Sie werden seit dem 10. Jh. vermehrt kultiviert. Die dabei von abhängigen Leuten oder freien „Unternehmern" erbrachten kolonisatorischen Leistungen werden, wenn der Herr die Kolonisten nicht – zu günstigem Recht – ansiedelt, durch Fahrhabe (Rinder, Pferde, Schwerter, Woll- oder Leinenmäntel, Schmuck und Schinken) kompensiert. Allenthalben zeigt sich Intensivierung der Landwirtschaft; als schwierig erweist sich indessen, das jeweilige Maß grundherrlicher Beteiligung an diesem Prozess zu bestimmen. Doch ist anzunehmen, dass die großräumige Organisation der Grundherrschaft vor ihrer verstärkten Zergliederung in einzelbäuerliche Wirtschaftsweise einige entscheidende, produktionssteigernde Innovationen einführt, die sich ohne sie nicht so rasch und allgemein ausbreiten könnten. Die Belege für die Mergeldüngung etwa setzen erst im 9. Jh. ein. Die Einführung der Plaggendüngung in Ostfriesland erfolgt, das lassen Grabungen erkennen, so plötzlich etwa in der Zeit um 900, dass man hinter der Maßnahme eine starke Grundherrschaft zu vermuten hat. Auch die allmähliche Einführung der Dreifelderwirtschaft seit dem späten 8. und vor allem im 9. Jh. lässt an großräumige Planung denken, nicht an den einzelnen Mansus-Bauern. Freilich wirft gerade diese Wirtschaftsform bezeichnendes Licht auf das Fortschrittsproblem im früheren Mittelalter. Denn der hier spezifische Fruchtfolgewechsel setzt sich trotz Ertragssteigerung keineswegs überall durch; er wird gelegentlich sogar wieder rückgängig gemacht. Andere Fruchtfolgen oder Vierfelderwirtschaft können neben die Dreifelderwirtschaft treten. Die Gründe für die gestörte Dynamik des Fortschritts sind weithin unbekannt und unter Historikern umstritten. Doch welcher Entscheidungsträger des früheren Mittelalters verfügt über eine gesicherte, schriftlich fixierte und nicht nur mehr oder minder vage erinnerte mittel- und langfristige Statistik der Ertragswerte, in welche die jeweiligen Ertragsbedingungen wie Wetter oder Kriege eingeflossen sind? Sie aber wäre die einzige Erkenntnisbasis für die Einsicht in den Fortschritt.

Dennoch erweist sich gerade auf dem Agrarsektor die spätkarolingische und ottonische Epoche als innovativ und prägend. Allein für den Umgang mit dem Pferd lässt sich eine ganze Reihe von Neuerungen ins 9. Jh. zurückführen. Karl d. Gr. war bereits um die Pferdezucht besorgt; seine Enkel beginnen, den Nutzen daraus zu ziehen: Hufeisen, Kummet, Wagenbaum, Schwengel und Doppelanspannung kommen im 9. Jh. in Gebrauch. Dieses streitbare Saeculum erscheint für die Franken, denen im 6. Jh. nach Ausweis ihrer „Lex Salica" von den Tieren das Schwein noch am nächsten lag, geradezu als ein Jahrhundert des Pferdes. Die Tierzucht spiegelt, so darf man resümieren, auch eine geistige Horizonterweiterung – vielleicht nicht gerade aus der Enge des Kobens in die Weite der Welt, aber doch aus dem Bereich der Nahweide zu ferneren Märkten und vielleicht weniger für König und Hochadel als für den nun mobileren Bauern. Die Kenntnis dieser Erfindungen verbreitet sich rasch. Agrar- und Handelssektor sind in gleicher Weise betroffen, Konsequenzen entsprechend früh zu erkennen. Der hl. Wolfgang von Regensburg (†994) weist z. Z. einer Hungersnot Kaufleute ab, die mit ihren „Lastwagen" anrollen, um seine gefüllten Scheuern zu leeren. Die Verteilung der Massengüter ist flexibler geworden seit dem Beginn unserer Epoche.

<small>Markt, Geld, Handel innerhalb der Grundherrschaft</small>

Die Grundherrschaften schon des 9. Jh. sind alles andere als geschlossene Binnenmärkte auf der Basis von Gütertausch. „Die absolut autarke Domäne hat es nie gegeben" [WERNER: 873, S. 427]. Ausgedehnter Handel ist – auch wenn es die Forschung die längste Zeit nicht wahrhaben wollte – selbstverständlich. Wo ein mächtiger geistlicher oder weltlicher Herr sich dauerhaft etabliert, dort lassen sich über kurz oder lang auch Kaufleute nieder, sobald Konsum und Nachfrage steigen; die Produktverteilung erfolgt auch „innerhalb" der Grundherrschaften, soweit diese überhaupt geschlossene Wirtschaftsgebiete sind, über den Markt; der Fernhandel spart diese Märkte nicht aus. Das Geld spielt in den Grundherrschaften stets eine Rolle, doch wächst seine Bedeutung im 9. und 10. Jh. erheblich. Zunächst werden Produkte in Geldquanten bewertet, dann eröffnet sich die Alternative Natural- oder Geldzins, schließlich wird die überwiegende oder gesamte Zinsleistung in Geld und nicht mehr in Naturalien erbracht. In gewerblicher Überschussproduktion erkennen die weltlichen oder geistlichen Grundherren rasch ihren Nutzen. Der Bau von Wassermühlen schreitet – dank der Erfindung der Nockenwelle – fort. Der Gebrauch der kleinen Handmühle wird eingeschränkt, teilweise auch untersagt. Der Herr zwingt unter Strafandrohung seine Bauern, seine Bannmühlen zu benutzen – gegen Abgaben, wie sich versteht; auch andere zentrale Einrichtungen wie Brau- oder Backhaus dienen vor allem im Westen nun in analoger Weise dem Herrn zur Steigerung seiner Einkünfte. Die Metallgewinnung kann für die Zeit bis ins 9. Jh. als standortgebundene „bäuerlich zerstreute Kleinproduktion" in grundherrlichem Rahmen bezeichnet werden; seitdem aber konzentrieren sich die Metallgewerbe in den werdenden Städten. Die Grundherren fördern die Entwicklung, die sie zu Herren der neu aufblühenden Stadtbewegung macht. Als im späten 9. Jh. die wertvollen Erzlager des Harzes entdeckt werden, beginnt der planmäßige Abbau in der Nähe kleiner Rodungssiedlungen, bis sich dann – entscheidend beschleunigt durch die Entdeckung der Silbervorkommen des Rammelsberges – seit etwa der Jahrtausendwende die ganze Metallwirtschaft im jetzt entstehenden und von den Königen geförderten neuen Zentralort Goslar konzentriert. Der nötige Untertagebau stellt kein Hindernis dar; technische Neuerungen werden eingeführt, ohne dass wir wüssten, auf welchem Wege. Auch im nördlichen Alpenvorland ist der Eisenerzabbau mit technischen Innovationen verbunden. Die Salzproduktion gestattet den Grundherren, die über entsprechende Lagerstätten verfügen (z. B. Prüm oder Salzburg), stets einen gewinnbringenden „Außen"handel; Salz ist das einzige massenweise verfügbare Konservierungsmittel der Zeit. Mit dem Anstieg der Bevölkerung schnellt auch sein Verbrauch in die Höhe; in analogem Maße partizipieren die Gewinne der Grundherren aus der Salzwirtschaft. *Genicia*, „Frauenarbeitshäuser", d. h. Häuser, in denen bis zu 10 Webstühle stehen können, gehören zu jeder größeren Grundherrschaft; sie produzieren keineswegs nur für den Eigenbedarf der Herren und abhängigen Leute. Die Wurtengrabungen an der Nordseeküste zeigen, was schriftliche Quellen fast ganz verschweigen: ein seit Beginn des 10. Jh. verstärktes Engagement gerade auch weltlicher Herren in der Tuchproduktion und wahrscheinlich zugleich im Vertrieb der Produkte; der friesische Tuchhandel läuft über Haithabu in die Ostsee und erreicht nach Süden, über Köln und Mainz, wenigstens den Oberrhein. Das Kloster Werden an der Ruhr erhält im früheren 11. Jh. aus 26 friesischen Orten 437 „Stücke" Tuch pro Jahr – gewiss nicht allein für die Kutten der Mönche. Die Anfänge der Verlagswirtschaft dürften in diese Zeit zurückreichen; denn Tuchproduktion ist hochgradig arbeitsteilig. Man meint in der Tat zeigen zu können, dass die Tuchwalkereien von Herren in Eigenregie betrieben werden. In Friesland, das lange von den Normanneneinfällen heimgesucht war, zieht neuer Wohlstand ein; die ergrabene Tuchmacherei der Wüstung „Alten Boomborg" (südl. Hatzum), die seit ca. 900 ihre Produktion aufnimmt, ist übersät mit Scherben rheinischer Import-Keramik – sicheres Indiz eines gehobenen Wohlstandes. Eine zu enge rechtliche Bindung der im Handel eingesetzten Hörigen an den Herrn erweist sich nun als Nachteil. Rechtsschranken beginnen zu fallen; doch bleibt dabei stets wirksam und nimmt sogar weiterhin das Bedürfnis nach „Schutz" zu, d. h. vor allem nach einem Rechtsstand, den der Herr gewährleistet und sichert. Zahlreiche Freie suchen gegen einen geringen Jahreszins in Wachs oder Geld durch Eintritt in die *familia* eines Herrn derartigen Schutz, der ihre wirtschaftliche Entfaltung nicht hemmt, sondern fördert.

Neue Bedürfnisse schaffen neue Berufe. So wächst z. B. die Nachfrage nach Bauarbeitern, seitdem im 9. Jh. – bedingt durch die karolingischen Bruderkriege wie durch die Einfälle der Normannen und Sarazenen – der Burgen- und durch religiösen Eifer der Kirchenbau vorangetrieben werden. Wander- und Lohnarbeiter decken ihn. Die Baufreude sinkt im 10. Jh. nicht. Der Wunsch nach Kirchen-Erweiterungen oder Neubauten schwappt, durchaus in Relation zum Anstieg der Bevölkerung, in regelmäßigen und immer mächtigeren Wellen über Europa und könnte um die Jahrtausendwende einen bislang nie erreichten Höhepunkt erreicht haben. Die neuerliche Verstädterung Europas setzt um 900 ein; nicht zuletzt die jetzt ausgebauten Langwurtensiedlungen der friesischen Nordseeküste vermögen es zu illustrieren. Auch die Zeitgenossen nehmen den Wandel wahr; die moderne Archäologie bestätigt ihn. „Es war, als wollte die Welt ihr Alter abschütteln, um sich in ein leuchtendes Kleid aus Kirchen zu hüllen" (Radulf Glaber III,13). Die Erneuerungssucht und Bauwut der Großen führt nicht zuletzt zu breiter wirtschaftlicher Mobilität der Gesamtbevölkerung. Einer der unermüdlichen Bauherrn dieser Epoche, Meinwerk von Paderborn, hält überall Ausschau nach qualifizierten Spezialisten; ihnen winken glänzende Aufstiegschancen. Andere verkaufen ihren Hof, um mit dem Erlös das Startkapital für den Aufbau eines Handelsgeschäftes zu gewinnen.

5. REGIONALE BINDUNGEN UND SCHRANKEN

Kulturregionen Der europäische Raum ist nicht beliebig zu parzellieren und nicht gleichmäßig mit Zivilisation zu durchdringen. Nahrungsressourcen, Bodenqualität, Verkehrsbedingungen, die Anbindung an ältere Kulturregionen, Energiequellen (was wären das muslimische Spanien oder die Erzgruben des Harzes ohne die an Ort und Stelle gewonnene Holzkohle?) u. a. vergleichbare Faktoren grenzen gerade im früheren Mittelalter verschiedene Regionen mehr oder weniger deutlich voneinander ab. Grenzsäume aus Wald und wildem „Unland" erschweren die Kommunikation. Politische, sprachliche und gentile Grenzen überlagern und durchschneiden die so entstandenen Gebiete; die geistige Kultur und die wirtschaftlichen Interessen ziehen wiederum ihre eigenen Grenzen, die sich den politischen nur widerstrebend oder überhaupt nicht anpassen. Allein kirchliche Grenzen neigen dazu, wenn auch nicht stets mit Erfolg, sich mit den politischen zu decken; die Verbreitung liturgischer Gewohnheiten oder spezieller Heiligenkulte können sich ihnen anpassen. Doch jedes Reich bedarf, will es langfristig Bestand haben, wenigstens einer dominierenden Zentrallandschaft, von der aus Herrschaft wahrgenommen werden kann. Andere Regionen bleiben politisch oder geistig mehr an der Peripherie. Die Ile de France, das Rhein-Main-Gebiet, der Raum um Regensburg, Regionen höchster landwirtschaftlicher Erschlossenheit, sind derartige politische, kirchliche und geistige „Führungs-" oder „Zentrallandschaften" (Müller-Mertens), die Königen und Klöstern den nötigen wirtschaftlichen Rückhalt bieten und untereinander in mancherlei Wechselbeziehung stehen; um ihren Besitz wird in den Auseinandersetzungen der Karolinger am hartnäckigsten gerungen. Wiederholt wird von ihnen aus der Neubau eines Königreiches versucht. Der Aufstieg der Kapetinger, denen die Vorherrschaft in der Ile de France die Krone bringt, oder der ostfränkischen Könige Konrad I. und Heinrich I., die jeweils vom Rhein-Main-Gebiet aus ihr Königtum zu festigen suchen, vermag es zu illustrieren. Hier erfolgen die

Regierungsmaßnahmen, welche das ganze Reich der Königsherrschaft unterwerfen; von hier aus wirkt das zentrale Königtum auch in die königsfernen Räume. Die neuen Reiche ändern die regionale Zerklüftung freilich ebenso wenig, wie es das ältere karolingische Königtum vermochte. Auch sie bilden im Hinblick auf Landeserschließung, Institutionalisierung, Kulturleistungen oder die Zunahme arbeitsteiliger Wirtschaft keine einheitlichen Großräume, sie zerfallen vielmehr in eine Fülle kleiner und kleinster Regionen höchst unterschiedlichen Entwicklungsstandes, divergierender Akkulturationsfähigkeit oder beachtlicher Intensitätsschwankungen in der wechselseitigen Kommunikation. Die Gleichzeitigkeit des Ungleichen darf nicht durch vereinheitlichende historische Perspektive verdeckt werden. Ostsachsen, das mittlere Jütland, Fünen und Seeland, der Raum um Birka und Mälarsee, das polnische Kernland um Posen und Gnesen, das Prager Becken oder „Krakowien" gewinnen bald, aber doch mit merklicher „Verspätung" eine ähnliche Bedeutung als „Zentrallandschaften" im Rahmen neuer Reichsbildungen und sich ausbreitender christlicher Mission wie die eben erwähnten älteren. Als Zentren politischer Macht oder geistiger Kultur spielen sie im 9. Jh. freilich noch keine hervorragende Rolle; erst seit dem 10. Jh. wächst ihre Bedeutung.

Die optimale Größe einer Region, die Qualität ihrer Ausstattung, ihr politisches oder kulturelles Gewicht, ihre Ausbaumöglichkeiten, ihre Sättigungsgrenzen, ihre Strukturschwächen lassen sich in Relation zur Anzahl herrschaftlicher oder kirchlicher Einrichtungen, der Infrastruktur, der verwertbaren wirtschaftlichen Ressourcen oder dem verfügbaren technologischen Wissen bestimmen. Abgeschiedene Räume entziehen sich jeder raschen und kurzfristigen Erschließung; hier bedarf es der geduldigen Arbeit vieler Generationen. Vor allem die Klöster, aber auch – zumal im Westen – das Königtum und der übrige Adel leisten darin Entscheidendes. Die erwähnten großen Waldgebiete lassen sich nicht auf einen Schlag urbar machen; es fehlt dazu an Einrichtungen, Arbeitern, Kapital und Nachfrage. In dem Maße aber, in dem diese Faktoren wachsen, beschleunigt sich mit dem Fortgang der Rodung auch die Angleichung bislang unterschiedlich strukturierter Regionen aneinander. Die zugleich wirksame Rückkopplung der neu eingerichteten Zentren an die längst bestehenden initiiert in diesen älteren neue Verdichtungs- und Wandlungsprozesse, die zu abermaliger Vertiefung der Unterschiede und zu abermaliger Beschleunigung des Wandels führen können. Kölns Bedeutung als überregionales Zentrum, die in karolingischer Zeit noch wenig ausgebildet erscheint, nimmt mit dem Herrschaftsantritt der sächsischen Liudolfinger (919) zu, steigt weiter durch die damals ausgeweitete Tuchproduktion Flanderns und der etwa zur selben Zeit einsetzenden Tuchproduktion in Friesland, gewinnt durch die nach Westen bis nach England gerichtete Politik der Ottonen zusätzlichen Auftrieb. Um 1000 glänzt die Stadt als eine der wirtschaftlich und kulturell führenden Regionen Europas. In ähnlicher Weise verdankt Venedig nicht allein der Tatkraft seiner Kaufleute und Dogen den rasanten Aufstieg seit dem ausgehenden 8. Jh., sondern auch

„Verdichtung"

den gleichzeitigen Rückwirkungen auf die gesamte byzantinische, muslimische und lateinische Umwelt.

Die „Verdichtung" lässt sich messen. Die Marktfunktion gehört seit der Antike zum Wesen der Stadt; einer speziellen Rechtsverleihung bedarf es nicht, ein königliches Marktregal lässt sich trotz darauf gerichteter Versuche unter den Karolingern nicht durchsetzen. Neue Märkte entstehen, wo sie benötigt werden. Anders verhält es sich im Osten des Frankenreiches, im städtearmen Gebiet der einstigen „Germania libera". Hier gibt es keine oder wenig Märkte. Das Privileg des Königs initiiert und schützt hier vor allem die dringend benötigten Marktgründungen und deren erstes Aufblühen; das Marktregal ist verhältnismäßig leicht zu etablieren. Entsprechendes lässt sich über Münze und Zoll registrieren. Ein einzelnes Privileg freilich besagt wenig. Es setzt bestenfalls ein Signal; hundert Privilegien kennzeichnen indessen, auch wenn die meisten nur einen Wechsel auf eine ungewisse Zukunft darstellen und nicht alle Märkte, Münzen oder Zollstellen fortbestehen, einen Strukturwandel. Man rechnet in der Tat mit einem Anstieg der Marktorte im 10. Jh. auf dem Boden des deutschen Reiches von 40 auf 90, der Münzstätten von 47 (bis 919) auf ca. 170 (bis 1140). Liegen die überwiegende Mehrzahl der Münzstätten bis zum Beginn des 10. Jh. in Lothringen und einige wenige auch am Rhein, so zeichnen sich später Ober- und Niederlothringen, das Rheinland, der Hellweg, Ostsachsen, der Donauweg und die Nordseeküste als Landschaften mit dichter Prägetätigkeit ab. Einen entsprechenden Trend zeigen die Kloster- und Kirchengründungen oder die Reliquien-Translationen. Die vorgefundene räumliche Dichte der Einrichtungen entscheidet dabei über Erfolg und Misserfolg einer Gründung. Die einzelnen Regionen erlauben eine zwar unterschiedliche, aber doch begrenzte Anzahl geistlicher Institutionen; steigt ihre Zahl über das tragbare Maß, verkümmern einzelne Gründungen alsbald wieder.

Zentralität und Peripherie Zentralität und Peripherie, das Ausmaß der Raumerfassung, die Schwerpunktbildung durch zentrale Orte, der Informationsfluss und -austausch – regionale Veränderungsfaktoren größten Gewichts – sind nicht willkürlich oder nur mit höchst ungewissem Erfolg zu steuern; zumeist mangelte es an ausreichenden Erfahrungen, spezifischen Erkenntnismethoden und materiellen Mitteln. Gescheiterte Unternehmungen fehlen denn auch nicht. Einzelereignisse können gleichwohl bei langfristigem und überregionalem Wirkungszusammenhang großräumigen Wandel bewirken. Vorbereitung und Gründung eines Bistums – etwa in Magdeburg (seit 936 bzw. 968) oder in Bamberg (1007), um diese herausragenden Beispiele in bislang strukturschwachen Gebieten zu erwähnen – beschleunigen die frühstädtische Entwicklung mit allen Folgen für die Region durch die Entstehung eines neuen zentralen Ortes. Sie führt zu lokaler Bevölkerungskonzentration und damit zu regionalen und überregionalen Migrationsprozessen; nach Magdeburg etwa ziehen Geistliche aus ganz Sachsen oder aus Lothringen, Schüler aus den angrenzenden slawischen Ländern, etwa aus Böhmen, kommen hinzu. Baumaßnahmen werden nötig, neue Klöster und Bildungszentren entstehen, führen zu ausgedehnter Schriftlichkeit, literarischer und künstlerischer Produktion. Frühzeitig wird die Marktfunktion der neuen Bischofsstadt hervorgehoben; die Handelstätigkeit nimmt zu, steigert die Attraktivität des Ortes auch für Fernkaufleute und Gewerbetreibende, führt zu qualifizierterem Warenzufluss, erlaubt die Bildung neuer Märkte zur Unterverteilung der Waren. Das Interesse führender gesellschaftlicher Kräfte an der neuen „Stadtlandschaft", des Königs und des Adels, aber auch der „Feinde", nimmt entsprechend zu. Die gesamte Region verändert ihr Gesicht und ihr Gewicht. Jedes Marktprivileg zielt im Kleinen auf einen ähnlichen Effekt. Die (Wieder-)Öffnung eines Weges – wie etwa der mit dem Einfall der Ungarn seit ca. 900 geschlossenen Donaustraße durch deren Mission seit etwa der Jahrtausendwende – hat bis in den französischen Westen zu spürende Auswirkungen auf den Fernverkehr und die Pilgerfahrten nach Jerusalem.

Doch nicht nur der unterschiedliche Entwicklungsrhythmus agrarischer Siedlung prägt den voneinander abweichenden Charakter einzelner Regionen. Die Lombardei, das untere und mittlere Rhone-Tal, das „Civitas"-Gebiet Galliens verleugnen trotz aller Schrumpfung und Reduktion der urbanen Areale auf kleine Zentren ihre Vergangenheit als dichte Stadtlandschaften auch im 9. und 10. Jh. nicht völlig. Sie verwehren oder erschweren, wie es scheint, die Entstehung großräumiger adeliger Herrschaftsgebiete. Doch verbreiten sich von hier aus Verstädterung und Urbanität aufs Neue. Das muslimische Spanien, das Rhein-Maas-Gebiet, Flandern und Teile Frieslands treten – zu unterschiedlichem Zeitpunkt, bei divergierender Intensität und schwankendem Erfolg – seit etwa 900 als werdende neue Stadtlandschaften hinzu. Weite Gebiete der Gascogne, auch der Auvergne, der Bretagne, der norddeutschen Tiefebene, West- und Ostfalens, der Elb-Gebiete, Pommerns, Schlesiens oder Pannoniens sind im 9. und noch im 10. Jh. wenig erschlossen. Doch wird die Raumerfassung durch weltliche und kirchliche Herrschaftsträger nachhaltig vorangetrieben. In Frankreich lassen sich die Ausbausiedlungen, „villeneuves" und „sauvetés", seit dem späten 10. Jh. verfolgen.

Neuerliche „Verstädterung"

Starke Kräfte, die im Laufe der hier betrachteten Epoche weiter anwachsen, sprengen den beschriebenen Regionalismus. Die Kirche mit ihrer Mission, das Mönchtum mit überregionalen Reformen, die geistige Kultur, die bestehende Sprach- und Verstehensbarrieren überwindet, die nach Phasen der Zersplitterung wieder einsetzenden großräumigen Herrschaftsbildungen, die Konkurrenz der lateinischen Kaiser zu Byzanz, das der Westen stets zu imitieren sucht, der regelmäßige Gesandtenaustausch, den etwa die Ottonen mit Konstantinopel oder mit den Kalifen von Cordoba pflegen, sie alle verändern die geistige Geographie Europas gründlich. Zwei Anstöße zur Veränderung seien hier genauer betrachtet: der Fernhandel und die Bedrohungen von „außen" durch Sarazenen, Normannen und Ungarn.

Überwindung des Regionalismus

Europa zerfällt im 9. bis 11. Jh. in zwei große Wirtschaftsgebiete: den Bereich der Gewichtsgeldwirtschaft um Nord- und Ostsee und den Bereich der Münzgeldwirtschaft im übrigen Europa. Beide Regionen stehen in lebhaftem Austausch miteinander. Städte wie Haithabu (bei Schleswig) oder Kaupang (bei Oslo) fungieren als Zwischenglieder, der arabische und byzantinische Wirtschaftskreis sind vor allem über Russland einbezogen. Die Handelswege führen zumeist die Küsten entlang, nur an den günstigsten Stellen auch übers offene Meer. Die großen Flüsse dienen als Fernstraßen: Düna, Newa und Dnjepr, Rhein, Rhone und Maas, Po und Loire; über die Donau hingegen erreicht der Verkehr Konstantinopel nicht. Dazu treten einige wenige Fernstraßen wie jene von Regensburg nach Kiew, die Brennerstraße oder die Passstraße durchs Aostatal. Von Spanien läuft über Nordafrika, Nil, Rotes Meer zu Wasser und zu Land eine Route, die bis in den fernsten Orient führt. Die vikingischen Händler verbinden im Norden, jüdische Fernkaufleute im Süden die jeweiligen Bereiche. Ibrâhîm ibn Ja'qûb, der einen Bericht von hohem Quellenwert hinterlassen hat, könnte einer von ihnen gewesen sein; Johannes von Gorze, den Otto d. Gr. als Gesandten nach Córdoba schickt, lässt sich von einem jüdischen Kaufmann führen. Das geographische Wissen dieser Männer liegt weit über dem ihrer Zeitgenossen, vereinigt sich aber nur zögernd mit jenem lateinischer Kleriker und Mönche. Arabische Händler sind aufs Zweistromland fixiert, nicht aufs Mittelmeer; doch beginnen die Venezianer spätestens im 9. Jh. mit organisiertem Flottenbau und Fahrten bis nach Alexandrien; im Jahre 828 entführen sie von dort die Reliquien des hl. Markus, der dann ihr Stadtpatron wird.

Der Fernhandel nimmt allgemein zu, auch wenn das nicht detailliert mit Zahlen, sondern nur mit einzelnen Indizien zu belegen ist. Notker von St. Gallen spottet um 870 über Höflinge, die sich in Pavia mit feinsten Seidenstoffen eindecken, die ein Gewitterregen bereits zerschleißt. Das Luxusbedürfnis widersetzt sich gleichwohl erfolgreich monastisch-asketischer Schlichtheit; es fördert den Fernhandel und über ihn die frühe Kapitalbildung. Jahr für Jahr besuchen Venezianer den vor Pavia, in einer Zeltstadt auf freiem Felde, abgehaltenen Markt; Rompilger wie der hl. Gerald von Aurillac sind ihre Kunden. Das älteste Handelsprivileg Venedigs für das byzantinische Reich datiert von 992; zur selben Zeit schließt der Doge Freundschaftsverträge mit muslimischen Fürsten, während die „Pacta" der Stadt mit den lateinischen Kaisern, die ihr die Unabhängigkeit garantieren, bereits ins 9. Jh. zurückreichen (das älteste ist von 840). Im Norden übernimmt Flandern eine führende Rolle; bis nach Spanien reicht um die Jahrtausendwende bereits der Aktionsradius flandrischer Kaufleute. Der Hafen von London wird zur selben Zeit von Händlern aus Flandern, Ponthieu, der Normandie (Rouen), aus der *Francia*, aus Huy, Lüttich, Nivelles und von „Eigenleuten des Kaisers" angelaufen. Auch der mitteleuropäische Raum partizipiert kräftig an der allgemeinen Entwicklung. Regensburg oder Verdun treten als Fernhandelsorte hervor; Magdeburgs wirtschaftlicher Aufstieg beginnt. Mittelrheinische Münzprägungen streuen im 9. Jh. über ganz Gallien. Zu Ottos d. Gr. Zeit kursieren in Skandinavien, aber auch in Mainz arabische Dirheme aus Samarkand, seit den 990er Jahren überschwemmen Otto-Adelheid-Pfennige Skandinavien. Gehandelt wird mit allem, mit Gebrauchs- und besonders mit Luxuswaren, mit Gewürzen, Getreide und Wein, mit Tuchen und Töpfen, mit Mühlsteinen, Eisen und Edelmetallen, mit Wachs und Sklaven, auch mit Waffen. In Mainz kann man um 960 fernöstliche Gewürze, „Pfeffer, Ingwer, Gewürznelken, Spikanarde (eine Baldrian-Art), Costus und Galgant" (at-Tartûschî = Ibrâhîm ibn Jaʿqûb, [in: JACOB 202, 13]), kaufen. Der Geldbedarf wird teilweise durch neu erschlossene, z. T. höchst ergiebige Silbergruben im Harz, in Tirol oder Kärnten, auch im Westfrankenreich gestillt. Gewinnstreben ist selbstverständlich: „Willst du deine Waren hier so teuer verkaufen, wie du sie dort einkauftest? – Nein! Welchen Nutzen brächte mir sonst meine Arbeit (labor)", lässt Ælfric seinen Kaufmann gefragt sein und antworten („Colloquy" [6/7] Z. 162 f.). Eigene Rechts- und Lebensformen prägen die Welt der Kaufleute, die sich den Kategorien der Grundherrschaft oder des feudalen Adels entziehen und den traditionellen Wertvorstellungen nicht mehr folgen.

Das Netz der Märkte wird dichter; Markt-, Münz- und Zollprivilegien häufen sich überall in Europa während des 10. Jh. Sie gelten den Neugründungen, denn „alte", schon bestehende Märkte bedürfen ihrer kaum; sie indizieren also nicht allein das Wirtschaftswachstum, sondern gerade auch das Interesse, das Herrschaftsträger an den marktbezogenen Wirtschaftsformen an den Tag legen. Sie heizen gewiss die Nachfrage nach Handelswaren an und verändern auf die Dauer das Nachfrageverhalten aller Marktbesucher. Kredit- und Geldgeschäfte kommen in Mode; Immobilien werden verpfändet, so dass der Gewinn aus ihnen in die Taschen des Kreditgebers fließt, oder verkauft, um das Startkapital für Handelsgeschäfte zu erlangen. Kaufleute wie jene von Tiel, die Alpert von Metz erwähnt, beschweren sich über mangelnden Königsschutz, drohen mit Handelsreduktion und Steuerverlusten und nötigen den Kaiser sogar zu militärischen Aktionen. Das wachsende Gewicht des Fernhandels ist also kaum mehr zu leugnen, und die These erscheint vielleicht nicht zu weit hergeholt, dass Europa um die Jahrtausendwende bereits – allen christlichen Vorbehalten zum Trotz – den langen Weg in eine kapitalistische Zukunft anzutreten beginnt.

Die Bedrohungen von „außen" erreichen im 9. Jh. einen Höhepunkt, lassen aber seit der Mitte des 10. Jh. deutlich nach. Der Vorstoß der Sarazenen kommt nach 732 nicht völlig zum Erliegen. Vor allem die Aglabiden von Afrika, aber auch die Umaiyaden von al-Andalus, die sich beide vom Kalifen in Bagdad gelöst haben, versuchen nicht ohne Erfolg, ihnen feindliche Kräfte aus den eigenen Reihen auf die christlichen Länder abzulenken, manchmal indem sie den Gihâd, den „heiligen Krieg", ausrufen. Eine Flut von „Piraten"-Überfällen auf die nördlichen Mittelmeerküsten ist die Folge. Rom selbst ist nicht sicher; 846 plündern Sarazenen die beiden Hauptkirchen der lateinischen Christenheit: St. Peter und St. Paul, die ungeschützt vor den Mauern der ewigen Stadt liegen. Der Schlag trifft tief. Der Papst, Leo IV.,

Bedrohungen von „außen" – Sarazenen

vermag – mit tatkräftiger fränkischer Unterstützung – wenigstens die Peterskirche durch einen eigenen Mauerring zu schützen („Leostadt"). Auch später werden sich Päpste immer wieder als militärische Abwehrstrategen gegen die Muslime auszeichnen. Doch bleibt es nicht allein bei einzelnen Überfällen. In der Provence – bei Fraxinetum (Fréjus) – gründen sarazenische „Seeräuber" eine dauernde Niederlassung, von der die stärksten Gefahren für das umliegende Land ausgehen und die erst Otto d. Gr. aufzulösen vermag. Vor allem aber sehen sich Sizilien und Süditalien wachsendem muslimischem Druck ausgesetzt. Die untereinander zerstrittenen einheimischen lombardischen Fürsten rufen wechselseitig Sarazenen zu Hilfe. Das alles endet mit der Eroberung ganz Siziliens, das bis zum ausgehenden 11. Jh. fest in arabischer Hand bleibt, weiter Teile Kalabriens und führt zu einer vorübergehenden Besitzergreifung Baris, das allein durch militärisches Zusammengehen des lateinischen und byzantinischen Kaisers – für die Byzantiner – zurückerobert werden kann (871). In Spanien macht zwar die „Reconquista" erste Fortschritte; doch ist die muslimische Gefahr längst nicht gebannt. Noch kurz vor der Jahrtausendwende rüstet al-Mansur zu einem großen Schlag gegen Barcelona (996). Die Katalanen bitten vergebens ihren König, Robert II. von Frankreich, um Hilfe. Sie sind auf sich selbst verwiesen und legitimieren später, im 13. Jh., ihr endgültiges Ausscheiden aus dem westfränkisch-französischen Reich mit jener Hilfsverweigerung gegen al-Mansur. Die Islamisierung des arabischen Spanien schreitet übrigens bedächtig voran. Man rechnet um 900 lediglich mit einem Anteil der Muslime an der Gesamtbevölkerung von etwa 25 %; das 10. Jh. sieht freilich eine sich verhärtende Haltung auf beiden Seiten, so dass sich um 1000 das Verhältnis zum Nachteil der Mozaraber, der einheimischen Christen, umgekehrt hat und nun drei Viertel der Bevölkerung zum Islam bekehrt sind. Gleichwohl wachsen die Kulturkontakte zwischen Islam und der lateinischen Christenheit. Vielfältige Anregungen für Dichtung, Kunst und Wissenschaft (zumal für Astronomie und Mathematik, auch für die Medizin) oder Einwirkungen auf den ganzen Lebensstil wechseln die Grenzen in beide Richtungen. Polyglotte Juden erweisen sich auch hier als Kulturvermittler.

Normannen Skandinavien entlässt – ähnlich wie die asiatische Steppe – über ein Jahrtausend lang Welle auf Welle neuer Völkerschaften: Im 2. Jh. v. Chr. Kimbern und Teutonen, in der „Völkerwanderungszeit" – wenn denn die in der Spätantike konstruierten Herkunftsangaben zutreffen, was etwa im Falle der Goten entschieden zu bezweifeln ist – Goten, Burgunder, Wandalen, Langobarden, und zuletzt, seit dem ausgehenden 8. bis ins spätere 11. Jh., nicht als Volk, sondern in einzelnen Gruppen: Normannen, wie sie bei den Franken heißen, oder Vikinger, wie sie sich – aufgrund ihrer Tätigkeit, der räuberischen Kauffahrt übers Meer – gelegentlich selbst bezeichnen. Sie vereinen nautisches Können mit risikobereitem Unternehmertum, treiben Fernhandel, Seeräuberei und führen Plünderungszüge in weit entfernte Regionen. Warum ihre Expansion? Wir wissen es nicht. Der Ursachen werden freilich viele

5. Regionale Bindungen und Schranken 55

vermutet: klimatische „Katastrophen", Übervölkerung, politischer Druck durch neu entstehendes Königtum, Abenteuerlust... Die Wirkung ist indessen europaweit zu spüren: Mit ihren wendigen Drachenbooten umkreisen die Vikinger den Kontinent; plötzlich sind sie da, wie ein vom Meer heranbrausendes Unwetter (Einhard ep. 40). Die Ost- und die Nordsee-, dann die Atlantikküsten liegen ihnen offen; über die „russischen" Flusssysteme dringen sie, die Rus' (neuerdings wieder aus dem Finnischen abgeleitet: „Ruderer") oder Waräger (aus dem Griechischen: „Eidgenossen"), in byzantinische Gewässer vor und bald segeln oder rudern sie durch die Straße von Gibraltar ins Mittelmeer. Die großen Flüsse führen sie bis weit ins Landesinnere. Wenn auch nicht jeder Vikinger die halbe Welt umfährt, so wissen doch viele um die Möglichkeiten des Beutemachens und Handelsprofits in Ost und West und kennen wenigstens einige die entferntesten Regionen Europas aus eigener Erfahrung. Gewöhnlich führt es die Leute aus Dänemark nach dem Westen, die aus Schweden nach dem Osten. Sie überfallen wieder und wieder die reichen Klöster, die ungeschützten Städte und offenen Höfe Galliens. Gold und Silber wird ihre Beute, barrenweise horten sie es in der Heimat, wenn sie können, machen sie für gewinnträchtigen Handel Sklaven. Sie sind Barbaren, Eindringlinge in eine für sie fremde Welt. Als sie 859/60 das tuszische Städtchen Luna einnehmen, glauben sie, Rom und „die Monarchie im ganzen Imperium" gewonnen zu haben (Dudo I,5). Planen die Vikinger zunächst neben den Handelsfahrten auch nur Raubzüge, so hegen einige doch bald langfristige Siedlungsabsichten; immer größer werden ihre Trupps und Heere, immer umfangreicher ihre Aktionen. Die kleineren Inseln setzen den geringsten Widerstand entgegen, bald folgen Niederlassungen in Irland, Landnahmen in Friesland, in England, seit dem späten 9. Jh. auf westfränkischem Reichsboden, 911 wird dort der erste normannische Herzog Rollo für die künftige „Normandie" Vasall des karolingischen Königs, um 900 lassen sich aus Norwegen Vertriebene in Island nieder, später (vor 1000) für etwa drei Jahrhunderte auf Grönland, der Sprung über den Nordatlantik nach *Vinland*, vielleicht nicht nur auf Neufundland zu suchen, erfolgt um die Jahrtausendwende. In Nowgorod und Kiew sind sie am Aufbau neuer Reiche beteiligt, in Süditalien etablieren sie sich seit den 1020er Jahren, errichten dort schließlich mächtige Herrschaften, 1066 greifen Normannen aus Norwegen und aus der Normandie nach England, zu Beginn des 12. Jh. etabliert sich vorübergehend in Tarragona ein normannisches Fürstentum.

Die Franken haben ihnen im 9. Jh. nichts entgegenzusetzen; denn sie fahren nicht zur See und errichten noch keine Burgen oder Befestigungsmauern; ihr militärisches Aufgebot ist viel zu schwerfällig. Erst die Vikingereinfälle nötigen sie zu Änderungen, die freilich nicht dem Königtum zugute kommen, sondern den entstehenden regionalen Fürstentümern, welche die Abwehr organisieren. Überhaupt: höchst unterschiedliche soziale Welten treffen aufeinander. Die Normannen leben in einer völlig oralen Gesellschaft; ihre Runenschrift dient gewöhnlich nicht literarischen oder wirtschaftlichen Zwecken. Magische Vorstellungen dominieren unter ihnen. Sie kennen einen Bauernadel, besitzen aber noch keine großen hierarchisch geordneten Herrschaftsverbände. „Die Entscheidung über öffentliche Angelegenheiten liegt ihrem Brauche nach mehr im einmütigen Volkswillen denn in der Macht eines Königs" (Rimbert, V. Anskarii c.26). Ihre Trupps werden durch Verwandtschaft oder Gefolgschaft geeint und zerfallen gewöhnlich nach Beendigung ihrer Exkursionen. Das Lehnswesen ist ihnen fremd, auch sind sie Heiden. Erst der Kontakt zum Frankenreich und mit dem Christentum verändert nachhaltig ihre Lebensformen und Herrschaftsverhältnisse. Je größer die militärischen Unternehmungen werden, desto stärker wächst auch das Bedürfnis nach einer zentralen Befehlsgewalt. Mehrere Kleinkönige führen denn auch die sog. „große Armee", jenen Verband, der sich in den 880er Jahren am Unterrhein festzusetzen versucht. Die Ereignisse könnten sich noch – wenn auch schwach – in der mittelhochdeutschen Epik spiegeln, im Kudrun- und Nibelungenlied. Doch auch in der Heimat ändern sich die Verhältnisse. Seit der Zeit Karls d. Gr., seit ihre Züge in die Fremde also einsetzen, entsteht – zunächst in Dänemark, später auch bei den Svear (um Birka) und in Norwegen – z. T. aus älteren Wurzeln ein eigenes Königtum, welches das Land zu einen und den bislang unabhängigen „Adel" seiner Macht zu unterwerfen vermag. Mit Ebo von Reims (823) und Ansgar (†865) beginnt die christliche Mission. Nur in Randgebieten wie etwa auf Island, das eine Art Zufluchtsstätte der von den fraglichen Vorgängen Vertriebenen wird, halten sich, wenn auch nicht unverändert, ältere soziale Strukturen; das Christentum zieht hier erst seit der Jahrtausendwende ein.

Ungarn Im Jahre 862 erscheint wie ein Spuk „ein zuvor unbekannter Feind"; verheerend zieht er seine Bahn durchs Reich Ludwigs d. D. und verschwindet, bevor sich jemand ihm entgegenstellt. Nur seinen Namen hält man fest: Ungarn, auch sein angebliches Ziel: „den Namen der Christenheit" anzugreifen (Annales Sangallenses Maiores zu 863). Die Könige sind mit ihren Streitigkeiten, mit Normannenabwehr und Wendenkrieg befasst; so sind die Ungarn, als sie nach 20 Jahren wieder erscheinen, so unbekannt wie zuvor.

Die Frühgeschichte dieses Volkes, halb Nomaden, die von extensiver Weidewirtschaft, Ackerbau und Fischfang leben, verliert sich in der Völkerschmiede des Chazaren-Reiches und der südrussischen Steppe. Seine sprachlich nächsten Verwandten sind die Ostjaken und Wogulen, bis in die Neuzeit hinein primitive Jäger der westsibirischen Tundra. Die Ungarn seien, so glaubt denn auch Widukind von Corvey, auf der Jagd nach der weißen Hindin den Mäotischen Sümpfen entkrochen. Intensive Kontakte bestehen zu türkischen Onogur-Stämmen, daher ihr Name. Spätestens seit 830 konstituieren die Ungarn, die jetzt im „Zweistromland" zwischen Don und Donau siedeln, sich unter chazarischem Einfluss aus angeblich sieben Großclans und unter einem gewählten Oberherrn als autonomer Volksverband, der bald in den Strudel der Auflösung des Chazaren-Reiches und ins bedrohliche Spannungsfeld zwischen Petschenegen, Bulgaren und Byzanz gerät. Zu schwach, um sich erfolgreich zu widersetzen, weichen die Ungarn nach Westen aus; vielleicht 400 000 bis 600 000 Menschen überqueren die Karpaten-Pässe und beginnen zunächst (wohl seit den 880er Jahren) in der Theiß- und Donau-Ebene, erst später (zweite Hälfte 10. Jh.) auch in den pannonischen Mittelgebirgen ihre Wohnstätten aufzuschlagen.

Reiterkrieger, die sie sind, mit den leichten Waffen, Bogen und Krummschwert, und mit der beweglichen Taktik der Steppe gerüstet, gehen sie sogleich aus der Defensive in die Offensive über, um Beute zu machen und um ihre neuen Wohngebiete gegen Mährer und Bayern zu sichern. Auf Frauen und Kirchenschätze haben sie es abgesehen. Frühzeitig auch werden sie von den verfeindeten Herren der Nachbargebiete zu Hilfe gerufen. Ihre Scharen überschwemmen Jahr für Jahr abwechselnd bald Italien, bald Bayern; man hat ihnen nichts entgegenzusetzen. Im Jahr 907 vernichten sie ein mährisch-bayerisches Aufgebot auf dem Marchfeld; das führt zum Untergang des Mährischen Reiches. Immer ausgedehnter werden ihre Unternehmungen. Sachsen, Burgund, Lothringen, die Champagne sind vor den Ungarn nicht mehr sicher. Manche Christen glauben in ihnen Gog und Magog, die apokalyptischen Völker, zu erkennen und wappnen sich für den Weltuntergang. Freilich unterliegen die Ungarn selbst immer mehr dem Einfluss des griechischen Ostens und des lateinischen Westens, und als es 955 zur letzten, großen Entscheidungsschlacht bei Augsburg auf dem Lechfeld kommt, sind nicht nur einige von ihnen längst getauft, sondern suchen ihre Führer – abweichend von der früheren Taktik – den Nahkampf mit den deutschen Rittern, dem sie nicht gewachsen sind. Seitdem setzt die lateinische Mission bei ihnen ein, die schließlich im Jahr 1000 zu einem christlichen Königtum, zur Gründung der ungarischen Kirche und zur Integration des Landes in die abendländische Völkerfamilie führt. Ihren ersten König aber, der dies alles vollendet, Stephan, verehren die Ungarn und die Kirche (seit 1083) als Heiligen.

Die Taufe Ungarns wirkt unmittelbar auf Europa zurück. Die Wallfahrt nach Jerusalem steigt sprunghaft an; die Zahl der großen und kleinen Pilgergruppen aus Frankreich oder Deutschland, die unentwegt über Ungarn und Konstantinopel zum Hl. Grab nach Jerusalem ziehen, reißt nicht mehr ab. Nicht, dass zuvor vergleichbare Scharen von Pilgern den Donauweg ins Hl. Land gezogen wären; die seltenen Wallfahrten des frühen Mittelalters, von denen wir wissen, führten durchweg über See. Aber die Taufe Ungarns wirkt wie ein Signal. Es ist, als hätte die lateinische Christenheit nur darauf gewartet, um endlich aufzubrechen, die Enge ihrer bisherigen Welt zurückzulassen und, geleitet vom Glauben, in neuer Weise die Welt zu erfahren. Die Europäer insgesamt, nicht nur einige wenige Pilger, sind andere geworden, als sie noch im 8. und 9. Jh. waren.

Rückwirkungen auf den Westen

6. KÖNIGREICHE UND IHRE VERFASSUNG

Ausweitung der „Christianitas"
Um 840 gibt es nur wenige lateinisch-christliche Reiche. Neben dem Imperium der Franken sind es allein das Königreich Galicien-Asturien, das sich nach Süden bis zum Duero dehnt (doch den Primat des Bischofs von Rom nicht anerkennt), die Reiche der angelsächsischen und irischen Könige, einige langobardische Fürstentümer in Süditalien, die zwischen Byzanz und den Karolingern lavieren. Der „Rest" Europas ist – so der Norden und Osten – entweder nicht getauft oder gehört – so der Osten – zur Einflusssphäre von Byzanz; dazu tritt in Spanien das umaiyadische Emirat (seit 938 Kalifat) von Cordoba. In der Mitte des 11. Jh. aber blickt die lateinische Christenheit auf beträchtliche Erfolge zurück. Das einstige Frankenreich gliedert sich nun in vier selbständige Königreiche, deren drei (nämlich Burgund, Italien und das „Regnum" nördlich der Alpen) unter dem König des ostfränkisch-deutschen Reiches vereint sind, während die Kapetinger das Königtum über das ungeschmälerte westfränkische Reich besitzen. Der deutsche Herrscher erhebt zugleich Anspruch auf die römische Kaiserkrone. In England herrscht – nach einem dänischen Intermezzo – wieder ein eigener König, während sich die irischen Verhältnisse trotz der zurückliegenden Vikingereinfälle wenig änderten. Skandinavien, Island und Grönland sind für das Christentum gewonnen. In den neuen Königreichen der Dänen, Schweden und Norweger werden mehrere Bistümer gegründet, die zwar noch zur Bremer Kirchenprovinz rechnen, aber auf Unabhängigkeit drängen. Die sächsischen Ottonen dehnen ihr Reich nach Osten aus, haben freilich auch Rückschläge zu verkraften. Dauerhaft für die Kirche gewonnen wird das polnische Herzogtum, welches die Adelsfamilie der Piasten in der 2. Hälfte des 10. Jh. errichtet; hier, in Gnesen, über dem Grab des hl. Adalbert gegründet (1000), befindet sich die einzige Metropolitankirche der Westslawen. Seit damals tragen Land und Leute ihren Namen: „Polen". Auch Böhmen ist getauft und bildet ein dem deutschen König seit Beginn des 11. Jh. lehnspflichtiges Herzogtum; Prag ist seit 973 Bischofssitz im Verband der Mainzer Provinz. Die Erinnerung an den hl. Method, der in Mähren missionierte, ist um die Jahrtausendwende noch nicht völlig verblasst; doch wird sie vom Glanz der dem eigenen Volke entsprossenen Heiligen überstrahlt: St. Wenzel und St. Adalbert; indessen wird keiner der bayerischen oder sächsischen Missionare hier als Heiliger verehrt. Die Ungarn vereinen Pannonien und das Karpatenbecken zu einem lateinischen Königreich mit einem Erzbistum und starkem griechischen Einfluss; ihr Protokönig Stephan (†1038) wird bald nach seinem Tod als Heiliger und Landespatron verehrt. Kroatien hält sich zwischen Byzanz und dem Westen. Venedig vermittelt geradezu zwischen den Welten; kirchlich gehört es zu Rom, politisch bis etwa zur Jahrtausendwende zum byzantinischen Reich, faktisch ist es längst selbständig. Auch in Süditalien überlagern und mischen sich die Kulturen; hier ringen, soweit das Land nicht wie Sizilien an die Muslime fiel, der östliche und der westliche Kaiser, lombardische Fürsten

und seit den 1020er Jahren die Herren der Zukunft, normannische Adelige aus dem Hause Hauteville, um die Macht.

In Spanien zeichnen sich große Veränderungen ab; drei oder vier Königreiche: Kastilien-León, das baskische Navarra, wenig später Aragón, etablieren sich dort, von der einstweilen noch westfränkischen Grafschaft Barcelona abgesehen; sie streiten bald fortgesetzt um den größten Anteil am muslimischen Süden, wo der Zerfall des Kalifats von Cordoba nach dem Aussterben der Umaiyaden (1031) in eine Reihe kleinerer Fürstentümer den Beginn einer neuen christlichen Eroberungswelle markiert. Das Zeitalter des Rodrigo Diaz de Vivar, des „Cid" (1043–1099), kündigt sich an. Dazu aber kommt ein zweites. Im späten 9. Jh. hatte man nämlich im äußersten Nordwesten der Halbinsel, in Compostela, die Gebeine des Apostels und „Herrenbruders" Jakobus gefunden und sogleich begonnen, die Entdeckung für die nun in der Tat als solche propagierte „Reconquista" nutzbar zu machen. Bald blickt ganz Europa nach dem Heiligengrab in „Santiago", das seit etwa der Jahrtausendwende zu einem der großen Wallfahrtszentren der lateinischen Christenheit wird. Es weckt nicht nur die Aufmerksamkeit der Klosterreformer; Cluny wird wie Perlen an der Schnur seine Priorate entlang der Pilgerstraßen nach Santiago reihen. Nicht minder wichtig sind die Rückwirkungen auf die spanischen Königreiche selbst. Denn sie zeigen nun Bereitschaft, sich auch kirchlich der übrigen lateinischen Welt anzuschließen, den Papst also als Kirchenhaupt anzuerkennen. Jetzt endlich wird Lateineuropa kirchlich geeint.

Im Zentrum jeder dauerhaften Reichsbildung steht freilich nicht die Kirche, sondern der König. Er integriert die politischen, adeligen oder kirchlichen Kräfte zu einem Ganzen, er erzwingt den Konsens unter den Gruppen, er verkündet „mit erhobener Stimme" den kollektiven Willen des Volkes, auch, was für Recht zu gelten hat, und er repräsentiert die Einheit. Die Herrschaftsstrukturen folgen personalen Bindungen, den verwandtschaftlichen Beziehungen und Freundschaften, dem Lehnswesen oder den gruppendynamischen Prozessen adeliger Gefolgschaften; sie sind nur in wenigen Institutionen verdichtet. Das „Reich" ist im 9. Jh. kein unabhängig vom König bestehender, eigenständiger Verband. Die abstrakte Fiktion der „Körperschaft" oder „Staatsperson" ist unbekannt. Das Reich ist nicht Träger irgendwelcher unveräußerlicher Hoheitsrechte und kennt keine Reichsämter. Es gibt mithin weder Amtsinhaber noch Organe; auch der König oder die Lehnsträger gelten nicht als solche. Der König ist der Daseinsgrund des Reiches. Wenn er in karolingischer Zeit als *Minister* apostrophiert wird, dann meint das „Diener Gottes", nicht „Diener des Staates"; es wird personal, nicht institutionell-organhaft gedacht. Entsprechendes gilt für die Inhaber der großen Lehen einschließlich der Grafen; auch sie sind „Diener", nämlich des Königs, keineswegs „Reichsbeamte". *Regnum* bezeichnet die Summe der Rechte des Königs und zugleich die gesamte Sphäre, in der dieser sein Königtum zur Geltung bringt. Nicht die Denkfigur des „Reiches" integriert zu einem

Grundlagen der Macht

Königtum

Kein abstrakter Verband

Ganzen, sondern die Zuordnung zum König, die im Königs„haus" institutionell am stärksten verdichtet ist. An dieser Konstellation scheitert das karolingische Großreich; denn jeder Königssohn wird mit seinem Anspruch auf Teilhabe am väterlichen Erbe zum Kern eines neuen Reiches. Diese personale Grundlage eines Reiches erlaubt umgekehrt auch einzelnen Königsaspiranten, ein neues Reich zu bilden. Erst die Verselbständigung der „Reichs"idee gegenüber dem Königtum garantiert schließlich die Dauerhaftigkeit der neuen Reiche in der Nachfolge der Karolinger oder sonst in Europa. Der Prozess des Umdenkens vollzieht sich langsam und etappenweise seit dem ausgehenden 9. Jh.; er schreitet in dem Maße voran, in dem der Adel zum Mitträger des Reiches wird; doch bereits im frühen 11. Jh. lässt Fulbert von Chartres erkennen, dass für ihn nun das Deutungsschema „Reich" die konstitutiven Faktoren „Volk", „König" und „Land" vereint, und kann der Hofkapellan Wipo, ein Mann burgundischer Herkunft und Bildung, formulieren: „Wenn der König stirbt, bleibt das Reich, so wie das Schiff bleibt, wenn der Steuermann fällt"; die geistlichen und weltlichen Fürsten gelten jetzt als die „Organe" des Reiches, seine *vires et viscera*. Man darf hier, in Burgund, mit verstärkten Einflüssen aus den „Pays du droit écrit", aus den Ländern des in Handschriften verfügbaren römischen Vulgarrechts, rechnen.

Karolingische Königsherrschaft
Die Nähe des Königs entscheidet über die Intensität seiner Herrschaft über Volk und Land. Da die Infrastruktur zur wirtschaftlichen Versorgung und Raumerfassung und das Nachrichtenwesen noch keine festen Residenzen erlauben, muss der König entweder selbst durchs Land reisen oder die Großen zum Besuch seiner Hoftage verpflichten. Die Karolinger regieren dabei von ausgedehnten und wirtschaftlich leistungsfähigen Zentrallandschaften aus wie z. B. der Ile de France, dem Rhein-Main-Gebiet oder der Region um Regensburg (Aachen bildet einen Sonderfall), die Ottonen ziehen regelmäßig von Pfalz zu Pfalz, bevorzugen dabei freilich gleichfalls bestimmte Regionen in den Stammesgebieten der Sachsen und Franken, die durchaus die Funktion und Leistungsfähigkeit von Führungslandschaften besitzen und von denen aus sie ihre Herrschaft wirkungsvoll üben. Zu nennen sind etwa Ostsachsen mit Magdeburg als Zentrum, wiederum das Rhein-Main-Gebiet, seit Heinrich II. und den frühen Saliern auch der Harzraum mit Goslar. Zwar förderten Karl d. Gr. und Ludwig d. Fr. die Schriftlichkeit im Rahmen von Besitzverwaltung (Polyptycha und Urbare) oder Rechtsetzung (Kapitularien), doch wirken die Beharrungskräfte der oralen Gesellschaft hemmend und reduzieren die literalen Anfangserfolge deutlich; die „pragmatische" Schriftlichkeit hatte sich ohnehin nur im Westen des Karlsreiches stärker durchgesetzt, während sie sich in Italien und Südgallien vermutlich seit der Spätantike in größerem Umfang als sonst in der lateinischen Welt erhielt. Im 10. Jh. stagniert die Entwicklung allenthalben, um sich dann seit der 2. Hälfte des 11. Jh. in den französischen Fürstentümern und den oberitalienischen Städten neu zu entfalten. Sie vereint sich nun mit weiteren Elementen institu-

tioneller Verdichtung, der Zunahme von Menschen, Siedlungen, Kirchen, Städten, Wirtschaftseinrichtungen, Straßen und Brücken, finanziell nutzbaren Rechten, der Gesetzgebung u. a.

Wir müssen uns also hüten, das karolingische Königtum als fertige staat- *Adel und Königtum* lich-organhafte Institution in der Fülle aller politischen Gewalt, die sich gleichmäßig über das Land erstreckte, zu sehen. Das Königtum steht nicht auf der einsamen Höhe monopolistischer „Staatsgewalt", die dem untertanenhaften „Volke" gegenübertritt und von der es im westfränkischen Reich früher, im ostfränkischen später zu tiefer Ohnmacht herabstürzt. Es gibt stets königsnahe und -ferne Räume, Adelsgruppen, Bischöfe oder Äbte, die eng mit dem Königtum kooperieren, und andere, die eine von den Königen kaum zu überbrückende Distanz wahren. Das Königtum ist nur ein, wenn auch das in der Regel stärkste Kraftzentrum neben vielen. Wenn mächtige Herrscher, wie der schon im 9. Jh. heroisierte Karl d. Gr. oder der durch mancherlei glückliche Erfolge emporgetragene Otto d. Gr., viele „Rechte" wahrnehmen können, so besagt das nicht, dass die „Krone" als solche diese Rechte schon besäße, sondern verweist lediglich auf die Durchsetzungsfähigkeit eines Königs, der – aus welchen Gründen auch immer – in besonderer Weise auf die Loyalität seiner Großen bauen kann. Diese Bemerkung soll dem karolingischen Königtum nicht alle rechtlich-institutionellen – aus spätantik-römischer Tradition geschöpften oder als genuine fränkische Leistung geschaffenen – Elemente absprechen. Doch bleibt stets zu prüfen, wie weit die jeweilige Durchsetzungsfähigkeit und Akzeptanz eines Königs für institutionell gesichert zu gelten hat oder lediglich durch sein persönliches Prestige, durch die augenblickliche Konstellation der personalen Beziehungen erreicht ist. Denn dem König treten „autogene" adelige und kirchliche Ansprüche entgegen, die durchaus in gleicher Weise institutionell verfestigt sein können. Die davon geprägten Antagonismen bewirken letztlich jenen grundlegenden, die europäische Geschichte beherrschenden und 1046 auch keineswegs abgeschlossenen Wandel, der das Königtum (aber auch das Fürstentum) neuerlich (nach seiner Einbindung in den spätantiken römischen Staat) zu einem Amt mit definierten Kompetenzen macht: zu einem Organ des Reiches. Der Adel formiert sich freilich in der Regel zu keinem einheitlichen Interessenblock, der dem König geschlossen gegenübertritt. Er zerfällt vielmehr in eine Fülle miteinander konkurrierender, den König gegen die jeweils andere ausspielender und in sich selbst wiederum höchst spannungsreicher Gruppen. Auch „die Kirche" bildet keinen einheitlichen Verband; sie zergliedert sich in Bischofs- und Klosterkirchen, deren Prälaten selten gemeinsam agieren, auf politischem Felde oft genug geradezu als Konkurrenten in Erscheinung treten. Dies alles erschwert die Arbeit des Königs, macht sie aber auch notwendig und legitimiert sie. Gilt der König dabei auch als Quelle des Rechts, so verfügt er selbst keineswegs über alle Rechte, welche durch ihn Geltungskraft gewinnen können. Der angedeutete Wandlungsprozess ist um 1046 noch keineswegs abgeschlossen; an ihm partizipiert jetzt auch im Deutschen Reich jener Adel, der im Westen bereits seit dem 9. Jh. zum Fürstentum aufsteigt. Wandel und Entstehung der Prinzipate vollziehen sich also im Westen rascher als im Osten.

Königtum und Lehnswesen

Umfangreiches Königsgut, Lehnswesen, Grafschaftsverfassung und die Schutzherrschaft über die Reichskirchen sind die Grundlagen des karolingischen wie ottonischen Königtums. England, Skandinavien und Spanien unterscheiden sich davon erheblich, auch wenn – von den skandinavischen Reichen vielleicht abgesehen – gewisse Strukturen kollektiven Handelns etwa im Gerichtswesen, archaische politische Vorstellungen ohne korporative Doktrin oder soziale Organisationsformen wie die Gilde sich gleichen mögen. Nur einige wenige Ergebnisse können hier resümiert, nicht das gesamte Spektrum der Unterschiede ausgebreitet werden. Wir müssen uns überhaupt mit dem Frankenreich und seinen Nachfolgern und mit wenigen Seitenblicken auf England begnügen.

Rückgang des Königsgutes

Das karolingische Königsgut wechselt wiederholt den Besitzer. Als die alte Königsfamilie 987 im Westen durch die Kapetinger abgelöst wird, verfügt sie nur noch über wenige Domänen im Oise- und Aisne-Gebiet. Im Osten vollzieht sich der Niedergang des karolingischen Königsgutes langsamer; die Ottonen können ausgedehnte Besitzungen ihrer erbenlosen Vorgänger vor allem in Franken, Sachsen, weniger in Lothringen und Schwaben, noch weniger in Bayern übernehmen; in den beiden südlichen Herzogtümern müssen sie sich mit den Herzögen arrangieren, in Lothringen auch mit dem übrigen Adel. In Sachsen tritt ihr eigenes Hausgut hinzu. Das Königsgut wächst gelegentlich durch aussterbende Adelsfamilien und durch Konfiskationen wieder an. Als freilich die Salier seit König Konrad II. versuchen, das von den Ottonen zu „privatem Eigen" verschenkte, doch stets einem besonderen Recht unterliegende Gut wieder an sich zu ziehen, lösen sie jene Krise der Königsherrschaft aus, die in den Investiturstreit hinüberführt. Die katastrophalen Besitzverluste des Königs hängen aufs engste mit dem Wandel des Lehnswesens zusammen; es tritt in seine „klassische" Phase und unterliegt einem Prozess fortgesetzter Verrechtlichung. Die großen Lehen beginnen seit dem späten 9. Jh. erblich zu werden, die kleinen folgen ihnen spätestens im 11. Jh. nach. *Beneficia* oder *feuda* (ein Begriff, der sich seit derselben Zeit verbreitet) sind nun durchweg erblicher Besitz aus abgeleitetem Recht mit zunehmend enger definierten Dienstverpflichtungen. Die Patrimonialisierung macht auch vor den Grafschaften nicht Halt. Der Vorgang lässt sich gut verfolgen; er beginnt noch während des 10. Jh. im äußersten Südwesten des einstigen Karlsreiches, hat in der 2. Hälfte des folgenden Säkulums das Rheingebiet erreicht und sich im 12. Jh. auch im übrigen Deutschland durchgesetzt. Andere Einrichtungen des karolingischen Reiches unterliegen ähnlich einschneidendem Wandel. Das Institut der *missi dominici* etwa, dem die Herrschaft Karls d. Gr. einen guten Teil seiner Stabilität verdankte, verfällt schon im 9. Jh. Zwar setzt Karl d. K. wiederholt Königsboten ein, doch muss er sie regelmäßig aus dem im Missatsprengel fest etablierten Adel wählen. Die

Effizienz der Kontrolle, welche diese *missi* einstmals über ihresgleichen üben sollten, sinkt entsprechend. Die missatische Gewalt wird zum Baustein der künftigen Prinzipate, indem sie weniger dem Schutz als der Unterwerfung der Schwachen dient. Den Fürsten gehört, während der Osten einen anderen Weg einschlägt, im Westen ohnehin die Zukunft, da dort das Königtum immer weniger in der Lage ist, die Aufgaben der Friedenswahrung und Konsensstiftung zu erfüllen.

Die Karolinger beziehen die Kirche von Anfang an in den Aufbau ihrer Herrschaft ein und prägen ihr damit in Grundzügen jene Verfassung auf, die sie nicht mehr verlieren wird und die das Mittelalter von der Spätantike unterscheidet. Die Kirchenprovinzen, die enge Rombindung, welche die Unterwerfung unter das Papsttum erneuert und im Streben nach rechtlicher und monastischer Einheit mit der römischen Kirche gipfeln soll, die Erhebung des Zehnten und den Königsschutz – das alles verdankt die Kirche den Karolingern. Freilich behalten diese auch das Eigenkirchenwesen bei, das neben den Niederkirchen auch Klöster und Stifte zur Ausstattung von Laien, Vasallen oder Familienangehörigen zu verwenden erlaubt. Die Kirche erscheint gleichwohl in einer Weise gefestigt wie seit dem 5. Jh. nicht mehr. Aber sie bezahlt diesen neuerlichen Aufschwung mit verstärkter Abhängigkeit vom König. Er setzt die Bischöfe und Äbte ein, er bestimmt faktisch (wenn auch unter Beiziehung des Papstes und in Rücksicht auf ältere Rechte), wo neue Bistümer zu errichten sind; und er beteiligt die Geistlichkeit an der Erfüllung seiner weltlichen Aufgaben. Seine Hofkapelle wird ein zentrales Herrschaftsinstrument. Umgekehrt aber unterliegt auch das Königtum einer Verkirchlichung wie nie in der vorangegangenen merowingischen Epoche. Die Geistlichkeit wacht über die Einhaltung der Aufgaben des gottgefälligen Königs, der Christ sein will und muss; sie tadelt ihn, wenn er fehlt, und schützt ihn durch die Weihe, die sie ihm nach westgotischem Vorbild spendet, vor der bedrängenden Konkurrenz durch ungesalbte Laien. Trifft dies grundsätzlich auch für alle karolingischen Reiche und ihre Nachfolger in gleicher Weise zu, so treten dennoch tiefgreifende Unterschiede hervor, die seit 843 in den Teilreichen wirksam werden.

Karolingisches Königtum und Kirche

Besonders nachhaltig, ja geradezu die künftige Geschichte bestimmend wirkt das sich zunehmend zwischen Ost und West differenzierende Verhältnis von Königtum und Kirche. Die Liudolfinger leisten Maßgebliches, indem sie die karolingischen Ansätze konsequent fortentwickeln, die Kirchen umfassend zu den weltlichen Reichsaufgaben heranziehen und sie aus diesem Grunde mit einer Fülle von Herrschafts- und Fiskalrechten ausstatten. Damit ist das Fundament zu einer auf Generationen stabilen und effektiven Königsherrschaft gelegt – und zugleich der Keim zur Schwächung der zentralen Königsmacht durch die Kirchenreform des 11. Jh. gesetzt. Die Entwicklung im Westen verläuft in entgegengesetzter Richtung. Das Königtum besitzt um die Jahrtausendwende die Investiturrechte über nur etwa ein Drittel aller Bistümer des Landes; die übrigen unterliegen in unterschiedlicher Weise

Die ostfränkisch-deutsche Reichskirche in nachkarolingischer Zeit dem Zugriff der regionalen Fürsten. Auch werden die Kirchen in eher schwindendem Maße mit weltlichen Herrschaftsrechten ausgestattet, und mehr als eine aus der Immunität sich entwickelnde Herrschaft über die Bischofsstadt mit ihrem Suburbium oder auch nur Teile von ihnen wird seit karolingischer Zeit kaum erreicht; doch können Fiskalrechte in unterschiedlichem Umfang den Bischöfen und Äbten zugewiesen sein.

Der deutsche König aber besitzt einen entscheidenden Einfluss auf die Besetzung prinzipiell *aller* Bistümer im Reichsgebiet; nur Heinrich I. verzichtet, um Arnulf von Bayern für sein Königtum zu gewinnen, auf die Investitur der bayerischen Bischöfe, die er dem Herzog überlässt. Nach Arnulfs Tod können seine Nachfolger diese Stellung nicht halten. Der deutsche König vermag in der Regel – ganz im Unterschied zu seinem westfränkisch-französischen Kollegen, der nur über die Bistümer seiner Krondomäne verfügt – im ganzen Reich auch gegen die Interessen eines regional freilich noch nicht fest etablierten Adels die Kandidaten seiner Wahl durchzusetzen. Er sucht sie gewöhnlich im Kreis seiner Hofkapelläne. Die Hofkapelle wird deshalb in ottonisch-frühsalischer Zeit eines der wichtigsten Herrschaftsinstrumente des deutschen Königs. An ihrem Ausbau hat Otto I. jüngerer Bruder, der Erzbischof Brun von Köln (953–965), maßgeblichen Anteil. Die Bischöfe sind indessen zugleich Repräsentanten ihrer Familien, deren Interessen sie auch im Kirchenamt nicht einfach zugunsten des Königs vergessen. Manch eine Adelsfamilie verdankt einem zum Bischof erhobenen Verwandten den politischen Aufstieg. Die Könige müssen sich deshalb regelmäßig auch der Loyalität des Episkopats durch großzügige „Gaben" vergewissern. Politischen Nutzen bringt ihnen somit weniger die dubiose Hoffnung, sich in den Bischöfen auf verlässliche Königsdiener, gleichsam auf den Adelskräften entrückte Sachwalter der Königsrechte, stützen zu können, als vielmehr die wiederholte Einflussnahme auf die tatsächliche Machtverteilung zwischen den rivalisierenden Adelsfamilien durch Übertragung der Bistümer. Dadurch können Adelskräfte gebündelt, auf andere Regionen abgelenkt oder für entgangene Rechte entschädigt werden.

Zunehmend werden die Bischofskirchen (vereinzelt auch Klöster) mit Herrschaftsrechten und nicht nur, wie schon in karolingischer Zeit, allein mit großen Grundherrschaften, mit Münz-, Markt- und Zollrechten ausgestattet. Seit Otto III. und vermehrt seit Heinrich II. erfolgt die Zuweisung ganzer Grafschaften, Forst- und Gerichtsbezirke an Hochstifte. In gleicher Weise großzügig konnte sich der westliche König nicht erweisen, wollte er nicht die Substanz seines Königtums abermals aushöhlen. Hier zeichnet sich ein erheblicher Strukturunterschied zum ottonisch-salischen Königtum ab. Während die deutschen Bischöfe sich im Besitz der Regalien zu dem einzigartigen Typus des geistlich-weltlichen Fürsten entwickeln, wird sich das deutsche Königtum bald durch die Kirchenreform der bisherigen Basis seiner Stärke beraubt sehen. Die ersten Anzeichen offenbaren sich bereits in Heinrichs III. Spätzeit.

Der Einfluss des Königs auf die Reichskirche verfällt, sobald es dem Adel gelingt, sein gleichsam „natürliches" Ziel, die regionale Konzentration und Verfestigung eigener Herrschaftsgebiete, zu realisieren. Denn in demselben Maße, in dem derartige Territorienbildung erfolgreich ist, steigt das Interesse des Adels, dessen regionale Verwurzelung bislang stets durch hohe Besitzmobilität gefährdet ist, auch am Einfluss auf die Bischofskirchen. Eine entscheidende Etappe auf diesem Wege wird gegen Ende der hier betrachteten Epoche tatsächlich erreicht. Sichtbar wird der Wandel zuerst bei den Klöstern. So viele der Adel auch errichten mochte, sie mussten bislang über kurz oder lang noch stets entweder in die unmittelbare Verfügungsgewalt des Königs oder in jene eines Bischofs übergehen, sollte ihre Gründung überdauern. Die Tradition der Adelsstiftung in den eigentumsbegründenden Schutz des Königs garantierte im 9. und 10. Jh. allein den Fortbestand eines neuerrichteten Klosters über Generationen hinweg. Doch in der Zeit Kaiser Heinrichs III. entdeckt der Adel eine neue Form zur Fortbestandssicherung seiner Klöster. Der Stifter behält nun sich selbst und seinem Haus für immer die Klostervogtei vor und begnügt sich mit der Übertragung seiner Gründung allein in den päpstlichen Schutz. Das letzte Adelskloster, das noch in alter Weise, wenn auch erst nach längerem Zögern, in die Verfügungsgewalt des Königs übergeht, ist Beromünster (1036). Beginnende Territorienbildung

Als Kaiser Ludwig d. Fr. stirbt (840), stehen seine Söhne und Erben – Lothar, Ludwig d. D. und Karl d. K., dazu tritt noch ein Enkel Pippin, Sohn eines schon 838 gestorbenen, gleichnamigen Sohnes – vor keiner neuen Situation: Sie streiten schon seit über zehn Jahren um den größten Anteil am Erbe. Die Aufteilung der „Francia", des eponymen und von reichem Königsgut durchsetzten Kernlandes des Frankenreiches, zieht sich dabei gleichsam als Leitmotiv durch alle bisherigen, mehr oder weniger gescheiterten Teilungspläne und erweist sich auch für die nun anstehenden weiteren als größte Schwierigkeit. Die Königssöhne denken dabei nicht nur an sich. Sozialer Druck lastet schwer auf ihnen. Man erwartet, dass sie ihre Anhänger und Gefolgsleute angemessen belohnen, was damals Ausstattung mit Lehen bedeutet. Die Beschenkten aber stehen ihrerseits unter starkem Druck; sie repräsentieren selbst erfolgshungrige Personengruppen, welche ebenfalls mit Grundbesitz bedacht sein wollen. Derartige Bedürfnispyramiden blieben bis zu Karl d. Gr. im Gleichgewicht, weil die Karolinger durch ihre Eroberungen die königlichen Ressourcen immer wieder auffüllen konnten; doch seit Karls Awarensieg (795) werden die Franken zunehmend in die Defensive gedrängt und muss ihr König auf sein eigenes Gut zurückgreifen, will er den auf ihn gerichteten Erwartungen seiner Helfer genügen. Die Verfügungsgewalt über Lehen, über möglichst viele der großen Königsgüter oder -klöster, ist nun das Haupterfordernis für erfolgreiches Überleben als König. Darum also kämpfen Lothar, Ludwig und Karl, und da sie sich nicht einigen können, müssen die Waffen sprechen. Bei „Fontanetum" (Fontenoy bei Auxerre) treffen sie aufeinander und leisten sich die mörderischste Schlacht, welche Franken sich

Grundlinien der politischen Geschichte

Teilung des Frankenreiches

je selbst geliefert haben (841); noch nach Jahrzehnten erinnert man sich nur mit Grauen an sie, die für den Augenblick nichts, für die Zukunft alles entscheidet. Die Toten beweisen den Überlebenden, dass kein Karolinger über den anderen zu triumphieren vermag; sie mahnen und zwingen zur Wiederaufnahme der Verhandlungen, in deren Kontext auch die berühmten Straßburger Eide gehören und die endlich zum Teilungsvertrag von Verdun führen (843). Dessen Wortlaut ist verloren, doch sein Ergebnis bekannt: Als Ältester und Kaiser erhält Lothar das Mittelreich mit den beiden „Hauptstädten" Aachen und Rom. Die Grenzen folgen etwa der Maas-Rhone-Linie, dem Rhein und dem Alpen-Hochkamm; nur an wenigen Stellen – etwa bei Mâcon, in der Pfalz oder im Ruhrgebiet – werden diese Linien über- bzw. unterschritten. Das Ostreich fällt an Ludwig d. D., der Westen an den jüngsten Bruder Karl, dem die Auseinandersetzung mit seinem in Verdun übergangenen Neffen Pippin überlassen bleibt.

„Brüdergemeine" Die Idee des einen Frankenreiches ist mit der Teilung freilich nicht aufgehoben, zu lange hatte es bestanden, zu dicht sind die Beziehungen selbst zwischen weit auseinander gelegenen Teilen. Die Konzeption der „Brüdergemeine" *(fraternitas)* verleiht dem Einheitsgedanken Ausdruck. Lothar, Ludwig und Karl sollten das Reich als Ganzes besitzen, sich deshalb regelmäßig treffen, um seine Belange, die Angelegenheiten der Kirchen oder die Abwehr der Normannen zu regeln. Die Brüder kommen der Verpflichtung nur widerwillig nach – immerhin begegnen sie nach Verdun noch dreimal einander: 844 in Yütz bei Diedenhofen (Thionville), 847 und 851 jeweils in Meersen – und stets voll wechselseitigen Misstrauens. Jeder lauert nur auf ein Zeichen von Schwäche bei den andern, um über seiner Brüder oder nach deren Tod seiner Neffen Erbteil herzufallen; keiner lässt bis zu seinem Tode die Hoffnung fahren, doch noch in den Besitz, wenn nicht des gesamten, so wenigstens größerer Teile des Reiches zu gelangen. Drohgebärden sind üblich: Er wolle, so warnt Karl d. K. seinen Neffen Ludwig d. J. nach seines Vaters Tod (876), „mit solcher Streitmacht anrücken, dass die Rösser den Rhein leersaufen würden und er trockenen Fußes den Fluss überschreite" (Ann. Fuld.).

Um sich zu rüsten bzw. zu schützen, um sich wechselseitig „Frieden" und „Freundschaft" gegen den Abwesenden zu schwören, begehrt jeder die Unterstützung eines der andern Könige und besuchen einzelne Karolinger regelmäßig einander. Rechtsförmliche *amicitia* überlagert die „natürliche" *fraternitas*, deren Rechtsgehalt „Liebe" heißt. Etwa 100 Königstreffen sind bis zum Ende des 9. Jh. zu verzeichnen. Zumal Lothar II. wird das Opfer derartiger Politik seiner beiden Oheime Ludwig und Karl. Neben den Königen zeigen freilich auch der hohe Klerus und zahlreiche Adelsfamilien ein erhebliches Interesse am Fortbestand der Reichseinheit; verfügen sie doch vielfach in mehreren Teilreichen über ausgedehnte Güter, deren Verwaltung mit der Teilung schwerer fällt. Die „Brüdergemeine" vermag freilich nicht zu leisten, was sie soll. So verwundert das allmähliche Auseinanderdriften der

Teilreiche nicht. Je länger die Teilung dauert, desto schwächer wirkt der Gedanke der Reichseinheit, wenn er auch bis zur Jahrhundertwende nie völlig erlischt und selbst später noch aufflackern kann.

Noch ein zweites Ergebnis zeitigt das große Blutvergießen von Fontenoy. Es versetzt auf Jahrhunderte hinaus allen hegemonialen Bestrebungen in der europäischen Geschichte den Todesstoß. Das Abendland wird kein zweites „Rom", kein neues Weltreich. Seine Kraft und Größe entfaltet sich aus der Konkurrenz der Gleichen. Das karolingische Kaisertum enthält nicht die Spur einer Herrschaft mehr über Könige. Alle Frankenherrscher, der Kaiser und die Könige, behandeln einander in der Folgezeit grundsätzlich als gleichrangig und begegnen sich auf gleicher Ebene; peinlich genau achtet darauf das protokollarische Zeremoniell der Königstreffen. Ihre Gleichrangigkeit aber prägen die Karolinger den ihnen folgenden Reichen und allen künftigen „Nationalstaaten" auf. *Vielfalt von „Nationalstaaten"*

Von Anfang an wirken erhebliche äußere und innere Trennungsfaktoren. Zwar bemüht man sich in Verdun, die Ansprüche von Ludwigs d. Fr. überlebenden Söhnen mit möglichst „gleichen" Anteilen am Frankenreich zu befriedigen; das Königsgut wird systematisch erfasst, regelrechte, von den Anhängern der drei Brüder gleichmäßig besetzte Teilungs-Kommissionen treten mehrmals zusammen, um das Königsgut nach den Kriterien von „Verwandtschaft und Angemessenheit" zu verteilen. Doch so gerecht und vernünftig man dieses Geschäft auch erledigen mag, das wertvollste Kapital, das zu allen Zeiten den Menschen zur Verfügung steht, Fähigkeiten und „soziales Wissen", lässt sich mit dem angelegten Maßstab nicht bemessen, schon gar nicht „gerecht" verteilen. Sozial- und geistesgeschichtlich, kirchen- und kulturgeschichtlich gesehen, erwerben die Brüder zu Verdun denn auch höchst ungleiche Lose. Weite Gebiete des Ostens sind „unterentwickelte" Länder, waldüberzogen, menschenleer, „kulturlos" und ohne geistige Zentren. Die Volkssprache erlaubt hier nur ein vergleichsweise schlichtes Denken; die Kenntnis des leistungsfähigeren Lateins ist auf eine kleine Schicht von Klerikern und Mönchen beschränkt. Der Westen und Italien indessen sind alter Kulturboden und bieten die dichtesten Kulturregionen, welche die lateinische Nach-Antike überhaupt vorzuweisen hat. Die Bildungsträger, die Lese- und Schreibfähigen, die vorhandenen Schulen und Bücher, die Schreibmaterialien, aber auch Einrichtungen wie Mühlen oder Schmieden, die Städte, Bistümer, Klöster, die Gewerbetreibenden und Handelszentren und dergleichen mehr – all dies ist im Westen und im Süden zahlreicher und dichter gestreut als im Reiche Ludwigs des Deutschen, ohne dass wir diese Feststellung mit Zahlenangaben unterlegen könnten. Das mag für den Augenblick der Teilung (843), wo es nur auf den in Scheffeln messbaren Nutzen ankommt, in der Tat unerheblich sein, für die Zukunft wird es von entscheidender Bedeutung. Einer Stadtlandschaft wie der Lombardei ist in Ludwigs d. D. Reich schlechthin nichts zur Seite zu stellen. Der Erwerb Lothringens (925) wird daran wenig ändern; denn dort besitzen, als sie sich endlich etablieren können, die *Ungleichheit der Teilreiche* ostfränkischen oder frühdeutschen Könige – vom Raum um Aachen einmal abgesehen – kaum Königsgut.

Die Wirkungen derartigen Kulturmangels zeigen sich bald. Während etwa Karl d. K. und Lothar I. die väterliche Tradition der Hofschule fortsetzen, wird im Osten nicht der bescheidenste Versuch unternommen, eine solche einzurichten. Die erhaltenen Kapitularien stammen in ihrer weit überwiegenden Mehrzahl aus dem romanischen Westen. Was wir etwa über die Organisation des fränkischen Königshofes im 9. Jh. wissen, verdanken wir fast ausschließlich westfränkischen Aufzeichnungen. Die Herrscherparänese findet im Osten kaum Gehör; alle karolingischen Fürstenspiegel und ihre Handschriften entstammen der Feder westlicher Autoren und Schreiber. Der Schriftgebrauch im Osten konzentriert sich auf die Kirche, vor allem auf die großen Klöster und ihre Schüler, auf den Klosterbesitz und die ihn sichernden Urkunden. Das Königtum bleibt – ganz im Unterschied zum Westen – weithin stumm; spricht es – selten genug – doch einmal, so geschieht es im Interesse von Kirchen, selten von Laien, nie im eigenen. Als die Bulgarenmission ansteht (in den 860er Jahren), wendet man sich aus dem Reiche Ludwigs d. D. hilfesuchend an die Westfranken, um die notwendigen liturgischen Handschriften anzufordern, die der Westen tatsächlich zu liefern vermag. Die Beispiele verweisen nur auf Symptome eines den Bedingungen der Oralität unterworfenen ostfränkischen Königtums, dessen Handeln und Traditionsbildung, dessen Legitimationsmethoden ganz anderen Voraussetzungen folgen, als jene des westfränkischen Herrschers in seiner verstärkt literalisierten Umgebung. Ein Graben durchzieht zudem das Ostreich, der das ganze Land in zwei Hälften mit jeweils eigenen Erfordernissen zerteilt und sich nach dem Erwerb Lotharingiens sogar noch vertiefen wird: Die Gebiete bis zum Rhein und – wenn auch nicht in dem gleichen Maße – bis zur Donau partizipieren ähnlich wie das übrige Gallien und Italien am Nachleben der Antike, der Rest indessen, die alte „Germania libera", ist von dieser wenig imprägniert. Soweit „Masse" und „Dichte" auch „Qualität" bewirken, setzt sich das Ostreich aus qualitativ sehr unterschiedlichen Teilen zusammen; die Anforderungen an jeden König, an alle raumübergreifende Herrschaftsbildung und Kirchenorganisation müssen diesem Dualismus Genüge leisten. Italien nimmt im Hinblick auf die Literalität ohnehin eine Sonderstellung ein.

Der Adel in den Teilreichen

Im Westen leben mehr mächtige Adelsfamilien als im Osten. Ihre Kennzeichnung als Reichsaristokratie trifft gewiss das Rechte, auch wenn dieser Adel nicht scharf gegen den „Regionaladel" abzuheben ist. Einige der großen Familien wie etwa die Widonen, Robertiner oder die der sog. Welfen (die wahrscheinlich gleichfalls Robertiner sind) sind um 843 in allen entstehenden Teilreichen vertreten. Doch ziehen sie sich in den folgenden Jahrzehnten entweder – wie wahrscheinlich die Robertiner – auf ein Teilreich zurück, oder sie verlieren – wie anscheinend die Welfen-Robertiner des Mittel- und des Ostreiches – den Zusammenhalt. Die Integrationsfähigkeit des Königtums wird darin sichtbar. Die Könige haben aber auf jeden Fall mit derartigen

Verwandtschaftsverbänden zu rechnen. Karl II. muss sogar in besonderem Maße auf sie Rücksicht nehmen. Seine Herrschaft ist im eigenen Reichsteil nicht unangefochten; die Gegner – zunächst Pippin II. v. Aquitanien, dann auch die ins Land eindringenden Ludwig d. D. und dessen Sohn Ludwig d. J. – stützen sich gerade auf mächtige Adelsgruppen wie z. B. die Rorgoniden im äußersten Westen. Karl ist verstärkt auf ihre Kooperation und Loyalität angewiesen; er heiratet beispielsweise des Einflusses ihrer Sippe wegen die Nichte seines Seneschalls Adalhard. Auch sein einzig überlebender Sohn Ludwig d. St. wird nach des Vaters Tod von den Großen gezwungen, seine Gemahlin Ansgard zu verstoßen, um Adelheid, eine Braut aus der gegnerischen Adelsclique um den Pfalzgrafen Adalhard, zu heiraten. Die stärkste, oft tödliche Konkurrenz innerhalb des Adels selbst mag es den Königen zwar gelegentlich erleichtern, sich durchzusetzen, steigert aber gewöhnlich die Gefahren, in deren Spannungsfeld das Königtum aufgerieben zu werden droht. In der Folge etablieren sich einige wenige Adelsgruppen als Keimzellen der künftigen Principautés des westfränkisch-französischen Reiches. Dazu kommen einflussreiche geistliche Große. Laienadel und Episkopat sind zusammen stark genug, den König noch 843 zu einem Vertrag mit ihnen zu nötigen, zu einem, wenn man so will, regelrechten Herrschaftsvertrag; er wird im Anschluss an das Königstreffen in Verdun mit den zuvor selbst in Schwurfreundschaft verbundenen Großen zu Coulaines geschlossen und stellt einen entscheidenden Schritt auf die Verselbständigung der Frankenreiche zu Gebieten eigenen Rechts dar. Dieser Vertrag des Königs mit seinen Großen wird in der Folgezeit regelmäßig bekräftigt und steht am Anfang einer Reihe wichtigster „Verfassungsurkunden"; gerade geistliche Fürsten wie etwa der Erzbischof Hinkmar von Reims sorgen für deren schriftliche Fixierung und ständige Verfügbarkeit und damit nicht zuletzt für die Ausbildung einer eigenen westfränkisch-französischen Reichstradition; aber er verhindert die angedeuteten Auseinandersetzungen zwischen König und Adel nicht, wenn er auch ihre dem Königtum abträglichen Wirkungen mildert.

Durch die reiche Kapitularien-Überlieferung des Westens sehen wir denn auch, was im Osten kaum wahrzunehmen und dort vielleicht auch nicht in gleichem Maße wirksam ist: den tiefen Einfluss der Kirche und der Laien auf das Königtum, aber auch die sich immer machtvoller etablierende Adelsherrschaft. Seit 848 spielt die Salbung des Königs eine erhebliche Rolle bei der „Befestigung" seiner Würde. Seine Herrschaft ist zunehmend an den Konsens seiner geistlichen und weltlichen Großen gebunden. Die Laien bedienen sich des Lehnrechts, um ihre eigene Herrschaft zu stärken. Fast alle Textstellen, die zur „Rekonstruktion" der karolingischen Grundlegung und Ausgestaltung des Lehnrechts herangezogen werden können, entstammen bezeichnenderweise westlichen Quellen. Entscheidende Etappen zur vollen Erblichkeit der Lehen sind gerade hier am frühesten zu fassen: Berühmt ist das Capitulare von Quierzy (877), das ausgestellt wird, als Karl d. K. gegen den Willen seiner Großen zu seinem 2. Italienzug drängt, und das für die Dauer des Italienzuges

Fortbildung des Lehnrechts

die volle Erblichkeit der Lehen garantiert. Seit wann und unter welchen Umständen das alles auch im Osten eingeführt wird, entzieht sich oft der genaueren Kenntnis.

Westfrankenreich Karls II. Königtum wird nicht nur durch den wiederholt ausbrechenden Kampf ums umstrittene Aquitanien oder durch Adelsopposition erschüttert, mindestens ebenso große Gefahren drohen von außen. Die Normannen aus Skandinavien und die Sarazenen aus Afrika oder Spanien nutzen die offenen Küsten oder Flussläufe zu immer verwegeneren Einfällen und Raubzügen ins westliche Frankenreich. Ihre Abwehr überfordert die Machtmittel des Karolingers und führt zu merklichen Veränderungen im inneren Herrschaftsgefüge seines Reiches. Der regional etablierte Adel organisiert zunehmend selbst die Abwehr; er wird vermehrt mit bisherigen Königsaufgaben betraut und vor allem errichtet er die das offene Land schützenden Befestigungen. Der König vermag die Fülle seiner Aufgaben nicht mehr zu bewältigen, er delegiert sie oder anerkennt im Nachhinein, dass sie der Adel faktisch wahrnimmt oder usurpiert und damit die Fundamente der künftigen Fürstentümer legt.

Dazu tritt ein weiterer, nicht zu unterschätzender, die Differenzierung und den Wandel beschleunigender Faktor: die regelmäßigen westfränkischen Tributzahlungen an die Vikinger. Sie schmälern natürlich durch den ungeheuren Abfluss von Edelmetall in den normannischen Nordosten die Kirchenschätze ganz erheblich, mindern das Ansehen des Königs beim Volk und reduzieren den Reichtum eben dieses Volkes, das zu vermehrten Steuerleistungen herangezogen wird. Andererseits aber lehren sie, das tote Kapital der Kirchenschätze für außerkirchliche Aufgaben zu mobilisieren – ein Beschleunigungsfaktor des ökonomischen und herrschaftlichen Wandels, der die längste Zeit von den Historikern nicht beachtet wurde.

Ostfrankenreich Der Osten ist all diesen Gefahren zwar auch, aber deutlich später und insgesamt in wesentlich schwächerem Maße ausgesetzt als der Westen. Die Verkirchlichung des Königtums schreitet langsamer voran als dort. Unmittelbare Kontakte der Geistlichen und Laien mit dem Papst, wie sie für den Westen charakteristisch sind, fehlen im Osten nicht ganz, doch überspielen sie den König nicht. Die Normannengefahr hält sich in Grenzen, vor allem wohl deshalb, weil es im Ostreich weniger lohnende Ziele in der Reichweite der Drachenboote gibt als in Lotharingien oder dem Westen. Erst als die ostfränkischen Karolinger nach dem Westen ausgreifen, finden sie sich verstärkt in die Normannenabwehr involviert. Die Ostgrenzen des Reiches sind zwar nie völlig befriedet, aber weithin ungefährdet. Die Slawen bilden erst allmählich kraftvolle politische Zentren, deren ältestes sich in Mähren etabliert. Das hängt nicht zuletzt damit zusammen, dass die Mission gerade von Bayern aus vorangetrieben wird; die Bischofskirchen von Regensburg, Passau, Salzburg, sogar von Aquileia fördern sie, hemmen sich aber auch durch ihre wechselseitige Konkurrenz. Gleichwohl wächst der von Mähren ausgehende Druck aufs Frankenreich; Ludwigs d. D. Nachfolger müssen im Südosten Verluste an Reichsgebiet hinnehmen. Das „Großmährische Reich" fällt freilich dann den Ungarn zum Opfer, die seit etwa 900 zu einer neuen Gefahr fürs gesamte östliche Reich werden. Plündernd, nicht erobernd suchen sie seine Provinzen bald Jahr für Jahr heim. Die strukturellen Startbedingungen der in Verdun 843 als „gleich" konzipierten Reichsteile sind also höchst verschieden und wirken auf die Entfaltung der karolingischen Nachfolgereiche ganz entscheidend und prägend ein. Diese entwickeln sich trotz derselben geistigen und politischen Traditionen kräftig auseinander. Es bleibt auch nicht bei den drei Reichen von Verdun. Starke Faktoren beschleunigen die Auflösung. Eine Reihe weiterer Teilungen, aber auch neuer Vereinigungen verändern die politischen Grenzen während des 9. Jh. wiederholt. Bis hin zur Auflösung betroffen ist das Mittelreich. Lothars I. früher Tod und die Erbenlosigkeit seiner drei Söhne berauben es frühzeitig seiner Chance zur Ausbildung einer stabilisierenden Reichstradition, während gerade die langen Regierungszeiten Ludwigs d. D. und Karls d. K. und die nur kurzen Intervalle der folgenden Teilungen den weiteren Zerfall des Ost- und – mit gewissen Einschränkungen – auch des Westreiches verhindern.

Der Kaiser Lothar weilt nach „Verdun" nicht mehr in Italien. Nach seinem Tod (855) wird die alles beherrschende, die Existenzfrage fürs lotharische Mittelreich schlechthin der Kampf seiner Söhne um die Legitimität der Nachkommenschaft Lothars II. Alle karolingischen Könige sind in ihn verwickelt. Der jüngere Lothar (sein Land – das *regnum Hlotharii* – trägt bis heute seinen Namen: Lothringen) lässt sich von der kinderlosen Thietberga scheiden, um seine „Friedelfrau" Waldrada, die ihm mehrere Kinder schenkte, als Königin zu sich zu nehmen. Sein Bruder, der Kaiser Ludwig II., der über Italien herrscht, unterstützt, wohl weil ihm selbst ein Sohn fehlt, das Unternehmen. Doch Lothars Onkel, Ludwig d. D. und Karl d. K., hintertreiben mit unterschiedlichen Methoden aber mit nämlichem Ziele, einen möglichst großen Brocken vom Erbe ihres Bruders, alle Anstrengungen ihrer Neffen. Auch der Papst wird eingeschaltet. Nikolaus I. und Hadrian II. verteidigen indessen die Prinzipien des Eherechts gegen alle machtpolitischen Erwägungen; die Scheidung wird für ungültig erklärt, Lothars Kinder bleiben Bastarde und damit erbunfähig. Das ist, bereits Nikolaus muss es wissen, das Todesurteil gegen ein selbständiges Mittelreich mit Aachen und Rom als Brennpunkten. „Lotharingien" wird für das nächste halbe Jahrhundert zum heftig umkämpften Streitobjekt zwischen den Herrschern aus West und Ost, bis es dann, nach mancherlei Wendungen, an Heinrich fällt, den ersten der sächsischen Könige (925), und durch ihn für Jahrhunderte ein fester Bestandteil des ostfränkisch-deutschen Reiches wird.

Mittelreich

Im Westen stellt sich die Nachfolgefrage nicht so dringlich wie im Mittel- oder auch im Ostreich. Denn vergleichsweise früh zeichnet sich ab, dass Karl d. K. nur einen zwar legitimen, aber wenig zur Herrschaft geeigneten, weil stotternden Sohn Ludwig, hinterlassen wird, während sein Bruder, Ludwig der Deutsche, drei erwachsene Söhne bedenken muss. Die Gefahr

Nachfolgeregelungen

schlimmster Streitigkeiten, wie sie die Spätzeit des frommen Ludwig beherrschten, droht im Osten also aufs Neue. Erste Warnzeichen melden sich auch bereits in den 860er Jahren; jeder der Ludwig-Söhne bangt zeitweise um sein Erbe und blickt misstrauisch auf die Erfolge seiner Brüder. Doch es gelingt dem Vater – zweifellos eine der größten Leistungen Ludwigs d. D. –, eine tatsächlich erfolgreiche Erbregelung zu treffen (865): Die drei Söhne, deren jeder sich auf eigene Adelsgruppen stützt, werden zu seinen Nachfolgern in einzelnen Teilreichen designiert und dort sogleich auch mit Führungsaufgaben betraut; der Vater behält sich nur die Verfügung über Bistümer, Abteien, Grafschaften, das Königsgut und die hohe Gerichtsbarkeit vor; den Söhnen obliegt die Bindung der regionalen Adelskräfte. Die Regelung zeigt, worauf die Stärke der Königsmacht beruht. Sie unterscheidet sich von fast allen früheren Teilungskonzepten der Karolinger. Denn die Grenzen der künftigen Königreiche werden nicht mehr mit dem Ziele möglichst gleicher Anteile am „Reich" und an der „Francia" gezogen, Ludwig greift vielmehr auf die älteren Stammesgebiete zurück. Sein erster Sohn Karlmann soll und wird Bayern mit Regensburg als Zentralort, der zweite, Ludwig der Jüngere, Sachsen und Franken mit dem Zentrum um Frankfurt und der dritte, Karl der Dicke, Alemannien erben. Offenbar hat man Abstand genommen von der Vorstellung, dass der Erbe eines Frankenkönigs selbst ein König über Franken sein muss, eine im Hinblick auf die Entstehung neuer Völker nicht ganz unerhebliche Entscheidung. Um Ludwig d. J. aber sammeln sich jene Adelsfamilien, die dann den Übergang vom spätkarolingischen zum ottonischen Königtum herbeiführen werden: die fränkischen Babenberger und Konradiner sowie die sächsischen Liudolfinger-Ottonen selbst.

Italien Italien leidet nicht minder unter der Unsicherheit über die Nachfolge als Lothringen. Zwar ist Ludwig II. schon unter seinem Vater zum König und Kaiser gekrönt, regiert selbst auch lange genug, um eine eigene Reichstradition aufkeimen zu lassen († 875), doch hat er keinen Sohn. Im Umkreis seiner Gemahlin, der Kaiserin und *consors regni* Engilberga, etabliert sich eine Adelsgruppe, die durchaus in Opposition zum Kaiser steht. So großartig er sich auch in der Sarazenenabwehr bewährt, im Innern steht seine Herrschaft keineswegs unerschütterlich fest. Als er stirbt, streiten sich seine west- und ostfränkischen Verwandten um das Erbe, stärken zuletzt nur die ohnehin schon mächtige Stellung des Adels im Lande, auch die des Papstes, der die Kaiserkrone vergibt. Johannes VIII. erhebt Anspruch auf maßgebliche Beteiligung an der Vergabe der zur Kaiserwürde designierenden italienischen Königskrone. Die Karolinger können schließlich nicht mehr verhindern, dass fremde Thronbewerber erfolgreich sind.

Der Sturz Karls III. Der Tod hält zudem vorzeitige und reiche Ernte unter den späten Karolingern und erlaubt einen neuerlichen Zusammenschluss des 40 Jahre zuvor geteilten Gesamtreiches unter dem letzten überlebenden und unangefochten legitimen Urenkel des großen Karl (884). Doch dieser, Karl III., erbt wenig mehr denn eine unüberschaubare, kaum zu lenkende Fülle konkurrierender

Adelsherrschaften, deren Inhaber sich immer mehr an ihre wachsende Selbständigkeit und die faktische Dominanz über alle Könige gewöhnen. Die wiedergewonnene Einheit ist somit eher Personalunion denn Wiedervereinigung zu nennen. Die Verselbständigung der einstigen Reichsteile zu eigenen Reichen ist unwiderrufbar weit fortgeschritten. Die Ressourcen des Königtums sind zwar noch nicht erschöpft; doch ihr Gebrauch erforderte eine starke Herrscherpersönlichkeit, geeignet, die zerstrittenen Interessenverbände zum Konsens zu zwingen, und zugleich bereit, nach neuen Wegen zur Festigung der schwindenden königlichen Autorität Ausschau zu halten und sie tatsächlich zu gehen. So gesehen ist die Person des Königs ein eminenter Strukturfaktor. Doch Karl III. leidet wahrscheinlich, wie alle seine Brüder, an Epilepsie, und zuletzt plagt ihn ein Gehirntumor. Er taugt, als er die Nachfolge im Gesamtreich antritt, nicht mehr zur Herrschaft. So wird er gestürzt (887). Ob dabei der einzige handlungsfähige, freilich illegitime Königsspross, Herzog Arnulf von Kärnten, den die Großen alsbald zu Karls Nachfolger im Osten wählen und der sich von Anfang an mit dem Ostreich begnügt, oder ob der ostfränkische Adel selbst die Initiative ergreift, war lange unter modernen Historikern umstritten; denn die Quellen bieten Argumente für beide Möglichkeiten. Doch dürfte die Frage: „Staatsstreich" eines Bastards oder förmliche Königsabsetzung durch berechtigte Wähler? falsch gestellt sein. Die Großen und ihr Königskandidat sind viel zu sehr aufeinander angewiesen; das Bedürfnis des Adels nach einem starken Herrscher hat Arnulfs „Staatsstreich", wenn er denn überhaupt als solcher gelten darf, erst ermöglicht; und der Konsens mit diesem Adel legt dem König wirksamste Fesseln an.

Bezeichnenderweise rührt sich der westfränkische Adel erst, nachdem im Osten die Entscheidung gefallen ist; er war längst gewohnt, die Geschicke des Landes auch ohne die kraftvolle Hand eines Königs zu lenken. Schon nach Ludwigs des Stammlers Tod (879) entzieht sich Boso von Vienne der Königsgewalt, indem er – mehrfach mit den Karolingern verschwägert – sich selbst zum König macht. Er stößt damit freilich nicht nur auf den Widerstand der Legitimisten; er weckt vor allem den „Neid" seiner Standesgenossen, denn er verletzt das fundamentale Adelsgebot, das der Gleichheit. So gilt er bis zu seinem Tode (887) als Rebell. Doch bereits in der nächsten Generation hat sich das Blatt gewendet. Bosos Sohn, Ludwig der Blinde, kann seinem Vater unangefochten in der Königswürde folgen; denn Karls III. Sturz und Tod reißt im Westen und in Italien die letzten Loyalitäts-Schranken nieder. Plötzlich werden überall neue Könige gewählt. Es „lösen sich die Reiche, die Karls Gebot gehorcht hatten, aus ihrem Verbande in Teile auf und erwarten nicht mehr ihren natürlichen Herrn, sondern ein jedes schickt sich an, sich einen König aus seinem Innern zu wählen. Dieser Umstand rief große Kriege hervor, nicht etwa weil es den Franken an Fürsten fehlte, die durch Adel, Tapferkeit und Weisheit über die Reiche herrschen könnten, sondern weil niemand den andern so überlegen war, dass die übrigen sich seiner Hoheit

Die Folgen

beugten." So notiert der Weltchronist Regino von Prüm zum Jahre 888 und erwähnt Berengar von Friaul und Wido von Spoleto in Italien, den Robertiner Odo in der „Francia", den Welfen-Robertiner Rudolf in Hochburgund, den Rorgoniden Ramnulf in Aquitanien als die Leute, die in ihren Regionen nach der Krone – vielleicht sogar derjenigen des gesamten Westreiches – griffen. König Ludwig der Blinde erscheint nun, in der Stunde höchsten Triumphes für den Teilungsgedanken, wieder nur als einer unter vielen. Auf König Arnulf, den einzigen Karolinger auf einem Thron, dessen Wahl die Kette der dynastiefernen Königserhebungen eingeleitet hatte, nimmt im Westen oder in Italien niemand sonderlich Rücksicht; allenfalls bleibt ihm – in lehnrechtlichen Formen ausgedrückt – eine Art Seniorat. Doch macht Arnulf keinerlei Rechte in den eben entstehenden fremden Reichen geltend, während in Italien der mittlerweile zum Kaiser gekrönte Wido von Spoleto rüstet, um wenigstens auch das Westreich zu gewinnen, wenn nicht das ganze Frankenreich unter seinem Kaisertum zu erneuern (891).

Auf dem Weg zu neuer Stabilität

Doch seit dem Jahr 888 gewinnt eine neuerliche Konzentrationsbewegung an Kraft. Verschiedene Gründe lassen sich dafür namhaft machen: Im Osten wie im Westen regiert jeweils nur ein einziger erbberechtigter Karolinger, hier Arnulfs legitimer Sohn Ludwig das Kind, dort nach Odos Tod allein Karl der Einfältige. Vor allem aber ist die geänderte Interessenlage des Adels von Bedeutung. Er strebt nicht nach der Aufwertung seiner Herrschaftsbereiche zu schwachen Königtümern, er trachtet in wohlbedachter Einschätzung seiner Machtressourcen allein nach ihrer Konsolidierung, die tatsächlich jeder Kampf um eine Krone gefährden würde. Zwar streiten im Westen die Könige Odo und Karl d. E., aber sie kämpfen um das westfränkische Reich, nicht um kleine Teilgebiete. Nur aus Not begnügt man sich mit faktischer Abgrenzung der Interessenssphären (896/97). Odo, der keine Söhne, wohl aber einen Bruder Robert hat, verzichtet zuletzt auf die Fortsetzung eines robertinischen Königtums (898). Als dieser Robert sich nach Jahrzehnten doch zum König wählen lässt (922), will er wiederum nicht neben, sondern an Stelle des karolingischen Königs Karl treten. Auch der Burgunder Rudolf beginnt als Gegen-, nicht als Teilkönig des westfränkischen Reiches (923). Ein analoger Prozess ist im Osten zu erkennen, als die Konradiner nach Konrads I. Tod (918) die Krone nicht halten können und der Sachse Heinrich sich anschickt, sie zu gewinnen. So sind es schließlich vier oder fünf Reiche, welche sich auf dem Boden des einstigen Karlsreiches etablieren und Bestand haben: das West- und das Ostfränkische Reich, die beiden Königreiche Hoch- und Niederburgund (seit 933 vereint) sowie Italien.

Unterschiedliche Stellung des Königs in Ost und West

Die Stellung des Königs in diesen vier großen Nachfolgereichen ist höchst unterschiedlich. Die Tendenz zur Ausprägung je eigener Verfassungsstrukturen verstärkt sich. Zwar finden sich überall dieselben Grundelemente, doch zeichnen sich höchst divergierende Entwicklungen in den einzelnen Reichen ab. Die Attraktivität des Königshofes, um 840 von der Aquitanierin Dhuoda noch als selbstverständlich geachtet, um 881 von Hinkmar in seiner Schrift

„Über die Ordnung des Königshofes" noch einmal beschworen, lässt erheblich nach – im Westen rascher und nachhaltiger als im Osten. Der König hat die Fähigkeit, sich durchzusetzen und den Konsens unter den widerstreitenden Adelsinteressen zu sichern, nahezu verloren. Die Gründe sind im drastischen Rückgang des Königsgutes und in der durch Allodialisierung oder Patrimonialisierung beseitigten Verfügungsgewalt über die Lehen zu suchen; die einstigen Königsvasallen sind gewöhnlich, oft nach erbittertem Widerstand, durch die Fürsten mediatisiert, die Königskompetenzen den werdenden Fürsten notgedrungen zugestanden, förmlich übertragen oder schlicht usurpiert worden. Das „Wort" des Königs besitzt kein Gewicht mehr. Die Fürsten haben sich zwischen König und Volk geschoben und sind im Begriff, sich zu einer Art vizeköniglicher Stellung aufzuschwingen. Allein der Königsname bleibt ihnen für immer vorenthalten – vielleicht eine Wirkung des regelmäßig erneuerten Vertrages von Coulaines; er stellt damit das einzige Exklusivrecht des Königs dar, dem die Salbung zugleich einzigartigen Glanz und sakrale Überhöhung verleiht. Fürstenweihen, die ohnehin erst später begegnen, erreichen nie eine vergleichbar befestigende Wirkung.

Burgund sah auch nach der Vereinigung von Hoch- und Niederburgund (933) nie ein kraftvolles Königtum. Kontinuierlich sinkende Königsgewalt kennzeichnet vielmehr die Lage, Anlehnung an die ottonischen Könige wird die Folge sein, bis schließlich der erbenlose König Rudolf III. sterbend die Insignien seines Reiches an den Kaiser Konrad II. sendet (1032). Die Großen des Landes folgen mit einigem Widerstreben dieser Designation, der Anschluss Burgunds an den deutschen König ist für Jahrhunderte gesichert. Doch vermag auch der Herrscher aus Deutschland die burgundische Königsgewalt nicht zu erneuern; sein eben gewonnenes Reich sucht er nur selten auf. So verbleibt den adeligen, weniger den kirchlichen Kräften Burgunds weiter Spielraum zur Verfolgung eigener Ziele. {Burgund}

Für Italien besitzen wir in der nostalgischen Rückblende des sog. „Libellus de imperatoria potestate" (um 900) ein kostbares Erinnerungszeugnis der einstigen Größe karolingischen König- oder Kaisertums, zugleich aber auch des Niedergangs. Dazu treten zwar erst aus dem 11. Jh., aber doch als Reflex älterer Verhältnisse die sog. *Instituta regalia*. Sie zeigen den Fortbestand der königlichen Kammer in Pavia; *functiones publicae* (öffentliche Rechte) können noch geltend gemacht werden, das *fodrum* (eine dem König zufließende Steuer) wird noch erhoben. Insgesamt lässt sich also ein durchaus, wenn auch im Vergleich zur langobardischen und hochkarolingischen Zeit rudimentäres, irgendwie dennoch funktionierendes „öffentliches" Abgabenwesen erkennen. Das „Reich" bleibt darin existent – unabhängig und gelöst von der Königsperson. {Italien}

Das alles spiegelt den Niedergang und das Ende des karolingischen Königtums. In Italien klingt es mit dem Kaiser Arnulf (897) aus; auf dem Höhepunkt seiner Karriere, gleich nach der Krönung in Rom, wird er vom Schlag getroffen und von der Erbkrankheit seines Geschlechts eingeholt. {Ende der karolingischen Dynastie}

Seitdem halten sich für ein gutes halbes Jahrhundert eigene Könige oder Kaiser im „regnum Italicum": Wido und Lambert, Ludwig der Blinde, Berengar, Hugo, Lothar, Berengar II. – durchweg Angehörige großer fränkischer Familien. Byzanz anerkennt sie unabhängig von einer Kaiserkrönung als die Erben des westlichen Kaisertums. Im ostfränkischen Reich erlischt das Königshaus mit Ludwig dem Kinde (911); die Großen entscheiden sich gegen den im Westen regierenden Karl den Einfältigen und wählen Konrad. Allein im westfränkischen Reich scheint den Nachkommen Karls des Großen ein günstigeres Geschick zu winken, doch werden sie zuletzt auch dort vom Thron gestoßen (987). Schon zuvor vermögen sie sich kaum noch aus eigener Kraft zu halten. Sie gleichen eher dem König des Schachspiels, von den Großen in die Ecke gedrängt, bedroht und „geschlagen". Eigene Initiative zu entfalten, ist ihnen nur in bescheidenstem Ausmaß vergönnt.

Hier spiegelt sich mehr als die Agonie einer einst unvergleichlichen Dynastie. Das Geschehen signalisiert eine Umbruchphase, die keineswegs nur die Personen trifft, vielmehr das Königtum selbst in seiner Substanz verändert. War es bislang untrennbar an Person und Familie des Königs gebunden, so muss es sich jetzt in dem Maße von beiden lösen, als die Familie der Karolinger und ihre Macht verfällt, würde es doch sonst mit in den Strudel des Untergangs gerissen. Die Institution „Reich" muss neben und über die Person des Königs treten. Der Wandel offenbart sich bereits im Königsnamen. Bis zu Beginn des 10. Jh. hießen alle Könige nur „König", ohne einen gentilen Zusatz, der bekundete, auf welches Volk sie ihr Königtum stützten. Es war selbstverständlich, dass sie die Könige der Franken und der von ihnen unterworfenen Völker waren. Seit dem frühen 10. Jh. aber zeichnet sich ein Wandel ab. Karl der Einfältige nennt sich als erster Karolinger nach Karl d. Gr. regelmäßig wieder „rex Francorum" (seit 911) und formuliert damit einen gegen den „ostfränkischen", zunächst zwar noch aus dem fränkischen, dann aus dem sächsischen Volk gewählten König gerichteten, exklusiven Anspruch auf den Frankennamen, was sich auf Dauer tatsächlich durchsetzen sollte: Aus diesen „Franken" („Franci") wurden „Franzosen" („Franci"). Nicht minder großes Gewicht besitzt ein weiteres Phänomen. Die herausragenden Fürsten des werdenden Frankreich anerkennen zwar grundsätzlich den König als ihren Lehnsherrn, aber sie huldigen ihm nicht mehr regelmäßig. Das Königtum wird mehr und mehr zur Idee, zur fingierten Hoheit, zur abstrakten Institution, als solches aber bleibt es im ganzen Reiche gegenwärtig und uneingeschränkt anerkannt – in staatsgeschichtlicher Perspektive ein bedeutsamer Vorgang.

Auch im Osten macht sich dieser Wandel bemerkbar. Konrads I. Kämpfe um das Königsgut in Bayern oder in Schwaben verraten es. Dieser König scheitert zwar in der Sache, aber sein Handeln ist Ausdruck einer von der Königsfamilie sich lösenden Anschauung vom „Reich". Das „Reichsgut" („regnum") ist nun nicht mehr das Gut der Königsfamilie, sondern die aus dem Erbe der Karolinger stammende Ausstattung des Königs, des Repräsentanten des ihn wählenden Volkes. An jenem Erbe aber partizipieren auch andere Große. Das „Reich" ist damit nicht mehr bloß die Sphäre des Königs, sondern es wird die Organisationsform des Herrschaftsverbandes. Einzelne Elemente der neuen Anschauung wurden gewiss im 9. Jh. vorbereitet; doch erst jetzt besteht Anlass, alles gedanklich genauer zu fassen und für das politische Handeln fruchtbar zu machen. Das „regnum" wird nun die Gesamtheit der über das Erbe der Karolinger verfügenden und damit das „Reich" tragenden Fürsten, der „Muskeln und Sehnen des Reiches", wie Konrads II. Kapellan Wipo im frühen 11. Jh. formulieren wird.

Im Spannungsfeld von Königtum und Adel hat sich jeder einzelne Herr und die Gemeinschaft, die seinen Status schützt, zu bewähren. Doch machen sich nun trotz verwandter Triebkräfte zunehmend Struktur-Divergenzen in den verschiedenen Nachfolgereichen bemerkbar. So gewinnt der hohe Klerus eine im Westen, Osten und auch in Italien deutlich voneinander abweichende Position. Nichts aber vermag den wachsenden Unterschied der politisch, strukturell und rechtlich auseinanderdriftenden Teilreiche klarer zu spiegeln als das jeweilige Gewicht der Königswahl und seine Ursachen. Im Westen schwindet deren Bedeutung rasch und auf Dauer; zwar wird auch dort im 10. Jh. gewählt und die Könige gewinnen aus der Wahl ihre herrscherliche Legitimation, aber die meisten Fürsten zeigen sich gewöhnlich am Wahlakt ebenso desinteressiert wie am „Kandidaten". Die Entscheidung wird gewöhnlich durch eine Adelsgruppe um die Robertiner herbeigeführt. Eine herausragende Eigenständigkeit des hohen Adels und wachsende Bedeutungslosigkeit des Königtums verraten sich hier. Italien ist in sich zu zersplittert, als dass einhellige oder wenigstens durch spätere Erfolge gekrönte Königswahlen die Regel wären, und zu attraktiv für fremde Herrscher von jenseits der Alpen, als dass es seine eigenen Thronkämpfe hätte ausfechten dürfen. Von den neun Königen oder Kaisern, die zwischen 888 und 961 nach der italienischen Krone trachten oder sie zu halten versuchen, haben nur fünf eine Machtbasis im Lande. Ihre Schwierigkeiten sind entsprechend groß. So wird denn auch weniger die Wahl als die faktische Durchsetzung entscheidend. Italien befindet sich nicht auf dem Wege zu einer Wahlmonarchie. Allein im fränkisch-deutschen Osten gewinnt die Königswahl reichskonstitutive Wirkung. Sie eint geradezu die Großen der „Stämme" zum „Reich", ihre Bedeutung für Entstehung und Verfestigung des „deutschen Reiches" kann nicht hoch genug veranschlagt werden. Die regelmäßige Wiederkehr von Thronwechseln, welche tatsächlich durch die Wahl des künftigen Königs entschieden werden, nämlich in den Jahren 911, 919/920/921, 936, 984, 1002 und 1024, erlaubt den divergierenden Adelskräften, sich als Mitträger des Reiches zu betätigen. Es geht nicht allein um Einheit oder Teilung der Hinterlassenschaft eines verstorbenen Königs; diese Frage ist vergleichsweise früh entschieden. Zukunftsweisend ist vielmehr, dass durch die fraglichen Wahlen die Großen regelmäßig das Geschick des ganzen Reiches in Händen halten und Partikularinteressen gegen Reichsinteressen wiederholt wenigstens ansatzweise abwägen müssen.

_{Königswahl in Ost und West}

Übergewicht des Adels im Westreich

Das politische Schwergewicht verschiebt sich im Westen immer mehr zugunsten des feudalen Adels. Insgesamt herrschen eher verworrene Verhältnisse. Brutale Gewalt und Unterdrückung der Schwächeren sind an der Tagesordnung. Die Klagen und allenfalls begrenzt erfolgreichen Vermittlungsaktionen eines Johannes von Gorze etwa, eines lothringischen Reformmönchs, zeigen, dass gerade Kirchen und Klöster darunter zu leiden haben. Überregionale Herrschaft vermag sich in der ersten Hälfte des 10. Jh. nur in bescheidenem Maße durchzusetzen; noch dominiert die von nackter Gewalt bestimmte Aufbauarbeit. Die friedensstiftende Macht der werdenden Fürsten ist bis gegen Ende des Jahrhunderts, von Ausnahmen wie der Normandie oder Flandern abgesehen, nicht so fest etabliert, dass sie die „anarchischen" Kräfte des Adels in Schranken weisen könnte. Die nachlassenden Bindungen innerhalb der Grundherrschaften steigern das „Chaos". Erst gegen Ende des 10. Jh. wird die entstehende Friedensbewegung neue Ordnungskräfte freisetzen. Der König seinerseits ist auch dann nur ein Adelsherr unter vielen; er dominiert nicht mehr.

Errichtung des kapetingischen Königtums

Die Karolinger werden zunehmend von den Robertinern, den Vermandois und anderen Adelsgruppen eingeengt. Die Herrschaftszentren der mächtigsten unter ihnen, eben der Robertiner, liegen weit im Westen, im Anjou, vor allem aber in der eigentlichen „Francia". Ihr Repräsentant ist Hugo, der *dux Franciae*, mit dem zeitgenössischen Beinamen „der Große". Er vermag die Karolinger in arge Bedrängnis zu bringen; für die Wahl des minderjährigen Lothar, mütterlicherseits eines Ottonenenkels, wird er mit Burgund und Aquitanien belehnt (954), obwohl der verstorbene König Ludwig IV. seinen jüngeren Sohn Karl für Burgund anscheinend zum König bestimmt hatte. Die Karolinger haben den Reichsteilungsgedanken offenbar noch immer nicht überwunden, und es sind die Ottonen – neben der Königin Gerberga wirkt ihr Bruder, der Erzbischof Brun von Köln, an der Regelung mit –, welche ihn endgültig seiner Geltungskraft berauben. Ähnlich wie die Ottonen in Deutschland werden die Kapetinger später (nach 1031) von der Nachfolge ausgeschlossene jüngere Königssöhne mit Herzogswürden abzufinden trachten. Doch einstweilen respektiert Hugo d. Gr. grundsätzlich die karolingische Königswürde. Erst sein gleichnamiger Sohn mit dem Beinamen Capet wird nach Lothars Tod (986) den Thron besteigen und damit die Dynastie der Kapetinger begründen. Er ändert rechtlich an der Stellung des Königs wenig. Der Besitz der Kapetinger wird jetzt zur Krondomäne, welche durch Übernahme der spärlichen Reste des karolingischen Königsgutes einschließlich der Investiturrechte für einige wenige Bistümer für die nächsten drei Generationen zum letzten Mal vergrößert wird. Darüber hinaus reicht die tatsächliche Macht des französischen Königs nicht, auch wenn die ideelle Einheit des Reiches zwischen Maas und Ebro nicht in Frage gestellt ist.

Hugo Capet

Der Thronwechsel von 987 wird in der Tat für Jahrhunderte entscheidend. Denn mit ihm, mit Hugo Capet, beginnt die mit ihren jüngeren Linien ununterbrochen bis ins 19. Jh. regierende Dynastie der Kapetinger. Hugo sichert sogleich die Nachfolge seines Sohnes Robert, indem er ihn nach dem Vorbild seiner ottonischen Verwandten zum Mitkönig erhebt. Im langwierigen Streit um Reims (991–97) wird die Selbstbehauptung der jungen Dynastie erstmals auf die Probe gestellt. So erweist sich dieser Thronwechsel als Stabilisierungsfaktor der beginnenden französischen Geschichte.

Da das zentrale westfränkische Königtum die Sicherung des Friedens vor allem im Süden des Landes nicht mehr zu gewährleisten vermag, müssen andere Kräfte an seine Stelle treten. Die Entwicklung eilt im Westen auf die Herausbildung einiger weniger großer Fürstentümer zu. Ein gewisses Gleichgewicht tritt ein, das keinem der Großen mehr erlaubt, die eigene Herrschaft auf Kosten der anderen „Fürsten" in nennenswertem Maße auszudehnen, und das sie alle frühzeitig statt auf Expansion auf Herrschaftsintensivierung verweist. Neben den Robertinern etablieren sich: die Herzöge der Normandie seit 911, nach dem Thronwechsel von 987 die Grafen von Anjou, weiter die Grafen von Flandern, zeitweise auch die Grafen von Vermandois, später jene der Champagne, die Herzöge von Burgund, vorübergehend auch jene von Aquitanien, die sich zuletzt allerdings auf Poitou beschränken müssen, um im Süden den Grafen von Toulouse eine fürstliche Stellung einzuräumen; schließlich treten im äußersten Süden die katalanischen Grafen von Barcelona mit ihren verschiedenen Zweigen hinzu. Die bisherigen „vassi dominici", die über das gesamte Reichsgebiet verstreuten Königsvasallen, und die meisten Grafen werden mediatisiert; sie huldigen den „Principes", nicht mehr dem König. Weitere Zentralisierungstendenzen auf der Ebene der Fürstentümer machen sich im Bereich der Gerichtsbarkeit und Friedenswahrung, auch des Abgabenwesens bemerkbar. Die Principautés treten nun als entscheidende Ordnungsmacht in Frankreich hervor; sie sorgen an Stelle des Königs, der auf die Krondomäne beschränkt bleibt, für den Frieden, unter ihrem Schutz wächst die wirtschaftliche Leistungsfähigkeit der verschiedenen Regionen und erblüht die geistige Kultur aufs Neue.

<small>Westfränkische Thronvasallen</small>

Ein Seitenblick auf England, das seit Beginn des 9. Jh. weitgehend unter einem angelsächsischen König geeint ist, gibt zeitversetzt einen analogen Trend auf der Insel zu erkennen. Die ständigen Vikingereinfälle und zumal die Jahrzehnte seit 865, als die normannische „große Armee" in Erscheinung tritt, wirken hier geradezu als Trauma. Die leistungsfähige, ältere Kultur bricht zusammen, der Reichtum wird den Eindringlingen zur Beute, die Wirtschaft verkommt, die zuvor hohe Bildung schwindet, die einstmals nachhaltig auf das Frankenreich ausstrahlende geistige Tradition reißt ab; ein großer Teil des Landes geht schließlich ganz an die Nordleute verloren („Danelac"). Die britischen Inseln leiden in einem noch viel stärkeren Maße als der Kontinent unter der zerstörerischen und alles verändernden Wucht der Normanneneinfälle. Doch seit Alfred d. Gr. (871–899) zeichnet sich in Wessex zugleich eine Wende ab. Militärische Erfolge verhindern das weitere Vordringen der Vikinger (Sieg bei Edington 878), die Einflusszone der „Dänen" wird abgegrenzt (Friedensvertrag mit Guthrum 886?), das angelsächsische

<small>England</small>

Gebiet kann fürs erste wirksamer geschützt werden als zuvor. Auch die geistige Kultur partizipiert an dieser Erneuerung, die durch lebhafte Kontakte ins Westfrankenreich eingeleitet wird; der König selbst erweist sich als eifrigster Schüler und tritt als Übersetzer lateinischer Schriften in die Volkssprache (oder als Auftraggeber) hervor. Alfreds Nachfolger, weniger seine gefürchtete Tochter Æthelflæd (918) denn vielmehr Edward d. Ä. (899–924) und Æthelstan (924–939), können auf dem hier gelegten Grunde weiter bauen. Die oft gefährdete Königsherrschaft wird weiterhin stabilisiert; ein einheitliches Königsrecht beginnt, Gestalt zu gewinnen; der Fernhandel (zumal mit Wolle und Tuchen) – nie völlig unterbrochen – nimmt wieder zu; die Städte wachsen. Æthelstan eint das Land durch den großen Landfrieden von Greatley, welcher die Effizienz königlicher Gerichtsbarkeit zu steigern vermag. Sein Sieg bei Brunanburh (937) macht ihn faktisch zum Herrscher von ganz England. Der König der Westfranken, Ludwig der Überseeische, der lange bei Edward und Æthelred im Exil weilt, ist des letzteren Vetter, mit Otto d. Gr. verbindet ihn die Ehe seiner Schwester Edith. Das wieder gefestigte England ist durchaus in den Gesamtzusammenhang europäischer Herrschaftsbildungen, klösterlicher Reformbewegungen und Wirtschaft eingebunden. Zur selben Zeit wie im ottonischen Reich und – auf andere Weise – im karolingischen oder kapetingischen Westen und durchaus im Austausch mit ihnen beiden vollzieht sich sein neuerlicher Aufstieg. Als abermals Dänenangriffe die Insel bedrohen, Angriffe, denen Æthelred „der Ratlose" (978–1016) auf Dauer nicht standhalten kann, geht es bald nicht mehr allein um Plünderungen einzelner Klöster und Regionen oder um das Eintreiben des „Dänenpfennigs", sondern um die Eroberung eines in sich gefestigten Königreiches. Der Sieger aus Dänemark, Knut d. Gr., öffnet zwar das Land einem verstärkten skandinavischen Einfluss, doch ist er selbst gerade auch um Anerkennung durch die kontinentalen Mächte bemüht. Er knüpft Beziehungen zu Konrad II. und zur römischen Kirche: *kærr keisara kluss Petrusi*, „lieb dem Kaiser, eng verbunden dem Papst" (so der Skalde Sighvatr um 1028).

Das ostfränkisch-deutsche Reich

Ansätze zu einer dem Westen vergleichbaren Entwicklung zeigen sich um 900 auch im Osten des einstigen Karlsreiches bei der Entstehung des früher sog. jüngeren Stammesherzogtums – zumal in Bayern, in Alemannien und auch in Lothringen, während in Sachsen und unter den Franken des Rhein-Main-Gebiets die Entwicklung nicht so eindeutig verlief und in Sachsen möglicherweise erst nachträglich, nämlich nach der Etablierung der Liudolfinger auf dem Königsthron, entsprechend konstruiert wurde. Die Anfänge dazu reichen bis in die Zeit der Nachfolgeordnung Ludwigs d. D. (865) zurück. Der ostfränkisch-deutsche König kann freilich die ihm gefährliche Situation einer Sonderentwicklung der Völker seines Reiches nach einigem Schwanken entschärfen und zu neuerlicher Festigung seiner Stellung heranziehen. Es gelingt ihm, die aus mehr oder weniger weitreichender Übernahme des jeweiligen Königsgutes in den Stammesgebieten, durch gewisse Rechte über die Kirchen und durch die Integration des Stammesadels gespeiste Macht der neuen Herzöge und Herzogsaspiranten ans „Reich" zu binden und diese zu „Mitträgern" der Reichsgewalt umzuformen. So gewinnt das Königtum eben gerade durch die Erfolge seiner bisherigen Konkurrenten neue Durchsetzungsfähigkeit. Seitdem vollzieht sich im Osten eine dem Westen geradezu entgegengesetzte Entwicklung: Dem Königtum gelingt der Aufstieg zur Vormacht Lateineuropas.

Konrad I., der einstweilen letzte Franke auf dem ostfränkischen Königsthron, steht ganz in karolingischer Tradition. Ein Königtum, eine Kirche, keine Zwischengewalten zwischen König und Volk – so etwa lassen sich seine politischen Maximen zusammenfassen. Folgerichtig bekämpft er, auf kirchliche Kräfte gestützt, unnachgiebig und schroff die entstehenden „jüngeren" Stammesherzogtümer und – scheitert. Trotz mancher Teilerfolge (Pyrrhussiege, die sie in Wahrheit sind!) überfordert er die Ressourcen des Königtums durch die „inneren" Auseinandersetzungen und versagt schließlich auch bei der Abwehr „äußerer" Feinde, der Ungarn und Dänen. Erst sein Nachfolger Heinrich I. findet einen Ausweg aus der Krise. Er führt dem Königtum bislang an der karolingischen Königsherrschaft kaum beteiligte, unverbrauchte, gleichwohl vom Vorbild des Frankenreiches geprägte Kräfte zu, indem er auf seine Sachsen zurückgreift.

<small>Konrad I. und Heinrich I.</small>

Die Sachsen repräsentieren zu Beginn des 10. Jh. eine fränkisch-christliche Randkultur. Könige weilen selten in dieser Grenzregion, zuletzt Ludwig d. D. (852) und Arnulf (889); doch ist die Erinnerung an jenen Kaiser, der einst die Sachsen unterwarf, im Volke nicht erloschen und nagt kontinuierlich am Stolz des sächsischen Adels. Die Karolinger des Ostreiches wirken vornehmlich durch Urkunden in den sächsischen Raum hinein. So unterbleibt, wie es scheint, ein die Sachsen überfremdender Adelsschub, wie er etwa seit dem späten 8. Jh. in Italien wirksam war. Die Herrschaft liegt, soweit sie – in beschränktem Ausmaß – nicht unmittelbar an den König oder an Reichskirchen übergeht, fortgesetzt in den Händen des einheimischen Adels. Die bald vornehmste und als einzige im Lande mit den Karolingern verschwägerte Adelsfamilie, die Liudolfinger (oder Ottonen), organisiert mit Erfolg die Dänen- und Slawen-Abwehr. Das Christentum schlägt nur allmählich tiefere Wurzeln; Reste einer stark heidnisch geprägten Religiosität finden sich noch zu Beginn des 11. Jh. in Thietmars, des Bischofs von Merseburg, Chronik. Zwar gibt es seit der Unterwerfung unter das Frankenreich sechs Bistümer, doch teilen sich die fränkischen Erzbischöfe von Köln und Mainz die Metropolitanrechte über Sachsen. Die Gründung eines eigenen Erzbistums zeichnet sich noch nicht ab; auch hält sich die Zahl der Klöster in bescheidensten Grenzen. Allein Corvey und das Damenstift Herford ragen als bedeutendere geistige Zentren heraus. Nur vereinzelt werden sächsische Stammesgenossen bereits als Heilige verehrt; der Patrozinien- und Reliquienbedarf von auswärts ist ungeheuerlich und wird während des 9. Jh. nur unvollständig durch Importe aus dem Westen und aus Rom gestillt. Noch um die Mitte des 11. Jh. läßt sich – durchaus in Relation zur Einwohnerzahl – die Dichte kirchlicher

<small>Sachsen im früheren Mittelalter</small>

Einrichtungen Sachsens in keiner Weise mit jener etwa des lothringischen Westens vergleichen. Die Translationsberichte des 9. und 10. Jh. verraten zudem, wie schwer das „Trauma" der Unterwerfung und Zwangsbekehrung durch Karl d. Gr. auf dem freiheitsliebenden Volke lastet. Die Ankunft der aus Corbie überführten St.-Veits-Reliquien in Corvey leitete – so verkündet im späteren 10. Jh. rückblickend und idealisierend der Geschichtsschreiber des Sachsenstammes, Widukind von Corvey (I,35) – die Wende ein, die bewirkt habe, dass „Sachsen aus einer Magd zur Freien, aus einer Tributpflichtigen zur Herrin vieler Völker" geworden sei. Hagiographie „bewältigt" die unrühmliche Vergangenheit (H. Beumann). Als der mächtigste Herr im Sachsenland, Heinrich, zum König des ostfränkischen Reiches aufsteigt, ist seine Heimat, seine Patria, noch weithin ein rückständiges, wenn auch ungeheuer lernwilliges Land; als nach einem Jahrhundert der letzte seines Hauses ins Grab sinkt, ist Sachsen eine der blühenden Kulturregionen der lateinischen Welt. Heinrichs Erhebung zum König läutet die Wende für den Nordosten des einstigen karolingischen Reiches, ja über dessen Grenzen hinaus für die weiter im Osten und Norden liegenden Regionen ein.

Königspolitik Heinrichs I. Der Liudolfinger muss freilich beweisen, dass er – der erste Nicht-Franke auf dem Thron der Karolinger – einer fränkischen Krone würdig ist. Doch kann er nicht einfach dort anknüpfen, wo Konrad I. endete. Das Reich droht nach dessen Tod zu zerfallen. So muss Heinrich die Königsherrschaft in neuer Weise stabilisieren und ihr unter dem Adel der verschiedenen Völkerschaften, die ihr unterliegen sollen, den nötigen Konsens verschaffen. In drei Etappen nähert sich Heinrich diesem Ziel: Erst werden die (Ost-)Franken, dann die Alemannen und Bayern, zuletzt die Lothringer für sein Königtum gewonnen. Der Sachse zeigt weiter, dass er vom sterbenden Konrad zu lernen versteht. Militärischer Kampf scheint zwar unabwendbar, doch vermeidet Heinrich in der Regel jeden offenen Schlagabtausch. Er entpuppt sich als Genie entschlossenen Zauderns: Er droht, hochgerüstet, aber er schlägt nur ungern zu. Stattdessen erstrebt er stets einen raschen Ausgleich auf dem Verhandlungsweg. Virtuos handhabt er zur Bändigung des Adels wie zur Einung mit fremden Herrschern das Instrument politischer Freundschaft, die er durch Heiratsbündnisse zu stärken versteht. Das „Reich" wird durch ihn zu einem Verband einiger durch Verwandtschaft und „Freundschaft" geeinter Adelsfamilien. Konrads Ziel einer Beseitigung der Stammesherzogtümer wird aufgegeben, Heinrich setzt stattdessen auf den Willen zur Reichszugehörigkeit auch der Bayern und Alemannen, schließlich sogar der Lothringer (925), auf die Bereitschaft ihrer Herzöge zur Integration in ein im Königtum gipfelndes Reich. Er vergibt nun die Herzogswürde samt den ihr bislang zugewachsenen Ansprüchen und Rechten über Kirchen, Königsgut und Stammesadel als Lehen, während er die Aufgabe der Integration des Stammesadels eben diesen Herzögen überlässt. Selbst gegenüber dem König Karl d. E., dessen Gegnern und Konkurrenten um die westfränkische Krone versagt diese Methode nicht. Auch mit ihnen eint der Sachse sich wiederholt durch Vertrag (921, 923, 935);

zum ersten Mal anerkennt hierbei ein Karolinger einen Fremden als gleichberechtigten Frankenkönig (Vertrag von Bonn 921). Heinrichs Sohn Otto I. schlägt übrigens dieselbe Taktik ein: Er vermählt dem wieder ins Land geholten Sohne Karls, Ludwig dem Überseeischen, seine Schwester Gerberga und rückt dieser „Freundschaft" mit dem Karolinger alsbald eine zweite zur Seite, die er mit Ludwigs Über-Vasallen, dem Robertiner Hugo d. Gr., schließt; doch meidet Otto, anders als sein Vater, Freundschaftspakte mit dem Adel des eigenen Reiches. Die Ottonen stehen fortan an der Spitze des europäischen Hochadels. Der König aus Sachsen vermittelt im Spannungsfall sogar unter den Westfranken. Reichsübergreifende Königstreffen erscheinen mitunter geradezu als ottonische Familientage. Die Wirkung dieser „Freundschafts"-Konzeption hält bis in die Zeit Ottos III. vor. Die Machtbasis ist freilich begrenzt. Allein Sachsen und Franken sind die Kernlandschaften des ottonischen Königtums. Die beiden süddeutschen Stammesherzöge nehmen eine Sonderstellung im Reichsverband ein. Der König weilt selten in ihren Ländern (Reichsgut steht kaum zur Verfügung) und er wirkt in diese Gebiete seltener als sonst und gewöhnlich von „außen", von Franken aus, mit Herrschaftsmaßnahmen hinein.

Heinrichs Fähigkeiten werden freilich noch in einer anderen Weise auf die Probe gestellt: durch die Einfälle der Dänen, Slawen und vor allem der Ungarn. Gegen diese letzten kann der König glückliche Umstände nutzen, die militärische Abwehrkraft stärken und das Land besser als zuvor schützen. Erstaunlich sind Heinrichs Erfolge auch im Norden und Osten. Gegen die Dänen werden die Reichsgrenzen bis zur Eider vorgeschoben; die benachbarten Slawen müssen sich der sächsischen Macht beugen. Der Erfolg ruht allein auf der Schärfe des Schwertes, und Rückschläge bleiben nicht aus; der große Lutizen-Aufstand des Jahres 983 macht im Nordosten fast alle vorangegangenen Anstrengungen zunichte. Doch als Heinrich stirbt (936), ist davon noch nichts zu spüren. Er hinterlässt seinem Sohn ein vergrößertes, wie schon lange nicht mehr gefestigtes, durch Herzöge, „Freunde" und Verwandte getragenes Reich. Er soll zuletzt mit dem Gedanken gespielt haben, nach Rom zu ziehen, um sich die Kaiserkrone zu holen (GP V2, 310 nr. *1-*2). *Abwehr äußerer Gefahren*

Bereits zehn Jahre nach seiner Wahl hatte König Heinrich sein Haus geordnet, um die Thronfolge zu sichern (929). Der älteste Sohn Otto wurde wohl damals mit der angelsächsischen Prinzessin Edith vermählt und zum „König" designiert; doch ist seine Nachfolge durch die eigene Familie nicht unbestritten. Legitime Königssöhne besaßen bisher stets Anspruch auf eine Krone, was gewöhnlich nach des Vaters Tod zur Spaltung der Großen und zur Teilung seines Reiches führte. Heinrichs von Sachsen fränkisches Königtum ruht freilich auf anderen Grundlagen als das ältere der Karolinger, nicht auf Erbrecht, „Geblütsheil" oder Salbung und einer Macht, die auf ein über das Reich verstreutes Königsgut gestützt wird, sondern auf Wahl und Anerkennung durch Stammes-Adel und -Herzöge. Heinrichs Wähler und „Freunde" ließen sich kaum auf mehrere Liudolfinger „aufteilen". Jeder *Hausordnung 929*

Teilungsplan hätte auf die eben entstandenen und von Heinrich anerkannten Stammesherzogtümer Rücksicht nehmen und gleichsam jedem Herzog mit einem König eine zweite monarchische Spitze zur Seite stellen müssen; doch die Positionen, die (Teilreichs-)Könige hätten einnehmen können, waren bereits besetzt. Teilbares Königsgut steht 936 kaum noch, allenfalls in Sachsen und Franken, in gewissem Umfang auch in Lothringen zur Verfügung. So kommt, dies erkennt Heinrich I. klar, nur die Individualsukzession in Frage, und er entscheidet sich für seinen Ältesten. Gleichwohl sieht sich Otto seit 936 fast zwanzig Jahre lang durch Auseinandersetzungen ums väterliche Erbe bedroht. Es geht dabei nicht mehr um Reichsteilung, sondern um eine angemessene Abfindung oder um den einem Königssohn gebührenden Anteil an der Herrschaft. Zunächst meldet Thangmar, König Heinrichs ältester Sohn aus seiner Ehe mit Hatheburg, Ottos Halbbruder, seine Forderungen an. Er bezahlt sie – von Otto laut beweint – mit dem Tod (938). Sodann folgt des Königs jüngerer Bruder Heinrich (939 und 941), im Unterschied zu Otto „purpurgeborener" Königssohn, der Liebling ihrer beider Mutter Mathilde; zuletzt widersetzt sich sein eigener Sohn aus der Ehe mit Edith, Liudolf (952/954). Alle diese Prinzen finden starken Rückhalt unter Verwandten, im Hochadel und sogar unter den Fürsten. Sie betreiben nicht einfach Rebellion, sie kämpfen um ihr Recht, das ihnen der König vorenthalte; sie müssen es tun, wollen sie dem auf ihnen lastenden Druck adeliger Standesethik genügen, ihren Sozialstatus und ihr Prestige wahren. Die schweren Unruhen, welche diese „Aufstände" begleiten und Ottos Herrschaft an den Rand des Abgrunds treiben, können hier nicht dargestellt werden. Überraschende Siege wie jenen von Birten gegen Heinrich und die mit diesem verbündeten Herzöge Giselbert von Lothringen und Eberhard von Franken (939) verklärt Otto zum Gottesurteil, das seinem Königtum eine besondere sakrale Weihe verleiht. Aber er kann die Ansprüche seiner Verwandten nicht einfach übergehen. Sie nötigen ihn zu neuartigen Maßnahmen, die abermals geeignet sind, die institutionellen Elemente des Reiches zu stärken. Otto bemüht sich darum, die Konkurrenten aus der eigenen Familie von den Herrschaftszentren Sachsen und Franken fernzuhalten und mit frei werdenden peripheren Herzogtümern und dem Grenzschutz zu entschädigen. Die einzelnen Schritte werden freilich durch eine ausgreifende Heiratspolitik vorbereitet und damit rechtlich nach den noch personalen Vorstellungen der Zeit abgesichert; zuletzt wirbt Otto selbst, eben Witwer geworden, erfolgreich um die Hand der italienischen Königin Adelheid (951). Es ist Reichskonzeption auf Familienbasis, was Otto betreibt. Sie verdeutlicht eine Phase des Übergangs der Königsherrschaft vom Familienbesitz zu einem über den Personen stehenden „Reichs"-Verband; und sie erlaubt dem ostfränkisch-deutschen Herrscher die schiedsrichterliche Rolle in Europa zu übernehmen, die er bald spielen wird.

Anlass zum Eingreifen bietet der hier nicht näher zu schildernde Streit um das Erzbistum Reims. Otto lädt die Beteiligten samt dem westfränkischen Ludwig IV. an seinen Hof nach Ingelheim, wo zugleich die glänzendste

Kirchenversammlung, welche jene Epoche sieht, zusammentritt. Sie wird aus dem West- und dem Ostreich besucht, und ein päpstlicher Legat präsidiert ihr gemeinsam mit dem König (948). Sie entscheidet den Zwist und nötigt zwei Jahre später den widerstrebenden Herzog Hugo von Franzien zur Anerkennung des Urteils. Die hegemoniale Stellung des Königs aus Sachsen ist offenkundig. Die Ingelheimer Synode wirkt aber nicht nur nach Westen. Otto ergreift zugleich im Blick auf Dänen und Slawen Maßnahmen, die alle bisherigen Reichsgrenzen hinter sich lassen. Drei Bischöfe werden geweiht, zwei (oder drei?) weitere zu erheben beschlossen, deren aller Bistümer es erst noch einzurichten gilt: Schleswig, Ripen und Aarhus, dann Brandenburg, Havelberg (vielleicht auch Oldenburg in Wagrien). Die Lage dieser letzten verweist zweifellos in jene Regionen, denen Otto durchweg die größte Aufmerksamkeit schenkt.

Ottos Erfolge bleiben südlich der Alpen nicht unbeachtet; einem ersten Italienzug (951/52) verwehrt zwar Liudolfs Aufstand größeren Erfolg. Doch als Otto durch zwei glückliche Siege – auf dem Lechfeld gegen die Ungarn, an der Unstrut gegen die Slawen – seine Herrschaft weiter befestigt (955), bieten sich im Osten wie im Süden neue Möglichkeiten und Ziele. Mit der Heidenmission und der Gründung von Bistümern hatte sich Otto bereits zuvor nach dem Verständnis der Zeit Kaiseraufgaben zugewandt; ihnen widmet er sich nun in verstärktem Maße. Er sichert die Grenze gegen die Ungarn durch Einrichtung einer bayerischen „Ostmark" (die 976 für die nächsten 300 Jahre den „Babenbergern" übertragen wird) und intensiviert die Anstrengungen zur Christianisierung der Elbslawen. Dort wird seit 955 die Gründung des wohl schon längst ins Auge gefassten Magdeburger Erzbistums nachdrücklich betrieben und nach teilweise erbittertem Widerstand seitens der betroffenen Mainzer und Halberstädter Bischöfe im Jahr 968 endlich vollendet. Keiner der Nachfolger St. Peters versagt zwar Ottos Absicht die Unterstützung, doch keiner vermag – ebenso wenig wie der König selbst – gegen bestehendes kanonisches Recht eine Kirchengründung zu erzwingen, welche zur Schmälerung der Rechte dritter führt. Es bedarf dazu unabdingbar der ausdrücklichen, schriftlichen Zustimmung der Betroffenen, und eben diese verweigern Wilhelm von Mainz und Bernhard von Halberstadt. Otto muss sich bis zu ihrem Tod gedulden. Das neue Erzbistum hat vor allem Missionsaufgaben wahrzunehmen; die Slawen „jenseits von Elbe und Saale" (JL 3728 und 3731) werden ihm unterstellt. Die Diözesen, die Magdeburg damals zugeordnet werden, die beiden älteren Gründungen Brandenburg und Havelberg, dazu die 968 gleichfalls neu errichteten Bistümer Meißen, Merseburg und Zeitz (Naumburg), erstreckten sich in der Tat durchweg auf slawische und erst durch die Ottonen dem Reichsverband gewonnene und dem Christentum geöffnete Regionen. Bis heute ist freilich umstritten, ob Otto mit „Jenseits der Elbe und Saale" auch jenseits der Oder meinte, ob Magdeburgs Rechte sich also bis nach Polen ausdehnen sollten. Sicher ist lediglich, dass entsprechende Forderungen spätestens seit Erzbischof Tagino (1004–1012)

Ottos I. „Ostpolitik"

erhoben, von manch einem Sachsen – wie etwa von Thietmar von Merseburg im Falle Posens – bereits für realisiert gehalten, aber doch von keinem Papst offiziell anerkannt werden und sich nie durchzusetzen vermögen. Noch im 12. Jh. arbeiten die Magdeburger Erzbischöfe mit Fälschungen.

Eingreifen in Italien Mittlerweile hat der Papst Johannes XII., vom italienischen König Berengar in Bedrängnis gebracht, Otto um Hilfe gerufen (960). So sammelt Otto abermals – wie nach ihm fast jeder mittelalterliche Kaiser – sein Heer auf dem Lechfeld, um über den Brenner nach Pavia, der italienischen Hauptstadt, aus der er Berengar vertreibt, und von dort die künftige Schicksalsstraße deutscher Könige zur „ewigen Stadt" zu ziehen. Mag diese „Frankenstraße" den Pilger auch zu den Apostelgräbern geleiten, die Heere aus dem Norden führt sie zu allererst in die Fiebersümpfe vor den römischen Mauern. Die Kaiserkrone, die den Königen aber in Rom winkt, lässt sie alle Gefahren vergessen, die größten Opfer erbringen und ihre besten Kräfte verzehren. Mit dem Betreten dieser Straße beginnt, wenn irgendwo und irgendwann, der deutsche „Sonderweg", und es ist vollauf berechtigt, dass Ottos Entscheidung den Historikern spätestens seit Otto von Freising Anlass zu weit ausholenden Reflexionen bietet.

Kaiserkrönung Otto aber, am Lichtmesstage 962 zum Kaiser gekrönt, wird der Herrschaft über Rom nie recht froh. Seinen Nachfolgern wird es nicht besser ergehen. Kaum einer von ihnen erfreut sich ungebrochener römischer Treue, zu wechselhaft sind die Parteikonstellationen in der Stadt. Otto macht nur als erster der hochmittelalterlichen Imperatoren diese Erfahrung. Die Römer schätzen die Herren aus dem Norden nicht, die für sie nur Barbaren sind. „Wehe Roma, die du bedrückt und erniedrigt warst von so vielen. Jetzt hat dich der sächsische König genommen. Dein Volk hat er mit dem Schwerte gerichtet und deine Stärke zunichte gemacht" (Benedikt von S. Andrea del Monte Soratte). Selbst in Sachsen beginnt man bald, dem Kaiser ob der langen Abwesenheit in Italien zu zürnen; die deutschen Fürsten werden die Italienpolitik ihrer Herrscher nie zu ihrer eigenen Sache machen; sie bleibt das Geschäft allein des Kaisers. Der Papst schließlich, der Otto rief, Johannes XII., ist der unkeusche Sohn einer unkeuschen Mutter, den des Vaters, Alberich, Wunsch und Macht als Jüngling von 18 Jahren auf den Thron des Apostelfürsten erhob. Er ist des heiligen Amtes nicht würdig und stößt auf mancherlei Widerstände. Ottos Nähe wird ihm bald unheimlich; er wechselt die Fronten und bietet dem Kaiser Anlass, ihn – wegen Apostasie und gottlosen Lebenswandels – absetzen zu lassen. Rom selbst aber unterwirft sich nur, solange Otto in der Nähe weilt, und fällt von ihm ab, sobald der Kaiser sich entfernt. Otto kann sich stets nur auf eine Partei stützen, nie auf „ganz" Rom. Auch dies wird in den folgenden Jahrhunderten so bleiben.

Weltstellung des ottonischen Kaisertums Die Herrschaft über Rom und Italien lenkt Ottos Aufmerksamkeit in ganz neue Bahnen. Tauschte er bislang schon mit dem Kaiser in Konstantinopel und mit dem Kalifen von Cordoba Gesandtschaften, so fordert nun die gesamte nördliche Mediterranée seine Aufmerksamkeit. Vor allem in Süditalien treffen seine Interessen auf jene des byzantinischen Reiches; Otto verlangt in karolingischer Tradition die Hoheit über die langobardischen Fürstentümer Spoleto, Capua und Benevent und überhaupt über ganz Süditalien. Das durch Ottos römische Krönung erneuerte „Zweikaiserproblem" besitzt hier eine brisante Aktualität. Erste Bemühungen um Anerkennung des lateinischen Kaisertums und um eine purpurgeborene Braut für Ottos gleichnamigen Sohn, der seit 961 zum König, seit 967 zum Mitkaiser gekrönt ist, schlagen fehl (968/69). Es sind die alten Gravamina, welche die Herren Ost- und Westroms noch immer entzweien. Wer ist der wahre „Kaiser der Römer", der byzantinische „Basileus" oder der lateinische „Imperator"? Die Byzantiner reagieren gegen die Ottonen so empfindlich wie einst gegen die Karolinger. Kühl wird Ottos Gesandter, der Bischof Liudprand von Cremona, in Konstantinopel empfangen; der Literat rächt sich mit spitzer Feder und zeichnet in seinem Gesandtschaftsbericht eine Karikatur des byzantinischen Hofes. Kaiser Nikephoros Phokas wird hier zum dunkelhäutigen und hässlichen „Schweinsgesicht", er ist „einer, dem man um Mitternacht nicht begegnen möchte"; sein Prunkgewand stinkt vom langen Gebrauch und ist zerschlissen; so geht es über Seiten. Offener Krieg folgt auf derartige Missklänge, der um Bari ausgefochten wird. Erst ein Thronwechsel in Konstantinopel ändert die Lage. Die Kaiserin Theophanu war ihres Gemahls Nikephoros überdrüssig geworden und hatte seinen Vetter und Mörder, Johannes Tzimiskes, geheiratet. Der muss sich nun Ottos Freundschaft vergewissern und anerkennt ihn als „Bruder" und „Kaiser der Franken"; jetzt hat auch die erneuerte Brautwerbung Erfolg. Tzimiskes entlässt seine Nichte Theophanu in den Westen. Sie aber ist keine Porphyrogenneta; die Sachsen sind enttäuscht. Sollte man die minderwertige Braut nicht gleich zurückschicken? Schließlich siegen Theophanus Fürsprecher und die politische Vernunft; in Rom findet die Hochzeit statt (972). Wie ihre Schwiegermutter Adelheid zehn Jahre zuvor, so wird nun auch die Griechin zur Kaiserin gekrönt und zur *consors imperii* erhoben. Auch sie versteht, diese Position auszufüllen; nach Ottos I. Tod drängt sie entschlossen Adelheids Einfluss zurück.

Theophanus Gemahl ist, als der Vater stirbt und ihm die Alleinherrschaft zufällt, gerade 18 Jahre alt; ein Jahrzehnt später wird er bereits in St. Peter zu Rom ins Grab gelegt. Sein König- und Kaisertum ist von allen Seiten bedroht. Kaum steht er an der Spitze des Reiches, will ihn sein liudolfingischer Vetter, Herzog Heinrich „der Zänker", der mit dem Böhmenherzog Boleslaw II. und mit Mieszko von Polen verbündet ist, stürzen; bis es endlich (977) dem jugendlichen Kaiser gelingt, ihn abzusetzen und in die Verbannung nach Utrecht zu schicken, bleibt er für Otto II. eine stete Gefahr. Feldzüge gegen den Dänenkönig Harald Blauzahn (974), gegen die Herzöge von Böhmen (975; 976) und Polen (979) verweisen auf eine gespannte Lage an den Nord- und Ost-Grenzen. Der karolingische Vetter, König Lothar III., hofft erneut auf den Gewinn Lothringens; 978 dringt er bis Aachen vor, und nur ein rascher Gegenschlag Ottos stellt die alten Verhältnisse wieder her. Die eigene

Otto II.

Mutter, Kaiserin Adelheid, ist mit dem Sohn zerfallen. Als Otto das zu kleine Bistum Merseburg aufhebt, seine Rechte der Magdeburger Metropole zuschlägt und den bisherigen Bischof Giselher dort zum Erzbischof einsetzt, formiert sich auch in Sachsen die Opposition (981). Die Griechen und vor allem die Sarazenen in Süditalien nötigen zu einem Feldzug, der mit einer vernichtenden Niederlage – der ersten der liudolfingischen Dynastie – endet (982, am Kap Colonne bei Crotone). Die Lutizen erheben sich daraufhin und beseitigen für über ein Jahrhundert die sächsische Fremdherrschaft (983). Das Glück winkt Otto II. nicht mehr so hold wie dem Vater; der um sein Bistum Merseburg betrogene hl. Laurentius rächt sich, wie die Zeitgenossen glauben. Kein Zweifel – die Leistungskraft des ottonischen Königtums hat seine Grenzen erreicht und ist bereits überfordert. Nicht mehr Expansion, nur noch die Sicherung des Errungenen steht im Vordergrund. Gleichwohl, der Grund, den Vater und Großvater gefestigt haben, gibt noch nicht nach. Von Italien aus kann Otto die Wahl seines dreijährigen Söhnchens zum König erreichen; in die Krönungsfeierlichkeiten zu Aachen platzt dann die Nachricht seines Todes.

Otto III.   Ottos III. Königtum retten drei Frauen: Theophanu, die schon bislang unter Otto II. tatkräftigen Anteil an der Regierung nahm, die Kaiserin Adelheid und die oberlothringische Herzogin-Witwe Beatrix, die karolingische Ansprüche auf eine Vormundschaft über Otto abwehrt. Dazu tritt der Erzbischof Willigis von Mainz. Sie gewinnen die Herzöge der deutschen Völker, von denen die Entscheidung abhängt, für eine bislang unbekannte Regentschaft der Mutter. Die Regierung folgt den traditionellen Bahnen sächsischer Politik: Niederwerfung der Elbslawen, Aufrechterhaltung der Herrschaft über Italien und des Einflusses in Burgund. Mit Gewalt soll die Niederlage von 983 vergessen gemacht werden. Jahrelang zieht der Königsknabe, z. T. noch in der Kindersänfte getragen, ins Feld. Die Methode versagt, Otto aber lernt nicht zuletzt unter dem Eindruck des Martyriums Adalberts von Prag umzudenken. Als Kaiser (seit 996) führt er keinen einzigen Krieg. Sein „Römische Konzept heißt „römische Erneuerung". Der Palatin in Rom, der Hügel mit Erneuerung" den Palästen der Caesaren bzw. ihren Trümmern, soll wieder Sitz des Kaisertums werden, engste Zusammenarbeit die beiden römischen Würdenträger, Kaiser und Papst, einen, die innere Ordnung des Reiches sich am römischen Vorbild orientieren. Die älteren europäischen Könige versagen sich diesem Konzept; Otto erhebt neue: Bolesław Chrobry von Polen und Stephan den Heiligen von Ungarn; vielleicht denkt er sogar an ein Königreich Venedig-Dalmatien mit dem Dogen an der Spitze. Die Fürstentümer werden als Königreiche anerkannt, ihre Kirchen zu neuen Kirchenprovinzen – Gnesen und Gran – zusammengefasst. Die Sachsen indessen schauen nach Osten, nicht nach Süden; vom römischen Caesarentum wollen sie nichts wissen; ihre Opposition gegen den sich ihnen entfremdenden Kaiser wächst. Doch auch die Römer vertreiben ihren Erneuerer aus der Stadt; imperiale Ideen bewegen sie schon lange nicht mehr. Denken sie an Erneuerung, so verfolgen sie lokale

Ziele, allenfalls über das Papsttum universale. Auf Rache und Rückkehr sinnend stirbt Otto fern von Rom am Fieber, das ihn in den campanischen Sümpfen überfallen hat.

Heinrich II., dessen Wahl zum König nicht ohne Widerstand erfolgte, bricht alsbald mit der Kaiserpolitik Ottos III. und lenkt in mancherlei Hinsicht in die Bahnen des ersten Otto zurück; Bolesław Chrobry soll in Lehnsabhängigkeit gedrückt werden; er wird sein ärgster Feind, dessen Königswürde, bei Ottos III. Tod noch durch keine Salbung legitimiert, Heinrich nicht anerkennt. Besser ergeht es dem ungarischen Herrscher. Er ist des bayerischen Liudolfingers Schwager, zugleich gesalbter König und darf selbständig bleiben; mit ihm überwirft Heinrich sich nicht. Der König aus Bayern knüpft freilich auch an seinen Vorgänger an. Entschlossener noch als dieser stärkt er die Bischofskirchen. Ihnen weist er immer häufiger umfangreiche Herrschaftsrechte bis hin zu ganzen Grafschaften zu, erwartet aber als Gegenleistung mehr und mehr weltliche Dienste der Kirchen, die zu erhöhten Servitialleistungen verpflichtet werden; entschiedener auch als die älteren Ottonen zieht Heinrich die Wahl der Bischöfe an sich. Gleichwohl fördert er kloster- und kirchenreformerische Ziele. Sein Nachfolger Konrad II. wird es nicht anders halten, freilich entgegengesetzten Lohn ernten: Während Heinrich als Wohltäter der Kirche heilig gesprochen werden kann, verfällt Konrad einer Art „damnatio memoriae". Der Laienadel gerät häufiger als zuvor in Konflikt mit dem König. Heinrich ist sich zwar insgesamt der Treue auch der weltlichen Großen noch sicher, doch es mehren sich Warnzeichen, welche latente Spannungen signalisieren. Die Sachsen stehen seit 1002 dem König aus Bayern mit einem kaum mehr völlig zu beschwichtigenden Misstrauen gegenüber; seinen Nachfolgern aus salischem Hause, die seit 1024 regieren, werden sie bald feindselig gegenübertreten. Einige Italiener suchen sich der Herrschaft des deutschen Königs zu entziehen und erheben einen eigenen König, den bisherigen Markgrafen Arduin von Ivrea (1002). Um seinen höheren Anspruch zu bekunden, bedient sich Heinrich in der Auseinandersetzung mit ihm des neuen, aber zukunftsträchtigen Titels *rex Romanorum*. Auch wenn dieser „Römer" seinen Gegner ohne größere militärische Anstrengungen zum Verzicht auf die Krone zwingen kann, so misstraut er doch zunehmend der Loyalität des einheimischen Adels und setzt als Gegengewicht gegen ihn wiederholt, wo er kann, Deutsche zu Bischöfen ein. Es hilft nur für kurze Zeit. Gleich nach Heinrichs Tod brennen die Pavesen die Königspfalz in der Stadt nieder, die seit alters der Mittelpunkt des italienischen Reiches war. Der Akt ist ein Fanal städtischer Freiheit und darf als Zeichen für das Ende aller frühmittelalterlichen Königsherrschaft gelten. Die einstige Hauptstadt des langobardischen Reiches kannte noch eine Reihe zentraler Einrichtungen – eine Kammer, dem König abgabepflichtige Handwerkskollegien, vielleicht eine lombardische Rechtsschule –, welche bis in die jüngste Zeit ihre herkömmlichen Funktionen wahrten. Jetzt soll die Präsenz des Königtums ein für alle Mal aus der Stadt verdrängt werden.

König Konrad kann Pavia nur mit Mühe wieder unterwerfen, die zerstörte Pfalz bleibt in Ruinen und die letzten zentralen Einrichtungen verfallen oder entgleiten dem Königtum vollends und für immer. Ein Teil der Lombarden will ohnehin keinen König aus Deutschland; sie tragen erst dem Kapetinger Robert II., dann dem Herzog Wilhelm V. von Aquitanien die italische Krone an; beide scheuen aus gutem Grund das italienische Abenteuer, das ihnen zweifellos keine unangefochtene Königsherrschaft, vielmehr nur Krieg gebracht hätte. Auch Konrad kann sich südlich der Alpen nur mit Gewalt durchsetzen. Doch der Erfolg ist niemals mehr von Dauer. Die Salier sehen sich außerstande, vermittelnd über den Parteien zu stehen, und werden in Auseinandersetzungen hineingezogen, die ihre Kräfte verbrauchen, ohne bleibende Erfolge zu erzielen.

Königswahl Konrads II. Mit Heinrich stirbt der letzte Enkel Heinrichs I. in männlicher Linie. Der Wahl durch die Großen des Reiches kommt wie 1002 entscheidende Bedeutung zu; in ihnen handelt „das Reich". Doch folgen die Wähler auch jetzt dem adeligen Geblütsdenken: Ihre Mehrzahl wählt (gegen seinen gleichnamigen Vetter) jenen Dynasten, welcher der liudolfingischen Königsfamilie am nächsten steht: den schon erwähnten „Salier" Konrad, einen Urenkel Konrads des Roten, des auf dem Lechfeld gefallenen Schwiegersohnes Ottos d. Gr. Seine Familiengüter liegen um Worms, dessen Dom auch die bisherige Grablege seines Geschlechts birgt. Das ursprünglich fränkische Königtum, das zuletzt ein Bayer sächsischer Abstammung besaß, kehrt nun an einen Franken zurück. Die Sachsen zürnen fortgesetzt und halten sich Konrads Wahl weitgehend fern. Sie bangen nicht ohne Grund um ihre sächsische „Freiheit", d. h. um ihre Königsnähe und ihre über andere Völker erhabene Stellung. Der Schwerpunkt des Reiches verlagert sich wieder an den Mittelrhein; in Speyer errichtet Konrad mit dem Neubau des Doms zugleich die Grablege des künftigen Königsgeschlechtes.

König und Adel Der eben gewählte König, ein Zögling des im kanonischen Recht hochgelehrten Bischofs Burchard von Worms, dennoch ein Analphabet, lag vor seiner Wahl wegen seiner kanonisch anstößigen Ehe mit Gisela, der „Erbin" Schwabens, in jahrelangem Streit mit Heinrich II. Gleichwohl knüpft er jetzt in allem an seinen Vorgänger an: in der Behandlung frei werdender Herzogtümer, die er seinen Verwandten überträgt, gegenüber den Bischofskirchen und Reichsklöstern, die unvermindert zum Reichsdienst herangezogen werden, und auch nach außen. Doch trifft Konrad stets auf veränderte Verhältnisse, entsprechend anders wirken seine Maßnahmen. Starke adelige Gegenkräfte hat auch er zu überwinden. Das Königtum wirkt gleichwohl unter Konrad II. recht gefestigt und abermals expansiv. Unnachgiebig tritt der König seinen Gegnern entgegen; er scheut nicht mehr – wie vor ihm die Ottonen – vor dem Vollzug der Todesstrafe zurück, auch wenn Angehörige des Hochadels betroffen sind. Nichts vermag Konrads hartes Wesen vielleicht schärfer zu beleuchten als jenes derbe Sprichwort, das ihm beim Eintreffen der Todesnachricht seines im Aufstand und kinderlos dahingesunkenen Stiefsohnes Ernst entfährt: „Bissige Hunde haben selten Junge". Konrads kraftvolle Persönlichkeit zwingt den Adel noch einmal in den Schatten der Königsmacht. Als Konrad im Anschluss an die Aachener Weihe das Land durchreitet und dabei alle Stammesgebiete aufsucht, huldigen ihm die Großen, auch die Lothringer und die Sachsen, die zunächst seiner Wahl ganz oder teilweise ferngeblieben waren. In Konstanz unterwirft sich eine Reihe lombardischer Herren mit dem Erzbischof Aribert von Mailand an der Spitze. Die Sicherung der Nachfolge gelingt, als Konrad zu seinem ersten Italienzug rüstet (1026); sein etwa neunjähriger Sohn Heinrich wird zum König gewählt und nach der Rückkehr des Vaters in Köln geweiht. Konrad selbst empfängt in Mailand ausAriberts Hand die lombardische Krone und in Rom die Kaiserkrone; dafür anerkennt er wie schon Heinrich II. die römische Stadtherrschaft der tuskulanischen Grafen (1027). Von Rom aus eilt er weiter nach Süden und nötigt die Fürsten von Capua, Salerno und Benevent zur Anerkennung seiner Hoheit; in die Zukunft weist bereits die Belehnung eines Normannen mit der Herrschaft in Aversa. Knut von Dänemark, Norwegen und England trachtet frühzeitig nach Ausgleich (1025); der nordische König nimmt sogar – gemeinsam mit Rudolf III. von Burgund – an Konrads Kaiserkrönung teil. Mieszko II. von Polen wird durch den ins Land getragenen Zwist innerhalb der eigenen Familie zum Verzicht auf die Königskrone genötigt. Der böhmische Herzog erneuert die Lehnsbindung an das Reich. Mit Ungarn wird nach einem missglückten Feldzug und vielleicht gegen Konrads Willen Frieden geschlossen (1030). Burgund wird dauerhaft dem deutschen Königtum gewonnen; in Solothurn empfängt Konrad die burgundische Krone (1038). Trägt sie dem König auch nur einen geringen Machtgewinn ein, so sichert sie doch einige wichtige Heerstraßen und Alpenpässe für den Weg nach Italien. Wie keiner seiner Vorgänger auf dem ostfränkisch-deutschen Thron herrscht Konrad als Kaiser über mehrere „regna". Fortan besteht das mittelalterliche „Imperium" aus der Trias der drei Reiche: Deutschland, Italien und Burgund.

Übernahme der burgundischen Krone

Neuerungen liegen gleichsam in der Luft. Es sind nicht nur die Pavesen, welche die drückende Nähe des Königs für alle Zukunft verhindern wollen. Das Königtum selbst ist anders geworden und beginnt, sich dessen auch bewusst zu werden. Konrads zu Recht berühmte Antwort an die Lombarden, formuliert sie auch sein gebildeter Kapellan Wipo aus Burgund, vermag es zu verdeutlichen. „Stirbt ein König, so bleibt doch das Reich, wie das Schiff bleibt, wenn der Steuermann fällt". Das „Reich" wird begriffen als ein alle Menschen, das Volk, die Fürsten und auch den König, umschließender Verband, vielleicht gar als eine Art Genossenschaft, die als solche rechtsfähig ist und in der Tat ihre eigenen Institutionen und Rechte besitzt, und deren Repräsentant nicht mehr allein der König, sondern der König gemeinsam mit den Fürsten ist. Derartige Vorstellungen sind in Burgund und Italien, wo das römische Recht – wenn auch in vulgärer Form – weiterlebt und wo auch das langobardische Recht frühzeitig zum Träger einer gewissen Rechtsge-

Wandel im Verständnis von Recht und Herrschaft

lehrsamkeit wird, nie ganz fremd. Jetzt dringen solche Anschauungen auch nach Norden und Westen über die Alpen und überlagern die archaischen personalen Vorstellungen vom *regnum* als der Sphäre des Königs. Im Westen reifen etwa bei Fulbert von Chartres ähnliche Anschauungen. Doch der Wandel greift tiefer; er verändert das bisherige Verständnis von Recht und Herrschaft in der oralen Gesellschaft insgesamt. Auch der Adel und seine Herrschaftsbildung ist betroffen. Die vollzogenen Todesstrafen gegen ihn lassen es bereits ahnen. Der politische Wert schriftlicher Fixierung kommt verstärkt zu Bewusstsein. Berühmt ist die Klage der Ebersberger Chronik über den Niedergang der Rechtslektüre unter den „Modernen" (gemeint sind die Zeitgenossen vor 1029); sie belegt die schwindende Bedeutung der traditionellen Rechtspflege. Der König erneuert das Kaiserpactum für die römische Kirche nicht mehr, obwohl Heinrich II. es eben erst (1020) bei Papst Benedikts VIII. Besuch in Bamberg bekräftigt hatte. Schließlich offenbart sich allenthalben ein neuartiger Zugriff der Herrschaftsträger auf alle „Untertanen" bei wachsender Ausschaltung fremder Gewalt. Konrad zieht als erster König – vielleicht nach dem Vorbild bischöflicher Grundherrschaften – vermehrt sog. „Ministerialen", unfreie Dienstleute, zur Verwaltung des Königsgutes heran, die bislang als Domäne des Adels galt. Es stößt auf heftige Ablehnung und schürt neue Spannungsherde. Als Herzog Ernst sich gegen den König erhebt, verweigern ihm die Untervasallen die Gefolgschaft. Gegen den König, den Schützer ihrer „Freiheit", schuldeten sie keinen Gehorsam. Ernst unterliegt dem König. Es ist freilich ein konservatives Argument, das hier noch einmal zur Geltung gelangt. Die kleinen Edelfreien wehren sich gegen die Mediatisierung durch die großen Fürsten, deren Erfolg der König nur für den Augenblick aufhalten, nicht auf Dauer zu verhindern vermag. Wenig später beklagen die freien „Bauern" von Muri den Verlust ihrer Königsunmittelbarkeit; zwischen sie und den König hat sich der (künftige) Graf „von Habsburg" geschoben. Auch in Italien, zumal in Mailand, regt sich ein wachsendes Selbstbewusstsein der Valvassoren, der kleinen Aftervasallen der Bischöfe und des Laienadels. Sie drängen – wie früher der Hochadel selbst – auf rechtliche Sicherung ihres Lehnsbesitzes für ihre Erben. Konrad unterstützt auch sie. Er zieht, als die Unruhen zu gefährlich werden, ein zweites Mal über die Alpen. Vielleicht hegt er die Hoffnung auf ähnliche Effekte wie zuvor gegen Ernst von Schwaben; jedenfalls erlässt er ein berühmtes Lehnsgesetz (1037), das zu einem der Kernpunkte des italienischen Lehnrechts wird und später als ältester Text überhaupt in die „Libri Feudorum" eingeht. Es wirkt als eine deutliche Parteinahme in der beginnenden Auseinandersetzung zwischen bischöflicher Stadtherrschaft und den Vorboten „bürgerlicher" Kommunebildung, die dem Kaiser die Gegnerschaft seiner alten Freunde einträgt, ohne die neuen Kräfte tatsächlich dauerhaft für das Königtum gewinnen zu können. Erzbischof Aribert, bislang das Haupt der kaisertreuen Bischöfe in Italien, fällt von Konrad ab; erbittert verkündet Konrad ohne erforderliches Synodalurteil, allein aus kaiserlicher Souveränität, das Abset-

Neue soziale Gruppen

zungsurteil gegen ihn. Die Mailänder leisten Widerstand und ganz Norditalien geht zunehmend eigene Wege.

Konrad vernachlässigt die Kirche, so wird ihm vorgeworfen. Das Gegenteil ist zwar richtig; der König fördert die Klosterreform so nachhaltig wie sein Vorgänger Heinrich; Abt Poppo von Stablo (†1048) ist jetzt ihr herausragender Repräsentant in Deutschland. Doch verändert der Erfolg eben dieser Reformbewegung auch das Urteil über das königliche Einwirken auf die Kirche. Die Simoniekritik erzielt jetzt den entscheidenden Durchbruch und taucht Konrad, dessen Investiturpraxis sich von der seines Vorgängers kaum unterscheidet, in ein viel düstereres Licht als jenen. Poppo verzichtet auf ein vom König offeriertes Bistum; und auch Wazo lehnt den ihm angebotenen Mainzer Stuhl, auf den ihn der Kaiser erheben möchte, ab, um später – korrekt gewählt – die heimische Cathedra von Lüttich zu besteigen (1042). Der fürstliche Adel ist durch derartige Vorgänge weniger geschwächt als der König; denn seine Angehörigen sitzen in den wählenden Mönchs- oder Kanoniker-Konventen, wo sie ungehemmt und unmittelbar den Einfluss ihrer Familien zur Geltung zu bringen vermögen. In deutlichem Zusammenhang mit der durch Heinrich III. herbeigeführten Wende von 1046 wird Konrad nun zum Simonisten gestempelt.

Konrad II. und die Kirche

Konrads Sohn verlässt indessen die Bahnen der bisherigen Politik nicht. Den Adel Sachsens und Lothringens hält er, oft auf Bischöfe gestützt, in Schach. Heinrich entzieht sich freilich den neuen Tendenzen seiner Zeit nicht. Er, der sich nach seiner Eltern Tod mit der aquitanischen Herzogstochter Agnes vermählt, öffnet sich „westlichem" Einfluss. Er rezipiert die Friedensidee und unterwirft sich nach seinen beiden Ungarnkriegen (1043/44) einer aufsehenerregenden Buße. Seine Feinde bittet er um Verzeihung und untereinander um Versöhnung. Es handelt sich gewiss nicht um Verzicht auf persönliche Rache, vielmehr werfen die bald unüberwindbaren Spannungen zwischen Königtum und Adel ihre Schatten voraus und nötigen zu neuartigen Maßnahmen. Heinrich erhofft sich vom Frieden eine das Reich befestigende Wirkung. Konsequenter als Konrad nimmt er sich auch der Kloster- und Kirchenreform an, nicht immer mit Freuden. Als der neugewählte Erzbischof von Lyon, Halinard, ein Schüler Wilhelms von Dijon, als konsequenter Reformmönch sich weigert, dem König den bislang bei der Investitur üblichen Eid zu leisten, gibt Heinrich auf Drängen der lothringischen Bischöfe und gegen das Votum ihrer deutschen Kollegen widerwillig nach (1046). Der Eid war bislang stets das entscheidende, die personale Bindung zwischen König und Bischof konstituierende Mittel; ihn zu verweigern, bedeutet einen revolutionären Akt, das bischöfliche *servitium regale* scheint gefährdet. Heinrich zeigt schließlich, dass er die Zügel straffer Kirchenherrschaft nicht aus der Hand geben will. Als sich in Rom die Ereignisse überschlagen – drei Päpste, bei deren Erhebung Simonie im Spiele war, beanspruchen gleichzeitig die Nachfolge Petri –, eilt er dorthin, um wie in einem Reichsbistum für Ordnung zu sorgen: Auf zwei Synoden zu Sutri und Rom

Kirchenreform

Anlehnung an das karolingische Reich

(1046) werden die Konkurrenten „abgesetzt" und ein vierter, Suidger, bisher Bischof von Bamberg, gewählt. Das Kernziel der Kirchenreform, der Kampf gegen die Simonie, wird nun nach Rom getragen. Heinrich empfängt anschließend die Kaiserkrone; er steht auf dem Gipfel deutscher Königsmacht; doch der Abstieg beginnt. Kaum wieder in Deutschland, tadelt ihn Wazo von Lüttich mit dem alten, auch von Karl dem Großen respektierten Rechtsprinzip: Der Nachfolger des Apostelfürsten sei von niemandem zu richten. In drastischer Konfrontation belehrt der Bischof den Kaiser über den Unterschied zwischen der Königs- und der Bischofssalbung: die eine schmücke zum Töten, die andere spende Leben, „Wie das Leben über den Tod erhaben ist, so steht unsere Salbung über der euren". Die Fundamente des christlichsakralen Königtums geraten ins Wanken. Grundsätzliche Kritik am theokratischen Kaisertum kommt auf; denn die Kirche dürstet nicht nur nach Freiheit von Simonie, sie bedarf wahrer Freiheit schlechthin, um ihren Segen zu spenden.

7. Das Papsttum im früheren Mittelalter

Der Aufstieg des karolingischen Königtums und die weitere Geschichte des Frankenreiches vollziehen sich in engster Bindung an den römischen Papst. Umgekehrt erfährt das Papsttum durch seine Anlehnung an das karolingische Reich Rückhalt und entscheidende Durchsetzungskraft. Die Schritte, die im 8. Jh. auf die neue Konstellation zuführen, wurde nicht ohne Grund als „römische Revolution" bezeichnet [D. H. MILLER in: Mediaeval Studies 36, 1974]. Das 9. Jh. sieht die Fortentwicklung dieser Ansätze, jetzt aber in Auseinandersetzung mit den karolingischen Kaisern und Königen. Die päpstliche Gewalt steht nun für einen kurzen Augenblick auf einem Gipfel, den sie – in den Strudel des karolingischen Niedergangs gerissen – erst wieder durch die Kirchenreform des 11. Jh. erreichen wird. Man darf bezweifeln, ob das Papsttum ohne diese im 9. Jh. erlangte Weltstellung jemals die spätere Höhe erklommen hätte. Zwar anerkennt der im fernen Konstantinopel residierende römisch-byzantinische Kaiser seit langem den Bischof von Rom als den ersten Patriarchen der Christenheit. Die römische Kirche gilt seit alters als das geistige Zentrum, das der gesamten Kirche die Einheit, ihrem Glauben die Richtschnur, ihren Gebräuchen bis zu einem gewissen Maße Verbindlichkeit verleiht. Doch sieht sich das alles in keinem institutionellen Sinne verwirklicht und die diversen Regionen gerade auch des lateinischen Westens behalten ein hohes Maß an Eigenständigkeit. Die westgotische Kirche bleibt ohnehin auf Distanz zu Rom. Der päpstliche Jurisdiktionsprimat wird kaum postuliert, und von einer weltlichen Hoheit des römischen Bischofs über Reichsgebiet will man in Byzanz schon gar nichts wissen. Der fundamentale Satz der Symmachianischen Fälschungen *papa a nemine iudicatur* („niemand sitzt über den Papst zu Gericht") findet dort gleichfalls wenig Resonanz.

papa a nemine iudicatur

Ganz anders die Karolinger: Ihre Reformen suchen – bis auf seltene Ausnahmen unter Ludwig d. Fr. – den Anschluss an die römischen Gebräuche. Sie anerkennen grundsätzlich den päpstlichen Primat, auch wenn die Vorstellung von der Fülle päpstlicher Gewalt noch wenig entwickelt ist; und sie schaffen die Grundlagen für den kommenden „Kirchenstaat". Karls d. Gr. Sohn festigt die Einbindung der römischen Kirche ins Frankenreich noch über das unter seinem Vater erreichte Maß hinaus. Sein Kanzler Helisachar entwirft jene „Pactum"-Urkunde, deren Bestätigung fortan bis zu den Ottonen allen Kaisern abverlangt wird. Der Vertragstext regelt den Besitz der römischen Kirche und stellt ihn unter kaiserlichen Schutz. Die Ausfertigungen von 817, 962 (Otto I.) und 1021 (Heinrich II.) sowie ein Papyrusfragment vom Ende des 9. Jh. sind erhalten; diplomatische Feinanalyse konnte auch die verlorenen Zwischenstufen mehr oder weniger genau rekonstruieren. Vor allem Karl II. sieht sich zu weitgehendem Verzicht auf einstige Kaiserrechte genötigt, den seine ostfränkischen Neffen vergebens rückgängig zu machen suchen. Doch eilen die tatsächlichen Verhältnisse Italiens in den folgenden Dezennien völlig über die päpstlich-kaiserlichen Regelungen hinweg. Otto III. entzieht sich dann der Tradition und verweigert die Erneuerung dieses „Pactum", die Heinrich II. – zögernd – ein letztes Mal zugesteht, bevor sie seit Konrad II. für immer unterbleibt. Zu viel hatte sich mittlerweile verändert. Erst das Reformpapsttum wird sich der Urkunde Ludwigs d. Fr. wieder erinnern und sie in die Besitzlisten der römischen Kirche aufnehmen. Dort findet Innocenz III. (1198–1216) sie vor und macht sie zu einer Rechtsbasis seiner Rekuperationspolitik. Auf diesem Wege wird der Text von 817 schließlich eine der Grundlagen des spätmittelalterlichen Kirchenstaates.

<small>Entstehung des „Kirchenstaats"</small>

Kaisertum und „Pactum" sind im 9. Jh. keineswegs die wichtigste Ebene fränkisch-päpstlicher Beziehungen. Kirchliche Fragen drängen sich viel nachhaltiger in den Vordergrund und berühren die Rechtsstellung des apostolischen Stuhles in seinem Kern, dem Primat. Die berühmten Fälschungen des Pseudo-Isidor und des „Constitutum Constantini" vermögen dabei wohl am eindrucksvollsten zu beleuchten, in welch hohem Maße fränkische Kirchenreformer damals, im zweiten Drittel des 9. Jh., geneigt sind, die Jurisdiktion des Papstes anzuerkennen; ihre Unechtheit wird erst von den Magdeburger Centuriatoren resp. von dem Humanisten Lorenza Valla (1440) erwiesen und dient seitdem einer konfessionell ausgerichteten Geschichtsschreibung als Munition. Das umfangreiche, von Anfang an in einer Kurz- und einer Langversion kursierende und weit verbreitete Machwerk Ps.-Isidors ist ebenfalls kein römisches Produkt, sondern die Leistung eines in dem Kloster Corbie tätigen „Fälscherateliers". Es spiegelt die dort von dem Abt Wala, einem Karolinger und Vetter Karls des Großen, sowie seinem dritten Nachfolger Paschasius Radbertus auf das Papsttum gesetzte Hoffnung einer grundlegenden Reform der fränkischen Reichskirche, der Königsherrschaft über diese und überhaupt der Beziehungen zwischen „Königtum" und „Priestertum", *regnum* und *sacerdotium*. Unabhängigkeit vom Königtum, die königlichen

<small>Pseudo-Isidor und „Konstantinische Schenkung"</small>

Kompetenzen begrenzende Bedingungen kirchlicher Kooperation mit diesem, die Sicherung des Kirchenbesitzes vor laikalem Zugriff, die Stärkung der Bischöfe – der „Augäpfel" Pseudo-Isidors (E. Seckel) – gegenüber ihren Metropoliten und den mit diesen kooperierenden Königen sowie die Ausschaltung der mit ihnen konkurrierenden Chorbischöfe sind zentrale Anliegen der Reformer. Als erster Papst dürfte sich im Jahr 833 Gregor IV. mit Elaboraten der Fälscher, im Kern bislang völlig unbekannten Briefen seiner vielfach durch das Martyrium geheiligten Vorgänger, konfrontiert sehen; das fertige Fälschungswerk wird dann erst Nikolaus I. bekannt. Beide Päpste zeigen sich eher reserviert gegenüber den bislang völlig unbekannten Dekretalen und Konzilskanones, wie überhaupt deren Wirkung bis zur Kirchenreform des 11. Jh. trotz zahlreicher Abschriften eher bescheiden bleibt. Erst dann beginnen sie, einen überwältigenden Einfluss auszuüben. Die Kompilation verrät glänzende, mit der Gesamtheit kirchenrechtlicher Tradition vertraute Gelehrsamkeit. Die Position des fernen Bischofs von Rom kann für die Ziele der Reformer nicht hoch genug gerückt werden. Der Nachfolger und Erbe des Apostelfürsten, des kaisergleichen *„Princeps* aller Priester", wie es im „Constitutum Constantini" heißt, ist der natürliche Verbündete gegen die Gefahren, die aus der Nähe drohen. Ps.-Isidor wird nicht müde, in immer neuen Wendungen den Papst als den Inhaber des Jurisdiktions- und Lehrprimats erscheinen zu lassen. Das erwähnte „Constitutum", zweifellos die berühmteste Fälschung des Mittelalters, die im hohen Mittelalter zur „Konstantinischen Schenkung" umgedeutet wird, entsteht gleichfalls im Umkreis Ps.-Isidors, genauer: durch das Zusammenspiel der Äbte Hilduin von St-Denis und Wala von Corbie in den Jahren um 833; auch sie hat mit dem römischen Patriarchium nichts zu tun. Ps.-Isidor vielmehr bringt sie „unter die Leute" (H. Fuhrmann). Ps.-Konstantin indessen weist dem Apostolischen Stuhl von Rom neben mancherlei Ehrenrechten die Herrschaft über die Stadt und darüber hinaus den kirchlichen Primat über den gesamten Westen des Imperium Romanum zu – Rechte, die der Apostolische Stuhl damals tatsächlich beanspruchen kann.

Päpstliche Autorität Keineswegs nur Geistliche, auch Laien wenden sich um Hilfe flehend nach Rom, voran die Könige. Die Karolinger billigen von Anfang an dem Papst eine rechtswahrende und rechtskonfirmierende Autorität zu. Karl d. Gr. sendet seine (durch die Ereignisse bald überholte) Nachfolgeordnung zur Bestätigung an Leo III. (806); Ludwig d. Fr. hält es ebenso (823), auch Lothar I. lässt seine Anwartschaft auf die Nachfolge im ganzen Reich wiederholt von Päpsten bestätigen. Der Vertrag von Verdun (843) wird zum Zeichen dauernder Gültigkeit zur Bekräftigung und zur Aufbewahrung im päpstlichen Archiv nach Rom übersandt. Der Ehestreit um Lothar II. sieht den Wettlauf der Frankenkönige um die Gunst der Päpste, erst Nikolaus' I., dann Hadrians II. Nachdem Ludwig II. durch Verrat in beneventanische Gefangenschaft gefallen war, lässt er sich – wieder frei – durch Johannes VIII. ein zweites Mal zum Kaiser krönen, um durch die päpstliche Autorität seine angeschlagene Würde aufs Neue zu festigen. Doch wer den Papst um Hilfe angeht, schuldet ihm auch Gehorsam; Nikolaus I. erinnert den westfränkischen König Karl II. in strengem Ton an diese Logik. Ihr sich auf Dauer zu entziehen, fällt umso schwerer, als dieser Karl immer häufiger als Bittsteller in Rom auftritt.

Laikale Adelsherren erwarten vom apostolischen Stuhle gleichfalls Rückhalt in ihren Auseinandersetzungen mit den Königen. Wer den Papst um Hilfe oder Vermittlung bittet, darf mit seinem Beistand rechnen. So nimmt sich Nikolaus I. etwa eines gewissen Balduin, eines Vasallen Karls II. an, nachdem derselbe die Tochter seines Herrn, die Witwe der Könige Æthelwulf und Æthelbald von Wessex, entführt und sich ehelich mit ihr verbunden hatte. Balduins Aufstieg ist nicht mehr aufzuhalten: Er wird zum Stammvater des flandrischen Grafenhauses. Derartige Vorgänge instrumentalisieren geradezu die päpstliche Autorität; sie beginnt, weltliche Herrschaft zu legitimieren.

Papst und Laienfürsten

Westfränkische, burgundische und italische Laienfürsten schließen gegen Ende des Jahrhunderts immer häufiger „Freundschafts"-Bündnisse mit dem römischen Bischof, wie sie zu Beginn des Saeculums allein Frankenkönige eingegangen waren. Das Papsttum selbst ist dabei ebenso wenig wie für Ps.-Isidor oder im Falle des „Constitutum Constantini" die treibende Kraft; es verhält sich eher passiv und greift oftmals nur zögernd ein, wenn es angerufen wird. Gleichwohl sehen wir hier den Keim der sog. päpstlichen „Weltherrschaft" gepflanzt. Freilich zeichnen sich im West- und Ostfrankenreich frühzeitig charakteristische Unterschiede in den jeweiligen Beziehungen zum apostolischen Stuhl ab. Der Adel des Westens wendet sich nämlich seit den 840er Jahren Hilfe heischend nach Rom, während der Osten ihm in vergleichbarer Weise erst am Vorabend des Investiturstreites folgen wird. Dort bedürfen noch alle direkten Beziehungen zum Papst grundsätzlich des „Urlaubs" vom König.

Noch bereitwilliger sehen die Mönche zumal in der Auseinandersetzung mit ihren Diözesanbischöfen, dem König oder sonstigen Fürsten im Papst ihren sichersten Rückhalt. Bereits der erblose Gerard von Vienne, der „Conte Girard de Roussillon" der Chanson de Geste, gründet – von König Karl II. in Bedrängnis gebracht – zur Sicherung seines Besitzes auf Lebenszeit zwei Klöster, das Männerkloster Pothières und das Frauenkloster Vézelay, die er beide dem Schutz des Apostolischen Stuhles überträgt (863). Die Schutzformel, die damals aus älteren und neuen Elementen in der Kanzlei Papst Nikolaus' I. entworfen wird, wendet sich gegen jedermann und in erster Linie gegen den König. Sie wird zu einem Eckstein päpstlichen Schutzes für Klöster, der seit dieser Zeit sich auszubreiten beginnt, wenn auch seine eigentliche Stunde erst mit der Gründung (909/910) und dem Aufstieg Clunys schlägt. Im Westen stiftet und schützt er wirksam Immunität und (später) Exemtion der in ihn tradierten Kirchen, während er im ostfränkisch-deutschen Reich allenfalls komplementär zum Königsschutz hinzutritt und erst

Papst und Mönchtum

am Ende unserer Epoche zu eigenständiger, nun freilich fast revolutionärer Wirkung gelangt.

Weltstellung des Papsttums Vor diesem Hintergrund ist der Erfolg des Papsttums im 9. Jh. zu verstehen. Bereits Gregor IV. und Leo IV. ragen durch ihre Leistungen hervor. Der Höhepunkt wird mit Nikolaus I. erreicht. Überall versteht er, seine Autorität zur Geltung zu bringen. In Byzanz bietet der Streit der Patriarchen Photius und Ignatius Anlaß zum Eingreifen; über die Frage der Bulgaren-Mission kommt es zum Bruch: Das *filioque* im Symbol der Lateiner (bis Heinrich II. jedoch nicht der stadtrömischen Liturgie!) dient zum Vorwurf der Häresie, Photius schleudert das Anathem gegen den Papst, das ihn – eben gestorben – nicht mehr trifft (867). Im Frankenreich erfordert neben der lothringischen Frage eine Reihe von Bischofs-Prozessen Nikolaus' Reaktion. Das entstehende mährische Reich sucht und findet päpstliche Unterstützung bei seinem Bestreben, sich vom Frankenreich zu emanzipieren. Nikolaus hofft hier, im Zusammenwirken mit dem hl. Method und gegen die Interessen des bayerischen Episkopats die Kirchenprovinz Sirmium wieder erstehen zu lassen.

Nikolaus I. Wiederholt widersetzt sich dieser Papst erfolgreich königlichem Druck; es mutet wie eine Vorahnung künftiger Auseinandersetzungen an: „Die königliche Ehre erhob sich wider die apostolische Würde" (Libellus de imperatoria potestate). Das Ergebnis würdigen die Chronisten: „Dieser Papst zählt sich als Apostel unter die Apostel und macht sich zum Kaiser der ganzen Welt". So werfen es die von Nikolaus gezüchtigten lothringischen Erzbischöfe ihm vor (Ann. Bert. zu 864). „Den Königen und Tyrannen gebot er und beherrschte sie durch seine Autorität, als ob er der Herr der Welt gewesen wäre", lobt Regino von Prüm (zu 868) den Papst in seinem Nachruf. Der apostolische Vater erscheint seinen Zeitgenossen als Korrektor der Mächtigen und als Hoffnung aller Unterdrückten. Nikolaus ist einer der großen Wegbereiter päpstlicher Universalgewalt. Er fasst die verstreuten Elemente ihres Primats zusammen und zieht aus dem umfassenden göttlichen Auftrag an St. Peter zur „Erlösung des Menschengeschlechts" ungewohnte Folgerungen: Der Bischof von Rom sei (im Rechtssinne!) der Erbe St. Peters; seine „Dekretalen seien anzuerkennen, auch wenn sie in Kanoneshandschriften nicht zu finden sind".

Ihm obliege die *sollicitudo omnium ecclesiarum*. Die römische Kirche berge *spiritualiter* alle Nationen in sich, sei „Lehrerin, Mutter und Haupt aller Kirchen", setze Recht und richte über alle Geistlichkeit; allein ihr Konsens oder Nichtkonsens entscheide, wer verurteilt sei, wer nicht. Sie sei der Ursprung der Bischofsgewalt. Nikolaus schwächt gerade die Stellung der Metropoliten und stärkt den Suffraganen den Rücken; hierin trifft er sich mit Ps.-Isidor, auf dessen Zeugnisse er freilich nicht angewiesen ist. Auch ohne die Nachhilfe des Fälschers versteht er, die Quellen päpstlicher Jurisdiktionsgewalt zu sammeln und in seinem Sinne zu deuten. Er bringt „wie kaum ein anderer Papst des ersten Jahrtausends Verständnis für die juristischen Wesensmerkmale eines für die Gesamtkirche verantwortlichen Papsttums" auf [FUHRMANN: 1627, S. 265 f.].

Doch stürzt das hl. Amt, kaum dass es die stolze Höhe erklommen, in jähem Fall wieder in die Wirren stadtrömischer Parteiungen. Es fehlt ihm nun der Rückhalt an einer starken Reichsgewalt. Hadrian II. verkennt und übersteigert seine Möglichkeiten. Er scheitert an allen Fronten. Johannes VIII. wirkt an der Erhebung des italienischen Königs und der Kaiser entscheidend mit; er will an die universale Politik seiner Vorgänger anknüpfen, doch enthüllt sein Tod die wahre Lage. Johannes wird vergiftet und sein Schädel anschließend zertrümmert. Das Papsttum versinkt ins Chaos stadtrömischer Adelskämpfe (882). Sechs seiner nächsten Nachfolger enden wie er, vorzeitig im Kerker oder durch Mord. Szenen wie die schauerliche Leichensynode, auf der gegen die eigens exhumierte Leiche des Papstes Formosus ein von hitzigen Streitschriften umrahmter Absetzungsprozess geführt wird, oder das Hineingerissensein in den Sumpf der „Pornokratie" (J. Haller), aus dem machtbewusste Adelsdamen ihre jugendlichen Geliebten auf den Thron des Apostelfürsten zu heben wissen, verdüstern das Bild. Gleichwohl unterstützt die seit etwa der Jahrhundertwende zur faktischen Herrschaft gelangende Familie des Theophylakt Ziele politischer und religiöser Erneuerung und zeigt der Patricius Alberich (932–954) auch Interesse an der cluniazensischen Klosterreform. Überhaupt wird man sich hüten müssen, die römische Situation ausschließlich negativ zu beurteilen. Klöster wie jenes des hl. Alexius und Bonifatius auf dem Aventin zeigen, dass neben den politischen Wirren hohe Religiosität in der ewigen Stadt anzutreffen ist.

Abstieg

Die Ottonen vermögen das päpstliche Amt nur vorübergehend aus diesen Niederungen zu ziehen; allzu rasch werden sie selbst in die innerrömischen Parteikämpfe verwickelt. Prozesse gegen den Papst lassen die alte Maxime der symmachianischen Fälschungen, die Karl d. Gr. und seine Nachfolger noch respektierten, in Vergessenheit geraten: der Papst sei von niemandem zu richten. Hier wird die Waffe des Gegenpapsttums geschmiedet und – erstmals im Mittelalter – gezückt. Das Tuskulaner-Papsttum demütigt das hl. Amt zwar nicht in dem Maße wie das „dunkle Jahrhundert"; aber es bedient sich seiner weiterhin und mit Erfolg als Instrument familiärer Interessen. Gedanken oder Konzepte einer immer nötiger werdenden Kirchenreform reifen hier nicht. Am Ende (1046) erscheint der Nachfolger St. Peters gar zu einem deutsch-italienischen Reichsbischof herabgedrückt; doch stößt Heinrich III., indem er so rigoros in Rom eingreift, weit die Tore zur Kirchenreform auf. Die Christenheit hat es ihm nicht nur gedankt.

„Tuskulaner Papsttum"

8. Religiosität und Kirche

<small>Innere Mission und Predigt</small>

Das „Christentum" ist kein einmal festgelegtes, dann unwandelbares, geschichtsloses Ensemble von Glaubensinhalten, Doktrinen, moralischen Forderungen und Strafmitteln. Es passt sich wie jede Religion in all seinen Äußerungen den jeweils herrschenden Zeitverhältnissen, ihren materiellen, sozialen und ideellen Umständen ebenso wie den seelischen Bedürfnissen und dem geistigen Zuschnitt der Menschen an. So gesehen wandelt sich das Christentum nicht nur kontinuierlich, um jeweils auf der Höhe seiner Zeit zu stehen; es zeigt immer auch je nach Bildungsstand und sozialer Gruppenzugehörigkeit seiner Anhänger die unterschiedlichsten Schattierungen. In diesem Sinne erweisen sich das 9. und 10. Jh. als Epochen nachhaltigster

<small>Verchristlichung Lateineuropas</small>

Verchristlichung Lateineuropas und gerade auch jener Regionen, die in römisch-spätantiker Zeit noch außerhalb seines Einzugsbereiches standen. Falsch erscheint mir die These unserer Tage, im beginnenden Hochmittelalter allein Adel und literater Geistlichkeit Christentum zu attestieren, die schlichten „Volksmassen" aber in heidnischer Folklore verharren zu lassen.

Die Kirche greift in der hier fraglichen Zeit weit über die religiösen Belange im engeren Sinne hinaus. Kaum eine zweite Epoche der europäischen Geschichte durchlebt eine so starke „Verkirchlichung" wie die Zeit von Karl d. Gr. bis zum sog. Investiturstreit. Königtum, Episkopat und Mönchtum, aber auch weltliche Große und Laien sehen sich in enger Zusammenarbeit vereint. Die Kloster-, seit dem 10. Jh. auch die Domschulen werden zu Erneuerern und Trägern jeder höheren geistigen Kultur, der Literalität, der Kunst, der Entwicklung und Pflege vernunftbetonter Gelehrsamkeit und damit der frühen abendländischen Wissenschaft. Die gedankliche Konzeption des politischen Verbandes orientiert sich im 9. Jh. an der Kirchen-, nicht an einer säkularen „Reichs"idee. Bistümer und Kirchenprovinzen bewähren sich als reichsintegrative Kräfte; das Kirchenrecht fordert geradezu die Einheit von Kirchenprovinz und *regnum*. Der Erzbischof von Mainz besitzt entsprechend eine kaum zu überschätzende Bedeutung für die Entstehung des deutschen Reiches und damit auch für die Ausbildung der europäischen Nationen. Ähnliches gilt für die jüngeren Metropoliten in Polen und Ungarn.

<small>Wandlungen der Religiosität</small>

Die Religiosität erfährt Wandlungen von einer noch die kommenden Jahrhunderte prägenden Tiefe und Kraft. Die Entzauberung der Welt schreitet fort. Vermittelt das Christentum auch keine widerspruchsfreie Lehre, so fordert es doch eine monistische Weltsicht. Sie präsentiert, wenn sie auch das Diesseits vom Jenseits und den sterblichen Leib von der unsterblichen Seele scheidet, aber nicht völlig zertrennt, in der einen Schöpfung, in der einen alles beherrschenden Vorsehung Gottes, in der alle Daseinsbereiche regelnden Heilslehre die Maximen zu einer umfassenden Weltordnung. Alles und jeder – vom König bis zum Knecht und von den materiellen Bedürfnissen bis zu den verwegensten Spekulationen – fällt irgendwie auch in die Kompetenz der über das Seelenheil wachenden Geistlichkeit. Die Herrscherparänese blüht auf im 9. Jh. Die christlichen Väter predigten nicht nur das kommende Reich; sie lehrten, wie man in dieser Welt sich einzurichten habe, um dorthin zu gelangen. Die Gelehrten der Karolingerzeit mühen sich redlich, das alles buchstabengetreu zu rezipieren und tatsächlich zur Geltung zu bringen. Sie transskribieren Buch um Buch, exzerpieren für ihre Florilegien und kompilieren wie etwa Hrabanus Maurus eigene Enzyklopädien. Walafrid Strabos Sammlung von Väterstellen kann später zur Grundlage des frühscholastischen Bibelkommentars, der „Glossa ordinaria", werden. Die karolingischen Autoren verstehen, was sie abschreiben, vielfach anders als die Väter-Autoritäten es konzipierten; sie historisieren die rezipierten Lehren nicht. Sie stoßen auf Widersprüche und lernen, diese nach ihren Kriterien zu harmonisieren oder mit ihnen zu leben.

Die zeitgenössischen Prediger bieten Erklärungsmuster für alles an, was die Menschen bewegt, für Glück wie für Katastrophen, für Dürre und Unfruchtbarkeit von Acker, Tier und Mensch, für die Seuchen wie für das Wüten der Feinde; und die Geistlichen wissen, was dafür oder dagegen zu tun ist: Fasten, Beten, Ausrottung menschlicher Laster, Werke der Frömmigkeit und Gottversöhnung. Auf dem Höhepunkt der verlustreichen Abwehrkämpfe gegen die Normannen um Paris predigt der Abt Abo von St-Germain-des-Prés vor Laien: „Was sollen wir jetzt tun?" Die Antwort steht fest: „Raub", d. h. Ausbeutung der Armen, jegliche „Ausschweifungen", „Hurerei" und „Trunksucht" beenden! „Gewiss! Wegen dieser vier Todsünden können unsere Vasallen keinen Sieg erfechten" [ÖNNERFORS: 1756, S. 94–99]. Längst schrecken die Geistlichen die Gläubigen mit qualvollen Bildern des endzeitlichen Weltbrandes und des Jüngsten Gerichts, bei dem menschliche Künste versagen: „In diesem Gericht ist kein Mensch so schlau, dass er sich freilügen könnte" (*dar ni ist eo so listic man der dar iouuiht arliugan megi*, Muspilli v. 94). Wer hier keine Fürbitter benennen und seine bösen gegen seine guten Werke verrechnen kann, dem droht ewige Höllenpein. Die Predigt selbst ist Heilswerk: „Bedenken wir, wer jemals durch den Dienst unserer Zunge vom bösen Werk bekehrt Buße tat, wer aufgrund unserer Predigt von Völlerei abließ, wer dem Geiz, wer dem Stolz entsagte" [Herveus von Reims auf der Synode von Trosly 909, G. B. MANSI, Sanctorum conciliorum et decretorum collectio, Bd. 18, S. 266].

Hinter diesem umfassenden Bemühen der Geistlichen aber steht der Wille des Königs und des hohen Adels. Wie augenscheinlich auch wirtschaftliche, herrschaftliche oder andere weltlich-politische Motive ihr Handeln lenken mögen, das „Wissen" um eine jenseitige Welt, um ein machtvolles Hinüberwirken ihrer Bewohner in ein von verborgenen Kräften durchsetztes Diesseits und um die Angewiesenheit der Menschen auf die Hilfe der Heiligen oder Engel und auf die Gnade Gottes darf deshalb nicht als zentraler Handlungsantrieb in Frage gestellt werden. Man hat sich nach allen Seiten abzusichern: gegen die Mitmenschen wie gegen die übermenschlichen Wesen. Denn die Herren glauben an die Allmacht Gottes und an sein Endgericht, an die

Geistliche Erklärungsmuster

Jenseitsglaube

Bosheiten des Teufels und seiner Heerscharen, an die Wohltaten verehrter und an die Rache missachteter Heiliger. Missgeschicke und Erfolge, Heimsuchungen und Gottesurteile manifestieren es, wie beispielsweise die Geschichte Ottos d. Gr., der seinen Sieg in der Schlacht von Birten (939) der Gegenwart der hl. Lanze zuschreibt, oder die Reaktionen auf die Aufhebung des Bistums Merseburg bezeugen. Die Furcht vor göttlicher Strafe oder teuflischem Wüten verschont die Großen dieser Welt ebenso wenig wie das einfache Volk; geistliche Ermahnungen, Predigten, „Jenseitsvisionen" oder religiöse Lieder sorgen für fortgesetzte Spannung; das Reklusentum (Einsiedelei) blüht auf.

Teufelsglaube Zwar gibt es im früheren Mittelalter keine ausgeprägte „Diabologie"; auch die Vorstellung vom Fegefeuer ist noch wenig entwickelt. Predigten, Visionsberichte und Dichtungen zeichnen gleichwohl ein ausführliches Bild der Hölle und ihrer Bewohner. Satan ist der Inbegriff aller Todsünden, der widergöttliche Rebell; seine irdische Inkarnation heißt Antichrist. Er nimmt – vor allem im Kontext der Glaubensunterweisung – gerne Züge heidnischer Gottheiten an. Die Miniaturen zeigen ihn als Monster mit Riesenrachen, der die Verdammten verschlingt, mit animalischen Attributen oder in apokalyptischer Drachengestalt, gegen die der Engel kämpft. Sein Bild soll schrecken.

Reliquienkult Niemand ist „aufgeklärt", was religiösen Schwindel – erfundene Visionen, falsche Reliquien, nie erlebte Wunder – erlaubt, aber Maßnahmen gegen ihn nicht ausschließt. Wunder ereignen sich allenthalben und immer wieder. Die Menschen glauben an die magische Kraft echter Reliquien; Fürsten lassen solche transferieren, um durch sie ihre Klostergründungen zu legitimieren. Verträge (auch politische wie z. B. jener von Bonn 921) werden auf Reliquien geschworen, denn der Heilige wird jeden Eidbrecher zur Rechenschaft ziehen. Seitdem der hl. Veit in Sachsen, im Kloster Corvey, ruht, geht es aufwärts mit dem Lande – berichtet der Geschichtsschreiber Widukind, ein Mönch aus dem Veits-Kloster von Corvey, nicht ganz uneigennützig. In seinen Reliquien gilt der Heilige als gegenwärtig. Reliquiare werden zu den kostbarsten Kleinodien der Zeit; was sie bergen, ist ein geistiger, wirtschaftlicher und materieller Schatz. Der Reliquienkult nimmt im Laufe der hier betrachteten Epoche Züge einer echten Volksbewegung an; ihr Erfolg beflügelt das Wallfahrtswesen. Und beides, Reliquienkult und Wallfahrt, beschert zu Beginn des 11. Jh. zahlreichen Kirchen neue, lebhaft sprudelnde Einnahmequellen.

Glaubensunterweisung für das Volk Auch der Alltag wandelt sich unter dem Einfluss kirchlicher Erneuerung. Die Glaubensunterweisung wird intensiviert, der regelmäßige Besuch der Messe seit den karolingischen Reformen allen zur Pflicht gemacht. Der Priester unterweist das Volk über das Glaubensbekenntnis und das Vaterunser, über die Pflicht zu Kirchgang und Beichte. Die Bibel auszulegen und zu predigen ist Bischofsamt. Die beiden Jahrhunderte von 900 bis 1100 können geradezu als „die Zeit der bischöflichen Predigt" gelten. Eine Verbindung der Homilie (Predigt) mit der Messe ist in karolingischer Zeit noch nicht üblich, weshalb Amalarius von Metz, der große Liturgiker des 9. Jh.

[HANSSENS: 1948/50], sie in diesem Zusammenhang auch übergehen kann; die erhaltenen Homiliare dienen der täglichen Lektion im Kloster. Die Ohrenbeichte breitet sich aus, Bußbücher erleichtern dem Beichtvater die Befragung seiner Pfarrkinder und zugleich, das rechte Maß für die aufzulegenden Bußen zu finden. Diskriminiertes Sexualverhalten, aber auch verbotene magische Praktiken spielen in diesen Schriften eine vergleichsweise große Rolle; mit ihrem Kampf gegen heidnischen „Aberglauben" entzaubern sie die Welt. Die Feiertagsruhe wird, nicht zuletzt um den Kirchgang zu erleichtern, mehr oder weniger effektiv durchgesetzt. Als eine arme Bäckerin aus Worms sie bricht, hat der Himmel kein Erbarmen und lässt alles Brot verkohlen (Ann. Fuld. zu 870). Eine Spinnerin in Fleury wagt am Abend von Mariae Lichtmess, zugleich einem Sonntag, ihrem Gewerbe nachzugehen und wird von Gliederstarre befallen; nur intensivste Fürbitten aller Nachbarn vermögen den Zorn Christi und seiner Mutter wieder zu besänftigen (Mirac. s. Benedicti 8,10). Die eigentlichen Beter aber sind die Mönche. Ihre Lebensformen – in Armut und Keuschheit, in streng geregelter Gemeinschaft, dem Abte zu striktem Gehorsam unterworfen, allein der Selbstheiligung und dem Gebete hingegeben – garantieren am besten den erstrebten Gebetsnutzen. Die Menschen bauen auf die Macht ihres Gebets. Sie wissen um die unabdingbare Notwendigkeit, die monastischen und christlichen Lebensnormen in rechter Weise einzuhalten, soll den Frommen im Jenseits ein würdiger Platz und im Diesseits größtmöglicher Erfolg winken. Göttliche Vorsehung und menschliche Werkheiligkeit kollidieren bereits im Prädestinationsstreit des 9. Jh. Die monastischen und kirchlichen Reformer lehren aber auch, dass die heiligen Normen, vom Leben verschliffen, steter Erneuerung bedürfen. Reformrufe fallen nie auf unfruchtbaren Boden.

Die hier betrachteten Jahrhunderte sind die hohe Zeit des Mönchtums. Klostergründungen gelten als Mittel, die Heiligen und Gott gnädig im Diesseits wie dereinst vor Christi Richterstuhl zu stimmen. Das Gebet der Mönche, die wie keine andere gesellschaftliche Gruppe auf dem zum Heil führenden Wege forteilen, hilft der sündigen Seele; das familiäre Gebetsgedächtnis, dessen Kontinuität selbst über das Aussterben der Sippe allein die Klöster zu gewährleisten vermögen, sorgt für kontinuierlichen Bedarf an neuen Stätten des Gebets. Materielle Gründe treten gewöhnlich hinzu. Die Übereignung des Adelsbesitzes an Klöster bietet einen gewissen Schutz vor seiner Entfremdung. Denn wer sich fortan an ihm vergreift, versündigt sich gegen Gott und seine Heiligen, die sich zu rächen wissen. Der Vorbehalt lebenslänglicher Nutznießung lässt den Schenker an seiner Gabe weiterhin partizipieren. Königsschutz, seit der zweiten Hälfte des 9. Jh. auch Papstschutz sichern die Stiftung nach irdischem Recht.

Der Erfolg einer Klostergründung ist freilich an die Macht des stiftenden Adelshauses, an die schützende Autorität des Königs und an die faktische Geltung päpstlicher Privilegien gebunden. Gerade diese letzten schwinden im Laufe des ausgehenden 9. und frühen 10. Jh. zumal im Westreich und in

Gebet der Mönche

Klostergründungen

Lothringen rapid. Die verworrenen Zeiten sind für die Klöster höchst gefährlich. Zahlreiche Gründungen des Königs, des Hochadels oder auch der Bischöfe blühen nie recht auf und verfallen bald. Vézelay oder Pothières in Burgund, die schon früher als Beispiele angeführten Stiftungen des mächtigen Gerard von Vienne, genießen seit ihrer Gründung päpstlichen Schutz und werden auch vom westfränkischen König privilegiert, doch ihr baldiger Niedergang ist nicht aufzuhalten. Gerard wird von Karl d. K. entmachtet und des Landes verwiesen, die Normannenstürme verschonen die jungen Gründungen nicht, die Kämpfe der Großen machen vor den Konventen nicht Halt. Während Vézelay durch seine günstige Lage an einer Pilgerstraße in späterer Zeit einer Renaissance und seiner eigentlichen Blüte entgegengeht, verfällt Pothières vollends.

Gefahren für die Klöster

Anderen Klöstern ergeht es nicht besser. Der reiche Westen wird dabei schlimmer heimgesucht als der klosterärmere Osten. 881/882 werden Lüttich, Köln, Bonn, Stablo, Prüm, Trier u. a. von Vikingern überrannt. 886/887 brennen die Monasterien sogar in Burgund, in Auxerre, Vézelay, Flavigny, Troyes u. a. Der Schutz durch König und Papst vermag den Niedergang kaum aufzuhalten; die Könige selbst erweisen sich als schlimme Klosterschädiger. „Entvölkert sind die Städte, niedergebrannt die Klöster, verödet die Äcker", klagt im Jahr 909 die für Westfranken wichtige Synode von Trosly [MANSI Bd. 18, S. 265]; die Mönche sind oft in alle Himmelsrichtungen zerstreut. Doch eben jetzt zeichnet sich auch eine Wende ab, die wiederum im Westen, weil dringender benötigt, stärker zur Geltung gelangt als im Osten, dessen Kirchen im ottonischen Reich wirksamen Königsschutz genießen. Neue

Klosterreform

Klöster werden gegründet, verfallene wieder aufgebaut. Die Klosterreform des 10. Jh. strahlt unabhängig voneinander aus mehreren Zentren gerade der zuvor besonders gefährdeten Regionen. Cluny (910, bei Mâcon), Brogne (913/14) und Gorze in Lothringen (933), Fruttuaria in der Diözese Ivrea (1000/1001) oder das 989 reformierte St-Bénigne in Dijon wirken bei unterschiedlichem Einzugsbereich in Frankreich, Spanien, Deutschland (z. T. gegen erheblichen Widerstand). Mehr als 100 Abteien, Priorate und kleinere Zellen sind Mediat- oder Immediatdependenzen des Hauptklosters Cluny z. Z. des Abtes Odilo. Auch um Rom und in Oberitalien vermag Cluny zu reformieren, wenn die klösterliche Erneuerung hier auch stärker vom Eremitentum etwa eines Romuald von Camaldoli geprägt wird. Die großen Reformäbte aus Cluny (auf den Gründungsabt Berno folgen Odo, Maiolus und Odilo) oder Wilhelm, der Gründer Fruttuarias und Reformator St-Bénignes, sind weithin geschätzte Ratgeber, denen Bischöfe und Fürsten ihr für klösterliche Stiftungen bestimmtes Vermögen anvertrauen. In England fördert König Edgar auf der Grundlage der *regularis concordia* Dunstans (zuletzt Erzbischof von Canterbury †988) die Kloster- und Kirchenreform, zahlreiche Synoden beschäftigen sich damit.

Cluniazensische Freiheit

Indes – warum gerade jetzt dieser Erfolg der Klöster? Was hat sich seit den Tagen eines Gerard von Vienne im Westen geändert? Denn die Rechtsstellung der neuen Gründungen unterscheidet sich so sehr nicht von der ihrer Vorgänger. Die „Freiheit" vom Laieneinfluss wird stärker betont. Cluny wird vollständig aus der Verfügungsgewalt des Stifters und seiner Familie entlassen und keinem neuen Herrn außer den Apostelfürsten Petrus und Paulus unterstellt. Dem Schutze von Papst und König wird es anvertraut, ohne dass diese beiden Eingriffsrechte gegenüber dem Kloster geltend machen dürften. Die Mönche sollen allein unter der Gewalt des Abtes „frei" ihrem Gottes-Dienste nachkommen; jedermann ist aufgerufen, sie zu schützen. Der Abt wird vom Vorgänger designiert und investiert sich nach seiner Wahl selbst mit seiner Würde, indem er vom Hochaltar den Abtsstab nimmt. Immunität (bei Cluny im Jahr 955) und Exemtion aus der bischöflichen Gewalt des Ordinarius (bei Cluny 998) treten hinzu. Der Gedanke des Eigenkirchenrechts ist, soweit es Cluny betrifft, aufgegeben, was nicht heißt, dass dieses Kloster nicht selbst Eigenkirchen erwerben kann und wird. Die an Cluny zur Reform übergebenen Abteien werden ihm – wenn nicht von Beginn an, so doch zunehmend – als Priorate unterstellt; sie partizipieren an seiner Freiheit. Auch die anderen Reformklöster sollen „völlig frei und gänzlich unabhängig von jeglicher Unterwerfung unter eine Diözese oder ein Kloster" und ohne Vogt oder Eigenkirchenherrn sein (so die Gründungsurkunde von Fruttuaria).

Zweifellos verschlechtern sich zunächst in den Zentralgebieten der Klosterreform die politischen Verhältnisse, verschärft sich der anarchisch anmutende Machtkampf und nimmt die gewaltsame Selbsthilfe erheblich zu. Doch mit all dem steigt zugleich die Friedens- und Heilsbedürftigkeit der beteiligten und betroffenen, eben gerade der Gewalt gebrauchenden und unter ihr leidenden Menschen. Erfolge gegen die Normannen beginnen, die Not zu mildern. Richard *iusticiarius* z. B. vertreibt die Vikinger wiederholt aus dem „Herzogtum" Burgund (892, 898); doch erst im Jahr 911 schlägt er sie, die jetzt von Rollo geführt werden, gemeinsam mit Robert d. Tapferen von Franzien und dem Grafen Ebles von Poitou bei Chartres entscheidend. Rollo begnügt sich mit der „Normandie"; das westfränkische Reich beginnt, sich allmählich wieder zu erholen, freilich nicht durch den Wiederaufstieg königlicher Macht, sondern durch die feste Etablierung der regionalen Fürstentümer. In dem Maße, in dem während des 10. Jh. die werdenden Prinzipate aus ihrer extensiven, vornehmlich auf Besitzerwerb gerichteten Phase in eine verstärkter Herrschaftsintensivierung übertreten, steigen die Überlebenschancen auch der mit den Fürsten kooperierenden Klöster.

Zu den politischen Veränderungen treten religiöse hinzu. Der seelische Druck auch auf die gewalttätigen Fürsten und kleineren Herren kann unerträglich werden. Der katalanische Graf Oliba Cabreta von Cerdaña Besalú etwa führt ein Leben lang das Schwert, schreckt vor keiner Gewalttat zurück, um dann, von der Last seiner Sünden gepeinigt, nach Rom zu pilgern, dem hl. Romuald zu beichten und in Montecassino die Kutte zu nehmen. Sein Erbe und seine noch minderjährigen Söhne unterstellt er dem Schutze des Papstes. Prediger schüren die Angst. Immer häufiger beschreiben sie den Teufel und

Eschatologie und Angst

malen die Höllenqualen aus. Gegen die Jahrtausendwende zu bemerkt man allenthalben in der Kunst die Zunahme „dämonischer Figurationen" [BRENK, Tradition und Neuerung, 1966, S. 102]. Die Angst vor dem Jüngsten Tag schwillt an. Beschworen Seelsorger im 9. Jh. allein die künftige Pein des Weltbrandes und des Jüngsten Gerichts, so beginnen sie nun das Geschehen in Natur und Gesellschaft als Zeichen zu lesen und das baldige Weltende zu verkünden. Die immer knapper werdende Frist beunruhigt die Menschen. Gerade Abt Odo von Cluny ist zutiefst davon überzeugt und lehrt, der Antichrist komme bald, um die letzten Jahre der Welt einzuleiten. Beklommenheit und Angst werden mitunter zu stärksten Handlungsantrieben für Laien, Kleriker und vor allem für Mönche. Asketische Ideale gewinnen an Attraktivität. Allein das Kreuz spendet dauerhaften Trost; so wächst seine Verehrung seit dem 10. Jh.

Kloster und Welt   Ebenso wirksam wie der Glaube verbindet die enge verwandtschaftliche Verflechtung zwischen Laienadel, Weltklerus und Mönchtum die kirchliche Lehre mit der Welt. Sie ist ein strukturelles Erbe der Spätantike und des frühen Mittelalters. Ihre Bedeutung nimmt in karolingischer Zeit – bedingt durch den Erfolg Karls d. Gr. – weiter zu. Bistümer und Königsklöster sind nicht nur begehrte Gaben des Herrschers an seine Getreuen und Grundlage für den politischen Aufstieg manch einer Adelsfamilie; sie dienen ganz unmittelbar den wirtschaftlichen, politischen, kulturellen und nicht allein nur den religiösen Interessen von König und Adel. Wiederholte Kloster- und Kanonikerreformen verändern die geistlichen Gewohnheiten der Gemeinschaften ebenso, wie sie auf ihre weltliche Umgebung zurückwirken, wo die Bereitschaft zur Erneuerung geweckt werden muss, soll diese sich durchsetzen. Ohne einen gewissen Gleichklang der Interessen potenter weltlicher Kräfte mit den geistlichen Reformern wäre jeder Reformansatz zum Scheitern verurteilt. Kloster- und Kirchenreformen können umgekehrt Herrschaft stabilisieren oder aushöhlen. Den Mönchen ist vielfach die Binnenkolonisation anvertraut. Fulda erschließt die „Buchonia", Lorsch den Odenwald. Der ausgedehnte Grundbesitz der Klöster macht sie zu Wirtschaftsgrößen erster Ordnung.

Ihre dadurch geförderte, z. T. hohe militärische Stärke verleiht ihnen ein entsprechendes Gewicht, lässt sie aber auch zu Opfern adeliger „Beraubung" werden. Klosterschutz wird eine vordringliche Aufgabe jeder „Obrigkeit". Die Äbte – und über sie die Vermögen der Klöster – werden zu allen politischen Aufgaben herangezogen. Klostergründung und Klostervogtei schicken sich zu Ende unserer Epoche an, zu einem Instrument adeliger Territorienbildung zu werden. Das Mönchtum selbst gilt nicht zuletzt als eine mit dem adeligen Status vereinbare Lebensform; zahlreiche vor allem nachgeborene oder zur Herrschaft untaugliche Adelsknaben werden einem Kloster übergeben, um hinter seinen Mauern ihr Dasein zu erfüllen. Mädchen werden häufig in einem Kloster oder Stift erzogen – zur Nonne oder zur Herrscherin, je nach den Umständen.

Die Bistümer unterliegen einer noch stärkeren Bindung an weltliche Geschäfte als die Klöster. Die jetzt, vom 9. bis 11. Jh., entstehenden Domkapitel assistieren nicht nur dem Bischof bei Verrichtung seiner mannigfachen Aufgaben. Die Kapitulare vereinen die Interessen des regionalen Adels in neuer Weise mit denen ihres Bistums und leiten damit einen Wandel ein, der unmittelbar in den Investiturstreit hinüberführt. Denn die nun erhobene Forderung nach „freier" Wahl heißt faktisch: die Wahl durchs Domkapitel, bedeutet also den Triumph des regionalen Adels über den König. Vollends in Abhängigkeit gerade auch vom Laienadel fallen zahllose Pfarr- und sonstige Niederkirchen. Ihre Priester unterliegen allein in geistlicher Hinsicht der Kontrolle des Diözesanbischofs, die Kirche selbst aber gehört mit ihrem gesamten Zubehör zum Vermögensstand des Eigenkirchenherrn, zu dessen Leuten der – oft freigelassene – Geistliche zählt. Der Herr sorgt für beider, des Baues und des Mannes, Unterhalt und verlangt ihre Dienste. Die Kirche ist für ihn – ähnlich wie die Mühle – ein ertragreicher wirtschaftlicher Aktivposten, da alle Abgaben, die an sie fallen, seine Truhen füllen. Jede Regelung, welche die Niederkirchen berührt, betrifft damit zugleich in unmittelbarer Weise auch deren Herrn, jede mit Abgaben verbundene Inanspruchnahme kirchlicher Leistungen lässt ihn am „Gewinn" partizipieren. Wieder bestimmt der Gleichklang der Interessen die Kooperation von Laienadel und Geistlichkeit. Bis in die militärischen Auseinandersetzungen der Adeligen untereinander sind diese Kirchen betroffen, da ihre Beraubung lohnt und den Gegner empfindlich schwächt. „Frieden", ja „Freiheit", die Ausschaltung der Mitsprache der Laien in Kirchenfragen, wird zum ersehnten Ziel, dem auf geistlich-spiritueller Seite ein neu erwachter Sinn für die sakramentalen Aufgaben der Geistlichkeit und eine immer nachdrücklicher erhobene Forderung nach körperlicher und geistiger „Reinheit" der Priester korrespondieren. Dies alles bleibt nicht ohne Wirkung; auch nur halbwegs realisiert, vermag es die Grundlagen adeliger Herrschaft aufs tiefste zu erschüttern. Der Investiturstreit wird es beweisen.

Das Friedensbedürfnis wirft helles Licht auf die Dynamik des politischen und sozialen Wandels im Zusammenwirken kirchlicher und weltlicher Kräfte. Die Unfähigkeit der Könige und der an ihre Stelle getretenen Fürsten zum Schutz der Kirchen und der Armen und zur Zähmung der fehdereichen Welt der kleinen Seigneurs und Châtelains führen gegen Ende des 10. Jh. im Süden Frankreichs zu einer neuartigen Friedensbewegung. Vorformen boten gelegentliche Friedensdekrete für einzelne Klöster, die jeweils von Fürsten, Bischöfen und Laienadel erlassen und bekräftigt sein konnten. Doch die neue Friedensbewegung ist grundsätzlich raum-, nicht lediglich empfängerbezogen; sie verpflichtet durch eidliche Bindungen (erstmals um 975), und sie vermag regelrechte Friedensmilizen aufzustellen (seit 1038 bezeugt). Sie wird zunächst von kirchlichen Kräften entwickelt und getragen; denn „Friede" lautet eines der wesentlichen kirchlichen Ziele, und „Friede" ist in einer adelig-kriegerischen Umwelt die entscheidende Existenzbedingung jeder ein-

Weltklerus

Gottesfrieden

zelnen Kirche. Doch das neuartige Bemühen bleibt keineswegs auf die Kirche beschränkt; in mehreren Wellen breitet es sich weiter aus. Der Bischof Wido von Le Puy ruft bald nach 975 die Ritter und Bauern seiner Diözese zusammen und nötigt sie zu dem Eid, das Kirchengut und den Besitz der „Armen" (d. h. der „Bauern") zu respektieren und Geraubtes zu restituieren. Als die Ritter sich sträuben, zwingen bischöfliche Verwandte, darunter einige Grafen aus der Region, die Widerstrebenden mit Gewalt zum Eid und zur Herausgabe des umstrittenen Besitzes. Eine deutliche Tendenz zum Zusammenwirken der Kirche mit dem fürstlichen, gewiss nicht friedlichen Adel zeichnet sich ab, zwischen denen die kleinen Burgherren zerrieben werden. Entstammen die Bischöfe doch i. d. R. den nämlichen Familien wie die Grafen und betrachten einzelne Adelshäuser ohnehin Bistum und Grafschaft als Erbgut. Der Adel wird nun zum Frieden erzogen; ihm wird jene Selbsthilfe verwehrt, die sich an großen Klöstern wie an den schlichten Eigenkirchen, die so oft den Reichtum der Seigneurs ausmachen, oder an den Bauern vergreift. Der Frieden steigert indessen die Macht der Fürsten, die kaum zur Rechenschaft zu ziehen sind. Für sie bedeutet der Schutz der Kirchen oft nichts weiter als die Wahrung des Familienbesitzes mit neuen Mitteln, eben dem Friedenspakt. Dieser arbeitet den werdenden Landesherren in die Hände und wirkt somit nicht zuletzt als herrschaftliches Disziplinierungsinstrument. Das Konzept verspricht Erfolg; Bischof Wido wird abermals aktiv. „Weil (sie) sehen, dass die Übeltaten im Volke täglich anschwellen", versammeln sich an seinem Sitz im Jahr 994 die Bischöfe von Viviers, Valence, Clermont, Toulouse, Rodez, Elne, Lodève und Glandève mit einigen *principes* und sonstigen Adelsherren, um in ihren Diözesen einen besonderen Frieden für Kirchen, Vieh, Mönche, Bauern, Kirchengut und Kaufleute zu verkünden; später werden noch weitere unbewaffnete Schutzbedürftige, sogar Ackergerät, Weiden, Weinberge oder Ölbäume eigens unter den Friedensschutz gestellt. Als Strafen drohen Exkommunikation und Personalinterdikt. Die Erzbischöfe von Bourges und Vienne bestätigen ausdrücklich die Übereinkunft von 994. Es sind die Quellen ihres Reichtums, welche in unfriedlichen Zeiten gefährdet sind und eines besonderen Schutzes bedürfen. Doch machen sich auch kirchenreformerische Ziele bemerkbar: Geistliche sollen keine Waffen tragen, für Taufen darf kein Geld verlangt werden, heißt es bereits 994. Die drei Stände, die Kleriker, der Kriegeradel und die arbeitenden Landleute, um die sich das seitdem verbreitete gesellschaftliche Deutungsschema ranken wird, treten bereits als Beteiligte und Betroffene in besonderer Weise hervor. Gerade an diesem Punkte wird später auch die Kritik an den Gottesfrieden einsetzen: Sie verwirrten die gottgesetzte Ordnung, indem sie königliche Aufgaben an sich rissen, behaupten die Bischöfe Gerhard von Cambrai (1023) und sein Neffe Adalbero von Laon (vor 1035). In ähnlicher Weise wie die Prälaten in Le Puy hatte kurz zuvor (989) auch der Erzbischof von Bordeaux mit den Bischöfen seiner Provinz zu Charroux den Frieden verkündet. Andere Friedenssynoden werden folgen, doch Westaquitanien und die Auvergne bleiben einstweilen die zentralen Verbreitungsgebiete dieser neuen Bewegung, wenn sich auch der Abt Odilo von Cluny als ihr rühriger Förderer erweist.

Eine zweite Friedenswelle geht seit Beginn der 1020er Jahre von Burgund aus, erfasst die Auvergne, das Berry, den Westen und Süden Aquitaniens, sogar Teile Nordfrankreichs, strahlt bis nach Flandern aus (1041), erreicht Katalonien und zuletzt auch Italien (ca. 1040). Ihre Träger verfolgen weitergehende Ziele. Denn bislang bedeutete der Friede kein generelles Fehde-, geschweige denn ein allgemeines Kriegs-Verbot. Er gewährte lediglich einen erhöhten Schutz für bestimmte Personengruppen, Einrichtungen und Güter. Er war regional begrenzter Sonderfrieden. Jetzt aber steigert man die Ziele zur *Treuga Dei*, zu einem auf bestimmte Wochentage (die in Christi Passion hervorragen: vom Abend des Mittwoch bis zum Morgen des Montag) befristeten allgemeinen Fehde- und Tötungsverbot. „Kein Christ soll es wagen, einen anderen Christen zu verletzen, zu entehren oder seines Besitzes zu berauben", heißt es im Jahr 1054 auf einer Friedenssynode in Narbonne (c.3). Der Bau von Burgen wird verboten, und selbst Meineidige und ungebührliche Schuldner werden als Friedensbrecher behandelt, weil sie die Sicherung der Rechtsgeschäfte gefährden und damit Unfrieden provozieren. Die Übereinkünfte spiegeln den Wandel der Gesellschaft und ihrer materiellen Interessen.

Eine zweite Welle der Friedensbewegung

Die Friedenskonzile appellieren an die Volksfrömmigkeit. Keines verstreicht, ohne dass nicht die heiligsten Reliquien der ganzen Region in ihren kostbaren Reliquiaren herbeigeschafft würden. Man stellt sie zur Schau, fördert ihren Kult. Die Friedenssynoden sind zugleich Reliquienversammlungen. Die Präsenz der Heiligen bekräftigt die beschworenen Dekrete und erlaubt, das Volk zu mobilisieren. Mirakel begleiten wiederholt die Vereinigung der vielen Heiltümer mit den Volksmassen; der Besuch der Friedensversammlung wird gleichsam zur Wallfahrt. Die Idee christlicher Brüderlichkeit gewinnt Gestalt; „geliebteste Brüder" sind einander die Anwesenden, „Liebe" und „Demut" bestimmen ihre Beziehungen zueinander. Die Menschen kasteien sich. Fasten, gelegentlich auch Armenspeisungen, gegenseitige Schuldbekenntnisse und priesterliche Absolutionen machen sie reif für den Friedensschwur.

Friedensbewegung und Volksfrömmigkeit

Nicht alle westlichen Regionen werden in gleicher Weise von der Friedensbewegung erfasst. Die Herzöge der Normandie etwa bedürfen ihrer nicht; und über den Kanal dringt sie gleichfalls nicht bis nach England vor. Auch Deutschland wird spät und nur peripher berührt (1083 Köln). Es ist nicht als Fehler zu deuten, vielmehr als Zeichen eines vergleichsweise starken Königtums, das den Frieden im Lande noch zu wahren versteht. Immerhin hatte Heinrich III. wenigstens einmal unter starkem Einfluss der westlichen, von Kirchenreformen vermittelten Friedensidee gehandelt, die dabei freilich einem bezeichnenden Wandel unterlag. Denn der König steigerte sie zur Buße für den beendeten Krieg und verlieh ihr damit ein ganz anderes Gewicht als sie unter den speziellen Verhältnissen des Westens ursprünglich besaß. In

Grenzen der Friedensbewegung

ähnlicher Weise werden auch die anderen Ziele der Kirchenreform, der Kampf gegen Simonie und Laieninvestitur, die jeweilige Eigenentwicklung im Osten und Westen des einstigen Karlsreiches verstärken und beschleunigen und das salische Reich in seine tiefste Krise stürzen.

Erste Ketzergruppen   Wie sensibilisiert die Zeit für religiöse und kirchliche Fragen ist, lehrt nichts besser als die seit dem frühen 11. Jh. im Bereich der lateinischen Kirche auftretenden Ketzergruppen. Sie regen sich in der Champagne (1004), in Mainz (1012), Orléans (1022), in Aquitanien, in Arras (1025), bei Turin (1028) und andernorts. Der Erzbischof Leuteric von Sens (†1032) verbreitet eine spiritualistische Sakramentenlehre und Ekklesiologie. Gewiss, es gibt auch schon früher einzelne Theologen wie etwa den sächsischen Grafensohn Gottschalk (848/49), die als Ketzer verurteilt werden. Aber sie stehen isoliert und sammeln keine im häretischen Glauben geeinte „Gemeinden" um sich. Das ändert sich nun zu Beginn des neuen Jahrtausends. Zweifellos beachten auch im 9. und 10. Jh. viele getaufte Christen nicht alle Gebote des katholischen Glaubens; eklatante Bildungsmängel und Reste von Heidentum wirken hier zusammen. Jetzt folgen sie bewusst häretischen, z. T. dualistischen Glaubenslehren, verwerfen den Kreuzes- und Heiligenkult, auch die Sakramente, mithin die kirchliche Hierarchie, verbieten Fleischgenuss und fleischliche Liebe, predigen apostolische Armut und berufen sich auf ihre eigene Inspiration; doch jetzt, da die gehobene Bildung ein neues Bedürfnis auch an der Einheit von rechtem Leben und rechter Lehre und nach einer anspruchsvollen Ekklesiologie weckt, geht man rigoros gegen sie vor. Es handelt sich um kleine Gruppen aus allen Ständen, Laien und Kleriker, *litterati* und *illitterati*, Adelige und Bauern, Männer und Frauen; dass sie untereinander in Verbindung stehen, ist – von gelegentlichen Kontakten abgesehen – nicht zu erkennen. In isolierten Aktionen werden sie denn auch verfolgt. Der Volkszorn wird auf sie gelenkt; Degradation, Galgen und Scheiterhaufen harren ihrer. Könige, Fürsten und Bischöfe gehen gegen sie vor. Doch je erfolgreicher die Kirchenreform voranschreitet, je eklatanter das Missverhältnis zwischen spirituellem Anspruch und irdischer Erscheinungsweise der Kirche wird, desto mehr verbreitet sich auch die Häresie. Zwischen Kirchenreform und Ketzerbewegungen besteht eine gewisse Wechselwirkung, wie im 12. Jh. offenkundig wird.

9. Schulen und Bildung

Leistungen   Die geistige Kultur Latein-Europas erlebt vom 9. zum frühen 11. Jh. einen bemerkenswerten Aufschwung. Die hohe Kultur der muslimischen Welt und der Stimulus Byzanz reizen in unserer Epoche fortwährend zur Nachahmung; erinnert sei nur an die Bewunderung, welche byzantinische Orgeln oder Theophanus Brautschmuck im barbarischen Westen wecken, und an das Schachspiel, das im frühen 11. Jh. nach Mitteleuropa vordringt. Alle Gebiete geistiger Entfaltung sind betroffen. Die karolingische und die ottonische „Renaissance" bringen neuartige Spitzenleistungen hervor. Bauwerke, Handschriften, Buchmalerei, Goldschmiedearbeiten oder Großplastiken zeugen noch heute davon; man denke, um von den zahlreichen illuminierten Handschriften zu schweigen, an das Gero-Kruzifix in Köln oder Bernwards Hildesheimer Bronzegüsse. Die Gewölbetechnik wird perfektioniert, wie die Bartholomäus-Kapelle in Paderborn, der früheste erhaltene Hallenbau nördlich der Alpen (1017 begonnen), oder der Hochchor des Speyrer Domes (nach 1024) noch heute erkennen lassen. In Italien wirkt während der 1. Hälfte des 11. Jh. der bedeutendste Musiklehrer des Mittelalters, Guido von Arezzo; in epochemachender Weise versteht er, die Tonhöhe durch Einbindung der Neumen in ein Linienschema wiedererkennbar zu machen. Welch ein Triumph des abstrakten Denkens! Annalistik und Historiographie blühen allenthalben auf; bedeutende Werke entstehen; die komplizierte und fehlerträchtige Kunst, den beweglichen Ostertermin zu berechnen (Computus), wird nicht mehr im Geiste autoritativ gebundener Gläubigkeit betrieben, sondern wird mit Abo von Fleury oder Hermann dem Lahmen echte Forschung. Seit der Mitte des 10. Jh. begegnen in Katalonien erste Übersetzungen umfangreicher Werke aus dem Arabischen ins Lateinische; mathematische Schriften gehören dazu sowie ein Lehrbuch über das Astrolab (s. u.). Überhaupt die Mathematik! Spielend werden Kenntnisse erworben. Ein Würzburger Kleriker, Asilo, erfindet wohl im gelehrten Wettstreit mit Schülern der Domschule von Worms um 1030 die *rithmimachia*, ein mathematisches Zahlenkampfspiel, dessen eigentümlicher Reiz im Umgang mit Brüchen, Proportionen und Zahlenreihen besteht und das unter den Gebildeten Europas bald zahlreiche Liebhaber findet. Der hier geschulten Fähigkeiten bedienen sich die Zeitgenossen, sobald sie sich an architektonische Großleistungen wie den Bau des Speyrer Domes wagen, der bald nach 1024 begonnen wird. Logik und Syllogistik werden als wissenschaftliche Methoden eingeübt, und mit ihnen zeichnen sich die ersten Ansätze zu theologischer und philosophischer Wissenschaft ab. Die Inhalte des Glaubens fordern zu ihrer gedanklichen Durchdringung heraus; ein geschärftes Bewusstsein für Dogmatik wird die Folge sein. Bloße Vermittlung des Glaubensbekenntnisses und des Vaterunsers genügen nun längst nicht mehr zum rechten Christentum; die Bedeutung der Seelsorge, von Predigt und Homiletik, der systematischen Ordnung des Kirchenrechts wächst. Zeitliche und regionale Schwerpunkte zeichnen sich freilich ab. Der romanische Westen eilt in manchem dem germanischen Osten voraus, ohne seinerseits von dort Anregungen aufzugreifen. Mag das alles mit seiner Zielsetzung noch ganz in den kirchlichen Kontext eingebunden sein, allmählich beginnt, wie gleich zu zeigen sein wird, die *curiositas* zu erwachen, die theoretische Neugier, das gelehrte Wissenwollen um seiner selbst willen, welche die Kirchenväter mit dem hl. Augustinus an der Spitze und ihnen folgend die mittelalterlichen Moralisten als Sünde verworfen hatten.

Erziehungs- und Schulwesen bilden die Basis, auf der jede höhere Kultur aufbaut und ohne deren fortwirkende Tragfähigkeit sie nichts wäre. Karl d. Gr. verhält sich entsprechend. „Obwohl gut handeln besser ist, als gut wissen, so geht doch das Wissen dem Handeln voraus" (BM^2 292), lautet gleichsam das Motto der durch ihn eingeleiteten karolingischen Bildungsrenaissance. Seine Nachfolger profitieren davon. Kirchen und Klöster garantieren indessen allein jene institutionelle Kontinuität und wirtschaftliche Ausstattung, welche anspruchsvollere Bildung erst ermöglicht: geeignete Lehrer, kostbare Bücher und kompetente Gesprächspartner. Bischöfe und vor allem Klöster richten Schulen ein, von denen einige – Tours, Corbie, Fulda, Lorsch, Reichenau, St. Gallen u. a. – bald zu Zentren geistigen Lebens aufblühen. Doch nicht nur sie. Die alte kirchliche Vorschrift, dass jeder Priester „in Stadt und Land" eine Schule eröffnen soll, um kleine Kinder in den *litterae* zu unterweisen, wird wieder eingeschärft. In der Tat sehen wir im 10. Jh. manch einen künftigen Bischof seine Karriere in der Pfarrschule antreten. Besonders hohen Rang besitzen die Anregungen, die vom Königshof selbst ausgehen. Man meint, sie in einer Art Hofschule konzentrieren zu dürfen, die für die Zeit Karls d. Gr., seines Sohnes Ludwig und seines Enkels Lothar jeweils in Aachen zu lokalisieren sei, während der Standort von Karls II. entsprechender Einrichtung ungewiss ist. Allein die ostfränkischen Karolinger scheinen keinen Ehrgeiz entfaltet zu haben, sich mit derartigen Hofschulen zu schmücken. Macht sich hier ein gewisses west-östliches Kulturgefälle bemerkbar? Auch Laienbildung ist seit dem 9. Jh. vereinzelt bezeugt, im Westen, aber auch in Italien wiederum mit deutlichem Übergewicht im Vergleich zum Osten des Reiches, wo auch die erhaltenen Zeugnisse der volkssprachigen Dichtung weitgehend geistlichen Themen gewidmet sind. Der grobschlächtige Adel soll überhaupt nach den Mustern antiker Tugend- und christlicher Demutslehren sein Verhalten zügeln lernen.

Schulen und Unterricht
Die neuen Schulen widmen sich primär dem Latein-Unterricht, denn ein korrekter Inhalt ist an eine korrekte Sprache gebunden, wie gleichfalls schon Karl d. Gr. einschärft. Das zuvor verwilderte Latein wird nun erneuert – ein Vorgang, der in seiner Bedeutung kaum zu überschätzen ist. Die Sprache gewinnt wieder an Korrektheit, an Eleganz, gedanklicher und künstlerischer Ausdruckskraft. Sie wird für das gesamte Mittelalter und weit darüber hinaus, mit Ausläufern bis in das 20. Jahrhundert hinein, das Medium aller höheren Bildung, literarischer Produktion, der Geschichtsschreibung und der „freien" Wissenschaften. Das *Trivium* (Grammatik, Rhetorik, Dialektik) steht zunächst deutlich im Vordergrund; das *Quadrivium* (Musik, Arithmetik, Geometrie, Astronomie) tritt einstweilen stärker zurück; im 10. Jh. beginnt sich dies zu ändern. Seit karolingischer Zeit entsteht allmählich ein Lektürekanon von Schulautoren, der im 10. Jh. erweitert wird und im frühen 11. sich festigt; Gerberts Reimser Unterricht wird ein oft nachgeahmtes Vorbild. Da es an Büchern mangelt, entfalten die karolingischen Klöster eine rege Abschreibetätigkeit. Bis auf wenige Ausnahmen ist nahezu alles, was heute von der

Die artes

reichen römischen Literatur erhalten ist, über karolingische Skriptorien überliefert. Die Patristik besitzt Vorrang; an die Väter will und muss die mit der geistigen einhergehende kirchliche Erneuerung anknüpfen. Doch werden die heidnischen Autoren keineswegs verschmäht; selbst des Ovid *ars amatoria* fehlt nicht. Durch allegorisierende Deutung sucht man die schlimmsten Paganismen dem christlich-theologischen Denken anzuverwandeln. Eigene Werke erscheinen aus heutiger Sicht eher unselbständig und kompilatorisch. Hrabanus Maurus etwa lässt seine Schüler einzelne Textpassagen auf lose „Zettel" exzerpieren, die er dann in der Art einer Katene zu Büchern zusammenfügt; seine vielfach abgeschriebene Enzyklopädie *De universo*, deren Gliederung sich stark an Isidor von Sevilla anlehnt, wird auf diese Weise entstanden sein. Originalität gilt diesen Autoren nicht als Wert. Gleichwohl sehen sie sich gelegentlich auch zu eigenständigen Arbeiten herausgefordert, wie nichts deutlicher zu belegen vermag als der vor allem die Theologen des Westfrankenreiches, aber auch den Hrabanus Maurus aufwühlende Streit um die Lehre von der „doppelten Prädestination", die der Sachse Gottschalk aus Augustin herausliest.

In diesem Streit nimmt auch der selbständigste Denker des 9. Jh., Johannes Scotus Eriugena, Stellung. Während die übrigen Autoren sich, wenn sie sich der „Wahrheit" einer Aussage vergewissern wollen, gewöhnlich unterschiedlich gefärbter Autoritätsbeweise bedienen, dringt der Ire zu einem neuen Wissenschaftsverständnis vor, das durch logische, mithin formale Fehlerfreiheit die Glaubenslehre in ein widerspruchsfreies Aussagesystem einzubinden trachtet. Aufs höchste irritiert, schleudern die fränkischen Theologen den Bannstrahl gegen Inhalt und Methode seines Gutachtens, von dem in der Tat nur eine einzige Handschrift überlebt. Doch den Triumph der durch Boethius vermittelten aristotelischen Logik verhindern sie auf solche Weise nicht. Im Gegenteil, die Logik wird fortan in ihren Auswirkungen bis heute zum Inbegriff abendländischer Wissenschaft; ein entzaubertes, allein auf Vernunft gegründetes Weltbild wird die Folge sein. Es etabliert sich nicht von heute auf morgen; es bedarf über Generationen hinweg der mühseligen Einübung in ihre Methodik und die strenge Denkdisziplin, die sie fordert; doch in allen abendländischen Schulen höheren Niveaus werden ihre Prinzipien vermittelt. Johannes selbst vertieft in Anlehnung an die christlich-neuplatonisch geprägte Hierarchienlehre des seit dem Jahr 827 im lateinischen Westen greifbaren Ps.-Dionysius Areopagita seine zur Frühscholastik hinüberführende Theologie, an die ein Berengar von Tours und ein Abaelard unmittelbar anknüpfen werden. Das Verhältnis von Glauben und Vernunft wird schon von ihm erörtert. „Autorität fließt aus wahrer Vernunft, niemals aber Vernunft aus Autorität" (*De div.nat.* I,69). Im späten 9. Jh. erlahmt zwar die Abschreibefreudigkeit der Schulen – die unruhige Zeitlage und vielleicht auch eine gewisse Sättigung hemmen sie –, doch die geistige Entwicklung bleibt deshalb nicht stehen. Zaghafte Anfänge abendländischer Philosophie regen sich. Die Schüler des Eriugena – unter ihnen Heiric von Auxerre und Remigius von

Dialektik und Vernunft

Reims – verfolgen das Spannungsverhältnis von Autorität und Vernunft weiter; ihre Schüler und Enkelschüler wiederum können von dieser Thematik schon nicht mehr lassen. Der erregende, die gesamte Zivilisation mit sich reißende Aufbruch in die Vernunftkultur ist nicht mehr aufzuhalten.

Von den Kloster- zu den Domschulen Das Schwergewicht verlagert sich im 10. Jh. von den Kloster- zu den Domschulen, was Folgen haben wird; denn die Haltung zur Wissenschaft ist im Kloster eine andere als unter den Weltgeistlichen. Bereits im späten 9. Jh. findet der englische König Alfred d. Gr. in Reims jene Hilfe, derer er bedarf, um sein umfassendes Programm einer Bildungserneuerung bei den Angelsachsen zu verwirklichen. Bald folgen Lyon, Trier, Metz, Chartres, später Utrecht, Köln, Lüttich, Würzburg, Regensburg u. a. Einige Klosterschulen – z. B. Lobbes oder Fleury, um die Jahrtausendwende etwa auch St. Gallen – behalten oder gewinnen gleichwohl hohen Rang. Jetzt schreibt man auch wieder fleißiger ab. Verstärkt treten nun die Disziplinen des Quadriviums in den Blick. Der Gebrauch von Abacus, Monochord und Astrolab, unter nicht völlig geklärten Umständen aus dem muslimischen Spanien in die lateinische Welt eingedrungen, verbreitet sich – das Astrolab in den Jahrzehnten um 1000 über Reims, Fleury und über den lothringischen Mönch Bern, den späteren Abt der Reichenau, bis zu Hermann dem Lahmen, Mönch in demselben Inselkloster. Das Beispiel illustriert die weiten Umwege hochmittelalterlichen Wissenstransfers.

Neue Formen der Wissensvermittlung Neue Formen der Wissensvermittlung bürgern sich mit der Ausweitung des Wissens ein. Da jede Schule gewöhnlich zur selben Zeit nur einen Lehrer beschäftigt und auch die besten Bibliotheken nur begrenzt die gewünschte Literatur bereithalten, kann der gesamte Wissensstoff immer seltener an einem Ort in gleicher Intensität vermittelt werden. Die Schüler müssen fremde Schulen besuchen. Abo, der spätere Abt von Fleury († 1004), „wollte die anderen Geheimnisse der Wissenschaft ergründen und die verschiedenen Stätten der Weisheit besuchen; nachdem er bereits in Grammatik, Arithmetik und Dialektik eingedrungen war, wollte er die Kenntnis der übrigen *artes* hinzufügen. Deshalb begab er sich an die Schulen von Paris und von Reims, um die Philosophen zu hören, die dort lehrten" [MIGNE PL 139, Sp. 390]. Als der junge, hochbegabte Gerbert an die Grenzen der mathematischen Fähigkeiten seines Reimser Domschullehrers Geramnus, eines gefeierten Logikers, stößt, zieht er nach Katalonien, um dort bei jüdischen oder muslimischen Gelehrten die erstrebte Kunst zu studieren. Das aus Spanien mitgebrachte Wissen dieses später als Zauberer und Teufelsbündner berüchtigten Mannes verbreitet sich rasch. Bald erörtert man auch im deutschen Reich schwierige geometrische oder mathematische Probleme; der erhaltene Briefwechsel zwischen Ragimbold von Köln, Schüler Fulberts von Chartres, und Radulf von Lüttich, beide Scholaster in ihren Bischofstädten um 1020/1030, bietet ein frühes Beispiel. Die Gelehrten scheuen auch vor so ehrgeizigen Zielen wie der Quadratur des Kreises nicht zurück. Die Schulen des Westens sind überhaupt führend in der Verbreitung der neuen Wissenschaften. Die Domkirchen im rechtsrheinischen Deutschland verlangen denn auch nach Lehrern von dort oder schicken seit dem früheren 11. Jh. erst vereinzelt, dann regelmäßig ihre begabtesten Schüler zum Studium nach Lothringen oder Frankreich.

Doch auch die Lehrer brechen auf; sie ziehen von Schule zu Schule. Dabei treibt sie nicht nur Wissenwollen. In der Fremde locken Ruhm und Gewinn, häufig auch eine sichere Pfründe. Bildung ebnet neue Wege zu kirchlichen Karrieren und sozialem Aufstieg. Gunzo von Novara kommt im Gefolge Ottos d. Gr. in das wegen seiner Gelehrsamkeit gerühmte Kloster des hl. Gallus (951); sogleich gerät er mit den auf ihre Schule stolzen Mönchen aneinander; man streitet über die Leistungsfähigkeit der Schule. Der Italiener wartet vergebens, „ob unter dem lockeren Gesäusel vielleicht der Funke philosophischen Bemühens aufleuchtet", verhehlt seine Enttäuschung nicht und wird im Gegenzug, während man sich auf Latein unterhält, eines kleinen Casus-Fehlers wegen von einem schwäbischen Musterschüler der Lächerlichkeit preisgegeben; er habe die Peitsche verdient. Zur Rache schüttet der Gelehrte die ganze Fülle seiner Gelehrsamkeit über die armen Mönche, erwähnt Platos Timaios, logische Schriften des Aristoteles, Grammatikalisches, Dialektisches, Rhetorisches und alle anderen freien Künste, deren Kenntnis er bei seinen Kontrahenten vermisst. „Wer sollte denn den Tadel wegen Vertauschung eines Casus fürchten, dem Gott viel mehr gegeben hat!... Es ist offenkundig, dass nicht so sehr die Worte zu prüfen sind, als vielmehr ihr Sinn" [MIGNE PL 136 Sp. 1283 ff.]. Hier prallen Welten aufeinander, biederer Lateinunterricht und neuartiges „scholastisches" Interesse. „Der Mönch mag ein Grammatiker sein, doch besitzt er keinerlei klares Verständnis auch nur einer einzigen der freien Künste, solange er sich nicht ein wenig um alle bemüht". Der Tadel trifft die Jünger des hl. Gallus tief; einer der ihren, gewiss schon als Knabe mit Gunzos Vorwürfen vertraut, schafft später, selbst ein gefeierter Lehrer geworden, Abhilfe wie keiner vor ihm: Notker (†1022). „Aus Liebe zu den Schülern", um ihnen den Zugang zu den schwierigen Texten zu erleichtern, übersetzt er sie ins Deutsche. Um sein Ziel zu erreichen, muss er eine Fülle neuer volkssprachlicher Worte prägen – ein „unerhörtes Unterfangen", so bekennt er selbst, dem älteren Gunzo und seinesgleichen freilich völlig fremd.

Der „germanisch" sprechende Osten muss, will er mit dem übrigen Lateineuropa mithalten, seinen „Kulturfortschritt", aber auch seine „höheren", sich an den antiken oder christlichen Überlieferungen orientierenden Handlungsintentionen fremdsprachigen, eben lateinischen Texten und Unterweisungen abtrotzen, die er aus dem Süden oder Westen importiert; er bleibt bis zum Ende der hier behandelten Epoche auf den Zuzug fremder, zumal „italienischer" Lehrer angewiesen und wird auf Jahrhunderte durch solchermaßen kulturbegrenzende Zweisprachigkeit geformt. Das sog. Übersetzungsproblem konfrontiert dabei nicht nur mit der Frage: „Wie sagt man auf Lateinisch, was sich volkssprachlich in bekannter Weise formulieren lässt?" Vielmehr begrenzt die bisherige Sprache des Volkes die an Sprache gebundene konzep-

Wanderlehrer

Unterschiede zwischen Süd-, West- und Mitteleuropa

tuelle Leistungsfähigkeit; die germanischen Sprachen sind einstweilen in deutlich geringerem Maße an abstrahierendes Denken angepasst als das durch antike und spätantike Rhetorik und Philosophie, durch theologische Kontroversen und Rechtsgutachten geschliffene Latein und seine volkssprachlichen Derivate. Wer hier mit der alten Romagna mithalten will, muss mit der lateinischen Sprache zugleich ganz neu denken, bislang Fremdes sich aneignen lernen und wird sich wenigstens partiell seinen illiteraten Landsleuten entfremden. Notkers sprachschöpferische Bemühungen um die Übersetzung einiger und nicht einmal der diffizilsten Texte spätantiker Philosophie und Rhetorik sind aus diesem Grunde unerlässlich. Es geht dabei nicht um bloße Rezeption; die fremde Sprache wird vielmehr mit ihren Begriffen, Abstraktionsfiguren und Deutungsschemata auf eine ihr unbekannte Lebenswelt appliziert. Notker etwa bemüht sich, die Kategorien antiker (Gerichts-)Rhetorik auf das einheimische Gerichtswesen zu übertragen; auf Dauer entsteht durch derartige Bemühungen ein eigentümlich neues Rechtsdenken. So meint denn auch der Rechtshistoriker G. Köbler in Auswertung zahlreicher „Übersetzungsgleichungen" zeigen zu können, wie tiefgreifend anders Recht und Rechtsdenken in „Deutschland" vor dem 11. Jh. gewesen sind als seither. Das alles heißt nicht, dass der „germanische" Osten nicht auch Eigenes zu bieten hätte, aber es ist an eine Sprachgemeinschaft gebunden, die sich über weite Bereiche hinweg nach Westen und Süden nur unvollkommen und nur einigen wenigen mitzuteilen vermag. Dabei wird im Laufe der Zeit durch die angedeuteten Lernprozesse die Durchlässigkeit von Westen und Süden nach Osten bzw. Norden größer als jene in umgekehrter Richtung. Die Formierung Europas, der abendländischen Zivilisation, steht bei aller Öffnung für die irische, germanische, slawische, griechische und arabische Welt ganz im Banne des Latein und der ihm näheren Regionen romanischer Zunge.

II. Grundprobleme und Tendenzen der Forschung

EINLEITUNG

Weltweit, von Russland bis in die USA, diskutiert man den Stellenwert des Mittelalters in der europäischen Geschichte. Wie war es? „Dunkel", „christlich" oder „repressiv"? Die sich selbst rühmenden Epochen der Renaissance, des Humanismus und der Aufklärung erklärten jene „mittleren" Jahrhunderte zum „abgestorbenen" Zeitalter schlechthin, „verdunkelten" es [VARGA: 52, KUCHENBUCH: 40] oder stempelten wenigstens das 10. Jh. zum *saeculum obscurum* [BARONIUS: 33]. Zwar fochten einzelne Gelehrte schon frühzeitig gegen eine derartige pauschale Herabsetzung eines ganzen Jahrtausends [vgl. ZIMMERMANN: 54], doch vermochten sie gegen die sich selbst im Lichte wähnende „Aufklärung" wenig. Erst Romantik [MANSELLI: 45] und Neuthomismus setzten im 19. Jh. das hellere Bild eines vom Christentum durchdrungenen, noch von keinen konfessionellen Streitigkeiten zerrissenen „Zeitalters des Glaubens" entgegen [DAWSON: 10]. Dennoch hält sich „das Schlagwort vom ‚finsteren Mittelalter'" [VARGA: 52] bis in die Gegenwart hinein. Auch die umstrittene Entdeckung „noch einer anderen Renaissance" [LOPEZ: 43] und zumal der „karolingischen" und „ottonischen" Renaissancen [vgl. etwa PATZELT: 48; LADNER in: RAC 6, Sp. 240 ff.; GODMAN: 1823] änderte daran für ein allgemeineres historisches Bewusstsein wenig; selbst für die Fachhistoriker bildet die Rede vom „finsteren Mittelalter" gerne die Folie, vor der eine entgegengesetzte Konzeption entwickelt wird [51; LOPEZ: 43; ZIMMERMANN: 54], wenn nicht wenigstens dem späten 9. und 10. Jh. ein Rückfall in „archaische Kultur", „gedrückte Lebensqualität, Lebensdynamik und -intensität" attestiert werden [BOSL: 34, S. 15 f.]; das 10. Jh. gilt geradezu als das „eiserne" [50]. In mancherlei Weise erneuert und verstärkt wurde die Düsternis der Epoche noch durch die These vom repressiven Mittelalter [MOORE: 46], die in der christlichen Kultur des Westens eine „Verfolgungsmentalität" wirksam sieht, die sich gegen Andersgläubige, „Häretiker" und Juden, gegen Minderheiten, richtete, und deren Mittel – Pogrom, Inquisition und Scheiterhaufen – bis zur physischen Liquidation reichten. Juden jedenfalls lebten während des gesamten Mittelalters unter dem Halbmond sicherer als unter dem Kreuz [COHEN: 36; LEWIS: 42]. Toleranz indessen tat sich schwer; doch lassen sich immerhin ihre ersten Regungen beobachten [PATSCHOVSKY, ZIMMERMANN: 47].

Daneben wurde – vor allem in Frankreich unter dem Eindruck einer vom Vaticanum II ausgelösten aktuellen Auseinandersetzung über Liturgiereform und Pastoraltheologie – der „Mythos vom christlichen Mittelalter" [VAUCHEZ: 53; BREZZI: 35; GURJEWITSCH: 39] kritisiert. „Pourquoi le christianisme médiéval n'a-t-il pas, a-t-il si mal christianisé l'Occident?", fragt LEGOFF [41, S. 856]; „la Chrétienté vers 1500 c'est, presque, un pays de mission." Man bestreitet für das 9. und 10. Jh. also ein Durchdrungensein der Gesellschaft von Christentum [LEGOFF: 119, S. 223 ff.] und konzipiert stattdessen den Dualismus einer monastisch-klerikalen Führungsschicht, die sich repressiver Methoden gegen die von vorchristlich-indoeuropäischer und magiedurchsetzter Religiosität geprägten Volksmassen bediente; erst mit der Reformation und Gegenreformation sei derartige Verchristlichung zum Abschluss gebracht worden und das Christentum tatsächlich ins Volk eingedrungen. Die Antithese erinnert an Herders Kontrastierung der „Kultur des Gelehrten" mit der „Kultur des Volkes", auch wenn die Vorzeichen sich verschoben haben. „Were the Middle Ages then a flourishing epoch of Catholic Christianity or a millenium of Indo-European Folklore?" fragt, die These kritisierend, VAN ENGEN [37, S. 522]; der klerikal-folkloristische Dualismus sei „dogmatisch und unhistorisch" [S. 531]. Er setzt nicht zuletzt eine bestimmte Variante verchristlichter Gesellschaft als Norm und misst an ihr frühere und spätere Verhältnisse. Ob man wirklich wie GURJEWITSCH [39, S. 15] vorschlägt, das „innere Gefüge" der Volkskultur vom 6. bis 13. Jh. als „verhältnismäßig unbeweglich" und „immer von neuem die eigenen Wesenszüge" hervorbringend, „in gewissem Sinne ‚synchron'", ausdeuten darf, steht zu bezweifeln; zu viel ändert sich gerade auch in diesen Jahrhunderten, in denen nicht zuletzt die neue Gelehrsamkeit erst heranreifte. Das Spannungsverhältnis von ungelehrter Folklore und gelehrtem Christentum verlangt somit nach weiterer Erhellung [J.-C. SCHMITT: 49], die Diskussion ist keineswegs abgeschlossen [vgl. TELLENBACH: 27, S. 82 ff.], wenn sie sich auch ein wenig beruhigt hat; eine jüngste Geschichte der Frömmigkeit operiert denn auch nicht mit dem angedeuteten Dualismus [ANGENENDT: 3; 4].

Wandel des Geschichtsbildes Die Kontroverse verdeutlicht gleichwohl einen tiefgreifenden Wandel des Geschichtsbildes. Die längste Zeit bestimmte der Primat der Politik auch die Interessen und Perspektiven der Historiker. Dies hat sich nicht zuletzt unter dem Einfluss einiger Nachbardisziplinen wie Soziologie, Ethnologie, Kulturanthropologie, Psychologie, Archäologie, Liturgie-, Wirtschafts-, Religions-, Sprach- oder Literaturwissenschaft, besonders auch der philosophischen Erkenntnistheorie und Hermeneutik oder des „linguistic turn" [als Beispiel: TRABANT: 63] nachhaltig gewandelt. Politische Ereignis-, Institutionen- oder Normengeschichte – lange Zeit Hauptgegenstände der Geschichtswissenschaft – werden relativiert und in ihrer Bedeutung in die Interessen von umfassenderen, anthropologisch, sozial- und vor allem kulturwissenschaftlich orientierten Zugangsweisen eingebunden [VOLLRATH: 64; FRIED: 58; als konkretes Beispiel: ZOTZ: 66]. Bislang ungewohnte Perspektiven und Methoden bis hin zur Berücksichtigung der Kognitionswissenschaften werden erschlossen, um die Bedingungen menschlicher Kulturentwicklung zu analysieren und in ihren jeweiligen (gerade auch langfristigen) Folgen abzuschätzen [FRIED: 59; 113]. Neben die Geschichte der politisch führenden sozialen Schichten und Klassen treten Unterschichten und Randgruppen, tritt vor allem das „soziale Wissen". Der historischen Forschung wird zunehmend ein breitgefächertes Fragenraster unterlegt, welches das Gesamtphänomen „Gesellschaft", „Wissen" und „Kultur", Wahrnehmung und Verhalten nach verschiedensten Bedingungen, Merkmalen und Komponenten hin erfassen soll [RICHÉ: 60]. Mentalitäts-, Verhaltens-, wissenssoziologische, wahrnehmungstheoretische, kognitionswissenschaftliche oder zivilisationshistorische Aspekte werden demgemäß einbezogen, ohne dass damit ein Ende der Aktualisierungstendenzen abzusehen wäre [BORGOLTE: 56; vorbildlich knapp: G. SEIBT: 62, S. 16–22]. Das Licht der europäischen Vernunftkultur – so wird deutlich – wurde im 10. Jh. entzündet [MARENBON: 1913; 1914].

Zeiterfahrung ist allen Menschen gemein, auch wenn sie sich kulturell mannigfach variierter Zeitkonstrukte bedient [ASSMANN/MÜLLER: 67]. Die Zeitberechnung, der Computus (s. u.) war lange bloß Arbeitsgebiet für Spezialisten und ist erst jüngst zu einem Gegenstand der Kulturgeschichte aufgewertet worden [BORST: 68]. Gerade die Epoche von Beda Venerabilis, der die handlichste Grundlage für die mittelalterliche Zeitberechnung lieferte, und zumal von Karl dem Großen, der sie praktisch anwenden ließ, bis zum Vorabend des Investiturstreits sah intensive komputistische Gelehrsamkeit am Werk, die Sonnenlauf und christlichen Festkalender vereinte. Ein erstes herausragendes Ergebnis derartiger Anstrengungen war der „karolingische Reichskalender" [BORST: 71], den A. BORST den Gelehrten im Umkreis des großen Franken in jener Gestalt zuweist, die auf Jahrhunderte gültig blieb [69]. Die Bedeutung des „heiligen Tages" gerade auch für das politische Handeln und seiner Rituale tritt klar hervor [SIERCK: 77; HUSCHNER: 70]. Zeit aber folgt der Bewegung und der Wahrnehmung von Bewegung. Bewegungskonzepte stellen ihrerseits kulturell konditionierte Verstehensmuster von Mensch, Gesellschaft, Umwelt und Natur dar, die sich zahlreicher Symbole und variationsreicher Rituale bedienen. Interkulturelle, vergleichende Verhaltens- und Bewegungsgeschichte sowie die ihnen folgenden abweichenden Arten der Verschränkung von kulturstiftenden Prozessen untersucht A. NITSCHKE [72; 73; 74; 75; 76].

„Zeit" und „Bewegung"

Der Umgang mit Symbol und Ritual fordert denn auch höchste Beachtung [zur Einführung: WULF/ZIRFAS: 98; als Beispiel: 91]. Kommunikation und Interaktion waren auf Zeichen und Zeichendeutung angewiesen, wie sie seit jeher jede menschliche Gesellschaft beschäftigen und wie sie auch in der hier fraglichen Epoche unabdingbar waren. Allein die Ritualformen ändern sich mit der Zeit und in den verschiedenen Kulturen, nicht indessen die Ritual-

Symbol, Gesten und Ritual

praxis als solche. So kommt es darauf an, die symbolischen Formen, ihre Vielfalt und Semantik angemessen zu deuten. Doch hat sich ihnen, von wenigen Ausnahmen wie der Erforschung der Herrschaftszeichen (s. u.) abgesehen, die Geschichtswissenschaft erst in jüngster Zeit zugewandt. Oftmals begnügt man sich auch jetzt noch, ein Zeichen methodischer Hilflosigkeit, mit der geradezu tautologischen Aussage, ein bestimmtes Geschehensbündel – etwa eine Unterwerfungshandlung oder Tränen der Herrscher – als „rituellsymbolisch" zu deklarieren, ohne nach der Semantik zu fragen, nach dem also, „was" geschieht, was symbolisch signifikant repräsentiert wird oder werden soll.

Das Ritual macht die tatsächliche Unterwerfung sichtbar, so wie die Tränen Zerknirschung, Reue, Buße vergegenwärtigen [HAMILTON: 83]. Das zelebrierte Ritual garantiert die Aufrechterhaltung der Ordnung oder stellt eine gestörte Ordnung wieder her. Selbst spontanes Handeln ist nicht frei von symbolischen und rituellen Momenten. Die mediävistische Ritualforschung beginnt – wiederum von Ausnahmen wie beispielsweise den Krönungsordines (Skripts für Übergangsrituale) und überhaupt der kirchlichen Liturgie (s. u.) abgesehen – erst mit K. LEYSER, schaut heute aber bereits auf ein ausgedehntes Forschungsfeld [LEYSER: 88; FRIED: 12, S. 136–143; KOZIOL: 86; BUC: 80; WARNER: 95; KAMP: 84]. Die Rituale des Königs- oder Fürstenhofes, ihre Wahrnehmung, Deutung oder Veränderung, die Bewegungen der Hofbesucher im höfischen Raum finden Beachtung [WENZEL: 97]. Die Erforschung der Symbolik des früheren Mittelalters – ebenso von Bedeutung für politisches Handeln wie für alltägliches Verhalten oder für theologische Spekulationen – harrt indessen noch weithin der Untersuchung [vgl. aber ALTHOFF: 79; FRIED: 58; KELLER: 85]; die Gestik indessen fand zusammenfassende Betrachtungen, Deutungen und hilfreiche Handbücher [GARNIER: 82; LADNER: 87; SCHMITT: 92].

Soziales „Wissen" und Kommunikation

Kollektives Gedächtnis und soziales „Wissen" werden gleichfalls Bezugspunkte historischer Forschung; die herrschende Oralität der Gesellschaft wird als eine ihrer konstitutiven Bedingungen erfasst [FRIED:112; RICHTER: 101; JAKOBS: 350] und komplementär dazu „nonverbale" (oder genauer: die durch Inszenierungen, Gesten, Riten, Sprechweise und dergleichen Mittel mehr aus dem Alltag hervorgehobene verbale) Kommunikation [ALTHOFF: 99; RÖSENER: 102; in: 96]. Kommunikations- und systemtheoretische Modelle beginnen entsprechend, auch Historiker oder historisch arbeitende Sozialwissenschaftler zu beschäftigen [als Beispiel: SCHROETER: 124]. Sie fragen nun nicht mehr allein „was ist x?" oder „wie verläuft x?", sie prüfen intendierte oder unbewusst wirksame „Funktionen von x" im Kontext des jeweiligen offenen oder geschlossenen Systems. Geschichte als die Wissenschaft vom „ganzen Menschen" – nie zuvor war die Fachhistorie dieser Möglichkeit so nahe wie heute, was nicht heißt, dass sie schon am Ziele sei. Selbst raum- und landumschreibende Grenzen lassen sich kommunikations- und erinnerungstheoretisch deuten [MAURER: 100].

Das neue Bild folgt neuen Fragestellungen, Perspektiven und Methoden. Es Neue Frage-
verarbeitet Erfahrungen der eigenen Gegenwart. „Wie es am Ende des ersten stellungen
(Jahrtausends) um die Menschen Europas bestellt war", fragt beispielsweise
FICHTENAU [1163] und bringt damit die neue Intention einer Geschichtsschreibung auf einen Nenner, die sich in einem umfassenden Sinne als Kultur-
oder Zivilisationsgeschichte begreift [v. d. STEINEN: 263; LEGOFF: 119]. Der
Autor will darstellen, wie und nach welchen Leitbildern die Menschen des 10.
und 11. Jh. ihr Dasein und ihre Beziehungen untereinander zu ordnen such-
ten, auch: wie sie sich dabei immer aufs Neue gegenseitig störten. Das Wahrnehmen gerät zum historischen und methodologischen Problem [125]; das
Erinnern desgleichen [GEARY: 114]; inter- und transdiziplinäre Methoden
verlangen nach Berücksichtigung und Erprobung [als Beispiel: FRIED: 113].
In konzentriertem interkulturellen Vergleich zwischen Europa, Byzanz, den
Ländern des Islam und China macht M. MITTERAUER eine Reihe gesellschaftlicher, wirtschaftlicher, technischer und geistiger, im früheren Mittelalter grundgelegter Faktoren namhaft, die für einen kulturellen Vorsprung
Europas verantwortlich waren [122]. Eine Reihe früher ungewohnter The-
menbereiche – wie der Mentalitäten, des Imaginären, der Volksreligiosität, des
Gefühls u. a. – werden behandelt, nicht um ihrer selbst willen, sondern als
Bausteine einer umfassenden historischen Kulturanthropologie [zur Orientierung: GURJEWITSCH: 116]. Die Träume der Epoche ziehen die Aufmerksamkeit auf sich [DUTTON: 110]. Anzuführen sind weiter, auch wenn die
Zielsetzung teilweise in eine andere Richtung läuft, einige Studien aus dem
Umkreis der Zeitschrift „Annales E.S.C.". Sie intendieren eine „neue Geschichte"; „pour un autre moyen âge" lautet bezeichnenderweise der Titel
einer Aufsatzsammlung LEGOFFS [120]. „Neue Zugänge zur mittelalterlichen
Geschichte" sucht – durchaus in Anlehnung an die französischen „Annales"-
isten – R. SPRANDEL [127]. Anders, wenn auch in der „ganzheitlichen" Ausrichtung vergleichbar, ist BORSTS Synthese [234]. Er kontrastiert früh- und
spätmittelalterliche Variationen in der Auseinandersetzung der Zeitgenossen
mit ihren hinzunehmenden natürlichen Lebensbedingungen [ZIMMERMANN:
129] und sozialen Lebenskreisen, die „Konstanten der Menschennatur", miteinander, um das Mittelalter als mittleren Zustand zwischen ethischen und
belanglosen Lebensformen, „als Zeitalter verwirklichter und wirklicher Lebensformen", zu kennzeichnen. Der Totenkult wird seit einiger Zeit als eine
kulturelle Triebkraft der europäischen Geschichte gerade des früheren Mittelalters, als ein konstitutiver Faktor für adelige Gruppen- oder Institutionen-
bildung gewürdigt (s. u. zur „Memoria"). Das von dem Ethnologen M. Mauss
entwickelte Modell des „Gabentausches" lehrt, von der Fachhistorie (mit
Ausnahme des großen J. Huizinga) vor nicht allzu langer Zeit erst entdeckt,
in neuer Weise die gesamtkulturelle Dynamik des früheren Mittelalters – als
ein „totales soziales Phänomen" – zu sehen; überhaupt vermag die Ethnologie
der Mittelalterforschung wichtigste Anregungen zu geben. Die „Geistesver-
fassung der Menschen des Mittelalters zu rekonstruieren", ist das Anliegen

eines Buches von GURJEWITSCH, das Zugänge zur gesamten Zivilisation des Mittelalters gewinnen will; seine These freilich, dass „Statik ein Grundzug des mittelalterlichen Bewusstseins" sei [115, S. 204], wird nicht unwidersprochen hingenommen [OEXLE: 827]; sie ist falsch. Die Darstellung der „totalen Geschichte" wird weiterhin utopisch bleiben, das Postulat einer auf den gesamten Wirkungszusammenhang vergangenen menschlichen Daseins gerichteten Geschichtswissenschaft wächst gleichwohl dem Historiker, auch dem Mediävisten zunehmend als Verpflichtung zu. Methodologische Fragen gewinnen dabei – wie zu erwarten – eine Bedeutung wie selten zuvor seit den Zeiten eines Niebuhr, Ranke, Droysen oder Lamprecht.

Neue Quellen   Spektakuläre Quellenfunde aus jüngster Zeit sind dafür nicht verantwortlich zu machen. Die erzählenden und urkundlichen Quellen sind weithin bekannt und zumeist auch durch neuere Monographien zu einzelnen Geschichtsschreibern und Werken gut erschlossen [WATTENBACH/LEVISON/LÖWE: 136; WATTENBACH/HOLTZMANN/SCHMALE: 135; Repertorium Fontium: 133; Typologie des Sources; SCHMALE: 134]. Das Thema mittelalterlicher Fälschung wurde in einen weiten kulturgeschichtlichen Rahmen eingespannt [131]. Das Geheimnis um die Herkunft Ps.-Isidors wurde gelüftet (s. u.). Unbekanntes tritt vor allem für den Bereich der Geistesgeschichte hervor, auch wenn die Erforschung der Kapitularien [z. B. SCHMITZ: 1997; MORDEK: 156] und der Konzile [z. B. HARTMANN: 1598; MORDEK/SCHMITZ in: 38] noch immer einige bislang übersehene Überlieferungen aufspürt. Einige kürzere Texte, darunter Briefe des 9. Jh., eine aufschlussreiche Predigt Liudprands von Cremona und selbstreflektorische Randbemerkungen Rathers von Verona entdeckte und publizierte BISCHOFF [in: 130]. Predigtsammlungen des früheren Mittelalters enthalten auch sonst wenig beachtete Hinweise auf Probleme der allgemeinen Geschichte; sie sind nicht nur aus theologie- oder literaturgeschichtlichen Gründen interessant [z. B. ÖNNERFORS: 1756; IOGNA-PRAT: 1677]. A. BORST [1893] stieß unter den Handschriftenschnipseln des Konstanzer Stadtarchivs auf ein Fragment des ältesten lateinischen Lehrbuchs über das *Astrolabium*, ein wissenschaftsgeschichtlich aufregender Fund. Die Diskussion um den Anteil Gerberts von Aurillac an der Vermittlung arabischer Astronomie nach dem Westen hält an [zuletzt: ZUCCATO: 1891]. Die systematische Sammlung und Auswertung der Dokumente aus der Geniza von Altkairo berührt unseren Raum nur am Rande, eröffnet aber in überraschender Weise den Blick für den weiten Horizont jüdischer Handelsfahrten und kultureller Kontakte rund um das Mittelmeer, bis nach Indien und sogar darüber hinaus, und wirft damit zugleich einiges Licht auch auf den lateinischen Westen im 10. und frühen 11. Jh. [GOITEIN: 751]. Ähnliches gilt für die durch Übersetzung erschlossene, lange Zeit wenig beachtete Responsa-Literatur rheinischer Rabbiner, die seit etwa der Jahrtausendwende einsetzt und interessanteste Nachrichten zur Geschichte der Juden und über das Zusammenleben von Juden und Christen bietet [v. MUTIUS: 768].

Überhaupt nehmen Handschriftenstudien und Überlieferungsgeschichte den wichtigsten Platz in der Quellenforschung ein [BISCHOFF: 1834]. Höchst erfreulich ist, dass ein großer Teil der aus unterschiedlichen Gründen wichtigen Handschriften heute als Voll- oder Teil-Faksimilia vorliegen. Der Paläographie kommt für die Datierung und Lokalisierung der schriftlichen Hinterlassenschaften aus der hier fraglichen Epoche ohnehin eine überragende Bedeutung zu [BISCHOFF: 142; SILAGI (Hg.): 161; H. HOFFMANN: 151; 1229]; sie schafft die Grundlage dafür, „literarisches und künstlerisches Leben" einzelner geistiger Zentren des früheren Mittelalters zu erfassen und in seiner überregionalen Verflechtung zu erhellen; methodisch und sachlich wegweisende Studien stammen aus der Feder B. BISCHOFFS [1834]. Manche Zusammenhänge treten überhaupt erst durch handschriftengeschichtliche Studien hervor. So machte FUHRMANN [146] etwa auf ein kleines Heft der Kölner Dom- und Metropolitanbibliothek aufmerksam, das sich als Propagandaschrift des Erzbischofs Gunthar von Köln aus dem Jahre 865 entpuppte, oder analysierte [1508] eine Handschrift des *Constitutum Constantini*, der erfundenen Konstantinischen Schenkungsurkunde, welche bislang unbekannte Einblicke in die Beziehungen zwischen Otto d. Gr. und der römischen Kirche eröffnete. Die reiche und bislang keineswegs erschöpfend erfasste Überlieferung gelehrter lateinischer oder althochdeutscher Randglossen karolingischer, ottonischer und frühsalischer Zeit [z.B. CONTRENI: 143; MARENBON: 1913; SCHÜTZEICHEL: 159; 160] vermögen ähnlich wie die systematische Erfassung aller Handschriften eines Werkes [als Beispiele: BORST: 69; TISCHLER: 165] Einblicke in das Beziehungsgeflecht zwischen Personen, Institutionen oder Regionen zu geben, die für die allgemeine wie für die spezielle Geschichte der Werkverbreitung, der Ideengeschichte oder der Ausbreitung kirchlicher Reformen von erheblicher Aussagekraft sein können [HOFFMANN/POKORNY: 153]. Die Erforschung der althochdeutschen Glossen oder angelsächsischer Manuskripte ist keineswegs nur aus sprachgeschichtlichen Gründen von Interesse [BERGMANN: 140; SCHÜTZEICHEL: 158]; sie öffnet einen neuen Zugang zu politischen und sozialen Prozessen und ist rechts- oder wirtschaftshistorisch auswertbar [z.B. TIEFENBACH: 164; vgl. KER: 155; DE SOUSA-COSTA: 162]. *Handschriften und Paläographie*

Doch nicht nur neue Funde verändern das Bild unserer Epoche; die Werke der frühmittelalterlichen Geschichtsschreiber selbst [CARRUTHERS: 105] werden anders gelesen als zuvor. Sie gelten zunehmend als Spuren des kollektiven und kulturellen Gedächtnisses [ASSMANN: 167; REMENSNYDER: 176; YERUSHALMI: 128; FUNKENSTEIN: 747], was eine gedächtniskritische Lektüre erfordert [GEARY: 114]. Eine solche führt zu methodischen Konsequenzen und zu manchen Umwertungen und Korrekturen des Sachwissens [FRIED: 113]. Nicht minder wichtig ist der erst in den letzten dreißig Jahren gefeilte Schlüssel zur Auswertung der längst bekannten, aber zuvor in ihrem spezifischen Quellenwert noch nicht erfassten Memorialzeugnisse. Dies ist in besonderer Weise das Verdienst G. TELLENBACHS [181] und seiner Schüler *Gedächtnis*

K. SCHMID [177; vgl. Bibliographie in: 174], J. WOLLASCH und O. G. Oexle [OEXLE: 173]; auch das Stiftungswesen dieser Frühzeit steht im Zeichen des Gedenkens [zusammenfassend: 171 und BORGOLTE in ebd.; vgl. unten S. 140]. Verwandtschaftsgruppen, Freundschaftsbünde [EPP: 238], Mönchsgemeinschaften, sonstige Personengruppen oder Einzelereignisse treten dabei hervor und nötigen in vielerlei Hinsicht zu Revisionen älteren, scheinbar gesicherten Wissens [SCHMID/WOLLASCH (Hg.): 179; 180]. Methodisch wichtig ist besonders das Werk über die „Klostergemeinschaft von Fulda" [SCHMID (Hg.): 178]. Der geographische und kulturelle Horizont auch anderer Klöster ist über ihr Totengedenken zu erfassen [als Beispiel: 175]; gerade die Beziehungen zwischen Deutschland und Italien in der hier fraglichen Epoche spiegeln sich im Gedenkwesen und lassen politische Zusammenhänge erkennen [LUDWIG: 170]. Eine Quellengattung ganz eigener Art stellen die klösterlichen Nekrologe dar [HUYGHEBAERT: 168]. Verwandtschaft wird geradezu als Strukturprinzip religiöser Gemeinschafts- und Verfassungsbildung erkannt [SCHREINER in: 1361]. Die bahnbrechenden, wenn auch nicht unumstrittenen Forschungen von HALLINGER [1674] leiteten ihre Neubewertung ein; heute sind vor allem die Arbeiten von J. WOLLASCH auf diesem Gebiete hervorzuheben [vgl. unten S. 140–141]. In den Nekrologen adeliger Hausklöster vermutet man nicht zu Unrecht einen Niederschlag auch der politischen Beziehungen der fraglichen Adelsfamilie [ALTHOFF: 166]. Maßstabsetzende Editionen aus diesem Gebiet erschienen in den MGH [vgl. die Reihen: „Libri Memoriales" und „Libri Memoriales et Necrologia. Nova Series"].

Mittelalterarchäologie Auch die Einbeziehung der „Mittelalterarchäologie" erschließt neue Dimensionen historischer Erkenntnis. Der durch sie erschlossene Quellenbereich der Sachüberreste wächst kontinuierlich [FEHRING: 144] und hält einige Überraschungen bereit. Die Disziplin erfuhr seit dem Zweiten Weltkrieg einen intensiven Aufschwung [SCHLESINGER: 157; JANSSEN: 154; HENNING: 149], dessen Ergebnisse hier nur pauschal erwähnt werden können [vgl. die „Zeitschrift für Archäologie des Mittelalters" seit 1973]. Die Grabungen in Haithabu [JANKUHN: 1002; 1000] oder Dorestad, auf den küstennahen Wurtensiedlungen, etwa in Emden [HAARNAGEL: 147] oder auf dem Elisenhof, an der Eidermündung gelegen [BANTELMANN: 138; BEHRE: 139], die Stadtkerngrabungen in Frankfurt, Duisburg oder Dublin [SMYTH: 1078], die abgegangene Siedlung bei Unterregenbach [FEHRING: 145], die ottonische Pfalz Tilleda, die Grabungen in westslawischen Burgsiedlungen [HENNING: 150] oder im Prager Becken [STAŇA/POLÁČEK: 163], um nur einige zu nennen – sie alle haben erheblich dazu beigetragen, das Bild des früheren Mittelalters zu verändern. Es erweist sich im Blick auf diese Ausgrabungsbefunde ganz und gar nicht als eine statische Epoche, im Gegenteil voller wirtschaftlicher Dynamik, sozialem Wandel, technischer und geistiger Innovationen.

Alltag Die materielle Kultur vergangener Zeiten wird erfassbar – bis hin zu Themenbereichen wie Speiseplan, Hygiene, Krankheit oder Klima [HERRMANN: 117; 103], überhaupt: die „Natur" [DILG: 108]. Der „Alltag" tritt

vielleicht nicht immer als gleichgewichtiges, so doch zunehmend relevantes
Thema hinzu [DIRLMEIER: 109]. Arbeit [OTT: 797] und Technik (M.
BLOCHS Artikel über die Einführung der Wassermühle in Europa [104]) wecken
zunehmend Aufmerksamkeit [123; LINDGREN: 121]. Nicht zuletzt der Einsatz
der Wasserkraft und die Verfügbarkeit des Wassers sind seit Blochs Studie
Bereiche historischer Forschung [SQUATRITI: 126; MITTERAUER: 122]. Neben
derartig thematisch eingegrenzten stehen nicht minder wichtige regional ausgerichtete Untersuchungen, welche die Menschen in ihrem Milieu erfassen
wollen, ohne sie aus ihrem natürlichen und gesellschaftlichen Umfeld zu
isolieren. Wegweisend war seinerzeit die Studie von G. DUBY über das
Maconnais [970], der eine Reihe gleichartiger Untersuchungen anderer Autoren zu anderen Regionen folgte (vgl. unten S. 163–171).

1. MENSCHEN UND UMWELT

Fehlte es auch nicht ganz an Bemühungen zur Übersicht über die zahlen- Demographie
mäßige Bevölkerungsentwicklung [BELOCH: 183], so führte gleichwohl die
Demographie als allgemeine Bevölkerungswissenschaft eher ein Schattenda-
sein, was angesichts der für das Frühmittelalter desolaten Quellenlage freilich
nicht verwundern darf. Gleichwohl hat sich auch hier manches gebessert.
Zwar besitzen wir keine absoluten Zahlenangaben zur Bevölkerungsgröße
der fraglichen Epoche; solche werden wohl auch nie zu gewinnen sein. Doch
stellt die Archäologie ein lange unbeachtetes, ständig anwachsendes Quellenmaterial zur Verfügung, das Einblicke in die Ernährungsweise, den Gesund-
heitszustand, die Altersstruktur, Geschlechterverteilung oder (Kinder-)Sterb-
lichkeit erlaubt [als Beispiel vgl. die Münsterhof-Grabung in Zürich: J.
SCHNEIDER (Hg.): 220; DERS. u. a. 221; zusammenfassend: FEHRING in: 198].
Dass diese (auch medizinhistorisch wertvollen) Datenschätze nicht schon
früher gehoben wurden, spiegelt zweifellos das eingeschränkte Interesse an
einer historischen Demographie. Die sich nicht selten widersprechenden
Aussagen moderner Historiker zur Bevölkerungsgröße beruhen durchweg
nur auf Schätzungen auf der Basis der Polyptycha des 9. Jh. und auf allgemeinen mathematischen Funktionen [RUSSELL: 218; SLICHER VAN BATH: 869;
sehr vorsichtig: VAN HOUTTE: 19]. Für das Gebiet des heutigen Frankreich,
das durch Quellen am besten zu kontrollieren ist, schätzt man z. B. zu Beginn
des 9. Jh. die Gesamtbevölkerung auf 3–5 Mio.; in Deutschland rechnet man
für dieselbe Zeit mit einer Einwohnerzahl von 2,5–3 Mio., die sich bis zum
11. Jh. auf 3–3,5 Mio. erhöht habe [KELLENBENZ in: 19, S. 741]. Nur soviel ist
gewiss: Die Bevölkerung Europas wächst seit der großen Pest des 6. Jh.
wieder kontinuierlich und ohne große Rückschläge an; die Folge ist stärkste
gesellschaftliche Dynamik [FOSSIER: 194; HERLIHY in: 198; zurückhaltend
LEYSER: 209]. Auch die Normannen- und Sarazeneneinfälle bedeuten demo-
graphisch keinen Einschnitt. Ob wirklich, wie regelmäßig angenommen wird,

das Bevölkerungswachstum sich im 8. und 9. Jh. verlangsamt, um sich dann seit dem 10. oder 11. Jh. abermals zu beschleunigen [so seit RUSSELL: 219; DUBY: 191; FOURQUIN: 195; DOEHAERD: 859], scheint angesichts der dafür zur Verfügung stehenden und in unterschiedlicher Weise fragmentarischen Quellen und ihrer umstrittenen Auswertung völlig ungewiss [über Grenzen der Aussagemöglichkeiten und allgemeine methodische Schwierigkeiten: MÉNAGER: 212; FOSSIER: 193; DEVROEY: 190; SCHWARZ: 223]; die miteinander vernetzten „Determinanten der Bevölkerungsentwicklung" sind für das frühere Mittelalter nur selten genau zu fixieren [HERRMANN/SPRANDEL (Hg.): 198]. Ebenso fraglich erscheint es, ob – wie behauptet – die kirchliche Enthaltsamkeitsforderung während der drei großen Quatemberzeiten eine um 30–40 % gesenkte Empfänglichkeitsrate bewirkte und für den Wachstumsstillstand der Bevölkerung bis ins 11. Jh. verantwortlich zu machen ist [so FLANDRIN: 192]; selbst über Methoden der Empfängnisverhütung sind wir nur unvollkommen, besser hingegen über die Normen, zumal die Verbote unterrichtet [NOONAN JR.: 213; PAYER: 215; BRUNDAGE: 187]. Es fehlen zuverlässige Daten über das tatsächliche Sexualverhalten der großen Bevölkerungsmasse – und allein sie zählt hier. Zweifellos hemmt die endliche Verfügbarkeit von Nahrung ein allzu rasches Wachstum; doch verschiebt sich die Lage in dem Maße, in dem die Versorgungslage sich bessert; in welchen Rhythmen sich indessen die Systemkapazität innerhalb der hier betrachteten 200 Jahre ändert, ist nicht zu erkennen. Die kulturgeschichtliche Seite der Sexualität zieht ihrerseits das Interesse der Historiker auf sich [LUTTERBACH: 210], der Homosexualität nicht minder [BOSWELL: 185; 186]. Auch die Gender-Frage stößt auf breites Interesse [KUCHENBUCH: 206; HEENE: 196; OBERMEIER: 214; BORGOLTE: 184]. Haben die Geschichtsschreiber und sonstigen Aufzeichnungen der Epoche auch wenig für den Körper übrig, so die Historiker von heute umso mehr. Denn auch der Körper besitzt eine Geschichte. Seine Pflege, seine Darstellung, sein Schmuck, seine Symbolik, seine rituelle Positionierung im Raum verdienen entsprechende Aufmerksamkeit [WENZEL: 97].

Ernährung Zu den schriftlichen Quellen, auf die alle ältere Forschung nahezu ausschließlich angewiesen war [HINTZE: 199; SCHWANITZ: 222], gesellen sich wiederum die Ausgrabungsbefunde. Zwar enden die Beigaben führenden Gräber im Frankenreich bereits im 8. Jh., so dass für das 9. und 10. Jh. nur noch bei den Westslawen und in Skandinavien die Grabausstattungen Hinweise auf die Sozialstrukturen bieten [STEUER: 224]; doch treten andere Befunde hervor. Fäkaliengruben lassen sich noch nach Jahrhunderten im Boden bestimmen und auswerten. Sie verraten nicht zuletzt einiges über menschliche Ernährung [KNÖRZER: 204] und Parasitenbefall [HERRMANN: 197]. Einer der auffallendsten Befunde ist die starke regionale, z. T. geradezu kleinsträumige Verschiedenheit der jeweiligen Nahrungsmittel [BEHRE: 182]. Der Speiseplan der muslimischen Welt nimmt sich ganz anders aus [WATSON: 226] als jener der lateinischen. Dieser ist vor allem in nördlichen Breiten stets eintönig; einige Getreide-, Gemüse- und Obstsorten stehen zur Verfügung

[BEHRE: 139; Bibliographie: WILLERDING: 229; 230; KÖRBER-GROHNE: 205], Fleisch und Fisch nur in begrenztem Maße [vergleichend: CLASON: 188; zusammenfassend: JANSSEN: 203; REICHSTEIN in: 198]. Die Ertragsrate bei Getreide liegt bestenfalls bei 1:4 [SLICHER VAN BATH: 869]. Der Roggenanbau nimmt vom 8. zum 10. Jh. mit nachhaltigen Konsequenzen für technische Innovationen und gesamtkulturellen Folgen [MITTERAUER: 122], der Hopfenanbau seit dem 9. Jh. erheblich zu. Die seit römischer Zeit eingeführten Wein, Birne, Pfirsich oder Walnuss sorgen weiterhin, soweit es das Klima zulässt, für Gaumenfreuden; die (römische) Technik des Pfropfens erscheint – durch Mönche verbreitet – erst um die Jahrtausendwende in Norddeutschland. Kurzfristige Ernährungskrisen sind an der Tagesordnung, auch wenn langfristig eine Zunahme der Eiweißnahrung vorauszusetzen ist. Lokale und überregionale Hungersnöte suchen in regelmäßigen Intervallen die Bevölkerung heim [CURSCHMANN: 189]. Der landwirtschaftliche Ertrag ist stark wetterabhängig. Klimaforschung gewinnt für mediävistische Bevölkerungs-, Siedlungs-, Wirtschafts- und Agrarhistoriker somit zunehmend an Bedeutung [vgl. schon HUNTINGTON: 201; LE ROY LADURIE: 208; WILLERDING in: 289; LAMB: 207]. Methodisch unbefriedigend sind indessen Versuche, welche die Frage der Unter- oder falschen Ernährung allein anhand schriftlicher Quellen erörtern [so z. B. aufgrund klösterlicher Speisepläne ROUCHE: 216; 217; dagegen HOCQUET: 200]; die Wirklichkeit der Abfallgruben sieht allzuoft anders aus. Infektionskrankheiten erscheinen als Bevölkerungsregulativ [MCNEILL: 211]. Systematische Skelettuntersuchungen der ausgegrabenen Friedhöfe liefern eine reiche Datenfülle zu Geschlechterrelation, Altersstruktur und Volksgesundheit.

Die Lebensbeschreibungen aus der Karolingerzeit schienen im Unterschied zu jenen des 10. und frühen 11. Jh. einem einheitlichen Muster zu folgen. So drängte sich denn auch erst für die Ottonen- und Salierzeit die Frage nach individualisierender Persönlichkeitsschilderung und überhaupt nach Individualität als Wert auf. K. Lamprecht hatte mehr beiläufig die These aufgestellt, das frühere Mittelalter habe nur Typisches gesehen und geschildert, kaum Individuelles; das lag auf einer Linie, die J. Burckhardt bereits gezogen hatte. Die dagegen vorgebrachten Argumente überzeugten wenig, auch sie blieben im Allgemeinen [HAGENEIER: 20]. „Nicht Photographien, sondern stilisierte Gemälde" wollten die ottonischen Autoren bieten, nicht „Lebensfrische und Erdensinn", sondern „Entwirklichung der Dinge" kennzeichneten sie; sie blickten auf das „Zeitlose" im Zeitlichen [V. D. STEINEN: 262, S. 2 ff.]. „Individualität (war) zwar eine häufige Tatsache, aber kein Ideal" [LÖWE: 250, S. 530]. Erst das späte 11. und vor allem das 12. Jh. „entdeckte", so lehrte nun eine verbreitete Anschauung [MORRIS: 253; BORST: 234; COURCELLE: 236], Selbstbewusstsein, Individualität und Nonkonformismus. ULLMANN konstatierte für die ältere Epoche nur „Untertanen", nicht „voll erwachsene Bürger"; statt „im öffentlichen Leben autonome, selbständige und angeborene Rechte und einen Anspruch auf Mitwirkung bei der Leitung der öffentlichen

Zur Frage von Persönlichkeit und Menschenbild

Angelegenheiten" zu besitzen, wurden „die Einzelnen als Glieder des Volkes" behandelt, „als ob es sich um Minderjährige handelte" [264, S. 12, S. 21]. Auch jetzt blieb Widerspruch nicht aus, doch war zuzugeben, dass die Praxis der Selbstprüfung sich erst im 12. Jh. tiefer und weiter verbreitete als je zuvor seit den Zeiten des hl. Augustinus [BENTON: 231], wenn man von Rather von Verona einmal absieht [LEONARDI: 249]. Die Quellen spiegelten die Bindung der einzelnen an ihre Gruppe [K. SCHMID: 257] und die Rollenerwartung, der sie ausgesetzt waren; sie zeigten Norm und Normerfüllung [KÖHLER: 247], gerade wenn sie – wie bei Brun von Köln, dem ersten „Reichsbischof" – neue Handlungsweisen zu legitimieren hatten [H. HOFFMANN: 1373; LOTTER: 251; SCHWENK: 260]. Doch verwehrt das alles nicht – obwohl „unfassbar" – die Auseinandersetzung mit dem Individuum in der hier fraglichen Zeit [GURJEWITSCH: 244; Individuum: 246]. Hier sind die Grundlagen des künftigen Ideals der *curialitas* zu suchen, des Höflings, der um der Behauptung am Hofe willen zu Selbstzucht und Zivilisation getrieben wird und damit ein neues Ideal hervorbringt [JAEGER: 245]. Die Diskussion um die Echtheit von Thangmars Vita Bernwards von Hildesheim sollte beendet sein [GIESE: 240]. Abgeschlossen ist auch das grundlegende Werk von W. Berschin zur Biographik des frühen und hohen Mittelalters, das etwa 1000 biographische Texte einzeln und systematisch untersucht [BERSCHIN: 232]. Rückten die Lebensbeschreibungen zunächst ganz das asketische Ideal des Heiligen und Mönchs in den Vordergrund, so entwickelte der Weltklerus seit etwa der Jahrtausendwende ein eigenes (wenn auch am monastischen orientiertes) Ideal. Hingabe an den Gottesdienst sollte die Menschen erfüllen [V. D. STEINEN: 261], wie überhaupt die Viten und ihr Menschenbild nicht zuletzt in der Tradition der Hagiographie zu beurteilen sind, welche fortschreitender Stilisierung nach wechselnden und daher für die jeweilige Epoche aufschlussreichen literarischen Mustern oder neuen Idealen der Heiligkeit unterlag [LOTTER: 252; CORBET: 235; SCHÜTTE: 258]; des Abtes Odo von Cluny Vita des hl. Gerald von Aurillac bietet ein oft erörtertes Beispiel [POULIN: 255; LOTTER in: 1683]. Der Wandel von der „realistischen" Vita zur „reinen" Legende kann, wie sich am Beispiel des hl. Ulrich zeigen ließ [W. WOLF: Von der Ulrichsvita zur Ulrichslegende, Diss. München 1967], innerhalb weniger Jahre oder Jahrzehnte erfolgen; die Echtheit der Kanonisationsbulle Johannes' XV. für Ulrich wird wohl zu Unrecht angezweifelt [anders SCHIMMELPFENNIG: 256; G. WOLF: 265; dagegen E.-D. HEHL in DA 1996, S. 195–211; die Vita wurde neu ediert: BERSCHIN/HÄSE: 233]. Auf die politische Relevanz der mittelalterlichen Heiligenverehrung hat GRAUS wiederholt verwiesen [242; 243; 413]. Fürsten und Könige förderten einzelne Kulte nicht zuletzt zur Intensivierung der politischen Gemeinschaft, nutzten sie also instrumental zur Verwirklichung nichtreligiöser Ziele. Dem für das Mittelalter charakteristischen Phänomen heiliger Könige widmete FOLZ [239] eine Gesamtdarstellung. Für die Mentalitätsgeschichte ist die Auswertung der Hagiographie kaum zu überschätzen.

Der Geograph GRADMANN [285], der die beiden Grundtypen des Altsiedel- und des jung besiedelten Landes in die Diskussion einführte, begründete die landschaftsgenetische Forschung; ihre Aufgabe ist die Erhellung der Zusammenhänge zwischen Klima, Boden, Vegetationsgeschichte und Besiedlung, ihr Ziel die kartographische Darstellung der Entwicklungsetappen. FEBVRE [270] vertiefte dann von historischer Seite die Forderung nach verstärkter Berücksichtigung der geographischen Komponente der Geschichte; Boden und Klima seien für den Historiker wichtiger als Vererbung (im biologischen Sinne) und Genealogie. 1952 legte Gradmanns Schüler SCHLÜTER für Mitteleuropa eine bis heute einzigartige Karte vor, welche die Siedlungsräume des früheren Mittelalters bis zum Beginn des hochmittelalterlichen Landesausbaus erfassen sollte [279]. Die Karte wurde zwar seit ihrem Erscheinen berechtigter Kritik unterzogen; sie zeigte z. T. zuviel, z. T. zu wenig Siedlungsland, legte zeitliche Entwicklungslinien fest, die entweder anders verliefen oder gar nicht zu rekonstruieren sind [vgl. JÄGER: 276]; sie bleibt gleichwohl „überaus nützlich, da sie existiert" [HIGOUNET: 275, S. 41]. Vor allem trug ihre methodische Basis nicht, da eben – anders als von Schlüter angenommen – gerade keine kontinuierliche und geradlinige Entwicklung, vielmehr häufige Rückbildungen und Umbrüche der jeweiligen Kulturlandschaft zu registrieren sind, da weiter unterschiedliche Siedlungsformen kaum noch oder nur recht eingeschränkt als zeitliche Kriterien für die Erschließung der Siedlungsräume und in erster Linie funktional als Ausdruck des Gestaltungswillens und der Bedürfnisse der am Siedelprozess Beteiligten zu gelten haben, und da schließlich die von der Karte vorgetäuschte Gleichzeitigkeit der Entwicklung in Wirklichkeit einer höchst divergierenden regionalen Ungleichzeitigkeit der einzelnen Landschaftsstadien entspricht [JÄGER: 276]. Hier können nur regionale Einzelstudien helfen; wiederum leistet die Archäologie einen bedeutenden Beitrag [JANKUHN: 278]. Einen länderweise geordneten Überblick bietet der Sammelband „Genetische Siedlungsforschung in Mitteleuropa und seinen Nachbarräumen" [FEHN u. a. (Hg.): 271]; zusammenfassend handelt über die Entwicklung der Siedlungsräume und der Siedlungsformen in Mitteleuropa aus geographischer Sicht: BORN [267; 268; FEHN: 272], für den Bereich der ehemaligen DDR: GRINGMUTH-DALLMER [273]; für die Salierzeit: BÖHME (Hg.) [266]; für die Niederlande: VAN ES [269].

Siedlungsforschung

Die Erforschung des frühmittelalterlichen Landesausbaus vereint Historiker, Geographen und Archäologen [z. B. NITZ: 294; DERS. (Hg.): 293; DERS. in: 920; MÜLLER-WILLE: 292; FINKE: 281; vgl. die Zeitschrift „Siedlungsarchäologie" seit 1983]. Zahlreiche regional oder lokal ausgerichtete Einzelstudien sind ihm gewidmet [z. B. JANSSEN: 290; SCHWARZ in: 137, Bd. 2; GOCKEL: 284; BRANDT: 280; HEINZELMANN: 274]. Das Anwachsen älterer Einzelhofsiedlungen zu Gruppensiedlungen lässt sich archäologisch verfolgen [z. B. SIEVERDING: 295]. Eine befriedigende Zusammenfassung der nicht linear, sondern in Wellenbewegungen, Sprüngen und Rückschlägen verlau-

Landesausbau

fenden Entwicklung fehlt bislang [vgl. einstweilen FOSSIER: 283, S. 98 ff.]. Die Methoden, den Fortgang des Landesausbaus zu datieren, sind, seitdem P. GRIMM [286] erstmals eine mittelalterliche Siedlung ganz ausgrub, wesentlich verfeinert. Insbesondere die Pollenanalyse erlaubt, verschiedene Rodungs- und Verwaldungsphasen klar zu scheiden und damit in der Regel auch zu datieren [z. B. WILLERDING in: 289; WIETHOLD: 228]; man darf sich daran wagen, ganze Landschaftsbilder zu rekonstruieren [z. B. BEHRE: 182, S. 125 ff.]. Einzigartig für Mitteleuropa im 10. Jh. ist der Reisebericht des Ibrâhîm ibn Ya'qûb mit seiner Beschreibung des Wegs von Prag nach Magdeburg an den Hof Ottos d. Gr.; die Publikationen dazu vereint F. SEZGIN [202].

Wüstungsforschung Derartige Studien werden ergänzt durch die Wüstungsforschung, die zunächst vorwiegend von Historikern des späten Mittelalters betrieben wurde. Doch erweist sie sich auch als aussagekräftig für die Siedlungsgeschichte des beginnenden Hochmittelalters [GRIMM in: 300; ABEL (Hg.): 296; JANSSEN: 290]. Die wechselvolle Dynamik des Siedlungsprozesses tritt auch für diese frühe Zeit hervor; denn Wüstungen entstanden, das hat die neuere im Gegensatz zur älteren Forschung klar herausgearbeitet, nicht nur als einmaliger Vorgang zu Ende des Mittelalters, sie waren vielmehr die eine Seite eines ständigen Migrationsprozesses. Nach Janssen etwa zeichnen sich (im Eifelgebiet) von der Spätantike zum Spätmittelalter insgesamt fünf größere Wüstungsperioden ab, deren dritte vom späten 8. Jh. bis ins frühe 10. Jh. sich erstreckte. Ihr folgte nicht nur eine neue kolonisatorische Hochphase, sie war zugleich von einer nicht zu unterschätzenden Ausbauphase überlagert. Landesausbau, Kolonisation und Wüstungsprozesse lassen sich also nicht immer eindeutig und zeitlich scharf voneinander trennen [JANSSEN: 299, Bd. 1; in: 289; FEHRING: 297]. Es mag strittig sein, wie tragfähig die jeweiligen Einzelergebnisse sind, das Phänomen als solches ist kaum zu bezweifeln. Siedlungen wandern im früheren Mittelalter ohnehin; sie bleiben vielleicht für ein bis zwei Jahrhunderte ortsfest, um dann – abgerissen – an anderer Stelle wieder errichtet zu werden; für Süddeutschland hat STEUER auf derartige Instabilität, die erst im 9. und 10. Jh. überwunden wird, aufmerksam gemacht [in: 174]. Häuser gelten selbst in Städten noch weit länger als Mobilien, nicht als Immobilien.

2. GESELLSCHAFTLICHE BINDUNGEN

Europa Der Prozess der europäischen Integration hat auch Geschichtsforschung und Geschichtsschreibung erfasst. Zunehmend werden transnationale Perspektiven eingenommen, obgleich nationale Traditionen mancherlei Schwierigkeiten bereiten und keineswegs einfach abgelegt werden. Europas Einheit ist einstweilen historiographisch noch nicht begründet, wobei ungewiss ist, ob sie je möglich sein wird („unintegratable": DAVIS: 302, S. 1118; GOETZ: 14). Noch gibt es kein allseits akzeptiertes Muster einer gemeinsamen europäischen Geschichte, keine „europäische" Meistererzählung; der mittelalterliche „Europa"-Begriff bietet dafür keine Hilfe [LEYSER: 306]. Die Aufgabe erforderte ein Umdenken: Es gälte beispielsweise, die „französische" Geschichte als Element der „deutschen" Geschichte zu begreifen und vice versa [BRÜHL: 316]. Deutsche Geschichte wäre gleichsam von Spanien, England, Frankreich, Polen und Italien aus zu konzipieren und umgekehrt [303; FRIED: 304]. Der Blick auf das politische Geschehen (wie bei [MATZ: 307]) genügte dabei nicht; die Kultur (im umfassendsten Sinne des Wortes verstanden) verlangt nach Beachtung. Sie setzte eigene Schwerpunkte und Wirkungszentren, die sich mit den diversen Herrschaftszentren keineswegs stets überlagern, sooft diese auch zugleich kulturelle Zentren gewesen sein mögen [FRIED: 1821]. Die Traditionen etwa der mittelmeerischen „Pays du droit écrit" – Katalonien, Provence und Norditalien –, die weit über ihre Rechte hinaus antike Institutionen und literarische Überlieferung bewahrten und Neues schufen, strahlen schon seit dem 9. Jh. immer intensiver nach dem Norden aus [FRIED: 553]. Am stärksten nähert sich dem Ideal in essayistischer Form J. LEGOFF [305] und auf die Besonderheiten des „Wegs der Gesellschaftsentwicklung" achtend MITTERAUER [122, S. 9]. Die integrativen und zugleich nach „außen" abgrenzenden Momente der Religions- und Kirchengeschichte nutzt M. BORGOLTE [6] zu Konzeption und Darstellung einer Geschichte Europas im Mittelalter.

Für das 19. Jh. waren die modernen Nationen eine selbstverständliche Gegebenheit; ihren Anfängen nachzuspüren erübrigte sich. Einige Studien von DOVE [318] blieben ohne sonderliche Resonanz. Die Diskussion entzündete sich erst – zunächst auch nur in Deutschland – in den 1930er Jahren. Im Mittelpunkt stand dabei die an sich alte Frage nach der „Entstehung des deutschen Reiches" [KÄMPF (Hg.): 329; BARTMUSS: 309; HLAWITSCHKA: 328; weiterführend: J. EHLERS: 321; 323]; sie wurde ergänzt durch den Beitrag der Philologie, welche die Entstehung des deutschen Volksnamens erörterte (s. unten), später dann auch durch ethnologisch bestimmte Forschungsansätze, die lehrten, nicht die undifferenzierte „Volksmasse" als Repräsentanten des Volksbewusstseins zu sehen, sondern bestimmte kleinere Gruppen als Traditionsträger oder -kern anzusprechen, bei denen in der hier fraglichen Zeit zugleich die politische Führung des jeweiligen „Volkes" lag [WENSKUS: 1483]. Der Adel gewann damit neben dem Königtum besonderes Gewicht für die Volksentstehung. Auf historischer Seite rückte die Alternative ins Zentrum: Ging das Volk dem Reich voraus [so SCHLESINGER: 338; 337], oder war es umgekehrt: ließ erst das Reich das Volk entstehen [so FLECKENSTEIN: 326]? Wann vollzog sich die Ethnogenese und welche Triebkräfte waren am Werk? Die Diskussion – auch weiterhin überwiegend auf die deutschsprachige Forschung beschränkt, obwohl grundsätzlich alle europäischen Nationen einbezogen wurden – führte zu einem umfangreichen Forschungsprogramm über die Entstehung der europäischen Nationen im Mittelalter [zusammenfassend: BEUMANN: 312]. Was war die „Patria", von der immer wieder die

Ethnogenese

Rede war [EICHENBERGER: 325]? Die konstitutive Kraft der politischen Entwicklung – der Zerfall des Frankenreiches und neue Reichsintegration [ALTHOFF u. a.: 308] – wurde deutlich. Das Verhalten des Adels im sich auflösenden Frankenreich war keineswegs einheitlich. Zwar nahmen im Ostreich die Ehen über Stammesgrenzen hinweg erheblich zu [WENSKUS: 1483], förderten also ein neues Zusammengehörigkeits- und Abgrenzungsbewusstsein seiner Führungsschicht; auch galten bei Widukind von Corvey die Franken und Sachsen „gleichsam als ein Volk" [PÄTZOLD: 333; BEUMANN: 313]. Zugleich aber hatten die Ottonen die Eigenständigkeit der „Stämme" zu respektieren (die durchaus als „Völker" angesehen werden können) [vgl. bes. KELLER: 1348]; ein das „Stammes"bewusstsein überlagerndes und verdrängendes „Volks"bewusstsein hatte es unter diesen Umständen schwer, sich durchzusetzen; das Beispiel der Sachsen ist eigens untersucht, wobei deutlich wird, wie sich in der semiliteraten Gesellschaft des früheren Mittelalters die historische Erinnerung fließend und sich kontinuierlich ändernd an die Bedürfnisse und Verhältnisse des „erzählenden Augenblicks" anpasst [BECHER: 310; 311]. Ein wenig anders verlief die Entwicklung in Ostfranken, das sich von „Westfranken" und auch den fränkischen Regionen am Rhein zu unterscheiden begann [LUBICH: 330]. Königtum und das „Reich" traten nun als konstituierende Faktoren hervor. Ein neues „Wir"-Gefühl begann sich seit ottonischer Zeit mit dem *regnum* zu verbinden [EGGERT/PÄTZOLD: 319]. Nicht allein der König einte das werdende Volk, vielmehr König und Adel trugen nun, anders als in karolingischer Zeit, gemeinsam das „Reich". Seit wann aber galt dieses nicht mehr als fränkisch im herkömmlichen Sinne? Bereits mit der festen Etablierung der sächsischen Ottonen [so FLECKENSTEIN: 326]? Und war es dann schon „deutsch"? Die berüchtigte Stelle der größeren Salzburger Annalen (um 960?), die zum Jahre 920 vom *regnum Teutonicorum* sprechen, bleibt in jedem Fall diskussionsbedürftig [MÜLLER-MERTENS: 331; BEUMANN in: 314; Theotiscus/Teutonicus zunächst auf die Baiern bezogen: WOLFRAM: 359; 360; 361; vgl. JAKOBS: 350, S. 70]. Oder mussten Deutschland und Frankreich gleichzeitig aus einem einzigen Zerfallsprozess als Zerfallsprodukte hervorgehen, konnten also keinesfalls, bevor mit dem Dynastiewechsel im Westen (987) das Ende des karolingischen Frankenreiches definitiv besiegelt war, entstanden sein [so BRÜHL: 316]? Oder ist das faktische Auseinandertreten des Ost- und des Westreiches bereits unter Karl d. Einf. in einem solchen Maße bewusst geworden und in der Herrschaftstheorie (durch das Aufgreifen des gentilen Zusatzes *Francorum* zum Königstitel) so distinguierend reflektiert, dass seine Regierungszeit, näherhin vielleicht sogar das Jahr 911, in dem der Titel als Reaktion auf Konrads I. Königtum erstmals auftaucht, den Beginn der französischen Geschichte markiert, dass dieser König sogar „zu den Vätern der französischen Nation" gerechnet werden muss [so EHLERS: 322, S. 22; DERS.: 320; SCHNEIDMÜLLER: 1334]? Die Diskussion ist noch in vollem Gange [vgl. HLAWITSCHKA: 328: zwischen 898/900 und 920; zusammenfassend: SCHNEIDMÜLLER in: HINRICHS: 1310; J. EHLERS: 11]. Drei

Faktoren gelten für maßgeblich: *Gens, patria* und *rex* [SCHNEIDMÜLLER: 339]; auf Schwaben und Alemannien bezogen ZOTZ [340]. Die Diskussion hat mittlerweile auch die angelsächsische und französische Forschung erreicht [317].

Seit J. Grimm setzte eine intensive Diskussion um Herkunft, Entstehung und Ausformung des deutschen Volksnamens ein [EGGERS (Hg.): 342; HAUBRICHS: 347]. Denn bevor es Volk und Namen der „Deutschen" gab, kursierte schon das Appellativum „deutsch", das zuerst bei Notker d. D. um 1000 als *diutisk* belegt ist [EGGERS: 342, S. 375 f.]. Das Proprium folgte ihm, wenn auch zögernd; seit dem 9. Jh. entsteht es in Italien [JARNUT: 351], doch erst um 1200 hat es sich auch im „deutsch"-sprachigen Gebiet durchgesetzt. Lange galt als gesichert, dass die Entwicklung mit dem mittellateinischen *theodiscus*, zuerst 786 und 788 belegt, einsetzte, dessen Herkunft aus westfränkisch *thiudisk* FRINGS [in: 342] nachwies. Doch während dieses allgemein „zur *thiod* gehörig", „dem *thiot* eigen" bedeutete, beschränkte die gelehrte lateinische Neuprägung ihren Geltungsbereich auf die nichtlateinischen, nichtromanischen Idiome „germanischer" Zunge wie etwa auch der Angelsachsen oder Normannen. Es mag sein, dass bei der Neuprägung fränkischer Stolz die Feder führte, insofern den Franken das naheliegende *gentilis* zu eng „gentil" oder zu „heidnisch" besetzt war, als dass es die (Gerichts-)Sprache des christlichen „Volkes" im Gegensatz zur lateinischen Kirchensprache angemessen hätte wiedergeben können. Diskutiert wird zugleich die Frage nach der ursprünglichen Bedeutung für * *thiod*, ob ein engerer Sinn „Gerichtsversammlung", „Heer" [auf E. ROSENSTOCK zurückgreifend: JAKOBS: 349; 350; THOMAS: 356; SPRINGER: 354] oder ein weiterer Sinn „Volk" zugrunde zu legen sei, der die engere Bedeutung mit einschließt (so die gleich genannten Germanisten). Im Laufe des 9. und 10. Jh. verengte sich, ausstrahlend vom karolingischen Hofe und gefördert durch geistig führende Autoren der 1. Hälfte des 9. Jh., im Frankenreich seine Geltung zunehmend auf „volkssprachlich im Ostteil des Reiches" [BETZ in: 342]. Nachdem ältere germanistische Forschungen [FRINGS in: 342; WEISGERBER: 358; noch EGGERS in: 342] im Osten des Frankenreiches, rechts des Rheins, ein bodenständiges * *thiudisk* vermissten, führten in jüngster Zeit neu- oder wiederentdeckte Glossenbelege zu der These, dass auch hier * *thiudisk* wohl schon für das frühe 8. und *diutisk* gewiss für das späte 9. Jh. zu erschließen seien, und dass das schriftsprachliche *theodiscus* trotz seiner angeblich kräftigen Unterstützung durch den karolingischen Hof und andere einflussreiche Kreise stets mit einem eingedeutschten, rechtsrheinischen *thiutiscus* konkurriere und anscheinend in Bayern gegen dieses überhaupt nie Fuß fassen konnte [REIFFENSTEIN: 352; WORSTBROCK: 362; mit stärkerer Hervorhebung des niederdeutschen Sprachraumes HÜPPER in: 341; TH. KLEIN in: 347; dazu die Kasseler Priscian-Glosse in insularer Schrift aus dem 2. Viertel des 9. Jh.]. Demnach wäre nur der lateinische Kunstname nach Osten und Südosten gewandert, hätte den volkssprachlichen Idiomen seine gelehrte, neue, „politische" Bedeutung mitgeteilt

<small>Entstehung des deutschen Volksnamens</small>

und so vermocht, „den Wandel (des einheimischen *diutisk*) vom Appellativum zum Proprium anzustoßen" [WORSTBROCK: 362, S. 374]. Die abweichende These STRASSER [355], dass nämlich die politische, auf Abgrenzung gegen das Westreich gerichtete Etablierung des Ostfrankenreiches das baierisch-oberdeutsche *diutisk* zum Eigennamen des Volkes werden ließ, konnte sich nicht durchsetzen. Der Historiker THOMAS [356; 357] bestreitet indessen generell für das 9. und 10. Jh. die Existenz eines volkssprachlichen Äquivalents zum mittellateinischen *theodiscus*, der Volksname dringe erst seit der Zeit Ottos III. von Italien aus über die Alpen. Der Versuch von ZÖLLNER [363], das karolingerzeitliche *diutisk* mit *gentilis* in Verbindung zu bringen und den Namen aus dem Bewusstsein abzuleiten, aus dem Heidentum zum Christentum berufen zu sein, ist gescheitert [REIFFENSTEIN: 353]. Wie dem nun im Einzelnen sei, die Geschichte des von einem „Volks"-Begriff abgeleiteten Volksnamens zeigt, dass die Deutschen nie in dem Sinne als *thiod* galten wie die Franken oder Bayern. Bezeichnenderweise geht denn auch die Verwendung von *thiod* als „Volks"-Begriff nach dem 9. Jh. drastisch zurück [EHRISMANN: 344].

Deutsche Sprach- einheit

Parallel mit der Frage nach dem deutschen Volksnamen suchte man die Entstehung einer deutschen Spracheinheit aufzuhellen. Bereits MÜLLENHOFF [370] entwarf das visionäre Bild einer karolingischen deutschen Hofsprache als einheitsförderndem „Grundtypus" und fand damit ebenso rasch Zustimmung [dazu BETZ in: 342], wie er bald auf Ablehnung stieß [dazu MATZEL: 369]. Wieder wurden zahlreiche Einzelstudien, zumal sprachgeschichtlicher Art, nötig, um den vereinheitlichenden Spracheinflüssen im Althochdeutschen auf die Spur zu kommen [BRINKMANN: 365; WAGNER: 374; SCHÜTZEICHEL: 372]; der Einfluss des Christentums wurde untersucht [DE SMET: 373; FREUDENTHAL: 367], die einheitstiftende Bedeutung der Rechtssprachen erkannt [FREUDENTHAL: 366; SCHMIDT-WIEGAND in: 314]; BACH [364] entdeckte eine „Frankonisierung" des deutschen Ortsnamenschatzes, die v. POLENZ [371] bestätigen konnte. Nicht zuletzt musste ein reger personaler und allgemein kultureller Austausch zwischen den „deutschen" Stämmen auch den Sprachausgleich unter ihnen fördern. SONDEREGGER [in: 314] schließlich erkannte – vielleicht zu optimistisch – in graphematischem Ausgleich, in Vereinheitlichungen des Laut- und Formensystems, in Lexik und Syntax ein vom 8. zum 11. Jh. zunehmend einheitlicher werdendes Sprachsystem des Deutschen und beobachtete den Wandel von einer „stammessprachlichen Bewusstseinsstufe", wie sie etwa noch Otfried v. Weissenburg repräsentierte, zu einem „allgemeinen deutschen Sprachbewusstsein", das spätestens um die Jahrtausendwende erreicht sei und bei Notker d. D. fassbar wird. Erst die neuere Forschung zeigt grundlegende Skepsis gegenüber derartiger Suche nach einer frühmittelalterlichen „deutschen" Spracheinheit [zusammenfassend: GEUENICH: 345; 346].

Skandinavien

Die Frühgeschichte der skandinavischen Völker liegt durch den Mangel an erzählenden Quellen weitgehend im Dunkeln. Einige Sagas spielen zwar in

den hier fraglichen Jahrhunderten, doch sind sie zumeist erst im 12. oder
13. Jh. aufgezeichnet [Übersicht: JONES: 387]. Ihr Quellenwert ist Gegenstand
einer Diskussion über die Grenzen historischer Erkenntnis durch „oral-
tradition"-Theorie; die Texte sind stärker als bislang üblich aus ihrer zeitge-
bundenen Fixierung heraus zu interpretieren und nicht „im großen Brei der
oral tradition" zu „verrühren" [v. SEE: 396]. Die ca. 3000 zeitgenössischen
Runeninschriften [RUPRECHT: 393; JANSSON: 386; DÜWEL: 379; DERS. in: 871,
Teil 4] und die spärlichen Reste der Skaldendichtung [v. SEE: 397] beleuchten
nur sporadisch einzelne Ereignisse. Wichtig sind die Berichte angelsächsischer, fränkischer und „deutscher" Autoren. Zusammenfassende Darstellungen sind freilich überwiegend auf archäologische Befunde angewiesen [GRA-
HAM-CAMPBELL/KIDD (Hg.): 1064; WILSON: 400; RANDSBORG: 391; ROES-
DAHL: 392; CAPELLE: 376; KAUFHOLD: 388; FORTE/ORAM/PEDERSEN: 381 mit
der provozierenden These einer bereits im 1./2. Jh. beginnenden skandinavischen Staatenbildung als Folge der Schlacht im Teutoburger Wald]. Gerade
die Erforschung der vikingerzeitlichen Gesellschaft birgt besondere Schwierigkeiten [FOOTE/WILSON: 380]. Verbandsbildung und Ethnogenese sind nur
schemenhaft zu erfassen. So bleiben auch die Vorgänge um die Konstituierung
der drei großen nordischen Königreiche der Dänen, Schweden und Norweger
und ihre Missionierung weitgehend im Dunkeln [für Dänemark vgl. E. HOFF-
MANN: 384; 385; ANDERSEN: 375; 377; FRIED: 111].

Besser ist es um die Erforschung der Ethnogenese unter den Westslawen   Westslawen
bestellt. Sie erlebte in den letzten Jahren einen erheblichen Aufschwung
[LUDAT: 424; VLASTO: 438; FRITZE (Hg.): 410; 412; DRALLE: 403; J. HERR-
MANN (Hg.): 419; Gli Slavi Occidentali: 457; LÜBKE: 425; 426; 427; WOLFRAM:
32; 303]. Wiederum haben archäologische Funde zum mährischen Reich, in
Böhmen, im Gebiet der Elbslawen, in Holstein [MÜLLER-WILLE: 428] oder in
Polen den Kenntnisstand erheblich ausgeweitet [J. HERRMANN: 416; 417; 418],
während die Diskussion über den hl. Method (†885) und sein Wirken zwischen Byzanz und Rom durch das Jubiläum von 1985 neue Anregungen
erhielt [LÖWE: 423 und in: 457; H. DOPSCH: 402; 415; 435; PERI: 430]. Das
sog. „Großmähren" ist überhaupt erst seit den 1950er Jahren ein spezielles
Forschungsgebiet [414; TŘESTÍK: 436]; zuvor fand allein die päpstliche Politik
in der fraglichen Region einige Aufmerksamkeit [LACKO: 421]; doch standen –
entgegen der verbreiteten Ansicht – Mähren und sein Fürst oder König nicht
in päpstlichem (Bann-)Schutz oder unter päpstlicher Schutzherrschaft, die es
damals für Laienfürsten noch gar nicht gab [FRIED: 407, S. 40–48]. Umstritten
ist, ob die „Megale Morabia" des Konstantin Porphyrogennetos (erst um 950,
lange nach dem Untergang des mährischen Reiches) mit „(Alt-, nicht Groß-)
Mähren" oder mit „Pannonien" oder dem heutigen Ostungarn identisch ist
[vgl., durchweg wenig überzeugend, BOBA zuletzt in: 415, ähnlich BOWLUS:
401, auch EGGERS: 404; 405; dagegen DOPSCH: 402]. Anzunehmen ist freilich,
dass Papst Nikolaus I. das Erzbistum Sirmium erneuern zu können hoffte
und Method als Metropolit ins Auge gefasst wurde. Dies bedeutete eine

Konfrontation mit den Missionaren aus Salzburg [LOŠEK: 422]. Für Böhmen ist GRAUS [413] heranzuziehen, der auch die national integrierende Rolle der Heiligen Wenzel und Adalbert untersuchte [in: 406; vgl. weiter JILEK: 420; SASSE: 431]. Doch genießt die Zeit um die Jahrtausendwende durchaus allgemeine Aufmerksamkeit [SOMMER: 433]. Die ältere, in der Diözese Lüttich, nicht in Rom verfasste Vita des hl. Adalbert entstand in einem anderen als dem bisher vermuteten Kontext [FRIED: 408; J. HOFFMANN: 411]. Auch in Kroatien und Dalmatien gewinnt vom 9. zum 11. Jh. die kirchliche und herrschaftliche Organisation Kontur [437].

Elbslawen Für den Bereich der Elbslawen werden siedlungs- und verfassungsgeschichtliche Fragen ebenso erörtert [vgl. LUDAT (Hg.): 452; SCHLESINGER: 453; ZERNACK: 458; BOHM: 440; 441; SCHRAGE: 456; LABUDA: 450] wie die politischen und dynastischen Verflechtungen [vgl. FRITZE/ZERNACK (Hg.): 446; DRALLE in: 406; FRIEDMANN: 443] oder die Christianisierung und frühe Kirchenorganisation [vgl. SCHLESINGER: 454; BEUMANN (Hg.): 439; KURZE: 449]. Kontrovers zwischen deutschen und polnischen Historikern wird der große Slawenaufstand des Jahres 983 erörtert [BRÜSKE: 442; HELLMANN: 447; J. HERRMANN: 432; 448]. Aus deutscher Sicht galten die Lutizen die längste Zeit als entscheidende Kulturbarriere gegen die Ausbreitung des Christentums im Schutze deutscher Macht, während sie in der polnischen Historiographie gerne als Bollwerk protopolnischer Stammesbrüder gegen den deutschen „Drang nach Osten" angesehen wurden; doch zeichnet sich gegenwärtig eine von Nationalismen gereinigte Neubewertung ab. Sie verweist vor allem auf Heinrichs II. gegen Bolesław Chrobry gerichteten Vertrag mit den Lutizen, durch den die vorangegangene Zusammenarbeit der christlichen Herrscher gegen die heidnische Reaktion beendet wurde. Künftig dominierten allein machtpolitische Interessen und Zielsetzungen [LUDAT: 451]. Die Folge war freilich auf Jahrhunderte eine tiefe zivilisatorische Kluft, ein Verharren in einer heidnisch-archaischen Welt und eine erhebliche kulturelle Verspätung des Landes zwischen Elbe und Oder im Vergleich zu seinen westlichen und östlichen Nachbarn [FRITZE: 445].

Polen Die Beschäftigung mit der polnischen Frühgeschichte litt besonders lange und intensiv unter nationalistisch verzerrten Perspektiven [BRACKMANN: 459], aus denen sie sich nur allmählich befreite [LUDAT: 475; GIEYSZTOR 466; 467; 468; ŁOWMIAŃSKI 473; 474]. Die Quellen fließen spärlich, sind zum großen Teil spät aufgezeichnet und von Fälschungen durchsetzt [BEUMANN/SCHLESINGER: 460]; doch fällt auch von Byzanz aus Licht auf die polnische Frühgeschichte [PRINZING: 476]. Die Rechtsbeziehungen zwischen ottonischem Imperium und „Piasten-Staat" waren ebenso umstritten wie das Verhältnis der frühen polnischen Kirche zur Magdeburger Kirchenprovinz [s. u. S. 171 f.]. Das berühmt-berüchtigte Stück *Dagome iudex* wurde z. B. bald in lehnrechtlichem, bald in eigentumsrechtlichem Sinne als Schenkung Polens an den apostolischen Stuhl interpretiert [BRACKMANN: 459], um das Land vom Reich zu emanzipieren [FRITZE: 445], bald als Unterstellung unter päpstlichen Schutz gedeutet, um tschechische Ansprüche abzuwehren, oder um die Erbfolge der jüngeren Söhne Mieszkos I. gegen den älteren Bolesław Chrobry zu sichern, und schließlich als kirchenrechtliche Zuordnung einer künftigen Diözese oder Kirchenprovinz an den Papst verstanden [WARNKE in: 406; FRIED: 461]. Die Beurteilung von Ottos III. Besuch in Gnesen i. J. 1000 nach nationalstaatlichen Kriterien musste in die Irre führen; erst seine konsequente Deutung im Lichte der kaiserlichen „Renovatio"-Politik und der Eschatologie um die Jahrtausendwende erlaubte eine Neubewertung [LADNER: 472; GIEYSZTOR: 465; LUDAT: 451; FRIED: 409]. Vor allem das Verhältnis Heinrichs II. zu Bolesław Chrobry gab Anlass zu Kontroversen. Wer sollte die Schuld am Friedensbruch tragen, der Piast [so z. B. SCHLESINGER in: 460] oder Heinrich II. [so z. B. FRIED: 462]. Die zuletzt genannte Monographie hat in Polen und Deutschland eine Kontroverse über die Frühgeschichte des polnischen Königtums und des Erzbistums Gnesen ausgelöst [vgl. zuletzt G. LABUDA in: Studia Źródłoznawcze 42, 2005, S. 115–130; doch hat sich L. nicht mit der handschriftlichen Überlieferung der älteren Adalbertsvita auseinandergesetzt, was seine Kritik unberechtigt erscheinen lässt; dazu J. HOFFMANN: 411]. Immerhin führte das konfliktreiche frühe 11. Jh. zu einer dynastischen Verbindung der Piasten mit den Ezzonen [SCHREINER: 477]. Neben derartigen auf die politische Geschichte gerichteten Forschungsinteressen erlauben die archäologischen Funde auch wirtschafts- und sozialhistorische Fragestellungen aufzugreifen [WARNKE: 479 in: 871, Teil 4; HENSEL: 471; ŻAK in: 871, Teil 4]. Zumal die reichen Schatzfunde, die seit dem ausgehenden 9. Jh. vergraben wurden und bis ins 10. Jh. Handelsbeziehungen nach dem mittleren Orient (Chorasmien), seit etwa der Jahrtausendwende vor allem solche nach dem ottonischen Reich spiegeln [STEUER in: 871, Teil 4], finden die Aufmerksamkeit, die ihnen gebührt.

Rus' Die im 18. Jh. ausgebrochene und bis heute fortgesetzte Diskussion um die „Normannen-These": ob wirklich, wie die altrussische sog. Nestorchronik behauptete, die Grundlage politischer Reichsbildung nicht nur in Nowgorod [MÜLLER-WILLE: 486], sondern gerade auch in Kiew entscheidend von Warägern gelegt wurde, oder ob autochthone Entwicklungen ausschlaggebend waren, diese Diskussion wird vielleicht nie zu entscheiden sein [zum Diskussionsstand vgl. die Beiträge in Varangian Problems: 493; HELLMANN (Hg.): 483]. Bis ins 18. Jh. hinein war die Tradition der Nestorchronik auch in Russland anerkannt; dann meldeten sich Kritik und Gegenkritik zu Wort. Numismatische Beobachtungen (arabische Münzen entlang der Wege) und archäologische Funde ließen sich für die eine wie für die andere Version in Anspruch nehmen; Siedlungsgrabungen waren noch nicht möglich. Die Namensforschung schien nordischen Einfluss zu bestätigen. Verständlicherweise fand die Vikinger-These zumal in den skandinavischen Ländern ihre Anhänger, deutsche Autoren waren von Germanophilie nicht immer frei [BRACKMANN: 459]. In der Sowjetunion regte sich seit etwa 1930 ein „Neo-Slawismus" [WORONIN u. a. (Hg.): 494; STÖKL: 505], während im Westen gleichzeitig der „Neo-Normannismus" Triumphe feierte. Doch lässt sich seit den 1950er Jahren ein allmählicher Abbau der Gegensätze beobachten [493; DONNERT: 480] mit der Tendenz, einheimische wie warägische Elemente zusammenzusehen [PRITSAK: 488], ohne jeweils ihren genauen Anteil scharf zu umreißen. Das gilt auch für die einstige Sowjetunion, wo seit den 1960er Jahren die Waräger-Frage vorurteilsloser als zuvor erörtert wird [KLEJN: 484; LEBEDEV/NAZARENKO: 485; RÜSS: 490]. Doch während in der Zeit der Sowjetunion der Bericht der Nestorchronik als Legende verworfen wurde, stärkt man im Westen mit neuen Argumenten ihre Glaubwürdigkeit [G. SCHRAMM: 492]. An Stelle „nationaler" Triebkräfte wird nun auch für die Kiewer Reichsbildung die Rolle des Fernhandels hervorgehoben [G. SCHRAMM: 491; HELLER: 482].

"Russlands Taufe" Ähnlich umstritten wie die Entstehung der Rus' waren die mit der Christianisierung des Landes zusammenhängenden Fragen: die im 9. Jh. einsetzende christliche Mission [ERICSSON: 497; POPPE: in 503], die Taufe der Großfürstin Olga [954/55 in Kiew: PODSKALSKY: 502; 957 in Konstantinopel: DONNERT: 480; 959 in Kiew: ARRIGNON: 495] sowie der hierarchische Status der russischen Kirche seit Vladimirs d. Hl. Taufe (988) [BLUM: 496] und vor 1039. Acht divergierende Thesen stritten gegeneinander, doch gilt die Frage heute zugunsten der byzantinischen Formung der ältesten russischen Kirchenorganisation für beantwortet [L. MÜLLER: 501; 500; POPPE: in 503; GOEHRKE: 498]. Diese frührussische Kirche war von Anfang an fest in die politische Organisation der Rus' eingebunden [POPPE in: 503]. „Es fehlte der Stimulus Roms" [PODSKALSKY: 502].

Verwandte „Zur Problematik von Familie, Sippe und Geschlecht, Haus und Dynastie beim mittelalterlichen Adel" überschreibt K. SCHMID [in: 177; umfassend: DERS.: 522] einen programmatischen Aufsatz. Vor allem die Memorialquellen offenbaren Verwandtschaftsgruppen, die den Rahmen einer engeren agnatisch
Sippe organisierten Adels„familie" weit übersteigen, doch tatsächliche Lebensgemeinschaften zeigen. Schmids Beobachtungen korrigieren teilweise die ältere Auffassung einer „gemeingermanischen Sippe" als nach außen festem, agnatischem Rechtsverband, der von einem Ältesten geführt werde, sein Sippengut besitze, als Siedlungsverband und Heereseinheit aufträte, Wergeld und Buße für einen getöteten Sippengenossen festlege und empfange und die Rache übe [GROENBECH: 512]. Ihre Existenz als abgeschlossener Rechtsverband [GENZMER: 510] oder überhaupt [KROESCHELL: 515] wird gelegentlich von rechtshistorischer Seite bestritten, als „Verfassungswirklichkeit" von SCHLESINGER [521] indessen nachdrücklich verteidigt. Freilich bleibt unklar, wer nach dem Verständnis der Zeit zur „Sippe" gehört und wie diese handelnd in Erscheinung tritt, was also „Sippe" eigentlich ist: die „gesamte" agnatische und kognatische Verwandtschaft, bestimmte engere Gruppen, etwa nur agnatische Linien oder jeweils zeitlich, räumlich und nach Völkern divergierende oder nach Bedarf wechselnde und für „verwandt" gehaltene Gruppierungen. Hier setzt SCHMIDs Ergebnis an: Getragen von der Überzeugung, dass „in den

Gedenkbüchern... ein getreues Bild von der damaligen sozialen Struktur" [in: 177, S. 253] zu finden sei, gelangt er zu der Feststellung, das frühere Mittelalter sei entscheidend durch die offene, diskontinuierliche, kognatische „Sippe" bestimmt, während seit etwa der Jahrtausendwende die engere, agnatisch ausgerichtete, auf ein Besitzzentrum (Klostervogtei oder Burg) fixierte und dadurch zu „Kontinuität über Jahrhunderte hinweg" befähigte, adelige „Familie" in Erscheinung träte. Der epochale Umbruch im Selbstverständnis der Verwandtschaftsgruppen schlage sich am sichtbarsten in der Namengebung der Adelsfamilie nieder und führe zu einem einschneidenden verfassungsgeschichtlichen Strukturwandel [vgl. SCHMID in: 177]. Französische Autoren wie DUBY [509] stimmten zu. Volkssprachliche Texte des 9. bis 11. Jh. spiegeln wenigstens einen kompatiblen Sachverhalt, indem sie „Sippen" als blutsverwandte und verschwägerte Personengruppen behandeln, welche auf Frieden, wechselseitigen Schutz und Hilfe und auf Rechtswahrung gerichtet sind und als religiöse Kultgemeinschaft in Erscheinung treten [HAUCK: 513]. Die Kritik an Schmids Thesen ließ freilich nicht lange auf sich warten. LEYSER [bei grundsätzlicher Zustimmung, vgl. 517; 518] warnt vor einer Überschätzung der Memorialzeugnisse, und HOFFMANN [1245], auch REUTER [520] verweisen nachdrücklich auf die Problematik der Quellen- und Forschungsterminologie. BOUCHARD [506; 507] vertritt die Ansicht, Westeuropa kenne kontinuierlich seit antik-germanischer Zeit lediglich die patrilinear organisierte Kleinfamilie mit einem allenfalls drei Generationen zurückreichenden Zusammengehörigkeitsbewusstsein; clanartige, matrilineare Verbände hätte es indessen nicht gegeben. Memorialeinträge, die auf derartige Phänomene zu deuten schienen, böten keineswegs den jeweiligen Gesamtbestand an Verwandten, sondern lediglich aus aktuellem Anlass zusammengeführte und damit nicht nur durch Verwandtschaft ausgezeichnete Gruppen. Klostervogtei und Burgenbau wären – so gesehen – lediglich ein neues Mittel, einem seit je patrilinear konstituierten (Klein-)Verband größere institutionelle Stabilität zu verleihen; sie signalisierten einen Verfassungs-, doch keinen Wandel adeligen Selbstbewusstseins. Die Diskussion dreht sich also um Einheit, Organisation, Funktion und Stellenwert einer patrilinearen Kernfamilie in größeren Verwandtschaftsgruppen bis etwa zur Jahrtausendwende. Gewiss sind die von Schmid beschriebenen offenen kognatischen Verbände nicht dasselbe wie matrilineare Clans. Zusammenfassend hat sich LEJAN der Frage angenommen [516]. Auch die Witwe und die Witwenschaft fanden die ihr für das frühere Mittelalter gebührende Aufmerksamkeit [PARISSE: 519, JUSSEN: 514]. Es wäre zu klären, wieweit in der Tat alle sich als miteinander verwandt oder „versippt" wissenden Personen sich auch als Angehörige eines speziellen Verbandes mit nur ihm eigentümlichen Merkmalen (wie wechselseitiger Solidaritäts-, Rat-, Schutz und Hilfsverpflichtung, mehr oder weniger strengen Exogamiegeboten, gemeinsamen Spitzenahnen oder gemeinsamer „memoria") betrachteten, oder ob Verwandtschaft und Verschwägerung sich – wie in späterer Zeit – mit der Vorstellung eines lockeren Nebeneinanders mehrerer durch Heirat und Abstammung zwar lose verbundener, in sich jeweils abgegrenzter, doch prinzipiell eigenständiger Sippen vertrugen. Nur soviel dürfte sich bereits abzeichnen: Die durch Verwandtschaft bestimmten Gruppen erweisen sich zudem als zeitlich und räumlich höchst divergierende Gemeinschaften. Nördlich der Alpen ist mit anderen Vorstellungen zu rechnen als in Italien oder Südgallien, im keltischen oder im slawischen Bereich; von „außen" freilich, von anderen Zivilisationen aus, betrachtet nehmen sich die europäischen Verwandtschaftsverhältnisse gleichartig aus [GOODY: 511]. Doch änderte sich das im Zuge der strenger werdenden Exogamiegebote. Lagen z. Z. Karls des Großen die Inzestgrenzen biblischen Vorbildern folgend noch relativ niedrig, so änderte es sich mit Ludwig dem Frommen, der wohl aus Aquitanien, seinem einstigen Herrschaftsbereich, die Verwandtschaftsbestimmung des (vulgär-)römischen Erbrechts übernahm und erstmals ins Eherecht transferierte. Damit verschoben sich die Inzestgrenzen bis ins siebte Glied. Durchgesetzt hat sich diese neue Regelung in den Jahrzehnten um die Jahrtausendwende. Verwandtschaft musste nun entsprechend weit zurückverfolgt werden. Zu derselben Zeit begegnen in der Tat erste „Genealogien" nichtköniglicher Familien [FRIED: 553]. Die integrative Rolle des Erbes und des verheirateten Mannes mit seinem von den Vorfahren ererbten Vermögen, mit seiner „memoria"-Pflicht, seinen Mit- und seinen eigenen Erben und mit weiteren um ihn zentrierten verwandten und verschwägerten Personen ist für die hier fragliche Zeit vom 9. zum 11. Jh. kaum zu bezweifeln, während eine über mehrere Generationen wirkende konstitutive Bedeutung von Frauen – so jedenfalls nach Ausweis von Dhuodas „Manuale" [RICHÉ (Hg.): 508] oder des „Hildebrandsliedes" – durchaus fehlt [WOLLASCH: 524]. Erst seit dem 10./11. Jh. ändert sich das erkennbar. Heiratsverträge konstituieren keine neue Sippe, auch wenn wiederholte Ehen einzelner Adelsherren deren politische Erfolgschancen verbessern [STAFFORD: 523]. Erfolg bindet zu allen Zeiten die engere oder weitere Verwandtschaft, aber selten nur diese, besonders stark an einzelne (männliche oder weibliche) Personen.

Memorialwesen   Das Memorialwesen ist für die Erforschung des früh- und hochmittelalterlichen Adels von größter Bedeutung. Seine religiösen Grundlagen, die Pflege des Totengedächtnisses (*memoria*), wurde vom antiken Christentum gelegt, erfuhr aber im Frühmittelalter eine charakteristische Ausgestaltung und stieg seit dem 8. Jh. [SCHMID/OEXLE: 539] zu einem nicht zu unterschätzenden Handlungsantrieb für Geistlichkeit und Laien und auch für den König auf [OEXLE: 536; DERS. in: 178, Bd. 1; WAGNER: 542]. Kloster- und Kirchengründungen [BORGOLTE: 529; 530], Altarstiftungen und Schenkungen [JORDEN: 535; SCHREIBER: 541; WOLLASCH: 1241; BORGOLTE u. a.: 531], das Grab in der Kirche [SCHOLZ: 540], Dombauten wie in Speyer [SCHMID in: 179], ganze Verbrüderungskampagnen zwischen Klöstern, Weltgeistlichen und Laien z. T. zu hochpolitischen Zwecken [BERLIÈRE: 527; WOLLASCH: 545; SCHMID: 538; für England: GERCHOW: 532] dienten der Memoria; doch kannte auch das „private" Gebet die „Memoria" [WALDHOFF: 543]. Freilassungen erfolgten zu ihrer Pflege, die verbreitete Wachszinsigkeit könnte auf sie zurückführen [BORGOLTE: 528]; leistungsfähige karitative Armenfürsorge wurde weitgehend in ihrem Rahmen geübt [WOLLASCH: 1710; 544]. Gilden manifestierten sich zum Totengedächtnis [HAUCK: 533; OEXLE in: 645]. Kriegsteilnehmer verbrüderten sich zu diesem Zwecke [ALTHOFF: 525]. Derartige Beobachtungen machen verständlich, dass in den Memorialbüchern zugleich Schlüsselzeugnisse zum Selbstverständnis des zeitgenössischen Adels vorliegen. Doch meldete sich auch grundsätzliche Kritik an Methode und Hochschätzung der Memorialforschung [HOFFMANN: 534; dagegen ALTHOFF/WOLLASCH: 526].

Die ausgedehnte Adelsforschung, die sich nicht zuletzt der Alternative „Kontinuität seit taciteischer Zeit oder Neuentstehung des Adels im früheren Mittelalter" zuwenden musste, kann hier nicht umfassend vorgestellt werden [zur Übersicht: FREED: 551]. Diskutiert wird die These „autogener" Adelsherrschaft, die mit dem Königtum zu konkurrieren vermag [zusammenfassend und skeptisch: W. SCHNEIDER: 569]. Doch fehlt die Gegenthese nicht, wonach der Adel aus dem spätantiken-frühmittelalterlichen, von Kaiser oder König verliehenen Amt hervorging [WERNER: 571]. Entscheidend ist die von Tellenbach angeregte Personenforschung [oben S. 123–124]. Die Eliten der Karolingerzeit begründeten den hochmittelalterlichen Adel [LEJAN: 564]; für die deutsche Geschichte liegt eine handliche Einführung vor [HECHBERGER: 555]. Der Hinweis auf einige herausragende Familien muss genügen [Robertiner: WERNER: 1340; doch dürften die Welfen erst gegen Ende des 10. Jh. durch ihre Verschwägerung mit den Konradinern hervorgetreten sein und könnten die bislang für Welfen gehaltene Verwandtengruppe um die Kaiserin Judith, die Gemahlin Karls II., tatsächlich Robertiner sein: FRIED: 554; die ältere These sah die Welfen bereits im 8. Jh. mächtig: SCHNEIDMÜLLER: 570; FLECKENSTEIN in: 1478; Widonen: G. SCHNEIDER: 568; HLAWITSCHKA: Widonen in: 557; Luitpoldinger: REINDEL: 566; Liudgeriden: SCHMID in: 38; Rorgoniden: OEXLE: 565; Ekkehardiner: RUPP: 567; Brunonen: BRÜSCH: 547; vgl. die Liste bei TELLENBACH: 1336]. Die Regeln der Namengebung lassen Verwandtengruppen erkennen [in bes. ausgedehnter Weise: WENSKUS: 1483]; doch müssen sie wenigstens durch besitzgeschichtliche Argumente abgesichert werden [H. K. SCHULZE: 1474].

Spezielle methodische Schwierigkeiten verdeutliche das Beispiel des Grafen „Kuno von Öhningen", der lange Zeit nur schemenhaft zu fassen war und doch für die Verwandtschaft des südwestdeutschen, lothringischen und sächsischen Adels bis zur Stauferzeit eine zentrale Rolle zu spielen schien [JAKOBS: 563]. Lebte er, oder war er ein Phantom? Nur eine einzige, gefälschte Urkunde [DO.I.445] erwähnt ihn, dessen Tochter Ita die welfische Hausüberlieferung des 12. Jh.s freilich zu den Ahnen des Geschlechts zählte. Itas Mutter Richlint sei gar eine Tochter Ottos des Großen gewesen. Doch der Kaiser hatte keine Tochter dieses Namens! SCHMID [Kuno von Öhningen, in:

Adelsforschung

Konradiner

177] entdeckte endlich einen Gewissheit schaffenden Reichenauer Gedenkbucheintrag der 2. Hälfte des 10. Jh.s. Kunos Existenz ließ sich belegen! Verwandtschaftliche Beziehungen zu den „Konradinern", der Familie König Konrads I., zeichneten sich ab. Wer also war Kuno, fragte A. WOLF [572] erneut und schlug eine Identifikation des Grafen mit Herzog Konrad von Schwaben (†997), seiner Gemahlin mit einer Tochter des Kaisersohnes und Schwabenherzogs Liudolf vor; es ging dabei zugleich um das Königswahlrecht, das Wolf mit nächster Verwandtschaft zum Königshaus erklärt. HLAWITSCHKA [Kuno und Richlind, in: 557] bestritt die vorgetragene Ottonenverwandtschaft der Richlint, ohne selbst eine Identifizierung vorzunehmen; er verfocht zudem die These einer „freien" Königswahl. HELLMANN [556] erinnerte an die Ehe einer weiteren Kuno-Tochter mit Vladimir d. Hl. von Kiew, die bei der Identitätsfrage zu berücksichtigen sei. FAUSSNER [550] indessen spekulierte frei: Ita sei Kunos Frau, die zuerst mit Ottos I. Sohn Liudolf vermählt gewesen sei, Kunos Tochter aber heiße Richenza und habe den Pfalzgrafen Ezzo geheiratet, bevor dieser mit Ottos II. Tochter Mathilde die Ehe geschlossen habe; Richenzas, nicht Mathildes Tochter, sei schließlich die berühmte Polenkönigin gleichen Namens. Wieder wies HLAWITSCHKA [Richenza, in: 557] alles zurück; Königin Richenza blieb Ottonen-Enkelin. Aber Kuno „von Öhningen", den H. BÜHLER mittlerweile für die Achalmer Grafen zu requirieren erhofft hatte [548], sei wohl tatsächlich mit dem erwähnten Schwabenherzog Konrad identisch, der freilich eine Judith geehelicht hatte und keine Richlint [HLAWITSCHKA: Kuno und Richlind, in: 557]. Die Ausgangsfrage verschöbe sich also vom Mann zur Frau: Ist nunmehr Richlint, die angeblich ottonenblütige Ahnfrau, eine blutleere Erfindung der Welfen des 12. Jh.s? DOBBERTIN [549] kann das nicht akzeptieren und erklärt Richlint zu einer friesischen Nichte oder Ziehtochter der Königin Mathilde. Mit den Konradinern betreten wir die höchste Ebene des ottonischen Reiches. Mit ihnen stehen das aktive und passive Königswahlrecht zur Diskussion, die sozialen Konditionen der ottonischen Königsherrschaft, die Adelsparteiungen, die dynamischen Faktoren der Reichsordnung und Reichsstruktur. Die wechselseitige Angewiesenheit von König und Adel, deren Kooperation oder Konfrontation lassen sich am Beispiel der Konradiner untersuchen, auch die Spannung zwischen Reichs- und Regionalgeschichte. So verweist die Diskussion weit über genealogische oder bloß adelsgeschichtliche Fragestellungen hinaus. Sie nahm eine überraschende Wende, als D. C. JACKMAN [560] durch bisher übersehene Lesarten zentraler Quellenstellen die gesamte Konradiner-Genealogie neu zu ordnen vermochte. FRIED [552] folgte ihm und revidierte diese Genealogie noch weiter, während A. WOLF [574; 573] weitere Argumente für seine, von Jackman und Fried übernommene Deutung der Richlind und ihre Rolle für die Königswahl des Jahres 1002 vortrug. HLAWITSCHKAS Replik lehnte abermals alles ab, verwechselte dabei aber Hypothese und Beweis und vermochte tatsächlich keine neuen Argumente für seine Konradiner-Genealogie beizubringen [HLAWITSCHKA: 559]; wohl aber wurde in der

Auseinandersetzung deutlich, welch erhellendes Licht die Erforschung der
Konradiner auf das sich formierende Selbstverständnis des Adels als adeliges
„Geschlecht" und „Adelshaus" fallen ließ [FRIED: 553].

Diese Beobachtung bestätigt ältere Einsichten : Seit dem 11. Jh. beginnt der Adelsburgen
Adel sich nach seinen „Stammsitzen", oftmals neu errichteten steinernen
Höhenburgen, zu benennen, die funktional von den älteren, bis ins 10. Jh.
wichtigen Flucht- und Mittelpunktsburgen zu unterscheiden sind. Man
meint, mit dieser Erscheinung ein Indiz für das zum „Hausbewusstsein"
gewandelte adelige Selbstverständnis zu greifen [s. S. 138–140; zurückhaltend: STÖRMER: 585]. Es steht zweifellos fest, dass die Burg – Höhenburg,
Turmburg, Motte, steinernes Haus – seitdem zum adeligen Lebensstil gehört
[für Frankreich: FOURNIER: 577; für Deutschland: BÖHME (Hg.): 576]. Der
hier ins Auge gefasste Burgenbau selbst ist freilich, das erweist zunehmend
eine Reihe von Ausgrabungen, wesentlich älter als man lange Zeit annahm
[MÜLLER-WILLE: 582; SCHWARZ: 583; JÄSCHKE: 580; HINZ: 579], wenn er auch
seit der Mitte des 10. Jh. – so ergeben die schriftlichen Quellen – im Westen
früher und rascher als im Osten zuzunehmen scheint; doch könnten einige
der erst jetzt zu belegenden Burgen mit ersten (z. T. schlichten Wall-)Anlagen
bereits ins 9. Jh. zurückreichen. Eine umfassende Bestandsaufnahme des bislang gesicherten Wissens fehlt; man ist auf Einzelstudien angewiesen [KUNSTMANN: 581; FEHRING: 144]. Unklar ist, wieweit der frühe Burgenbau allein
vom Königtum ausging oder auch auf Eigeninitiative des Adels beruhte; und
ebenso bleibt einstweilen offen, ob diese Anlagen dauernd bewohnt, also
ständige Herrensitze waren oder nicht [STREICH: 586]. Die Normannen-
und Sarazenengefahr bot ebenso Anlass zu ihrer Errichtung wie der Zerfall
des Karolingerreiches und der Landesausbau; Burgen sind seit karolingischer
Zeit eines seiner wichtigsten Instrumente, und ihre Bedeutung steigt im Laufe
der hier betrachteten Epoche [für Italien: VISMARA: 588; SETTIA: 584]. Dem
König fehlten damals die Mittel, ein Befestigungsregal zu wahren oder durchzusetzen. Die Sitze, nach denen der Adel sich seit dem 11. Jh. nennt, scheinen
demnach allenfalls eine Ausbaustufe, keinen Beginn adeligen Burgenbaus zu
markieren. Archäologische Befunde erweisen die Burgen nicht nur als Zentren agrarischer Produktion, sondern gerade auch handwerklicher und gewerblicher Aktivitäten, die z. T. sogar den Eigenbedarf der Burgherren übersteigen: Die „Wertsteigerung des bisher unbewirtschafteten Landes ... bildete
den wichtigsten Beweggrund für die von den Burgen ausgehenden Rodungen" [JANSSEN in: 951, Teil 2, S. 271]. Auch die slawischen Burgen der Zeit
sind regelmäßig bewohnt, doch geht der Burgenbau bei den Slawen insgesamt
eigene Wege [K.W. STRUVE: 587; HENNING: 150]. In Skandinavien gibt es aus
vikingischer Zeit keine Burgen, wenn wir auch einige befestigte Heerlager der
Normannen kennen.

Die Stellung von Frauen ist im 9. bis 11. Jh. rechtlich und faktisch in bezug Stellung der Frau
auf Besitz- und Erbfähigkeit, gegenüber dem Ehemann oder innerhalb ihres
jeweiligen gesellschaftlichen Rahmens, je nach dem Rang der väterlichen

Familie bzw. jener des Ehemannes, nach Region oder Rechtskreis so verschieden, dass kaum von *der* Rolle *der* Frau gesprochen werden darf [596; AFFELDT (Hg.): 589]. HERLIHY [in 611] zeigt innerhalb der westfränkischen landbesitzenden Familien andere Verhältnisse als KUCHENBUCH [905] für die Prümer „Mansus"-Bauern oder als KRAUSE [606] für die sozialen Grenzgruppen zwischen der Freisinger Ministerialität und den Freien im 10./11. Jh. oder als DUBY [509] für gräfliche Familien im Nordfrankenreich des 11. Jh. Erbrechtliche Minderstellung der Töchter möchte KROESCHELL [607] auf germanische Rechtsprinzipien zurückführen. Fürstinnen und Königinnen genießen hohe Aufmerksamkeit auch der modernen Gelehrten; ihre Stellung ist am besten erforscht; doch bleibt die genauere Beteiligung von Frauen „an der Macht" schwierig zu bestimmen [598]. Gerade sie aber zeigt, welch starkem Wandel die Situation von Frauen im Mittelalter ausgesetzt ist [DELOGU: 592; KONECNY: 605; WEMPLE: 614; FÖSSEL: 599; zur karolingischen Königin, die gesalbt werden konnte: BRÜHL: 1261; HYAM in: 1448; Dhuoda: GAUWERKY: 600; BESSMERTNY: 591; ERKENS: 593]. Freilich ist mit regionalen Unterschieden zu rechnen [MÜLLER-LINDENLAUF: 608]. In Septimanien oder Aquitanien herrschen andere Verhältnisse als in der Kern-„Francia" [VERDON: 612] oder im Gebiet der „deutschen" Stämme. Berühmt-berüchtigt ist die Selbständigkeit der römischen Patrizierinnen in der ersten Hälfte des 10. Jh. [HAMILTON: 603]. Der persönliche Einfluss der Fürstin auf Ehemann und Politik kann von Bedeutung sein; doch tadelt um die Jahrtausendwende Brun von Querfurt den toten Otto II., weil er auf seine Frau hörte [WENSKUS: 615].

Überhaupt scheint in ottonischer Zeit die Stellung der Königin sich gewandelt zu haben [VOGELSANG: 613; FACINGER: 595; SONNLEITNER: 610]. Doch oblag den Frauen der Ottonen in besonderer Weise die Pflege des familiären Gebetsgedächtnisses, was ihnen weiterhin eine hervorragende Rolle bei Vermögensgeschäften, bei der Wahrung adeliger Familieninteressen und vielleicht sogar für die Herrschaftslegitimation zusicherte [ALTHOFF: 166]. Das Heiratsgut der Kaiserinnen Adelheid und Theophanu [zu ihr: v. EUW/P. SCHREINER (Hg.): 594] ist ausgedehnt und steht ihnen als „Eigentum" zur Verfügung [zu Theophanus Heiratsurkunde: 604; auch H. HOFFMANN: 1229; anders KAHSNITZ in: 1432, S. 127–129]. Regelmäßig begegnen die ottonischen Königinnen als Intervenientinnen in den Herrscherurkunden. Als Königswitwe und Königinmutter sucht die einstige Herrscherin nachhaltig und z. T. mit beträchtlichem Erfolg auf politische Entscheidungen einzuwirken; das gilt nicht nur im Falle der Minderjährigkeit des Thronfolgers, wenn der Mutter die Sorge um die Aufrechterhaltung des Königshauses oder sogar die Regentschaft zufällt [JAKOBS in: 1244; zu den „reges pueri": OFFERGELD: 1118; doch vgl. noch immer ROSENSTOCK: 1119]. Mathilde und Adelheid, die Gemahlinnen Heinrichs I. und Ottos d. Gr., betreiben als Witwen unmittelbare Reichspolitik, ebenso – wenn auch nur für eine kurze Zeit – Kunigunde, die Witwe Heinrichs II. [BAUMGÄRTNER: 1439]. Nicht zuletzt zeigt die Tatsache, dass die drei Königinnen nach ihrem Tode als Heilige verehrt werden, die gegenüber der Karolingerzeit gewandelte Position der ottonischen Herrscherin [CORBET: 235].

Das Bild vom statischen Mittelalter gilt heute als überwunden. Stärkste Anregungen zu seiner Revision gingen von K. BOSL aus. Mit scheinbar paradoxen Formulierungen wie „freie Unfreiheit" oder „unfreie Freiheit" [1160] versuchte er den Transformationsprozess zu fassen. Doch beurteilte er die Zeit vom 5. bis 11. Jh. als „archaisch-urtümliche, gesellschaftlich völlig gebundene, lokal und regional abgegrenzte Aera", der dann eine „Aufbruchs"-Epoche von etwa 1050–1300/1350 gefolgt sei [1161, S. 162]. Auch wenn Bosl sich darin mit anderen, etwa mit LEGOFF [622] oder DUBY [618] u. a. [POLY/BOURNAZEL: 625] trifft, so findet dennoch die Annahme eines derartigen Einschnitts um die Mitte des 11. oder auch im 10. Jh. [so FOSSIER: 283] keine einhellige Zustimmung; RICHÉ [25] sieht Europa sich bereits vom 7. bis 11. Jh. in entscheidender Weise formieren, während FRIED [620] eindeutige und zwingende Kriterien für eine zeitliche Fixierung des „Aufbruchs" ins 10. oder 11. Jh. vermisst. Problematisch erscheint vor allem die Folgerung, die „fränkische Gesellschaft" sei gleich der antiken und diese ungebrochen fortsetzend eine „Sklavenhaltergesellschaft" („société esclavagiste"), in der weiterhin die Stadt ihr Umland beherrsche und welche erst durch die „feudale Revolution" des 11. Jh. beseitigt werde, deren „ideologisches Laboratorium" Cluny heiße [BOIS: 964]. Die Mobilisierung und Differenzierung der Gesellschaft setzt, wie die Studien von MÜLLER-MERTENS [623] über die Freien im Reiche Karls d. Gr. und Ludwigs d. Fr. zeigen, bereits im frühen 9. Jh. ein; die sich an das Buch von Müller-Mertens anschließende, von H. K. SCHULZE [626] weiter zugespitzte Diskussion über Rodungs- und Königsfreiheit prüft die Existenz und den Freiheitscharakter einiger privilegierter, nichtadeliger Bevölkerungsgruppen; sie wird von HLAWITSCHKA resümiert [18, S. 178 ff.]. Was zudem für Mitteleuropa gilt, gilt nicht minder oder vielleicht in noch höherem Maße für Skandinavien so gut wie für die Iberische Halbinsel, für Italien wie für Britannien. Nicht immer wird beachtet, dass keineswegs nur die Laien des 9. bis 11. Jh. ein abstraktes Freiheitsdenken noch nicht kennen, dass vielmehr die gelehrtesten Theologen und Philosophen ein solches in Auseinandersetzung mit antiken und patristischen Autoren erst entwickeln; seine inhaltliche Ausformung verfolgt FRIED [616; 621].

Gesellschaftliche Mobilität

Der soziale Wandlungsprozess erfasst die gesamte Gesellschaft. Die Differenzierung des Adels in hoch und nieder, die vom 9. zum 11. Jh. voranschreitet, lenkt die Blicke auf die Entstehung des Rittertums [FLORI: 639; BARBERO: 633]. Das breite und anhaltende Interesse an ihm nahm seinen Ausgangspunkt bei den Ritteridealen und der Ritterromantik des hohen und späten Mittelalters; gleichwohl lernte das 19. Jh., das Rittertum als eine Institution zu betrachten. Die Suche nach ihrer Entstehung, an der sich Rechts-, Verfassungs-, Sozial-, Literatur- oder Sprachhistoriker beteiligten, führte in immer ältere Zeit zurück; die methodischen Ansätze vervielfältigten sich,

Entstehung des Rittertums

ohne dass stets die verschiedenen Fragestellungen miteinander verschmolzen wurden [Überblick: BORST (Hg.): 634]. Eine „Gesamtbetrachtung" des Phänomens, welche die sozial-, geistes- und militärgeschichtlichen Elemente vereint, legte J. FLECKENSTEIN vor [638; auch: KEEN: 640; DERS.: 641], wobei freilich lediglich die Anfänge des Rittertums in die „erste Feudalzeit" [BLOCH: 1158] fallen. Als unmöglich erweist sich, dieselben mit bestimmten technischen Neuerungen in Verbindung zu bringen, wie WHITE JR. [1011] es mit Blick auf den Steigbügel vorschlägt. Die „ritterliche" Haltung der Lanze (wie beim turniermäßigen „Lanzenbrechen") bedarf nicht nur des Steigbügels, sondern vor allem eines speziellen Sattels; Lanzentechnik und Sattel lassen sich aber – von insignifikanten Einzelfällen abgesehen – erst seit dem 11. Jh. nachweisen, während der Steigbügel älter und zu weit verbreitet ist, als dass seine Einführung als Initialzündung sozialen Wandels betrachtet werden dürfte [CARDINI: 635; grundlegend BACHRACH: 631; 632]. Neben der kampftechnischen Frage gelten zahlreiche wort-, sozial- und verbreitungsgeschichtlich angelegte Untersuchungen dem *miles*. DUBY [970] verweist darauf, dass im Mâconnais zwischen 971 und 1032 der *miles* den *nobilis* verdrängt, dass „Ritter" zunächst als Kennzeichen einer ökonomisch herausragenden Schicht, seit den 1060er Jahren auch rechtsständisch als Bezeichnung einer bestimmten, engeren Adelsgruppe zu interpretieren sei. Andere Autoren beurteilen die Situation ähnlich [vgl. den Überblick bei VAN LUYN: 643]. FLECKENSTEIN [637] sieht freilich den entscheidenden Bedeutungswandel des *miles* vom einfachen „Krieger" zu einem Adelsbegriff sich bereits in der Zeit vom 9. zum 10. Jh. vollziehen; treibender Faktor sei die Vasallität. LEYSER bestätigt diesen Ansatz [in: 1213], indem er die zahlreichen *milites*- und *bellatores*-Belege ottonischer Zeit hervorhebt, die dem König wie dem einfachen Reiterkrieger gelten, und indem er die Behandlung des „Rittergürtels" in kanonistischen Quellen des 9. Jh. für Indizien seiner standesrechtlichen Bedeutung wertet. Trifft es zu, wäre zugleich eine zweite, allgemein rezipierte These zu modifizieren, die Vorstellung nämlich, das Rittertum sei in Frankreich entstanden und habe sich von dort nach dem Osten ausgebreitet. Die gemeinsamen karolingischen Wurzeln wirken im Westen wie im Osten prinzipiell in gleicher Weise ständisch differenzierend. KELLER [642] möchte denn auch den Ritterstand, der sich in Oberitalien bereits seit dem späteren 10. Jh. nachweisen lasse, auf den Königsdienst zum Wohle des Ganzen zurückführen und in Zusammenhang setzen mit der Ausbildung der bischöflichen Lehnskurien seit dem beginnenden 11. Jh. Doch erscheint nicht ausgeschlossen, dass das eigentliche Ritterideal eine nachkarolingische Entwicklung darstellt, die im Südwesten des einstigen Karlsreiches, im Zusammenhang mit jener „Heiligung" des Krieges einsetzt, auf die schon ERDMANN [636] verwiesen hatte. Die gelegentlich geäußerte These, das Ritterethos sei als Legitimationsstrategie zur Aufwertung der untersten Kriegerschichten zu interpretieren, lässt sich nicht verifizieren; eine statistische Auswertung der Memorialquellen nach *miles*-Belegen verdeutlicht vielmehr den Einfluss Clunys [ALTHOFF:

630]; das aufkommende Schema der drei *ordines* (s. u.) verfestigt schließlich den Stand der *milites bellatores* um die Jahrtausendwende [FLORI: 639]. Monastische und religiöse Ideale werden auf die adeligen Laien übertragen. *Milites*, d. h. adelige Krieger, die einem Höheren dienen und einem spezifischen Ethos unterliegen, sind sie alle, die meisten sind es ausschließlich, während einige wenige noch höher qualifizierende Standeskriterien aufweisen können.

Seit der Karolingerzeit zeichnet sich die Gilde als eigener Sozialtypus ab. Sie ist eine durch Eid konstituierte, im Gildemahl sich manifestierende, durch eigene, „gewillkürte" Normen organisierte, freie Einigung eines i. d. R. kleinen, überschaubaren Personenkreises mit auf alle Seiten des Lebens und auf das Totengedächtnis gerichteten Zielen. Als Verband ist sie zugleich eine sozialen Wandel bewirkende Größe, wenn eine klassenkämpferische Deutung auch in die Irre führt. Die als Menschenrecht umkämpfte Vereinigungsfreiheit und die sich abzeichnende „soziale Frage" lenkten im 19. Jh. die Aufmerksamkeit auf die angeblichen mittelalterlichen „Vorläufer". Die Gilde-Forschung war denn auch umfassend sozialhistorisch ausgerichtet. Doch wurde sie gegen Ende des 19. und zu Beginn des 20. Jh. zunehmend auf verfassungs- und wirtschaftsgeschichtliche Fragen eingeengt [z. B. PLANITZ: 678]; die Kaufmannsgilde wurde fast zur Gilde schlechthin, andere Gildeformen („bäuerliche", auch Klerikergilde) stifteten eher Verwirrung [SCHMIDT-WIEGAND in: 645]. Abweichende, typologisch orientierte Studien wurden kaum zur Kenntnis genommen. Erst spät kommt auch in Deutschland neben einem hermeneutisch ausgerichteten juristischen [DILCHER: 644; DERS. in: 645] der breiter sozialhistorische Ansatz, der zwischenzeitlich vor allem in Frankreich aufgegriffen worden war, wieder zu seinem Recht [OEXLE in: 871, Teil 6; in: 951]; dabei treten zuvor entschieden bestrittene heidnisch-antike, aber auch frühchristliche Wurzeln hervor, während hartnäckig behauptete germanische Kontinuität nicht zu erweisen ist [OEXLE in: 645]. Gilden

Unbefriedigend ist bislang die Erforschung der Handarbeit und der „Arbeitstheorie" im beginnenden Hochmittelalter. Es liegen nur wenige Einzelbeiträge vor [BOISSONNADE: 647; WOLFF/MAURO: 657; LEGOFF: 653]. Die hohe Wertschätzung der körperlichen Arbeit etwa bei Rather v. Verona wurde zwar gesehen [ADAM: 646] und im Zusammenhang mit der Ständeforschung das Aufkommen der *laboratores* gewürdigt [OEXLE in: 1213]. Aber wie weit waren diese „Arbeiter" „une élite, un méliorat paysan", wie LEGOFF [821] meinte [anders: DAVID: 648; OEXLE: 828]? Es fehlen begriffsgeschichtliche Studien, die sich der gesamten Breite der „Arbeitsterminologie" (*labor[are], opus, officium, operari, officium, ministerium, sudare, servus, arbeit[en], gedeorf, weorc* u. a.) widmen [vgl. KEEL: 651; LAU: 652], ebenso wie (von Rather abgesehen) systematische Untersuchungen zu einzelnen – etwa auch jüdischen [FEDERBUSH: 650] – Autoren, Quellengruppen [z. B. Predigten: vgl. MERCIER: 654, Nr. 70] und Themen (wie „Arbeit und Nutzen" oder standesspezifisches Arbeiten) und nicht zuletzt vergleichende regionale Untersu- Arbeit chungen [zu Frankreich: LeGoff: 41]. Nur „Mönchtum und Arbeit" erfreuten sich größerer Aufmerksamkeit [Delaruelle: 649; De Vogüé: 656]; auch liegt eine Begriffs- und Bedeutungsgeschichte der *artes mechanicae* vor [Sternagel: 655].

Frühgeschichte der europäischen Stadt: Allgemeines

Die „Frühgeschichte der europäischen Stadt" wird heute vielfach anders gesehen als in dem forschungsgeschichtlich bedeutenden Resümee von Ennen [663; 692], deren Forderung nach Typenbildung sich jedoch als höchst fruchtbar erwies. Weitere Anregungen gingen von dem Plan eines europäischen Corpus stadtgeschichtlicher Quellen aus [Elenchus: 662]. Vor allem aber leistete die Archäologie einen kaum zu überschätzenden Beitrag zur Erforschung der früh- und hochmittelalterlichen Stadt [Jankuhn u. a. (Hg.): 669; Barley (Hg.); 658; 666]. Die Zerstörungen des letzten Krieges und der moderne Tiefgaragenbau erlaubten Stadtkerngrabungen in einem bis dahin unbekannten Ausmaß und zeitigten Ergebnisse, die geeignet waren, das bisherige Bild der wirtschaftlichen, sozialen und demographischen Entwicklung erheblich zu verändern [Jäger (Hg.): 668]. Das Beispiel Haithabus (s. u.) wurde bereits erwähnt; weitere Orte wie das schwedische Birka, das zu Beginn unserer Epoche untergegangene Dorestad [van Es/Verwers: 664; van Es in: 871, Teil 5], Emden und andere Wurtensiedlungen der Nordseeküste [Brandt: 280], Oldenburg in Wagrien [Struve: 671] oder Dublin ergänzten und vertieften das Bild [vergleichend: Clarke/Simms (Hg.): 660]. Die Stadthistoriker entdeckten endlich das von der Geographie längst mit Erfolg angewandte Modell der zentralen Orte für sich [Denecke in: 669, Bd. 1; Mitterauer: 670]; die Funktion der Stadt im Beziehungssystem Stadt-Umland wird seitdem auch von Historikern erörtert. Sogar von Stadtbaukunst und Stadtplanung darf bereits für die Ottonenzeit gesprochen werden [Herzog: 667; Binding: 659; Hirschmann: 1144]. Doch fehlt es nicht an Zurückhaltung gegenüber dem Stadtbegriff, der dann durch „frühstädtische" oder „nichtagrarische Siedlung" ersetzt wird; hier spiegelt sich das Unbehagen einer zunehmend sozialwissenschaftlich und vergleichend operierenden Disziplin gegenüber dem Rechtsbegriff der Stadt, wie ihn das 19. Jh., den Blick auf die Freiheitsprivilegien der Städte geheftet, formulierte.

Abkehr von älterer Forschung

Zugleich wurde deutlich, dass die ältere Forschung [Pirenne: 677; Rörig: 679; Ganshof: 674; Planitz: 678] den Typus der Fernhandelsstadt und die Stadtwerdung durch den Fernhandel überschätzt hatte. Pirenne etwa konzedierte lediglich ein Fortbestehen der antiken Städte „als solcher", doch ohne Handwerker, Kaufleute und städtisches Leben; allein die bischöfliche Diözesanverwaltung habe in den alten Mauern noch überdauert. Erst seit der 2. Hälfte des 10. Jh. hätten Fernkaufleute sich im Vorfeld dieser Städte, in ihren *suburbia* und *portus*, niedergelassen und damit den Anstoß zur Wiederbelebung der Stadtkultur gegeben [noch Duby (Hg.): 672]. Lombard [675] variierte die These, indem er einen kausalen Zusammenhang von Geld- oder Goldfluktuation und Stadtrevolution postulierte. Die Rolle des Fernkaufmanns, das personale Element also, galt in jedem Falle als entscheidend, nicht die institutionelle Seite des Handels, der kontinuierliche, aber unbedeutende Nah- oder der kurzfristige und überregionale Jahrmarkt. Diesem recht einseitigen Konzept wird, allerdings ohne sonderliche Berücksichtigung der archäologischen Forschungsergebnisse, die ebenso einseitige institutionelle Variante gegenübergestellt: „la foire préfigurait la ville", der seit vorrömischer Zeit nie untergegangene, in allen entwickelteren menschlichen Gesellschaften anzutreffende, durch vielfältige Umstände seit dem 10. Jh. wieder attraktiv gewordene Jahrmarkt habe für den Aufschwung der Städte gesorgt [LOMBARD-JOURDAN zuletzt: 1040; dagegen MITTERAUER: 676; VERHULST: 681].

Prägung durch antike Kontinuität gilt nun als ein entscheidender Grundzug eines Großteils mittelalterlicher Städte; ENNEN sprach sogar im Hinblick auf die kanonische Forderung, dass Bischofssitze überall nur in *civitates* zu errichten seien, von einer „ideellen Kontinuität" [692]. Doch scheut man heute monokausale Theorien der Stadtentstehung. Zudem sind erhebliche Unterschiede städtischer Entwicklung in den mediterranen Bereichen [VIOLANTE: 994; DILCHER: 689; KRESS: 696], in den Regionen nördlich von Loire und Alpen [BÜTTNER: 686; ENNEN: 693; 691; KELLER u. a.: 695] und erst recht natürlich in den Gebieten jenseits der alten römischen Grenzen [SCHLESINGER: 1009; BLASCHKE: 684; JANKUHN: 694; LECIEJEWICZ: 697; HERRMANN (Hg.): 418; zusammenfassend: ENGEL: 673], im Binnenland und an der Küste zu konstatieren. In der alten Romagna herrschte vor allem Siedlungs-, aber auch eine gewisse (Jahr-)Marktkontinuität; darüber hinaus sorgten die Bischofskirchen, aber auch die Funktion der *civitates* und *castra* als weltliche Herrschaftszentren für den Fortbestand kirchlicher und weltlicher Institutionen [BRÜHL: 685, Bd. 1]. Kultkontinuität ist z. B. auch für Xanten oder Augsburg bezeugt. Den Bischöfen wuchsen in unterschiedlichem Ausmaß zivile Aufgaben zu, die sich vor allem, aber nicht nur in Italien bis zur Stadtherrschaft steigern konnten [H. F. SCHMID: 700; DILCHER: 688; Poteri Temporali dei Vescovi: 698]. Die zentralörtlichen Funktionen der alten Städte gingen selten ganz verloren (vgl. z. B. Köln: Kölner Jb. für Ur- und Frühgeschichte 34, 2001). Wandel war freilich nicht ausgeschlossen; die Karolinger etwa und in ihrer Nachfolge die Kapetinger bevorzugten statt des *palatium* in der Stadt die Klosterpfalz vor ihren Toren. Selbst Kontinuitätsbrüche und Schwerpunktsverlagerungen größeren Ausmaßes sind für die Randgebiete des einstigen Imperium und selbst für seine traditionell städtisch geprägten Zonen nicht völlig von der Hand zu weisen. Pavia etwa wetteiferte im 9. und 10. Jh. zeitweise mit Mailand [VACCARI: 701]. Aquileia verlor damals endgültig seine antike Stellung, auch Ravennas Stern sank trotz einer gewissen Restauration in der Ottonenzeit; dafür begann im 9. Jh. der unaufhaltsame Aufstieg Venedigs (s. u. S. 165). Auch Flandern blieb seit der Spätantike eine Region hoher Urbanität, die nicht einmal die Normanneneinfälle des 9. Jh. wirklich zu erschüttern vermochte; gleichwohl kam es auch hier zu Schwerpunktverlagerungen, die schließlich – zumal gegen Ende der hier behandelten Epoche – in eine Flut von Neugründungen mündeten [DHONDT: 1301].

Kontinuitätsproblem

Neue Städte Auch nicht-antike Städte entsprachen keineswegs nur dem Typus der Fernhandels- oder Jahrmarktstadt, verdankten also nicht nur der Ansiedlung von Fernkaufleuten ihren Aufstieg. Politisch-kirchliche Raumerfassung (z. B. Würzburg, Corvey-Höxter), Herrschersitze und Burgen (z. B. Bamberg, die polnischen Frühstädte), Vororte des Königtums [als Beispiel Frankfurt: 706] oder Begräbnisorte [zum Beispiel Speyer: C. EHLERS: 704], das im 9. Jh. durch äußere Bedrohung und inneren Zerfall aufs höchste gestiegene Schutzbedürfnis, neue kirchliche Zentren (z. B. Hildesheim, Magdeburg), gesteigerte landwirtschaftliche Erträge (z. B. Wolle) oder die Erschließung der Bodenschätze (z. B. Lüneburg, Goslar) und daran anschließende Gewerbe, erst recht die Kombination mehrerer Voraussetzungen ließen seit dem 9. und 10. Jh. neue Städte entstehen [HAASE (Hg.): 708]; an einem Einzelfall (Douai) zeigt LOHRMANN [710], wie eine Stadtgründung und die Umleitung eines Flusses zum Zwecke der Wasserversorgung, des Mühlenbaues und im Hinblick auf die Schifffahrt zusammengehören. Von marxistischer Seite wurde die Feudalrente [JUNGHANNS: 709], auch das steigende Erfordernis der Arbeitsteilung und ihrer Folgen in der Frühphase der Feudalgesellschaft [MÜLLER-MERTENS: 711] als der für die hier fragliche Zeit entscheidende städtebildende Faktor in Anspruch genommen. Im eurasischen Vergleich postuliert man für das 9. bis 10. Jh. geradezu eine Aufschwungphase der Urbanisierung [GOEHRKE: 707]. In der Tat, es ist nicht zu übersehen, dass diesseits wie jenseits der Grenzen des einstigen römischen Reiches von den wirtschaftlichen Faktoren der Rohstoffgewinnung und spezialisierten Produktion, des Gewerbes also [VERLINDEN über die flandrischen Städte: „Le commerce y est né de l'industrie et non le contraire": 713, S. 406] und der Arbeitsteilung, auch des Nahmarktes [BÜTTNER: 702; 703; ENDEMANN: 705; SCHLESINGER in: 669, Bd. 1] und des überregionalen Warenaustausches stärkste Impulse zur Verstädterung ausgingen; die Langwurten der Nordseeküste bieten hierfür ein erst in den letzten Jahrzehnten sichtbar gewordenes Beispiel [zusammenfassend BRANDT: 997]. Doch gelang nicht jedem der frühen Gewerbeorte und „Handelsemporien" – die einst übliche Typusbezeichnung „Wik" wird heute als unzutreffend verworfen [SCHÜTTE: 712] – der Aufstieg zur Stadt; Dorestad oder Haithabu sind nur die berühmtesten Fälle eines Scheiterns.

Voraussetzungen für Schließlich war auch die „klassische" stadtgeschichtliche Themenstellung, Gemeindebildung die Ausbildung der Stadtgemeinde, von den eben erwähnten neuen Forschungsimpulsen und -ergebnissen betroffen. Anregungen durch die Gilde der Kaufleute, die Gerichts- oder die Pfarrgemeinde wurden erörtert. Einschneidende Maßnahmen gehen im 10. Jh. auf die Stadtherrn zurück, wie überhaupt Stadtherrschaft in der hier fraglichen Zeit noch kaum durch genossenschaftliche Regungen gefährdet wurde [SCHWINEKÖPER: 719]. Abzusehen ist freilich von den führenden italienischen Städten, in denen schon im 10. Jh. die Stadtbewohner begannen, „den Bischof als Exponenten der Bürgerschaft, nicht allein als ihren Herrn anzusehen" [DILCHER: 688, S. 243; weiter KELLER: 717; 718; SCHWARZMAIER: 991; BRÜHL/VIOLANTE: 966; BOR-

DONE: 714; BORDONE/JARNUT (Hg.): 715]. Den Stadtbezirk Köln etwa eximierte spätestens Erzbischof Brun aus dem Gerichtsbezirk des Landes, gleichzeitig förderte er die Entstehung zahlreicher Pfarrbezirke in der Stadt [JAKOBS: 716]. Beides sind wesentliche Voraussetzungen städtischer Gemeindebildung, die freilich damit noch längst nicht abgeschlossen war [DILCHER in: 669].

„Der *pauper* der Karolingerzeit ... litt keine Not". Ob und wieweit diese These MOLLATS [728, S. 37] zutrifft, bedarf der Prüfung. Gewiss stellten die Autoren des 9. Jh. gerne den *potens* (und nicht den *dives*) dem Armen gegenüber [BOSL: 722], auch steigerten die *potentes* nach 840 unübersehbar den Druck auf „arme" Freie [J. SCHMITT: 729]. Doch heißt das noch lange nicht, dass es neben den von den Mächtigen bedrückten, krisenanfälligen *liberi* [BOSL: 721, S. 140 kategorisch: „*pauper*: der *minus potens, impotens*, nicht der Arme im wirtschaftlichen Sinne"], die angeblich bis zum 11. Jh. verschwunden seien [LE JAN-HENNEBICQUE: 727; DUFERMONT: 724], nicht auch im 9. und 10. Jh. ganz andere Typen von Armut gab, die durch echte Not am Rande des Existenzminimums gekennzeichnet waren, die ernährt und gekleidet werden mussten und die gleichfalls *pauperes* hießen [so im Widerspruch zu BOSL: VIOLANTE: 730]. Das Wucherproblem betraf keineswegs nur die ökonomischen Beziehungen zwischen Freien [SCHMITZ: 1997]. Nicht allein in Rom wird man mit Bettlern zu rechnen haben; die Armenfürsorge im Rahmen der Memoria deutet auf wirtschaftlich schlecht- oder unversorgte, kontinuierlich materielle Not leidende Unterschichten; zudem sind erhebliche regionale Unterschiede der Fürsorgemaßnahmen und -notwendigkeiten zu registrieren [BOSHOF: 720]. Über die Versorgung der *mancipia*, die angeblich nicht zu den *pauperes* zählten, und anderer besitzloser Bevölkerungsgruppen sind wir ganz unzulänglich informiert; voreilige Schlüsse [DEVISSE: 723, S. 282: „On ne naît point *pauper*. On le devient"] sind hier fehl am Platze [KUCHENBUCH: 905]; einige *fugitivi, peregrini* und *latrones* der Quellen sind gewiss Arme, vielleicht der Pression in die Not Entflohene [EPPERLEIN: 725]. Der *pauper* war, auch im 9. und 10. Jh., in erster Linie der wirtschaftlich Arme, der Minderbesitzende oder Besitzlose, der auch unabhängig von der Pression durch *potentes* die Not kannte, erst in zweiter Linie der *impotens* [IRSIGLER: 726; PRINZ: 24].

Gesellschaftliche Randgruppen und Außenseiter werden von den Quellen selten erfasst. Allein die Juden bilden eine Ausnahme. Man meinte i. d. R., die abendländischen Juden – der Schwerpunkt jüdischer Kultur lag bis ins 12. Jh. in der arabischen Welt [LEWIS: 42] – hätten vom 9. zum 11. Jh. trotz gelegentlicher Anfeindungen insgesamt ein durch königlichen Schutz gesichertes Dasein in wirtschaftlicher Unabhängigkeit, gesellschaftlicher Anerkennung, religiöser Toleranz und in Frieden geführt [BARON: 737; zum Recht im Frühmittelalter: LINDER: 762]. Erst im 11. Jh. sei eine Wende eingetreten und seitdem der Rechtsstatus der Juden wesentlich entwertet worden [DASBERG: 745; KISCH: 758; ASCHOFF: 733; LOTTER: 763; 764]. Doch verwischen

Armut

Randgruppen

Juden

einige Studien diesen scharfen zeitlichen Kontrast [SCHUBERT: 772; EBREI: 750]. Nicht nur im byzantinischen Reich lastete schwerer Druck auf den Juden [STARR: 774], gerade auch im lateinischen Westen zog sich von der Spätantike bis ins Mittelalter eine ungebrochene Tradition antijüdischer Ausschreitungen, Vertreibungen und Polemik [BLUMENKRANZ: 741; 738; AGUS: 731; AWERBUCH: 734; SCHRECKENBERG: 771; COHEN: 744]. Contra Judaeos-Traktate schürten kontinuierlich das Feuer; stachelten sie gewöhnlich auch nicht zu Verfolgungen an, so „legitimierten" sie doch eine leicht zu mobilisierende Aversion [FUNKENSTEIN: 747]. Theologisches Interesse fehlte indessen nicht [HEIL: 755]. Bekehrungen von Christen zum Judentum steigerten regelmäßig die Spannung [BLUMENKRANZ: 740]. Allerdings scheint es im 9. und 10. Jh. zu keinen Pogromen gekommen zu sein, obgleich blutige Verfolgungen etwa im Zusammenhang mit den christlichen Endzeiterwartungen um die Jahrtausendwende nicht auszuschließen sind [STOW: 775; LANDES: 759; HEIL: 749]; auch unterschieden sich die Juden in Kleidung und Haartracht erst seitdem von den Christen [BLUMENKRANZ: 739]. Für die Beurteilung der Situation fällt indessen stark die geographische Verbreitung der Juden in Europa ins Gewicht [Epochen übergreifend: 756]. Man schätzt um 800 ihre Anzahl auf ca. 5000, die zum weit überwiegenden Teil im muslimischen Spanien und in Süditalien, wohl auch in Südfrankreich lebten; aus Lyon stammten aus der Zeit Ludwigs des Frommen die schärfsten Angriffe gegen sie, ohne dass ihre Anzahl dort auszumachen wäre und ob sie eine Gemeinde bildeten. Mainz dürfte die älteste jüdische Siedlung im mittelalterlichen Deutschland sein [zuerst bezeugt 1012: SCHIEFFER: 770, doch frühere Ansiedlung gewiss]; die erste Wormser Synagoge wurde 1034 errichtet. Um 1100 wird mit ca. 30 000 nun über das gesamte ehemalige Frankenreich verbreiteten Juden gerechnet [AGUS: 732; für das „Regnum Teutonicum": TOCH: 776; ungenügend: GEISEL: 748; ein einzigartiges Arbeitsinstrument ist der Atlas von HAVERKAMP: 753]. Es gab also während des früheren Mittelalters in weiten Teilen Lateineuropas eine traditionelle antijüdische Polemik, aber vergleichsweise wenige, durch recht „zufällige und verschiedenartige", zugleich diskriminierende Privilegien geschützte und ihr eigenes Recht pflegende Juden [KISCH: 757, S. 194; ZUCKERMAN: 782]. Doch sollten erst, so jüngst M. Toch, „das 8., 9. und 10. Jh. ... in allen Aspekten des jüdischen Lebens, im Norden in Aschkenas wie im Süden in Sefarad, zum eigentlichen Neubeginn werden" [TOCH: 777, S. 25]. Die von ihm angezweifelte Präsenz jüdischer Gemeinden in Europa im Frühmittelalter ist freilich umstritten. Gegen Tochs „Negativargumentation" vertritt F. LOTTER die traditionelle Position [765; 766, Zitat S. 231; dagegen TOCH: 778; dagegen wieder LOTTER: 767]. Unumstritten ist, dass sich Gemeinden seit karolingischer Zeit nach Norden und Osten verbreiteten, und dass sich zugleich die Hinweise auf antijüdische Ausschreitungen mehrten [CHAZAN: 742; 743]. Problematisch ist BACHRACHS [735] These starker politischer und wirtschaftlicher jüdischer Machtstellung im Frühmittelalter, welche die meisten Könige zu einer ihrem

Christentum widersprechenden „projüdischen" Politik genötigt habe; ob damals wirklich die antichristliche Polemik der Juden aggressiver gewesen ist als seit dem 11. Jh. [LASKER: 760], bleibt zu prüfen.

Die Frage nach dem sozialen und rechtlichen Status der Juden hat zeitweise andere Bereiche ihrer Geschichte in den Hintergrund geschoben. Regelmäßig betont wurde lediglich ihre Rolle für den Fernhandel [RABINOWITZ: 1046; LATOUCHE: 761; NIERMEYER: 769], die BLUMENKRANZ [741] für die Zeit vor den Kreuzzügen zugunsten reger agrarischer Tätigkeit reduziert wissen wollte; doch folgte ihm die Forschung nicht uneingeschränkt [VERLINDEN: 780]. In Deutschland galten im 10./11. Jh. die Juden durchaus als Kaufleute schlechthin [DILCHER in: 871, Teil 3]. Die jüdische Responsa-Literatur [AGUS: 732; WEINRYB: 781] – der älteste aus Europa erhaltene Rechtsentscheid erging Ende des 10. Jh. in Marseille [v. MUTIUS: 768] –, die Auswertung der Kairiner Geniza-Dokumente [GOITEIN: 751], vertiefte Einblicke in die seit dem 11. Jh. entstehende Talmud-Literatur [etwa Raschi: HAILPERIN: 754; AWERBUCH: 734], in jüdische Philosophie [SIMON/SIMON: 773] und Wissenschaft [GOLB in: 829] lassen freilich allgemein eine ungemein hohe intellektuelle und materielle Kultur erkennen, deren Einwirkung auf die lateinisch-christliche Zivilisation erst am Anfang ihrer Erforschung steht [BARON: 736; GRABOIS: 752]. Wie lange sich die Juden in Europa und auch rechts des Rheins einer romanischen Umgangssprache bedienten [DUBNOV: 746], bleibt zu prüfen.

Rechsstatus der Juden

Die Geschichte des Alltags, die in manchem an die ältere Kulturgeschichte anknüpfen kann, ist noch nicht geschrieben; zu viele terminologische und methodologische Unsicherheiten stellen sich ihr einstweilen in den Weg [GOETZ: 789]. Ob sie je möglich sein wird, ist umstritten. Bereits eine klare, allgemein akzeptierte Bestimmung des Gegenstands fällt schwer. Die materielle Sachkultur zählt zweifellos ebenso hinzu wie Fragen der Ernährung oder auch magische und religiöse Riten. Ebenso gewiss aber bilden sie nicht ihre einzige Thematik. In dem Maße, in dem die menschliche Lebenswelt insgesamt erfasst werden soll, müsste sich die Disziplin zu einer historischen Ethnologie oder Anthropologie des europäischen Mittelalters erweitern. Die bisherigen Ansätze zu einer umfassenderen Darstellung frühmittelalterlichen Alltags leiden denn auch unter den angedeuteten Rahmenbedingungen [RICHÉ: 60; POGNON: 798; ARIÉS/DUBY (Hg.): 783; GOETZ: 790]; sie lassen ganze Bereiche völlig aus. Über die tatsächlich gesprochene Sprache ist z. B. wenig bekannt, und doch beherrscht sie den Alltag. Entsprechende Vorbehalte gelten gegenüber psychischen Phänomenen. Wie Freuden genossen oder Qualen erduldet werden, wo die Reizschwellen für Ärger und Zorn, für Gewalttätigkeit [DILCHER: 787; HALSALL: 791], Mitleid und Verachtung liegen, welche Toleranzgrenzen für Nonkonformismus hingenommen werden, und wie dies alles dann in das tägliche Leben eingreift, prägt den Alltag entscheidend und ist doch – von wenigen, nicht repräsentativen Ausnahmen abgesehen – dem Historiker des früheren Mittelalters weithin unbekannt [BLÖCKER: 784]. Immerhin wurde die Trunkenheit mit ihrer Begleiterin, der

Alltag

Gewalt, monographisch untersucht [KAISER: 793]. Und wie wirkt die Angst? Mit sprachgeschichtlichen Studien allein ist ihr nicht beizukommen [ENDRES in: 341]. Immerhin liegen „Untersuchungen zum Krisen- und Todesgedanken" vor [BORNSCHEUER: 786], die freilich noch auszuweiten wären. Die Wirksamkeit des Wunderglaubens, sozialhistorisch etwa von TÖPFER [1729] behandelt, ist nach der volkskundlichen, anthropologischen Seite hin zu vertiefen [WARD: 807; GURJEWITSCH: 39]. Zweifellos organisiert sich eine „orale" Gesellschaft anders als eine literate [STOCK: 804]; und wer sein Dasein nach einem magisch geprägten Weltbild einrichtet, lebt wiederum anders als einer, dessen Welt entzaubert ist. Vom 9. zum 11. Jh. ändert sich in dieser Hinsicht unter dem Druck fortschreitender Verchristlichung einiges [zum magischen Weltbild noch immer grundlegend: THORNDIKE: 805; zum Hexen- und Zauberwesen: RUSSELL: 799; 800; zur stark literarisch geprägten Tradition des „Aberglaubens": HARMENING: 792]. Die „Entzauberung" der Welt setzte somit ein; doch ist umstritten, wieweit dadurch (schwarze und weiße) Magie einen neuen Aufschwung nahmen [FLINT: 788; dazu N. ZEDDIES in: Rechtshistor. Journal 12, 1993, S. 103–129; KIECKHEFER: 794]. Wie aber wirkt das alles auf den „Alltag"? Die Forschung hält auf derartige Fragen noch wenig Antworten bereit. Die Einstellung der Menschen zur „Natur" wird immerhin thematisiert [SPRANDEL: 127; eine wertvolle Einzelstudie: STAUFFER: 803]. Nur in ersten Ansätzen meldet sich, sachlich und methodisch noch keineswegs unumstritten, eine „historische Verhaltensforschung" zu Wort [NITSCHKE: 795; 796], der gleichwohl für eine umfassende Alltagsgeschichte zentrale Bedeutung zukommt. Einzelne gesellschaftliche Gruppen lassen sich mitunter besser erforschen. Für die Mönche bieten die Regeln und ihre Kommentare reichen Stoff auch zum Essen und Trinken oder zur Körperhygiene [G. ZIMMERMANN: 808], der Alltag des Klosters ist damit freilich nur unvollkommen erfassbar. Auch einzelne Lebensbereiche finden unter dem Siegel der Alltagsgeschichte die ihnen bislang mehr oder weniger verweigerte Aufmerksamkeit, so etwa der Umgang der Menschen mit Tieren [806].

3. WISSEN UND VERSTEHEN

Soziales Wissen Auch die Geschichte des sozialen Wissens entzieht sich einstweilen einem umfassenden Zugriff durch die Historiker und harrt noch einer kompetenten Bearbeitung [vgl. aber RADDING: 830]. Ein Anfang ist freilich mit der Diskussion um das tripartite Deutungsschema der drei „ordines" der *laboratores*, *bellatores* und *oratores* gemacht [ausgelöst durch LEGOFF: 821; aufgegriffen u. a. von DUBY: 811 und OEXLE: 828]; die noch längst nicht abgeschlossene Diskussion dreht sich um die zwei Fragen der Herkunft [Übersicht: OEXLE: 827; zu platonischen „Grundlagen": DUTTON: 812; zur Rezeption in der Schule von Auxerre bereits im 9. Jh.: IOGNA-PRAT: 817] und der Funktion des Schemas, das etwa um die Jahrtausendwende zu allgemeiner Verbreitung gelangt. Folgt man Duby, so ist das Schema im Jahre 1024/25 formuliert worden. Sein Zweck soll die Abwehr häretischer Bewegungen mit gesellschaftlich egalitären Tendenzen, des cluniazensischen Mönchtums und der Gottesfriedensbewegung, aber auch die Überwindung der tiefen Krise des frühkapetingischen Königtums gewesen sein, auf die bereits LEMARIGNIER [1177] hingewiesen hatte. Doch wird das Schema auch als Vorstoß gegen die „feudale Revolution" mit ihrer Zersplitterung legitimer Gewalt bewertet, das dann bis zum Ancien Régime die ideologische Basis der Monarchie und der feudalistischen Klassengesellschaft darstellte. Die These blieb nicht unwidersprochen. LEGOFF [schon 820; 821; 822] erkannte im dreigeteilten Schema „ein Instrument der nationalen monarchischen Ideologie", „eine ideologische Waffe" zum Zwecke, „das Gleichgewicht zwischen den drei Gruppen" durch den König als „Schiedsrichter" zu sichern; denn nur, wo das Königtum schwach sei, spiele später das Schema eine Rolle: Ideologie zum Machtausgleich also und zur Sicherung des Reichsfriedens [so vor allem K. SCHREINER: 833]. Es sei, so wurde gleichfalls eingewandt, mit einem Funktionswandel des sozialen Modells vom frühen 11. zum 17./18. Jh. zu rechnen. Das System der drei Ordnungen sei kein Instrument der Restauration, wie Duby nahelegte, sondern der Versuch, die sich differenzierende Gesellschaft auf den Begriff zu bringen [so OEXLE: 828], letztlich also kein ideologisches Argument, sondern ein Instrument zur Wahrnehmung sozialen Wandels. Einig sind sich indessen alle Interpreten in der Beurteilung der raschen Verbreitung als eines Zeichens erheblicher, z. T. geradezu revolutionärer sozialer Spannungen um die Jahrtausendwende und als Niederschlag des tiefgreifenden Wandels von der früh- zur hochmittelalterlichen Geschichte [zuletzt und als Einführung in die Diskussion: KÉRY: 818]. Gleichwohl konkurrierte das Schema stets mit anderen Ordnungsprinzipien der früh- und hochmittelalterlichen Gesellschaft [CONSTABLE: 810].

Hinzu kommen weitere Deutungsmuster wie „Haus" [FRIED: 814] oder die Körpermetapher [STRUVE: 834], um nur diese beiden noch zu erwähnen [OEXLE in: 1213; wegweisend DERS.: 827], wie überhaupt der gesamte Bereich der Wahrnehmung sozialer und natürlicher Umwelt sowie ihre Deutung in die Untersuchung mit einzubeziehen ist. Denn Wahrnehmung und Deutung bestimmen in ihrer unauflöslichen Einheit die Lebensordnung. Das geographische Weltbild entspringt, soweit es in die noch verfügbare Überlieferung Eingang findet, noch kaum der eigenen Erfahrung, vielmehr zumeist dem tradierten antiken Wissen [VON DEN BRINCKEN: 809; unbrauchbar: B. ENGLISCH: Ordo orbis terrae, Berlin 2002; dazu J. FRIED in: HZ 277, S. 714–719, I. BAUMGÄRTNER in: DA 60, S. 705–707]. Im Hinblick auf die Wahrnehmungskategorien steht die Erforschung des früheren Mittelalters vor einem Anfang. Einstweilen sind nur vorsichtige Annäherungen möglich, die zweifellos vielfältigster Korrektur bedürfen. Gerade die zentrale Frage: „In welcher Weise nehmen die Menschen der frühmittelalterlichen Epochen ihre Welt wahr und wie reagieren sie darauf?" ist in ihrer Komplexität noch kaum zu überschauen, auch wenn entscheidende Schritte zur Beantwortung eingeleitet sind [W. Chr. SCHNEIDER: 832]. Allein einige Faktoren und Deutungsmuster lassen sich namhaft machen oder schon darstellen, doch wie sie zusammenwirken, für welche sozialen Gruppen sie jeweils gelten, ist als historische Thematik noch unbearbeitet.

Mentalität   Hier spielen die Mentalitäten eine Rolle. Mentalitätsgeschichte fragt nach dem „gemeinsamen Tonus längerfristiger Verhaltensformen und Meinungen von Individuen innerhalb von Gruppen" [GRAUS: 815, S. 17]. Der Anstoß, sich ihnen verstärkt zuzuwenden, ging von einigen Historikern um die Zeitschrift „Annales E. S. C." aus; zumal M. Bloch ist zu erwähnen und in unserem Zusammenhang vor allem Duby, der etwa in seiner Besprechung von GANSHOFS Buch über das Lehnswesen [1164] kritisierte, dass er die „féodalité" nicht auch als „mentalité" behandelt habe [Annales ESC 13, 1958, S. 765 ff.; zu Duby: O. G. OEXLE in: HZ 232, 1981, S. 61 ff.]. Eine Revision des Feudalismus-Konzepts intendiert S. Reynolds [REYNOLDS: 1185; dazu E. MAGNOU-NORTIER in: RH 296, 1996, S. 253 ff.; J. FRIED in: German Historical Institute London, Bulletin 19/1, 1997, S. 28 ff. und REYNOLDS ebd. 19/2, S. 30 ff.]. Als Einführung in mittelalterliche „Vorstellungswelten" konzipiert sind H.-H. KORTÜMS „Menschen und Mentalitäten" [819]. Freilich werden auch Bedenken gegen die Mentalitätsgeschichte vorgetragen. Gruppen-„Mentalitäten" entziehen sich im 9. bis 11. Jh. aus Quellenmangel noch weithin erfolgreich einem gesicherten Zugang, wenn man von den Mönchen und dem Memorialwesen einmal absieht.

Sprachliche Kommunikation   Lange Zeit wurde Sprachgeschichte [jüngste Übersicht: BESCH u. a. (Hg.): 836] als mehr oder minder immanente Betrachtung eines Zeichensystems, eben der Sprache, betrieben, auch wenn das sog. „Übersetzungsproblem" die lateinisch-volkssprachliche Zweisprachigkeit mittelalterlicher Zivilisation durchaus zu den wahrgenommenen, freilich nicht immer angemessen aufgearbeiteten Schwierigkeiten in der Erforschung des früheren Mittelalters zählte [SCHLESINGER: 849; STACH: 855], und obwohl die Literatur zur Frage der romanisch-germanischen, weniger der germanisch-slawischen Sprachgrenze und ihrer Veränderungen Regale füllt. Dagegen werden heute nicht nur „Reflexe gesprochener Sprache" [SONDEREGGER: 854; zusammenfassend in BESCH u.a. (Hg.): 836] oder sozialhistorische Zusammenhänge, etwa Verkehrs- und Verständigungsgemeinschaften, beachtet, wie dies EGGERS [841] forderte, oder eine Sozialgeschichte der Sprache intendiert, worauf BORST [838] in einem monumentalen Werk, eher populär auch Ph. WOLFF [857] verwiesen. Vielmehr wird zunehmend die unaufhebbare Interaktion von Sprache und außersprachlichen Kommunikationsformen wie etwa Ritual, Zeremoniell oder (Rechts-)Gebärde betont [DILCHER: 840; MATZINGER-PFISTER: 845; EBEL: 1103; NITSCHKE: 846; 847; SUNTRUP: 856; SCHMIDT-WIEGAND in: 839; 850]; die stets wirksame Kontextbindung der Sprache wird herausgestrichen, ohne dass die Historiker die Konsequenzen für jeweiliges „Wissen", „Erkennen", „Verstehen", „Ordnen" oder „Handeln" schon umfassend erörtert oder gar tatsächlich allgemein gezogen hätten [SCHMIDT-WIEGAND: 851]. Die Folgen dürften erheblich sein, da sich im Frühmittelalter beispielsweise eine so starke und vielfältige Kontextbindung einzelner Wörter oder Phrasen abzeichnet [BETZ: 837; MASSER: 844; SCHABRAM: 848; KÖBLER: 1111; SCHÜTZEICHEL: 853; SCHMIDT-WIEGAND: 852], dass offenbleibt, in welchem Maße damals die deutsche oder lateinische Sprache bei divergierenden Umständen gleichartige Einzelakte und ihre Bezeichnungen tatsächlich unter abstrahierende Allgemeinbegriffe zusammenfasste. Man hat mit Wandel zu rechnen. Waren also „Handeln", „Verstehen", „Ordnen", d. h. jede auf Kommunikation angewiesene gesellschaftliche Aktivität, mehr als nur eine Kette von Einzelakten, wieweit folgten sie übergreifenden, sprachlich fassbaren Ordnungskonzeptionen? Dass die Intentionen des früheren Mittelalters nicht dieselben waren wie heute, ist gewiss [GURJEWITSCH: 115]. Hier steht die Forschung erst am Anfang eines dornigen Weges, der nicht mehr in die Kompetenz einer einzigen wissenschaftlichen Disziplin fällt. Linguistik, Kommunikationstheorie, Semiotik und Handlungstheorie greifen hier mit traditionellen Wissenschaften (Rechts-, Literatur-, Sozial- oder Allgemeingeschichte) ineinander; auch dürfte der Vergleich mit ethnologischer Kommunikationsforschung dem Mediävisten nützen [VOLLRATH: 65].

4. WIRTSCHAFTSGESCHICHTE

In der Wirtschaftsgeschichte hat sich in den letzten fünf Jahrzehnten eine Art Paradigmenwechsel vollzogen. Es wird nicht nur zunehmend die traditionelle Scheidung in Mittelalter und Neuzeit aufgegeben und durch ein vor allem auch sozialhistorisch begründetes Modell „Alteuropa" [O. BRUNNER: 858] oder „traditionales Europa" [HERLIHY: 863] ersetzt, das sich vom 10. Jh. bis ins 17./18. Jh. erstreckt; der Wechsel reicht tiefer. Fragten Max Weber oder W. Sombart nach der Entstehung des „Kapitalismus", der die spätere Neuzeit beherrschte, sprach R. KÖTZSCHKE [864] von einem „Zeitalter der Grundherrschaft" und hatte damit bestimmte Phasen der mittelalterlichen Geschichte im Auge, so werden derartig typisierende Epochencharakterisierungen gegenwärtig nicht weiter vertieft. Stattdessen treten demographische Studien hervor, werden Preisbewegungen und technischer Wandel miteinander verbunden zu einem dynamischen Phasen- oder Wellen-Modell, das keine scharfen Grenzlinien zieht, sondern ein Kontinuum konzipiert mit Auf und Ab, Expansion, Stagnation und Depression [FOSSIER: 860; VERHULST: 872]. Nicht einmal Wirtschaftsplanung darf der Epoche abgestritten werden [EMMERICH: 945; KUCHENBUCH: 908; 909]. „From about the year 1000, perhaps even earlier, the Western economy entered a phase of powerfull expansion, which lasted until about 1300" [HERLIHY: 863]. Wie weit dabei Innovation oder Kontinuität seit der Antike wirksam waren, ist umstritten [916]. Die genauere Phasenbestimmung des 9. bis 11. Jh. in diesem Kontinuum ist noch

Allgemeines

längst nicht abgeschlossen, vielleicht auch gar nicht möglich. Die Quellenlage ist für derartige Untersuchungen einigermaßen ungünstig. Gleichwohl lässt eine Reihe von Einzelbeobachtungen etwa über die Zollerhebung [ADAM: 942], die Ausbreitung der Wassermühlen [z. B. GAUTIER-DALCHÉ: 861] oder Bewegungen auf einem immer lebhafter werdenden „Immobilienmarkt" [vgl. z. B. BONNASSIE: 965] spätestens seit dem 10. Jh. in einigen Gebieten eine Aufschwungphase erahnen; sie könnte im Südwesten Frankreichs einsetzen und allmählich nach Norden und Osten ausgreifen. „Faktoren der Preisbildung für Getreide und Wein" suchte H.-J. SCHMITZ [868] zu bestimmen.

Grundherrschaft Die Grundherrschaft (GH) gilt als Basis der wirtschaftlichen Leistungskraft des früheren Mittelalters [beste Einführung: KUCHENBUCH: 906; dazu: DERS.: 907]. Sie ist freilich keine einheitliche Erscheinung quer durch Europa, vielmehr treten erhebliche Unterschiede der Organisationsformen und des Organisationsgrades etwa in Italien, Südgallien, der Francia, im Ostfrankenreich oder in Sachsen hervor. Die kontroverse wissenschaftliche Literatur spiegelt diese Situation [RÖSENER: 921]. Seit den Anfängen kritischer Geschichtswissenschaft bietet die GH einen bevorzugten Gegenstand intensiver Auseinandersetzung; dabei zeichnet sich in der internationalen Forschung der letzten 35 Jahre ein neues Bild ihrer Entstehung und Ausbreitung ab. Oft nicht bedacht wird dabei, dass „GH" ein moderner wissenschaftlicher, keineswegs von allen Historikern gleich definierter Typusbegriff zur Bezeichnung königlicher, kirchlicher oder adeliger Herrschafts- und Wirtschaftsorganisation auf agrarischer Grundlage ist [SCHREINER: 925]. Der Begriff kam etwa gleichzeitig mit dem „Feudalismus"-Begriff zu Ende des 18. Jh. auf und verbreitete sich im 19. Jh. allgemein. GH erscheint damit als charakteristisches, wirtschaftliche, soziale und politische Momente vereinendes Strukturmerkmal des „Feudalismus", und wo dieser zur Debatte steht, geht es immer auch um GH [WUNDER (Hg.): 938; KUCHENBUCH/MICHAEL (Hg.): 911; MÜLLER-MERTENS in: 300; BARTMUSS: 877]. Die innere Widersprüchlichkeit, die der Geschichte des Begriffs anhaftet, kennzeichnet auch die Erforschung des von ihm Bezeichneten. Denn „GH" meint zunächst das *dominium directum* der spätmittelalterlichen Juristen, das bloße „Grundeigentum", das vom *dominium utile*, dem wirklichen Nutzen aus ihm, unterschieden wird. Das Wort bezeichnet ursprünglich gerade nicht die Summe der bipartiten Besitzverteilung, das Dienst- und Abgabenwesen, die personalen Herrschaftsrechte und schon gar nicht eine Form von Gericht, Kriterien also, die der moderne Begriff zusammenfasst, sondern ziemlich genau das Gegenteil: all das, was nicht Nutzen ist, die abstrakte Rechtsfigur des nackten Eigentums, das für den „Grundherrn" bestenfalls einen wirtschaftlich unerheblichen Anerkennungszins abwirft. „GH" unterliegt damit denselben methodischen Schwächen, die auch anderen wissenschaftlichen Ordnungsbegriffen anhaften: Sie tragen moderne Vorstellungen und Perspektivität in die zu erforschende Sache hinein.

In der gelehrten Literatur lassen sich unschwer Äußerungen finden, die sich zu einer langen Linie von der spätantiken Latifundienwirtschaft zur frühmittelalterlichen GH und von dieser über die GH des späteren Mittelalters und schließlich, da GH der Herrschaft über Land und Leute gleichgesetzt wird [O. BRUNNER: 880; dazu: HAGENEDER: 901; WELTIN: 936; ALGAZI: 874; KORTÜM: 1175; LÜTGE: 912], zu einer neuen politischen Organisation, zu Landesherrschaft und zum modernen Staat zusammenfügen lassen. Die besonders in der älteren deutschsprachigen Forschung anzutreffende Tendenz, GH als stabile, rechtlich fixierte Organisationsform von Herrschaft über Land und Leute und weniger funktionell als komplexes Verhältnis gegenseitiger Angewiesenheit von Herren und Grundholden mit einem variierenden Handlungsspielraum beider [KUCHENBUCH: 905; SCHELER: 923] zu fassen, kommt der angedeuteten Linienziehung gewiss entgegen. Die Diskussion um den Patrimonialstaat hat hier eine ihrer Wurzeln.

Bereits die Frage der Kontinuität von der spätantiken Latifundienwirtschaft mit Bewirtschaftung durch Ackersklaven zur mittelalterlichen GH ist, durch die Quellenlage bedingt, nur durch eine Reihe von Rückschlüssen aus dem 9. Jh. zu beantworten und damit zugleich für die Beurteilung der GH seit dem 9. Jh. von erheblicher Bedeutung. FOSSIER [892, S. 24] betrachtete die *Polyptycha*, die schriftlichen Verzeichnisse der GH, geradezu als eine Erfindung des 9. Jh. „quasi ex nihilo". Die Ansichten differieren je nach Gewichtung des Fortwirkens römischer oder nicht-römischer Elemente oder eines genuinen Wandels, den etwa das fränkische Königtum herbeiführte. Die Ableitung der GH aus „germanischer" Herrschaftsorganisation geht auf WITTICH [937] zurück, der damit gegen Markgenossenschaftstheorie (s. u.) und Gemeinfreienlehre polemisierte und „grundherrliche Abhängigkeit der unfreien, hörigen und freien Bauernbevölkerung" bei den „großen deutschen Stämmen" in vorkarolingischer Zeit zu erkennen glaubte. Jüngere adelsgeschichtliche Forschungen verfolgten diese Linie weiter und konzipierten eine germanische GH, die sie bei Tacitus bezeugt und durch die Völkerwanderung ausgebreitet sahen [DANNENBAUER: 882: „Gefolgschaft setzt GH voraus"]. Auch jetzt fehlte es nicht an Widerspruch. SCHLESINGER [924] setzte nicht GH, sondern Leib- und Hausherrschaft an den Anfang wirtschaftlicher Abhängigkeit bei den Germanen; von ihr führe kein direkter Weg zur GH. Diese war nun eine genuine Neuschöpfung aus der Begegnung der germanischen mit der römischen Welt im fränkischen Reich. Neben die germanisch geprägten Kontinuitätstheorien traten jene, die sich auf römische Wurzeln beriefen [A. DOPSCH: 889; KÖTZSCHKE: 864; PERRIN: 917; AUBIN: 876; APPLEBAUM: 875; MÜLLER-MERTENS in: 300]; auch sie fanden Gegner. Fehlende lokale Kontinuität, wechselnde Toponymie und geographische Kriterien widersprachen ihr [VERHULST: 932]. Neue Quellenfunde aus St-Martin in Tours [GASNAULT: 895] lassen freilich eine enge Beziehung zwischen spätantiken Steuerverzeichnissen und den karolingischen Polyptycha erkennen [GOFFART zuletzt: 897]. Mit der Kontinuitätsfrage war ferner das Problem der Zusam-

Antike Kontinuität

menführung und des jeweiligen Weiterwirkens germanischer und römischer Elemente in der mittelalterlichen GH eng verbunden. Die heute zumal in deutschen Publikationen verbreitete Konzeption [RÖSENER: 919; H. K. SCHULZE: 1190; mit Einschränkungen auch TH. SCHIEFFER in: 15, S. 137 f.] gewichtet beide mehr oder weniger gleich [anders: HÄGERMANN in: 933]. Der Sache angemessener dürfte indessen sein, nicht ethnische Provenienzen zu prüfen als vielmehr eine Typologie der frühmittelalterlichen GH zu erstellen, wie das bereits SLICHER VAN BATH [928] versuchte und – in Fortführung seiner These über das mittelalterliche Latium – TOUBERT [930] oder – von den Strukturen der Textsorte „Polyptycha" ausgehend – DEVROEY [in: 933] vertieften, um so auch die Entwicklung vergleichend [DILCHER/VIOLANTE: 888] von der Spätantike über das frühere Mittelalter in die späteren Jahrhunderte zu erfassen. Bemerkenswert jedenfalls ist, dass sich eine Reihe wichtiger technischer Verbesserungen – so der bodenwendende Pflug oder die Langsense – zwar erst in nachrömischer Zeit durchsetzen, gleichwohl aber auf römische Vorstufen zurückzuführen sind [HENNING: 904].

Denn ein entscheidender Irrtum hatte die ältere Forschung beherrscht, die Annahme nämlich, es gäbe ein einziges Grundmuster von GH: ihre bipartite Struktur, ihre Zusammensetzung aus Herrenland und in Eigenverantwortung bewirtschaftetem „Bauernland" mit einem unterschiedlich geregelten Dienst- und Abgabewesen und eine kontinuierliche Entwicklung aus der spätantiken Latifundienwirtschaft in merowingischer Zeit, wenn GH nicht gleich als Derivat altgermanischer Adelsherrschaft zu gelten hat. Erst VERHULST [932] setzte diesem Konzept die Beobachtung so tiefgreifender regionaler, durch soziale und geographische Faktoren bedingte Unterschiede entgegen, dass nicht mehr von einer einzigen GH gesprochen werden kann, und eröffnete die Diskussion um die Entstehungszeit neu. Die „klassisch" genannte bipartite GH fand sich nur in bestimmten Gebieten nördlich der Loire und der Alpen [später auch in Sachsen: SCHWAB: 926; geradezu archetypisch: St-Germain-des-Prés: HÄGERMANN: 902]. Neuere regional und vergleichend ausgerichtete Untersuchungen bestätigten diesen Eindruck [Italien: CASTAGNETTI: 881; Latium: TOUBERT: 1338; Südgallien: ROUCHE in: 1448; England: POSTAN: 918; allgemein: VERHULST: 931; DERS. (Hg.): 933].

„Klassische" Grundherrschaft

Doch wann erreichte die GH ihre „klassische" Entwicklungsstufe? Die Antworten divergieren je nach dem gewählten Indikator. Verfolgt man wie etwa GANSHOF [894] oder VERHULST [932] das Auftreten des Wortes *mansus* in den einschlägigen Quellen (dazu s. u.), zeichnet sich ein allmählicher, vom fränkischen Königtum seit dem 7. Jh. geförderter, vom Pariser Becken ausgehender und sich über die leichten Böden Nordfrankreichs bis nach Burgund und in das Moselgebiet, nach dem Hennegau, dem Artois, nach Flandern, bis ins Orléanais, ins Anjou, ins untere Seinegebiet und nach dem rechtsrheinischen Osten ausweitender Prozess bis etwa zum Ende des 8. Jh. ab [vgl. auch DUBY: 891]. Die Mansenverfassung galt schon früher als zuverlässiger Indikator für Entstehung und Ausbreitung der GH. Die merowingischen Formelsammlungen zeigen bereits um 600 wesentliche Elemente der GH, die mit dem noch verbreiteteren Gutsbetrieb konkurrieren; ständisch differenzierte und in das Villikationssystem eingebundene Mansen, auch sie ein Kennzeichen der „klassischen" GH, begegnen seit dem frühen 8. Jh. [HÄGERMANN: 899; 900]. Nimmt man indessen die Beschreibung der GHen in den zeitgenössischen Polyptycha zum Maßstab der Entwicklung, so zeichnet sich ihre „klassische" Ausprägung erst um die Mitte des 9. Jh. ab [DEVROEY in: 933]. Einig ist man sich indessen darin, dass die „klassische" GH nicht durch einen einmaligen Akt eingeführt wurde, sich vielmehr in einem sich durch Jahrhunderte erstreckenden, keineswegs linearen, kontinuierlichen und gleichmäßigen Prozess ausbreitete; dem 9. Jh. kommt dabei vielleicht eine Schlüsselposition zu. Die jeweiligen Formen auch der „klassischen" GH weichen erheblich voneinander ab, so dass zu fragen ist, wie weit die Zeitgenossen es – ohne Typologie – überhaupt als ein im Wesentlichen einheitliches, sich von anderen Typen abhebendes Phänomen erkannten. Ob mit der Einführung des bipartiten Systems zugleich der Aufstieg der Karolinger in Verbindung zu bringen ist, wird gegenwärtig ebenfalls diskutiert.

Als höchst fruchtbar erweist sich natürlich die Betrachtung einzelner GHen, sei es des Königs, einzelner Kirchen oder der Klöster [BRÜHL: 1261; METZ: 1281; GANSHOF (Hg.): 893; RÖSENER (Hg.): 920; beste Übersicht: KUCHENBUCH: 910] oder in einzelnen Regionen [z. B. Sachsen: RÖSENER in: 933; Flandern: VERHULST: 933; Languedoc: MAGNOU-NORTIER: 915; Italien: TOUBERT: 930]. Sie treten gerade im 9. Jh. durch die Anlage von Urbaren und Inventaren deutlich hervor [St. Remi in Reims: LÜTZOW: 913; DEVROEY: 886; dazu HÄGERMANN: 898; Weissenburg i. E.: DETTE (Hg.): 883; dazu M. GOCKEL, Hess. Jb. f. Landesgesch. 39, 1989; Montier-en-Der: DROSTE: 890; Prüm: SCHWAB: 927; Lobbes: DEVROEY: 885]. Die Rolle des Laienadels ist schwer zu fassen, aber gewiss nicht zu unterschätzen [vgl. H.-W. GOETZ in: 928]. *Einzelne Grundherrschaften*

Zahlreiche Detailstudien gelten der Organisation und den Bewirtschaftungsmethoden innerhalb der GH. Sie werden sowohl von historischer als auch von geographischer und archäologischer Seite beigesteuert. Die lange unterschätzte Bedeutung von Markt und Geld gerade auch für die GH tritt neuerdings klar hervor [BLEIBER: 878; TOUBERT: 930]. Eine Typologie der Rentenformen, d. h. der bäuerlichen Mehrarbeit für den Grundherrn, in zwei Haupttypen, der Betriebs- und der Hebegrundherrschaft, mit mehreren Untertypen entwirft KUCHENBUCH [in: 1683]. Gelegentlich wird vorgeschlagen, *villa* und *mansus* nicht wie bisher als Wirtschafts- und Betriebseinheiten (= „Hufe"), sondern allein als Steuerbezirke, als Hebeeinheiten, zu interpretieren [MAGNOU-NORTIER: 915]; doch handelt es sich nicht um Gegensätze, sondern lediglich um zwei Seiten derselben Sache. Allerdings erschwert die unbefriedigende Quellenlage das Vordringen zu allgemein anerkannten Ergebnissen; zu viele Fragen sind noch offen [MAGNOU-NORTIER: 914]. Nichts verdeutlicht besser diese Situation als die Divergenz in der Deutung des *Einzelfragen mansus*. Er galt lange unangefochten als ein Kennzeichen und konstituierender Faktor der „klassischen" GH. Das Wort begegnet im 9. Jh. in doppelter Bedeutung; neben der bereits erwähnten „bäuerlicher Betrieb" bzw. „Fiskaleinheit" besitzt es noch die an sich ältere von „Hofstätte". GANSHOF [894], dem VERHULST [931; 932] folgte, wertete das Vorkommen des Wortes *mansus*, dem Pertinenzen zugeordnet waren, als Indiz für die allmähliche Entstehung der GH nördlich der Loire seit dem 7. Jh.; doch unterschied er nicht genau zwischen den beiden Bedeutungsebenen, die erst SCHLESINGER [mehrere Beiträge zur „Hufe" in: 1188] prinzipiell voneinander trennte und damit zu anderen Ergebnissen als Ganshof oder Verhulst gelangte. Meinte Ganshof den *mansus* als agrarische Betriebseinheit im 7. Jh. im Pariser Becken nachweisen zu können, von wo die Hufe durch königliche Kolonisation sich im nördlichen Frankenreich ausbreitete, und lehrte Verhulst, in gleichem Zuge sei die GH vorgedrungen, so schlug Schlesinger vor, in dem erst im späteren 8. Jh. zu belegenden Bedeutungswandel des *mansus* von „Hofstatt" zu „Hufe" Reflexe von Maßnahmen der fränkischen Reichsgewalt, insbesondere Karls d. Gr., zur Reorganisation von Königs- und Kirchengut zu sehen, die vielleicht auf im germanisch-sprachigen fränkischen Osten anzutreffende Vorstufen zurückführten und darauf abzielten, die Hufe zum Instrument des Überblicks über den Bestand der GH, zur Hebeeinheit für Dienste und Abgaben an den Grundherrn, aber auch für allgemeine Steuern an den König sowie für die Aushebung der Wehrpflichtigen zu machen. Der Prozess der Verhufung war nicht auf Anhieb zu vollenden, dauerte das ganze 9. Jh. fort, durchdrang, wenn auch nicht das ganze Frankenreich, so doch jene Gebiete, die dem fränkischen Königtum nahestanden. Schritt die Verhufung also nach Ganshof und Verhulst seit dem 7. Jh. von Westen nach Osten voran, so sah Schlesinger sie umgekehrt vom Osten nach dem Westen wandern und sich im Wesentlichen erst nach dem späten 8. Jh. ausbreiten. War sie dort Instrument beginnender Kolonisation, so hier Ausdruck des Bemühens um rationale Ordnung einer unüberschaubar gewordenen Vielfalt. Hatte die Hufe als Bauprinzip der Wirtschaftsordnung um 800 ihre höchste Leistungsfähigkeit erreicht, oder markierte ihre Ausbreitung seit damals den Beginn jenes Wirtschaftsrationalismus, der durch betriebliche Organisationsmaßnahmen nicht zuletzt die wirtschaftliche Effizienz zu steigern suchte? Die Antwort steht noch aus [vgl. ZOTZ in: 920].

Einig ist man sich hingegen wiederum in der Beurteilung des Wandels der GH bis hin zu ersten Auflösungserscheinungen, den sie seit der Hochphase im 9. und 10. Jh. erfährt. Umstritten ist der Handlungs- und Ermessensspielraum, den der Grundherr gegenüber seinen Holden besitzt [geringer: VOLLRATH: 935; größer: GOETZ: 896; KUCHENBUCH: 910: „die Offensive mehr der Herrschaft, die Defensive mehr den Beherrschten", S. 325], zumal die *familia* weder rechtlich noch sozial, weder mit ihrer Zuordnung zu Boden und Herrn, noch mit der Qualität ihrer Dienste einen Einheitsstand bildet, in sich vielmehr stark differenziert ist [BOSL: 879].

Sachlich eng mit der Debatte um die GH verbunden ist der lange Streit um die Entstehung der Dorf- und Markgenossenschaften, welche die spätmittelalterlichen Weistümer regelmäßig bezeugen. Ihre angeblich „altgermanische" Herkunft wurde im 19. Jh. – u. a. von Friedrich Engels – postuliert, seitdem aber auch – vor allem von A. DOPSCH [941, S. 361 ff.] – entschieden bestritten. Die Frage schien seit den Forschungen von BÖCKENFÖRDE [940] und BADER [939] erledigt zu sein. Danach waren derartige Genossenschaften erst die Folge von Bodenverknappung und Herrschaftsintensivierung seit dem 11. Jh.: andere Autoren, z. B. KUCHENBUCH [905], bestätigten Baders Ergebnisse, die auch RÖSENER bekräftigte [in: 933]. Die „bäuerliche Gemeindebildung in den mittelelbischen Landen" scheint keine zwingenden Hinweise auf die Altertümlichkeit von Markgenossenschaften zu geben [SCHLESINGER: 453]. Lediglich „ein[en] gewisse[n]r (organisatorische[n]) Freiraum", dessen Existenz schwierig nachzuweisen sei, billigte man für die frühere Zeit den in einem Dorf zusammenwohnenden kleineren Grundbesitzern und freien Bauern noch zu [SCHWIND in: 289]. Doch wird eine ältere Entstehung der Markgenossenschaft im Hinblick auf den „archaische(n) Charakter des bäuerlichen Denkens" in den Alpenländern neuerdings von WERNLI [HRG 3, 1979, Sp. 302 ff.] und wegen der notwendigen Regelung der Allmendnutzungsrechte von H. K. SCHULZE [1190, S. 79 ff.] verteidigt.

Dorf- und Markgenossenschaften

5. REGIONALE BINDUNGEN UND IHRE ÜBERWINDUNG

Andere wirtschaftshistorische Forschungen [noch immer grundlegend: A. DOPSCH: 941] treten neben dem Problem der Grundherrschaft keineswegs zurück, auch wenn neuere Darstellungen das frühere Mittelalter i. d. R. eher kursorisch streifen [FOURQUIN: 195; DUBY: 891; CIPOLLA/BORCHARDT: 7, Bd. 1; nach Ländern geordnet, mit speziellen Abschnitten über die hier fragliche Zeit zu England und Italien: VAN HOUTTE (Hg.): 19]; doch erweist sich auch das frühere Mittelalter als handelsintensiv [1005]. Der oben angesprochene Wirtschaftsrationalismus des früheren Mittelalters entbehrt freilich noch – vom Geldwesen abgesehen [dazu MURRAY: 824] – einer gründlichen Untersuchung; doch hat B. EMMERICH [945] dezidiert ökonomisches Denken bereits in der Karolingerzeit nachgewiesen; und H. SIEMS [871] konnte zeigen, wie elaboriert das Handelsrecht der Epoche – nicht zuletzt in Auseinandersetzung mit der Wucherfrage – war. Wichtige Studien zur Verbreitung von Gold und Silber wie auch der übrigen Handelsgüter Eisen, Kupfer und Blei im früheren Mittelalter stammen aus der Feder von M. LOMBARD [zusammenfassend: 954]. Vom Fernhandel wird später zu reden sein; hier seien lediglich die Handelsgüter erwähnt, von denen Sklaven [VERLINDEN: 959; doch waren Juden weniger beteiligt, als Verlinden annahm: TOCH: 777; Rückgang, aber kein Ende des Sklavenhandels im Mittelalter: STUARD: 960] und Salz [ISENBERG: 950; PALME: 955; WANDERWITZ: 962; BERGIER: 944; zum

Warenproduktion und Handelsgüter

Salinenbetrieb: HÄGERMANN/LUDWIG: 947], aber auch Wachs neben Luxusgütern wie Pelz [HENNIG: 949; SCHIER: 956] oder Seide hervorragen. Auch für den Handel bestimmte „Massengüter" wie Töpferwaren oder Tuch werden im Rahmen der Grundherrschaft produziert; bekannt ist das Beispiel von Pingsdorf und Badorf [JANSSEN in: 951, Teil 2]. Venedig verhandelt in die muslimischen Länder das für den (Kriegs-)Schiffsbau wertvolle Langholz [LOMBARD: 953]. Neuere Ausgrabungsergebnisse lenken die Aufmerksamkeit verstärkt auf Handwerk und Gewerbe, zumal auf die metallverarbeitenden Aktivitäten [943; JANKUHN u. a.: 951]. Der im späteren 10. Jh. einsetzende Bergbau im Harz ist Gegenstand von Spezialuntersuchungen [von allgemeiner Bedeutung: KRAUME: 952; generell zum Eisengewerbe: FREI: 946; SPRANDEL: 958; in: 943]; die Anfänge Goslars (mit seiner schlechten Verkehrslage) unter Heinrich II. sind damit untrennbar verbunden [vgl. SCHULER: in: LexMA 1568–70]. Die wenigen zeitgenössischen Quellen zum Zollwesen wurden wiederholt eindringlich untersucht [Überblick: HARDT-FRIEDERICHS: 948; zu Raffelstetten: JOHANEK in: 1475].

Kultureller und wirtschaftlicher Regionalismus

Als „Kulturraum"-Forschung [AUBIN u. a.: 963] oder „Landesgeschichte" [P. FRIED (Hg.): 973] hat die regional orientierte Betrachtungsweise gerade in deutschsprachigen Ländern eine reiche Tradition; trotz überwiegend macht- und kirchenhistorischer, trotz adels-, personen- und ereignisgeschichtlicher Ausrichtung ihres Geschichtsbildes [z. B.: TELLENBACH (Hg.): 1478; SCHWARZMAIER: 990; MITTERAUER: 982; MAURER: 981; ZOTZ: 996] blieben die erheblichen Differenzen zwischen dem Süden und Norden, dem Westen und Osten Deutschlands und Europas, den lombardischen, gallischen oder lothringischen Stadtlandschaften, das zivilisatorische Süd-Nord- und West-Ost-Gefälle nie völlig unbeachtet. Die Patrozinienkunde zeichnet Sakrallandschaften, die nicht allein religiöse Beziehungen zu erkennen geben, sondern die regionale Ordnung überhaupt zu erhellen vermögen [ZENDER: 995; POULIN: 255; CORBET: 235]. Gleichwohl verdankt die internationale mediävistische Regionalgeschichte der Historikergruppe um die Zeitschrift „Annales" ihren allgemeinen wissenschaftsgeschichtlichen Durchbruch und eine kaum zu überschätzende Fülle von Anregungen. Durch sie wurde die Region in neuer, strukturgeschichtlicher Betrachtungsweise als historische Kategorie etabliert. Für das Mâconnais [DUBY: 970; problematisch: BOIS: 964], die Picardie [FOSSIER: 972], die Kirchenprovinz von Narbonne [MAGNOU-NORTIER: 980], für Katalonien [BONNASSIE: 965], die Provence [POLY: 985], die Champagne [BUR: 1300] oder die Bretagne [CHÉDEVILLE/GUILLOTELLE: 969] liegen entsprechende Studien vor. Die Region soll mit der Gesamtheit ihrer natürlichen und zivilisationsbedingten Phänomene als Ganzes beschrieben, das funktionale Zusammenwirken sozial-, verfassungs-, wirtschafts- und geistesgeschichtlicher Faktoren soll aufgezeigt werden. Das gelingt nicht immer. Der jeweilige Entwicklungsgrad lässt sich, die fraglichen Einrichtungen wie Kirchen, Klöster, Stifte, Schulen, Städte, Märkte, Münzen, Burgen, Mühlen u. a. zählend und vergleichend, bestimmen („Verdichtung"); ihr funktionaler Stellenwert innerhalb eines Systems abgestuften Zusammenwirkens, des eng- und weiträumigen Austausches mehrerer Regionen, kann eben dadurch auch angemessen gewürdigt werden. Die Trennungslinie von „Alteuropa" und „jüngerem Europa" [MORAW: 983], welche die Gebiete des einstigen römischen Reiches und der erst später von der lateinisch-christlichen Kultur erreichten Länder scheidet, ist viel schärfer ausgebildet, als man bislang schon zu erkennen glaubte; sie zerschneidet das werdende deutsche „regnum" geradezu in zwei Hälften höchst unterschiedlicher Qualität. Die regionen-übergreifenden Leistungen – etwa der Ottonen – treten dadurch umso stärker hervor. Der Gedanke der „Zentrallandschaft" des Königtums [MÜLLER-MERTENS: 1283; DERS./HUSCHNER: 1182] (für die ostfränkischen Karolinger etwa die Gebiete um Regensburg oder Frankfurt, für die westfränkischen Karolinger und Kapetinger die Ile de France, für die frühen Ottonen neben Frankfurt der Nordrand des Harzes, für die Salier das Oberrheingebiet zwischen Frankfurt und Speyer), ist als solcher schon älter, aber gegenwärtig in methodisch und sachlich neuer Weise zur Erfassung der Interdependenz von Wirtschaft und Herrschaft fruchtbar zu machen.

Die erwähnten Unterschiede zwischen den europäischen Kulturregionen sind bis zur Mitte des 11. Jh. überaus stark bemerkbar, ohne dass sich vergleichende Studien etwa auf der Basis einer Kulturraum-Typologie oder von Interdependenzmodellen diesem Phänomen als Ganzem zuwendeten. Im Mittelpunkt der Forschung stehen einzelne Regionen [vgl. noch TOUBERT: 929; FUMAGALLI: 974; 975] oder Städte. Der „Mythos Venedig" etwa fasziniert stets aufs Neue, doch bringt er gewöhnlich (auch populäre) Gesamtdarstellungen hervor [CARILE/FEDALTO: 968; mit grundlegenden Beiträgen: 992; 993; RÖSCH: 986]; in jüngerer Zeit sind die bislang stark allgemein- und wirtschaftshistorisch [RÖSCH: 986] ausgerichteten Untersuchungen durch eine Frühgeschichte des venezianischen Adels ergänzt worden [RÖSCH: 988]. Der Handel mit Sklaven aus Dalmatien war neben der Salzgewinnung eine frühe Quelle venezianischen Reichtums [J. HOFFMANN: 976; VERLINDEN: 959, Bd. 2]. Überhaupt treten die italienischen Stadtlandschaften hervor. Besonders Mailand hat gebührendes Interesse gefunden [VIOLANTE: 994; KELLER: 977]. Entsprechendes gilt für Pavia [BRÜHL/VIOLANTE: 966] oder das toskanische Lucca [979; SCHWARZMAIER: 991], um nur einige Beispiele herauszugreifen. Den Weg Roms von der Spätantike ins späte Mittelalter zeichnete KRAUTHEIMER [978]. Zum Vergleich mit ganz anders gearteten „Städtelandschaften" sei auf die Provence [FÉVRIER: 971] und das ostsächsisch-niederthüringische Gebiet [SCHWINEKÖPER: 719] verwiesen.

Einzelne Regionen

In der deutschen Forschung findet der Küstenbereich an Nord- und Ostsee als herausragendes, interdisziplinär angelegtes und gerade auch wirtschaftsgeschichtlich ausgerichtetes Forschungsgebiet besondere Beachtung. Die Ausgrabungen von Haithabu, die in den Jahren 1900 bis 1915, 1930 bis 1939 und dann vor allem seit 1950 betrieben wurden, führten zu kaum zu überschätzenden Impulsen für diverse Forschungszweige [JANKUHN: 1002;

Wirtschaftlicher Aufschwung im Küstenbereich

DERS. u. a. (Hg.): 1003; SCHIETZEL: 1008; 1000]. Die Frühgeschichte der europäischen Stadt [SCHLESINGER: 1009], die Handels- und Verkehrsgeschichte Mittel- und Nordeuropas [JANKUHN: 1001; 871, Teil 5], die Siedlungsgeschichte, die Kenntnisse über Ernährung [BEHRE: 182], Kleidung und materielle Sachkultur, die Sozialgeschichte frühstädtischer Zentren: Sie alle verdanken „Haithabu" entscheidende Einsichten. Überregionale Beziehungen und der Vergleich räumlich weit auseinander gelegener Gebiete liegen ohnehin nahe. Gerade die über die Ostsee laufenden Beziehungen zwischen dem europäischen Westen und dem byzantinischen, arabischen oder ferneren Orient treten weniger durch die insgesamt spärlichen schriftlichen Quellen [PRITSAK: 488] als vielmehr durch Bodenfunde aus Haithabu, Schweden oder Russland in helles Licht [MUSSET: 1006; JANSSON in: 871, Teil 4; Oldenburg-Wolin: 487]. Andere Grabungen brachten ähnlich bedeutsame Ergebnisse [für engl.-westfränk. Beziehungen: HODGES in: 1448]. Ich verweise hier lediglich auf die Wurtengrabungen im friesischen Küstengebiet, die neue Aufschlüsse über die seit römischer Zeit bekannte friesische Tuchproduktion, ihren Wandel und dessen gesellschaftliche Folgen erbrachten. Dabei zeigt sich eine stetig wachsende technische Vervollkommnung bei zunehmender Spezialisierung in den Gewerbearten. Die Interdependenz zwischen technischem und sozialem Wandel, auf die mit teilweise umstrittenen Beispielen WHITE JR. [1011] aufmerksam machte, ist evident. So wird in Friesland während des 7./8. Jh. gewöhnlich eine mittlere, seit dem 8./9. Jh. indessen zunehmend feinste Tuchqualität hergestellt. Bis ins 10./11. Jh. herrscht allein Tuch- und Köperbindung vor, was mit der Benutzung des senkrecht stehenden Gewichtswebstuhls in Verbindung zu bringen ist; erst seitdem tritt Atlasbindung auf, die wohl durch die Einführung des Trittwebstuhls vielleicht seit dem 10./11. Jh. möglich wird [TIDOW/SCHMID: 1010]. Parallel zu diesem Wandel in der Produktion entwickelt sich seit dem 8. und zumal im 9. Jh. im Gebiet zwischen Ems- und Wesermündung, gehäuft beiderseits der Emsmündung, ein neuer Siedlungstyp: Straßendörfer auf künstlich aufgeschütteten Langwurten.

Dominierten in früherer Zeit „landsässige Wanderhändler", die in agrarisch orientierten Siedlungen zu Hause waren, gewöhnlich einen Hof bewirtschafteten, dort auch ihre Ware wenigstens teilweise selbst produzierten und daneben – mit anderen vielleicht zu Fahrtgenossenschaft geeint – auch Seehandel trieben [ELLMERS: 999], so treten die agrarischen Elemente in den Langwurtensiedlungen, die offenbar überwiegend als Gewerbe- und noch mehr als Handelszentren mit guten Verkehrsanbindungen an Ems und Nordsee dienten [BRANDT: 998; 280; 997], auffallend zurück. Die Siedlungen liegen stets entlang eines Priels, auf den die zur Schiffslände geeigneten Grundstücke ausgerichtet sind. Gehäufte Funde von Webgewichten erweisen die Existenz spezieller Webhäuser, deren Produkte, die „friesischen Tuche", nach Ausweis der schriftlichen Quellen und nach einigen Bodenfunden nach Skandinavien und – über die großen Flüsse – nach Süden vertrieben werden [LEBECQ: 1004;

VERHULST in: 871, Teil 3]. Der ganze Wandel aber vollzieht sich – und das ist vielleicht das überraschendste Ergebnis überhaupt – gleichzeitig mit den berüchtigten Normanneneinfällen (dazu unten S. 169–171).

Die Kommunikation zwischen Wirtschaftshistorikern und Numismatikern ist höchst anregend und bedarf dringend weiterer Intensivierung. Denn die großen, zumal in Skandinavien, Polen und England, aber auch andernorts gemachten Münzschatzfunde besitzen eine weit über die engere Fachdisziplin hinausreichende Bedeutung [z. B. für Polen: WARNKE: 479; 1023; Normandie: DUMAS: 1015; Frankreich zusammenfassend: KAISER-GUYOT/KAISER: 1017; Ostseeraum: HATZ: 1016; 1014; England: 1025; Niederlande: BLACKBURN/ METCALF (Hg.): 1012]. Ungeklärt ist die Frage nach dem Entwicklungsstand des Geldumlaufs [zusammenfassend HATZ: in: 871, Teil 4; SPUFFORD: 1024]. Gewiss ist freilich, dass gemünztes Silber in großen Mengen als Äquivalent zu den Importgütern des europäischen Ostens und Nordens aus Mitteleuropa abfloß [BERGHAUS und HATZ in: 1013; METCALF: 1022]. Stempelkritische Untersuchungen, in England und Schweden weiter vorangetrieben als in Deutschland [METCALF: 1021], lassen indessen erkennen, dass auch die im deutschen „regnum" geprägten Münzen nicht lediglich für den Export bestimmt waren [KLUGE: 1020]. Geld und Geldumlauf

Die ersten, zwar noch bescheidenen, gleichwohl entschlossenen Anfänge europäischer Handelsexpansion fallen in unsere Zeit; doch es fehlt eine zusammenfassende Geschichte des europäischen Fernhandels vom 9. bis 11. Jh. [LOPEZ: 1042], und es gibt ebenso wenig eine Darstellung der kulturvermittelnden Rolle des Fernkaufmanns im früheren Mittelalter. Nur teilweise Ersatz bietet eine Sammlung wertvoller Einzelstudien [Handel und Verkehr: 871, Teil 4]. Gleichwohl sprengt der Kaufmann in vielfältiger Weise die engen kulturräumlichen Grenzen zwischen Sprachgruppen oder Religionen, Lebensformen oder Wissenstraditionen [SIEMS: 957]. Pirennes berühmte These, durch den Einbruch des Islam sei die Wirtschafts- und Kultureinheit des Mittelmeerraumes zerbrochen, hatte eben gerade diesen Zusammenhang im Auge, indem sie vom beobachteten kulturellen Regionalismus auf das Ende des antiken Fernhandels schloss, sogleich aber auch eine reiche Forschungsdiskussion um den Mittelmeerhandel anregte [vgl. z. B. HÜBINGER (Hg.): 1036; LOPEZ: 1041; 1044]. Heute mehren sich die Stimmen, welche die Kontinuitätsfrage anders beurteilen als der große belgische Gelehrte [vor allem CLAUDE: 1032] und auch die Handelsaktivitäten der hier fraglichen Zeit wesentlich höher einschätzen als früher [VERCAUTEREN: 1051; JOHANEK in: 871, Teil 4]. Man rechnet, wenn auch nicht unbestritten, damit, dass wenigstens einzelne Jahrmärkte (wie jener von Saint-Denis) kontinuierlich seit spätantiker Zeit bestehen blieben und von Fernhändlern aufgesucht wurden, und dass in unserer Epoche an allen größeren Orten Galliens derartige Messen stattfanden [LOMBARD-JOURDAN: 1040]. BLEIBER [878] weist für das Gebiet zwischen Loire und Rhein im 9. Jh. etwa 100 Marktorte nach, wobei die Märkte in alten *civitates* von den jüngeren grundherrschaftlichen zu unterscheiden sind. Die süditalienischen Handelsstädte genießen ungebrochene Aufmerksamkeit [für Amalfi: U. SCHWARZ: 1050]. Obwohl Venedigs einzigartige Stellung sich bereits abzuzeichnen beginnt, schlägt die Stunde Genuas und Pisas erst nach 1046; indessen rüsten beide Städte bereits zu Beginn des 11. Jh. zu ersten Militärunternehmen gegen die Muslime auf Sizilien und in Afrika.

Mittelmeer Während die Normannen und Friesen an den nördlichen Küsten Europas eine kaum zu überschätzende Rolle für den Fernhandel spielten [LEWIS: 1038], traten im Süden [LEWIS: 1037] immer wieder jüdische Fernhändler hervor; sie fanden stets das Interesse der Forschung. Zu nennen ist in erster Linie das monumentale Werk von GOITEIN [751], das den reichen Fundus der Kairiner Geniza gerade auch für die handelsgeschichtlichen Fragen auswertete. Stets hat auch das Rätsel der Râdhâniten zu immer neuen Lösungsversuchen verlockt [etwa: RABINOWITZ: 1046; zuletzt: RICHTER-BERNBURG in: 871, Teil 4] bis hin zu Zweifeln an der Autorität der Quellen [CAHEN: 1031; ASHTOR: 1027]; GIL [1035] hält sie für jüdische Fernhändler aus Râdhân, einem Viertel Bagdads. Deutschland verdankt wichtigste handelsgeschichtliche Quellen des 10./11. Jh. jüdischen Autoren. Ibrâhîm ibn Ja'qûb aus Tortosa durfte kontinuierlicher Aufmerksamkeit gewiss sein [zuletzt: RICHTER-BERNBURG in: 871, Teil 4; SEZGIN: 202]; die noch kaum ausgewerteten Responsen rheinischer Rabbinen [v. MUTIUS: 768] verraten bereits für die Zeit um 1000 nicht nur Aktivitäten im Fernhandel oder Kapitalgeschäfte zwischen Christen und Juden, bei denen Juden als Darlehensgeber auftreten, vielmehr auch jüdische Geschäfte mit Kapitaleinlagen christlicher Fürsten. Die italienische Seecommenda führt in ihren Anfängen vielleicht ins 10. Jh. zurück; Anregungen durch jüdische, byzantinische oder arabische Geschäftsformen gelten als möglich [GOITEIN: 751, Bd. 1; RICHTER-BERNBURG in: 871, Teil 6; für byzant. Herkunft: PRYOR: 1045].

„Fluvialisation" Der Festlandshandel ist auf Flüsse, wenige Straßen und Maultiere angewiesen; „Fluvialisation" prägt die Verkehrssituation der Epoche [LOPEZ: 1043]. Vom Rhein war im Zusammenhang mit den Friesen bereits die Rede [BORCHERS: 1028]. Die Maas besitzt in dieser Zeit ähnlich hohe Bedeutung [LOMBARD: 1039]. Der Aufstieg Flanderns seit dem beginnenden 10. Jh. [zuletzt VERHULST in: 19 und in: LexMA IV, 1989] fördert – unterstützt durch Erzbischof Brun – Kölns künftige Stellung als rheinische Wirtschafts- und Handelsmetropole, die nun Mainz zu verdrängen beginnt [ENNEN: 1034]; rheinische Töpferware, ein Exportschlager der Epoche, wird wohl teilweise über Köln verhandelt, dessen Pfennige sich bereits um die Mitte des 10. Jh. dicht und weit im Ostseeraum gestreut finden. Die Straße von Regensburg [BOSL: 1142; P. SCHMID: 1048; RÄDLINGER-PRÖMPER: 1047] über Prag und Krakau nach Kiew verbindet wichtige Handelszentren. Die Alpen als Verkehrsgebiet werden oft behandelt [CLAVADETSCHER: 1026; 1033; BÜTTNER: 1030; SCHNYDER: 1049]. Auch die Po-Schifffahrt wird nicht übersehen [FASOLI in: 1044]; venezianisches Monopol war sie bis zur Mitte des 11. Jh. nicht.

Der Einbruch der Fremden und Heiden in die fränkisch-christliche Welt des 9. und 10. Jh. wirkt regional höchst unterschiedlich; er führt auf keinen Fall zu einer allgemeinen geographischen und geistigen Horizonterweiterung im ganzen Abendland. Fremdenphobie breitet sich zunächst aus. Das Bild der Sarazenen wird seit den Anfängen muslimischer Expansion in düstersten Farben gemalt und bleibt seit Beda unveränderlich fixiert [DANIEL: 1054; ROTTER: 1059]; selbst als abendländische Herrscher wie die Ottonen gesandtschaftliche Kontakte zu den Kalifen von Cordoba aufnehmen, ändert sich daran – außerhalb Spaniens [DUFOURCQ: 1055; GLICK: 1056; 1060] – wenig: Der Dialog scheitert an der Haltung der Lateiner [WALTHER: 1061; BRONISCH: 1052]. Das alles verhindert natürlich faktischen Einfluss nicht; nur ist er im Einzelnen schwer zu verfolgen [DANIEL: 1053; GUICHARD: 1057]. Ein Forschungsbericht über Arbeiten zum Vordringen der Sarazenen nach Süditalien und Sizilien findet sich bei H. ENZENSBERGER [HZ Sonderheft 7, 1980, S. 299 ff.], eine Gesamtdarstellung bei KREUTZ [1058]. Kontakte von „außen" Sarazenen

Die Erforschung normannischer Expansion im Nordatlantik darf in den Hauptlinien für geklärt gelten [eher populär: MAGNUSSON: 1073; archäologisch: MÜLLER-WILLE in: 1074, Bd. 2, 129–196; 399; umstritten und nicht immer zuverlässig: SAWYER/SAWYER: 395]. Die Besiedlung der zahlreichen Inselgruppen, auch Islands [BYOCK: 1062] und Grönlands, weckte stets Aufmerksamkeit, und zumal die „Vinland"-Frage [zu den Sagas: JÓHANNESSON: 1070] sah sich im Zentrum zahlreicher Kontroversen von Befürwortern und Gegnern vikingischer Siedlung in Amerika. Berüchtigte Fälschungen wie der Runenstein von Kensington und die (vielleicht doch echte) „Vinland"-Karte diskreditierten auch die seriöse Forschung. Endlich brachten neuere Ausgrabungen bei L'Anse aux Meadows im Nordosten Neufundlands wenigstens partiell Gewissheit; hier wurden unzweifelhaft normannische Siedlungsspuren – typische Langhäuser und Geräte des 11. Jh. – entdeckt, die weitere Zweifel unangemessen erscheinen lassen [INGSTAD: 1069]. Offen ist indessen weiterhin die Lage „Vinlands" und die Frage der Verbreitung der Vikinger-Siedlungen in Amerika [LANGENBERG: 1071; FORTE/ORAM/PEDERSEN: 381]. Forschungsschwerpunkte zur Normannenfrage

Die allgemeine historische Bedeutung der Normannen-Einfälle ins Frankenreich bis zu der endgültigen Aufnahme von „Nordleuten" in dasselbe [Vertrag von St.-Clair-s.-Epte 911; dazu HATTENHAUER: 1068; COUPLAND: 378] ist Gegenstand ausgedehnter Erörterungen. Lange Zeit war das von VOGEL [1079] gezeichnete Bild maßgeblich: das Frankenreich sei gerade auch unter den Schlägen der ständigen Vikingerzüge zerbrochen. Doch ist genauer zu differenzieren: das karolingische Königtum wurde der Lage nicht Herr [SCHLESINGER: 1471; MUSSET: 1075; FRIED: 111]; wirtschaftshistorisch gesehen aber zeigt sich ein anderes Bild. DHONDT [1063] hatte im Zusammenhang mit stadtgeschichtlichen Forschungen die These aufgestellt, dass allenfalls auf lokaler Ebene schwere Schäden zu registrieren seien, die wirtschaftliche Entwicklung Flanderns aber nicht aufgehalten wurde; im Gegenteil: der Vikingereinfälle ins Frankenreich

Aufschwung habe sich beschleunigt. Diese Neubewertung schien sich durchzusetzen. D'HAENENS [1065; 1066] urteilte gleichfalls mit wirtschaftshistorischen Argumenten ganz analog. Die Zerstörungen seien längst nicht so gravierend gewesen, die Tributzahlungen hätten bislang totes (Schatz-)Kapital zu aktivieren gelehrt, die gesellschaftliche und wirtschaftliche Mobilität sei gefördert worden und hätte somit langfristig einen entscheidenden Beitrag zum weiteren „Aufbruch" Europas geleistet. MUSSET [1076] und WALLACE-HADRILL [1080] widersprachen, der erste, indem er auf zerstörte Städte hinwies und den neuen Aufschwung des Städtewesens in Westfrankreich für die Zeit unmittelbar nach den Normannenstürmen ansetzte, der zweite, indem er vor allem die Normannenfurcht der Franken hervorhob, die reale Ursachen gehabt habe. Eine abschließende Erörterung der Frage steht noch aus. Vor dem Hintergrund dieser Diskussion gewinnt auch das insgesamt wenig präzise Bild der Normannen in den schriftlichen Quellen des 8. bis 11. Jh. [ZETTEL: 1081] eigenes Gewicht; wie weit das Geschehen der Vikingerzeit sich tatsächlich in der mittelhochdeutschen Epik spiegelt, harrt gründlicher Untersuchung [ja: PETERS: 1077; skeptisch: A. QUAK in: Zs. f. deutsches Altertum und deutsche Lit. 116, 1987].

<small>Vikingereinfälle und Britische Inseln</small>
Für die Britischen Inseln liegt keine derartige „Revision" des Geschichtsbildes vor. Der tiefe Einschnitt, den die Vikinger in der Geschichte der Inseln bewirkten, ist zwar evident. Doch verhinderten die Eindringlinge nicht einmal hier das Überleben älterer Märkte [SAWYER: 1007]. Zumal Alfred d. Gr. organisierte hervorragend die Abwehr und zugleich den Aufbau einer Flotte [PEDDIE: 390]; doch war auf Dauer die normannische Niederlassung nicht völlig zu verhindern. Die Archäologie ermöglicht in Verbindung mit der Ortsnamenforschung eine immer vollständigere Darstellung normannischer

<small>Normannen und Süditalien</small>
„Landnahme" in Irland und im englischen „Danelac" [HALL: 1067; JÄSCHKE: in: 1074; York und Dublin: SMYTH: 1078; HART: 383; HADLEY: 382; FORTE/ORAM/PEDERSEN: 381]. – Zu Süditalien, wo seit ca. 1016 Normannen sich niederlassen, ist der Forschungsbericht von ENZENSBERGER [HZ Sonderheft 7, 1980, S. 379 ff.] heranzuziehen. Über den normannischen Anteil am Geschehen reflektiert LOUD [1072].

<small>Wandlungen</small>
Es fällt – bedingt durch die Quellenlage – schwer, Raub- und Handelsvikinger zu trennen. Doch spricht aller Anschein dafür, dass die „friedlichen" Handelskontakte wenig gestört wurden und sich kontinuierlich ausweiteten [HATZ: 1016; Handel und Verkehr: 871, Teil 4; Oldenburg-Wolin: 487]. Die Schiffstypen sind freilich funktional durchaus differenziert, die Last- unterscheiden sich von den „Kriegsschiffen", die Binnen- von den Hochseeschiffen [ELLMERS: 999; O. CRUMLIN-PEDERSEN in: 487, S. 530 ff.]. Seit dem 10. Jh. zeigen sich ohnehin allenthalben Veränderungen. Die skandinavischen Königreiche festigen sich. Die Sachsen und andere „Reichsbewohner" beginnen, die Friesen aus dem Fernhandel wenn nicht ganz zu verdrängen so doch zahlenmäßig weit zu überflügeln. Die seit der Jahrtausendwende wieder geöffnete Landroute über Ungarn und schließlich der Mittelmeerweg nach

dem Orient lenken die Handelsströme anders als im früheren Mittelalter. Die
Rolle Haithabus endet um die Mitte des 11. Jh.

Die Ungarnzüge sind wiederholt zusammenfassend dargestellt worden [für   Ungarn
Italien zusammenfassend: SETTIA: 1094; weiter DE VAJAY: 1096; gemeinsam
mit Hunnen und Awaren: Popoli delle Steppe: 1093, hierin bes. SILAGI;
KELLNER: 1495]. Eine Freisinger Predigt aus der Zeit der Ungarneinfälle
edierte Schneider [SCHNEIDER: 1761]. Die Quellenzeugnisse zu Arpad, dem
Gründer der ersten ungarischen Dynastie, stellt GYÖRFFY zusammen [1086].
Die „Landnahme" der Ungarn in Pannonien, auch sie vielfach behandelt
[zuletzt: GYÖRFFY: 1088; 1089; in: 1074, Bd. 2, 23–79], brachte für dieses
Volk größeren Wandel mit sich, als es selbst durch seine Beutezüge in den
lateinischen Westen dort bewirken konnte [GYÖRFFY: 1091]. Bereits Geysa,
der Vater Stephans d. Hl., unterhielt verwandtschaftliche Beziehungen nach
Westen (und Osten) [de VAJAY: 1097], auf die Stephan selbst sich stützen
konnte. Konsequent festigte dieser erste getaufte ungarische König, dessen
jüngste, auch auf deutsch erschienene Biografie aus der Feder GYÖRFFYS
stammt [1087], die Monarchie der Arpaden in Anlehnung an die Ottonen
und an den römischen Papst [DEÉR: 1084; 1085; GYÖRFFY: 1092]; Ottos III.
„Renovatio"-Politik erleichterte ihm dabei die Anerkennung im Westen
[FRIED: 462]. Bereits König Stephan hielt sich eine militärische Truppe von
Fremden (Varägern), wie überhaupt *hospites* seitdem in Ungarn eine gewisse
Rolle spielten. Die Rückkehr und Restaurierung der ungarischen Krönungs-
insignien, deren Mantel in die Zeit Stephans gehört, führte zu technischen und
symbolgeschichtlichen Studien, die den Rang dieser Herrschaftszeichen her-
vorheben [1083]. Problematisch freilich ist die frühe historiographische Überlieferung aus Ungarn [SILAGI: 1095].

6. KÖNIGREICHE UND IHRE VERFASSUNG

Das fränkische und frühdeutsche Recht ist Gegenstand vielfältiger Forschun-   Rechtsgeschichte
gen. Insgesamt lässt sich dabei eine Verlagerung von einer spezifisch juristisch   oder Verfassungs-
geprägten Rechtsgeschichte zu einer stärker soziologisch orientierten Ver-   geschichte
fassungsgeschichte, in welcher auch das Recht seinen Platz beansprucht,
beobachten [KROESCHELL: 1116; dazu H. K. SCHULZE in: Der Staat 24,
1985, 589 ff.; D. SIMON in: Rechtshist. Journal 3, 1984]. EBEL [1102] hat das
Bewusstsein für drei grundlegend divergierende Typen der Rechtsentstehung
geschärft: das im Einzelfall über die Rechtslage im Gericht gefundene Weis-
tum, die auf Einung beruhende „Willkür" oder Satzung [EBEL: 1104; weiter
HAGEMANN: 1107; WEITZEL: 1122] und das vom Herrscher oder der Obrigkeit befohlene Rechtsgebot. Auf Grundsätzliches – auf Entstehung, Gel-
tungsgrund, Geltungskraft und gesellschaftliche Funktion des Rechts – zielende Fragen stehen denn auch wiederholt im Zentrum der Forschung. KERNS
klassische These [1109], „altes" Recht sei „gutes" Recht, ist längst modifiziert

[KRAUSE: 1114; KLINKENBERG: 1110], wenn nicht mehr oder minder demontiert [SPRANDEL: 1121; KÖBLER bes.: 1111]. Erkannt wurde, dass Zweifel an der transpersonalen Geltungsdauer „alten" Rechts durch möglichst „junges" Recht zu entkräften waren [KRAUSE: 1114]. Denn auch in einer Rechtsordnung ohne Gesetzgebung zeichnen sich zahlreiche größere und kleinere „Rechtsentstehungskreise" ab, in die mit den Mitteln des Privilegs verändernd eingegriffen werden kann [KRAUSE: 1115]. Das Recht lässt sich nicht, wie die ältere Forschung annahm, von der Machtfrage trennen: Allein starke Herrscher – wie die Karolinger – könnten offene Rechtsveränderung durchsetzen; der Schwache müsse sich mit verschleiernder Rechtsbesserung oder mit Fälschungen begnügen [SPRANDEL: 1121]. KLINKENBERG [1110] spricht vom „Herunterholen des Rechts aus einer unantastbaren Sphäre in die menschliche Verfügung", deren entscheidende Etappe eben vor die große Reformzeit des 11. Jh. falle. Die archaische Statik des Rechts [BOSL: 1100] entpuppt sich als archaisch wirkender Rechtsformalismus [EBEL: 1103], der mit Statik nicht zu verwechseln ist. Entscheidend war der Gedanke der Gerechtigkeit [BOUGARD: 1101; 1105]. Der Wandel der Dinggenossenschaft führt notwendig auch zum Wandel von Recht und Rechtsüberzeugungen [WEITZEL: 1122]. Die Sprache auch des frühen Rechts, seit J. Grimm für verwandt mit der Poesie gehalten, ist entpoetisiert, besitzt aber als älteste und lange Zeit einzige Fachprosa hohen Rang [SONDEREGGER: 1120]. Der Rechtsbegriff selbst dürfte sich in der hier fraglichen Zeit gewandelt haben, wie KÖBLER durch eine Reihe methodisch origineller Untersuchungen anhand althochdeutscher Übersetzungsgleichungen zeigen kann [zusammengefasst: 1111]. Zentrale Begriffe wie „Richter", „Gericht" [KÖBLER: 1112], „Gewohnheit" oder „Recht" selbst streiften danach ihre frühmittelalterliche, von der heutigen oft grundverschiedene Bedeutung ab, um im 11. Jh. ihren noch heute gültigen Inhalt aufzunehmen. Entsprechendes gilt für Herrschaftsbegriffe wie *dominium*, *potestas* oder *senior(atus)*, deren Rechtsqualität angezweifelt wird [GUERREAU: 1106]. Man hat demnach für damals mit einem entscheidenden Umbruch des Rechtsverständnisses und der Rechtsidee zu rechnen, welchen die durch KERN [1109] oder MITTEIS [1117] repräsentierte Verfassungs- und Rechtsgeschichte noch nicht wahrnahm. Darauf hat BERMAN zu Recht verwiesen, auch wenn dessen eigene These vom „revolutionären" Umbruch über das Ziel hinausschießt [1098].

Einzelfragen   Das römische Recht, an dem sich seit dem späteren 11. Jh. die europäische Rechtswissenschaft entzündete, war im früheren Mittelalter nicht so unbekannt, wie lange Zeit angenommen wurde [ASTUTI: 1123]. In den „pays du droit écrit" von Katalonien bis Mittelitalien und gerade auch im einst westgotischen Bereich blieb es in Vulgarform lebendig [eine knappe, hervorragende Zusammenfassung bietet: LANGE: 1130; für Norditalien: CORTESE: 1125]. Möglicherweise beschäftigte man sich in Norditalien kontinuierlich mit ihm; es würde zur bekannten hohen Rechtskultur der lombardischen Richter passen. Im Geltungsbereich eben des lombardischen Rechts zeigten sich ohnehin frühzeitig neue, in die Zukunft weisende Formen des Umgangs mit dem überlieferten Recht. Hier entstand – wohl in Pavia – um die Jahrtausendwende mit dem sog. „Liber Papiensis" eine neue Kompilation der verschiedenen älteren Rechtstexte, die nicht nur der Praxis, sondern zugleich als Bezugstext der im früheren 11. Jh. einsetzenden richterlichen Kontroversen (der *antiqui* gegen die *moderni*) um die wörtliche oder freiere Auslegung der Rechtsnormen zum Zwecke der Urteilsfindung diente [VACCARI: 1140]; auch entwickelten sich, wahrscheinlich unter dem Einfluss einer in Pavia im Kreis der dortigen Pfalzrichter betriebenen Rechtsunterweisung, Ansätze zu einer Prozessliteratur, in der man die erste Grundlegung der seit dem späteren 11. Jh. entstehenden europäischen Rechtswissenschaft zu erkennen meint [RADDING: 1133]. Für die übrigen „Volksrechte" ist die Situation nicht so eindeutig. Zeugnisse für Rechtsunterricht sind spärlich [RICHÉ: 1134], sogar die praktische Nutzung der geschriebenen „Volksrechte" ist umstritten. Nachdem SCHOTT [1136; 1137] für die „lex Alamannorum" und NEHLSEN [in: 839] generell – beide unter Berufung auf explizite „leges"-Verweise in den zeitgenössischen Urkunden und unter Missachtung der reichen handschriftlichen Überlieferung – die rechtspraktische Bedeutung dieser Rechtstexte in Frage gestellt hatten, erneuert KOTTJE [in: 1132; 1128] am Beispiel der bayerischen und alemannischen „lex" eben durch Auswertung der Überlieferungslage die entgegengesetzte These, wogegen SIEMS [1139] wiederum auf stärkere Differenzierung zielende Bedenken äußert. Doch deutet die Alternative: „Dokumente der Rechtsverfassung" des fränkischen Großreiches oder Texte praktischer Rechtsanwendung, auf die SCHOTT [1138] das Problem bringt, Kompromisslösungen an. KÖBLER [1127] sieht darüber hinaus in der Verfügbarkeit der „leges" zusammen mit den juristischen Passagen in Enzyklopädien und zumal in rhetorischen Schriften „Vorstufen der Rechtswissenschaft". Wie dem nun sei, das Interesse an den „Volksrechten" erlosch – von der Lombardei abgesehen – seit der Jahrtausendwende weithin. Die Kapitularienforschung, die im 19. Jh. ganz im Zeichen der liberalen Verfassungsdiskussion um Volksrecht und Königsrecht gestanden hatte, stagnierte bis hin zu GANSHOFS Synthese „Was waren die Kapitularien?" [1126]; erst seitdem wird unter methodisch neuartiger Berücksichtigung von Überlieferungsfragen das Problem ihres Geltungsgrundes und ihrer Funktion wieder aufgegriffen [BÜHLER: 1124; MORDEK (Hg.): 1132; 156].

Im früheren Mittelalter dominierte das Personalitätsprinzip des Rechts; Stadtrecht aber im werdenden Stadtrecht zeichneten sich erste Ansätze raumbezogener Verbesonderung ab. Umstritten ist freilich der rechtshistorische Aspekt der frühen Stadt. Gab es bereits um die Jahrtausendwende ein vom Landrecht abgesondertes, objektives „Stadtrecht" [zustimmend SCHLESINGER: 1154; zurückhaltend DILCHER in: 669, Bd. 1; „Beginn einer Ausdifferenzierung in unterschiedliche Rechtsbereiche": LAUDA: 1150, S. 175; ablehnend KÖBLER: 1146; 1147]? Zum Prüfstein wird eine Stelle in Notkers d. Dt. ahd. Boethius-Übersetzung. Doch selbst wer deren Beweiswert verwirft, muss schon für die

Spätzeit Ottos I. „Ansätze zu einer rechtlichen Verbesonderung" der werdenden Stadt einräumen, auch wenn erst Mitte des 11. Jh. „früheste Vorzeichen" „einer lokal auf den urbanen Bereich begrenzten objektiven Ordnung" nicht mehr zu leugnen sind [KÖBLER: 1148, S. 194 f.]. War aber dieses in einem offenbar langgestreckten Prozess spätestens seit dem 10. Jh. entstehende Stadtrecht seiner Herkunft nach Landrecht, Hofrecht [so BOSL: 1141; 1142; 1160], Burgrecht [KEUTGEN: 1145] oder ist es aus dem Kaufmannsrecht herzuleiten [PLANITZ: 1152; 1153; zusammenfassend: 678]? Die Vorbildfunktion dieses letzten wird kaum zu leugnen sein. Doch war es objektives Recht aller [DILCHER in: 871, Teil 3] oder nur subjektiver Rechtsstatus einzelner Kaufleute(gruppen) [KÖBLER: 1147], ja – gab es überhaupt einen doppelseitigen, subjektiv-objektiven Rechtsbegriff wie in römischer und gegenwärtiger Zeit und nicht vielmehr einen nahezu ausschließlich subjektiven [KROESCHELL in: 871, Teil 3]? Die Fragen werden auch heute noch kontrovers beantwortet: Einigkeit besteht nur insoweit, als monokausale Theorien der Stadtentstehung und damit auch der Ausbildung des frühen Stadtrechts i. d. R. nicht mehr vertreten werden [ENNEN: 692; VERHULST: 681]. Der Streit dreht sich nunmehr um die verschiedenen Komponenten und deren Mischungsverhältnis. SCHLESINGER [1155] und ENNEN [693] plädieren für eine ausgewogene Beachtung herrschaftlicher wie genossenschaftlicher Elemente [vgl. auch ENGEL: 673]. Doch erlauben die polykausalen Theorien durchaus eine Akzentuierung, bei der bald das Hofrecht [PETRI: 1151; KÖBLER: 1149], bald das Gewohnheitsrecht der Kaufleute oder das Ortsrecht und die Urteilsfindung durch die Gerichtsgemeinde [ENNEN: 1143] oder auch das verwillkürte Recht [SCHLESINGER: 1154] der sich bildenden Einwohnergemeinde bestimmend sein soll; auch scheut man sich zunehmend vor Generalisierungen und beschreibt regionale Sonderentwicklungen, wobei der Gegensatz zwischen dem antiken römischen *civitas-Gebiet* und den jüngeren Gründungsstädten beachtet wird. – Ähnlich umstritten wie die Anfänge eines objektiven Stadtrechts sind die Anfänge der Landgemeinde und ihres Rechtes, worauf hier nur verwiesen werden kann.

Verfassungsgeschichte
Verfassungsgeschichte, in gewissem Sinne eine Eigentümlichkeit deutscher mediävistischer Forschung und eine problematische dazu, ist regelmäßig dem jeweils vorwaltenden Zeitgeist verpflichtet [GRAUS: 1169]. Doch nahm sie in Deutschland seit dem 19. Jh., gerade auch in den 1930er Jahren einen hervorragenden Platz ein; ihr Aufschwung nach 1945 ist eng verbunden mit dem wissenschaftlichen Werk eines Th. MAYER [1180], O. BRUNNER [1162; dazu: OEXLE: 1183; zu Recht kritisch in Hinsicht auf die zeitgeschichtlichen Grundrichtung dieser Verfassungsgeschichte: ALGAZI: 874; KORTÜM: 1175], SCHLESINGER [1189; 1188; 1187] oder BOSL [1160]. Nicht Staat, Recht und Institutionen nach der Lehre des 19. Jh., sondern die Polarität von Adel und Königtum oder von Herrschaft und Genossenschaft standen da im Mittelpunkt methodisch vielseitiger Forschungen; Sozial- und Landesgeschichte [SCHLESINGER: in: 1188] traten hinzu. Wie „Herrschaft" errichtet, ausge-

baut, legitimiert, gewahrt und wie sie durch genossenschaftliche Elemente begrenzt wurde, lauteten damals die entscheidenden Fragen. Die Zielsetzung ging teilweise freilich noch weiter: Verfassungsgeschichte eröffne einen Zugang zum ganzen geschichtlichen Leben und seinen Wandlungen. „Verfassung" meine den „Gesamtaufbau der Gesellschaft" [H. K. SCHULZE: 1190, Bd. 1, S. 9]. Anregungen durch Max Weber sind – zumal bei Brunner – nicht zu verkennen, ohne dass sich die gesamte Forschungsrichtung dem soziologischen Ansatz verschreibt. Doch wird sie weiterhin ergänzt und verändert durch jene Personengeschichte des Adels, wie sie G. Tellenbach und seine Schule pflegt, tritt aber auch in eine Art Konkurrenz zu ihr. Der kontinuierliche Gesamtzusammenhang der tatsächlich wirksamen politischen, rechtlichen, gelegentlich auch der sozialen Ordnungen soll erforscht werden, während Repräsentation, Praxis, Ritualismus oder die Wirtschaft eher ausgeklammert blieben. So entstand über die neuen Wege, die beschritten wurden, allmählich auch ein neues Bild mittelalterlicher Verfassung, doch wird es bislang durch keine befriedigende Gesamtdarstellung abgerundet – wenn eine solche denn überhaupt noch möglich ist angesichts eines weithin statisch und irgendwie auch anachronistisch wirkenden Verfassungsbegriffs [vgl. aber BOSL: 1161; SPRANDEL: 1191; FICHTENAU: 1163]; bezweifelt wird in der Tat, ob sie überhaupt vonnöten sei [GRAUS: 1169]. Kritik blieb denn nicht aus; sie setzte keineswegs nur an Einzelfragen ein, formulierte vielmehr gerade Skepsis gegenüber dem Gesamtkonzept [vgl. GRAUS: 1168; zusammenfassend KROESCHELL: 1116]. Mittlerweile liegen auch juristische Lehrbücher vor, die Verfassungsgeschichte als „die Geschichte der rechtlichen Regeln und Strukturen, die das Gemeinwesen und damit die politische Ordnung prägen", verstehen [WILLOWEIT: 1196, S. VII; ZIPPELIUS: 1198]. Berücksichtigt werden nun verstärkt Herrschaftspraxis und Herrschaftsrepräsentation; bei letzterer gilt es, Hofkultur [STAUBACH: 1193], Mündlichkeit und Performanz, kommunikatives und interaktives Geschehen zu beachten [als Beispiel: KRAH: 1176; KELLER: 1108; zur Umwertung knapp: SCHNEIDMÜLLER: 1135]. „Es gibt in der *Germania* um 1000 ein Herrschaftsklima, in dem sich patronale und paternale, seniorale und dominiale Dimensionen des Herrseins ständig mischen, kaum begriffsscharf distinguiert werden" [KUCHENBUCH: 909, S. 93]. Die Praxis beschränkt sich keineswegs auf Laien. W. HUSCHNER [1182] will sogar zeigen, dass im Reich der Ottonen regelmäßig Bischöfe oder auch Äbte wie Odilo von Cluny als Notare für die Könige tätig waren und dadurch eine weiträumige Kommunikation innerhalb dieses Reiches gewährleisteten [vgl. H. HOFFMANN, DA 61, 2005 S. 435–480].

Die nicht-deutsche Forschung blickt auf eine lange Tradition von Institutionsgeschichte zurück: freilich hat diese dort nie jenen Stellenwert erreicht, den die Verfassungsgeschichte zeitweise in Deutschland einnahm. Und im Unterschied zu hier entstand dort eine Reihe bedeutender Gesamtdarstellungen [für Frankreich: LOT/FAWTIER (Hg.): 1178; LEMARIGNIER: 1177; für

Institutionsgeschichte

England: JOLLIFFE: 1173; LOYN: 1179; WILLIAMS: 1195 für Italien nur knapp: SCHIEFFER und REINDEL in: 15; den Forschungsstand erfasst ZIELINSKI [1332]; Spanien: GARCÍA DE VALDEAVELLANO: 1165; SANCHEZ ALBORNOZ: 1186; Katalonien: D'ABADAL I DE VINYALS: 1156; Mediterranée: 1194; allgemein vergleichend: REYNOLDS: 1184].

Einzelfragen Die verfassungsgeschichtlichen Einzelfragen, denen sich die Forschung in letzter Zeit zuwandte, sind zu vielfältig, als dass sie hier geschlossen vorgestellt werden könnten. Nur einige wenige Kontroversen und Neuansätze seien hervorgehoben. Allgemein wird der gesellschaftliche Kontext stärker berücksichtigt als zuvor; methodisch erlauben vor allem begriffsgeschichtliche Studien einen neuen Zugang zu den Phänomenen [z. B. WOLFRAM (Hg.): 1197]. Streitpunkte sind Themen wie Sippe (s. o. S. 138–140), Gefolgschaft, Treue, Herrschaft und Genossenschaft – Phänomene also, die durchweg schon dem Frühmittelalter angehören, gleichwohl auch im 9. bis 11. Jh. anzutreffen sind und wesentliches Quellenmaterial gerade den Überlieferungen dieses Zeitraums verdanken. Das immer aufs Neue brisante Verhältnis der erwachsenen Königssöhne zu ihren Vätern wurde systematisch untersucht [KASTEN: 1174]. Auch das Lehnswesen, dessen juristische Seite MITTEIS [1181], dessen Erscheinungsformen GANSHOF [1164] monographisch behandelten, ist hier als Rechtsinstitut einzuordnen; es diente als Basis einer allgemeinen Feudalismus-Debatte. HINTZES „Feudalismus"-Studie [1171] und BLOCHS „Société Féodale" [1158] hatten dazu die Richtung gewiesen [vgl. GUERREAU: 1106]. Den Kern frühmittelalterlicher Herrschaft berührt die Frage nach dem Konsens zwischen König und Großen [HANNIG: 1170]. Eine Vielzahl adeliger Oppositionen [K. BRUNNER: 1445] zeigt, wie labil die Loyalität gegenüber dem König sein kann. Personale Bindungen und gelegentlich regelrechte Verträge suchen sie zu sichern [CLASSEN: 1449; MAGNOU-NORTIER: 1466; 1726], königlicher *terror* sie zu erzwingen [TELLENBACH: 1256]. Der Reichsverfall ist damit nicht aufzuhalten, und auch die Ottonen haben im 10. Jh. mit gefährlichen *coniurationes* im Adel zu rechnen [ALTHOFF: 1157]. Umstritten ist die Deutung des karolingischen *regnum*; der Auffassung von FRIED [814] widerspricht GOETZ [1166] mit der fragwürdigen These: „*Regnum* sei im 9. Jh. nicht mehr an den König gebunden, sondern ein offener Staatsbegriff" [S. 176; auch DERS.: 1167 führt nicht weiter und zielt am Kern der Auseinandesetzung vorbei; dagegen FRIED: 111]. R. SCHNEIDER [831] verfolgt, um mittelalterliche, auch karolingerzeitliche „Verfassungsdiskussionen" zu belegen, durch Jahrhunderte die Wendung *tractare de statu regni*, freilich ohne die jeweilige Semantik von *regnum* zu analysieren. Doch gilt es, Lernprozesse abstrahierenden Denkens zu erfassen. Aus der Antike und von den Kirchenvätern floss die Vorstellung vom König als Ökonom, als guter Hausverwalter, der seine Schätze angemessen austeilt, ins Mittelalter hinüber. Gerade das Mönchtum verstand das Kloster als ein „Haus" Gottes, das alle und alles vereinte, als eine Wahrnehmungs- und Deutungsfigur für „soziales Wissen" und „soziales Handeln". [U. MEYER: 823]. Das „Haus des Königs" konnte so auch zu einem Inbegriff der Königsherrschaft und des gesamten Herrschaftsverbandes werden. „Gott dienen heißt herrschen" [WEINFURTER in: 828a, S. 83].

Die Sakralisierung des Königtums durch die Kirche schreitet im 9. Jh. kräftig voran; sie gilt als Wesenszug des westfränkisch-französischen und gerade auch des ottonischen Königtums [dekonstruktivistische Zweifel: KÖRNTGEN: 1215; z. T. dagegen: 1221]. Entsprechend aufmerksam wird sie von der Forschung verfolgt. BLOCHS „Rois thaumaturges" [1200] und SCHRAMMS Bücher über das französische [1223] und englische Königtum [1222] sind noch immer zu nennen. Seit karolingischer Zeit wird das Königszeremoniell (Herrschaftsrepräsentation, Krönung, Adventus, heilige Tage, Totengedenken) liturgisch ausgestaltet [NELSON: 1219; 1218]. Die kirchlichen Erst-, besondere „Befestigungs-" und weitere Festkrönungen sind freilich auseinanderzuhalten [BRÜHL: 1202; JÄSCHKE: 1214], der Krönungseid in seiner verfassungsgeschichtlichen, der römische Eid des deutschen Königs in seiner Bedeutung für das Verhältnis zwischen Papst und Kaiser zu würdigen [BUISSON: 1203; EICHMANN: 1206]. Byzantinisches Vorbild ist, was Schramm herabspielte, im Herrscherzeremoniell regelmäßig wirksam [DEÉR: 1204; 1205]. Die Tageswahl wurde sorgsam mit dem kirchlichen Festkalender abgestimmt: [SIERCK: 77]. Karl d. K. steht im Mittelpunkt eigener Untersuchungen herrscherlicher Repräsentation und sakraler Legitimation [DESHMAN: 1228; STAUBACH: 1224]. Überhaupt ist Legitimation des Königtums durch Sakralisierung wiederholt Gegenstand gelehrter Erörterung [BEUMANN in: 1244; HAUCK: 1212; LEYSER: 1217; KARPF: 1985; 1216].

Für charakteristisch, aber umstritten gilt der Königskanonikat. Deutsche Könige erscheinen in hochmittelalterlichen Quellen nicht selten als *fratres* von Dom- oder Stiftskanonikern. Der König schien Mitglied in dem fraglichen Kapitel zu sein. FLECKENSTEIN meinte, in Otto III. den Begründer dieses Königskanonikats sehen zu dürfen, und sah in dieser Einrichtung die deutlichste Manifestation des sakralen Charakters ottonischen Königtums [1208; 1367; 1209]. Grundsätzlich bestritten wurde dieser ottonische Königskanonikat von GROTEN [1211]; die fraglichen Zeugnisse der Ottonen- und Salierzeit belegten lediglich Gebetsverbrüderungen; erst die Staufer hätten ihn eingerichtet. Diese These wurde weitgehend abgelehnt [FUHRMANN in: 1213]. BOOCKMANN [in: 1213] verwies auf terminologische Schwierigkeiten bei der Abgrenzung von „Königskanonikat" und „Gebetsverbrüderung" mit Präbendenerrichtung; WOLLASCH [1241] zweifelte nicht am „Ehrenkanonikat der Herrscher", und auch HOFFMANN [1229] verteidigte den Kanonikat als Ausdruck des eigentümlichen Verhältnisses des Königs zur Geistlichkeit in ottonisch-salischer Zeit; doch bestätigte M. Borgolte im Wesentlichen die Beobachtungen Grotens [BORGOLTE: 1201; dazu eine Korrektur durch GROTEN: 1212]. Die hohe Bedeutung königlicher Taufpatenschaft für Kinder fremder Herrscher in Mission und Bündnispolitik hat ANGENENDT [1610] in einer bis in die Antike ausholenden vergleichenden Studie gezeigt.

Sakralisierung des Königtums

Herrscherbilder „Wie sah Kaiser Otto III. aus?", fragte noch im Jahre 1907 KEMMERICH [1235]. Doch ist derartig naturalistisches Erkenntnisinteresse längst einer auf das Verstehen der spezifischen Bildaussagen gerichteten Betrachtungsweise früh- und hochmittelalterlicher Bildzeugnisse gewichen [W. CHR. SCHNEIDER: 1237]. Vor allem SCHRAMM verwies [1239] auf die einzigartige Hilfe, die sie einer geistesgeschichtlich orientierten Annäherung an das Mittelalter, aber auch für die Deutung der politischen Geschichte gewähren könnten. Sein grundlegendes Corpus der „Deutschen Kaiser und Könige in Bildern ihrer Zeit" [1238] lehrte konsequent, die Bilder als Denkmäler der Königs- oder Kaiseridee zu sehen. Sie präziser zu erfassen, ist seitdem das Anliegen jüngerer Forschungen, die enge Zusammenarbeit von Historikern und Kunsthistorikern kennzeichnet. Besondere Schwierigkeiten wirft die genaue Datierung der Herrscherbilder auf, da diese oftmals ohne Beschriftung sind und auf mehrere Herrscher zugleich bezogen werden können [als Beispiel: KELLER: 1233: nicht wie bisher angenommen Heinrich II., sondern Heinrich III.]; hier hilft gelegentlich die Paläographie, doch sollte man sich gerade bei einigen der berühmtesten Bilder der späten Ottonenzeit nicht zu genau festlegen [HOFFMANN: 1229]. Verchristlichung und Sakralisierung der Herrschaft, auch „imitatio Christi" spiegeln sich ebenso im Bild [DEÉR: 1226; KANTOROWICZ: 1379; V. D. STEINEN: 262; DESHMAN 1227; 1228; umstritten K. HOFFMANN: 1230; WEINFURTER: 1240] wie antikisierende Tendenzen [KELLER: 1234; BULLOUGH: 1225] und Ottos III. „Renovatio"-Politik [FRIED: 462; 464]. WOLLASCH [1241] hob nachdrücklich die liturgische Funktion der mit den Herrscherbildern geschmückten Handschriften der fraglichen Jahrhunderte hervor; sie vergegenwärtigten auch den Abwesenden als „Bruder der Mönche" und forderten zum Gebet für ihn auf. Doch trennt bei aller unzweifelhaften Verwandtschaft ein deutlicher Bruch die Ottonen- von der Karolingerzeit und die ersten von den letzten salischen Königen; denn die älteren Darstellungen belassen den König und Kaiser ganz in der irdischen Sphäre, erst die Ottonen werden aus ihrer irdischen Umgebung herausgehoben, ihre Darstellung kann die „Majestas Domini" ersetzen, der „Christus Domini" damit Christus selbst repräsentieren [KELLER: 1231]. Originell ist NITSCHKES Versuch [1236], die Gestik der Herrscherdarstellungen für die verhaltenshistorische Forschung fruchtbar zu machen.

Königswahl Die alte Diskussion um die (deutsche) Königswahl [vgl. HLAWITSCHKA (Hg.): 1243; 1244] bemüht sich noch immer um die genauere Bestimmung des jeweiligen Gewichts zweier an sich entgegengesetzter Prinzipien, des „Erbrechts" und der „freien Wahl". „Erbreich" oder „Wahlreich" hieß schon die Alternative, die im 19. Jh. erörtert wurde. Dann meinte man, dass weder „echtes Erbrecht", noch „echte" Wahl den tatsächlichen Sachverhalt trafen, dass sich vielmehr beide Prinzipien im „Geblütsrecht" ergänzten [MITTEIS: 1249]. Bereits die Franken vereinten sie, indem sie das Thronfolgerecht der *stirps regia* respektierten und dennoch „wählten", um sich der Herrschaft des neuen Königs rechtsverbindlich zu unterwerfen. Mochte zeitweise auch ihr

Wahlrecht in den Hintergrund getreten sein, spätestens die Nachfolgeregelungen Karls d. Gr. und vor allem Ludwigs d. Fr. erneuerten seine Geltungskraft; die Westfranken schritten dabei voran [SCHLESINGER in: 1243; REINHARDT: 1250]. Der Wahlgedanke erlosch auch im spätkarolingischen und frühkapetingischen Frankreich nicht völlig, wenn er dort auch nie das in Deutschland erlangte Gewicht besaß [KIENAST: 1247]. Gleichwohl konnte die Wahl in ottonischer oder salischer Zeit auch im Osten an Gewicht verlieren, ohne dass sie je völlig verschwand. Zaghafte Ansätze des spätmittelalterlichen Dualismus von Wahl und Huldigung zeichneten sich bereits im 9. Jh. ab, obwohl die „Kur" als förmliche Erststimme bei einer Königserhebung erstmals bei der Wahl Konrads II. 1024 zu begegnen scheint [REULING: 1251]. Weitere Einzelakte – Designation, Erwerb der Herrschaftszeichen, Krönung und Salbung [SCHRAMM 1254; 1255; 1223; ERKENS: 1207; 1216], Königsumritt [SCHMIDT: 1252], die tatsächliche Ergreifung der Königsgewalt [SCHNEIDER: 1253; TELLENBACH: 1256] – kamen hinzu, so dass die Königserhebung nun als eine „Kettenhandlung" anzusprechen war, nicht durch einzelne Maßnahmen, sondern nur als Ganzes konstitutiv, wobei die Wahl ein wesentlicher, aber nicht der einzig entscheidende Akt war. Doch bleibt bis heute umstritten, ob – so MITTEIS [in: 1244] und LINTZEL [in: 1244; 1248] – eine „*Wahl* nach Geblütsrecht" (statt ‚freie' Wahl durch die Fürsten) mit echter Entscheidung über den zu Wählenden einzuräumen ist, oder ob das *Geblütsrecht* den Ausschlag geben sollte, das nur eine „Anerkennungswahl" ergänzte, die wenig oder nichts zu entscheiden hatte [so RÖRIG in: 1244; TELLENBACH: 1257]. SCHLESINGER etwa beharrt in zusammenfassenden Arbeiten [Anfänge sowie Erbfolge je in 876, dazu in: 1243] wie bei der Analyse einzelner Königserhebungen bei dem Übergewicht der Wahl. SCHMID widerspricht [in: 1244; dagegen HOFFMANN: 1245]: Otto d. Gr. hätte nicht mit freier Wahl, wohl aber mit dem Besitz der Königswürde in seiner Familie bis zu ihrem künftigen Aussterben in agnatischer Linie gerechnet. JAKOBS [in: 1244] betont (im Rückgriff auf E. Rosenstock) hausrechtliche Kategorien; erst wenn das alte Königshaus aufgelöst und ein neues zu begründen sei, stelle sich das Wahlproblem. HLAWITSCHKA [zuletzt: 558] verteidigt die unabdingbare Voraussetzung königlicher Blutsverwandtschaft für jede Wahl vor der Erhebung des Gegenkönigs Rudolf von Rheinfelden im Jahre 1077. Freilich blieb der Wahlgedanke von der karolingischen zur spätsalischen und staufischen Zeit nicht gleich. Dominierte zunächst die rechtsförmliche Unterwerfung, welche die Zustimmung zur Königsherrschaft des designierten Kandidaten bedeutete, so wurde im 11. Jh. – wenn nicht schon früher – immer klarer der eigentliche Wahlgedanke, das tatsächliche Auswählen des künftigen Königs aus dem Kreis aller Kandidaten durch die *melior et maior populi tocius pars* (Thietmar IV,50), konzipiert und realisiert; die nach jeweils kinderlosem Tode Ottos III. und Heinrichs II. notwendigen Wahlen (1002 und 1024) dürften für diese Entwicklung eine Schlüsselrolle besitzen [KELLER: 1246], selbst wenn – wie HLAWITSCHKA [558] betont – alle Thronanwärter zu den Agnaten Heinrichs I. oder zu den freilich sehr weitläufigen liudolfingischen Töchterstämmen zählen sollten [A. WOLF: 574; 1258; 573]. Übrigens rangen durchaus unter Einsatz persönlicher Beziehungen die drei rheinischen Erzbischöfe von Köln, Mainz und Trier um den Primat im ottonisch-frühsalischen Reich; es schlug sich nicht zuletzt im Recht zur Krönung des neuen Königs nieder [zusammenfassend: DREYER: 1242].

Der Königsschatz und der königliche Grundbesitz bilden die materielle Grundlage des frühmittelalterlichen Königtums. Das Gold der Könige, die Herkunft, Zusammensetzung und Funktion des Schatzes, erhielt freilich erst jüngst eine zusammenfassende Darstellung [HARDT: 1272]. Die wirtschaftliche Basis, das Königs- und Reichsgut, fand indessen stets gebührende Aufmerksamkeit. Übersichten liegen für das karolingische Reich mit seinen Nachfolgestaaten vor [BRÜHL: 1261], speziell auch für die ostfränkischen Gebiete [METZ: 1281]. Einzelne Reichsgutskomplexe wie jene in den Ardennen [MÜLLER-KEHLEN: 1282], in der Wetterau [KROPAT: 1275], in Nordhessen [HEINEMEYER: 1274; 1273], in Goslar [WILKE: 1292] u. a. sind monographisch behandelt. Die Diskussion über das *servitium regis*, die aus dem Königsgut und von den Reichskirchen zu erbringenden Leistungen für den König, fand gleichfalls eine knappe Zusammenfassung [METZ: 1280]. Berechnungen zur militärischen Leistungskraft des Reiches stellt K. F. WERNER an [1290], das Heer der ottonischen und salischen Könige behandelt in einer problematischen Studie SCHERFF [1287]. Längst war auch die Notwendigkeit erkannt, die speziellen Bedingungen des „Reisekönigtums" [PEYER: 1284], jenes Typs königlicher Herrschaft, deren Träger „seinem hohen Gewerbe im Reisen" nachzukommen hatte, zu erforschen [Th. MAYER: 1279; RIECKENBERG: 1285; R. SCHMIDT: 1252]. Die Karolinger stützten sich vorwiegend auf „Kernräume" und reisten noch nicht kontinuierlich durchs Land wie ihre Nachfolger [BRÜHL: 1262; K. F. WERNER: 1291]. Ein Kenner wie LEYSER nannte für die spätere Zeit den Reiseweg der Herrscher geradezu „die wesentlichste und am sorgfältigsten verwaltete Institution des ottonischen und salischen Reiches" (1277, S. 746 f.). „Das Reich ohne Hauptstadt" [BERGES: 1260; BRÜHL: 685; 1262] erforderte spezielle „Einrichtungen für den Aufenthalt des Königs und Ausrüstung für seine Reise" [CLASSEN: 1264, S. 87 nach Wandalbert von Prüm]. Von ihrem Besitz und der Möglichkeit, sie dauernd zu den Königsaufgaben heranzuziehen, hing der tatsächliche „Wirkungsbereich" des Königtums ab. Denn diese „Pfalzen" waren der Ort der Begegnung zwischen König und regionalem Adel, der königlichen Herrschaftsakte, der legitimatorischen Repräsentation zumal an den großen Kirchenfesten [ZOTZ: 1293]. Die Pfalzenforschung stagnierte freilich; erst BERGES und SCHLESINGER trieben sie seit 1956 entscheidend voran [1265; für Magdeburg: LEHMANN: 1276]; eine Reihe von Monographien erschien seitdem [u. a. SCHALLES-FISCHER: 1286; GOCKEL: 1270; WEHLT: 1289], die schließlich in das große Unternehmen eines Repertoriums der deutschen Königspfalzen [1266] mündeten [ZOTZ: 1293; 1294]; sein Ziel ist die Übersicht über den Gesamtbestand an entsprechenden Einrichtungen [C. EHLERS: 1267]. Ein vergleichbares Unternehmen gibt es für Frankreich nicht, doch kommt den Pfalzen dort aufgrund der Verfassungsunterschiede und des im Vergleich zum deutschen König erheblich eingeschränkten Wirkungskreises des französischen Königtums auch keine den deutschen Verhältnissen vergleichbare Bedeutung zu [BRÜHL: 685]. Hinzuweisen ist auch auf die umfangreichen und methodisch Neuland betretenden Forschungen von MÜLLER-MERTENS [1283] und seiner Schülerin EIBL [1268] über Reichsstruktur und Zentrallandschaften, von denen aus die Königsherrschaft wahrgenommen wird. Wirkliche Hauptstädte, als deren Kennzeichen man nicht lediglich eine Königspfalz und regelmäßige Königsaufenthalte, sondern zusätzlich feste Höfe geistlicher und weltlicher Fürsten erwartet, finden sich selten im früheren Mittelalter. Aachen, das unter Karl d. Gr. und Ludwig d. Fr. wenigstens zeitweise Hauptstadtfunktion anzunehmen schien, verliert durch die Reichsteilung entscheidend an Bedeutung [FLACH: 1269]. Pavias entsprechende Position im Langobardenreich nähert sich ihrem endgültigen Niedergang (1024) [BRÜHL/VIOLANTE: 966]; hauptstadtähnliche Funktionen Regensburgs in der Zeit Heinrichs II. lassen sich nicht ausbauen [P. SCHMID: 1048]. Der Aufstieg von Paris zur „Hauptstadt" setzt erst später ein [LOMBARD-JOURDAN: 1278; BAUTIER: 1259; HÄGERMANN/HEDWIG: 1271].

Zur Diskussion um die Grafschaftsverfassung im karolingischen Reich und um das Institut der *missi dominici* ist der Forschungsüberblick bei HLAWITSCHKA [18] heranzuziehen; Präzisierungen weit über den in diesem Band gespannten Rahmen hinaus bietet K. F. WERNER [1342]. Die Position der Laienäbte im Verhältnis zu den Mönchsäbten wird von FELTEN [1304] gewürdigt. Den Patrimonialisierungsprozess erörtert zusammenfassend ENGELS [1302]. Burgen [s. o. S. 143; dazu JANSSEN: 1314] und Kirchenvogteien [BOSHOF: 1299] spielen als Herrschaftsbasis eine erhebliche Rolle. Das „incastellamento" ist nach TOUBERT [1338] in Latium nicht, wie die Quellen behaupteten, durch die Sarazenen- und Ungarneinfälle veranlasst, sondern Kennzeichen einer neuen Herrschaftsorganisation; das gelte auch für Nord- und Süditalien [MARTIN: 1325; WICKHAM: 1344]. Doch werden gegen die These schwerwiegende Bedenken vorgebracht [HOFFMANN: 1313]. Das Fürstentum Salerno [TAVIANI-CAROZZI: 1337] und die Anfänge der westfränkisch-französischen Principautés fanden wegweisende Gesamtdarstellungen [DHONDT: 1301], die durch eine lange Reihe von Einzelstudien ergänzt und erweitert wurde. KIENAST zeigte, dass auch im Westfrankenreich „Stämme" eine Rolle spielten [1247]. Fürstentitel und Legitimität stehen in den Untersuchungen von KIENAST [1318] und K. BRUNNER [in: 1197, Bd. 2] im Mittelpunkt. LEMARIGNIER [1320] klärte eine alte Streitfrage nach dem Charakter der in den Quellen des 10. Jh. genannten *fideles*; sie sind zwar Vasallen, huldigen aber nicht mehr – wie allein noch, wenn auch immer seltener die *fideles nostri* – dem karolingischen König. Einige Gesamtdarstellungen einzelner Fürstentümer sind hervorzuheben: GANSHOF [1306], GUILLOT [1308],

Entstehung der Fürstentümer

Bur [1300], Locatelli u. a. [1322]; vgl. die Übersicht bei K. F. Werner [in: 15, S. 779 ff.; Ders.: 1341]. Ihre Entwicklung kann ebenso wenig verfolgt werden wie jene der einzelnen Bistümer und Abteien [vgl. für Italien: 1332; Fasoli: 1303; Hiestand: 1309; Fumagalli: 1305; Pauler: 1329; Zielinski: 1332; allgemein: Wickham: 1343; für Burgund: Boehm: 1296; Kahl: 1315; Hlawitschka: Rudolfinger in: 557; Pokorny: 1331]. Ein einziges Beispiel sei – ohne auf seine kulturelle Rolle einzugehen – herausgegriffen: Lotharingien, das begehrte Reich zwischen den Reichen [zusammenfassend: Petri/Dröge (Hg.): 1323; 1330]. Wieder ist es ein Memorialbuch, dem die Geschichtswissenschaft besondere Anstöße verdankt: der „Liber memorialis" von Remiremont [Hlawitschka u. a. (Hg.): 1321], der in zuvor unbekannter Weise Adelsgruppen um die Könige hervortreten lässt [K. Schmid: 1333; Hlawitschka: 1311; Tellenbach: 1336]. Die Auseinandersetzungen der Karolinger um dieses Land im 9. Jh. behandelt Hlawitschka [1312], jene des 10. Jh. Schneidmüller [1334]. Die Entstehung des lothringischen Herzogtums wird wiederholt erörtert [zuletzt: Boshof: 1297; Barth: 1345]; das erste lothringische Herzogshaus stand in einem spannungsreichen Verhältnis zu Heinrich III. [Boshof: 1298; 1324]. Den hiesigen „principautés" widmet Genicot [1307] eine spezielle Studie. Mohr [1328] verweist auf ältere Zeugnisse lothringischer Eigenständigkeit, deren „Herrschaftsformierung" freilich durch die Ottonen verhindert wurde [Schneidmüller: 1335]. Gleichwohl spielte das Land bei den deutsch-französischen Beziehungen eine wichtige Rolle [Kienast: 1316; Voss in: 1498]; die Ottonen stützten sich gerade auch für ihre Missionspolitik im Osten auf Lothringen [Beumann: 1295].

Jüngeres Stammesherzogtum — Während die ältere verfassungsgeschichtliche Literatur die Stellung der „jüngeren Stammesherzöge" stark hervorkehrte, ihnen die Stellvertretung des Königs, Heer- und Gerichtsgewalt über das Stammesgebiet zuwies und für die Bischöfe als *comprovinciales*, als „Mitlandleute" oder Stammesangehörige eine Pflicht zum Besuch herzoglicher Landtage attestierte, beurteilen jüngere Autoren die Rechtsposition der „duces" wesentlich zurückhaltender. Zwar möchte Stingl am Begriff „Stammesherzogtum" festhalten, da die bayerischen, schwäbischen, fränkischen und sächsischen Herzöge ihr „Gepräge durch den jeweiligen Stamm" erhalten hätten, doch muss auch er zugeben: „über die Befugnisse und Rechte der Herzöge hören wir kaum etwas" [1350, S. 217]; jede „genauere" Darstellung dukaler Rechte ist somit von einem hohen Maß an Spekulation durchsetzt. Goetz kommt denn auch, gestützt auf seine mit traditionellen Begriffs- und verfassungsgeschichtlichen Methoden gewonnenen Ergebnisse, zu der kategorischen Feststellung: „Ein ‚jüngeres Stammesherzogtum' hat nie existiert" [1347, S. 409 ff.]. Was aber waren diese „duces" dann, deren jeweil nur einen es in einem „Stamm" gab? Andere Autoren bestärken denn auch abermals die ältere Lehre. K. F. Werner lässt das jüngere Stammesherzogtum aus den karolingischen Markgrafen hervorgehen [1339]. Maurer [1349; hierzu Dahlhaus, in: HZ 232, 1981, 139 ff.] fordert Studien „für jede einzelne Herzogsherrschaft mit landesgeschichtlichen Fragestellungen" (S. 10), legt selbst eine solche für Schwaben vor, verzichtet aber auf eine eingehende Auseinandersetzung mit den vorangegangenen zusammenfassenden Arbeiten und hält an der „Idee eines ‚Herzogs von Schwaben'" als „Rechtsgestalt" und „Verfassungsfigur" mit spezifisch herzoglichen Funktionen fest. Verfügung über den königlichen „fiscus", Einberufung herzoglicher Landtage, Zuordnung der Reichsklöster und Bistümer zur Herzogsgewalt, Führung des Stammesaufgebotes, Gerichtsbarkeit, Friedenswahrung und insgesamt quasi- oder fast vizekönigliche Funktionen kennzeichnen danach die Stellung dieser Fürsten [Übersicht über die Diskussion: GOEZ: 1167]; skeptisch hinsichtlich eines derartigen Stammesherzogtums in Sachsen ist BECHER [310]. Einen anderen Weg – ausgehend von der Raumordnung – ging TH. BAUER für Lothringen [1346]. KELLER [1348] betont eine wachsende Bindung des Amtes an die königliche Familie und bis in die Zeit Ottos III. eine aufs Äußerste reduzierte Aktivität des Königs, sobald er in den beiden süddeutschen Dukaten weilte. Erst seitdem tritt unter dem Einfluss einer geänderten Herrschafts- und Reichsauffassung ein neuerlicher Wandel ein, der die bisherige Sonderstellung der süddeutschen Herzöge beseitigt. Im Blick auf Bayern spricht man schließlich geradezu von einem „Absolutheitsanspruch" des Herzogs in seiner „Kontroll- und Disziplinargewalt über Grafen und Vögte", der weit über die Stellung des Königs hinausgehe, für Heinrich II., den vormaligen Herzog der Baiern, unmittelbar als Modell zur Zentralisierung seiner Herrschaftsgewalt im Reich diene und mit innerer Notwendigkeit zu Zerschlagung der Herzogsgewalt, Reaktivierung der Königspositionen in den „Stammesherzogtümern" und vor allem zu verstärkter Heranziehung der Kirche zur Herrschaftsverwaltung des Königs führe [WEINFURTER: 1351].

Das früher oft bemühte sog. ottonisch-salische Reichskirchensystem [SANTIFALLER: 1395, S. 44; FLECKENSTEIN: 1368; H. HOFFMANN: 1373 u. a.; DERS.: 1374; zurückhaltend: KÖHLER: 1382] wurde als wissenschaftliches Ordnungsmuster aufgegeben [grundlegende Kritik durch REUTER 1392]; allein die Vielfalt der Reichskirchen, ihrer Teilhabe an der Königsherrschaft oder ihr Beitrag zu deren Sakralisierung sind geblieben [SCHIEFFER: 1398]. So gesehen besaß das Verhältnis des Königs zu den Kirchen seines Reiches karolingische Vorstufen [BIGOTT: 1444]. Gleichwohl genießt das Verhältnis von König und (Reichs-)Kirchen nach wie vor und mit Recht hohe Aufmerksamkeit. Eine moderne Zusammenfassung bietet BORGOLTE [5]. Die integrative Wirkung der Reichskirchen für das ottonisch-frühsalische Königtum wurde hervorgehoben [GRAF FINCK ZU FINKENSTEIN: 1366]. W. HUSCHNER entwickelte die (nicht unwidersprochene) These, dass führende Bischöfe und Äbte (etwa Odilo von Cluny) als Notare der Könige tätig waren [1172, dagegen H. HOFFMANN in: DA 61 (2005), S. 435–480]. Wiederholt wurden die „Wenden" (oder Nicht-Wenden) von Otto III. zu Heinrich II. und dann zu Konrad II. erörtert [H. HOFFMANN: 1375; 1390]. Auch die Klosterimmunität fand für die ottonische Epoche eine neuerliche Untersuchung [THIELE: 1406; zu den

Ottonisch-salische Reichskirche oder Reichskirchensystem?

Reichsklöstern: BERNHARDT: 1357]. Solange man in Analogie zu 1871 von einer ottonischen Reichsgründung sprechen konnte, fiel es leicht, in Deutschland die gleichzeitige verfassungsrechtliche Umgestaltung des bischöflichen Amtes zu erkennen. Otto I. hat die weltliche Fürstenmacht der Bischöfe – ein Charakteristikum der späteren deutschen Geschichte – durch „Vereinigung des geistlichen Amtes und politischer Herrschaftsrechte" begründet. Es lief auf eine wesensverändernde Umwertung hinaus: „Galten im 9. Jh. die geistlichen Pflichten des Bischofs noch überall als die Hauptsache", so drängten unter Otto „die politischen Pflichten die geistliche Seite des Amtes in den Hintergrund" [HAUCK: 1372, S. 33]. „Ein neues Geschlecht von Bischöfen wuchs da heran, gänzlich ging es in den nationalen Fragen auf" [M. MANITIUS in: 1381, S. 11]. Keine allmähliche Entwicklung führte dahin, sondern planvolles, systematisches Handeln. Der künftigen Forschung war derart durch Bismarcks Reichsgründung der Weg gewiesen.

Indes, das Bischofsideal unter ottonischer Herrschaft unterscheidet sich nicht wesentlich von jenem in anderen europäischen „regna" [JAEGER: 245]. Zu Recht hat ENGELS [in: 1361] die Gemeinsamkeiten der Kirchen in den karolingischen Nachfolgereichen und z. T. sogar in England [LOYN: 1384] erneut in den Vordergrund gestellt, um zu begründen, dass man „der schlagwortartigen Bezeichnung ‚ottonisch-salisches Reichskirchensystem' nicht mehr bedenkenlos folgen" könne; es äußere sich vielmehr eine von West nach Ost ausgreifende Entwicklung, die im Reiche Karls d. K. mit dem Vertrag von Coulaines (843) einsetze und auf eine verstärkte Heranziehung des Episkopats zum Königsdienst zulaufe, und die nach Ludwig d. D. auch ins Ostfrankenreich ausstrahle. Doch während der westfränkische Episkopat „in den Strudel der schwindenden Königsautorität" stürze, wahrten und steigerten die ostfränkisch-deutschen Könige ihre Autorität und erlaubten damit zugleich den Bischöfen, an ihr zu partizipieren. Gerade als charakteristisch geltende Äußerungen des „ottonischen Systems" – die Verleihung und faktische Nutzung von Hoheitsrechten und Grafschaften [KAISER: 1378; DILCHER: 688; PAULER: 1329; GROSSE: 1371], das „servitium regis" [BRÜHL: 1261; AUER: 1354], die Sakralisierung des Königtums und liturgische Neuerungen [MCCORMICK: 1385; 1387] – begegneten im Süden (Italien) und Westen erheblich früher als im Osten des einstigen Karlsreiches; selbst die Kritik an der Vermischung der geistlichen mit der weltlichen Sphäre regte sich im Westen zwei Generationen, bevor sie auch im Osten zu Worte kam. Nicht also die Entwicklung eines neuen Systems kennzeichnete demnach die ottonische Reichskirche als vielmehr gerade die kontinuierliche Fortsetzung und die Verstärkung der alten in karolingischer Zeit angelegten Grundlagen [vgl. FRIED in: 314]; konsequent spricht KAISER [1377] denn auch schon vom „karolingischen Reichskirchensystem", das sich freilich im ottonisch-salischen Reich zu größerer Einheitlichkeit fortentwickelte als im stärker von regionalen Kräften geprägten französischen Westen. Auf Veränderung drängende Kräfte zeigten sich indessen in den Reformbestrebungen des Mönchtums [HOFFMANN in: 1694], des Weltklerus [ANTON: 1353] sowie in einem sich neu formenden Sakramentenverständnis [LAUDAGE: 1383] oder auch in den Umbrüchen im adeligen Selbstverständnis; dieser Veränderungsschub machte dann vor der Reichskirche nicht mehr Halt; auch konnte der „Reichsepiskopat" gelegentlich geschlossen in Erscheinung treten [ZIELINSKI: 1412]. Die Diskussion dreht sich somit um die Frage, ob die Kirche im Reich der Ottonen und Salier als ein eigener und neuer Typus zu begreifen sei; oder ob die Stärke dieser Herrscher in einem spezifischen, durch die dynamischen Kräfte (des Bevölkerungswachstums, des Adels, der wirtschaftlichen Expansion, einer leistungsfähigeren Bildung und religiösen „Erneuerung") noch unangefochtenen und deshalb reichsweit wirksamen Konservativismus im Gebrauch der überkommenen Herrschaftsinstrumente beruhte.

Die geistlichen Leistungen der Kirchen für das Reich und die verschiedenen kirchlichen Elemente, derer sich der größte der Ottonen und seine schwächeren Nachfolger zu bedienen wussten, umfassen: Krönungsordines [SCHRAMM zuletzt in: 1401; BOUMAN: 1359; VOGEL/ELZE (Hg.): 1408; ELZE (Hg.): 1363; 1394; BAK: 1355], Herrscherlaudes [KANTOROWICZ: 1380; OPFERMANN: 1388; ELZE: 1362], weitere liturgische Gebete [BIEHL: 1358; vgl. AMIET: 1352], Christus-Mimese [KANTOROWICZ: 1379], Herrscher-Adventus [W. BULST: 1360; WILLMES: 1409], Königskanonikat (s. o. S. 177), Reichsinsignien [allgemein: SCHRAMM: 1400; FILLITZ: 1365; ELZE: 1364; SCHRAMM/MÜTHERICH: 1402; zur Wiener Krone: theologisch spekulativ: STAATS: 1405; G. WOLF: 1410; nicht für einen Ottonen, sondern für Konrad II.: SCHULZE-DÖRRLAMM: 1403; in staufische Zeit datieren die Krone: SCHALLER: 1396; SCHOLZ: 1399; zu hl. Lanze und Reichskreuz: SCHWINEKÖPER 1404; zum geistlich-symbolischen Deutung der Krone: J. OTT: 1389; Mission und Heidenkriegsliturgie: MCCORMICK: 1386]. Gute Abbildungen bietet WOLF [1411]. Dazu tritt die aus der karolingischen Zeit übernommene und weitergebildete Hofkapelle [FLECKENSTEIN: 1367]. Die Präsenz der Könige bei Kirchweihen war von politischer Bedeutung [BENZ: 1356; REPSHER: 1391].

Die Münzhoheit galt uneingeschränkt für das beginnende Hochmittelalter   Münzhoheit
in römischer Tradition als ausschließliches Königsrecht; doch lehren Studien, die Dinge differenzierter zu betrachten [für die Zeit Karls d. K.: GRIERSON und METCALF je in: 1448]. Es gab weit mehr Münzstätten als Münzprivilegien. Im früheren 9. Jh. lag die Aufsicht über das Münzwesen beim Grafen, aber bereits Ludwig d. Fr. betraute zunächst zu deren Unterstützung Bischöfe und Äbte mit Aufsichtspflichten, und die unter seinen Nachfolgern einsetzenden Münzverleihungen lösten schließlich den Münzbetrieb ganz aus der Zuständigkeit der Grafen und unterstellten ihn der Obhut des Bischofs [R. KAISER: 1378; 1377]. Die Entwicklung begann im Westreich unter Karl d. K. und führte schließlich spätestens unter Otto III. und Heinrich II. – wenn auch nur im Ostreich – zur generellen „Einbettung des Münzwesens in die kirchliche Geographie" [KAMP: 1414, S. 107]. Die Übertragung einer Münzstätte bedeutete damals allerdings weniger die Zuweisung des Münzgewinns als

vielmehr die Pflicht zur allgemeinen Ordnung des gesamten Münzwesens im Bereich der Diözese, was hieß: umlauffähiges Geld auszubringen und für seinen korrekten Umlauf zu sorgen; damit verbunden dürfte die Gerichtsbarkeit über Falschmünzer gewesen sein. Königlich-bischöfliche Partnerschaft bestimmte bis ins 11. Jh. die Münzprägung gerade der größten Prägestätten, um sich erst im „Investiturstreit" zugunsten der Bischöfe zu lockern [KLUGE: 1415]. Orientierung an einigen wenigen Prägestätten (Köln, Mainz, Regensburg, Würzburg, Goslar) sorgte für weitgehende Einheitlichkeit. Das alles schloss keineswegs aus, dass auch andere Herren – etwa seit dem 10. Jh. in Regensburg der bayerische Herzog [HAHN: 1413] – Münzen schlagen ließen, doch hatten sie ihre Gepräge der bischöflichen Leitmünze unterzuordnen oder wenigstens anzupassen. Erst seit dem frühen 11. Jh. sonderten sich vor allem aus wirtschaftlichen, aber auch politischen Gründen immer rascher engere nach Herkunftsort und Münzgewicht differenzierte Verkehrsgebiete ab.

Grundlinien der politischen Geschichte Perspektivenwechsel

Die politische Ereignisgeschichte, die während des 19. und früheren 20. Jh. – mit Verfassungsgeschichte im damaligen Sinne vereint – die Geschichtswissenschaft beherrschte, nimmt in der gegenwärtigen Forschung nicht mehr den ersten Platz ein. Dies liegt nicht etwa daran, dass ihr keine Bedeutung mehr zukäme. Hier treffen vielmehr vier Faktoren zusammen: erstens ist die politische Ereignisabfolge eben durch diese älteren Arbeiten vergleichsweise gut erarbeitet; zweitens besteht für andere Bereiche ein erheblicher Nachholbedarf; drittens ist mit spektakulären Quellenfunden nicht mehr zu rechnen, weshalb neue Ergebnisse fast ausschließlich durch neue Fragestellungen und ungewohnte Forschungsansätze, wie sie etwa durch Sozial-, Geistes-, Wahrnehmungs- oder Mentalitätsgeschichte entwickelt werden, zu erzielen sind; viertens endlich hat sich das Gewicht der politischen Geschichte innerhalb einer sich zunehmend als Sozial-, Kultur- oder Humanwissenschaft und „Europa" als eine spezifische Zivilisation begreifenden Geschichtswissenschaft verschoben: Sie deckt nur einen Bereich innerhalb des durch vielfältigste Interdependenzen geformten menschlichen Daseins ab [stellvertretend: SCHNEIDMÜLLER/WEINFURTER: 1473]. Trotz dieser Einschränkungen ist in den letzten Jahrzehnten eine Reihe vornehmlich politisch-ereignisgeschichtlich ausgerichteter „Gesamt"-Darstellungen erschienen; für die Karolinger sind RICHÉ [25] und SCHIEFFER [1433], für die Ottonen BEUMANN [1418; nicht ersetzt durch ALTHOFF: 1416], für die Salier BOSHOF [1419; neue Impulse: WEINFURTER (Hg.): 30], für das 10. Jh. allgemein ZIMMERMANN [54] zu nennen; auch DUNBABIN [1420], HLAWITSCHKA [18], MUSSOT-GOULARD [332] oder KRIEGER [1426] konzentrieren sich überwiegend auf die politisch-verfassungsgeschichtliche Seite der „Staatenwelt". Daneben behält die biografische Sichtweise ihren Wert [z. B. NELSON: 1448; HARTMANN: 1458; Fulco von Reims: G. SCHNEIDER: 568; WEMPLE: 2000; LAUDAGE: 1465; LABANDE: 1427; zumal Otto III. wurde in unterschiedlicher Perspektive – bald „europäisch", bald „ritualistisch", bald als Auftraggeber eindrucksvoller Herrscherbilder – wiederholt in monographischen Darstellungen gewürdigt [THOMAS: 1435; LADNER: 1428; W. CHR. SCHNEIDER: 1434; EICKHOFF: 1421; 1422; ALTHOFF, 1417; Heribert von Köln: H. MÜLLER: 1430; 1431; die Vita Lantberts wurde von VOGEL neu ediert: 1429; WEINFURTER: 1482; ERKENS: 1452; WOLFRAM: 1485]. Wiederholt haben historisch-kulturhistorische Ausstellungen den Betrachtungshorizont erweitert [303; 1432; 1462; 1502; dazu auch: 594; Kunst im Zeitalter der Kaiserin Theophanu, hg. A. v. EUW, Köln 1993]; ohne Ausstellung wurde Heinrichs II. Gemahlin Kunigunde gewürdigt [BAUMGÄRTNER: 1439] und auch die Frage aufgegriffen, ob und wieweit zwischen Otto III. und Heinrich II. ein Einschnitt, eine Wende zu registrieren sei [1390].

„Die Auflösung des Karlsreiches" [SCHLESINGER: 1471] und die Ausbildung der europäischen *regna* standen nicht nur für die deutsche Forschung im Vordergrund. Der Vertrag von Verdun [CLASSEN: 1449] wird immer wieder die Aufmerksamkeit auf sich ziehen. Bemerkenswert sind vor allem einige Studien, die sich dem durch diesen Vertrag zu zerteilenden Königsgut zuwenden; die Grenzziehung von 843 erscheint nun ein wenig durchsichtiger als zuvor [CLAVADETSCHER: 1450; GANSHOF: 1456]. Der Sturz Karls III. und die Wahl Arnulfs von Kärnten gelten geradezu als Schlüsselereignis [KELLER: 1463]. Die aufgeworfenen Fragen waren aufs engste mit der Entstehung der Nationen verbunden (s. o. S. 131–133) und boten Anlass, die Konsolidierung der Teilreiche zu verfolgen [für den Westen: MAGNOU-NORTIER: 1448; 1466; NELSON: 1467]. Karl II. selbst wurde zunehmend positiver beurteilt als früher, geradezu als „Renaissance Prince" [WALLACE-HADRILL: 1481]. Ludwig der Deutsche fand endlich eine monographische Darstellung [HARTMANN: 1458; 1459]; der Kaiser Arnulf blieb nicht unbeachtet [1461]. In engem Zusammenhang mit dem Zerfall des Reiches steht die sog. *regna*-Struktur des Reiches, d. h. die räumliche Zergliederung des Frankenreiches außerhalb der Kern-Francia in kleinere „Reiche" bzw. große Amtsbezirke, die sich i. d. R. an ältere Gegebenheiten anlehnten, deren Inhaber mit einer vom Königtum abgeleiteten Gewalt amtierten und aus denen sich dann die künftigen Prinzipate entwickelten [zusammenfassend: WERNER: 1291; 1484]; das Konzept bedarf freilich noch der Überprüfung, da es nicht von allen Historikern vorbehaltlos geteilt wird [vgl. HLAWITSCHKA: 18, S. 201 ff.]. Das Nachleben des Reichseinheitsgedankens nach 843 wurde verfolgt [PENNDORF: 1468] und für die Konstituierung des west- und des ostfränkisch-deutschen Reiches in Anspruch genommen [BEUMANN: Einheit sowie Unitas je in: 1441], wie auch umgekehrt das Wachsen des Unteilbarkeitsgedankens in verschiedenen Studien herausgestellt wurde [TELLENBACH: 1479; pragmatisch: K. SCHMID: 1472; ideell: HLAWITSCHKA: 174]. Neue Impulse brachte die intensivierte Adelsforschung (vgl. oben S. 141), die vor allem TELLENBACH [1480] angeregt und K. SCHMID zu einer Art Spezialdisziplin erweitert hatte [„Programmatisches" in: 177]. Adel wurde hier weniger als Rechtsstand denn als Führungsschicht des Reiches betrachtet, die durch Besitz und verwandtschaftliche

Entstehung der europäischen regna

Bindungen sowie als „Reichsaristokratie" durch reichsweiten, als „Stammesadel" indessen durch regionalen Aktionsradius hervortritt. Landesgeschichtlich ausgerichtete Forschungsinteressen behalten also nicht nur ihren Wert, indem sie notwendige Ergänzungen bieten; sie zeigen vielmehr die andere Seite derselben Medaille [zur Übersicht: SCHULZE: 1474; K. F. WERNER: in LexMA, Bd. 1, Sp. 118 ff.]. WENSKUS [1483] hat, von sächsischen Familien ausgehend, einzelne adelige „Traditionsverbände", die durch gemeinsame „Hausüberlieferung" und „Gefühle verwandtschaftlicher Bindungen", wie sie sich etwa in gemeinsamem Namensgut niederschlugen, zu rekonstruieren versucht. Ob einzelne Adelsgruppen mit dem Königtum kooperierten oder sich vorübergehend aus seiner Nähe zurückzogen, stets wirkten sie entscheidend auf die politische Geographie. Dies im Einzelnen aufzuzeigen, beschäftigte die Forschung der letzten Jahrzehnte wiederholt [z. B.: TELLENBACH (Hg.): 1478; KELLER: 1513; STÖRMER: 1477; FRIESE: 1453 für den mainländisch-thüringischen Raum; GIESE: 1457; ALTHOFF: 166 für Sachsen; FUMAGALLI: 1454; 1455 für Italien; dazu ROSENWEIN: 1470]. Die Konsequenz für die deutsche Geschichte ist evident: Der Zusammenhalt des ostfränkischdeutschen Reiches wird nicht allein durch das Königtum, sondern eben gerade durch die gemeinsamen Interessen von König und Adel gewährleistet [zusammenfassend: ALTHOFF/KELLER: 1438]. Er kann erschüttert werden [vgl. z. B. ALTHOFF in: 1475] oder sich krisenhaft zuspitzen [SEMMLER: 1476; LEYSER: 1217; BOSHOF: 1442; dagegen ERKENS: 1451], es ist stets das Spannungsverhältnis zwischen Königtum und Adel, dessen Schwergewicht sich bald auf die Seite des Königs, bald auf die des Adels verlagern kann, das ihn beherrscht [BUND: 1446; K. BRUNNER: 1445; KRAH: 1464]. Doch sind im jeweils divergierenden Prestige der karolingischen, ottonischen und salischen Königsdynastie begründete Unterschiede zu registrieren [ALTHOFF: 1437].

Politische Ereignisgeschichte

Die politische Ereignisflut der zwei Jahrhunderte von 840 bis 1046 kann hier nur mit einigen wenigen Höhepunkten bedacht werden [vgl. die Exkurse bei HLAWITSCHKA: 18, S. 175 ff.]. Seit je fielen die über 100 Verträge und Treffen der karolingischen und sonstigen fränkischen oder ostfränkisch-deutschen Könige ins Auge; sie wurden zusammenhängend behandelt und auf ihre verfassungs- und geistesgeschichtlichen Implikationen hin untersucht [R. SCHNEIDER: 1501; VOSS: 1503]. Die problematische Quellenlage zur Gründung des Erzbistums Hamburg-Bremen führte zu einer wahren Thesenflut [kritisch: TH. SCHIEFFER: 1500]. Die Königserhebung Heinrichs I. („der Vogler") wurde frühzeitig in legitimatorischer Absicht sagenhaft verbrämt. Bekannt ist lediglich, wenn auch in drei divergierenden Parallelerinnerungen, diejenige Version, die im Umkreis der Ottonen selbst erzählt wurde, nicht etwa die Erinnerungen, welche die vom Thron verdrängten Konradiner tradierten. Wie diese Erhebung sich tatsächlich vollzog, bleibt insgesamt ungewiss [FRIED: 112; der Widerspruch KELLERS: 118 beachtet die Transformationsdynamik des individuellen und kulturellen Gedächtnisses zu wenig; vgl. FRIED: 113]. Der Erwerb der hl. Lanze durch Heinrich I., der in den

Kontext von dessen Burgund- und Italienpolitik zu gehören schien, weckte eine ausgedehnte Diskussion über seinen Zeitpunkt und den Symbolwert des Herrschaftszeichens, das um die Jahrtausendwende zu den vornehmsten Attributen des ottonischen Kaisertums zählte; die ganze Frage findet sich nun durch HLAWITSCHKA zusammengefasst [18, S. 208 ff.]. Ottos d. Gr. anfängliche Schwierigkeiten mit seinen Verwandten nötigten natürlich regelmäßig dazu, nach den Gründen und Wirkungen zu fragen [zuletzt: GLOCKER: 1492]. Die Lechfeldschlacht büßte indessen, sieht man auf die neueren Veröffentlichungen, ihre einstige Attraktivität für die Historiker zunehmend ein. Vor dem 1. Weltkrieg stritt man um die genaue Lage des Kampffeldes und den Schlachtverlauf [D. SCHÄFER: 1499]. Das Gedenkjahr 1955 regte eine wahre Flut von Vorträgen und Aufsätzen an, welche die Schlacht in die allgemeine deutsche und europäische Geschichte einordneten [zusammenfassend: APPELT: 1486; EBERL: 1491], das Geschehen teilweise aber auch aus zeitverhafteter Perspektive deuteten („Inhalt des deutschen Sieges": „Abwehr einer von Osten drohenden Gefährdung": AUBIN: 1487, S. 9). Allein v. BOGYAY [1488] verwies auf die „Umwandlung des ungarischen Lebens" vom Halbnomaden- zum sesshaften Bauerntum, dem die Besiegten beschleunigt unterlagen. K. LEYSER [1496] fasste schließlich die grundlegende Geschichte über „The Battle at the Lech" zusammen; Ort, Truppenstärke, Taktik, Behandlung der Besiegten, Bedeutung für das ottonische Königtum und gesellschaftliche Lage der Ungarn waren in angemessener Weise berücksichtigt. WEINRICH [1504] fügte eine historiographische Betrachtung hinzu; mit Hypothesen überladen ist und nicht überzeugen kann BOWLUS [1489], der die Hauptschlacht vom Lechfeld und dem 10. August verlegen, starken Regen und eine (postulierte) plötzliche Überschwemmung der Flüsse für die ungarische Niederlage verantwortlich machen möchte. Für die französische Geschichte bedeutet der Einschnitt des Dynastiewechsels von 987 eine Wende; er verband sich unmittelbar mit dem Streit um das Erzbistum Reims [HUTH: 1493], führte aber auch Änderungen im Urkundenwesen mit sich [PARISSE: 1497]. Die Ereignisse im Umfeld der Wahl Heinrichs II. untersucht A. Wolf nach genealogischen Gesichtspunkten [WOLF: 575].

Die deutsche nationale Geschichtsschreibung verweilte gerne bei dem Höhepunkt ottonischer Machtentfaltung, der Erneuerung des Kaisertums durch Otto I. Dabei schälten sich zwei Themenkomplexe heraus: die generelle Bedeutung der Kaiserkrönung und der die Kräfte des Königtums steigernden, aber auch verzehrenden Italienpolitik der deutschen Könige und die speziellen Beziehungen zwischen Papst und Kaiser während des Hochmittelalters [KELLER: 1514]. Überhaupt werden neuerdings Repräsentationsfragen zum Teil kontrovers erörtert [1425; zur Diskussion vgl. etwa FRIED: 462]. – Die Forschungen zu den „pacta" zwischen Papst und „Frankenkönig" allgemein und besonders zum Ottonianum von 962 resümierte ZIMMERMANN [1511]. Den Versuch Johannes XII., Otto I. zur Anerkennung des „Constitutum Constantini", jener karolingerzeitlichen Fälschung, zu nötigen, hat FUHR-

Kaiser„pacta"

MANN neu zu sehen gelehrt [1508; ergänzend ZEILLINGER in: 131, Bd. 2; dagegen HOFFMANN: 1558]; der einzige Quellenbeleg dafür, das DO III 389, verrät den starken Einfluss Silvesters II. [KORTÜM: 1564]. Die Kaiser erneuerten die seit Pippin und Karl d. Gr. eingegangene Schwurfreundschaft mit den Päpsten nach Ludwig d. Fr. nicht mehr; sie begnügten sich vielmehr – das ist das (trotz gewisser Divergenzen) gemeinsame Ergebnis von FRITZE [1506] und DRABEK [1505] – mit einem einseitigen eidlich bekräftigten Schutzversprechen und der jeweiligen Neuausfertigung der durch Ludwig [dazu HAHN: 1510] in ihre maßgebliche Form gebrachten Vertragsurkunde. Damals entstanden Grundlinien des Begegnungszeremoniells von Papst und Kaiser, die das gesamte Mittelalter über wirksam blieben [HACK: 1509]. Seit Otto I. rückte indessen der vor dem Betreten Roms geleistete Sicherheitseid in den Vordergrund, während das Pactum – trotz kirchennaher Politik [HOFFMANN: 1375] – nach Heinrich II. nicht mehr erneuert und der Schutzeid im Rahmen des Krönungszeremoniells geleistet wurde. Der Ritus der Kaiserkrönung selbst war allgemein durch die „Ordines" festgelegt, auch wenn der genaue Hergang für keine der bis 1046 erfolgten Kaiserkrönungen rekonstruiert werden kann [ELZE (Hg.): 1363; BOUMAN: 1359].

Kaisertum Ottos I.   Der alte Gelehrtenstreit um Ottos d. Gr. Italienpolitik, der in der Kontroverse zwischen Sybel (der sie verwarf) und Ficker (der sie nach den Voraussetzungen des 10. Jhs. zu verstehen lehrte) seinen Höhepunkt erreichte, ist stets auch Gegenstand neuerer Darstellungen und Erörterungen zur Geschichte des ersten liudolfingischen Kaisers. Im Zusammenhang mit den Tausendjahrfeiern seiner Kaiserkrönung entstand die Abhandlung von SMIDT [1517], die über die Geschichte des Streites insgesamt informiert, während KELLER [1513] die Anschauungen und Urteile der Zeitgenossen zusammenstellt. Die gegenwärtige Einschätzung der Frage findet sich hervorragend reflektiert bei GRAUS [1169] und ALTHOFF/KELLER [1438], knapp resümiert auch bei HLAWITSCHKA [18]; dabei zeigt sich, dass Ottos Kaisertum zwar von Anfang an auf Rom bezogen war, dass aber dennoch vor 960 keine auf das Kaisertum gerichtete Politik, vielmehr bloß ein Handeln nach den Bedürfnissen des Augenblicks zu erkennen ist, die Initiative indessen vom Papst ausging [MALECZEK: 1516]. Freilich könnte gerade das heute allgemein akzeptierte methodische Prinzip Fickers, das Handeln der Zeitgenossen nämlich aus den Maßstäben ihrer eigenen Zeit heraus zu verstehen, dazu führen, dass sein Urteil im Streit mit Sybel partiell zu korrigieren ist. Die römische Kaiserkrone war so attraktiv nicht, es gab damals Autoren wie Widukind von Corvey [BEUMANN 1512; DERS. in 1441, S. 324–340] oder Fürsten, die sie verschmähten [zusammenfassend über die Grenzen des Kaisergedankens: LÖWE: 1515]. Selbst die Sachsen waren nicht nur Befürworter der ottonischen Politik [GIESE: 1457; ALTHOFF: 166], auch hier waren demnach andere Entscheidungsmaßstäbe virulent, als Otto sie anlegte. Wenn jüngere Beobachtungen zutreffen, welche das Ausgreifen nach Italien als Konzession an die süddeutschen Herzöge erscheinen lassen, um sie für die ottonische Reichskonzeption zu gewinnen, dann besitzt die Italienpolitik lediglich eine gewisse Ventilfunktion. Otto hätte sich auch gegen sie entscheiden können. Sein Weg nach Rom war somit nach den Maßstäben der Zeit löblich und konnte den Einsatz lohnen, aber er war nicht selbstverständlich und stand nicht jenseits aller Kritik.

In Rom wurden die Weichen für die Gründung des Erzbistums Magdeburg gestellt [HEHL in: 1473; SCHOLZ: 1583]. Sie war, als sie erfolgte (968), unter den Zeitgenossen, sogar unter den Sachsen selbst, umstritten [QUITER: 1523; CLAUDE: 1519; ENGELS: 1520; SIMON: 1524], und die Ausdehnung der Magdeburger Kirchenprovinz angeblich bis nach Polen war es unter den Historikern des 19. und 20. Jh. Doch dürfte die Frage, ob das Bistum Posen im 10. und frühen 11. Jh. zur Magdeburger Kirchenprovinz gehörte oder nicht, mit negativem Ergebnis nach KEHR [1522] und Beumann erledigt sein; die beiden Herausgeber des Magdeburger Urkundenbuchs waren uneins [MÖLLENBERG gegen ISRAEL: 1526]. Nach BEUMANN [vgl. 460] ist die entscheidende Urkunde (UB Magdeburg, Nr. 130 = GP V,2 S. 215 Nr. †22) ein im kurialen Geschäftsgang steckengebliebenes Konzept, sachlich zwar den kaiserlichen Planungen entsprechend, doch politisch vom Papsttum verworfen und nicht mehr anerkannt. Die polnische Forschung [resümierend: JEDLICKI: 1521; BANASZAT: 1518; ŁOWMIAŃSKI: 474] beharrt in der Urkunden-Frage im Wesentlichen auf Kehrs Urteil. Die ersten polnischen Bischöfe Jordan und Unger werden gelegentlich als Missionsbischöfe eingestuft; eine persönlich erklärte Unterordnung des Posener Bischofs Unger († 1012) unter Magdeburg sei von keinem Papst bestätigt worden. Doch dürfte zu Beginn des 11. Jhs. die Rechtslage der polnischen Kirche insgesamt verworren gewesen sein und damit auf Magdeburger Seite allerlei Hoffnungen geweckt haben [FRIED: 462]. Die Gründung des Erzbistums hatte übrigens ein Neben- und Nachspiel in Memleben, das symptomatisch für die spannungsreiche Situation an der Ostgrenze des ottonischen Reiches ist [vgl. FRIED in: Sachsen und Anhalt 20, 1997, 29–48; E.-D. HEHL in: FmaSt 31, 1997, 96–119].

Gründung des Erzbistums Magdeburg

Die grundlegende Arbeit zur Geschichte der Idee römischer Erneuerung stammt aus der Feder von SCHRAMM [1529]; freilich sind Abstriche nötig. Er beschrieb die Renovatio als eine autochthone geistige und politische Bewegung des lateinischen Westens, der aus eigenem Antrieb und in genuinem Rückgriff auf römische und christliche Quellen der Antike an diese anknüpfen und sie zu „erneuern" suchte. Das mag mit gewissen Einschränkungen für einige nicht weiter ausstrahlende stadtrömische Äußerungen seit dem beginnenden 10. Jh. gelten, doch nicht für Otto III. Vor allem DEÉR betonte in einer Reihe von Aufsätzen den entscheidenden Einfluss, den Byzanz auf das Renovatio-Konzept dieses Kaisers übte: „Otto III. ist ohne Byzanz nicht zu verstehen" [1528, S. 176, Anm. 272]. Noch weitere Abstriche sind nötig. SCHRAMM [1529] meinte, das kontinuierliche Nachwirken der ottonischen Erneuerungsidee in Rom selbst während des gesamten 11. Jh. nachweisen zu können. Doch BLOCH [1527] widerlegte auch diese These, indem er ihre

Römische Erneuerung

Quellenbasis dem 12. Jh. zuwies. Nicht einmal in Rom selbst also wirkte Ottos Idee sonderlich nach. Doch geht die Kritik K. GÖRICHS wiederum zu weit, der die gesamte Renovatio-Politik in Frage stellt [469; dazu FRIED: 464]; eine in die Geschehnisse um die Jahrtausendwende involvierte stadtrömische Familie behandelt GÖRICH [470]. In ganz anderer Weise näherte sich TELLENBACH [1530] dem „großen Thema" „Kaiser, Rom und Renovatio". Er stellte nicht die Ideen in den Mittelpunkt, sondern die tatsächliche kaiserliche Präsenz in Rom seit 962 und die in ihr sich artikulierende Vergegenwärtigung der antiken Tradition römischen Kaisertums. Bemerkenswert ist die an Karl den Großen anknüpfende Hervorhebung Aachens durch Otto III. [FALKENSTEIN: 1423].

7. DAS PAPSTTUM IM FRÜHEREN MITTELALTER

Die Erforschung der Papstgeschichte ist durch eine eigenartige Disproportion gekennzeichnet. Man widmete gleichsam den Nebenfiguren und einigen Einzelphänomenen besondere Aufmerksamkeit, dem „Erben" Hadrian II. [GROTZ: 1551], dem „problematischen" Johannes XII. [CHRASKA: 1538; eine Revision des Urteils über den Papst einleitend: HEHL: 1553], dem ersten deutschen Papst, Gregor V. [MOEHS: 1572], dem Tuskulanerpapsttum [HERRMANN: 1557]. Der bedeutendste Papst der Epoche indessen, einer der hervorragendsten Nachfolger Petri überhaupt, Nikolaus I., und eine der schillerndsten Gestalten, die je den apostolischen Stuhl bestieg, Gerbert-Silvester II., erfuhren keine neuere monographische Behandlung. Wohl aber wurde Leo IV. in hervorragender Weise als Repräsentant seiner Epoche vorgestellt [HERBERS: 1554]. Man bleibt weithin angewiesen auf die übergreifenden Gesamtdarstellungen des Papsttums [die jüngsten: ZIMMERMANN: 1587 (prot.); FRANZEN/BÄUMER: 1545 (kath.); mit Behandlung des päpstlichen Zeremoniells und der Liturgie: SCHIMMELPFENNIG: 1582] oder auf einige Sammelbände [1547; 1548; 1549; KORTÜM: 1564], auch wenn Selbstverständnis und Selbstdarstellung der Päpste der hier fraglichen Epoche aufgrund ihrer Grabinschriften und Politik eine eindringliche Interpretation gewidmet wurde [SCHOLZ: 1583]. Freilich wandte sich die Aufmerksamkeit ohnehin mehr der Institution Papsttum als den Biographien einzelner Amtsinhaber zu. Der Primat, die Weltstellung der Nachfolger des Apostelfürsten, war Gegenstand einer Kontroverse, die ULLMANN [1584; 1585] mit einer monistisch-hierokratischen, juristisch fundierten Deutung des Papsttums ausgelöst hatte. Der Widerspruch KEMPFS [1561] betonte (allerdings mit Blick auf hochmittelalterliche Autoren) die dualistische – kirchlich-weltlich, päpstlich-kaiserliche – Seite der Doktrin; doch differenzierte BARION [ZRG KA 46, 1960, S. 481 ff.] noch weiter in einen formalstatischen und einen funktional-dynamischen Dualismus, so dass die päpstliche Gewalt lediglich formal, nicht funktional als dualistisch zu gelten habe. Die dualistische Linie verfolgten am Beispiel fränkischer Autoren des 9. Jh. MORRISON [1573] und KENNEDY [zuletzt in: 1532] weiter, während CONGAR wieder stärker auf die päpstlich-hierokratische Position in der frühmittelalterlichen Ekklesiologie abhob [1539; 1540]. Wesentliche Ziele, Ideen oder Einrichtungen des künftigen Reformpapsttums ließen sich ins 9. Jh. zurückführen. So setzte sich die Beteiligung des Papstes bei der Einrichtung neuer Bistümer seit der Spätzeit Ludwigs des Frommen durch und etablierte sich fest im 10. Jh. [SCHIEFFER: 1618]. Die gelasianische Zweigewaltenlehre blitzte auf [KNABE: 1563; BERTOLINI: 1534]. Neben Ps.-Isidor (s. u.) spielten die in ihrer Beurteilung wiederum sehr umstrittenen „Le Mans-Fälschungen" eine wichtige Rolle [GOFFART: 1648; WEIDEMANN 1658]. So ist Nikolaus I. gerade mit seinen Äußerungen über sein Amt der nach Gregor d. Gr. am häufigsten in Gratians „Concordia discordantium canonum" zitierte Papst [PERELS: 1574]. Fränkische Autoren schufen durch Umdeutung einer Formulierung Leos I. jene *plenitudo potestatis*, die dann im hohen Mittelalter zum Inbegriff päpstlicher Allgewalt werden konnte [BENSON: 1533; zum Kontext: FRIED: 1507]. Auch formte sich seit dem 9. Jh. die Vorstellung der Translation des römischen Imperiums auf die Franken und die Deutschen, aus der das 12. Jh. eine kuriale Doktrin schmieden wird [GOEZ: 1550]. Als falsch erwies sich indessen die These, die fränkisch-deutschen Könige und Kaiser hätten seit 754 als „Vögte" der römischen Kirche gegolten; erst um die Jahrtausendwende begegnete diese Vorstellung häufiger, und erst im 12. Jh. wird sie zur politischen Doktrin [GOEZ in: 1550]. Dies alles entwickelte sich freilich keinesfalls geradlinig vom 9. zum 11. Jh.; tiefe Einschnitte waren zu bemerken, die nach Erklärung verlangten [LAPÔTRE: 1566]. KLINKENBERG [1562] vermisste denn auch die petrinische Grundlegung des päpstlichen Primats gemäß Mt. 16,18 im 10. Jh.; erst mit Abbo von Fleury sei sie wieder hervorgetreten [MOSTERT in: 131, Bd. 4]. Das Papsttum habe damit vorübergehend seinen „Lebensquell" verloren und dafür mit geringem Ansehen unter den Zeitgenossen bezahlt; man wird freilich mit FICHTENAU [in: 1532] auch die mangelnde moralische Autorität der Amtsinhaber verantwortlich machen müssen, denn der Petrusglaube und das Ansehen der römischen Apostelgräber waren nicht ins Wanken geraten. Ein Wesenszug des Papsttums der hier fraglichen Zeit ließ sich als „imitatio imperii" fassen, wie sie sich im päpstlichen Zeremoniell sichtbar niederschlug. Diese Wendung findet sich erstmals im „Constitutum Constantini" [ed. FUHRMANN, Z. 261]; doch gehört der Text nicht, wie bisher zumeist angenommen in das 8. Jh. und nach Rom, sondern verdankt seine Entstehung der Opposition gegen Ludwig den Frommen um 833 und mit ihnen den nämlichen Kreisen, denen auch Ps.-Isidor zugehörte [FRIED: 1507]. Die grundlegende Abhandlung zum *Palatium Lateranense*, dem angeblichen Kaiserpalast und institutionellen Mittelpunkt der päpstlichen Verwaltung, schrieb ELZE [1544], während eine neuere Darstellung des Palastbaus selbst fehlt [noch nicht ersetzt: LAUER: 1567; zu Ritual und Symbolik: HERKLOTZ: 1556; zur Lage: FRIED: 1507]; allein den Platz vor dem Palast, den für die

Ausgestaltung des päpstlichen Zeremoniells wichtigen „Campus Lateranensis", behandelte HERKLOTZ [1555]. Weihe und Krönung [EICHMANN: 1543], Ordination [RICHTER: 1579], Inthronisation des Papstes [GUSSONE: 1552] und Liturgie [DE BLAAUW: 1535] fanden gleichfalls grundlegende neuere Darstellungen. Der Königsthron, den Karl d. K. aus Anlass seiner Kaiserkrönung dem Papst Johannes VIII. schenkte und der genauer untersucht werden konnte, wurde seit dem hohen und späten Mittelalter zur „Cathedra s. Petri", zur Petrusreliquie, die heute im Hochaltar des Petersdomes aufbewahrt wird [zusammenfassend: SCHRAMM/MÜTHERICH: 1402, Nr. V]. Den Papstabsetzungen, welche die päpstliche Doktrin kaum anerkennen konnte, widmete ZIMMERMANN eine Untersuchung [1586]. Auch die Grablegen wurden monographisch und diachron untersucht [BORGOLTE: 1536].

An Einzelthemen wurden der päpstlichen Registerführung und Kanzlei, deren „Name" *cancellaria* i. J. 1000 erstmals begegnet [SANTIFALLER: 1581; LOHRMANN: 1570; DERS.: 1569; RABIKAUSKAS: 1575; DERS.: 1576], und dem päpstlichen Schutz(privileg) einige Aufmerksamkeit geschenkt [LEMARIGNIER: 1568; APPELT: 1531], dessen für die Zukunft wichtige Formulare teilweise im Frankenreich in Gebrauch kamen, bevor sie durch die päpstliche Kanzlei aufgegriffen wurden [BOSHOF: 720]. ZIMMERMANN [1588] legte eine neue Edition der Papsturkunden des 10. und frühen 11. Jhs. vor; doch lässt sich das von RATHSACK [1577] postulierte Fälschungsverdikt gegen das Gros der Fuldaer und anderer Urkunden nicht aufrechterhalten [vgl. JAKOBS in BDLG 1992; HUSSONG: 1559; KORTÜM: 1602]; Untersuchungen zur regional differenzierten Funktion der Papsturkunden legten FRIED [407], ROSENWEIN [1580] und JOHRENDT [1560] vor. Die Beziehungen zwischen Papst und Fürsten werden neuerdings gleichfalls genauer betrachtet [FRIED in: 314; MORDEK/SCHMITZ in: 38; LOHRMANN: 1571], ebenso jene zu den „Landeskirchen" [JOHRENDT: 1560]. Über die Frühgeschichte der römischen Kardinäle und die Ableitung ihres Titels ist eine Kontroverse zwischen KUTTNER [1565, von *incardinare*: an einer fremden Kirche liturgische Dienste verrichten] und FÜRST [1546, von *cardo*: zur Bischofskirche gehörend; dagegen GANZER in: ZRG KA. 56, 1970, S. 432 ff.] entbrannt, bei der die besseren Argumente auf Kuttners Seite zu finden sind.

8. RELIGIOSITÄT UND KIRCHE

Kirchenrecht Stärkste Anregungen zur Erforschung auch des vorgratianischen Kirchenrechts gingen vom zweiten Vatikanischen Konzil (1962/65) aus. Schon zuvor war klar geworden, dass die Kanonistik, auch wenn sie Spezialkenntnisse erforderte, keine Randdisziplin der allgemeinen Geschichtswissenschaft mehr sein konnte. Sie berührte zentrale Fragen der gesamten früh- und hochmittelalterlichen Gesellschaft und erforderte deshalb erhöhte Aufmerksamkeit. Nahezu alle einschneidenden Veränderungen der Zeit von der Herrschaftsgründung bis zum Alltag, von der Wirtschaftsordnung bis zur Wissenschaft betrafen mehr oder weniger unmittelbar den Geltungskreis des Kirchenrechts, wurden entscheidend von Geistlichen vorbereitet und durchgeführt und orientierten sich regelmäßig an älteren kirchlichen Überlieferungen und Normen. Die Historiker wandten sich vor allem fünf Sachkomplexen zu: 1) der Überlieferung und Bewahrung älteren Kirchenrechts [MORDEK: 1630; Übersicht: KERY/HARTMANN/PENNINGTON: 1606]; 2) den möglicherweise für Mentalitäts- und Alltagsgeschichte höchst relevanten Bußbüchern [für Italien: HÄGELE: 1595; vgl. weiter mehrere Studien von H. LUTTERBACH: FmSt 29 (1995) S. 120–143; ebd. 30 (1996) S. 150–172; AKG 80 (1998) S. 1–37]; 3) den Rechtsschöpfungen der Zeitgenossen auf Provinzial-, Reichs- und päpstlichen Synoden [AMIET: 1352; HARTMANN: 1596; 1597; 1598; BROMMER zuletzt: 1590; SCHRÖDER: 1621; VOLLRATH: 1624; BAUER: 1589; PONTAL: 1617; 1607; von zentraler Bedeutung für das Ostfrankenreich war die Synode von Tribur 895: POKORNY: 1615]; 4) den zahlreichen großen und kleinen Kompilationen des Kirchenrechts, die damals angelegt wurden, vor allem der berüchtigten Fälschung Pseudo-Isidors (s. u.), weiteren Fälschungen [zusammenfassend: LANDAU in: 131] sowie den einflussreichen Sammlungen Reginos von Prüm [LOTTER: 1612; SCHMITZ: 1619; HARTMANN: 1600] und Burchards von Worms [KERNER: 1604; DERS. u. a.: 1605; HOFFMANN/POKORNY: 153; CORBET: 1592; HARTMANN: 1599], aber auch den „kleineren" „Collectiones" wie dem sog. „Quadripartitus" aus der Frühzeit [KERFF: 1603] oder der sog. „Collectio duodecim partium" [BROMMER: 1591] aus der Spätzeit der hier ins Auge gefassten Jahrhunderte. Schließlich galt 5) den Niederkirchen erhöhtes Interesse [1593; HEDWIG: 1601]. Stand früher zunächst die Suche nach unbekannten Texten im Vordergrund, so beherrscht heute – neben dem Editionsziel – das Motto „Einfluss und Verbreitung" [so FUHRMANN: 1627] die entsprechenden Studien; man betreibt verstärkt Handschriften-Forschung, rekonstruiert Überlieferungszusammenhänge, verfolgt die regionale Verbreitung der Texte [z. B. KOTTJE: 1611]. Dabei zeigt sich überraschend wenig Einheitlichkeit und Zentralität; selbst die Bemühungen der Karolinger um die allgemeine Rezeption der römischen Dionysio-Hadriana führen zu keinem durchschlagenden Erfolg; die regionalen Sammlungen werden in der Regel nicht verdrängt [KOTTJE: 1609; REYNOLDS in: 1816].

Verdiente Aufmerksamkeit, wenn auch oft in konfessionell-polemischer Absicht, fand seit der Reformation „die kühnste und großartigste Fälschung kirchlicher Rechtsquellen, die jemals unternommen worden ist" (E. Seckel): die Werke aus dem Umkreis Ps.-Isidors. Es handelt sich um eine Gruppe umfangreicher, noch immer voll ungelöster Rätsel steckender Texte: 1) die unedierte und kaum verbreitete Collectio Hispana Gallica Augustodunensis, 2) die Capitula Angilramni, 3) eine Kapitulariensammlung unter dem Namen eines Benedictus Levita sowie 4) die eigentlichen ps.-isidorischen Dekretalen, deren bedeutendsten Teil, ca. 100 falsche Papstbriefe vor allem frühchristlicher Päpste (von Clemens I. bis Silvester I. und weiter bis zu Gregor II.), ein

Pseudo-Isidor

angeblicher Isidorus Mercator in raffinierter Mischung mit ca. 10 000 echten Exzerpten (aus älteren Fälschungen, Kirchenvätern, Konzilien, echten Papstbriefen, römischem Recht und dem Liber Pontificalis) wohl seit etwa 830, vielleicht schon ein wenig früher [vgl. FRIED: 1507, nicht erst zwischen 847 und 852, wie früher angenommen wurde] kompilierte und dann in mehreren Redaktionen in Umlauf setzte [zur Einführung: SECKEL in: RE 16, 1905, S. 265 ff.; H. FUHRMANN in: HRG 4, 1985, Sp. 80 ff.]; hinzu kommt aus der Fälscherwerkstatt die „Collectio Danieliana", die nicht zuletzt die Arbeitsweise während des Fälschungsunternehmens verdeutlicht [SCHON: 1633]. Die Jahrhunderte während Suche nach dem Verfasser oder doch nach dem Entstehungsort des monumentalen Fälschungswerks [SECKEL/FUHRMANN: 1634; RICHTER: 1631] ist nun – wohl die bedeutendste Entdeckung zum frühen Mittelalter in den letzten Jahrzehnten – durch ZECHIEL-ECKES in überraschender Weise abgeschlossen: Der Fälscher arbeitete vor der Mitte des 9. Jh. in dem pikardischen Kloster Corbie vermutlich schon unter dem Abt Wala und dann unter dessen Nachfolger Paschasius Radbertus [1636; 1637; 1638]. Die Konsequenzen aus diesem Befund sind noch nicht umfassend abgesteckt. Die falschen Dekretalen sollten „den ganzen historischen Boden des Papalsystems" abgegeben haben, meinte der Katholik DÖLLINGER [1625] und wurde darüber an seinem Glauben irre; „der größte Betrug der Weltgeschichte" polemisierte der protestantische Historiker J. HALLER [1629]. Weithin herrscht Einigkeit, dass der Episkopat der Nutznießer des Unternehmens sein sollte; im Prozessrecht und nicht, wie die ältere Forschung meinte, im Papalsystem liegt denn auch sein Schwerpunkt. Doch geht es darüber hinaus um die Reform des gesamten Frankenreichs und seiner Kirche, zumal des Zusammenwirkens von *regnum* und *sacerdotium*. Während das Ganze oder Teile Ps.-Isidors seit seiner Entstehung in den verschiedenen Redaktionen häufig abgeschrieben wurden [WILLIAMS: 1635; dazu MORDEK: 1630; FUHRMANN: 1627; 1628; SCHON: 1632], bestanden gegenüber seiner inhaltlichen Rezeption offenbar gewisse Bedenken. Einzelne Ausschnitte werden zwar regelmäßig, wenn auch nicht gerade häufig zitiert, das Werk also nie vergessen; es kursiert auch in Rom, um in der Kirchenreform des 11. Jhs. zu voller Wirkung zu gelangen. Wie es scheint, arbeitete Ps.-Isidor eng mit dem Fälscher des „Constitutum Constantini" zusammen, das zumal im 12. Jh. durch Missverständnis des Wortlauts zur berüchtigten „Konstantinischen Schenkung" umgedeutet wurde [FRIED: 1507].

Kirchenrechtliche Einzelfragen
Überhaupt war die ganze Epoche vom 9. zum 11. Jh. kirchenrechtlich nicht steril. Jüngere Forschungen zu zentralen Komplexen – etwa zur Bischofserhebung [ERKENS: 1644], zum Bischofsamt [KLOFT: 1651], zu der bischöflichen Jurisdiktion, den unter Karl d. Gr. aufkommenden Visitationen und dem im ost-und westfränkischen Reich unterschiedlich ausgestalteten Sendgericht [HELLINGER: 1650; HARTMANN: 1649] oder dem Eherecht – können es verdeutlichen. Die Ehe [1654; REYNOLDS: 1655] unterliegt seit karolingischer Zeit einer entscheidenden kirchlichen Verrechtlichung, die etwa um die Jahr-

tausendwende prinzipiell abgeschlossen ist [DAUDET: 1643; GAUDEMET: 1646; BISHOP: 1642]; Scheidungsverfahren wie jenes Lothars II. [MCNAMARA/WEMPLE in: 611; GAUDEMET: 1647; KOTTJE in: 1532; TH. BAUER: 1640] oder der Hammersteinsche Ehehandel beleuchten es schlaglichtartig [zuletzt: FRIED: 553]. Die Bußbücher des 10. Jh. ahndeten den Ehebruch auch des Mannes streng [KOTTJE: 1652]. Zu nahe Verwandtschaft – oft nicht beachtet – und Taufpatenschaft wurden zum Ehehindernis [BOUCHARD: 506; LYNCH: 1653]. Parallel zur rechtlichen Entwicklung verläuft die kirchliche Ritualisierung der Trauung, die im 8. Jh. einsetzt, im 9. aber ihre entscheidende Ausgestaltung erfährt [RITZER: 1656; D'AVRAY: 1639].

Die Erforschung des Klosterwesens [HAWEL: 1676; BERNHARDT: 1357; VOGTHERR: 1702] und zumal der Klosterreform des 10. Jh. [zusammenfassend FRANK: 1670; TELLENBACH: 12, S. 96 ff.] wurde durch HALLINGER [1674] auf eine neue Grundlage gestellt, indem er monastische Lebensformen [die sog. Consuetudines; dazu: HALLINGER: 1673 und in: Corpus Consuet. Monast. VII, 1, 1984] sowie Verbrüderungs- und Memorialbücher sowie der Totenrotuli [537] als maßgebliche Quellen heranzog, die seit dem 9. Jh. in dichter Folge vorliegen und Einblicke in die geistlichen Gemeinschaften und liturgischen Verbrüderungen zwischen verschiedenen Konventen erlauben. Hallinger meinte freilich, geradezu einen militanten Gegensatz zwischen den „reichsfeindlichen" Reformen Clunys, das im Süden und Westen Europas durch eine nicht abreißende Kette von Filiationen erfolgreich wurde, und jenen der lothringischen Reformabtei Gorze [PARISSE/OEXLE: 1690], die vor allem im deutschen „regnum" reformierte und bis in die Zeit Gregors VII. alles Cluniazensertum vom deutschen Reichsgebiet abwehren konnte, aufzeigen zu können. Das Gewicht, das er den Consuetudines zumaß, schlug sich in einem groß angelegten und von ihm betreuten Editionsunternehmen nieder [Corpus Consuetudinum Monasticarum, 1963 ff.]. Nach erster, aber nicht unkritischer Zustimmung [TH. SCHIEFFER in: 1694] stieß Hallingers These auf wachsende Kritik, die sich im Kern auf eine methodisch entscheidend verbesserte Auswertung der Memorialzeugnisse berief [N. BULST: 1662; zusammenfassend: WOLLASCH: 1704; 1711; 1712; 1713; für die lothring. Reformklöster: DIERKENS: 1665]. Von prinzipiellen Gegensätzen zwischen den zahlreichen Reformzentren darf kaum gesprochen werden, auch wenn Unterschiede nicht zu leugnen sind und die cluniazensischen Consuetudines erst im späteren 11. Jh. nach Deutschland vordrangen; zahlreiche Berührungen und Übereinstimmungen sind zudem zu registrieren [vgl. R. SCHIEFFER in: DA 44, 1988, S. 161 ff.]. Die Reformbestrebungen in Italien (wie etwa durch den hl. Romuald v. Camaldoli) ließen sich ohnehin nicht in den von Hallinger entworfenen Gegensatz einpassen [1669]. HALLINGER selbst [1675; ebenso: BREDERO in: 1683] hat mittlerweile freilich die Akzente verschoben, indem er bis zum Ende des 10. Jhs. die Einheit des Mönchtums gewahrt und erst seitdem durch den in Clunys Expansion begründeten Traditionsbruch gespalten wissen will. Wiederum begleitete eine Reihe neuer oder verbesserter Nekrolog-

Klosterreformen

und Viten-Editionen die Diskussion [hier bes. wichtig Gorze: PARISSE (Hg.): 1689; DERS.: 1691; Cluny: WOLLASCH (Hg.): 1714; STAUB: 1698]. Die Auswertung dieser spröden Quellengattung stößt indessen immer wieder auf methodische Probleme [vgl. METZ: 1686; MÜSSIGBROD: 1688]. Wichtiger als die von Hallinger postulierte Konfrontation wurden bald andere Fragen; die Cluniazenser traten in ihrem politisch-sozialen Umfeld hervor [ROSENWEIN: 1663; 1696; POECK: 1693; eine zusammenfassende Würdigung und Deutung: WOLLASCH: 1705; DERS.: 1706]. So schoben sich die Beziehungen zwischen Mönchtum und Laien [TELLENBACH (Hg.): 1700; KELLER: 1679; FECHTER: 1668; POECK: 1692; ROSENWEIN: 1695] oder Bischöfen, zu denen die Cluniazenser nicht, wie oft behauptet, in Gegensatz traten [MEHNE: 1685; WINZER: 1703], in den Vordergrund. Die sozialen Leistungen, welche die Mönche durch Totengedenken, Gebetsverpflichtungen oder Armenfürsorge erbrachten, wurden in ihrem Umfang erst allmählich erkannt und gewürdigt [WOLLASCH: 544; 1708; 1710]. Die Ergebnisse belehren über die grundsätzliche Gleichartigkeit des jeweiligen monastischen Reformstrebens bei größter Mannigfaltigkeit seiner Realisierung [1681]. Mönchwerdung und Oblateninstitut (die Übergabe unmündiger Kinder an ein Kloster) haben zusammenfassende Darstellungen gefunden [LUTTERBACH: 1684; DE JONG: 1678].

Auch die Betrachtung der spirituellen Seite der Klosterreform führte zu entsprechenden Beobachtungen [1697; LECLERCQ: 1682]; Eucharistiefeier [HÄUSSLING: 1747], Stundengebet, Psalmodie [DYER: 1666], Marienverehrung [SCHREINER: 1762; SIGNORI: 1764], das Ideal der Jungfräulichkeit oder die Eschatologie [IOGNA-PRAT: 1677] sind betroffen. Vom 10. zum 11. Jh. wächst das Bedürfnis nach Kontemplation und sakramentalem Leben und drängt die Askese stärker zurück [CAPITANI und VIOLANTE in: 1713]; das Eremitentum findet seit dem frühen 11. Jh. neuerlich Anerkennung [1667]. Die Frage, ob von Cluny eine direkte Linie zum Investiturstreit führt [nein: TH. SCHIEFFER in: 1694; ja: H. HOFFMANN in: 1694; COWDREY: 1664; dazu: H. JAKOBS in: Francia 2, 1974, S. 643 ff.], ist, obwohl manches dafür spricht [VIOLANTE: 1701], nicht definitiv entschieden [vgl. TELLENBACH: 27, S. 103 f.]. Unstreitig werden seit dem späten 10. Jh. kirchenreformerische Ziele auch, freilich nicht nur von „Cluniazensern" erörtert und bewirken „gleichsam nebenher" einen Trend zur „Papalisierung" der Kirche [ANTON: 1659]. Einige Grundzüge der späteren Kirchenreform bereiten sich zweifellos im Zusammenhang mit der Klosterreform seit dem ausgehenden 10. Jh. vor [BAUER: 1660; GILCHRIST: 1671; BLUMENTHAL: 1661; SZABÓ-BECHSTEIN: 1699; LAUDAGE: 1383; dazu R. SCHIEFFER in: AKG 68, 1986, S. 479 ff.; H. JAKOBS in: HJB. 108, 1988, S. 448 ff.; MOSTERT: 1687; GOEZ: 1672]. Nicht zuletzt geht es frühzeitig auch um die Sicherung des materiellen Besitzes [HEIDRICH in: 989].

Gottesfrieden und Treuga Dei
Die grundlegende Darstellung der Entstehung und frühen Ausbreitung von Gottesfriede und *Treuga* Dei wird H. HOFFMANN [1721] verdankt; eine Gesamtdarstellung D. BARTHÉLEMY [1716]. Das Interesse an dieser Thematik ist freilich ungebrochen. Bei seltenen Quellenfunden [z. B. REYNOLDS: 1728]

stehen gegenwärtig drei Bereiche im Zentrum der Diskussion: Es wird 1) die ursprüngliche Zielsetzung der frühen Gottesfrieden erörtert. Sie seien nicht auf Abbau der Fehde, sondern auf Kirchenschutz, auf Schutz der waffenlosen Geistlichen, Mönche u. a. Waffenloser und auf Sicherstellung der Ernährung gerichtet [GOETZ: 896]; allerdings leidet diese These unter der Missachtung der Tatsache, dass zunächst die Wirkungen, dann erst die Ursachen eines Übels in den Blick treten und bekämpft werden. Es wird 2) die Einbettung der Gottesfriedensbewegung in ihre kirchliche Umwelt, in die beginnende Kirchenreform und Volksreligiosität genauer beachtet; hierzu sind Arbeiten von TÖPFER [1729], MAGNOU-NORTIER [1726], COWDREY [1718], LEMARIGNIER [1725], CALLAHAN [1717] oder HEAD [1720] zu nennen; aufschlussreich ist auch die Betrachtung einer einzelnen Diözese [AUBRUN: 1715]. Es ist 3) umstritten, wieweit die Gottesfriedensbewegung, deren rechtsformale Seite ein *pactum pacis* ist [KÖRNER: 1724], die gleichfalls auf einem Friedensbund beruhende, wenig jüngere städtische Kommunenbewegung angeregt oder wesentlich geprägt hat. Dies bejaht im Falle Mailands KELLER [1723], bestreitet aber grundsätzlich GOETZ [1719].

Die Jenseitsvorstellungen bleiben – eingebunden in die Religiosität [ANGENENDT: 3] – ebenso wenig konstant wie Heiligenkulte; sie unterliegen in unserer Epoche lebhaftem Wandel [ANGENENDT in: 321; 1; 1759; LEGNER: 1751], der auf das gesamte religiöse Leben zurückwirkt. Zumal Reliquientranslationen (auch Reliquien-Diebstahl und -Raub) machen ihn sichtbar [GEARY: 1745]. Sie lassen sich jedenfalls kommunikationstheoretisch deuten und auswerten [RÖCKELEIN: 1758]. Akzente und Schwerpunkte verlagern sich. Erst unlängst wurde die Aufmerksamkeit auf die vielfältig wiederholten und gezählten Akte der Frömmigkeit gelenkt, die für die hier fragliche Epoche charakteristisch waren [ANGENENDT u. a.: 1734]. Im 9. und im 10. Jh. gewinnen denn auch zahlreiche liturgische Gebräuche und Riten jene Gestalt, die sie in den folgenden Jh. bewahren werden [1763]. Das gilt etwa für die Sakramentare [M. METZGER: 1754], die Pontifikalien, die Synodalordines [KLÖCKENER: 1749], die Königskrönungsordines oder die Ausstattung der Missalia, in denen etwa der Bildschmuck des *Te igitur* und das „Kanonbild" Eingang finden; eine neue Zuwendung zu Christi Passion und der Verehrung des Kreuzes äußern sich hier [CHAZELLE: 1737; DAHLHAUS: 1740]. So wundert es nicht, dass die Liturgiewissenschaft sich intensiv der hier fraglichen Epoche zuwenden muss [ANGENENDT: 1733; 1742]. Eine kompetente Einführung in die Quellen der Liturgiegeschichte wird C. VOGEL [1767] verdankt, der übrigens auch eine knappe Geschichte des mittelalterlichen Bußwesens vorgelegt hat [1768; zu den Quellen 1623; KOTTJE: 1608; DERS.: 1610]; die Beurteilung der Bußbücher ist freilich umstritten [KERFF: 1748; dagegen HEHL in: DA 43, 1987, S. 614]. Der Zusammenhang zwischen Bußwesen und dem Aufkommen der Privatmessen wurde nachgewiesen [unklar, seit wann: Ende 10. Jh.: NUSSBAUM: 1755; seit 8. Jh.: ANGENENDT: 1732]. Über die Sakramentarien-Forschung informiert DESHUSSES [1741]. Ausgehend

Religiosität und Liturgie

vom Taufritus wird die „Gotteskindschaft" erforscht [LUTTERBACH: 1752]. Ein „Corpus Troporum" – eine liturgische Textgattung, deren Höhepunkt gerade in die hier fragliche Zeit fällt – erscheint seit 1975 [zur Forschung vgl. SILAGI (Hg.): 1765]. Parallel zu diesen Entwicklungen im liturgischen Bereich vollzieht sich ein allmählicher Wandel auch des Idealtypus des vorbildlichen Geistlichen und Bischofs [ERKENS: 1644]. Gleicht er im 9. und 10. Jh. dem Mönch, so erfährt vor allem seit dem früheren 11. Jh. das Kanonikerwesen neuen Aufschwung [1766]. Der Weltgeistliche tritt gleichberechtigt neben den Mönch, seine priesterlich-sakramentalen Aufgaben und das Messopfer rücken nun in den Vordergrund [BROWE: 1736]; Folgen für die Kirchenreform liegen auf der Hand. Ihr Kampf gegen Laieninvestitur und Nikolaitismus schützt gerade die eigene sakrale Sphäre des Priestertums. Der Psalter behält im Zusammenhang mit den wiederholten Klosterreformen seine hohe Bedeutung; seit dem 9. Jh. entstehen allenthalben mit kostbarem Bildschmuck versehene Prunkpsalterien [EGGENBERGER: 1743]. Die Erforschung der Predigten der karolingischen oder folgenden Epoche schreitet nach gewisser Stagnation wieder voran; eine neuere Übersicht fehlt allerdings. Doch dürften die beiden Bücher von BARRÉ [1735] und GRÉGOIRE [1746] als Meilensteine der Forschung gelten. Sie verzeichneten Handschriften, klärten Echtheits- und Zuschreibungsfragen und verwiesen insgesamt auf die hohe Bedeutung der Karolingerzeit (in England der Zeit um die Jahrtausendwende) für die Ausbildung der mittelalterlichen Homiliare [als Beispiel: CROSS: 1738]. Neuere Arbeiten knüpfen daran an [AMOS: 1731]. Auch zeigte sich, wie eng die erhaltenen Sammlungen in den monastischen Kontext eingebunden waren; sie dienten regelmäßig dem nächtlichen Offizium, auch der Lektüre und Andacht und allenfalls in sekundärer Verwendung zur Katechese der Gemeinde. Man unterscheidet deshalb streng zwischen katechetischem *sermo* und exegetischer *homilia* [GATCH: 1753].

Eschatologie   Chiliasmus und Apokalyptik melden sich in der hier behandelten Epoche vernehmbar zu Wort. Die zahlreichen Hinweise und Schriften, die damals – durchaus in Anlehnung an den in dieser Hinsicht bis in die jüngste Zeit von der Forschung vernachlässigten und unterschätzten byzantinischen Osten [BRANDES: 1773; DERS.: 1774; MAGDALINO: 1790; ŠEVČENKO: 1798; FRIED: 1782] – im lateinischen Westen entstehen, die Kommentare zur Apokalypse und zum 2. Thessalonikerbrief aus der Feder des Ambrosius Autbertus, des Haimo (oder Remigius?) von Auxerre [QUADRI: 1793], wohl nicht des Berengaudus (der ins 11./12. Jh. gehören dürfte), des Adso von Montier-en-Der (†992) Schrift *De ortu et tempore Antichristi* (949/54) samt ihrer Überarbeitung durch Albuin [VERHELST (Hg.): 1770; dazu BEZZOLA: 1772; KONRAD: 1787; RANGHERI: 1794] finden rasch Verbreitung und prägen die gesamte spätere Eschatologie [RAUH: 1795; zu weiteren Texten: BISCHOFF: 130]. Illustrierte Handschriften verdeutlichen die Vorstellungswelten des Mittelalters [BRENK: 1775; CHRISTE: 1777]. Die Vorstellung vom Endkaiser, die das gesamte Mittelalter über virulent blieb, untersuchte grundlegend H. MÖRING

[1791]. Die wegen ihrer reichen Illustrationen berühmten Handschriften mit dem Apokalypsekommentar des Beatus von Liebana (†798/99) aktualisieren das Thema [1769; KLEIN: 1785], und nicht zuletzt spiegelt die berühmte „Bamberger Apokalypse", ein Werk der Reichenauer Schule um die Jahrtausendwende, die apokalyptische Grundstimmung der Zeit [dagegen KLEIN: 1786; 1776]. Dichter und Seelsorger warnen – so dicht bezeugt wie wenige andere geistige Phänomene der Epoche – vor dem nahenden Antichristen, der religiöse „Aufbruch" des 10. Jh. dürfte damit zusammenhängen, wenn anders dieser „Aufbruch" keine bloße Leerformel sein soll; doch darf die „Angst vor dem Jahre 1000" auch nicht in falscher Weise dramatisiert werden [vgl. zusammenfassend FRIED: 1781, 1802; 1779]. S. GOUGUENHEIM indessen [1784] bestreitet in dezidiert neopositivistischem Ansatz jegliche Naherwartung um das Jahr 1000 [dagegen: FRIED: 1783; LANDES: 1788]. Die anscheinend geplante Elevation Karls des Großen durch Otto III. und seine geistlichen Berater Notker von Lüttich, Bernward von Hildesheim und Heribert von Köln dürfte in diesen eschatologischen Kontext gehören [GÖRICH in: 1425; FRIED: 113], so wie erste, noch lokale Judenverfolgungen (s. o.). Selbst am Fatimidenhof in Kairo, im Umkreis des rätselhaften Kalifen al-Hakim, kursieren um die Jahrtausendwende chiliastische Vorstellungen, die bis ins Abendland ausstrahlen [VAN ESS: 1780]. Mit derartigen Endzeiterwartungen dürften auch die damals wieder einsetzenden Pilgerfahrten nach Jerusalem zusammenhängen [SCHALLER: 1797; FRIED: 1782; MORRIS: 1792]. Auch die große Wallfahrt nach Santiago di Compostella sowie die „marianischen Wallfahrten" entstehen im 10. Jh. und dürften aus ihrem eschatologischen Kontext zu deuten sein [SANTIAGO: 1760; MELCZER: 1757; SIGNORI: 1764; WEBB: 1801].

Zwei Problemkreise beherrschen die Diskussion um die Anfänge mittelalterlicher Häresie: 1) ihre religions- und ideengeschichtliche Ableitung und 2) ihre sozialhistorische Einordnung [MOORE: 1810]. Ein Überleben des spätantiken Manichäertums ist trotz des im Mittelalter oft verwandten Manichäernamens und trotz dualistischer Lehren unter den späteren Katharern kaum anzunehmen; doch wird ein Zusammenhang bald mit den kleinasiatischen Paulikianern, bald mit den Bogomilen des Balkangebietes vermutet [LAMBERT: 1807], ohne dass eindeutige Nachweise möglich wären. MORGHEN [1812] oder MANSELLI [1809] bestreiten sie denn auch grundsätzlich und sehen im frühen Ketzertum ein Anzeichen jener geistigen Krise der lateinischen Christenheit, die in Kirchenreform und Investiturstreit mündet. Eschatologische Momente scheinen wirksam gewesen zu sein [LANDES: 1808]. Armutsideal [VIOLANTE: 1814] und Forderung nach Ehelosigkeit [TAVIANI: 1813] sind genauer untersucht. Der Einfluss der neuen Bildungsverhältnisse auf häretische Gruppen ist gewiss nicht zu leugnen [BAUTIER: 1803; FICHTENAU: 1806; MOORE: 1811]. Der Marxist E. WERNER [zuletzt: 1815] meinte, schon im frühen 11. Jh. einen gnostisch-spiritualistischen Grundzug der Ketzerbewegungen zu erkennen, der, individualistisch und intellektuell wie er gewesen sei, im Widerspruch zu den feudalen Normen in Kirche und

Ketzer

Adel eine besondere Strahlkraft auf Städte und Dörfer, auf untere soziale Schichten, ausgeübt habe.

9. S\CHULEN UND BILDUNG

Rahmenbe-
dingungen

Stärkste Anregungen auf die internationale Mittelalterforschung gehen von der sog. Geistesgeschichte aus. Sie beschränkt sich nicht auf ihre traditionellen Themen, Autoren, Werke [BRUNHÖLZL: 1817], schulische Einrichtungen, die alle weiterhin hohe Aufmerksamkeit genießen [z. B. BLUMENTHAL (Hg.): 1816]; sie achtet nun vornehmlich auf die sozialhistorischen und wissenssoziologischen Rahmenbedingungen, in denen Autoren, Werke und Institutionen eingefügt sind. Den Wechselwirkungen zwischen geistiger Leistung und gesellschaftlichem Bedarf an ihr [GODMAN: 1823; COLISH: 1819], der Werkverbreitung und Rezeption, den Überlieferungszusammenhängen und -konstellationen [REYNOLDS: 1878], dem Publikum und Mäzenatentum, dem „Literaturbetrieb" [KARTSCHOKE: 1827] gilt das Interesse, auch den Deutungsschemata und Wahrnehmungsmustern [IRVINE: 1826]. Die Königs-, Fürsten- und Papsthöfe erweisen sich schon im früheren Mittelalter als herausragende Zentren der Wissensvermittlung und der Wissenschaften [MCKITTERICK: 1818; FRIED: 1821]; Klöster wie beispielsweise Corbie, Fulda oder Sankt Gallen sind es spätestens und zumal seit Karl dem Großen und Ludwig dem Frommen [GANZ: 1842; 1822 oder 1828]; nur zögerlich nehmen sie sich freilich des Unterrichts externer Schüler an [HILDEBRANDT: 1864]. Im 10. Jh. ragte eine Schule wie Einsiedeln heraus [TISCHLER: 1887]. Die frühzeitige wissenschaftliche Dominanz des Westens – durchaus in der Tradition Karls des Großen [1830] – verdeutlicht die Schule von Auxerre im 9. und frühen 10. Jh. [1855], nicht anders denn die Gelehrsamkeit eines Florus von Lyon [ZECHIEL-ECKES: 1890], Johannes Scotus Eriugena oder Hinkmar von Reims. Die neuen Forschungsansätze fordern zu einer verstärkten interdisziplinären Zusammenarbeit zwischen den Spezialdisziplinen der Geschichtswissenschaft, der allgemeinen, der Rechts-, Religions-, Liturgie-, Kunst-, Philosophie- oder Literaturgeschichte heraus. Dies im Einzelnen zu zeigen, überstiege den hier gesetzten Rahmen; wir müssen uns auf weniges beschränken.

Handschriften-
forschung

Eine knappe, lesenswerte Darstellung zur geistigen Lage der gesamten Epoche bietet WOLFF [1853]. Die Frage, welche Werke wann und wo bekannt sind, lässt sich – von Ausnahmen abgesehen [z. B. Augustins *De civitate Dei*: STOCLET: 1852; 1847; italienische Handschriften außerhalb Italiens: BISCHOFF: 1832] – noch kaum umfassend beantworten. Ergiebig sind hier Bibliothekskataloge, rekonstruierbare Bibliotheksbestände und die Produkte einzelner Skriptorien [als Beispiele: BISCHOFF/HOFMANN: 1837; EDER: 1841; DANIEL: 1840; GARAND: 1843; BISCHOFF: 1833; GANZ: 1842; HOFFMANN: 1846; vgl. weiterhin oben S. 123]. Die Erforschung der Tironischen Noten, einer Kurzschrift, ist wieder in Fluss geraten [HELLMANN: 1844]; ebenso die Erforschung graphischer Symbole auf Urkunden [RÜCK: 1850]. Bemerkenswert ist der Versuch OGILVYS [1849], die bei den Angelsachsen bekannten Bücher zusammenzustellen. Griechische Autoren sind nur über lateinische Übersetzungen zugänglich; doch fehlen entsprechende Sprachkenntnisse nicht [LEYSER: 1848; BERSCHIN: 1831]. Der Bucheinband im früheren Mittelalter, ein Objekt repräsentativer und damit politischer Konnotation, wurde Gegenstand einer Spezialstudie [SCHÄFER: 1851].

Der neuerliche Aufschwung der Schulen im 10. Jh. ist unverkennbar [1883]; er steht in engem Zusammenhang mit der Stabilisierung der politischen Lage. Einen Überblick bietet RICHÉ, der in einer Reihe von Einzelstudien und auch zusammenfassend das gesamte Bildungswesen der Zeit behandelt [1880; 1881]; doch bleibt das monumentale Werk von LESNE [1869] als Ganzes noch unersetzt. Die Bedeutung der christlichen Bildung ist nicht zu übersehen [PAUL: 1877]. CONTRENI [1859] gewährt Einblicke in den Unterrichtsbetrieb einer Domschule des 9. Jhs., GUERREAU-JALABERT [1854] solche in den Grammatikunterricht des 10. Jhs.; Dichten – auf Latein – war Schulfach [STOTZ: 1884; zur Hymnendichtung: SZÖVÉRFFY: 1885; 1886; Einzelstudien z. B.: Fs. W. BULST: 1867]. Die leidige Frage nach dem Verfasser des anonymen *Waltharius* füllt ganze Bibliotheken [zuletzt, wenig überzeugend: MORGAN: 1875]. Hagiographische Schriften dürften typisch für den Umkreis der Klosterschulen unserer Epoche sein [KLÜPPEL: 1866]. Die Bedeutung der Kathedralschulen für das ottonische Königtum wird von FLECKENSTEIN erörtert [1368]. LUTZ [1871] behandelt herausragende Lehrer des 10. Jhs. MAC KINNEY [1872] unterstreicht Fulberts von Chartres Bedeutung. JAEGER [1865] möchte die Domschulen seit der Mitte des 10. Jhs. geradezu verantwortlich machen für das Aufkommen des hochmittelalterlichen Humanismus. Der Kanon der sieben Artes ist durch die Rezeption der „Hochzeit des Merkur" aus der Feder des Martianus Capella für das gesamte frühere Mittelalter verbindlich geworden [LEONARDI: 1868; DE RIJK: 1882]; so gilt denn auch diesem Autor und der Verbreitung seines Werkes im Mittelalter immer wieder die Aufmerksamkeit der Forschung [zur ersten Übersicht: WAGNER (Hg.): 1889; BACKES: 1856]. Einflussreich wurde etwa der Kommentar des Remigius von Auxerre [LUTZ (Hg.): 1879]. Den „Innovationen im Quadrivium des 10. und 11. Jhs." widmet BERGMANN eine Monographie [1857], während LINDGREN [1870] Gerberts spezielle Rolle für die fraglichen Wissensgebiete hervorhebt; die Gestalt dieses genialen Mannes, den Otto III. schließlich zum Papst macht, fasziniert ohnehin stets neu [OLDONI: 1876; GERBERTO: 1863]. Dem Aufschwung der Mathematik in der fraglichen Zeit entspricht das historische Interesse an ihr [FOLKERTS: 1862; 1861; TROPFKE: 1888; MASI: 1873; zur ersten Einführung: BORST: 1858, S. 9 ff.].

Größte intellektuelle Herausforderung, der sich die Zeitgenossen immer wieder aufs Neue stellten, bedeutete der Computus [s. o. S. 111; eine nützliche Einführung: von den BRINCKEN: 1897], die Notwendigkeit, durch korrekte

Computus

Kalenderberechnung den beweglichen Ostertermin sicher zu bestimmen. Hatte sich die ältere Forschung vor allem um Sammlung und Sichtung der komputistischen Werke bemüht [KRUSCH: 1901; CORDOLIANI: 1899; BORST: 1896], so wird neuerdings Licht auf die kritisch forschende Haltung der Komputisten des 10. Jhs. gelenkt. Beda Venerabilis hatte nämlich Fehler in der allgemein zugrunde gelegten Zyklenberechnung des Dionysius Exiguus entdeckt, aber die Autorität des Heiligen nicht anzutasten gewagt und deshalb die ganze Frage unerledigt auf sich beruhen lassen. Auch die Karolingerzeit, die unter den Nachfolgern Karls d. Gr. die heute übliche Jahreszählung „nach Christi Geburt" übernahm, sah jene Fehler, rührte aber nicht an das heikle Problem [vgl. JONES: 1900]. Erst Abbo von Fleury griff den wissenschaftlichen Trauerfall (*lugubratiunculum*) da auf, wo Beda ihn hatte fallen lassen [CORDOLIANI: 1898], kritisierte und korrigierte und wahrte gleichwohl das Maß: Mochten die Väter in der Komputistik auch irren, sie blieben doch katholisch [CORDOLIANI: 1898, S. 478; ENGELEN: 1907]. Die Kalenderberechnung, ihre theoretischen und astronomischen Grundlagen gehörten seitdem, dies ist erst in jüngster Zeit am Beispiel Hermanns d. Lahmen erkannt und dargelegt worden [BORST: 1895; 1896; 69; 71; BERGMANN: 1892], bis weit in die Neuzeit hinein zu jenen wenigen Forschungsgebieten, an denen Erkenntnisfortschritt geradezu gemessen werden konnte [WIESENBACH: 1902]. Das Experiment, d. h. die kontrollierte Beobachtung von Phänomenen mit technischen Hilfsmitteln, das einmal die europäische Wissenschaft beherrschen wird, beginnt seinen Siegeszug in der Komputistik seit etwa der Jahrtausendwende [BORST: 1894]. Hieraus erklärt sich auch das hohe Interesse der Wissenschaftsgeschichte an der Einführung und alsbaldigen Verbesserung des Astrolabs [BORST: 1893].

Erneuerung philoso- Auch philosophisches Denken beginnt sich, nach langen Jahrhunderten der
phischen Denkens Abstinenz, in karolingischer Zeit abermals zu regen [ARMSTRONG (Hg.): 1903; STURLESE: 1924]. Die modernen Forschungen konzentrieren sich auf Gestalten, Schulen und Probleme, während der Verbreitungsprozess der fraglichen Texte weniger beachtet wird [zum antiken Erbe: JEAUNEAU: 1910]. W. CHR. SCHNEIDER [1920] erprobt die Deutungskategorie des „Denkstils" (L. Fleck) für Dialektik und Kunstschaffen um die Jahrtausendwende am Beispiel Bernwards von Hildesheim und der Disputation von Ravenna im Jahr 980, deren einer Teilnehmer, Gerbert von Aurillac, gleichfalls Erzieher und Berater Ottos III. war, und registriert drei unterschiedliche, auch einander entgegengerichtete „Formdiskurse", drei „Modi von Ordnung und Wahrnehmung". Die charakteristische Literaturform, in der sich das philosophische und überhaupt das wissenschaftliche Denken der Zeit [mit Einschluss erster Anfänge von politischer Theoriebildung: PRODI: 1918; CANNING: 1905; TÖPFER: 1925] niederschlägt, ist die Glosse, die „Randbemerkung" zu den autoritativen Texten [JEAUNEAU in: 1931]. Viel gelesen (und glossiert) wird in der hier fraglichen Epoche das Werk *De consolatione Philosophiae* des Boethius; sein Einfluss auf das frühere Mittelalter ist kaum zu überschätzen, aber

noch längst nicht befriedigend untersucht [vgl. COURCELLE: 1906; GIBSON (Hg.): 1908; KAYLOR: 1912]; König Alfreds angelsächsische Übersetzung [OTTEN: 1916; PAYNE: 1917] lässt ebenso spezifische Schwierigkeiten im Verstehen erkennen wie jene althochdeutsche durch Notker [SCHRÖBLER: 1923]. Boethius' Übersetzung der aristotelischen „Kategorien" verbreitet sich erst seit dem 10. Jh.; die anderthalb vorausgehenden Jahrhunderte bedienen sich einer älteren, anonymen Fassung, die Alkuin am Hofe Karls d. Gr. eingeführt hatte, und die seitdem das philosophische Denken der Karolinger- und Ottonenzeit beherrscht [MARENBON: 1913; 1914]. Die reiche Glossierung dieser aristotelischen Texte (der später sog. „logica vetus") verdeutlicht die Auseinandersetzung des vor- und frühscholastischen Mittelalters mit Dialektik und Logik [BURNETT: 1904]. Vor allem Johannes Scotus Eriugena zieht die Aufmerksamkeit auf sich [1909; 1915]; seine Wirkung im 9. Jh. und später – etwa über die von ihm zwar nicht verfasste, aber doch abhängige sog. „Schulglosse" – wird aufmerksam verfolgt [JEAUNEAU: 1911; SCHRIMPF: 1921; 1922; RICHÉ: 1919].

Auf theologiegeschichtlicher Seite stehen gleichfalls herausragende Ereignisse und Personen im Mittelpunkt der Forschung [Überblick: PELIKAN: 1937]; die Literaturformen sind vielfältig [1931]. Als politische Theologie können die karolingerzeitlichen Fürstenspiegel eingestuft werden [ANTON: 1926; 1927]; der bekannteste, des JONAS VON ORLÉANS „De institutione regia" [1934], wurde neu ediert und vor allem kommentiert. Das umfangreiche Werk eines Hrabanus Maurus hat stets viel Beachtung gefunden [HEYSE: 1932; RISSEL: 1939; KOTTJE/ZIMMERMANN (Hg.): 1935; REUTER: 1938]. Gottschalks „d. Sachsen" Schrift über die Prädestination, die sehr spät in der einzigen erhaltenen Handschrift entdeckt und ediert wurde [LAMBOT (Hg.): 1936], stellte die Beschäftigung mit diesem eigenwilligen Denker und Dichter auf eine neue Grundlage [VIELHABER: 1940] und regte zu weiteren Studien über den Prädestinationsstreit an [JOLIVET: 1933; SCHRIMPF in: 21, Bd. 2]. Der gleichzeitig ausgefochtene Abendmahlstreit zwischen Paschasius Radbertus (dem vermutlichen Ps.-Isidor-Aktivisten) und Ratramnus von Corbie [BOUHOT: 1930] wirkt befruchtend auf jenen des 11. Jh., in dessen Mittelpunkt Berengar von Tours steht; ihm entzieht sich auch die moderne Forschung nicht.

Frühe Theologie

Im Bereich der Kunst zeigen sich mannigfache Neuansätze, die hier nur Beachtung finden können, soweit sie für die Geschichstforschung von unmittelbarer Bedeutung sind [BELTING: 1941; 1942; BRAUNFELS: 1947; eine Gesamtdarstellung: LASKO: 1958; wertvolle ikonographische Hilfsmittel stehen zur Verfügung: GARNIER: 82; LADNER: 87.] Auch für die Kunst gehen wichtige Impulse von vollfaksimilierten Handschriften [z. B. Evangeliar Ottos III. (clm 4453), 1977/78; Bamberger Apokalypse (Bamberg, Staatsbibliothek Bibl. 140), 1958; Codex Aureus Epternacensis (Germ.Nat.Museum Nürnberg), 1956; Codex Caesareus Upsalensis, 1971; Codex Aureus Escorialensis 1999] sowie von Ausstellungen aus [u. a. FILLITZ u. a.: 1949; BRANDT:

Kunst

1946]. Die Buchmalerei blüht zunächst im karolingischen Westen auf [KÖHLER/MÜTHERICH: 1954; MÜTHERICH/GAEHDE: 1961; MÜTHERICH in: 1681], um dann nach einer Phase der Reduktion in den Jahrzehnten um 900 während der ottonischen Epoche [MAYR-HARTING: 1959] – wie es scheint – zunächst in England und im Osten früher und intensiver wieder zu erstehen als im Westen des einstigen Karlsreiches und in Italien [als Beispiele: BLOCH/SCHNITZLER: 1945; TEMPLE: 1968; wieder: 1971; MÜTHERICH und KÖDER in: 1962]. Ein herausragender Förderer war – neben dem Königtum – beispielsweise der Erzbischof Egbert von Trier; er verstand wie wenige andere die „Kunst der Repräsentation", für die Goldschmiedearbeiten ebenso eingesetzt wurden wie Buch- und Wandmalerei [RONIG: 1963; WESTERMANN-ANGERHAUSEN: 1970]. Die italienischen „Exultet"-Rollen wecken nach wie vor Interesse [1948]. Auf die Bedeutung der Symmetrie in den Bildschöpfungen und auf performative Dimensionen gerade auch der früh- und hochmittelalterlichen Buchmalerei macht W. CHR. SCHNEIDER aufmerksam [1964; 1965]. Die kostbaren karolingischen Steinschnitte fanden eine grundlegende Darstellung [KORNBLUTH: 1955]. Umstritten war, seit wann die abendländische Großplastik einsetzt, ob erst in ottonischer Zeit [WESENBERG: 1969] oder schon unter den Karolingern [BEUTLER: 1943; 1944; MILOJČIČ (Hg.): 1960]. Gewiss ist, dass in unserer Epoche neue Figuren und Bildtypen entstehen: Großkreuze, Marienstatuen (*sedes sapientiae*) [FORSYTH: 1950], das Tafelbild [HAGER: 1952]. Schmuckstücke lassen Kulturkontakte erkennen [als Beispiel: SCHULZE-DÖRRLAMM: 1966]; ihre neuerdings in Angriff genommene Datierung mit archäologischen Methoden könnte zu erheblichen zeitlichen Verschiebungen in der bisherigen Chronologie der ottonischen Goldschmiedekunst und insgesamt zu deren präziseren Einordnung führen [wegweisend: SCHULZE-DÖRRLAMM: 1967]. Auch Überlieferungsensembles treten in den Blick [GERCHOW: 1951]. Zur Wandmalerei der Epoche ist auf die grundlegende, durch umfangreiche Restaurierungsarbeiten möglich gewordene Untersuchung von D. JAKOBS [1953] zu St. Georg, Oberzell auf der Insel Reichenau zu verweisen.

Geschichtsschreibung

Die letzten Bemerkungen gelten den Geschichtsschreibern der Epoche; sie spiegeln, wie LEYSER [209] in einer anregenden Studie zeigte, den „Aufstieg Latein-Europas". Gerade ihnen gegenüber zeigt sich zudem die verstärkt sozialhistorische, wissenssoziologische oder diskursanalytische Ausrichtung der gegenwärtigen Forschung besonders deutlich; der „linguistic turn" hat auch in der Geschichtsforschung seine Spuren hinterlassen. Bildungshorizont, Publikum, Tendenz und Ziele der Zeitgenossen von einst treten hervor, die Situativität der historiographischen Produkte verlangt gebieterisch nach Berücksichtigung bei ihrer Interpretation. Da sie indessen weithin auf die Erinnerungen von Zeitzeugen zurückführen, bedürfen sie noch vor aller Diskurs- oder erzähltechnischen Analyse gedächtniskritischer Untersuchung; eine solche steht freilich erst am Anfang [FRIED: 113]. Das Wissen um die Gegenwartsgebundenheit auch der mittelalterlichen Geschichtsschreiber lässt zunehmend deren sich gewöhnlich rhetorischer Schulung verdankenden

Wahrnehmungs-, Deutungs- und Darstellungskategorien, ihre sprachlichen Symbolwelten und deren Semantik, in den Blick treten [zur Einführung: OEXLE: 1994; LAUDAGE: 1988; FRIED: 111; JUSSEN: 514]. Die Frage nach der Faktizität und Fiktionalität des Dargestellten tritt in den Vordergrund. Gleichwohl darf die Geschichtswissenschaft wie jeder Mensch grundsätzlich auf die Leistungskraft symbolischer Repräsentation äußerer Wirklichkeit durch die Sprache (als dem wichtigsten Überlieferungträger) und ihre Sprecher oder durch analoge Symbolsysteme vertrauen. Der intentionale Sprachgebrauch ist eine genetisch bedingte, gedächtnisinduzierte Fähigkeit, geht damit jeder Textualität voraus und weist stets über den bloßen Text hinaus, auch wenn Historiker diese Sachverhalte nicht ungern verdrängen. Dies sei hier wenigstens erwähnt, wenn davon an dieser Stelle auch nicht zu handeln ist. Neben und im Verbund mit der theoretischen Reflexion schreitet die Sachforschung zu literarischen Epochen und zu einzelnen Autoren fort. Wiederum müssen wenige Hinweise genügen. Eine Gesamtbetrachtung für die Epoche fehlt. Die Biographik erfuhr damals einen bemerkenswerten und nachhaltigen Aufschwung [BERSCHIN: 232; HAGENEIER: 1979]. Doch verlangt die sog. „Vita Walae", das „Epitaphium Arsenii" des Paschasius Radbertus, eine neue Deutung, seitdem bekannt ist, dass Radbert selbst Ps.-Isidor oder doch sein wichtigster Helfer war [zusammenfassend FRIED: 1507]. Der streitbare Hinkmar von Reims, der auch als Theologe [KOTTJE in: 1448] und Kanonist hervortrat [vgl. SCHMITZ: 1997; HINKMAR: 1981; SCHMITZ: 1620; FUHRMANN in: 1448; FRANSEN: 1975], fand eine als umfassend geplante, wenn auch nicht unumstrittene monographische Behandlung [DEVISSE: 1973; dazu R. SCHIEFFER in: HZ 229, 1979, S. 85 ff.; ergänzend: STRATMANN: 1622]. Seine annalistische Arbeitsweise [MEYER-GEBEL: 1993] wie sein Geschichtsverständnis als Ganzes [WALLACE-HADRILL: 1999] sind Gegenstand von Spezialstudien; seine Schrift über die Palastordnung wurde neu ediert [GROSS/ SCHIEFFER (Hg.): 1980] und die Auseinandersetzung mit seinem gleichnamigen Neffen, dem Bischof von Laon, eigens untersucht [McKEON: 1992; die einschlägigen Streitschriften neu ediert: SCHIEFFER: 1982]. Auch die spätere Reimser Historiographie trifft auf ein erhebliches Forschungsinteresse [Flodoard: JACOBSEN: 1984; Richer: GIESE: 1977; KORTÜM: 1986; Flodoards Geschichte des Reimser Erzbistums und Richers Historien wurden vorbildlich herausgegeben und kommentiert, ebenso die Annales Quedlinburgenses: STRATMANN: 1974; HOFFMANN 1845; GIESE: 1424; zur Analyse Olaf SCHNEIDER, „Von Reims nach Trier. Über die Rezeption und Transformation von Erinnerungsbildern", Diss. masch., Frankfurt am Main 2005]. Der eigenwillige Italiener Atto von Vercelli stellt noch immer eine Herausforderung dar [BAUER: 1660; WEMPLE: 2000; WILLHAUCK: 2001]. Die ottonische Geschichtsschreibung setzt – von Liudprands „Vorspiel" abgesehen [LEYSER: 1990; in: 1839; umstritten RENTSCHLER: 1995; neue Edition: P. CHIESA, CCCM 156, 1998] – erst nach Ottos I. Kaiserkrönung ein [KARPF: 1985]. Zu nennen ist etwa Widukind von Corvey, dessen „Sachsengeschichte" eine weniger komplizierte Entstehung aufweisen dürfte, als Beumann seinerzeit meinte [vgl. BEUMANN zuletzt: in 1441, 324–340; ältere Zirkelschlüsse in der Beurteilung der Handschriften revidierend: FRIED: 1976 (Entstehung des Werkes 972/73); dagegen, ein ursprünglich geplantes viertes Buch vermutend, doch von überholten Postulaten und ungesicherten Prämissen, von unnötigen Hypothesen belastet und irrig Widukinds *fama* als „mündliche Tradition" statt als „irriges Gerücht" deutend: LAUDAGE: 1989], Thietmar von Merseburg [LIPPELT: 1991] oder Ademar von Chabannes [LANDES: 1987; H. SCHNEIDER in: 131, Bd. 2]. Die Chronik des Thietmar von Merseburg wurde einer eindringlichen, methodisch neue Wege beschreitenden konstitutionslogischen Analyse unterworfen [SCHULMEYER-AHL: 1998].

III. Quellen und Literatur

Zu Quellenkunden siehe H. JAKOBS, Kirchenreform und Hochmittelalter 1046–1215, München ⁴1999 (= Oldenbourg Grundriss der Geschichte, Bd. 7); T. NAGEL, Die islamische Welt bis 1500, München 1998 (= Oldenbourg Grundriss der Geschichte, Bd. 24); R. SCHNEIDER, Das Frankenreich, München ⁴2001 (= Oldenbourg Grundriss der Geschichte, Bd. 5); P. SCHREINER, Byzanz, München ³2007 (= Oldenbourg Grundriss der Geschichte, Bd. 21).

Abgeschlossen liegt vor: Lexikon des Mittelalters, 9 Bde., München/Zürich 1977–1998. Auf einzelne Artikel wird nur gelegentlich verwiesen.

Neue Quelleneditionen können im Folgenden nur vereinzelt genannt werden; vgl. dazu die laufenden Übersichten in DA.

Höchst hilfreich ist eine Sammlung knapper Monographien zu einzelnen Quellengattungen: Typologie des sources du Moyen Age occidental, Turnhout 1972 ff.

ALLGEMEINE LITERATUR

1. A. ANGENENDT, Heilige und Reliquien. Die Geschichte ihres Kultes vom frühen Christentum bis zur Gegenwart, München 1994.
2. DERS., Das Frühmittelalter. Die abendländische Christenheit von 400 bis 900, Stuttgart/Berlin/Köln ³2001.
3. DERS., Geschichte der Religiosität im Mittelalter, Darmstadt ³2006.
4. DERS., Grundformen der Frömmigkeit im Mittelalter, München 2004.
5. M. BORGOLTE, Die mittelalterliche Kirche, München 1992.
6. DERS., Christen, Juden und Muselmanen. Die Erben der Antike und der Aufstieg des Abendlandes 300 bis 1400 n. Chr., München 2006.
7. C. M. CIPOLLA (Hg.), Europäische Wirtschaftsgeschichte. The Fontana Economic History of Europe, dt. Ausg. hg. K. BORCHARDT, Bd. 1: Mittelalter, Stuttgart/New York 1978.
8. K. BRUNNER, Österreichische Geschichte 907–1156: Herzogtümer und Marken. Vom Ungarnsturm bis ins 12. Jh., Wien 1994.
9. The New Cambridge Medieval History, Bd. 2: 700–c.900, hg. R. MCKITTERICK, Cambridge 1995; Bd. 3: c.900–1024, hg. T. REUTER, 2000; Bd. 4,1/2: c.1024–1198, hg. D. LUSCOMBE, J. RILEY-SMITH, 2004.

10. C. H. Dawson, The Making of Europe. An Introduction to the History of European Unity, London 1932. Dt.: Die Gestaltung des Abendlandes. Eine Einführung in die Geschichte der abendländischen Einheit, Neuaufl. Frankfurt/Hamburg 1961.
11. J. Ehlers, Das westliche Europa, Berlin 2004.
12. J. Fried, Der Weg in die Geschichte. Die Ursprünge Deutschlands bis 1024, Berlin 1994 (TB Berlin 1998).
13. Die Geschichte des Christentums. Religion – Politik – Kultur, Bd. 4: Bischöfe, Mönche und Kaiser (642–1054), hg. G. Dagron, P. Riché, A. Vauchez, dt. Ausgabe E. Boshof, Freiburg 1994.
14. H.-W. Goetz, Europa im frühen Mittelalter 500–1050, Stuttgart 2003.
15. Handbuch der europäischen Geschichte, hg. T. Schieder, Bd. 1: Europa im Wandel von der Antike zum Mittelalter, hg. T. Schieffer, Stuttgart 1976.
16. A. Hauck, Kirchengeschichte Deutschlands, 5 Bde., Berlin 1954.
17. K. Herbers, Geschichte Spaniens im Mittelalter. Vom Westgotenreich bis zum Ende des 15. Jh., Stuttgart 2006.
18. E. Hlawitschka, Vom Frankenreich zur Formierung der europäischen Völkergemeinschaft 840–1046. Ein Studienbuch zur Zeit der späten Karolinger, der Ottonen und der frühen Salier in der Geschichte Mitteleuropas, Darmstadt 1986.
19. J. A. van Houtte (Hg.), Europäische Wirtschafts- und Sozialgeschichte im Mittelalter, Stuttgart 1980.
20. J. Laudage, L. Hageneier, Y. Leiverkus, Die Zeit der Karolinger, Darmstadt 2006.
21. H. Löwe (Hg.), Die Iren und Europa im früheren Mittelalter, 2 Bde., Stuttgart 1982.
22. Mediaevalia Augiensia. Forschungen zur Geschichte des Mittelalters, vorgelegt von Mitgliedern des Konstanzer Arbeitskreises für mittelalterliche Geschichte, hg. J. Petersohn, Stuttgart 2001.
23. L. E. v. Padberg, Die Christianisierung Europas im Mittelalter, Stuttgart 1998.
24. F. Prinz, Grundlagen und Anfänge. Deutschland bis 1056, München 1985.
25. P. Riché, Les Carolingiens. Une famille qui fit l'Europe, Paris 1983. Dt.: Die Karolinger. Eine Familie formt Europa, Stuttgart 1987.
26. R. Schieffer, Die Zeit des karolingischen Großreichs 714–887, Stuttgart 2005.
27. G. Tellenbach, Die westliche Kirche vom 10. bis zum frühen 12. Jh., Göttingen 1988.
28. P. Toubert, L'Europe dans sa première croissance. De Charlemagne à l'an mil, Paris 2004.
29. L. Vones, Geschichte der Iberischen Halbinsel im Mittelalter (711–1480). Reiche – Kronen – Regionen, Sigmaringen 1993.

30. St. WEINFURTER (Hg.), Die Salier und das Reich, 3 Bde., Sigmaringen 1991.
31. K. F. WERNER, Les origines. Histoire de France, Bd. 1, dir. par J. FAVIER, Paris 1984.
32. H. WOLFRAM, Österreichische Geschichte 378–907: Grenzen und Räume. Geschichte Österreichs vor seiner Entstehung, Wien 1995.

EINLEITUNG

Dunkles Mittelalter?

33. C. BARONIUS, Annales ecclesiastici a Christo nato ad annum 1198, Bd. 10, Köln 1603.
34. K. BOSL, Europa im Aufbruch. Herrschaft – Gesellschaft – Kultur vom 10. bis zum 14. Jh., München 1980.
35. P. BREZZI, Metodologia storiografica e problematica medioevale, Rom 1975.
36. M. R. COHEN, Under Crescent and Cross. The Jews in the Middle Ages, Princeton, N. J. 1994.
37. J. VAN ENGEN, The Christian Middle Ages as an Historiographical Problem, in: AHR 91 (1986), 519–552.
38. Geschichtsschreibung und geistiges Leben im Mittelalter. FS H. LÖWE zum 65. Geburtstag, hg. K. HAUCK, H. MORDEK, Köln/Wien 1978.
39. A. J. GURJEWITSCH, Mittelalterliche Volkskultur. Probleme der Forschung, russ. Moskau 1981, dt. Dresden 1986 u. München 1987.
40. L. KUCHENBUCH, Mediävalismus und Okzidentalistik. Die erinnerungskulturellen Funktionen des Mittelalters und das Epochenprofil des christlich-feudalen Okzidents, in: Handbuch der Kulturwissenschaften, Bd. 1: Grundlagen und Schlüsselbegriffe, hg. F. JAEGER und B. LIEBSCH, Stuttgart/Weimar 2004, 490–505.
41. J. LE GOFF, Le christianisme médiéval en occident du concile de Nicée (325) à la reforme (début du XVIe siècle), in: Histoire des religions, Bd. 2, Paris 1972, 749–868.
42. B. LEWIS, Die Juden in der islamischen Welt, München 2004 (zuerst engl. 1984).
43. R. S. LOPEZ, Still Another Renaissance, in: AHR 57 (1951), 1–21.
44. DERS., The Tenth Century. How Dark were the Dark Ages?, New York 1966.
45. R. MANSELLI, Il medioevo come *christianitas*: una scoperta romantica, in: Concetto, storia, miti e immagini del medioevo, hg. V. BRANCA, Venedig 1973, 51–89.
46. R. I. MOORE, The Formation of a Persecuting Society. Power and Deviation in Western Europe, 950–1250, Oxford 1987.

47. A. Patschovsky, H. Zimmermann (Hg.), Toleranz im Mittelalter, Sigmaringen 1998.
48. E. Patzelt, Die karolingische Renaissance [zuerst Wien 1924], ND zusammen mit: C. Vogel, La réforme culturelle sous Pépin le Bref et sous Charlemagne, Graz 1965.
49. J.-C. Schmitt, Religione, folclore e società nell'occidente medievale, Rom/Bari 1988.
50. Il secolo di ferro. Mito e realtà del secolo X, Spoleto 1991.
51. Symposium on the Tenth Century, in: Mediaevalia et Humanistica 9 (1955), 3–29.
52. L. Varga, Das Schlagwort vom „finsteren Mittelalter", Baden u. a. 1932.
53. A. Vauchez, Les nouvelles orientations de l'histoire religieuse de la France médiévale (avant le XIIe siècle), in: Ders., Religion et société dans l'occident médiéval, Turin 1980, 95–112.
54. H. Zimmermann, Das dunkle Jahrhundert. Ein historisches Porträt, Graz/Wien/Köln 1971.

Wandel des Geschichtsbildes

55. A. Assmann, J. Fried, H. Wenzel, Historische Anthropologie, in: Deutsche Forschungsgemeinschaft. Perspektiven der Forschung und ihre Förderung, Aufgaben und Finanzierung 1997–2001, Weinheim u. a. 1997, 93–120.
56. M. Borgolte, „Selbstverständnis" und „Mentalitäten". Bewußtsein, Verhalten und Handeln mittelalterlicher Menschen im Verständnis moderner Historiker, in: AKG 79 (1997), 189–210.
57. G. Dressel, Historische Anthropologie. Eine Einführung, Wien/Köln/Weimar 1996.
58. J. Fried, Ritual und Vernunft – Traum und Pendel des Thietmar von Merseburg, in: Das Jahrtausend im Spiegel der Jahrhundertwenden, Berlin 1999, 15–63.
59. Ders., Die Aktualität des Mittelalters. Gegen die Überheblichkeit unserer Wissensgesellschaft, Stuttgart ^{3}2003.
60. P. Riché, La vie quotidienne dans l'empire carolingien, Paris 1963. Dt.: Die Welt der Karolinger, Stuttgart 1981.
61. Mediävistik im 21. Jh. Stand und Perspektiven der internationalen und interdisziplinären Mittelalterforschung, hg. H.-W. Goetz, J. Jarnut, München 2003.
62. G. Seibt, Anonimo Romano. Geschichtsschreibung in Rom an der Schwelle zur Renaissance, Stuttgart 1992.
63. J. Trabant (Hg.), Sprache der Geschichte, München 2005.

64. H. VOLLRATH, Christliches Abendland und archaische Stammeskultur. Zu einer Standortbestimmung des früheren Mittelalters, Ladenburg 1990.
65. DIES., Das Mittelalter in der Typik oraler Gesellschaften, in: HZ 233 (1981), 571–594.
66. Th. ZOTZ, Odysseus im Mittelalter? Zum Stellenwert von List und Listigkeit in der Kultur des Adels, in: Die List, hg. H. v. SENGER, Frankfurt a. M. 1999, 212–240.

„Zeit" und „Bewegung"

67. J. ASSMANN, K. E. MÜLLER (Hg.), Der Ursprung der Geschichte. Archaische Kulturen, das Alte Ägypten und das Frühe Griechenland, Stuttgart 2005.
68. A. BORST, Computus. Zeit und Zahl in der Geschichte Europas, München 1999.
69. DERS., Der Streit um den karolingischen Reichskalender, Hannover 2004.
70. W. HUSCHNER, Kirchenfest und Herrschaftspraxis. Die Regierungszeiten der ersten beiden Kaiser aus liudolfingischem Hause (936–983), in: ZfG 41 (1993), 24–55 und 117–134.
71. Der Karolingische Reichskalender und seine Überlieferung bis ins 12. Jh., hg. A. BORST, 3 Bde., Hannover 2001.
72. A. NITSCHKE, Bewegungen in Mittelalter und Renaissance. Kämpfe, Spiele, Tänze, Zeremoniell und Umgangsformen, Düsseldorf 1987.
73. DERS., Die Mutigen in einem System. Wechselwirkungen zwischen Mensch und Umwelt. Ein Vergleich der Kulturen, Köln 1991.
74. DERS., Die Zukunft in der Vergangenheit. Systeme in der historischen und biologischen Evolution, München 1994.
75. DERS., Naturwissenschaftliche Erklärungen innerhalb der Kulturgeschichte, in: Kulturgeschichte heute, hg. W. HARTWIG, H.-U. WEHLER, Göttingen 1996, 316–333.
76. DERS., Gegen eine anthropozentrische Geschichtswissenschaft. Die Bedeutung der nichteuropäischen Kulturen für den Standort des Historikers, in: HZ 265 (1997), 281–307.
77. M. SIERCK, Festtag und Politik. Studien zur Tageswahl karolingischer Herrscher, Köln/Weimar/Wien 1995.
78. W. SULZGRUBER, Zeiterfahrung und Zeitordnung vom frühen Mittelalter bis ins 16. Jh., Hamburg 1995.

Symbol und Ritual

79. G. ALTHOFF, Die Kultur der Zeichen und Symbole, in: FMSt 36 (2002), 1–17.
80. Ph. BUC, The Dangers of Ritual: Between Early Medieval Texts and Scientific Theory, Princeton 2001.
81. DERS., Ritual and Interpretation. The Early Medieval Case, in: Early Medieval Europe 9 (2001), 1–28.
82. F. GARNIER, Le Langage de l'Image au Moyen Age, 2 Bde., Tours 1988/89.
83. S. HAMILTON, The Practice of Penance, 900–1050, Woodbridge 2001.
84. H. KAMP, Friedensstifter und Vermittler im Mittelalter, Darmstadt 2001.
85. H. KELLER, Zu den Siegeln der Karolinger und der Ottonen. Urkunden als ‚Hoheitszeichen' in der Kommunikation des Königs mit seinen Getreuen, in: FMSt 32 (1998), 400–441.
86. G. KOZIOL, Begging Pardon and Favor. Ritual and Political Order in Early Medieval France, Ithaca/London 1992.
87. G. B. LADNER, Handbuch der frühchristlichen Symbolik. Gott Kosmos Mensch, Stuttgart/Zürich 1992.
88. K. LEYSER, Ritual, Zeremonie und Gestik: Das ottonische Reich, in: FMSt 27 (1993), 1–26.
89. Medieval Concepts of the Past. Ritual, Memory, Historiography, hg. G. ALTHOFF, J. FRIED, P. J. GEARY, Cambridge 2002.
90. Ritualdynamik. Kulturübergreifende Studien zur Theorie und Geschichte rituellen Handelns, hg. D. HARTH, G. J. SCHENK, Heidelberg 2004.
91. Rituals of Power, hg. J. L. NELSON, F. THEUWS, Leiden 2000.
92. J.-C. SCHMITT, La raison des gestes dans l'Occident médiéval, Paris 1990.
93. D. A. WARNER, Thietmar of Merseburg on Rituals of Kingship, in: Viator 26 (1995), 53–76.
94. DERS., Ideals and Action in the Reign of Otto III., in: Journal of Medieval History 25 (1999), 1–18.
95. DERS., Ritual and Memory in the Ottonian Reich: The Ceremony of Adventus, in: Speculum 76 (2001), 255–283.
96. Die Welt der Rituale. Von der Antike bis heute, hg. C. AMBOS, St. HOTZ, G. SCHWEDLER, St. WEINFURTER, Darmstadt 2005.
97. H. WENZEL, Hören und Sehen, Schrift und Bild. Kultur und Gedächtnis im Mittelalter, München 1995.
98. Ch. WULF, J. ZIRFAS, Performative Welten. Einführung in die historischen, systematischen und methodischen Dimensionen des Rituals, in: Die Kultur des Rituals. Inszenierungen. Praktiken. Symbole, hg. Ch. WULF, J. ZIRFAS, Stuttgart 2004, 7–45.

Soziales „Wissen" und Kommunikation

99. G. ALTHOFF (Hg.), Formen und Funktionen öffentlicher Kommunikation im Mittelalter, Stuttgart 2001.
100. H. MAURER, „Grenznachbarn" und boni homines. Zur Bildung kommunikativer Gruppen im hohen Mittelalter, in: Mediaevalia Augiensia 54 (2001), 101–123.
101. M. RICHTER, The Formation of the Medieval West. Studies in the Oral Culture of the Barbarians, New York 1994.
102. W. RÖSENER (Hg.), Kommunikation in der ländlichen Gesellschaft, Göttingen 2000.

Neue Fragestellungen

103. L'ambiente vegetale nell'alto medioevo, Spoleto 1990.
104. M. BLOCH, Avènement et conquêtes du moulin à eau, in: Annales d'histoire économique et sociale 7 (1935), 538–563. Dt.: Antritt und Siegeszug der Wassermühle, in: DERS., F. BRAUDEL, L. FEBVRE u. a., Schrift und Materie der Geschichte. Vorschläge zur systematischen Aneignung historischer Prozesse, hg. C. HONEGGER, Frankfurt 1977, 171–197.
105. M. CARRUTHERS, The Book of Memory. A Study of Memory in Medieval Culture, Cambridge 1990.
106. DIES., J. M. ZIOLKOWSKI (Hg.), The Medieval Craft of Memory. An Anthology of Texts and Pictures, Philadelphia 2002.
107. J. COLEMAN, Ancient and Medieval Memories. Studies in the Reconstruction of the Past, Cambridge 1992.
108. P. DILG (Hg.), Natur im Mittelalter. Konzeptionen – Erfahrungen – Wirkungen, Berlin 2003.
109. U. DIRLMEIER (Hg.), Geschichte des Wohnens, Bd. 2: 500–1800. Hausen, Wohnen, Residieren, Stuttgart 1998.
110. P. E. DUTTON, The Politics of Dreaming in the Carolingian Empire, Lincoln 1994.
111. J. FRIED, *Gens* und *regnum*. Wahrnehmungs- und Deutungkategorien politischen Wandels im früheren Mittelalter. Bemerkungen zur doppelten Theoriebildung des Historikers, in: 125, 73–104 (veränderter Neudruck in: B. JUSSEN Die Macht des Königs. Herrschaft in Europa vom Frühmittelalter bis in die Neuzeit, (Hg.), München 2005, 72–89).
112. DERS., Die Königserhebung Heinrichs I. Erinnerung, Mündlichkeit und Traditionsbildung im 10. Jh., in: M. BORGOLTE (Hg.), Mittelalterforschung nach der Wende 1989, München 1995, 267–318.

113. DERS., Der Schleier der Erinnerung. Grundzüge einer historischen Memorik, München 2004 (auch Darmstadt 2004).
114. P. J. GEARY, Phantoms of Remembrance. Memory and Oblivion at the End of the First Millennium, Princeton (N. J.) 1994.
115. A. J. GURJEWITSCH, Das Weltbild des mittelalterlichen Menschen, russ. Moskau 1972, dt. Dresden 1978 u. München 1980.
116. DERS., Medieval Culture and Mentality According to the New French Historiography, in: Archives européennes de sociologie 24 (1983), 167–195.
117. B. HERRMANN (Hg.), Mensch und Umwelt im Mittelalter, Stuttgart 1986.
117a. Ausgewählte Probleme der europäischen *Landnahmen* des Früh- und Hochmittelalters. Methodische Grundlagendiskussion im Grenzbereich zwischen Archäologie und Geschichte, hg. M. MÜLLER-WILLE, R. SCHNEIDER, 2 Bde., Sigmaringen 1994.
118. H. KELLER, Widukinds Bericht über die Aachener Wahl und Krönung Ottos I., in: FMSt 29 (1995), 390–453.
119. J. LE GOFF, La civilisation de l'occident médiéval, Paris 1977. Dt.: Kultur des europäischen Mittelalters, München/Zürich 1970.
120. DERS., Pour un autre moyen âge. Temps, travail et culture en occident: 18 essais, Paris 1977. Nur z. T. dt.: Für ein anderes Mittelalter. Zeit, Arbeit und Kultur im Europa des 5.–15. Jh., Frankfurt/Berlin/Wien 1984.
121. U. LINDGREN (Hg.), Europäische Technik im Mittelalter 800 bis 1200. Tradition und Innovation. Ein Handbuch, Berlin 1996.
122. M. MITTERAUER, Warum Europa? Mittelalterliche Grundlagen eines Sonderwegs, München ²2003.
123. H. SCHNEIDER, D. HÄGERMANN, Landbau und Handwerk 750 v. Chr. bis 1000 n. Chr., Berlin 1992.
124. K. R. SCHROETER, Entstehung einer Gesellschaft. Fehde und Bündnis bei den Wikingern, Berlin 1994.
125. Sozialer Wandel im Mittelalter. Wahrnehmungsformen, Erklärungsmuster, Regelungsmechanismen, hg. J. MIETHKE, K. SCHREINER, Sigmaringen 1994.
126. P. SQUATRITI, Water and Society in Early Medieval Italy, AD 400–1000, Cambridge 1998.
127. R. SPRANDEL, Mentalitäten und Systeme. Neue Zugänge zur mittelalterlichen Geschichte, Stuttgart 1972.
128. Y. H. YERUSHALMI, Zakhor. Jewish History and Jewish Memory, New York ²2005.
129. A. ZIMMERMANN (Hg.), Mensch und Natur im Mittelalter, 2 Bde., Berlin 1991.

Neue Quellen

130. B. BISCHOFF (Hg.), Anecdota novissima. Texte des vierten bis sechzehnten Jhs., Stuttgart 1984.
131. Fälschungen im Mittelalter, 5 Bde., Hannover 1988.
132. S. D. GOITEIN, Letters of Medieval Jewish Traders. Translated from the Arabic with Introduction and Notes, Princeton 1973.
133. Repertorium fontium historiae medii aevi, primum ab Augusto Potthast digestum, nunc cura collegii historicorum e pluribus nationibus emendatum et auctum, hg. Istituto storico italiano per il medio evo, bisher 10 Bde. (bis Sz), Rom 1962–2005.
134. F.-J. SCHMALE, Funktion und Formen mittelalterlicher Geschichtsschreibung. Eine Einführung, Darmstadt 1985.
135. W. WATTENBACH, R. HOLTZMANN, Deutschlands Geschichtsquellen im Mittelalter. Die Zeit der Sachsen und Salier, Neuausg. v. F.-J. SCHMALE, 3 Bde., Darmstadt 1967–1971.
136. W. WATTENBACH, W. LEVISON, Deutschlands Geschichtsquellen im Mittelalter. Vorzeit und Karolinger, bearb. H. LÖWE, Bd. 4: Die Karolinger vom Vertrag von Verdun bis zum Herrschaftsantritt der Herrscher aus dem Sächsischen Hause. Italien und das Papsttum, Weimar 1963; Bd. 5: Die Karolinger vom Vertrag von Verdun bis zum Herrschaftsantritt der Herrscher aus dem Sächsischen Hause. Das Westfränkische Reich, 1973; Bd. 6: Die Karolinger vom Vertrag von Verdun bis zum Herrschaftsantritt der Herrscher aus dem Sächsischen Hause. Das Ostfränkische Reich, 1991.

Handschriften und Sachüberreste

137. Ausgrabungen in Deutschland. Gefördert von der Deutschen Forschungsgemeinschaft 1950–1975, hg. Römisch-Germanischen Zentralmuseum, Forschungsinst. f. Vor- u. Frühgesch., 4 Bde., Mainz/Bonn 1975.
138. A. BANTELMANN, Die frühgeschichtliche Marschensiedlung beim Elisenhof in Eiderstedt. Landschaftsgeschichte und Baubefunde, Frankfurt/Bern 1975.
139. K.-E. BEHRE, Die Pflanzenreste aus der frühgeschichtlichen Wurt Elisenhof, Frankfurt/Bern 1976.
140. R. BERGMANN, Verzeichnis der althochdeutschen und altsächsischen Glossenhandschriften, Berlin/New York 1973.
141. B. BISCHOFF, Literarisches und künstlerisches Leben in St. Emmeram (Regensburg) während des frühen und hohen Mittelalters [zuerst 1933], zuletzt in: Mittelalterliche Studien 2 [wie 1834], 77–115.
142. DERS., Paläographie des römischen Altertums und des abendländischen Mittelalters, Berlin 1979.

143. J. J. CONTRENI, The Cathedral School of Laon from 850 to 930. Its Manuscripts and Masters, München 1978.
144. G. P. FEHRING, Einführung in die Archäologie des Mittelalters, Darmstadt 1987.
145. DERS., Unterregenbach. Kirchen, Herrensitz, Siedlungsbereiche. Die Untersuchungen der Jahre 1960–1963 mit einem Vorbericht über die Grabungen der Jahre 1964–1968, 3 Bde., Stuttgart 1972.
146. H. FUHRMANN, Eine im Original erhaltene Propagandaschrift des Erzbischofs Gunthar von Köln (865), in: AfD 4 (1958), 1–51.
147. W. HAARNAGEL, Die frühgeschichtliche Handelssiedlung Emden und ihre Entwicklung bis ins Mittelalter, in: Friesisches Jb. 30 (1955), 9–78.
148. J. HENNING, Germanen – Slawen – Deutsche. Neue Untersuchungen zum frühgeschichtlichen Siedlungswesen östlich der Elbe, in: Prähistorische Zeitschrift 66 (1991), 119–133.
149. DERS. (Hg.), Europa im 10. Jh. Archäologie einer Aufbruchszeit, Mainz 2002.
150. J. DERS., A. T. RUTTKAY (Hg.), Frühmittelalterlicher Burgenbau in Mittel- und Osteuropa, Bonn 1998.
151. H. HOFFMANN, Bamberger Handschriften des 10. und 11. Jhs., Hannover 1995.
152. DERS., Schreibschulen des 10. und 11. Jhs. im Südwesten des Deutschen Reiches, mit einem Beitrag von Elmar HOCHHOLZER, Hannover 2004.
153. DERS., R. POKORNY, Das Dekret des Bischofs Burchard von Worms. Textstufen – frühe Verbreitung – Vorlagen, München 1991.
154. W. JANSSEN, Die Stellung der Archäologie des Mittelalters im Gefüge der historischen Wissenschaften, in: Beiträge z. Mittelalterarchäologie in Österreich 4/5 (1988/89), 9–18.
155. N. R. KER, Catalogue of Manuscripts Containing Anglo-Saxon, Oxford 1957.
156. H. MORDEK, Bibliotheca capitularium regum Francorum manuscripta. Überlieferung und Traditionszusammenhang der fränkischen Herrschererlasse, München 1995.
157. W. SCHLESINGER, Archäologie des Mittelalters in der Sicht des Historikers [zuerst 1974], zuletzt in: Ausgewählte Aufsätze [wie 1187], 615–646.
158. R. SCHÜTZEICHEL, Textgebundenheit. Kleinere Schriften zur mittelalterlichen deutschen Literatur, Tübingen 1981.
159. DERS., Althochdeutscher und altsächsischer Glossenwortschatz, 12 Bde., Tübingen 2004.
160. DERS., Althochdeutsches Wörterbuch, Tübingen 2006.
161. G. SILAGI (Hg.), Paläographie 1981. Colloquium des Comité International de Paléographie, München, 15.–18. September 1981. Referate, Bachenhausen 1982.

162. A. DE SOUSA-COSTA, Studien zu volkssprachlichen Wörtern in karolingischen Kapitularien, Göttingen 1993.
163. Č. STAŇA, L. POLÁČEK (Hg.), Frühmittelalterliche Machtzentren in Mitteleuropa. Mehrjährige Grabungen und ihre Auswertung, Brno 1996.
164. H. TIEFENBACH, Studien zu Wörtern volkssprachlicher Herkunft in karolingischen Königsurkunden, München 1973.
165. M. M. TISCHLER, Einharts *Vita Karoli*. Studien zur Entstehung, Überlieferung und Rezeption, 2 Bde., Hannover 2001.

Gedächtniswesen

166. G. ALTHOFF, Adels- und Königsfamilien im Spiegel ihrer Memorialüberlieferung. Studien zum Totengedenken der Billunger und Ottonen, München 1984.
167. J. ASSMANN, Das kulturelle Gedächtnis. Schrift, Erinnerung und politische Identität in frühen Hochkulturen, München ^{4}2002.
168. N. HUYGHEBAERT, Les documents nécrologiques, Turnhout 1972.
169. J. LE GOFF, Geschichte und Gedächtnis, Frankfurt a. M. 1992 (zuerst ital. 1977).
170. U. LUDWIG, Transalpine Beziehungen der Karolingerzeit im Spiegel der Memorialüberlieferung. Prosopographische und sozialgeschichtliche Studien unter besonderer Berücksichtigung des Liber vitae von San Salvatore in Brescia und des Evangeliars von Cividale, Hannover 1999.
171. Memoria in der Gesellschaft des Mittelalters, hg. D. GEUENICH, O. G. OEXLE, Göttingen 1994.
172. Memoria. Ricordare e dimenticare nella cultura del medioevo. Memoria. Erinnern und Vergessen in der Kultur des Mittelalters, hg. M. BORGOLTE, C. D. FONSECA, H. HOUBEN, Bologna/Berlin 2005, darin bes. der Forschungsüberblick von M. BORGOLTE.
173. O. G. OEXLE, Memoria in der Gesellschaft und in der Kultur des Mittelalters, in: J. HEINZLE (Hg.), Modernes Mittelalter. Neue Bilder einer populären Epoche, Frankfurt a. M./Leipzig 1994, 297–323.
174. Person und Gemeinschaft im Mittelalter. K. SCHMID zum fünfundsechzigsten Geburtstag, hg. G. ALTHOFF, D. GEUENICH, O. G. OEXLE, J. WOLLASCH, Sigmaringen 1988.
175. Die Reichenauer Mönchsgemeinschaft und ihr Totengedenken im frühen Mittelalter, hg. R. RAPPMANN, A. ZETTLER, Sigmaringen 1998.
176. A. G. REMENSNYDER, Remembering Kings Past. Monastic Foundation Legends in Medieval Southern France, Ithaca/London 1995.
177. K. SCHMID, Gebetsgedenken und adliges Selbstverständnis im Mittelalter. Ausgewählte Beiträge, Fg. zu seinem sechzigsten Geburtstag, Sigmaringen 1983.

178. DERS. (Hg.), Die Klostergemeinschaft von Fulda im früheren Mittelalter. Unter Mitw. v. G. ALTHOFF u. a., 3 Bde., München 1978.
179. K. SCHMID/J. WOLLASCH (Hg.), Memoria. Der geschichtliche Zeugniswert des liturgischen Gedenkens im Mittelalter, München 1984.
180. K. SCHMID/J. WOLLASCH, Societas et Fraternitas. Begründung eines kommentierten Quellenwerkes zur Erforschung der Personen und Personengruppen des Mittelalters, in: FMSt 9 (1975), 1–48.
181. G. TELLENBACH, Ausgewählte Abhandlungen und Aufsätze, Bde. 2 u. 3, Stuttgart 1988.

1. MENSCHEN UND UMWELT

Demographie

182. K.-E. BEHRE, Ernährung und Umwelt der wikingerzeitlichen Siedlung Haithabu. Die Ergebnisse der Untersuchungen der Pflanzenreste, Neumünster 1983.
183. K. J. BELOCH, Die Bevölkerung Europas im Mittelalter, in: Zs. f. Socialwissenschaft 3 (1900), 405–423.
184. M. BORGOLTE, Kulturelle Einheit und religiöse Differenz. Zur Verbreitung der Polygynie im mittelalterlichen Europa, in: Zs. f. Historische Forschung 31 (2004), 1–36.
185. J. BOSWELL, Christianity, Social Tolerance, and Homosexuality. Gay People in Western Europe from the Beginning of the Christian Era to the Fourteenth Century, Chicago/London 1980.
186. DERS., Same-Sex Unions in Premodern Europe, New York/Toronto 1994.
187. J. A. BRUNDAGE, Law, Sex and Christian Society in Medieval Europe, Chicago/London 1987.
188. A. T. CLASON, Die Tierreste aus der Motte bei Haus Meer, Gemeinde Büderich, in: Rhein. Ausgrabungen 1 (1968), 101–130.
189. F. CURSCHMANN, Hungersnöte im Mittelalter. Ein Beitrag zur deutschen Wirtschaftsgeschichte des 8. bis 13. Jhs., Leipzig 1900.
190. J.-P. DEVROEY, Les méthodes d'analyse démographique des polyptyques du haut moyen âge, in: Acta Historica Bruxellensia 4. Histoire et méthode, Brüssel 1981, 71–88.
191. G. DUBY, L'économie rurale et la vie des campagnes dans l'occident médiéval. Essai de synthèse et perspectives de recherches, 2 Bde., Paris 1962. Engl.: Rural Economy and Country Life in the Medieval West, Columbia 1968.
192. J.-L. FLANDRIN, Un temps pour embrasser. Aux origines de la morale sexuelle occidentale (VIe–XIe siècles), Paris 1983.

193. R. Fossier, La démographie médiévale. Problèmes de méthode (X^e–XIIIe siècles), in: Annales de démographie historique 1975, 143–165.
194. Ders., Enfance d'Europe, X^e–XIIe siècles. Aspects économiques et sociaux, 2 Bde., Paris 1982.
195. G. Fourquin, Histoire économique de l'occident médiéval, Paris 1969.
196. K. Heene, The Legacy of Paradise. Marriage, Motherhood and Woman in Carolingian edifying Literature, Frankfurt a. M. u. a. 1997.
197. B. Herrmann, Parasitologische Untersuchungen mittelalterlicher Kloaken, in: Mensch und Umwelt im Mittelalter, hg. Dems., Stuttgart 1986, 160–169.
198. B. Herrmann, R. Sprandel (Hg.), Determinanten der Bevölkerungsentwicklung im Mittelalter, Weinheim 1987.
199. K. Hintze, Geographie und Geschichte der Ernährung, Leipzig 1934.
200. J.-C. Hocquet, Le pain, le vin et la juste mesure à la table des moines carolingiens, in: Ann. ESC 40 (1985), 661–686.
201. E. Huntington, Civilization and Climate, New Haven 1924.
202. Studies on Ibrâhîm ibn Ya`qûb (2nd half 10th century) and on His Account of Eastern Europe, collected and reprinted by F. Sezgin, Frankfurt a. M. 1994.
203. W. Janssen, Essen und Trinken im frühen und hohen Mittelalter aus archäologischer Sicht, in: Liber Castellorum. 40 variaties op het thema kasteel, onder redactie v. T. J. Hoekstra, H. L. Janssen en I. W. L. Moerman, Zutphen 1981, 324–337.
204. K.-H. Knörzer, Aussagemöglichkeiten von paläoethnobotanischen Latrinenuntersuchungen, in: Plants and Ancient Man. Studies in Palaeoethnobotany, hg. W. van Zeist, W. A. Casparie, Rotterdam 1984, 331–338.
205. U. Körber-Grohne, Nutzpflanzen in Deutschland. Kulturgeschichte und Biologie, Stuttgart 1988.
206. L. Kuchenbuch, Opus feminile. Das Geschlechterverhältnis im Spiegel von Frauenarbeit im früheren Mittelalter, in: 227, 139–175.
207. H. H. Lamb, Climate, History and the Modern World, London 1982. Dt.: Klima und Kulturgeschichte. Der Einfluß des Klimas auf den Gang der Geschichte, Reinbek 1989.
208. E. Le Roy Ladurie, Histoire du climat depuis l'an mil, Paris 1967.
209. K. J. Leyser, The Ascent of Latin Europe. An Inaugural Lecture Delivered Before the University of Oxford on 7 Nov. 1984, Oxford 1986.
210. H. Lutterbach, Sexualität im Mittelalter. Eine Kulturstudie anhand von Bußbüchern des 6. bis 12. Jhs., Köln u. a. 1999.
211. W. H. McNeill, Plagues and Peoples, Garden City (N.J.) 1976. Dt.: Seuchen machen Geschichte. Geißeln der Völker, München 1978.

212. L.-R. MÉNAGER, Considérations sociologiques sur la démographie des grands domaines ecclésiastiques carolingiens, in: Études d'histoire du droit canonique dédiées à G. LE BRAS, Bd. 2, Paris 1965, 1317–1335.
213. J. T. NOONAN JR., Contraception. A History of its Treatment by the Catholic Theologians and Canonists, Cambridge (Mass.) 1967. Dt.: Empfängnisverhütung. Geschichte ihrer Beurteilung in der katholischen Theologie und im kanonischen Recht, Mainz 1969.
214. M. OBERMEIER, „Ancilla". Beiträge zur Geschichte der unfreien Frauen im Frühmittelalter, Pfaffenweiler 1996.
215. P. J. PAYER, Sex and the Penitentials. The Development of a Sexual Code, 550–1150, Toronto/London 1984.
216. M. ROUCHE, La faim à l'époque carolingienne. Essai sur quelques types de rations alimentaires, in: RH 250 (1973), 295–320.
217. DERS., Les repas de fête à l'époque carolingienne, in: Manger et boire au moyen âge. Actes du colloque de Nice (15–17 oct. 1982), Nizza 1984, 265–296.
218. J. C. RUSSELL, Die Bevölkerung Europas 500–1500, in: Bevölkerungsgeschichte Europas. Mittelalter bis Neuzeit, hg. C. M. CIPOLLA, K. BORCHARDT, München 1971, 9–57.
219. DERS., Late and Ancient Medieval Population, Philadelphia 1958.
220. J. SCHNEIDER (Hg.), Nobile Turegum multarum copia rerum. Drei Aufsätze zum mittelalterlichen Zürich, Zürich 1982.
221. DERS., D. JUTSCHER, H. ETTER, J. HANSER, Der Münsterhof in Zürich. Ein Bericht über die vom städtischen Büro für Archäologie durchgeführten Stadtkernforschungen 1977/1978, 2 Bde., Olten 1982.
222. F. SCHWANITZ, Die Entstehung der Kulturpflanzen, Berlin/Göttingen/Heidelberg 1957.
223. G. M. SCHWARZ, Village Populations According to the Polyptyque of the Abbey of St. Bertin, in: Journal of Medieval History 11 (1985), 31–41.
224. H. STEUER, Frühgeschichtliche Sozialstrukturen in Mitteleuropa. Eine Analyse der Auswertungsmethoden des archäologischen Quellenmaterials, Göttingen 1982.
225. C. L. P. TRÜB, Heilige und Krankheit, Stuttgart 1978.
226. A. M. WATSON, Agricultural Innovation in the Early-Islamic World. The Diffusion of Crops and Farming Techniques, 700–1100, Cambridge (Mass.) 1983.
227. Weibliche Lebensgestaltung im frühen Mittelalter, hg. H.-W. GOETZ, Köln 1991.
228. J. WIETHOLD, Studien zur jüngeren postglazialen Vegetations- und Siedlungsgeschichte im östlichen Schleswig-Holstein, Bonn 1998.
229. U. WILLERDING, Anbaufrüchte der Eisenzeit und des frühen Mittelalters, ihre Anbauformen, Standortsverhältnisse und Erntemethoden,

in: Untersuchungen zur eisenzeitlichen und frühmittelalterlichen Flur in Mitteleuropa und ihrer Nutzung, hg. H. BECK, D. DENECKE, H. JANKUHN, Teil 2, Göttingen 1980, 126–196.
230. DERS., Bibliographie zur Paläo-Ethnobotanik des Mittelalters in Mitteleuropa 1945–1977, in: Zs. f. Archäologie d. MA 6 (1978), 173–223 u. 7 (1979), 207–225.

Zur Frage von Persönlichkeit und Menschenbild

231. J. F. BENTON, Consciousness of Self and Receptions of Individuality, in: Renaissance and Renewal in the Twelfth Century, hg. R. L. BENSON, G. CONSTABLE, Cambridge, Mass. 1982, 263–295.
232. W. BERSCHIN, Biographie und Epochenstil im lateinischen Mittelalter, 5 Bde., Stuttgart 1987–2004.
233. DERS., A. HÄSE (Hg.), Gerhard von Augsburg, Vita Sancti Uodalrici. Die älteste Lebensbeschreibung des heiligen Ulrich, Heidelberg 1993.
234. A. BORST, Lebensformen im Mittelalter, Frankfurt/Berlin/Wien 1973, Neuausgabe ²1999.
235. P. CORBET, Les saints ottoniens. Sainteté dynastique, sainteté royale et sainteté féminine autour de l'an mil, Sigmaringen 1986.
236. P. COURCELLE, Connais-toi toi-même: De Socrate à Saint-Bernard, 3 Bde., Paris 1974–1975.
237. J. DUNBABIN, The Maccabees as Exemplars in the Tenth and Eleventh Centuries, in: The Bible in the Medieval World. Essays in Memory of B. SMALLEY, hg. K. WALSH, D. WOOD, Oxford 1985, 31–41.
238. V. EPP, Amicitia. Zur Geschichte personaler, sozialer, politischer und geistlicher Beziehungen im frühen Mittelalter, Stuttgart 1999.
239. R. FOLZ, Les saints rois du moyen âge en occident (VIe–XIIe siècles), Brüssel 1984.
240. M. GIESE, Die Textfassungen der Lebensbeschreibung Bischof Bernwards von Hildesheim, Hannover 2006.
241. C. GÖTTE, Das Menschen- und Herrscherbild des Rex Maior im ‚Ruodlieb'. Studien zur Ethik und Anthropologie im ‚Ruodlieb', München 1981.
242. F. GRAUS, Die Entstehung der mittelalterlichen Staaten in Mitteleuropa, in: Historica 10 (1965), 5–65.
243. DERS., La sanctification du souverain dans l'Europe centrale des Xe et XIe siècles, in: Hagiographie, cultures et sociétés. IVe–XIIe siècles, Paris 1981, 243, 559–572.
244. A. J. GURJEWITSCH, Das Individuum im europäischen Mittelalter, München 1994.
245. C. S. JAEGER, The Origins of Courtliness. Civilizing Trends and the Formation of Courtly Ideals 939–1210, Philadelphia 1985.

246. Individuum und Individualität im Mittelalter, hg. J. A. AERTSEN, A. SPEER, Berlin/ New York 1996.
247. O. KÖHLER, Das Bild des geistlichen Fürsten in den Viten des 10., 11. und 12. Jhs., Berlin 1935.
248. K. LAMPRECHT, Deutsches Wirtschaftsleben im Mittelalter. Untersuchungen über die Entwicklung der materiellen Kultur des platten Landes auf Grund der Quellen, 3 Bde., Leipzig 1885–1886.
249. C. LEONARDI, Von Pacificus zu Rather. Zur Veroneser Kulturgeschichte im 9. und 10. Jh., in: DA 41 (1985), 390–417.
250. H. LÖWE, Von der Persönlichkeit im Mittelalter, in: GWU 2 (1951), 522–538.
251. F. LOTTER, Das Bild Brunos I. von Köln in der Vita des Ruotger, in: Jb. d. Kölner Geschichtsvereins 40 (1966), 19–40.
252. DERS., Methodisches zur Gewinnung historischer Erkenntnisse aus hagiographischen Quellen, in: HZ 229 (1979), 298–356.
253. C. MORRIS, The Discovery of the Individual, 1050–1200, New York/ London 1972.
254. D. VON DER NAHMER, Die lateinische Heiligenvita. Eine Einführung in die lateinische Hagiographie, Darmstadt 1994.
255. J.-C. POULIN, L'idéal de sainteté dans l'Aquitaine carolingienne d'après les sources hagiographiques (750–950), Québec 1975.
256. B. SCHIMMELPFENNIG, Afra und Ulrich. Oder: Wie wird man heilig? in: Zs. des Historischen Vereins für Schwaben 86 (1993), 25–44.
257. K. SCHMID, Über das Verhältnis von Person und Gemeinschaft im frühen Mittelalter [zuerst 1967], zuletzt in: Gebetsgedenken [wie 177], 363–387.
258. B. SCHÜTTE, Untersuchungen zu den Lebensbeschreibungen der Königin Mathilde, Hannover 1994.
259. M. SCHÜTZ, Adalbold von Utrecht: Vita Heinrici II. imperatoris. Übersetzung und Kommentar, Bamberg 1999.
260. P. SCHWENK, Brun von Köln (925–965). Sein Leben, sein Werk und seine Bedeutung, Espelkamp 1995.
261. W. VON DEN STEINEN, Bernward von Hildesheim über sich selbst [zuerst 1956], zuletzt in: Menschen im Mittelalter [wie 263], 121–149.
262. DERS., Der Mensch in der ottonischen Weltordnung, in: DVjs 38 (1964), 1–23.
263. DERS., Menschen im Mittelalter. Gesammelte Forschungen, Betrachtungen, Bilder, hg. P. VON MOOS, Bern/München 1967.
264. W. ULLMANN, The Individual and Society in the Middle Ages, Baltimore 1966. Dt.: Individuum und Gesellschaft im Mittelalter, Göttingen 1974.
265. G. WOLF, Die Kanonisationsbulle von 993 für den Hl. Oudalrich von Augsburg und Vergleichbares, in: AfD 40 (1994), 85–104.

Siedlungsforschung

266. H. W. BÖHME (Hg.), Siedlungen und Landesausbau zur Salierzeit, 2 Teilbde., Sigmaringen 1990.
267. M. BORN, Die Entwicklung der deutschen Agrarlandschaft, Darmstadt 1974.
268. DERS., Geographie der ländlichen Siedlungen 1, Die Genese der Siedlungsformen in Mitteleuropa, Stuttgart 1977.
269. W. A. VAN ES, Genetische Siedlungsforschung in den Niederlanden mit besonderer Berücksichtigung der ländlichen Siedlungsarchäologie im ersten Jahrtausend n. Chr., in: Rijkdienst voor het Oudheidkundig Bodemonderzoek, in: Overdrukken 343 (1989), 345–364.
270. L. FEBVRE, La terre et l'évolution humaine, Paris 1922.
271. K. FEHN, K. BRANDT, D. DENECKE, F. IRSIGLER (Hg.), Genetische Siedlungsforschung in Mitteleuropa und seinen Nachbarräumen, 2 Bde., Bonn 1988.
272. K. FEHN, Historische Geographie, Siedlungskunde und archäologische Siedlungsforschung, in: Blätter für deutsche Landesgeschichte 125 (1989), 211–249 u. ebd. 128 (1992), 299–367.
273. E. GRINGMUTH-DALLMER, Die Entwicklung der frühgeschichtlichen Kulturlandschaft auf dem Territorium der DDR unter besonderer Berücksichtigung der Siedlungsgebiete, Berlin 1983.
274. J. HEINZELMANN, Der Weg nach Trigorium. Grenzen, Straßen und Herrschaft zwischen Untermosel und Mittelrhein im Frühmittelalter, in: Jb f. westdeutsche Landesgeschichte 21 (1995), 9–132.
275. C. HIGOUNET, Les forêts de l'Europe occidentale du Ve au XIe siècle [zuerst 1966], zuletzt in: Paysages et villages neufs [wie 287], 37–63.
276. H. JÄGER, Historische Geographie, Braunschweig 1973.
277. DERS., Zur Geschichte der deutschen Kulturlandschaften, in: Geograph. Zs. 51 (1963), 90–143.
278. H. JANKUHN, Einführung in die Siedlungsarchäologie, Berlin/New York 1977.
279. O. SCHLÜTER, Die Siedlungsräume Mitteleuropas in frühgeschichtlicher Zeit, Teil 1: Einführung in die Methodik der Altlandschaftsforschung (mit Karte); Teil 2: Erklärung und Begründung der Darstellung, 3 Bde., Remagen 1952–1958.

Landesausbau

280. K. BRANDT, Siedlung und Wirtschaft während des frühen und hohen Mittelalters. Historisch-siedlungsarchäologische Untersuchungen, in: Probleme d. Küstenforsch. im südl. Nordseegebiet 13 (1979), 155–185.
281. W. FINKE, Änderungen der Flurformen und Wandel der ackerbaulichen Nutzung von Haken und Pflug in der frühmittelalterlichen

sächsischen Siedlung Gittrup (Münster-Ost). Vorbericht, in: Ausgrabungen u. Funde in Westfalen-Lippe 1 (1983), 65–70.
282. H. Flohn, R. Fantechi (Hg.), The Climate of Europe: Past, Present and Future. Natural and Man-Induced Climate Changes. A European Perspective, Dordrecht/Boston/Lancaster 1984.
283. R. Fossier, Enfance d'Europe, X^e–XIIe siècles. Aspects économiques et sociaux, Bd. 1, L'homme et son espace, Paris 1982.
284. M. Gockel, Die Träger von Rodung und Siedlung im Hünfelder Raum in karolingischer Zeit, in: Hess. Jb. f. Lg. 26 (1976), 1–26.
285. R. Gradmann, Das mitteleuropäische Landschaftsbild nach seiner geschichtlichen Entwicklung, in: Geograph. Zs. 7 (1901), 361–377, 435–447.
286. P. Grimm, Hohenrode, eine mittelalterliche Siedlung im Südharz, Halle (Saale) 1939.
287. C. Higounet, Paysages et villages neufs du moyen âge, Bordeaux 1975.
288. M.-L. Hillebrecht, Die Relikte der Holzkohlenwirtschaft als Indikatoren für Waldnutzung und Waldentwicklung. Untersuchungen an Beispielen aus Niedersachsen, Göttingen 1982.
289. H. Jankuhn, R. Schützeichel, F. Schwind (Hg.), Das Dorf der Eisenzeit und des frühen Mittelalters. Siedlungsform – wirtschaftliche Funktion – soziale Struktur, Göttingen 1977.
290. W. Janssen, Mittelalterliche Dorfsiedlungen als archäologisches Problem, in: FMSt 2 (1968), 305–367.
291. E. Lange, Botanische Beiträge zur mitteleuropäischen Siedlungsgeschichte. Ergebnisse zur Wirtschaft und Kulturlandschaft in frühgeschichtlicher Zeit, Berlin 1971.
292. W. Müller-Wille, Agrare Siedlungsgeographie in Westfalen. Fragen und Methoden, Ergebnisse und Deutungen, in: Westfäl. Forsch. 30 (1980), 198–208.
293. H.-J. Nitz (Hg.), Historisch-genetische Siedlungsforschung. Genese und Typen ländlicher Siedlungen und Flurformen, Darmstadt 1974.
294. Ders., Langstreifenflur zwischen Ems und Saale. Wege und Ergebnisse ihrer Erforschung in den letzten drei Jahrzehnten, in: Braunschw. Geograph. Studien 3 (1971), 11–34.
295. W. Sieverding, Benstrup und Holtrup. Zur Genese und Organisation bäuerlicher -trup-Siedlungen in Altwestfalen, Münster 1980.

Wüstungsforschung

296. W. Abel (Hg.), Wüstungen in Deutschland. Ein Sammelbericht, Frankfurt 1967.
297. G. P. Fehring, Zur archäologischen Erforschung mittelalterlicher Dorfsiedlungen in Südwestdeutschland, in: Zs. f. Agrargesch. u. Agrarsoziologie 21 (1973), 1–35.

298. DERS., Einführung in die Archäologie des Mittelalters, Darmstadt ²1992.
299. W. JANSSEN, Studien zur Wüstungsfrage im fränkischen Altsiedelland zwischen Rhein, Mosel und Eifelnordrand, 2 Bde., Köln 1975.
300. H. A. KNORR (Hg.), Probleme des frühen Mittelalters in archäologischer und historischer Sicht, Berlin 1966.

2. GESELLSCHAFTLICHE BINDUNGEN

Europa

301. R. BARTLETT, The Making of Europe. Conquest, Colonization, and Cultural Change 950–1350, London 1993.
302. N. DAVIS, Europe. A History, Oxford/New York 1996.
303. Europas Mitte um 1000. Beiträge zur Geschichte, Kunst und Archäologie, Handbuch zur Ausstellung, hg. A. WIECZOREK, H.-M. HINZ, 2 Bde., Stuttgart 2000.
304. J. FRIED, Erinnern und Vergessen. Die Gegenwart stiftet die Einheit der Vergangenheit, in: HZ 273 (2001), 561–593.
305. J. LE GOFF, L'Europe est-elle née au Moyen Age? Paris 2003. Dt.: Die Geburt Europas im Mittelalter, München 2004.
306. K. LEYSER, Concepts of Europe in the early and high middle ages, in: Past and Present 137 (1992), 25–47, wieder in: DERS., Communications and Power in Medieval Europe. The Carolingian and Ottonian Centuries, hg. T. REUTER, London/Rio Grande 1994, 1–18.
307. K.-J. MATZ, Europa-Chronik. Daten europäischer Geschichte von der Antike bis zur Gegenwart, München 1999.

Ethnogenese

308. G. ALTHOFF, J. EHLERS, H. KELLER, R. SCHIEFFER, Gruppenbindung, Herrschaftsorganisation und Schriftkultur unter den Ottonen, in: FMSt 23 (1989), 244–317.
309. H.-J. BARTMUSS, Die Geburt des ersten deutschen Staates. Ein Beitrag zur Diskussion der deutschen Geschichtswissenschaft um den Übergang zum mittelalterlichen deutschen Reich, Berlin 1966.
310. M. BECHER, Rex, Dux und Gens. Untersuchungen zur Entstehung des sächsischen Herzogtums im 9. und 10. Jh., Husum 1996.
311. DERS., Volksbildung und Herzogtum in Sachsen während des 9. und 10. Jhs., in: MIÖG 108 (2000), 67–84.
312. H. BEUMANN, Europäische Nationenbildung im Mittelalter. Aus der Bilanz eines Forschungsschwerpunktes, in: GWU 39 (1988), 587–593.

313. DERS., Sachsen und Franken im werdenden regnum Teutonicum, in: Angli e Sassoni al di qua e al di là del mare, Spoleto 1986, 887–912.
314. DERS., W. SCHRÖDER (Hg.), Aspekte der Nationenbildung im Mittelalter. Ergebnisse der Marburger Rundgespräche 1972–1975, Sigmaringen 1978.
315. C. BRÜHL, Die Anfänge der deutschen Geschichte, Wiesbaden 1972.
316. DERS., Deutschland – Frankreich. Die Geburt zweier Völker. Die „regna Francorum" im 10. Jh., Köln/Wien 1990.
317. Concepts of National Identity in the Middle Ages, hg. S. FORDE, L. JOHNSON, A. V. MURRAY, Leeds 1995.
318. A. DOVE, Studien zur Vorgeschichte des deutschen Volksnamens, Heidelberg 1916.
319. W. EGGERT, B. PÄTZOLD, Wir-Gefühl und regnum Saxonum bei frühmittelalterlichen Geschichtsschreibern, Wien/Köln/Graz 1984.
320. J. EHLERS, Die Anfänge der französischen Geschichte, in: HZ 240 (1985), 1–44.
321. DERS., Die deutsche Nation des Mittelalters als Gegenstand der Forschung, in: Ansätze und Diskontinuität deutscher Nationenbildung im Mittelalter, hg. DEMS., Sigmaringen 1989, 11–58.
322. DERS., Geschichte Frankreichs im Mittelalter, Stuttgart u. a. 1987.
323. DERS., Die Entstehung des deutschen Reiches, München 1994.
324. DERS., Die Deutschen und das europäische Mittelalter. Das westliche Europa, München 2004.
325. Th. EICHENBERGER, Patria. Studien zur Bedeutung des Wortes im Mittelalter (6.–12. Jh.), Sigmaringen 1991.
326. J. FLECKENSTEIN, Über die Anfänge der deutschen Geschichte [zuerst 1987], zuletzt in: DERS., Ordnungen und formende Kräfte des Mittelalters. Ausgewählte Beiträge, Göttingen 1989, 147–167.
327. Die französischen Könige des Mittelalters von Odo bis Karl VIII. 888–1498, hg. J. EHLERS, H. MÜLLER, B. SCHNEIDMÜLLER, München 1996.
328. E. HLAWITSCHKA, Von der großfränkischen zur deutschen Geschichte. Kriterien einer Wende, in: SB d. Sudetendt. Akad. d. Wiss. u. Künste, Geisteswiss. Kl., Jg. 1988, Nr. 2, München 1988, 49–84.
329. H. KÄMPF (Hg.), Die Entstehung des deutschen Reiches (Deutschland um 900). Ausgewählte Aufsätze aus den Jahren 1928–1954, Darmstadt 1956.
330. G. LUBICH, Auf dem Weg zur „Güldenen Freiheit". Herrschaft und Raum in der Francia orientalis von der Karolinger- zur Stauferzeit, Husum 1996.
331. E. MÜLLER-MERTENS, Regnum teutonicum. Aufkommen und Verbreitung der deutschen Reichs- und Königsauffassung im früheren Mittelalter, Wien/Köln/Graz 1970.
332. R. MUSSOT-GOULARD, La France carolingienne 843–987, Paris 1988.

333. B. PÄTZOLD, Francia et Saxonia. Vorstufe einer sächsischen Reichsauffassung, in: Jb. f. d. Gesch. d. Feudalismus 3 (1979), 19–49.
334. M. RICHTER, Die Kelten im Mittelalter, in: HZ 246 (1988), 265–295.
335. Religion et culture autour de l'an Mil. Royaume capétien et Lotharingie, éd. D. IOGNA-PRAT, J.-Ch. PICARD, Paris 1990.
336. Le Roi de France et son Royaume autour de l'an Mil, éd. M. PARISSE, X. Barral i Altet, Paris 1992.
337. W. SCHLESINGER, Die Grundlegung der deutschen Einheit im frühen Mittelalter [zuerst 1960], zuletzt in: Beiträge [wie 1188], Bd. 1, 245–285.
338. DERS., Kaiser Arnulf und die Entstehung des deutschen Staates und Volkes [zuerst 1941], zuletzt in: Beiträge [wie 1188], Bd. 1, 233–244, 346.
339. B. SCHNEIDMÜLLER, Völker – Stämme – Herzogtümer? Von der Vielfalt der Ethnogenesen im ostfränkischen Reich, in: MIÖG 108 (2000), 31–47.
340. Th. ZOTZ, Ethnogenese und Herzogtum in Alemannien (9.–11. Jh.), in: MIÖG 108 (2000), 48–66.

Alte und neue Völker, Entstehung des deutschen Volksnamens

341. R. BERGMANN, H. TIEFENBACH, L. VOETZ (Hg.), Althochdeutsch, Bd. 2: Wörter und Namen. Forschungsgeschichte, Heidelberg 1987.
342. H. EGGERS (Hg.), Der Volksname Deutsch, Darmstadt 1970.
343. W. EGGERT, Ostfränkisch – fränkisch – sächsisch – römisch – deutsch. Zur Benennung des rechtsrheinisch-nordalpinen Reiches bis zum Investiturstreit, in: FMSt 26 (1992), 239–273.
344. O.-R. EHRISMANN, Volk. Eine Wortgeschichte (Vom Ende des 8. Jhs. bis zum Barock), Gießen 1970.
345. D. GEUENICH, Ludwig „der Deutsche" und die Entstehung des ostfränkischen Reiches, in: Theodisca. Beiträge zur althochdeutschen und altniederdeutschen Sprache und Literatur in der Kultur des frühen Mittelalters, hg. W. HAUBRICHS, E. HELLGARDT, R. HILDEBRANDT, St. MÜLLER, K. RIDDER, Berlin/New York 2000, 313–329.
346. DERS., Karl der Große, Ludwig „der Deutsche" und die Entstehung eines „deutschen" Gemeinschaftsbewußtseins, in: Zur Geschichte der Gleichung „germanisch-deutsch". Sprache und Namen, Geschichte und Institutionen, hg. H. BECK, D. GEUENICH, H. STEUER, D. HAKELBERG, J. JARNUT, Berlin/New York 2004, 185–197.
347. W. HAUBRICHS (Hg.), Deutsch. Wort und Begriff (Zs. für Literaturwissenschaft und Linguistik 24, 1994).
348. W. HESSLER, Die Anfänge des deutschen Nationalgefühls in der ostfränkischen Geschichtsschreibung des neunten Jhs., Berlin 1943.

349. H. Jakobs, Der Volksbegriff in den historischen Deutungen des Namens Deutsch, in: RhVjbll 32 (1968), 86–104.
350. Ders., Theodisk im Frankenreich, Heidelberg ²1999.
351. J. Jarnut, Teotiscis homines (a. 816). Studien und Reflexionen über den ältesten (urkundlichen) Beleg des Begriffes „theotiscus", in: MIÖG 104 (1996), 26–40.
352. I. Reiffenstein, Diutisce. Ein Salzburger Frühbeleg des Wortes „deutsch", in: Peripherie und Zentrum. Studien zur österreichischen Literatur, hg. G. Weiss, K. Zelewitz, Salzburg/Stuttgart/Frankfurt 1971, 243–263.
353. Ders., Theodiscus/diutisc – die „lingua gentilis"?, in: Gedenkschrift f. I. Dal, hg. J. O. Askedahl, C. Fabricius-Hansen, K. E. Schöndorf, Tübingen 1988, 6–16.
354. M. Springer, Italia docet: Bemerkungen zu den Wörtern francus, theodiscus und teutonicus, in: Akkulturation. Probleme einer germanisch-romanischen Kultursynthese in Spätantike und frühem Mittelalter, hg. D. Hägermann, W. Haubrichs, J. Jarnut, Berlin/New York 2004, 68–98.
355. I. Strasser, diutisk – deutsch. Neue Überlegungen zur Entstehung der Sprachbezeichnung, Wien 1984.
356. H. Thomas, Der Ursprung des Wortes Theodiscus, in: HZ 247 (1988), 295–331.
357. Ders., Frenkisk. Zur Geschichte von theodiscus und teutonicus im Frankenreich des 9. Jhs., in: Beiträge zur Geschichte des Regnum Francorum. Referate beim Wissenschaftlichen Colloquium zum 75. Geburtstag von Eugen Ewig, hg. v. R. Schieffer, Sigmaringen 1990, 67–95.
358. L. Weisgerber, Der Sinn des Wortes Deutsch, Göttingen 1949.
359. H. Wolfram, Bayern, das ist das Land, genannt die Němci, in: Österreichische Osthefte 33 (1991), 598–604.
360. Ders., Tirol, Bayern und die Entstehung des deutschen Volksbegriffs, in: Veröffentlichungen des Tiroler Landesmuseums Ferdinandeum 78 (1998), 115–129.
361. Ders., Die undeutsche Herkunft des Wortes „deutsch", in: Slowenien und die Nachbarländer zwischen Antike und karolingischer Epoche. Anfänge der slawischen Ethnogenese, Ljubiljana 2001, 41–56.
362. F. J. Worstbrock, Thiutisce, in: PBB 100 (1978), 205–212.
363. E. Zöllner, Bemerkungen zur Entstehung des deutschen Sprach- und Volksnamens aus der Sicht des Historikers, in: MIÖG 94 (1986), 433–437.

Deutsche Spracheinheit

364. A. BACH, Zur Frankonisierung des deutschen Ortsnamenschatzes [zuerst 1954], zuletzt in: Siedlung, Sprache und Bevölkerungsstruktur im Frankenreich, hg. F. PETRI, Darmstadt 1973, 183–208.
365. H. BRINKMANN, Sprachwandel und Sprachbewegungen in althochdeutscher Zeit, Jena 1931.
366. K. F. FREUDENTHAL, Arnulfingisch-karolingische Rechtswörter. Eine Studie in der juristischen Terminologie der ältesten germanischen Dialekte, Göteborg 1949.
367. DERS., Gloria, Temptatio, Conversio. Studien zur ältesten deutschen Kirchensprache, Göteborg 1959.
368. G. KÖBLER, Verzeichnis der Übersetzungsgleichungen, Bde. 1–15, Göttingen/Zürich/Frankfurt 1970 ff.
369. K. MATZEL, Das Problem der „karlingischen Hofsprache", in: Mediaevalia litteraria. FS H. DE BOOR zum 80. Geburtstag, hg. U. HENNIG, H. KOLB, München 1971, 15–31.
370. K. MÜLLENHOFF, W. SCHERER, Denkmäler deutscher Poesie und Prosa aus dem 8.–12. Jh., Berlin 1864. 3. Aufl. hg. E. STEINMEYER, Berlin 1892.
371. P. VON POLENZ, Landschafts- und Bezirksnamen im frühmittelalterlichen Deutschland. Untersuchungen zur sprachlichen Raumerschließung, Bd. 1: Namentypen und Grundwortschatz, Marburg 1961.
372. R. SCHÜTZEICHEL, Die Grundlagen des westlichen Mitteldeutschen. Studien zur historischen Sprachgeographie, Tübingen ²1976.
373. G. DE SMET, Zum Einfluß des Christentums auf den altdeutschen Wortschatz, Nijmegen u. a. 1957.
374. K. WAGNER, Deutsche Sprachlandschaften, Marburg 1927.

Skandinavien

375. H. H. ANDERSEN, Vorchristliche Königsgräber in Dänemark und ihre Hintergründe. Versuch einer Synthese, in: Germania 65 (1987), 159–173.
376. T. CAPELLE, Kultur- und Kunstgeschichte der Wikinger, Darmstadt 1986.
377. The Christianization of Scandinavia, hg. B. SAWYER, P. H. SAWYER, I. WOOD, Alingsås 1987.
378. S. COUPLAND, From proachers to gamekeepers: Scandinavian warlords and Carolingian kings, in: Early Medieval Europe 7 (1998), 85–114.
379. K. DÜWEL, Runenkunde, Stuttgart ²1983.
380. P. G. Foote, D. M. Wilson, The Viking Achievement, London 1970.
381. A. FORTE, R. ORAM, F. PEDERSEN, Viking Empires, Cambridge 2005.

382. D. M. HADLEY, The Northern Danelaw: Its Social Structure, c. 800–1100, London 2000.
383. C. R. HART, The Danelaw, London 1992.
384. E. HOFFMANN, Beiträge zur Geschichte der Beziehungen zwischen dem deutschen und dem dänischen Reich für die Zeit von 934 bis 1035, in: 850 Jahre St.-Petri-Dom zu Schleswig, hg. C. RADTKE, W. KÖRBER, Schleswig 1984, 105–132.
385. DERS., Königserhebung und Thronfolgeordnung in Dänemark bis zum Ausgang des Mittelalters, Berlin/New York 1976.
386. S. JANSSON, The Runes of Sweden, Stockholm 1962.
387. G. JONES, The Norse Atlantic Sagas, London 1964.
388. M. KAUFHOLD, Europas Norden im Mittelalter, Darmstadt 2001.
389. F. D. LOGAN, The Vikings in History, London u. a. 1983.
390. J. PEDDIE, Alfred. Warrior-King, Gloucestershire 1999.
391. K. RANDSBORG, The Viking Age in Denmark. The Formation of a State, London 1980.
392. E. ROESDAHL, Viking Age Denmark, London 1982.
393. A. RUPRECHT, Die ausgehende Wikingerzeit im Lichte der Runeninschriften, Göttingen 1958.
394. P. H. SAWYER, Kings and Vikings. Scandinavia and Europe, AD 700–1100, London 1994.
395. P. SAWYER, B. SAWYER, Die Welt der Wikinger, Berlin 2002.
396. K. VON SEE, Mythos und Theologie im skandinavischen Hochmittelalter, Heidelberg 1988.
397. DERS., Skaldendichtung. Eine Einführung, Zürich/München 1980.
398. R. SIMEK, Die Wikinger, München 1998.
399. Wikinger, Waräger, Normannen. Die Skandinavier und Europa 800–1200 (Katalog der Ausstellung Paris, Berlin, Kopenhagen 1992/1993), Berlin 1992; franz. Fassung: Les Vikings, Paris 1992.
400. D. M. WILSON, The Vikings and their Origins. Scandinavia in the First Millenium, London 1980.

Slawen

Westslawen

401. C. R. BOWLUS, Die geographische Lage des mährischen Reiches anhand fränkischer Quellen, in: Bohemia 28 (1987), 1–24.
402. H. DOPSCH, Passau als Zentrum der Slawenmission. Ein Beitrag zur Frage des „Großmährischen Reiches", in: Südostdt. Archiv 28/29 (1985/86), 5–28.
403. L. DRALLE, Slaven an Havel und Spree. Studien zur Geschichte des hevellisch-wilzischen Fürstentums (6. bis 10. Jh.), Berlin 1981.

404. M. Eggers, Das „Großmährische Reich" – Realität oder Fiktion? Eine Neuinterpretation der Quellen zur Geschichte des mittleren Donauraumes im 9. Jh., Stuttgart 1995.
405. Ders., Das Erzbistum des Method. Lage, Wirkung und Nachleben der kyrillomethodianischen Mission, München 1996.
406. Europa Slavica – Europa Orientalis. FS H. Ludat zum 70. Geburtstag, hg. K.-D. Grothusen, K. Zernack, Berlin 1980.
407. J. Fried, Der päpstliche Schutz für Laienfürsten. Die politische Geschichte des päpstlichen Schutzprivilegs für Laien (11.–13. Jh.), Heidelberg 1980.
408. Ders., Gnesen – Aachen – Rom. Otto III. und der Kult des hl. Adalbert. Beobachtungen zum älteren Adalbertsleben, in: M. Borgolte (Hg.), Polen und Deutschland vor 1000 Jahren, Berlin 2002, 235–279.
409. Ders., St. Adalbert, Ungarn und das Imperium Ottos III., in: Begegnungen – Crossroads. Schriftenreihe des Europa Instituts Budapest 15 (2003), 113–141.
410. W. H. Fritze, Frühzeit zwischen Ostsee und Donau. Ausgewählte Beiträge zum geschichtlichen Werden im östlichen Mitteleuropa vom 6. bis zum 13. Jh., hg. L. Kuchenbuch, W. Schich, Berlin 1982.
411. Ders. (Hg.), Germania Slavica, Bde. 1 u. 2, Berlin 1980–1981.
412. J. Hoffmann, Vita Adalberti. Früheste Textüberlieferungen der Lebensgeschichte Adalberts von Prag, Essen 2005.
413. F. Graus, Die Nationenbildung der Westslawen im Mittelalter, Sigmaringen 1980.
414. Großmähren. Slawenreich zwischen Byzantinern und Franken, Mainz 1966.
415. Der Heilige Method, Salzburg und die Slawenmission, hg. im Auftrag des Stiftungsfonds „Pro Oriente" v. T. Piffl-Perčević, A. Stirnemann, Innsbruck/Wien 1987.
416. J. Herrmann, Zwischen Hradschin und Vineta. Frühe Kulturen der Westslawen, Leipzig/Jena/Berlin ³1981.
417. Ders. (Hg.), Die Slawen in Deutschland. Geschichte und Kultur der slawischen Stämme westlich von Oder und Neiße vom 6. bis 12. Jh. Ein Handbuch, überarb. Aufl. Berlin 1985.
418. Ders. (Hg.), Welt der Slawen: Geschichte, Gesellschaft, Kultur, München 1986.
419. Ders. (Hg.), Wikinger und Slawen. Zur Frühgeschichte der Ostseevölker, Berlin 1982.
420. H. Jilek, Die Wenzels- und Ludmila-Legenden des 10. und 11. Jhs. Neueste Forschungsergebnisse, in: Zs. f. Ostforsch. 24 (1975), 79–148.
421. M. Lacko, The Popes and Great Moravia in the Light of Roman Documents, in: Slovak Studies 12 (1972), 9–133.
422. F. Lošek, Die Conversio Bagoariorum et Carantanorum und der Brief des Erzbischofs Theotmar von Salzburg, Hannover 1997.

423. H. Löwe, Methodius im Reichenauer Verbrüderungsbuch, in: DA 38 (1982), 341–362.
424. H. Ludat, Slaven und Deutsche im Mittelalter. Ausgewählte Aufsätze zu Fragen der politischen, sozialen und kulturellen Beziehungen, Köln/Wien ²1982.
425. Ch. Lübke, Regesten zur Geschichte der Slaven an Elbe und Oder (vom Jahr 900 an), 5 Bde., Berlin 1984–1988.
426. Ders., Slawen und Deutsche um das Jahr 1000, in: Mediaevalia historica Bohemica 3 (1993), 59–90.
427. Ders. (Hg.), Struktur und Wandel im Früh- und Hochmittelalter. Eine Bestandsaufnahme aktueller Forschungen zur Germania Slavica, Stuttgart 1998.
428. M. Müller-Wille (Hg.), Starigard/Oldenburg. Ein slawischer Herrschersitz des frühen Mittelalters in Ostholstein, Neumünster 1991.
429. Ders. (Hg.), Rom und Byzanz im Norden. Mission und Glaubenswechsel im Ostseeraum während des 8.–14. Jhs., Stuttgart 1997–1998.
430. V. Peri, Il mandato missionario e canonico di Metodio e l'ingresso della lingua slava nella liturgia, in: AHP 26 (1988), 9–69.
431. B. Sasse, Die Sozialstruktur Böhmens in der Frühzeit. Historisch-archäologische Untersuchungen zum 9.–12. Jh., Berlin 1982.
432. Slawen und Deutsche zwischen Elbe und Oder. Vor 1000 Jahren: Der Slawenaufstand von 983, Ausstellung des Museums für Vor- und Frühgeschichte Preuss. Kulturbesitz, Red. G. Saherwala, Berlin 1983.
433. P. Sommer (Hg.), Boleslav II. Der tschechische Staat um das Jahr 1000, Prag 2001.
434. A. Sós, Die slavische Bevölkerung Westungarns im 9. Jh., München 1973.
435. Symposium Methodianum. Beiträge der Internationalen Tagung in Regensburg (17. bis 24. April 1985) zum Gedenken an den 1100. Todestag des hl. Method, hg. K. Trost, E. Völkl, E. Wedel, Neuried 1988.
436. D. Třeštík, Die Stellung Großmährens in der Geschichte. Zu Stand und Bedürfnissen der Forschung zum großmährischen Reich, in: Český časopis historický 97 (1999), 689–727 (tschechisch mit deutscher Zusammenfassung).
437. Vita religiosa morale e sociale ed i concili di Split (Spalato) dei secoli X–XI. Atti del Symposium internazionale di storia ecclesiastica, Split, 26–30 sett. 1978, hg. A. G. Matanić, Padua 1982.
438. A. P. Vlasto, The Entry of the Slavs into Christendom. An Introduction to the Medieval History of the Slavs, Cambridge 1970.

Elbslawen

439. H. BEUMANN (Hg.), Heidenmission und Kreuzzugsgedanke in der deutschen Ostpolitik des Mittelalters, Darmstadt 1963.
440. E. BOHM, Die Frühgeschichte des Berliner Raumes (6. Jh. v. Chr. bis zum 12. Jh. n. Chr.), in: Geschichte Berlins, hg. W. RIBBE, Bd. 1, Von der Frühgeschichte bis zur Industrialisierung, München ²1988, 3–135.
441. DERS., Teltow und Barnim. Untersuchungen zur Verfassungsgeschichte und Landesgliederung brandenburgischer Landschaften im Mittelalter, Köln/Wien 1978.
442. W. BRÜSKE, Untersuchungen zur Geschichte des Lutizenbundes. Deutsch-wendische Beziehungen des 10. bis 12. Jhs., Münster/Köln ²1983.
443. B. FRIEDMANN, Untersuchungen zur Geschichte des abodritischen Fürstentums bis zum Ende des 10. Jhs., Berlin 1986.
444. W. H. FRITZE, Beobachtungen zu Entstehung und Wesen des Lutizenbundes [zuerst 1968], zuletzt in: DERS., Frühzeit zwischen Ostsee und Donau. Ausgewählte Beiträge zum geschichtlichen Werden im östlichen Mitteleuropa vom 6. bis zum 13. Jh., hg. L. KUCHENBUCH, W. SCHICH, Berlin 1982, 130–166.
445. DERS., Der slawische Aufstand von 983 – eine Schicksalswende in der Geschichte Mitteleuropas, in: FS d. Landesgeschichtlichen Vereinigung f. d. Mark Brandenburg zu ihrem hundertjährigen Bestehen 1884–1984, hg. E. HENNING, W. VOGEL, Berlin 1984, 9–55.
446. W. H. FRITZE, K. ZERNACK (Hg.), Grundfragen der geschichtlichen Beziehungen zwischen Deutschen, Polaben und Polen. Referate und Diskussionsbeiträge aus zwei wissenschaftlichen Tagungen, Berlin 1976.
447. M. HELLMANN, Die Ostpolitik Kaiser Ottos II., in: Syntagma Friburgense. Historische Studien H. AUBIN dargebracht zum 70. Geburtstag am 23. 12. 1955, Lindau/Konstanz 1956, 49–67.
448. J. HERRMANN, Der Lutizenaufstand 983. Ursachen, politisch-militärische Vorläufer, Verlauf und Wirkungen, in: Militärgesch. 22 (1983), 552–566.
449. D. KURZE, Christianisierung und Kirchenorganisation zwischen Elbe und Oder, in: Wichmann-Jb. 30/31 (1990/91), 11–30.
450. G. LABUDA, Zur Gliederung der slawischen Stämme in der Mark Brandenburg (10.–12. Jh.), in: Jb. für die Geschichte Mittel- und Ostdeutschlands 42 (1994) 103–139.
451. H. LUDAT, An Elbe und Oder um das Jahr 1000. Skizzen zur Politik des Ottonenreiches und der slavischen Mächte in Mitteleuropa, Köln/Wien 1971.
452. DERS. (Hg.), Siedlung und Verfassung der Slawen zwischen Elbe, Saale und Oder, Gießen 1960.

453. W. SCHLESINGER, Bäuerliche Gemeindebildung in den mittelelbischen Landen im Zeitalter der mittelalterlichen deutschen Ostbewegung [zuerst 1961], zuletzt in: Die Anfänge der Landgemeinde und ihr Wesen, Bd. 2, Konstanz/Stuttgart 1964, 25–87.
454. DERS., Kirchengeschichte Sachsens im Mittelalter, 2 Bde., Köln/Graz 1962.
455. R. SCHMIDT, Rethra. Das Heiligtum der Lutizen als Heiden-Metropole, in: Historische Forschungen für W. SCHLESINGER, hg. H. BEUMANN, Köln/Wien 1974, 366–394.
456. G. E. SCHRAGE, Slaven und Deutsche in der Niederlausitz. Untersuchungen zur Siedlungsgeschichte im Mittelalter, Berlin 1990.
457. Gli Slavi occidentali e meridionali nell'alto medioevo, Spoleto 1983.
458. K. ZERNACK, Die burgstädtischen Volksversammlungen bei den Ost- und Westslaven. Studien zur verfassungsgeschichtlichen Bedeutung des Vece, Wiesbaden 1967.

Polen

459. A. BRACKMANN, Gesammelte Aufsätze, Köln/Graz ²1967.
460. H. BEUMANN, W. SCHLESINGER, Urkundenstudien zur deutschen Ostpolitik unter Otto III. [zuerst 1955], erw. in: W. SCHLESINGER, Mitteldeutsche Beiträge [wie 1189], 306–412.
461. J. FRIED, Formen päpstlichen Schutzes für Laienfürsten (9.–13. Jh.), in: Proceedings of the Fifth Congress of Medieval Canon Law. Salamanca 1976, Città del Vaticano 1980, 345–359.
462. DERS., Otto III. und Boleslaw Chrobry. Das Widmungsbild des Aachener Evangeliars, der „Akt von Gnesen" und das frühe polnische und ungarische Königtum. Eine Bildanalyse und ihre historischen Folgen, Stuttgart ²2001 (poln.: Warschau 2000).
463. DERS., Der heilige Adalbert und Gnesen, in: Archiv für mittelrheinische Kirchengeschichte 50 (1998), 41–70.
464. DERS., Römische Erinnerung. Zu den Anfängen und frühen Wirkungen des christlichen Rommythos, in: Studien zur Geschichte des Mittelalters. J. PETERSOHN zum 65. Geburtstag, hg. M. THUMSER, A. WENZ-HAUBFLEISCH, P. WIEGAND, Stuttgart 2000, 1–41.
465. A. GIEYSZTOR, Christiana res publica et la politique de l'empire, in: Renovatio imperii. Atti della giornata internazionale di studio per il millenario, Florenz 1963, 41–63.
466. DERS., *Gens Polonica*: aux origines d'une conscience nationale, in: Études de civilisation médiévale (IXe–XIIe siècles). Mélanges offerts à E.-R. LABANDE par ses amis, ses collègues, ses élèves, Poitiers 1974, 351–367.
467. DERS. u. a., History of Poland, Warschau ²1979.

468. DERS., Recherches sur les fondements de la Pologne médiévale: État actuel des problèmes, in: APH 4 (1961), 7–33.
469. K. GÖRICH, Otto III. Romanus Saxonicus et Italicus. Kaiserliche Rompolitik und sächsische Historiographie, Sigmaringen ²1992.
470. DERS., Die De Imiza. Versuch über eine römische Adelsfamilie zur Zeit Ottos III., in: QFIAB 74 (1994), 1–41.
471. W. HENSEL, De l'histoire des recherches archéologiques sur les Slaves du haut moyen âge, Warschau 1980.
472. G. B. LADNER, The Holy Roman Empire of the Tenth Century and East Central Europe, in: The Polish Review 5 (1960), 3–14.
473. ŁOWMIAŃSKI, Baptism and the Early Church Organization, in: The Christian Community of Medieval Poland. Anthologies, hg. J. KŁOCZOWSKI, Wrocżław u. a. 1981, 27–56.
474. DERS., The Problem of the Origins of the Polish State in Recent Historical Research, in: Quaestiones medii aevi 1 (1977), 33–70.
475. H. LUDAT, Deutsch-slawische Frühzeit und modernes polnisches Geschichtsbewußtsein. Ausgewählte Aufsätze, Köln/Wien 1969.
476. G. PRINZING, Byzantinische Aspekte der mittelalterlichen Geschichte Polens, in: Byzantion 64 (1994), 459–484.
477. P. SCHREINER, Königin Richeza, Polen und das Rheinland. Historische Beziehungen zwischen Deutschen und Polen im 11. Jh., in: Pullheimer Beiträge zur Geschichte und Heimatkunde 19 (1995), 8–64.
478. P. URBAŃCZYK(Hg.), The Neighbours of Poland in the 10th Century, Warschau 2000.
479. C. WARNKE, Die Anfänge des Fernhandels in Polen, 900–1025, Würzburg 1964.

Rus'

480. E. DONNERT, Das Kiewer Rußland. Kultur und Geistesleben vom 9. bis zum beginnenden 13. Jh., Leipzig/Jena/Berlin 1983.
481. S. FRANKLIN, J. SHEPARD, The Emergence of the Rus, 750–1200, London 1996.
482. K. HELLER, Russische Wirtschafts- und Sozialgeschichte 1, Die Kiever und die Moskauer Periode (9.–17. Jh.), Darmstadt 1987.
483. M. HELLMANN (Hg.), Handbuch der Russischen Geschichte 1, Stuttgart 1981.
484. L. S. KLEJN, Soviet Archaeology and the Role of the Vikings in the Early History of the Slaves, in: Norwegian Archaeological Review 6 (1973), 1–4.
485. G. S. LEBEDEV, V. A. NAZARENKO, The Connections between Russians and Scandinavians in the 9th–10th Centuries, in: Norwegian Archaeological Review 6 (1973), 5–9.

486. M. MÜLLER-WILLE (Hg.), Novgorod. Das mittelalterliche Zentrum und sein Umland im Norden Rußlands, Neumünster 2001.
487. Oldenburg – Wolin – Staraja Ladoga – Novgorod – Kiev. Handel und Handelsverbindungen im südlichen und östlichen Ostseeraum während des frühen Mittelalters, in: Ber. RGK 69 (1988), 5–807.
488. O. PRITSAK, The Origin of Rus', Bd. 1, Old Scandinavian Sources other than the Sagas, Cambridge (Mass.) 1981.
489. Proceedings of the International Congress Commemorating the Millenium of Christianity in Rus'-Ukraine, Harvard Ukrainian Studies 12/13 (1988/89).
490. H. RÜSS, Die Varägerfrage. Neue Tendenzen in der sowjetischen archäologischen Forschung, in: Östliches Europa. Spiegel der Geschichte, FS M. HELLMANN zum 65. Geburtstag, hg. C. GOEHRKE, Wiesbaden 1977, 3–16.
491. G. SCHRAMM, Fernhandel und frühe Reichsbildungen am Ostrand Europas. Zur historischen Einordnung der Kiever Rus', in: Staat und Gesellschaft in Mittelalter und Früher Neuzeit. Gedenkschrift f. J. LEUSCHNER, hg. Hist. Seminar d. Universität Hannover, Göttingen 1983, 15–39.
492. DERS., Die Herkunft des Namens Rus'. Kritik des Forschungsstandes, in: Forsch. z. osteurop. Gesch. 30 (1982), 7–49.
493. Varangian Problems. Report on the First International Symposium on the Theme „The Eastern Connections of the Nordic Peoples in the Viking Period and Early Middle Ages". Moesgaard-University of Aarhus, 7th–11th October 1968, Kopenhagen 1970.
494. N. N. WORONIN, M. K. KARGER, M. A. TICHANOW (Hg.), Geschichte der Kultur der alten Rus'. Die vormongolische Periode, 2 Bde., Berlin 1959–62.

„Russlands Taufe"

495. J.-P. ARRIGNON, Les relations internationales de la Russie Kievienne au milieu du Xe siècle et le baptême de la princesse Olga, in: Occident et orient au Xe siècle. Actes du IXe congrès de la Société des historiens médiévistes de l'enseignement supérieur public, Dijon, 2–4 juin 1978, Pans 1979, 167–184.
496. G. G. BLUM, Die Taufe des Großfürsten Vladimir. Historiographie und christliche Deutung, in: ZKiG 99 (1988), 1–22.
497. K. ERICSSON, The Earliest Conversion of the Rus' to Christianity, in: Slavonic and East European Review 44 (1966), 78–121.
498. C. GOEHRKE, Männer- und Frauenherrschaft im Kiever Fürstenhaus: Olga von Kiev als Regentin (945–960/61), in: Forschungen zur osteuropäischen Geschichte 50, Berlin 1995, 139–154.

499. Millennium Russiae Christianae. Tausend Jahre christliches Rußland, 988–1988, hg. G. BIRKFELLNER, Köln 1993.
500. L. MÜLLER, Die Taufe Rußlands. Die Frühgeschichte des russischen Christentums bis zum Jahre 988, München 1987.
501. DERS., Zum Problem des hierarchischen Status und der jurisdiktionellen Abhängigkeit der russischen Kirche vor 1039, Köln 1959.
502. G. PODSKALSKY, Christentum und theologische Literatur in der Kiever Rus' (988–1237), München 1982.
503. A. POPPE, The Rise of Christian Russia, London 1982, Nr. VIII.
504. DERS., Once again concerning the baptism of Olga, archontissa of Rus', in: Dumbarton Oaks Papers 46 (1992), 271–277.
505. G. STÖKL, Das Millennium der Taufe Rußlands in der sowjetischen Historiographie, in: Forschungen zur osteuropäischen Geschichte 50, Berlin 1995, 355–362.

Verwandte, Sippe als Forschungsproblem

506. C. B. BOUCHARD, Consanguinity and Noble Marriages in the Tenth and Eleventh Century, in: Speculum 56 (1981), 268–287.
507. DIES., Family Structure and Family Consciousness Among the Aristocracy in the 9th to 11th Centuries, in: Francia 14 (1986), 639–658.
508. Dhuoda, Manuel pour mon fils [Liber manualis Dhuodane, quem ad filium suum transmisit Wilhelmum, lat. u. frz.], hg. u. übers. P. RICHÉ, Paris 1975.
509. G. DUBY, Structures de parenté et noblesse dans la France du nord aux XIe et XIIe siècles [zuerst 1967], zuletzt in: DERS., Hommes et structures du moyen âge. Recueil d'articles, Paris 1984, 267–285.
510. F. GENZMER, Die germanische Sippe als Rechtsgebilde, in: ZRG GA 67 (1950), 34–49.
511. J. GOODY, The Development of the Family and Marriage in Europe, Cambridge 1983. Dt.: Die Entwicklung von Ehe und Familie in Europa, Berlin 1986.
512. W. GROENBECH, Kultur und Religion der Germanen, 2 Bde., zuerst dänisch 1909–12, dt. 5. Aufl. hg. O. HÖFLER, Stuttgart 1954.
513. K. HAUCK, Geblütsheiligkeit, in: Liber Floridus. Mittellateinische Studien, P. LEHMANN zum 65. Geburtstag gewidmet von Freunden, Kollegen und Schülern, hg. B. BISCHOFF, S. BRECHTER, St. Ottilien 1950, 187–240.
514. B. JUSSEN, Der Name der Witwe. Erkundungen zur Semantik der mittelalterlichen Bußkultur, Göttingen 2000.
515. K. KROESCHELL, Die Sippe im germanischen Recht, in: ZRG GA 77 (1960), 1–25.
516. R. LEJAN, Famille et pouvoir dans le monde Franc (VIIe–Xe siècle). Essai d'anthropologie social, Paris 1995.

517. K. J. LEYSER, The German Aristocracy from the Ninth to the Early Twelfth Century. A Historical and Cultural Sketch, in: P&P 41 (1968), 25–53.
518. DERS., Maternal Kin in Early Medieval Germany. A Reply, in: P&P 49 (1970), 126–134; wieder in DERS., Communication and Power in Medieval Europe. The Carolingian and Ottonian Centuries, hg. T. REUTER, London/Rio Grande 1994, 181–188.
519. M. PARISSE (Hg.), Veuves et veuvage dans le haut moyen âge, Paris 1993.
520. T. REUTER, The Medieval Nobility. Studies on the Ruling Classes of France and Germany from the Sixth to the Twelfth Century, Amsterdam/New York/Oxford 1979.
521. W. SCHLESINGER, Randbemerkungen zu drei Aufsätzen über Sippe, Gefolgschaft und Treue [zuerst 1963], zuletzt in: Beiträge [wie 1187], Bd. 1, 286–334.
522. K. SCHMID, Geblüt – Herrschaft – Geschlechterbewußtsein. Grundfragen zum Verständnis des Adels im Mittelalter. Aus dem Nachlaß herausgegeben und eingeleitet von D. MERTENS und Th. ZOTZ, Sigmaringen 1998.
523. P. STAFFORD, Sons and Mothers. Family Policy in the Early Middle Ages, in: Medieval Women. Dedicated and Presented to Professor R. M. T. HILL on the Occasion of her 70th Birthday, hg. D. BAKER, Oxford 1978, 79–100.
524. J. WOLLASCH, Eine adlige Familie des frühen Mittelalters. Ihr Selbstverständnis und ihre Wirklichkeit, in: AKG 39 (1957), 150–188.

Memorialwesen

525. G. ALTHOFF, Gebetsgedenken für Teilnehmer an Italienzügen. Ein bisher unbeachtetes Trienter Diptychon, in: FMSt 15 (1981), 36–67.
526. G. ALTHOFF, J. WOLLASCH, Bleiben die Libri Memoriales stumm? Eine Erwiderung auf H. Hoffmann, in: DA 56 (2000), 33–53.
527. U. BERLIÈRE, Les fraternités monastiques et leur rôle juridique, in: Acad. Royale de Belgique. Classe des lettres et des sciences morales et politiques, Mémoires, Coll. en 8°, 2e sér. 11, Brüssel 1920, 3–26.
528. M. BORGOLTE, Freigelassene im Dienst der Memoria. Kulttradition und Kultwandel zwischen Antike und Mittelalter, in: FMSt 17 (1983), 234–250.
529. DERS., Salomo III. und St. Mangen. Zur Frage nach den Grabkirchen der Bischöfe von Konstanz, in: Churrätisches und st. gallisches Mittelalter. FS O. P. CLAVADETSCHER zu seinem 65. Geburtstag, hg. H. MAURER, Sigmaringen 1984, 195–223.
530. DERS., Stiftergedenken im Kloster Dießen: Ein Beitrag zur Kritik bayerischer Traditionsbücher, in: FMSt 24 (1990), 245–289.

531. M. Borgolte, D. Geuenich, K. Schmid, Subsidia Sangallensia 1. Materialien und Untersuchungen zu den Verbrüderungsbüchern und zu den älteren Urkunden des Stiftsarchivs St. Gallen, St. Gallen 1986.
532. J. Gerchow, Die Gedenküberlieferung der Angelsachsen, Mit einem Katalog der libri vitae und Necrologien, Berlin/New York 1988.
533. K. Hauck, Rituelle Speisegemeinschaft im 10. und 11. Jh., in: Studium Generale 3 (1950), 611–621.
534. H. Hoffmann, Anmerkungen zu den Libri Memoriales, in: DA 53 (1997), 415–459.
535. W. Jorden, Das cluniazensische Totengedächtniswesen vornehmlich unter den drei ersten Äbten Berno, Odo und Aymard (910–954). Zugleich ein Beitrag zu den cluniazensischen Traditionsurkunden, Münster 1930.
536. O. G. Oexle, Memoria und Memorialüberlieferung im frühen Mittelalter, in: FMSt 10 (1976), 70–95.
537. Recueil des rouleaux des morts (VIIIe siècle-vers 1536) publ. sous la direction de J. Favier par J. Dufour, vol. 1 (VIIIe siècle–1180), Paris 2005.
538. K. Schmid, Zum Quellenwert der Verbrüderungsbücher von St. Gallen und Reichenau, in: DA 41 (1985), 345–389.
539. K. Schmid, O. G. Oexle, Voraussetzungen und Wirkungen des Gebetsbundes von Attigny, in: Francia 2 (1974), 71–122.
540. S. Scholz, Das Grab in der Kirche. Zu seinen theologischen und rechtlichen Hintergründen in Spätantike und Frühmittelalter, in: ZRG KA 115 (1998), 270–306.
541. G. Schreiber, Gesammelte Abhandlungen, Bd. 1: Gemeinschaften des Mittelalters, Münster 1948.
542. W. Wagner, Das Gebetsgedenken der Liudolfinger im Spiegel der Königs- und Kaiserurkunden von Heinrich I. bis zu Otto III., in: AfD 40 (1994), 1–78.
543. St. Waldhoff, Memoria im privaten Beten des frühen Mittelalters, in: Archiv für Liturgiewissenschaft 38/39 (1996/97), 173–250.
544. J. Wollasch, Gemeinschaftsbewußtsein und soziale Leistung im Mittelalter, in: FMSt 9 (1975), 268–286.
545. Ders., Geschichtliche Hintergründe der Dortmunder Versammlung des Jahres 1005, in: Westfalen 58 (1980), 55–69.

Adelsforschung

546. G. Althoff, Verwandte, Freunde und Getreue. Zum politischen Stellenwert der Gruppenbindungen im früheren Mittelalter, Darmstadt 1990.

547. T. Brüsch, Die Brunonen, ihre Grafschaften und die sächsische Geschichte. Herrschaftsbildung und Adelsbewußtsein im 11. Jh., Husum 2000.
548. H. Bühler, Studien zur Geschichte der Grafen von Achalm und ihrer Verwandten, in: Zs. f. Württ. Lg. 43 (1984), 7–87.
549. H. Dobbertin, War Herzog Konrad von Schwaben der Stiefvater Ekberts von Stade?, in: Braunschweig. Jb. 69 (1988), 147–151.
550. H. C. Faussner, Kuno von Öhningen und seine Sippe in ottonisch-salischer Zeit, in: DA 37 (1981), 20–139.
551. J. B. Freed, Reflections on the Medieval German Nobility, in: AHR 91 (1986), 553–575.
552. J. Fried, Prolepsis oder Tod? Methodische und andere Bemerkungen zur Konradiner-Genealogie im 10. und frühen 11. Jh., in: Papstgeschichte und Landesgeschichte. FS H. Jakobs zum 65. Geburtstag, hg. J. Dahlhaus, A. Kohnle, Köln/Weimar/Wien 1995, 69–119.
553. Ders., Konradiner und kein Ende oder Die Erfindung des Adelsgeschlechtes aus dem Geist der Kanonistik. Eine Auseinandersetzung mit Eduard Hlawitschka, in: ZRG GA 123 (2006), 1–66.
554. Ders., Der lange Schatten eines schwachen Herrschers. Ludwig der Fromme, die Kaiserin Judith, Pseudoisidor und andere Personen in der Perspektive neuer Fragen, Methoden und Erkenntnisse, in: HZ 284 (2007), 103–136.
555. W. Hechberger, Adel, Ministerialität und Rittertum im Mittelalter, München 2004.
556. M. Hellmann, Ottonen und Rurikiden. Bemerkungen zur Wiederaufnahme einer Diskussion, in: Jb. f. Gesch. Osteuropas NF 29 (1981), 569–576.
557. E. Hlawitschka, Stirps regia. Forschungen zu Königtum und Führungsschichten im früheren Mittelalter. Ausgewählte Aufsätze zu seinem sechzigsten Geburtstag, hg. G. Thoma, W. Giese, Frankfurt u. a. 1988, 471–494.
558. Ders., Untersuchungen zu den Thronwechseln der ersten Hälfte des 11. Jhs. und zur Adelsgeschichte Süddeutschlands. Zugleich klärende Forschungen um „Kuno von Öhningen", Sigmaringen 1987.
559. Ders., Konradiner-Genealogie, unstatthafte Verwandtenehen und spätottonisch-frühsalische Thronbesetzungspraxis. Ein Rückblick auf 25 Jahre Forschungsdisput, Hannover 2003.
560. D. C. Jackman, The Konradiner. A Study in Genealogical Methodology, Frankfurt a. M. 1990.
561. Ders., Das Eherecht und der frühdeutsche Adel, in: ZRG GA 112 (1995), 158–201.
562. Ders., Criticism and Critique. Sidelights on the Konradiner, Oxford 1997.

563. H. Jakobs, Der Adel in der Klosterreform von St. Blasien, Köln/Graz 1968.
564. R. LeJan (Hg.), La royauté et les élites dans l'Europe carolingienne (début IXe aux environs de 920), Lille 1998.
565. O. G. Oexle, Bischof Ebroin von Poitiers und seine Verwandten, in: FMSt 3 (1969), 138–210.
566. K. Reindel, Die bayerischen Luitpoldinger 893–989. Sammlung und Erläuterung der Quellen, München 1953.
567. G. Rupp, Die Ekkehardiner, Markgrafen von Meißen, und ihre Beziehungen zum Reich und zu den Piasten, Frankfurt a. M. 1996.
568. G. Schneider, Erzbischof Fulco von Reims (883–900) und das Frankenreich, München 1973.
569. W. Schneider, Wider die These von der „Adelsherrschaft", Tübingen 1980.
570. B. Schneidmüller, Die Welfen. Herrschaft und Erinnerung (819–1252), Stuttgart u. a. 2000.
571. K. F. Werner, Naissance de la noblesse. L'essor des élites politiques en Europe, Paris ²1999.
572. A. Wolf, Wer war Kuno ‚von Öhningen'? Überlegungen zum Herzogtum Konrads von Schwaben (†997) und zur Königswahl vom Jahre 1002, in: DA 36 (1980), 25–83; ergänzt in: Genealogisches Jb. 39 (1999), 5–56.
573. Ders., Quasi hereditatem inter filios. Zur Kontroverse über das Königswahlrecht im Jahre 1002 und die Genealogie der Konradiner, in: ZRG GA 112 (1995), 64–157; unter dem Titel: „Zur Königswahl Heinrichs II. im Jahr 1002. Verwandtschaftliche Bedingungen des Königswahlrechts" überarbeitet in: Genealogisches Jb. 42 (2002), 5–91.
574. Ders., Königskandidatur und Königsverwandtschaft. Hermann von Schwaben als Prüfstein für das „Prinzip der freien Wahl", in: DA 47 (1991), 45–117.
575. Ders., Die Herkunft der Grafen von Northeim aus dem Hause Luxemburg und der Mord am Königskandidaten Ekkehard von Meißen 1002, in: Niedersächsisches Jb. für Lg. 69 (1997), 427–440.

Adelsburgen

576. H. W. Böhme (Hg.), Burgen der Salierzeit, 2 Teilbde., Sigmaringen 1990.
576 a. Burgen in Mitteleuropa. Ein Handbuch, hg. H. W. Böhme u. a., 2 Bde., Darmstadt 1999.
577. G. Fournier, Le château dans la France médiévale. Essai de sociologie monumentale, Paris 1978.

578. J. Henning, Zur Burgengeschichte im 10. Jh., in: Ausgrabungen und Funde 37 (1992), 316–324.
579. H. Hinz, Motte und Donjon. Zur Frühgeschichte der mittelalterlichen Adelsburg, Köln 1981.
580. K.-U. Jäschke, Burgenbau und Landesverteidigung um 900. Überlegungen zu Beispielen aus Deutschland, Frankreich und England, Sigmaringen 1975.
581. H. Kunstmann, Mensch und Burg. Burgenkundliche Betrachtungen an ostfränkischen Wehranlagen, Neustadt (Aisch) ²1985.
582. M. Müller-Wille, Mittelalterliche Burghügel („Motten") im nördlichen Rheinland, Köln/Graz 1966.
583. K. Schwarz, Die archäologische Denkmalpflege in Bayern in den Jahren 1973–1975, in: Jahresbericht d. bayer. Bodendenkmalspflege 15/16 (1974/75), 149–304.
584. A. A. Settia, Castelli e villaggi nell'Italia padana. Popolamento, potere e sicurezza tra IX e XIII secolo, Neapel 1984.
585. W. Störmer, Adel und Ministerialität im Spiegel der bayerischen Namensgebung (bis zum 13. Jh.). Ein Beitrag zum Selbstverständnis der Führungsschichten, in: DA 33 (1977), 84–152.
586. G. Streich, Burg und Kirche während des deutschen Mittelalters. Untersuchungen zur Sakraltopographie von Pfalzen, Burgen und Herrensitzen, 2 Bde., Sigmaringen 1984.
587. K. W. Struve, Die Burgen in Schleswig-Holstein 1. Die slawischen Burgen, Neumünster 1981.
588. G. Vismara, La disciplina giuridica del castello medievale (sec. VI–XIII), in: Studia et Documenta Historiae et Iuris 28 (1972), 1–122.

Stellung der Frau

589. W. Affeldt (Hg.), Frauen in Spätantike und Frühmittelalter. Lebensbedingungen – Lebensnormen – Lebensformen, Beiträge einer internationalen Tagung an der Freien Universität Berlin, Sigmaringen 1989.
590. P. Ariès, L'enfant et la vie familiale sous l'ancien régime, Paris 1960. Dt.: Geschichte der Kindheit, München/Wien ³1976.
591. Y. Bessmertny, Le monde vu par une femme noble au IXe siècle. La perception du monde dans l'aristocratie carolingienne, in: Le Moyen Age 93 (1987), 161–184.
592. P. Delogu, „Consors regni": un problema carolingio, in: Bullettino dell' Istituto storico italiano per il medio evo 76 (1964), 47–98.
593. F.-R. Erkens, *Sicut Esther regina*. Die westfränkische Königin als *consors regni*, in: Francia 20/I (1993), 15–38.
594. A. von Euw, P. Schreiner (Hg.), Kaiserin Theophanu. Begegnung des Ostens und Westens um die Wende des ersten Jahrtausends, Köln 1991.

595. M. F. Facinger, A Study on Medieval Queenship: Capetian France, 987–1237, in: Studies in Medieval and Renaissance History 5 (1968), 3–48.
596. La femme dans les civilisations aux Xe–XIIIe siècles. Actes du colloque tenu à Poitiers les 23–25 septembre 1976, Poitiers 1977.
597. La femme au Moyen Age, hg. M. Rouche, J. Heuclin, Paris 1990.
598. Femmes et pouvoirs à Byzance et en Occident (VIe –XIe siècles), hg. St. Lebecq, A. Dierkens, R. LeJan, J.-M. Sansterre, Lille 1999.
599. A. Fössel, Die Königin im Mittelalterlichen Reich. Herrschaftsausübung, Herrschaftsrechte, Handlungsspielräume, Stuttgart 2000.
600. U. Gauwerky, Frauenleben in der Karolingerzeit, Diss. phil., Göttingen 1951.
601. H.-W. Goetz, Frauen im frühen Mittelalter. Frauenbild und Frauenleben im Frankenreich, Köln/Weimar/Wien 1995.
602. Ders., Nomen feminile. Namen und Namengebung der Frauen im frühen Mittelalter, in: Francia 23/I (1996), 99–115.
603. B. Hamilton, The House of Theophylact and the Promotion of the Religious Life among Women in Tenth-Century Rome, in: Studia monastica 12 (1970), 195–217.
604. Die Heiratsurkunde der Kaiserin Theophanu, 972 April 14. Sonderveröffentl. d. Niedersächs. Archivverwaltung anläßlich d. X. Internationalen Archivkongresses in Bonn, hg. D. Matthes, Wolfenbüttel 1984.
605. S. Konecny, Die Frauen des karolingischen Königshauses. Die politische Bedeutung der Ehe und die Stellung der Frau in der fränkischen Herrscherfamilie vom 7. bis zum 10. Jh., Wien 1976.
606. H. Krause, Die liberi der lex Baiuvariorum, in: FS M. Spindler zum 75. Geburtstag, hg. D. Albrecht, A. Kraus, K. Reindel, München 1969, 41–73.
607. K. Kroeschell, Söhne und Töchter im germanischen Erbrecht, in: Studien zu den germanischen Volksrechten. Gedächtnisschrift f. W. Ebel zum 70. Geburtstag, hg. G. Landwehr, Frankfurt/Bern 1982, 87–116.
608. H. G. Müller-Lindenlauf, Germanische und spätrömisch-christliche Eheauffassung in fränkischen Volksrechten und Kapitularien, Diss. jur., Freiburg 1969.
609. J. B. Russell, Recent Advances in Medieval Demography, in: Speculum 40 (1965), 84–101.
610. K. Sonnleitner, Selbstbewußtsein und Selbstverständnis der ottonischen Frauen im Spiegel der Historiographie des 10. Jhs., in: Geschichte und ihre Quellen. FS F. Hausmann zum 70. Geburtstag, Graz 1987, 111–119.
611. S. M. Stuard (Hg.), Women in Medieval Society, Philadelphia 1976.

612. J. VERDON, Les femmes et la politique en France au Xe siècle, in: Économies et sociétés au moyen âge. Mélanges offerts à É. PERROY, Paris 1973, 108–119.
613. T. VOGELSANG, Die Frau als Herrscherin im hohen Mittelalter. Studien zur „consors regni"-Formel, Göttingen/Frankfurt/Berlin 1954.
614. S. F. WEMPLE, Women in Frankish Society. Marriage and the Cloister, 500 to 900, Philadelphia 1981.
615. R. WENSKUS, Brun von Querfurt und die Stiftung des Erzbistums Gnesen, in: Zs. f. Ostforsch. 5 (1956), 524–537.

Gesellschaftliche Mobilität

616. Die abendländische Freiheit vom 10. zum 14. Jh., hg. J. FRIED, Sigmaringen 1991.
617. Aelfric's Colloquy [Aelfric Grammaticus, Colloquium, lat. u. angelsächs.], hg. G. N. GARMONSWAY, London ²1947.
618. G. DUBY, Adolescence de la chrétienté occidentale, 980–1140, Paris 1966. Dt.: Das Europa der Mönche und Ritter, 980–1140, Stuttgart 1984.
619. J. FLECKENSTEIN, Zum Problem der agrarii milites bei Widukind von Corvey [zuerst 1984], zuletzt in: Ordnungen und formende Kräfte [wie in: 326], 315–332.
620. J. FRIED, Deutsche Geschichte im Frühen und Hohen Mittelalter. Bemerkungen zu einigen neuen Gesamtdarstellungen, in: HZ 245 (1987), 625–659.
621. DERS., Über den Universalismus der Freiheit im Mittelalter, in: HZ 240 (1985), 313–361.
622. J. LE GOFF, Das Hochmittelalter, Frankfurt 1965.
623. E. MÜLLER-MERTENS, Karl der Große, Ludwig der Fromme und die Freien. Wer waren die liberi homines der karolingischen Kapitularien (742/745–832)? Ein Beitrag zur Sozialgeschichte und Sozialpolitik des Frankenreiches, Berlin 1963.
624. O. G. OEXLE, Forschungen zu monastischen und geistlichen Gemeinschaften im westfränkischen Bereich, München 1978.
625. J.-P. POLY, E. BOURNAZEL, La mutation féodale, X^e–XIIe siècles, Paris 1980.
626. H. K. SCHULZE, Rodungsfreiheit und Königsfreiheit. Zu Genesis und Kritik neuerer verfassungsgeschichtlicher Theorien, in: HZ 219 (1974), 529–550.
627. Summarium Heinrici, hg. R. HILDEBRANDT, 2 Bde., Berlin/New York 1974–1982.
628. R. WENSKUS, H. JANKUHN, K. GRINDA (Hg.), Wort und Begriff „Bauer". Zusammenfassender Bericht über die Kolloquien der Kom-

mission für die Altertumskunde Mittel- und Nordeuropas, Göttingen 1975.
629. P. WOLFF, Quidam homo nomine Roberto negociatore, in: Le Moyen Age 69 (1963), 129–139.

Entstehung des Rittertums

630. G. ALTHOFF, Nunc fiant Christi milites, qui dudum extiterunt raptores. Zur Entstehung von Rittertum und Ritterethos, in: Saeculum 32 (1981), 317–333.
631. B. S. BACHRACH, Early Carolingian Warfare. Prelude to Empire, Philadelphia 2001.
632. DERS., Warfare and Military Organisation in Pre-crusade Europe, Aldershot 2002.
633. A. BARBERO, L'aristocrazia nella società francese del medioevo. Analisi delle fonti letterarie (sec. X–XIII), Bologna 1987.
634. A. BORST (Hg.), Das Rittertum im Mittelalter, Darmstadt ²1989.
635. F. CARDINI, Alle radici della cavalleria medievale, Florenz 1981.
636. C. ERDMANN, Die Entstehung des Kreuzzugsgedankens, Stuttgart 1935.
637. J. FLECKENSTEIN, Adel und Kriegertum und ihre Wandlung im Karolingerreich [zuerst 1981], zuletzt in: Ordnungen und formende Kräfte [wie in: 326], 287–306.
638. DERS., Rittertum und ritterliche Welt. Unter Mitwirkung von Th. ZOTZ, Berlin 2002.
639. J. FLORI, L'idéologie du glaive. Préhistoire de la chevalerie, Genf 1983.
640. M. KEEN, Chivalry, New Haven/London 1984 (dt. Das Rittertum, Düsseldorf/Zürich 1999).
641. DERS., Medieval Warfare. A History, Oxford 1999.
642. H. KELLER, Militia. Vasallität und frühes Rittertum im Spiegel oberitalienischer miles-Belege des 10. und 11. Jhs., in: QFIAB 62 (1982), 59–118.
643. P. VAN LUYN, Les „milites" dans la France du XIe siècle. Examen des sources narratives, in: Le Moyen Age 77 (1971), 5–51, 193–238.

Gilden

644. G. DILCHER, Personale und lokale Strukturen kaufmännischen Rechts, in: Gilde und Korporation in den nordeuropäischen Städten des späten Mittelalters, hg. K. FRIEDLAND, Köln/Wien 1984, 65–77.
645. B. SCHWINEKÖPER (Hg.), Gilden und Zünfte. Kaufmännische und gewerbliche Genossenschaften im frühen und hohen Mittelalter, Sigmaringen 1985.

Arbeit

646. A. ADAM, Arbeit und Besitz nach Ratherus von Verona, Freiburg 1927.
647. P. BOISSONNADE, Le travail dans l'Europe chrétienne au moyen âge, V^e–XVe siècle, Paris 1930.
648. M. DAVID, Les „laboratores" jusqu'au renouveau économique des XIe–XIIe siècles, in: Études d'histoire du droit privé offertes à P. PETOT, Paris 1959, 107–119.
649. E. DELARUELLE, Le travail dans les règles monastiques occidentales du IVe au IXe siècle, in: Journal de Psychologie 41 (1948), 51–62.
650. S. FEDERBUSH, The Jewish Concept of Labour, New York 1956.
651. G. KEEL, Laborare und operari. Verwendungs- und Bedeutungsgeschichte zweier Verben für „arbeiten" im Lateinischen und Galloromanischen, St. Gallen 1942.
652. D. LAU, Der lateinische Begriff Labor, München 1975.
653. J. LE GOFF, Travail, techniques et artisans dans les systèmes de valeur du haut moyen âge (V^e–Xe siècle) [zuerst 1971], zuletzt in: Pour un autre Moyen Age [wie 120], 108–130. Dt.: Arbeit, Techniken und Handwerker in den Wertsystemen des Frühmittelalters (5.–10. Jh.), in: Für ein anderes Mittelalter [wie 120], 56–76.
654. P. MERCIER, XIV homélies du IXe siècle d'un auteur inconnu de l'Italie du nord, Paris 1970.
655. P. STERNAGEL, Die Artes Mechanicae im Mittelalter. Begriffs- und Bedeutungsgeschichte bis zum Ende des 13. Jhs., Kallmünz 1966.
656. A. DE VOGÜÉ, Travail et alimentation dans les Règles de saint Benoît et du Maître, in: Revue Bénédictine 74 (1964), 242–251.
657. P. WOLFF, F. MAURO, L'âge de l'artisanat (V^e–XVIIIe siècles), Paris 1962.

Frühgeschichte der Stadt, Allgemein

658. M. W. BARLEY (Hg.), European Towns. Their Archaeology and Early History, London 1977.
659. G. BINDING, Städtebau und Heilsordnung. Künstlerische Gestaltung der Stadt Köln in ottonischer Zeit, Düsseldorf 1986.
660. H. B. CLARKE, A. SIMMS (Hg.), The Comparative History of Urban Origins in Non-Roman Europe: Ireland, Wales, Denmark, Germany, Poland and Russia from the Ninth to the Thirteenth Century, 2 Bde., Oxford 1985.
661. G. DESPY, Villes et campagnes aux IXe et Xe siècles. L'exemple du pays mosan, in: Revue du Nord 50 (1968), 145–168.
662. Elenchus fontium historiae urbanae, quem edendum curaverunt C. VAN DE KIEFT, J. F. NIERMEYER, Bd. 1, hg. B. DIESTELKAMP, M. MARTENS u. a., Leiden 1967.

663. E. ENNEN, Frühgeschichte der europäischen Stadt, Köln/Wien ³1981.
664. W. A. VAN ES, W. J. H. VERWERS, Excavations at Dorestad, Bd. 1, The Harbour: Hoogstraat 1, Amersfoort 1980.
665. Die Frühgeschichte der europäischen Stadt im 11. Jh., hg. J. JARNUT, P. JOHANEK, Köln 1998.
666. Zur Genese mittelalterlicher nichtagrarischer Zentren in Ostmitteleuropa, hg. H. BRACHMANN, Berlin 1995.
667. E. HERZOG, Die ottonische Stadt. Die Anfänge der mittelalterlichen Stadtbaukunst in Deutschland, Berlin 1964.
668. H. JÄGER (Hg.), Stadtkernforschung, Köln/Wien 1987.
669. H. JANKUHN, W. SCHLESINGER, H. STEUER (Hg.), Vor- und Frühformen der europäischen Stadt im Mittelalter, 2 Bde., Göttingen ²1975.
670. M. MITTERAUER, Markt und Stadt im Mittelalter. Beiträge zur historischen Zentralitätsforschung, Stuttgart 1980.
671. K. W. STRUVE, Starigard – Oldenburg. Geschichte und archäologische Erforschung der slawischen Fürstenburg in Wagrien, in: 750 Jahre Stadtrecht Oldenburg in Holstein, Oldenburg 1985, 73–206.

Abkehr von älterer Forschung

672. G. DUBY (Hg.), Histoire de la France urbaine, Bd. 1: La ville antique. Des origines au IXe siècle; Bd. 2: La ville médiévale des Carolingiens à la Renaissance, Paris 1980.
673. E. ENGEL, Die deutsche Stadt des Mittelalters, München 1993.
674. F. L. GANSHOF, Étude sur le développement des villes entre Loire et Rhin au moyen âge, Paris 1943.
675. M. LOMBARD, L'évolution urbaine pendant le haut moyen âge, in: Ann. ESC 12 (1957), 7–28.
676. M. MITTERAUER, La continuité des foires et la naissance des villes, in: Ann. ESC 28 (1973), 711–734.
677. H. PIRENNE, Les villes et les institutions urbaines, 2 Bde., Paris/Brüssel 1939.
678. H. PLANITZ, Die deutsche Stadt im Mittelalter. Von der Römerzeit bis zu den Zunftkämpfen, Wien/Köln/Graz ⁵1980.
679. F. RÖRIG, Die europäische Stadt, in: Propyläen-Weltgeschichte, hg. W. GOETZ, Bd. 4: Das Zeitalter der Gotik und Renaissance 1250–1500, Berlin 1932, 277–392.
680. F. SCHMIEDER, Die mittelalterliche Stadt, Darmstadt 2005.
681. A. VERHULST, Les origines urbaines dans le nord-ouest de l'Europe: essai de synthèse, in: Francia 14 (1986), 57–81. Dt.: Zur Entstehung der Städte in Nordwesteuropa, in: Forschungen zur Stadtgeschichte. Drei Vorträge, hg. v. d. gemeins. Kommission d. Rhein.-Westf. Akad. d. Wiss. u. d. Gerda-Henkel-Stiftung, Opladen 1986, 25–53.

Kontinuitätsproblem

682. H. H. ANTON, Verfassungsgeschichtliche Kontinuität und Wandlungen von der Spätantike zum hohen Mittelalter. Das Beispiel Trier, in: Francia 14 (1986), 1–25.
683. G. BINDING, Die Domgrabung Köln. Bericht über das Kolloquium zur Baugeschichte und Archäologie, 14.–17.3. 1984 in Köln, in: Zs. f. Archäologie d. MA 11 (1985), 201–204.
684. K. BLASCHKE, Studien zur Frühgeschichte des Städtewesens in Sachsen, in: FS W. SCHLESINGER, hg. H. BEUMANN, Bd. 1, Köln/Wien 1973, 333–381.
685. C. BRÜHL, Palatium und Civitas. Studien zur Profantopographie spätantiker civitates vom 3. bis zum 13. Jh., Bd. 1: Gallien, Köln/Wien 1975; Bd. 2: Belgien, Köln/Wien 1990.
686. H. BÜTTNER, Studien zum frühmittelalterlichen Städtewesen in Frankreich, vornehmlich im Loire- und Rhônegebiet, in: Studien zu den Anfängen des europäischen Städtewesens. Reichenau-Vorträge 1955–1956, Lindau/Konstanz 1958, 151–189.
687. D. CLAUDE, Topographie und Verfassung der Städte Bourges und Poitiers bis in das 11. Jh., Lübeck 1960.
688. G. DILCHER, Bischof und Stadtverfassung in Oberitalien, in: ZRG GA 81 (1964), 225–266.
689. DERS., Die Entstehung der italienischen Stadtkommune, Aalen 1967.
690. E. DUPRÉ THESEIDER, Vescovi e città nell'Italia precomunale, in: Vescovi e diocesi in Italia nel medioevo (sec. IX–XIII). Atti del II convegno di storia della chiesa in Italia, Roma, 5–9 sett. 1961, Padua 1964, 55–109.
691. E. ENNEN, Die europäische Stadt des Mittelalters, Göttingen ⁴1987.
692. DIES., Frühgeschichte der europäischen Stadt – wie ich sie heute sehe, in: DIES., Gesammelte Abhandlungen zum europäischen Städtewesen und zur rheinischen Geschichte, Bonn 1977, 259–284.
693. DIES., Das Städtewesen Nordwestdeutschlands von den Anfängen bis zur salischen Zeit, in: Das erste Jahrtausend. Kunst und Kultur im werdenden Abendland an Rhein und Ruhr, Bd. 2, hg. V. H. ELBERN, Düsseldorf 1964, 785–820.
694. H. JANKUHN, Frühe Städte im Nord- und Ostseeraum (700–1100 n. Chr.), in: Topografia urbana e vita cittadina nell'alto medioevo in occidente, Spoleto 1974, 153–201.
695. Hagen KELLER u. a., Mittelalterliche Städte auf römischer Grundlage im einstigen Dekumatenland, in: ZGO NF 96 (1987), 1–64.
696. H.-J. KRESS, Die islamische Kulturepoche auf der iberischen Halbinsel. Eine historisch-kulturgeographische Studie, Marburg 1968.
697. L. LECIEJEWICZ, Early Medieval Sociotopographical Transformations in West Slavonic Urban Settlements in the Light of Archaeology, in: APH 34 (1976), 29–56.

698. I poteri temporali dei vescovi in Italia e in Germania nel medioevo, hg. C. G. Mor, H. Schmidinger, Bologna 1979.
699. F. Ronig (Hg.), Der Trierer Dom, Trier 1980.
700. H. F. Schmid, Das Weiterleben und die Wiederbelebung antiker Institutionen im mittelalterlichen Städtewesen, in: Annali di storia del diritto 1 (1957), 85–135.
701. P. Vaccari, Pavia nell'alto medioevo e nell'età comunale, Mailand 1966.

Neue Städte

702. H. Büttner, Die Bremer Markturkunden von 888 und 965 und die ottonische Marktrechtsentwicklung, in: Brem. Jb. 50 (1965), 13–27.
703. Ders., Markt und Stadt zwischen Waadtland und Bodensee bis zum Anfang des 12. Jhs., in: Schweiz. Zs. f. Gesch. 11 (1961), 1–26.
704. C. Ehlers, Metropolis Germaniae. Studien zur Bedeutung Speyers für das Königtum (751–1250), Göttingen 1996.
705. T. Endemann, Markturkunde und Markt in Frankreich und Burgund vom 9. bis 11. Jh., Konstanz/Stuttgart 1964.
706. Frankfurt am Main. Die Geschichte der Stadt, hg. Frankfurter Hist. Kommission, Sigmaringen 1991.
707. C. Goehrke, Die Anfänge des mittelalterlichen Städtewesens in eurasischer Perspektive, in: Saeculum 31 (1980), 194–239.
708. C. Haase (Hg.), Die Stadt des Mittelalters, Bd. 1: Begriff, Entstehung und Ausbreitung, Darmstadt ³1978.
709. K. Junghanns, Die deutsche Stadt im Frühfeudalismus, Berlin 1959.
710. D. Lohrmann, Mühlenbau, Schiffahrt und Flußumleitungen im Süden der Grafschaft Flandern–Artois (10.–11. Jh.), in: Francia 12 (1984), 149–188.
711. E. Müller-Mertens, Frühformen der mittelalterlichen Stadt oder Städte eigener Art im Frühmittelalter?, in: ZfG 35 (1987), 997–1006.
712. L. Schütte, Wik. Eine Siedlungsbezeichnung in historischen und sprachlichen Bezügen, Köln/Wien 1976.
713. C. Verlinden, Marchands ou tisserands? A propos des origines urbaines, in: Ann. ESC 27 (1972), 396–406.

Voraussetzungen für Gemeindebildungen

714. R. Bordone, Paesaggio, possesso e incastellamento nel territorio di Asti tra X e XI secolo, in: Bollettino storico-bibliografico subalpino 74 (1976), 457–525.
715. R. Bordone, J. Jarnut (Hg.), L'evoluzione delle città italiane nell'XI secolo, Bologna 1988.

716. H. Jakobs, Verfassungstopographische Studien zur Kölner Stadtgeschichte des 10. bis 12. Jhs., in: Köln, das Reich und Europa. Abhandlungen über weiträumige Verflechtungen der Stadt Köln in Politik, Recht und Wirtschaft im Mittelalter, hg. H. Stehkämper, Köln 1971, 49–123.
717. Hagen Keller, Der Gerichtsort in oberitalienischen und toskanischen Städten. Untersuchungen zur Stellung der Stadt im Herrschaftssystem des Regnum Italicum vom 9. bis 11. Jh., in: QFIAB 49 (1969), 1–72.
718. Ders., Die soziale und politische Verfassung Mailands in den Anfängen des kommunalen Lebens, in: HZ 211 (1970), 34–64.
719. B. Schwineköper, Königtum und Städte bis zum Ende des Investiturstreits. Die Politik der Ottonen und Salier gegenüber den werdenden Städten im östlichen Sachsen und in Nordthüringen, Sigmaringen 1977.

Armut

720. E. Boshof, Untersuchungen zur Armenfürsorge im fränkischen Reich des 9. Jhs., in: AKG 58 (1976), 265–339.
721. K. Bosl, Herrscher und Beherrschte im deutschen Reich des 10.–12. Jhs. [zuerst 1963], zuletzt in: Frühformen der Gesellschaft [wie 1160], 135–155.
722. Ders., Potens und Pauper. Begriffsgeschichtliche Studien zur gesellschaftlichen Differenzierung im frühen Mittelalter und zum „Pauperismus" des Hochmittelalters [zuerst 1963], zuletzt in: Frühformen der Gesellschaft [wie 1160], 106–134.
723. J. Devisse, „Pauperes" et „paupertas" dans le monde carolingien. Ce qu'en dit Hincmar de Reims, in: Revue du Nord 48 (1966), 273–287.
724. J.-C. Dufermont, Les pauvres, d'après les sources anglo-saxonnes, du VIIe au XIe siècle, in: Revue du Nord 50 (1968), 189–201.
725. S. Epperlein, Zur weltlichen und kirchlichen Armenfürsorge im karolingischen Imperium. Ein Beitrag zur Wirtschaftspolitik im Frankenreich, in: Jb. f. Wirtschaftsgesch. 1963, 41–60.
726. F. Irsigler, Divites und pauperes in der Vita Meinwerci, in: VSWG 57 (1970), 449–499.
727. R. Le Jan-Hennebicque, „Pauperes" et „Paupertas" dans l'occident carolingien aux IXe et Xe siècles, in: Revue du Nord 50 (1968), 169–187.
728. M. Mollat, Les pauvres au moyen âge. Étude sociale, Paris 1978. Dt.: Die Armen im Mittelalter, München 1984.
729. J. Schmitt, Untersuchungen zu den liberi homines der Karolingerzeit, Bern 1977.
730. C. Violante, „Pauperes" e povertà nella società carolingia, in: Cultus et cognitio. Studia z dziejów średniowiecznej kultury, Warschau 1976, 621–631.

Juden

731. I. A. AGUS, The Heroic Age of Franco-German Jewry, New York 1969.
732. DERS., Urban Civilization in Precrusade Europe. A Study of Organised Town-Life in Northwestern Europe During the Tenth and Eleventh Centuries Based on the Responsa Literature, 2 Bde., Leiden 1965.
733. D. ASCHOFF, Zum Judenbild der Deutschen vor den Kreuzzügen. Erkenntnismöglichkeiten und Quellenprobleme, in: Theokratia 2 (1973), 232–252.
734. M. AWERBUCH, Christlich-jüdische Begegnung im Zeitalter der Frühscholastik, München 1980.
735. B. S. BACHRACH, Early Medieval Jewish Policy in Western Europe, Minneapolis 1977. Dazu: G. KISCH, in: HZ 228 (1979), 149–152; G. I. LANG-MUIR, in: Speculum 54 (1979), 104–107.
736. S. W. BARON, The Jewish Factor in Medieval Civilization, in: The Jewish People. History, Religion, Literature, hg. J. B. AGUS, New York 1973, 1–48.
737. DERS., A Social and Religious History of the Jews, Bd. 4: Meeting of East and West, New York/London ^{2}1971.
738. B. BLUMENKRANZ, Les auteurs chrétiens latins du moyen âge sur les juifs et le judaïsme, Paris 1963.
739. DERS., Juden und Judentum in der mittelalterlichen Kunst, Stuttgart 1965.
740. DERS., Jüdische und christliche Konvertiten, in: Judentum im Mittelalter. Beiträge zum christlich-jüdischen Gespräch, hg. P. WILPERT, Berlin 1966, 264–282.
741. DERS., Juifs et chrétiens dans le monde occidental, 430–1096, Paris 1960.
742. R. CHAZAN, Medieval Jews in Northern France, Baltimore 1973.
743. DERS., The Persecution of 992, in: Revue des études juives 129 (1970), 217–221.
744. J. COHEN, The Jews as Killers of Christ in the Latin Tradition from Augustin to the Friars, in: Traditio 39 (1983), 1–27.
745. L. DASBERG, Untersuchungen über die Entwertung des Judenstatus im 11. Jh., Paris/La Haye 1965.
746. S. DUBNOV, Weltgeschichte des jüdischen Volkes, Bd. 4: Die Geschichte des jüdischen Volkes in Europa von den Anfängen der abendländischen Diaspora bis zum Ende der Kreuzzüge, Berlin 1926.
747. A. FUNKENSTEIN, Jüdische Geschichte und ihre Deutungen, Frankfurt a. M. 1995 (zuerst engl. „Perceptions of Jewish History", 1993).
748. C. GEISEL, Die Juden im Frankenreich. Von den Merowingern bis zum Tode Ludwigs des Frommen, Frankfurt a. M. 1998.

749. J. Heil, "Nos nescientes de hoc velle manere" – "We wish to remain ignorant about this": Timeless end, or: Aproaches to reconceptualizing eschatology after A.D. 800 (A.M. 6000), in: Traditio 55 (2000), 73–103.
750. Gli Ebrei nell'alto medioevo, Spoleto 1980.
751. S. D. Goitein, A Mediterranean Society. The Jewish Communities of the Arab World as Portrayed in the Documents of the Cairo Geniza, 4 Bde., Berkeley/Los Angeles/London 1967–1983.
752. A. Grabois, Remarques sur l'influence mutuelle de l'organisation de la communauté juive et de la paroisse urbaine dans les villes entre le Rhin et la Loire à la veille des croisades, in: Le istituzioni ecclesiastiche della „societas christiana" dei secoli XI–XII. Diocesi, pieve e parochie, Mailand 1977, 546–558.
753. A. Haverkamp (Hg.), Geschichte der Juden im Mittelalter von der Nordsee bis zu den Südalpen. Kommentiertes Kartenwerk, 3 Bde., Hannover 2002.
754. H. Hailperin, Rashi and the Christian Scholars, Pittsburgh 1963.
755. J. Heil, Kompilation oder Konstruktion? Die Juden in den Pauluskommentaren des 9. Jhs., Hannover 1998.
756. Jüdische Gemeinden und ihr christlicher Kontext in kulturräumlich vergleichender Betrachtung von der Spätantike bis zum 18. Jh., hg. Ch. Cluse, A. Haverkamp, I. J. Yuval, Hannover 2003.
757. G. Kisch, Forschungen zur Rechts- und Sozialgeschichte der Juden in Deutschland während des Mittelalters, Sigmaringen ²1979.
758. Ders., The Jews in Medieval Germany. A Study of their Legal and Social Status, New York ²1970.
759. R. Landes, The Massacres of 1010: On the Origins of Popular Anti-Jewish Violence in Western Europe, in: J. Cohen, From Witness to Witchcraft. Jews and Judaism in Medieval Christian Thought, Wiesbaden 1996, 79–112.
760. D. L. Lasker, Jewish Philosophical Polemics Against Christianity in the Middle Ages, New York 1977.
761. R. Latouche, Le bourg des juifs (Hebraeorum burgus) de Vienne (Isère) au Xe siècle, in: Études historiques à la mémoire de N. Didier, Paris 1960, 189–194.
762. A. Linder, The Jews in the Legal Sources of the Early Middle Ages, Detroit/Jerusalem 1998.
763. G. Lotter, Die Entwicklung des Judenrechts im christlichen Abendland bis zu den Kreuzzügen, in: Judentum und Antisemitismus von der Antike bis zur Gegenwart, hg. T. Klein, V. Losemann, G. Mai, Düsseldorf 1984, 41–63.
764. Ders., Zur Ausbildung eines kirchlichen Judenrechts bei Burchard von Worms und Ivo von Chartres, in: Antisemitismus und jüdische Geschichte. Studien zu Ehren von H. A. Strauss, hg. R. Erb, M. Schmidt, Berlin 1987, 69–96.

765. DERS., Die Juden und die städtische Kontinuität von der Spätantike zum Mittelalter im lateinischen Westen, in: Juden in der Stadt, hg. F. MAYRHOFER, F. OPLL, Linz a. d. Donau 1999, 21–79.
766. DERS., Totale Finsternis über „Dunklen Jahrhunderten". Zum Methodenverständnis von Michael Toch und seinen Folgen, in: Aschkenas 11 (2001), 215–231.
767. DERS., Sind christliche Quellen zur Erforschung der Geschichte der Juden im Frühmittelalter weitgehend unbrauchbar?, in: HZ 278 (2004), 311–327.
768. H. G. VON MUTIUS, Rechtsentscheide rheinischer Rabbinen vor dem ersten Kreuzzug. Quellen über die sozialen und wirtschaftlichen Beziehungen zwischen Juden und Christen, 2 Bde., Frankfurt/Bern/New York 1984–1985.
769. J. F. NIERMEYER, Judaeorum sequaces. Joodse kooplieden en christelijke kooplieden. Bijdrage tot de ontstaansgeschiedenis van de Lotharingse burgerij (elfde eeuw), Amsterdam 1967.
770. R. SCHIEFFER, Das älteste Zeugnis für Juden in Mainz, in: Forschungen zur Reichs-, Papst- und Landesgeschichte, Bd. 1: P. HERDE zum 65. Geburtstag, hg. K. BORCHARDT, E. BÜNZ, Stuttgart 1998, 74–80.
771. H. SCHRECKENBERG, Die christlichen Adversus-Judaeos-Texte und ihr literarisches und historisches Umfeld (1.–11. Jh.), Frankfurt/Bern 1982.
772. K. SCHUBERT, Das Judentum in der Umwelt des christlichen Mittelalters, in: Kairos 17 (1975), 161–217.
773. H. SIMON, M. SIMON, Geschichte der jüdischen Philosophie, München 1984.
774. J. STARR, The Jews in the Byzantine Empire, 641–1204, Athen 1939.
775. K. R. STOW, The "1007 Anonymous" and Papal Sovereignty: Jewish Perceptions of the Papacy and Papal Policy in the High Middle Ages, Cincinnati 1984.
776. M. TOCH, Die Juden im mittelalterlichen Reich, München ²2003.
777. DERS., „Dunkle Jahrhunderte". Gab es ein jüdisches Frühmittelalter? Trier 2001.
778. DERS., Mehr Licht: Eine Entgegnung zu Friedrich Lotter, in: Aschkenas 11 (2001), 465–487.
779. DERS., Jüdisches Alltagsleben im Mittelalter, in: HZ 278 (2004), 329–345.
780. C. VERLINDEN, A propos de la place des juifs dans l'économie de l'Europe occidentale aux IXe et Xe siècles. Agobard de Lyon et l'historiographie arabe, in: Storiografia e storia. Studi in onore di E. DUPRÉ THESEIDER, Rom 1974, 21–37.
781. B. D. WEINRYB, Responsa as a Source for History (Methodological Problems), in: Essays Presented to Chief Rabbi I. Brodie on the

Occasion of his Seventieth Birthday, hg. H. J. ZIMMELS, Bd. 2, London 1967, 399–417.
782. A. ZUCKERMAN, A Jewish Princedom in Feudal France, 768–900, New York 1972.

Alltag

783. P. ARIÈS, G. DUBY (Hg.), Histoire de la vie privée, Bd. 1: De l'empire romain à l'an mil, hg. P. VEYNE; Bd. 2: De l'Europe féodale à la Renaissance, hg. G. DUBY, Paris 1985. Dt.: Geschichte des privaten Lebens, Bd. 1: Vom Römischen Imperium zum Byzantinischen Reich, Frankfurt 1989; Bd. 2: Vom Feudalismus zur Renaissance, Frankfurt a. M. 1990.
784. M. BLÖCKER, Volkszorn im frühen Mittelalter. Eine thematisch begrenzte Studie, in: Francia 13 (1985), 113–149.
785. M. BORGOLTE, Conversio cottidiana. Zeugnisse vom Alltag in frühmittelalterlicher Überlieferung, in: Archäologie und Geschichte des ersten Jahrtausends in Südwestdeutschland, hg. H. U. NUBER, K. SCHMID, Sigmaringen 1990, 295–385.
786. L. BORNSCHEUER, Miseriae Regum. Untersuchungen zum Krisen- und Todesgedenken in den herrschafts-theologischen Vorstellungen der ottonisch-salischen Zeit, Berlin 1968.
787. G. DILCHER, Mord und Totschlag im alten Worms. Zu Fehde, Sühne und Strafe im Hofrecht Bischof Burchards (AD 1023/25), in: Überlieferung, Bewahrung und Gestaltung in der rechtsgeschichtlichen Forschung. FS E. KAUFMANN, hg. St. BUCHHOLZ, P. MIKAT, D. WERKMÜLLER, Paderborn 1993, 91–104.
788. V. I. J. FLINT, The Rise of Magic in Early Medieval Europe, Oxford 1991.
789. H.-W. GOETZ, Leben im Mittelalter vom 7. bis zum 13. Jh., München 1986.
790. DERS., Kirchenfest und weltliches Alltagsleben im früheren Mittelalter, in: Mediaevistik 2 (1989), 123–171.
791. G. HALSALL (Hg.), Violence and Society in the Early Medieval West, Woodbridge 1998.
792. D. HARMENING, Superstitio. Überlieferungs- und theoriegeschichtliche Untersuchungen zur kirchlich-theologischen Aberglaubensliteratur des Mittelalters, Berlin 1979.
793. R. KAISER, Trunkenheit und Gewalt im Mittelalter, Köln/Weimar/ Wien 2002.
794. R. KIECKHEFER, Magie im Mittelalter, München 1992 (zuerst engl. 1989).
795. A. NITSCHKE, Historische Verhaltensforschung. Analysen gesellschaftlicher Verhaltensweisen, Stuttgart 1981.

796. DERS., Körper in Bewegung. Gehen, Tänze und Räume im Wandel der Geschichte, Berlin 1989.
797. A. G. OTT, Die Arbeitsverfassung der bayerischen Grundherrschaft, Berlin 1997.
798. E. POGNON, La vie quotidienne en l'an mil, Paris 1981.
799. J. B. RUSSELL, A History of Witchcraft. Sorcerers, Heretics, and Pagans, London 1980.
800. DERS., Witchcraft in the Middle Ages, Ithaca/London 1972.
801. S. SHAHAR, Kindheit im Mittelalter, München 1991.
802. S. SONDEREGGER, Gesprochene Sprache im Althochdeutschen und ihre Vergleichbarkeit im Neuhochdeutschen. Das Beispiel Notkers des Deutschen von St. Gallen, in: Ansätze zu einer pragmatischen Sprachgeschichte. Züricher Kolloquium 1978, hg. H. SITTA, Tübingen 1980, 71–88.
803. M. STAUFFER, Der Wald. Zur Darstellung und Deutung der Natur im Mittelalter, Bern 1959.
804. B. STOCK, The Implications of Literacy. Written Language and Models of Interpretation in the Eleventh and Twelfth Centuries, Princeton 1983.
805. L. THORNDIKE, A History of Magic and Experimental Science, Bd. 1, New York 1923.
806. L'uomo di fronte al mondo animale nell'alto medioevo, Spoleto 1985.
807. B. WARD, Miracles and the Medieval Mind. Theory, Record and Event, 1000–1215, London 1982.
808. G. ZIMMERMANN, Ordensleben und Lebensstandard. Die Cura corporis in den Ordensvorschriften des abendländischen Mönchtums, Münster 1973.

3. WISSEN UND VERSTEHEN

Soziales Wissen

809. A.-D. VON DEN BRINCKEN, Fines Terrae. Die Enden der Erde und der vierte Kontinent auf mittelalterlichen Weltkarten, Hannover 1992.
810. G. CONSTABLE, The Orders of Society, in: DERS., Three Studies in Medieval Religious and Social Thought, Cambridge 1995, 249–360.
811. G. DUBY, Les trois ordres ou l'imaginaire du féodalisme, Paris 1978. Dt.: Die drei Ordnungen. Das Weltbild des Feudalismus, Frankfurt a. M. 1986.
812. P. E. DUTTON, Illustre civitatis et populi exemplum. Plato's Timaeus and the Transmission from Calcidius to the End of the Twelfth Century of a Tripartite Scheme of Society, in: Medieval Studies 45 (1983), 79–119.

813. W. EBEL, Über den Leihegedanken in der deutschen Rechtsgeschichte, in: Studien zum mittelalterlichen Lehnswesen, Lindau/Konstanz 1960, 11–36.
814. J. FRIED, Der karolingische Herrschaftsverband im 9. Jh. zwischen „Kirche" und „Königshaus", in: HZ 235 (1982), 1–43.
815. F. GRAUS, Mentalität – Versuch einer Begriffsbestimmung und Methoden der Untersuchung, in: Mentalitäten im Mittelalter. Methoden und inhaltliche Probleme, hg. DEMS., Sigmaringen 1987, 9–48.
816. K. HAUCK, Zwanzig Jahre Brakteatenforschung in Münster/Westfalen, in: FMSt 22 (1988), 17–52.
817. D. IOGNA-PRAT, Le „baptême" du schéma des trois ordres fonctionnels. L'apport de l'école d'Auxerre dans la seconde moitié du IXe siècle, in: Ann. ESC 41 (1986), 101–126.
818. L. KÉRY, Beten – kämpfen – arbeiten. Zur Deutung der sozialen Wirklichkeit im früheren Mittelalter, in: Eloquentia copiosus. FS M. KERNER zum 65. Geburtstag, hg. L. KÉRY, Aachen 2006, 129–148.
819. H.-H. KORTÜM, Menschen und Mentalitäten. Einführung in Vorstellungswelten des Mittelalters, Berlin 1996.
820. J. LE GOFF, La naissance du purgatoire, Paris 1981. Dt.: Die Geburt des Fegefeuers, Stuttgart 1984.
821. DERS., Note sur la société tripartite, idéologie monarchique et renouveau économique dans la chrétienté du IXe au XIIe siècle [zuerst 1968], zuletzt in: Pour un autre Moyen Age [wie 120], 80–90. Dt.: Bemerkungen zur dreigeteilten Gesellschaft, monarchistischen Ideologie und wirtschaftlichen Erneuerung in der Christenheit vom 9. bis 12. Jh., zuletzt in: Für ein anderes Mittelalter [wie 120], 43–55.
822. DERS., Les trois fonctions indo-européennes, l'historien et l'Europe féodale, in: Ann. ESC 34 (1979), 1187–1215.
823. U. MEYER, Soziales Handeln im Zeichen des "Hauses". Zur Ökonomik in der Spätantike und im frühen Mittelalter, Göttingen 1998.
824. A. MURRAY, Reason and Society in the Middle Ages, Oxford 1978.
825. A. NITSCHKE, Beobachtungen zur normannischen Erziehung im 11. Jh., in: AKG 43 (1961), 265–298.
826. DERS., Die schulgebundene Erziehung der Adligen im Reich der Ottonen, in: Was uns die Wirklichkeit lehrt. G. MANN zum 70. Geburtstag, hg. H. VON HENTIG, A. NITSCHKE, Frankfurt 1979, 13–27.
827. O. G. OEXLE, Deutungsschemata der sozialen Wirklichkeit im frühen und hohen Mittelalter. Ein Beitrag zur Geschichte des Wissens, in: Mentalitäten im Mittelalter [wie in: 815], 65–117.
828. DERS., Die funktionale Dreiteilung der „Gesellschaft" bei Adalbero von Laon. Deutungsschemata der sozialen Wirklichkeit im frühen Mittelalter, in: FMSt 12 (1978), 1–54.
828a. Ordnungskonfigurationen im hohen Mittelalter, hg. B. SCHNEIDMÜLLER, St. WEINFURTER, Ostfildern 2006.

829. Popoli e paesi nella cultura altomedioevale, Spoleto 1983.
830. C. M. RADDING, A World Made by Men. Cognition and Society, 400–1200, Chapel Hill 1985.
831. R. SCHNEIDER, Tractare de statu regni. Bloßer Gedankenaustausch oder formalisierte Verfassungsdiskussion?, in: Mediaevalia Augiensia 54 (2001), 59–78.
832. W. Chr. SCHNEIDER, Ruhm, Heilsgeschehen, Dialektik. Drei kognitive Ordnungen in Geschichtsschreibung und Buchmalerei der Ottonenzeit, Hildesheim/Zürich/New York 1988.
833. K. SCHREINER, Von der Schwierigkeit, mittelalterliche Mentalitäten kenntlich und verständlich zu machen. Bemerkungen zu Dubys „Zeit der Kathedralen" und „Drei Ordnungen" für deutschsprachige Leser, in: AKG 68 (1986), 217–231.
834. T. STRUVE, Pedes rei publicae. Die dienenden Stände im Verständnis des Mittelalters, in: HZ 236 (1983), 1–48.
835. A. WENDEHORST, Wer konnte im Mittelalter lesen und schreiben?, in: Schulen und Studium im sozialen Wandel des hohen und späten Mittelalters, hg. J. FRIED, Sigmaringen 1986, 9–33.

Sprachliche Kommunikation

836. W. BESCH, O. REICHMANN, S. SONDEREGGER (Hg.), Sprachgeschichte. Ein Handbuch zur Geschichte der deutschen Sprache und ihrer Erforschung. 2 Halbbde., Berlin/New York 1984.
837. W. BETZ, Deutsch und Lateinisch. Die Lehnbildungen der althochdeutschen Benediktinerregel, Bonn ²1965.
838. A. BORST, Der Turmbau von Babel. Geschichte der Meinungen über Ursprung und Vielfalt der Sprachen und Völker, 6 Bde., Stuttgart 1957–1963.
839. P. CLASSEN (Hg.), Recht und Schrift im Mittelalter, Sigmaringen 1977.
840. G. DILCHER, Paarformeln in der Rechtssprache des frühen Mittelalters, Diss. jur., Frankfurt a. M. 1961.
841. H. EGGERS, Deutsche Sprachgeschichte 1. Das Althochdeutsche, Reinbek ²1986.
842. P. HECK, Übersetzungsprobleme im frühen Mittelalter, Tübingen 1931.
843. W. JUNGANDREAS, Zur Geschichte des Moselromanischen. Studien zur Lautchronologie und zur Winzerlexik, Wiesbaden 1979.
844. A. MASSER (Hg.), Die lateinisch-althochdeutsche Benediktregel Stiftsbibliothek St. Gallen Cod. 916, Göttingen 1997.
845. R. MATZINGER-PFISTER, Paarformel, Synonymik und zweisprachiges Wortpaar. Zur mehrgliedrigen Ausdrucksweise der mittelalterlichen Urkundensprache, Zürich 1972.
846. A. NITSCHKE, Die Freilassung – Beobachtungen zum Wandel von Rechtsgebärden, in: ZRG GA 99 (1982), 220–251.

847. DERS., Kinder in Licht und Feuer – Ein keltischer Sonnenkult im frühen Mittelalter, in: DA 39 (1983), 1–26.
848. H. SCHABRAM, Etymologie und Kontextanalyse in der altenglischen Semantik, in: Zs. f. vergl. Sprachforsch. 84 (1970), 233–253.
849. W. SCHLESINGER, Die Entstehung der Landesherrschaft. Untersuchungen vorwiegend nach mitteldeutschen Quellen, Darmstadt ²1964.
850. R. SCHMIDT-WIEGAND, Gebärdensprache im mittelalterlichen Recht, in: FMSt 16 (1982), 363–379.
851. DIES., Historische Onomasiologie und Mittelalterforschung, in: FMSt 9 (1975), 49–78.
852. DIES., Wörter und Sachen. Zur Bedeutung einer Methode für die Frühmittelalterforschung, in: Wörter und Sachen im Lichte der Bezeichnungsforschung, hg. DIES., Berlin 1981, 1–41.
853. R. SCHÜTZEICHEL, Kontext und Wortinhalt. Vorüberlegungen zu einer Theorie des Übersetzens aus älteren Texten, in: „Sagen mit Sinne". FS M.-L. DITTRICH zum 65. Geburtstag, hg. H. RÜCKER, K. O. SEIDEL, Göppingen 1976, 411–434.
854. S. SONDEREGGER, Althochdeutsche Sprache und Literatur. Eine Einführung in das älteste Deutsch, Darstellung und Grammatik, Berlin 1974.
855. W. STACH, Wort und Bedeutung im mittelalterlichen Latein, in: DA 9 (1952), 332–352.
856. R. SUNTRUP, Die Bedeutung der liturgischen Gebärden und Bewegungen in lateinischen und deutschen Auslegungen des 9.–13. Jhs., München 1978.
857. P. WOLFF, Sprachen, die wir sprechen. Ihre Entstehung aus dem Lateinischen und Germanischen von 100 bis 1500 n. Chr., München 1971.

4. WIRTSCHAFTSGESCHICHTE

Allgemeines

858. O. BRUNNER, Sozialgeschichte Europas im Mittelalter, Göttingen 1978.
859. R. DOEHAERD, Le haut moyen âge occidental. Économies et sociétés, Paris 1971.
860. R. FOSSIER, Les tendences de l'économie: stagnation ou croissance?, in: Nascità dell'Europa ed Europa carolingia: un'equazione da verificare, Spoleto 1981, 261–274.
861. J. GAUTIER-DALCHÉ, Moulin à eau, seigneurie, communauté rurale dans le nord de l'Espagne (IXe –XIIe siècles), in: Études de civilisation médiévale (IXe –XIIe siècles). Mélanges offertes à E.-R. LABANDE, Poitiers 1974, 337–349.

862. B. Gille, Recherches sur les instruments de labour au moyen âge, in: BECh 120 (1962), 5–38.
863. D. Herlihy, The Economy of Traditional Europe, in: Journal of Economic History 31 (1971), 153–164.
864. R. Kötzschke, Allgemeine Wirtschaftsgeschichte des Mittelalters, Jena 1924.
865. R. Latouche, Les origines de l'économie occidentale, IVe–XIe siècles, Paris ²1970.
866. L. K. Little, Pride Goes Before Avarice. Social Change and the Vices in Latin Christendom, in: AHR 76 (1971), 16–49.
867. T. Reuter, Plunder and Tribute in the Carolingian Empire, in: Transactions of the Royal Historical Society, 5th ser. 35 (1985), 75–94.
868. H.-J. Schmitz, Faktoren der Preisbildung für Getreide und Wein in der Zeit von 800 bis 1350, Stuttgart 1968.
869. B. H. Slicher van Bath, Yield Ratios, 810–1820, Wageningen 1963.
870. J. Trier, Pflug, in: PBB 67 (1945), 110–150.
871. Untersuchungen zu Handel und Verkehr der vor- und frühgeschichtlichen Zeit in Mittel- und Nordeuropa, Teil 3: Der Handel des frühen Mittelalters, hg. K. Düwel, H. Jankuhn, H. Siems, D. Timpe; Teil 4: Der Handel der Karolinger- und Wikingerzeit, hg. Dens., Teil 5: Der Verkehr. Verkehrswege, Verkehrsmittel, Organisation, hg. H. Jankuhn, W. Kimmig, E. Ebel; Teil 6: Organisationsformen der Kaufmannsvereinigungen in der Spätantike und im frühen Mittelalter, hg. H. Jankuhn, E. Ebel, Göttingen 1985, 1987, 1989, 1989.
872. A. Verhulst, The Carolingian Economy, Cambridge 2002.
873. K. F. Werner, Les origines (avant l'an mil), Paris 1984. Dt.: Die Ursprünge Frankreichs bis zum Jahr 1000, Stuttgart 1989.

Grundherrschaft

874. G. Algazi, Herrengewalt und Gewalt der Herren im späten Mittelalter. Herrschaft, Gegenseitigkeit und Sprachgebrauch, Frankfurt/New York 1996.
875. S. Applebaum, The Late Gallo-Roman Pattern in the Light of the Carolingian Cartularies, in: Latomus 23 (1964), 774–787.
876. H. Aubin, Stufen und Triebkräfte der abendländischen Wirtschaftsentwicklung im frühen Mittelalter, in: VSWG 42 (1955), 1–39.
877. H.-J. Bartmuss, Die Genesis der Feudalgesellschaft in Deutschland. Bemerkungen zu einigen neuen Hypothesen von E. Müller-Mertens, in: ZfG 13 (1965), 1001–1010.
878. W. Bleiber, Grundherrschaft und Markt zwischen Loire und Rhein während des 9. Jhs. Untersuchungen zu ihrem wechselseitigen Verhältnis, in: Jb. f. Wirtschaftsgesch. 1982/III, 105–135.

879. K. Bosl, Die „familia" als Grundstruktur der mittelalterlichen Gesellschaft, in: Zs. f. bayer. Lg. 38 (1975), 403–424.
880. O. Brunner, Land und Herrschaft. Grundfragen der territorialen Verfassungsgeschichte Österreichs im Mittelalter, Wien ⁵1965.
881. A. Castagnetti, L'organizzazione del territorio rurale nel medioevo. Circoscrizioni ecclesiastiche e civili nella Langobardia e nella Romania, Bologna ²1982.
882. H. Dannenbauer, Adel, Burg und Herrschaft bei den Germanen [zuerst 1941], zuletzt in: Herrschaft und Staat im Mittelalter, hg. H. Kämpf, Darmstadt 1956, 66–134.
883. C. Dette (Hg.), Liber possessionum Wizenburgensis, Mainz 1987.
884. Ders., Geschichte und Archäologie. Versuch einer interdisziplinären Betrachtung des Capitulare de villis, in: Archäologische Mitteilungen aus Nordwestdeutschland Beiheft 15, Oldenburg 1996, 45–100.
885. J.-P. Devroey, Le polyptyque et les listes de biens de l'abbaye de Saint-Pierre de Lobbes (IXᵉ–XIᵉ siècles). Édition critique, Brüssel 1986.
886. Ders., Le polyptyque et les listes de cens de l'abbaye de Saint-Remi de Reims (IXᵉ–XIᵉ siècles). Édition critique, Reims 1984.
887. Ders., Pour une typologie des formes domaniales en Belgique romane au haut moyen âge, in: La Belgique rurale du moyen âge à nos jours, Brüssel 1985, 29–45.
888. G. Dilcher, C. Violante (Hg.), Strutture e trasformazioni della signoria rurale nei secoli X–XIII, Bologna 1994.
889. A. Dopsch, Wirtschaftliche und soziale Grundlagen der europäischen Kulturentwicklung aus der Zeit von Caesar bis auf Karl den Großen, 2 Bde., Wien ²1923–1924.
890. C.-D. Droste, Das Polyptichon von Montier-en-Der. Kritische Edition und Analyse, Trier 1988.
891. G. Duby, Guerriers et paysans, VIᵉ–XIᵉ siècle. Premier essor de l'économie européenne, Paris 1973. Dt.: Krieger und Bauern. Die Entwicklung von Wirtschaft und Gesellschaft im frühen Mittelalter, Frankfurt ²1981.
892. R. Fossier, Polyptyques et censiers, Turnhout 1978.
893. F. L. Ganshof (Hg.), Le polyptyque de l'abbaye de Saint-Bertin 844–859, Paris 1975.
894. Ders., Quelques aspects principaux de la vie économique dans la monarchie franque au VIIᵉ siècle, in: Caratteri del secolo VII in occidente, 23–29 aprile 1957, Spoleto 1958, 73–181.
895. P. Gasnault, Documents comptables de Saint-Martin de Tours à l'époque mérovingienne, Paris 1975.
896. H. W. Goetz, Herrschaft und Recht in der frühmittelalterlichen Grundherrschaft, in: HJb 104 (1984), 392–410.
897. W. Goffart, Merovingian Polyptychs. Reflections on Two Recent Publications, in: Francia 9 (1981), 57–77.

898. D. Hägermann, Anmerkungen zum Stand und den Aufgaben frühmittelalterlicher Urbarforschung, in: RhVjbll 50 (1986), 32–58.
899. Ders., Bremen und Wildeshausen im Frühmittelalter. Heiliger Alexander und heiliger Willehad im Wettstreit, in: Oldenburger Jb. 85 (1985), 15–33.
900. Ders., Die rechtlichen Grundlagen der Wirtschaftsentwicklung im Nordwesten des Fränkischen Reiches, in: La Neustrie. Les pays au nord de la Loire de 650 à 850, Colloque historique international, hg. H. Atsma, Bd. 1, Sigmaringen 1989, 341–365.
901. O. Hageneder, Land und Landrecht in Österreich und Tirol. Otto Brunner und die Folgen, in: Tirol-Österreich-Italien. FS J. Riedmann zum 65. Geburtstag, Innsbruck 2005, 299–312.
902. D. Hägermann (Hg.), Das Polyptichon von Saint-Germain-des-Près. Studienausgabe, Köln/Weimar/Wien 1993.
903. A. Hedwig, Studien zum Polyptichon von Saint-Germain-des-Près, Köln/Weimar/Wien 1993.
904. J. Henning, Germanisch-romanische Agrarkontinuität und -diskontinuität im nordalpinen Kontinentaleuropa – Teile eines Systemwandels? Beobachtungen aus archäologischer Sicht, in: C. Giefers, D. Hägermann, W. Haubrichs, J. Jarnut (Hg.), Akkulturation. Probleme einer germanisch-romanischen Kultursynthese, Berlin 2004, 396–435.
905. L. Kuchenbuch, Bäuerliche Gesellschaft und Klosterherrschaft im 9. Jh. Studien zur Sozialstruktur der Familia der Abtei Prüm, Wiesbaden 1978.
906. Ders., Grundherrschaft im früheren Mittelalter, Idstein 1991.
907. Ders., Potestas und utilitas. Ein Versuch über Stand und Perspektiven der Forschung zur Grundherrschaft im 9.–13. Jh., in: HZ 265 (1997), 117–146.
908. Ders., Teilen, Aufzählen, Summieren. Zum Verfahren in ausgewählten Güter- und Einkünfteverzeichnissen des 9. Jhs., in: Schriftlichkeit im frühen Mittelalter, hg. U. Schaefer, Tübingen 1993, 181–206.
909. Ders., Abschied von der „Grundherrschaft". Ein Prüfgang durch das ostfränkisch-deutsche Reich 950–1050, in: ZRG GA 121 (2004), 1–99.
910. Ders., Die Klostergrundherrschaft im Frühmittelalter. Eine Zwischenbilanz, in: Herrschaft und Kirche. Beiträge zur Entstehung und Wirkungsweise episkopaler und monastischer Organisationsformen, hg. F. Prinz, Stuttgart 1988, 297–344.
911. Ders., B. Michael (Hg.), Feudalismus. Materialien zur Theorie und Geschichte, Frankfurt/Berlin/Wien 1977.
912. F. Lütge, Geschichte der deutschen Agrarverfassung vom frühen Mittelalter bis zum 19. Jh., Stuttgart ²1967.
913. B. Lützow, Studien zum Reimser Polyptichum Sancti Remigii, in: Francia 7 (1979), 19–99.

914. E. Magnou-Nortier, Le grand domaine: des maîtres, des doctrines, des questions, in: Francia 15 (1987), 659–700.
915. Dies., La terre, la rente et le pouvoir dans les pays de Languedoc pendant le haut moyen âge, in: Francia 9 (1981), 79–115 u. 10 (1982), 21–66.
916. The Making of Feudal Agricultures, hg. M. Barceló, F. Sigaut, Leiden 2004.
917. C.-E. Perrin, La seigneurie rurale en France et en Allemagne du début du IXe à la fin du XIIe siècle, Bd. 1: Les antécédents du régime domanial. La ville de l'époque carolingienne, Paris 1951.
918. M. M. Postan, The Medieval Economy and Society. An Economic History of Britain in the Middle Ages, London 1972.
919. W. Rösener, Bauern im Mittelalter, München ^{2}1987.
920. Ders. (Hg.), Strukturen der Grundherrschaft im frühen Mittelalter, Göttingen 1989.
921. Ders. (Hg.), Grundherrschaft im Wandel. Untersuchungen zur Entwicklung geistlicher Grundherrschaften im südwestdeutschen Raum vom 9. bis 14. Jh., Göttingen 1991.
922. Ders., Agrarwirtschaft, Agrarverfassung und ländliche Gesellschaft im Mittelalter, München 1992.
923. D. Scheler, Grundherrschaft. Zur Geschichte eines Forschungskonzepts, in: Vom Elend der Handarbeit. Probleme historischer Unterschichtenforschung, hg. H. Mommsen, W. Schulze, Stuttgart 1981, 142–157.
924. W. Schlesinger, Herrschaft und Gefolgschaft in der germanisch-deutschen Verfassungsgeschichte [zuerst 1953], zuletzt in: Beiträge [wie 1188], Bd. 1, 9–52.
925. K. Schreiner, „Grundherrschaft". Entstehung und Bedeutungswandel eines geschichtswissenschaftlichen Ordnungsbegriffs, in: Die Grundherrschaft im späten Mittelalter, hg. H. Patze, Sigmaringen 1983, 11–74.
926. I. Schwab, Die mittelalterliche Grundherrschaft in Niedersachsen. Überlegungen zur „Realität" eines strittig gewordenen Forschungsbegriffs an Hand ausgewählter Quellen (9.–12. Jh.), in: Niedersächs. Jb. f. Lg. 60 (1988), 141–169.
927. Ders. (Hg.), Das Prümer Urbar, Düsseldorf 1983.
928. B. H. Slicher van Bath, The Agrarian History of Western Europe, A.D. 500–1850, London 1963.
928a. Tätigkeitsfelder und Erfahrungshorizonte des ländlichen Menschen in der frühmittelalterlichen Grundherrschaft (bis ca. 1000). FS D. Hägermann zum 65. Geburtstag, hg. B. Kasten, Stuttgart 2006.
929. P. Toubert, L'Italie rurale aux VIIIe–IXe siècles. Essai de typologie domaniale, in: I problemi dell'occidente nel secolo VIII. 6–12 aprile 1972, Spoleto 1973, 95–132.

930. DERS., Il sistema curtense. La produzione nei secoli VIII, IX e X, in: Storia d'Italia. Annali 6 (1983), 5–63.
931. A. VERHULST, La diversité du régime domanial entre Loire et Rhin à l'époque carolingienne, in: Villa – curtis – grangia. Landwirtschaft zwischen Loire und Rhein von der Römerzeit zum Hochmittelalter, hg. W. JANSSEN, D. LOHRMANN, München/Zürich 1983, 133–148.
932. DERS., La genèse du régime domanial classique en France au moyen âge, in: Agricoltura e mondo rurale in occidente nell'alto medioevo, 22–28 aprile 1965, Spoleto 1966, 135–160.
933. DERS. (Hg.), Le grand domaine aux époques mérovingienne et carolingienne. Die Grundherrschaft im frühen Mittelalter, Actes du colloque international, Gand, 8–10 sept. 1983, Gent 1985.
934. DERS., Le paysage rural en Flandre intérieure. Son évolution entre le IXe et le XIIIe siècle, in: Revue du Nord 62 (1980), 11–30.
935. H. VOLLRATH, Herrschaft und Genossenschaft im Kontext frühmittelalterlicher Rechtsbeziehungen, in: HJb 102 (1982), 33–71.
936. M. WELTIN, Der Begriff des Landes bei Otto Brunner und seine Rezeption durch die landesgeschichtliche Forschung, in: ZRG GA 107 (1990), 339–76, wieder in: DERS., Das Land und sein Recht. Ausgewählte Beiträge zur Verfassungsgeschichte Österreichs im Mittelalter, hg. F. REICHERT, W. STELZER, Wien/München 2006, 384–409.
937. W. WITTICH, Die Grundherrschaft in Nordwestdeutschland, Leipzig 1896.
938. H. WUNDER (Hg.), Feudalismus. Zehn Aufsätze, München 1974.

Dorf- und Markgenossenschaften

939. K. S. BADER, Studien zur Rechtsgeschichte des mittelalterlichen Dorfes, 3 Bde., Weimar 1957–1973.
940. E. W. BÖCKENFÖRDE, Die deutsche verfassungsgeschichtliche Forschung im 19. Jh. Zeitgebundene Fragestellungen und Leitbilder, Berlin 1961.
941. A. DOPSCH, Die Wirtschaftsentwicklung der Karolingerzeit, vornehmlich in Deutschland, 2 Bde., Weimar ^{2}1921–1922 (erw. ND Darmstadt 1962).

5. REGIONALE BINDUNGEN UND IHRE ÜBERWINDUNG

Warenproduktion und Handelsgüter

942. H. ADAM, Das Zollwesen im Fränkischen Reich und das spätkarolingische Wirtschaftsleben. Überblick über Zoll, Handel und Verkehr im 9. Jh., Stuttgart 1996.

943. Artigianato e tecnica nella società dell'alto medioevo occidentale, 2–8 aprile 1970, Spoleto 1971.
944. J.-F. BERGIER, Une histoire du sel, Freiburg (Schweiz) 1982. Dt.: Die Geschichte vom Salz, Frankfurt/New York 1989.
945. B. EMMERICH, Geiz und Gerechtigkeit. Ökonomisches Denken im frühen Mittelalter, Wiesbaden 2004.
946. H. FREI, Der frühe Eisenerzbergbau im nördlichen Alpenvorland, in: Jahresberichte d. Bayer. Bodendenkmalpflege 6/7 (1965/66), 67–137.
947. D. HÄGERMANN, K.-H. LUDWIG, Mittelalterliche Salinenbetriebe. Erläuterungen, Fragen und Ergänzungen zum Forschungsstand, in: Technikgeschichte 51 (1984), 155–189.
948. F. HARDT-FRIEDERICHS, Über die frühmittelalterlichen Kaufleute im ostfränkischen Reich bis zum Ende der Ottonen, in: Genealogisches Jb. 20 (1980), 95–107.
949. R. HENNIG, Der europäische Pelzhandel in den älteren Perioden der Geschichte, in: VSWG 23 (1930), 1–25.
950. G. ISENBERG, Mittelalterliche Salzgewinnung in Soest. Ein Vorbericht über die Ausgrabungen auf dem Kohlbrink 1981–1982, in: Soester Zs. 95 (1983), 25–32.
951. H. JANKUHN, W. JANSSEN, R. SCHMIDT-WIEGAND, H. TIEFENBACH (Hg.), Das Handwerk in vor- und frühgeschichtlicher Zeit, Teil 1: Historische und rechtshistorische Beiträge und Untersuchungen zur Frühgeschichte der Gilde; Teil 2: Archäologische und philologische Beiträge, Göttingen 1981–1983.
952. E. KRAUME, Eröffnung des Bergbaus im Ausbiß der Rammelsberger Lagerstätte und die Otto-Adelheid-Pfennige, in: Erzmetall 11 (1958), 29–33.
953. M. LOMBARD, Arsenaux et bois de marine dans la Méditerranée musulmane (VIIe–XIe siècles), in: Le navire et l'économie maritime du moyen âge au XVIIe siècle en Méditerranée. Travaux du deuxième colloque international d'histoire maritime, hg. M. MOLLAT, Paris 1958, 53–106.
954. DERS., Études d'économie médiévale, Bd. 2: Les métaux dans l'ancien monde du Ve au XIe siècle, Paris/Den Haag 1974.
955. R. PALME, Rechts-, Wirtschafts- und Sozialgeschichte der inneralpinen Salzwerke bis zu deren Monopolisierung, Frankfurt 1982.
956. B. SCHIER, Wege und Formen des ältesten Pelzhandels in Europa, Frankfurt 1951.
957. H. SIEMS, Handel und Wucher im Spiegel frühmittelalterlicher Rechtsquellen, Hannover 1992.
958. R. SPRANDEL, Das Eisengewerbe im Mittelalter, Stuttgart 1968.
959. C. VERLINDEN, L'esclavage dans l'Europe médiévale, 2 Bde., Brügge/Gent 1955–1977.

960. S. M. STUARD, Ancillary Evidence for the Decline of Medieval Slavery, in: P&P 149 (1995), 3–28.
961. A. VERHULST, The Decline of Slavery and the Economic Expansion of the Early Middle Ages, in: P&P 133 (1991), 195–203.
962. H. WANDERWITZ, Studien zum mittelalterlichen Salzwesen in Bayern, München 1984.

Kultureller und wirtschaftlicher Regionalismus

963. H. AUBIN, T. FRINGS, J. MÜLLER, Kulturströmungen und Kulturprovinzen in den Rheinlanden. Geschichte, Sprache, Volkskunde, Bonn 1926.
964. G. BOIS, La mutation de l'an mil. Lournand, village mâconnais de l'antiquité au féodalisme, Paris 1989. Dt.: Umbruch im Jahr 1000, Stuttgart 1993.
965. P. BONNASSIE, La Catalogne du milieu du Xe à la fin du XIe siècle. Croissance et mutations d'une société, 2 Bde., Toulouse 1975–1976.
966. C. BRÜHL, C. VIOLANTE, Die „Honorantie civitatis Papie". Transskription, Edition, Kommentar, Köln/Wien 1983.
967. E. B. CAHN, Die Münzen des Schatzfundes von Corcelles-près-Payerne, in: Schweizerische Numismat. Rundschau 48 (1969), 106–227 (mit Tafeln).
968. A. CARILE, G. FEDALTO, Le origini di Venezia, Bologna 1978.
969. A. CHÉDEVILLE, H. GUILLOTELLE, La Bretagne des saints et des rois, V^e–Xe siècles, Rennes 1984.
970. G. DUBY, La société aux XIe et XIIe siècles dans la région mâconnaise, Paris ^{2}1982.
971. P.-A. FÉVRIER, Le développement urbain en Provence de l'époque romaine à la fin du XIVe siècle, Paris 1964.
972. R. FOSSIER, La terre et les hommes en Picardie, 2 Bde., Paris/Leuven 1968.
973. P. FRIED (Hg.), Probleme und Methoden der Landesgeschichte, Darmstadt 1978.
974. V. FUMAGALLI, Il regno italico, Turin 1978.
975. DERS., Terra e società nell'Italia padana. I secoli IX e X, Turin 1976.
976. J. HOFFMANN, Die östliche Adriaküste als Hauptnachschubbasis für den venezianischen Sklavenhandel bis zum Ausgang des elften Jhs., in: VSWG 55 (1968), 165–181.
977. Hagen KELLER, Adelsherrschaft und städtische Gesellschaft in Oberitalien. 9.–12. Jh., Tübingen 1979.
978. R. KRAUTHEIMER, Rome. Profile of a City, 312–1308, Princeton 1980. Dt.: Rom. Schicksal einer Stadt 312–1308, München 1987.
979. Lucca e la Tuscia nell'alto medioevo. Atti del 5° congresso del Centro di studi sull'alto medioevo, Lucca, 3–7 ott. 1971, Spoleto 1973.

980. E. Magnou-Nortier, La société laïque et l'église dans la province ecclésiastique de Narbonne (zone cispyrénéenne) de la fin du VIIIe à la fin du XIe siècle, Toulouse 1974.
981. H. Maurer, Das Land zwischen Schwarzwald und Randen im frühen und hohen Mittelalter. Königtum, Adel und Klöster als politisch wirksame Kräfte, Freiburg 1965.
982. M. Mitterauer, Karolingische Markgrafen im Südosten. Fränkische Reichsaristokratie und bayerischer Stammesadel im österreichischen Raum, Wien 1963.
983. P. Moraw, Über Entwicklungsunterschiede und Entwicklungsausgleich im deutschen und europäischen Mittelalter, in: Hochfinanz, Wirtschaftsräume, Innovationen. FS W. von Stromer, hg. U. Bestmann, F. Irsigler, J. Schneider, Bd. 2, Trier 1987, 583–622.
984. A. Pertusi, Venezia e Bisanzio. 1000–1204, in: Dumbarton Oaks Papers 33 (1979), 1–22.
985. J.-P. Poly, La Provence et la société féodale 879–1166, Paris 1976.
986. G. Rösch, Venedig und das Reich. Handels- und verkehrspolitische Beziehungen in der deutschen Kaiserzeit, Tübingen 1983.
987. Ders., Venedig. Geschichte einer Seerepublik, Stuttgart 2000.
988. Ders., Der venezianische Adel bis zur Schließung des Großen Rats. Zur Genese einer Führungsschicht, Sigmaringen 1989.
989. R. Schieffer (Hg.), Beiträge zur Geschichte des Regnum Francorum. Referate beim Wissenschaftlichen Colloquium zum 75. Geburtstag von E. Ewig am 28. Mai 1988, Sigmaringen 1990.
990. H. Schwarzmaier, Königtum, Adel und Klöster im Gebiet zwischen oberer Iller und Lech, Augsburg 1961.
991. Ders., Lucca und das Reich bis zum Ende des 11. Jhs., Tübingen 1972.
992. Storia della civiltà veneziana, Bd. 1, Florenz ^{2}1979.
993. Storia della civiltà veneziana, Bd. 10: La Venezia del mille, Florenz 1965.
994. C. Violante, La società milanese nell'età precomunale, Bari ^{3}1981.
995. M. Zender, Räume und Schichten mittelalterlicher Heiligenverehrung in ihrer Bedeutung für die Volkskunde. Die Heiligen des mittleren Maaslandes und der Rheinlanden in Kultgeschichte und Kultverbreitung, Köln ^{2}1973.
996. T. Zotz, Der Breisgau und das alemannische Herzogtum. Zur Verfassungs- und Besitzgeschichte im 10. und beginnenden 11. Jh., Sigmaringen 1974.

Wirtschaftlicher Aufschwung im Küstenbereich

997. K. Brandt, Archäologische Untersuchungen in hochmittelalterlichen Seehandelsorten an der Nordseeküste zwischen Ems- und Wesermün-

dung, in: Lübecker Schriften z. Archäologie u. Kunstgesch. 7 (1983), 111–117.
998. DERS., Handelsplätze des frühen und hohen Mittelalters in der Marsch zwischen Ems- und Wesermündung. Ein Vorbericht über archäologischhistorische Untersuchungen, in: Zs. f. Archäologie d. MA 5 (1977), 122–144.
999. D. ELLMERS, Frühmittelalterliche Handelsschiffahrt in Mittel- und Nordeuropa, Neumünster ²1984.
1000. Haithabu und die frühe Stadtentwicklung im nördlichen Europa, hg. K. BRANDT, M. MÜLLER-WILLE, Ch. RADTKE, Schleswig 2002.
1001. H. JANKUHN, Beobachtungen und Überlegungen zur „Infrastruktur" des wikingerzeitlichen Seehandels, in: Offa 37 (1980), 146–153.
1002. DERS., Haithabu. Ein Handelsplatz der Wikingerzeit, Neumünster ⁸1986.
1003. DERS., K. SCHIETZEL, H. REICHSTEIN (Hg.), Archäologische und naturwissenschaftliche Untersuchungen an ländlichen und frühstädtischen Siedlungen im deutschen Küstengebiet vom 5. Jh. v. Chr. bis zum 11. Jh. n. Chr., Bd. 2: Handelsplätze des frühen Mittelalters, Weinheim 1984.
1004. S. LEBECQ, Marchands et navigateurs frisons du haut moyen âge, 2 Bde., Lille 1983.
1005. Mercati e Mercanti nell'alto medioevo. L'area euroasiatica e l'area mediterranea, Spoleto 1993.
1006. L. MUSSET, La Scandinavie intermédiaire entre l'occident et l'orient au Xe siècle, in: Occident et orient au Xe siècle, Paris 1979, 57–75.
1007. P. H. SAWYER, Fairs and Markets in Early Medieval England, in: Danish Medieval History and Saxo Grammaticus. A Symposium Held in Celebration of the 50th Anniversary of the University of Copenhagen, Bd. 1, hg. N. SKYUM-NIELSEN, N. LUND, Kopenhagen 1981, 153–170.
1008. K. SCHIETZEL, Stand der siedlungsarchäologischen Forschung in Haithabu: Ergebnisse und Probleme, Neumünster 1981.
1009. W. SCHLESINGER, Unkonventionelle Gedanken zur Geschichte von Schleswig/Haithabu, in: Aus Reichsgeschichte und Nordischer Geschichte. Aufsätze, K. JORDAN zum 65. Geburtstag, hg. H. FUHRMANN, H. E. MAYER, K. WRIEDT, Stuttgart 1972, 70–91.
1010. K. TIDOW, P. SCHMID, Frühmittelalterliche Textilfunde aus der Wurt Hessens (Stadt Wilhelmshaven) und dem Gräberfeld von Dunum (Kreis Friesland) und ihre archäologische Bedeutung, in: Probleme d. Küstenforsch. im südl. Nordseegebiet 13 (1979), 123–153.
1011. E. WHITE JR., Medieval Technology and Social Change, London 1962. Dt.: Die mittelalterliche Technik und der Wandel der Gesellschaft, München 1968.

Geld und Geldumlauf

1012. M. A. S. Blackburn, D. M. Metcalf (Hg.), Viking-Age Coinage in the Netherlands, Oxford 1981.
1013. Commentationes de nummis saeculorum IX–XI in Suecia repertis, Bd. 2, Stockholm 1968.
1014. Corpus nummorum saeculorum IX–XI qui in Suecia reperti sunt, 8 Bde., Stockholm 1975–1987.
1015. F. Dumas-Dubourg, Le trésor de Fécamp et le monnayage en France occidentale pendant la seconde moitié du Xe siècle, Paris 1971.
1016. G. Hatz, Handel und Verkehr zwischen dem Deutschen Reich und Schweden in der späten Wikingerzeit. Die deutschen Münzen des 10. und 11. Jhs. in Schweden, Lund 1974.
1017. M.-T. Kaiser-Guyot, R. Kaiser, Documentation numismatique de la France médiévale. Collections de monnaies et sources de l'histoire monétaire, München 1982.
1018. B. Kluge, Bemerkungen zur Struktur der Funde europäischer Münzen des 10. und 11. Jhs. im Ostseegebiet, in: Zs. f. Archäologie 12 (1978), 181–190.
1019. Ders. (Hg.), Fernhandel und Geldwirtschaft. Beiträge zum Münzwesen in sächsischer und salischer Zeit, Sigmaringen 1993.
1020. Ders., Stempelvergleichende Untersuchungen deutscher Münzserien des 10. und 11. Jhs. Fragen, Ergebnisse und Perspektiven einer Methode, in: FMSt 23 (1989), 344–361.
1021. D. M. Metcalf, Continuity and Change in English Monetary History, c. 973–1086, in: British Numismatic Journal 50 (1980), 20–49 u. 51 (1981), 52–90.
1022. Ders., Some Speculations on the Volume of the German Coinages in the 10th and 11th Centuries, in: Lagom. FS P. Berghaus zum 60. Geburtstag am 20. November 1979, hg. T. Fischer, P. Ilisch, Münster 1981, 185–193.
1023. Der Schatzfund von Corcelles-près-Payerne. Vergraben um 1034 während der Auseinandersetzungen um die burgundische Nachfolge = Schweizerische Numismat. Rundschau 48 (1969), mit Beiträgen von C. Martin, H.-D. Kahl [wie 1315], E. B. Cahn [wie 967].
1024. P. Spufford, Money and its Use in Medieval Europe, Cambridge 1988.
1025. Sylloge of Coins of the British Isles, bisher 37 Bde., London 1958 ff.

Europäischer Fernhandel

1026. Die Alpen in der europäischen Geschichte des Mittelalters, hg. T. Mayer, Konstanz/Stuttgart 1965.
1027. E. Ashtor, Aperçus sur les Radhanites, in: Schweizerische Zs. f. Gesch. 27 (1977), 245–275.

1028. H. BORCHERS, Beiträge zur rheinischen Wirtschaftsgeschichte, in: Hess. Jb. f. Lg. 4 (1954), 64–80.
1030. H. BÜTTNER, Schwaben und Schweiz im frühen und hohen Mittelalter. Gesammelte Aufsätze, hg. H. PATZE, Sigmaringen 1972.
1031. C. CAHEN, Y a-t-il eu des Rādhānites?, in: Revue des études juives 123 (1964), 499–506.
1032. D. CLAUDE, Der Handel im westlichen Mittelmeer während des Frühmittelalters, Göttingen 1985.
1033. O. P. CLAVADETSCHER, Verkehrsorganisation in Rätien zur Karolingerzeit, in: Schweizerische Zs. f. Gesch. 5 (1955), 1–30.
1034. E. ENNEN, Kölner Wirtschaft im Früh- und Hochmittelalter, in: Zwei Jahrtausende Kölner Wirtschaft, hg. H. KELLENBENZ, Bd. 1, Köln 1975, 87–193.
1035. M. GIL, The Rādhānite Merchants and the Land of Rādhān, in: Journal of the Economic and Social History of the Orient (1974), 299–328.
1036. P. E. HÜBINGER (Hg.), Bedeutung und Rolle des Islam beim Übergang vom Altertum zum Mittelalter, Darmstadt 1968.
1037. A. R. LEWIS, Naval Power and Trade in the Mediterranean (A.D. 500–1100), Princeton 1951.
1038. DERS., The Northern Seas. Shipping and Commerce in Northern Europe, A.D. 300–1100, Princeton 1958.
1039. M. LOMBARD, La route de la Meuse et les relations lointaines des pays mosans entre le VIIIe et le XIe siècle, in: L'art mosan, hg. P. FRANCASTEL, Paris 1952, 9–28.
1040. A. LOMBARD-JOURDAN, Les foires aux origines des villes, in: Francia 10 (1982), 429–448.
1041. R. S. LOPEZ, Byzantium and the World Around it. Economic and Institutional Relations, London 1978.
1042. DERS., The Commercial Revolution of the Middle Ages, 950–1350, Cambridge (Mass.) 1976.
1043. DERS., The Evolution of Land Transport in the Middle Ages, in: P&P 9 (1956), 17–29.
1044. La navigazione mediterranea nell'alto medioevo, Spoleto 1978.
1045. J. H. PRYOR, The Origins of the *commenda* Contract, in: Speculum 52 (1977), 5–37.
1046. L. I. RABINOWITZ, Jewish Merchant Adventurers. A Study of the Radanites, London 1948.
1047. C. RÄDLINGER-PRÖMPER, St. Emmeram in Regensburg. Struktur- und Funktionswandel eines bayerischen Klosters im früheren Mittelalter, Kallmünz 1987.
1048. P. SCHMID, Regensburg. Stadt der Könige und Herzöge im Mittelalter, Kallmünz 1977.

1049. W. Schnyder, Handel und Verkehr über die Bündner Pässe im Mittelalter zwischen Deutschland, der Schweiz und Oberitalien, 2 Bde., Zürich 1973–1975.
1050. U. Schwarz, Amalfi im frühen Mittelalter (9.–11. Jh.), Tübingen 1978.
1051. F. Vercauteren, La circulation des marchands en Europe occidentale du VIe au Xe siècle. Aspects économiques et culturels, in: Centri e vie di irradiazione della civiltà nell'alto medioevo, Spoleto 1964, 393–411.

Kontakt mit „außen". Sarazenen

1052. A. P. Bronisch, Reconquista und heiliger Krieg. Die Deutung des Krieges im christlichen Spanien von den Westgoten bis ins frühe 12. Jh., Münster 1998.
1053. N. Daniel, The Arabs and Medieval Europe, London/Beirut ^{2}1981.
1054. Ders., Islam and the West. The Making of an Image, Edinburgh 1960.
1055. C.-E. Dufourcq, La coexistence des chrétiens et des musulmans dans *Al-Andalus* et dans le Maghrib au Xe siècle, in: Occident et orient [wie in: 1006], 209–224.
1056. T. F. Glick, Islamic and Christian Spain in the Early Middle Ages, Princeton 1979.
1057. P. Guichard, Animation maritime et développement urbain des côtes de l'Espagne orientale et du Languedoc au Xe siècle, in: Occident et orient [wie in: 1006], 187–201.
1058. B. M. Kreutz, Before the Normans. Southern Italy in the Ninth and Tenth Centuries, Philadelphia 1991.
1059. E. Rotter, Abendland und Sarazenen. Das okzidentale Araberbild und seine Entstehung im Frühmittelalter, Berlin/New York 1986.
1060. Spanien und der Orient im frühen und hohen Mittelalter. Kolloquium Berlin 1991, Mainz 1996.
1061. H. G. Walther, Der gescheiterte Dialog. Das ottonische Reich und der Islam, in: Orientalische Kultur und europäisches Mittelalter, hg. A. Zimmermann, Berlin/New York 1985, 20–44.

Forschungsschwerpunkte zur Normannenfrage

1062. J. Byock, Medieval Iceland. Society, Sagas and Power, Berkeley/Los Angeles/London 1988.
1063. J. Dhondt, Études sur la naissance des principautés territoriales en France (IXe–Xe siècle), Brügge 1948.
1064. J. Graham-Campbell, D. Kidd (Hg.), The Vikings, London 1980.
1065. A. d'Haenens, Les invasions normandes dans l'empire franc au IXe siècle, in: I Normanni e la loro espansione in Europa nell'alto medioevo, 18–24 aprile 1968, Spoleto 1969, 233–298.
1066. Ders., Les invasions normandes: une catastrophe?, Paris 1970.

1067. R. HALL, The Excavations at York: The Viking Dig, London 1984.
1068. H. HATTENHAUER, Die Aufnahme der Normannen in das westfränkische Reich: Saint-Clair-sur-Epte AD 911, Göttingen 1990.
1069. A. S. INGSTAD, The Discovery of a Norse Settlement in America. Excavations at L'Anse aux Meadows, Newfoundland, 1961–1968, Oslo/Bergen/Tromsø 1977.
1070. Jón JÓHANNESSON, The Date of the Composition of the Saga of the Greenlanders, in: Saga-Book 16 (1962–1965), 54–66.
1071. I. LANGENBERG, Die Vinland-Fahrten. Die Entdeckungen Amerikas von Erik dem Roten bis Kolumbus (1000–1492), Köln/Wien 1977.
1072. G. A. LOUD, How ‚Norman' was the Norman Conquest of Southern Italy?, in: Nottingham Medieval Studies 25 (1981), 13–34.
1073. M. MAGNUSSON, Viking Expansion Westwards, New York 1973.
1074. M. MÜLLER-WILLE, R. SCHNEIDER (Hg.), Ausgewählte Probleme europäischer Landnahme, 2 Bde., Sigmaringen 1994.
1075. L. MUSSET, Les invasions: Le second assaut contre l'Europe chrétienne (VIe–Xe siècles), Paris 1965.
1076. DERS., La renaissance urbaine des Xe et XIe siècles dans l'ouest de la France. Problèmes et hypothèses de travail, in: Etudes de civilisation médiévale (IXe–XIIe siècles). Mélanges offerts à E.-R. LABANDE par ses amis, ses collègues, ses élèves, Poitiers 1974, 563–575.
1077. J. PETERS, Siegfried von Niderlant und die Wikinger am Niederrhein, in: Zs. f. dt. Altertum u. dt. Literatur 115 (1986), 1–21.
1078. A. P. SMYTH, Scandinavian York and Dublin. The History and Archaeology of Two Related Viking Kingdoms, 2 Bde., Dublin 1975–1978.
1079. W. VOGEL, Die Normannen und das fränkische Reich bis zur Gründung der Normandie (799–911), Heidelberg 1906.
1080. J. M. WALLACE-HADRILL, The Vikings in Francia, Reading 1975.
1081. H. ZETTEL, Das Bild der Normannen und der Normanneneinfälle in westfränkischen, ostfränkischen und angelsächsischen Quellen des 8. bis 11. Jhs., München 1977.

Ungarn

1082. Ch. R. BOWLUS, Franks, Moravians, and Magyars. The Struggle for the Middle Danube, 788–907, Philadelphia 1995.
1083. The Coronation Mantle of the Hungarian Kings, Hungarian National Museum Budapest 2005.
1084. J. DEÉR, Aachen und die Herrschersitze der Arpaden [zuerst 1971], zuletzt in: Byzanz [wie 1528], 372–423.
1085. DERS., Die heilige Krone Ungarns, Wien 1966.
1086. G. GYÖRFFY, Arpad. Persönlichkeit und historische Rolle, in: Acta antiqua Academiae scientiarum Hungaricae 26 (1978), 115–136.

1087. DERS., König Stephan der Heilige, Budapest 1988.
1088. DERS., Landnahme, Ansiedlung und Streifzüge der Ungarn, in: Acta historica Academiae scientiarum Hungaricae 31 (1985), 231–270.
1089. DERS., Die Landnahme der Ungarn aus historischer Sicht, in: 1074, Bd. 2, 129–196.
1090. DERS. (Hg.), Diplomata Hungariae antiquissima. Accedunt epistolae et acta ad historiam Hungariae pertinentia I. Ab anno 1000 usque ad annum 1131, Budapest 1992.
1091. DERS., Wirtschaft und Gesellschaft der Ungarn um die Jahrtausendwende, Köln/Wien 1983.
1092. DERS., Zu den Anfängen der ungarischen Kirchenorganisation auf Grund neuer quellenkritischer Ergebnisse, in: AHP 7 (1969), 77–113.
1093. Popoli delle steppe: Unni, Avari, Ungari, Spoleto 1988.
1094. A. A. SETTIA, Gli Ungari in Italia e i mutamenti territoriali tra VIII e X secolo, in: Magistra barbaritas. I barbari in Italia, hg. G. PUGLIESE CARRATELLI, Mailand 1984, 185–218.
1095. G. SILAGI, Die „Gesta Hungarorum" des anonymen Notars. Die älteste Darstellung der ungarischen Geschichte, Sigmaringen 1991.
1096. S. DE VAJAY, Der Eintritt des ungarischen Stämmebundes in die europäische Geschichte (862–933), Mainz 1968.
1097. DERS., Großfürst Geysa von Ungarn. Familie und Verwandtschaft, in: Südostforsch. 21 (1962), 45–101.

6. KÖNIGREICHE UND IHRE VERFASSUNG

Rechtsgeschichte oder Verfassungsgeschichte

1098. H. J. BERMAN, Recht und Revolution. Die Bildung der westlichen Rechtstradition, Frankfurt ²1991.
1099. E. BOSHOF, Königtum und Königsherrschaft im 10. und 11. Jh., München ²1997.
1100. K. BOSL, Das Hochmittelalter in der deutschen und europäischen Geschichte, in: HZ 194 (1962), 529–567.
1101. F. BOUGARD, La justice dans le Royaume d'Italie de la fin du VIIIe siècle au début du XIe siècle, Rom 1995.
1102. W. EBEL, Geschichte der Gesetzgebung in Deutschland, Göttingen 1958.
1103. DERS., Recht und Form. Vom Stilwandel im deutschen Recht, Tübingen 1975.
1104. DERS., Die Willkür. Eine Studie zu den Denkformen des älteren deutschen Rechts, Göttingen 1953.
1105. La giustizia nell'alto medioevo (secoli IX–XI), Spoleto 1997.
1106. A. GUERREAU, Le féodalisme. Un horizon théorique, Paris 1980.

1107. H. R. HAGEMANN, Fides facta und wadiatio. Vom Wesen des altdeutschen Formelvertrages, in: ZRG GA 83 (1966), 1–34.
1108. H. KELLER, Otto der Große urkundet im Bodenseegebiet. Inszenierungen der ‚Gegenwart des Herrschers' in einer vom König selten besuchten Landschaft, in: Mediaevalia Augiensia 54 (2001), 205–245.
1109. F. KERN, Recht und Verfassung im Mittelalter, in: HZ 120 (1919), 1–79.
1110. H. M. KLINKENBERG, Die Theorie der Veränderbarkeit des Rechtes im frühen und hohen Mittelalter, in: Lex et Sacramentum im Mittelalter, hg. P. WILPERT, Berlin/New York 1969, 157–188.
1111. G. KÖBLER, Das Recht im frühen Mittelalter, Köln/Wien 1971.
1112. DERS., Richten – Richter – Gericht, in: ZRG GA 87 (1970), 57–113.
1113. T. KÖLZER, Das Königtum Minderjähriger im fränkisch-deutschen Mittelalter, in: HZ 251 (1990), 291–323.
1114. H. KRAUSE, Dauer und Vergänglichkeit im mittelalterlichen Recht, in: ZRG GA 75 (1958), 206–251.
1115. DERS., Königtum und Rechtsordnung in der Zeit der sächsischen und salischen Herrscher, in: ZRG GA 82 (1965), 1–98.
1116. K. KROESCHELL, Verfassungsgeschichte und Rechtsgeschichte des Mittelalters, in: Gegenstand und Begriffe der Verfassungsgeschichtsschreibung. Tagung der Vereinigung für Verfassungsgeschichte in Hofgeismar am 30./31. März 1981, Berlin 1983, 47–77.
1117. H. MITTEIS, Die Rechtsidee in der Geschichte. Abhandlungen und Vorträge, Weimar 1957.
1118. T. OFFERGELD, Reges pueri. Das Königtum Minderjähriger im frühen Mittelalter, Hannover 2001.
1119. E. ROSENSTOCK, Königshaus und Stämme in Deutschland zwischen 911 und 1250, Leipzig 1914.
1120. S. SONDEREGGER, Die Sprache des Rechts im Germanischen, in: Schweizer Monatshefte 41 (1962/63), 250–271.
1121. R. SPRANDEL, Über das Problem des neuen Rechts im früheren Mittelalter, in: ZRG KA 48 (1962), 117–137.
1122. J. WEITZEL, Dinggenossenschaft und Recht. Untersuchungen zum Rechtsverständnis im fränkisch-deutschen Mittelalter, 2 Bde., Köln/Wien 1985.

Einzelfragen

1123. G. ASTUTI, Tradizione dei testi del Corpus iuris civilis nell'alto medioevo, in: Tradizione romanistica e iusta europea, hg. G. DIURNI, Rom 1984, 173–262.
1124. A. BÜHLER, Capitularia relecta. Studien zur Entstehung und Überlieferung der Kapitularien Karls des Großen und Ludwigs des Frommen, in: AfD 32 (1986), 305–501.

1125. E. Cortese, Il diritto nella storia medievale II: Il Basso Medioevo, Rom 1995.
1126. F. L. Ganshof, Wat waren de Capitularia?, Brüssel 1955. Dt.: Was waren die Kapitularien?, Weimar 1961.
1127. G. Köbler, Vorstufen der Rechtswissenschaft im mittelalterlichen Deutschland, in: ZRG GA 100 (1983), 75–118.
1128. R. Kottje, Zum Geltungsbereich der Lex Alamannorum, in: Die transalpinen Verbindungen der Bayern, Alemannen und Franken bis zum 10. Jh., hg. H. Beumann u. W. Schröder, Sigmaringen 1987, 359–377.
1129. H. Lange, Die Anfänge der modernen Rechtswissenschaft. Bologna und das frühe Mittelalter, Stuttgart 1993.
1130. Ders., Römisches Recht im Mittelalter I: Die Glossatoren, München 1997.
1131. K. J. Leyser, Die Ottonen und Wessex, in: FMSt 17 (1983), 73–97.
1132. H. Mordek (Hg.), Überlieferung und Geltung normativer Texte des frühen und hohen Mittelalters, Sigmaringen 1986.
1133. C. M. Radding, The Origin of Medieval Jurisprudence. Pavia and Bologna, 850–1150, New Haven/London 1987.
1134. P. Riché, Enseignement du droit en Gaule des VIe–XIe siècles [zuerst 1965], zuletzt in: Instruction et vie religieuse [wie 1881], Nr. V.
1135. B. Schneidmüller, Von der deutschen Verfassungsgeschichte zur Geschichte politischer Ordnungen und Identitäten im europäischen Mittelalter, in: ZfG 53 (2005), 485–500.
1136. C. Schott, Pactus, Lex und Recht, in: Die Alemannen in der Frühzeit, hg. W. Hübener, Bühl 1974, 135–168.
1137. Ders., Der Stand der Leges-Forschung, in: FMSt 13 (1979), 29–55.
1138. Ders., Zur Geltung der Lex Alamannorum, in: Die historische Landschaft zwischen Lech und Vogesen. Forschungen und Fragen zur gesamtalemannischen Geschichte, hg. P. Fried, W.-D. Sick, Augsburg 1988, 75–105.
1139. H. Siems, Zu Problemen der Bewertung frühmittelalterlicher Rechtstexte, in: ZRG GA 106 (1989), 291–305.
1140. P. Vaccari, Diritto longobardo e letteratura longobardistica intorno al diritto romano, Mailand 1966.

Stadtrecht

1141. K. Bosl, Die Gesellschaft in der Geschichte des Mittelalters, Göttingen 1966.
1142. Ders., Die Sozialstruktur der mittelalterlichen Residenz- und Fernhandelsstadt Regensburg. Die Entwicklung ihres Bürgertums vom 9.–14. Jh., in: Untersuchungen zur gesellschaftlichen Struktur der mittelalterlichen Städte in Europa, Konstanz/Stuttgart 1966, 93–213.

1143. E. ENNEN, Anfänge der Gemeindebildung in den Städten an Maas, Mosel und Rhein [zuerst 1968], zuletzt in: DIES., Gesammelte Abhandlungen [wie in: 692], 210–223.
1144. F. HIRSCHMANN, Stadtplanung, Bauprojekte und Großbaustellen im 10. und 11. Jh. Vergleichende Studien zu den Kathedralstädten westlich des Rheins, Stuttgart 1998.
1145. F. KEUTGEN, Untersuchungen über den Ursprung der deutschen Stadtverfassung, Leipzig 1895.
1146. G. KÖBLER, Civis und ius civile im deutschen Frühmittelalter, Diss. jur. Göttingen 1964.
1147. DERS., Stadtrecht und Bürgereinung bei Notker von St. Gallen, Göttingen 1974.
1148. DERS., Zur Entstehung des mittelalterlichen Stadtrechts, in: ZRG GA 86 (1969), 177–198.
1149. DERS., Zur Frührezeption der consuetudo in Deutschland, in: HJb 89 (1969), 337–371.
1150. R. LAUDA, Kaufmännische Gewohnheit und Burgrecht bei Notker dem Deutschen, Frankfurt u. a. 1985.
1151. F. PETRI, Die Anfänge des mittelalterlichen Städtewesens in den Niederlanden und dem angrenzenden Frankreich, in: Studien zu den Anfängen des europäischen Städtewesens. Reichenau-Vorträge 1955–1956, Lindau/Konstanz 1958, 227–295.
1152. H. PLANITZ, Frühgeschichte der deutschen Stadt, in: ZRG GA 63 (1943), 1–91.
1153. DERS., Kaufmannsgilde und städtische Eidgenossenschaft in niederfränkischen Städten im 11. und 12. Jh., in: ZRG GA 60 (1940), 1–116.
1154. W. SCHLESINGER, Burg und Stadt [zuerst 1954], zuletzt in: Beiträge [wie 1188], Bd. 2, 92–147 u. 263–265.
1155. DERS., Städtische Frühformen zwischen Rhein und Elbe [zuerst 1958], zuletzt in: Beiträge [wie 1188], Bd. 2, 148–212, 265–268.

Verfassungsgeschichte und Herrschaftspraxis

1156. R. D'ABADAL I DE VINYALS, Dels Visigots als Catalans, 2 Bde., Barcelona ²1974.
1157. G. ALTHOFF, Zur Frage nach der Organisation sächsischer coniurationes in der Ottonenzeit, in: FMSt 16 (1982), 129–142.
1158. M. BLOCH, La société féodale, Bd. 1: La formation des liens de dépendance; Bd. 2: Les classes et le gouvernement des hommes, 2 Bde., Paris 1939–1940. Dt.: Die Feudalgesellschaft, Berlin/Wien 1982.
1159. P. BONNASSIE (Hg.), Fiefs et féodalité dans l'Europe méridionale (Italie, France du Midi, Espagne) du Xe au XIIIe siècle, Toulouse 2002.

1160. K. BOSL, Frühformen der Gesellschaft im mittelalterlichen Europa. Ausgewählte Beiträge zu einer Strukturanalyse der mittelalterlichen Welt, München/Wien 1964.
1161. DERS., Die Grundlagen der modernen Gesellschaft im Mittelalter. Eine deutsche Gesellschaftsgeschichte des Mittelalters, 2 Bde., Stuttgart 1972.
1162. O. BRUNNER, Neue Wege der Verfassungs- und Sozialgeschichte, Göttingen ²1968.
1163. H. FICHTENAU, Lebensordnungen des 10. Jhs. Studien über Denkart und Existenz im einstigen Karolingerreich, 2 Bde., Stuttgart 1984.
1164. F. L. GANSHOF, Qu'est-ce que la féodalité?, Brüssel 1944. Dt.: Was ist das Lehnswesen? Darmstadt ⁷1989.
1165. L. GARCÍA DE VALDEAVELLANO, Curso de historia de las instituciones españolas de los origenes al final de la edad media, Madrid ⁶1982.
1166. H.-W. GOETZ, Regnum: Zum politischen Denken der Karolingerzeit, in: ZRG GA 104 (1987), 110–189.
1167. DERS., Staatlichkeit, Herrschaftsordnung und Lehnswesen im Ostfränkischen Reich als Forschungsprobleme, in: Il feodalismo nell'alto medioevo, Spoleto 2000, 85–143.
1168. F. GRAUS, Deutsche und slawische Verfassungsgeschichte?, in: HZ 197 (1963), 265–317.
1169. DERS., Verfassungsgeschichte des Mittelalters, in: HZ 243 (1986), 529–589.
1170. J. HANNIG, Consensus fidelium. Frühfeudale Interpretationen des Verhältnisses von Königtum und Adel am Beispiel des Frankenreiches, Stuttgart 1982.
1171. O. HINTZE, Wesen und Verbreitung des Feudalismus [zuerst 1929], zuletzt in: DERS., Soziologie und Geschichte. Gesammelte Abhandlungen zur Soziologie, Politik und Theorie der Geschichte, Bd. 1, hg. G. OESTREICH, Göttingen ³1970, 84–119.
1172. W. HUSCHNER, Transalpine Kommunikation im Mittelalter. Diplomatie, kulturelle und politische Wechselwirkungen zwischen Italien und dem nordalpinen Reich (9.–11. Jh.), 3 Bde., Hannover 2003.
1173. J. E. A. JOLLIFFE, The Constitutional History of Medieval England from the English Settlement to 1485, London ⁴1961.
1174. B. KASTEN, Königssöhne und Königsherrschaft. Untersuchungen zur Teilhabe am Reich in der Merowinger- und Karolingerzeit, Hannover 1997.
1175. H.-H. KORTÜM, „Wissenschaft im Doppelpaß"? Carl Schmitt, Otto Brunner und die Konstruktion der Fehde, in: HZ 282 (2006), 585–617.
1176. A. KRAH, Die Entstehung der „potestas regia" im Westfrankenreich während der ersten Regierungsjahre Kaiser Karls II. (840–877), Berlin 2000.
1177. J.-F. LEMARIGNIER, Le gouvernement royal aux premiers temps capétiens (987–1108), Paris 1965.

1178. F. Lot, R. Fawtier (Hg.), Histoire des institutions françaises au moyen âge, Bd. 2, Paris 1958.
1179. H. R. Loyn, The Governance of Anglo-Saxon England, 500–1087, London 1984.
1180. T. Mayer, Mittelalterliche Studien. Gesammelte Aufsätze, Darmstadt 1959.
1181. H. Mitteis, Lehnrecht und Staatsgewalt. Untersuchungen zur mittelalterlichen Verfassungsgeschichte, Weimar 1933.
1182. E. Müller-Mertens, W. Huschner, Die Reichsstruktur im Spiegel der Herrschaftspraxis Kaiser Konrads II., Weimar 1992.
1183. O. G. Oexle, Sozialgeschichte – Begriffsgeschichte – Wissenschaftsgeschichte. Anmerkungen zum Werk Otto Brunners, in: VSWG 71 (1984), 305–341.
1184. S. Reynolds, Kingdoms and Communities in Western Europe, 900–1300, Oxford 1984.
1185. Dies., Fiefs and Vassals. The Medieval Evidence Reinterpreted, Oxford 1994.
1186. C. Sanchez Albornoz, Vicios y nuevos estudios sobre las instituciones medievales españolas, 3 Bde., Madrid 1976–1980.
1187. W. Schlesinger, Ausgewählte Aufsätze 1965–1979, hg. H. Patze, F. Schwind, Sigmaringen 1987.
1188. Ders., Beiträge zur deutschen Verfassungsgeschichte des Mittelalters, Bd. 1: Germanen, Franken, Deutsche; Bd. 2: Städte und Territorien, Göttingen 1963.
1189. Ders., Mitteldeutsche Beiträge zur deutschen Verfassungsgeschichte des Mittelalters, Göttingen 1961.
1190. H. K. Schulze, Grundstrukturen der Verfassung im Mittelalter, 3 Bde., Stuttgart u. a. ²1992–1998.
1191. R. Sprandel, Verfassung und Gesellschaft im Mittelalter, Paderborn 1975.
1192. N. Staubach, Das Herrscherbild Karls des Kahlen. Formen und Funktionen monarchischer Repräsentation im früheren Mittelalter, Teil 1, Diss, Münster i. W. 1982.
1193. Ders., Rex Christianus. Hofkultur und Herrschaftspropaganda im Reich Karls des Kahlen, Teil 2: Die Grundlegung der ‚religion royale', Köln/Weimar/Wien 1993.
1194. Structures féodales et féodalisme dans l'occident méditerranéen (X^e– XIIIe siècles). Bilan et perspectives de recherches, Colloque international organisé par le Centre national de la recherche scientifique et l'École française de Rome, Rome, 10–13 oct. 1978, Rom 1980.
1195. A. Williams, Kingship and Gouvernment in Pre-Conquest England, c. 500–1066, New York 1999.
1196. D. Willoweit, Deutsche Verfassungsgeschichte. Vom Frankenreich bis zur Teilung Deutschlands, München ²1992.

1197. H. WOLFRAM (Hg.), Intitulatio, Bd. 2: Lateinische Herrscher- und Fürstentitel im neunten und zehnten Jh., Wien/Köln/Graz 1973; DERS., A. SCHARER (Hg.), Bd. 3: Lateinische Herrschertitel und Herrschertitulaturen vom 7. bis zum 13. Jh., Wien/Köln/Graz 1988.
1198. R. ZIPPELIUS, Kleine deutsche Verfassungsgeschichte. Vom frühen Mittelalter bis zur Gegenwart, München 2001.

Sakralisierung des Königtums

1199. A. ANGENENDT, Kaiserherrschaft und Königstaufe. Kaiser, Könige und Päpste als geistliche Patrone in der abendländischen Missionsgeschichte, Berlin/New York 1984.
1200. M. BLOCH, Les rois thaumaturges. Étude sur le caractère surnaturel attribué à la puissance royale particulièrement en France et en Angleterre, Paris ²1983. Dt.: Die wundertätigen Könige, München 1998.
1201. M. BORGOLTE, Über Typologie und Chronologie des Königskanonikats im europäischen Mittelalter, in: DA 47 (1991), 19–44.
1202. C. BRÜHL, Kronen- und Krönungsbrauch im frühen und hohen Mittelalter [zuerst 1982], zuletzt in: DERS., Aus Mittelalter und Diplomatik. Gesammelte Aufsätze, Bd. 1, Hildesheim/München/Zürich 1989, 413–443.
1203. L. BUISSON, Couronne et serment du sacre au moyen âge [zuerst 1973], zuletzt in: DERS., Lebendiges Mittelalter. Aufsätze zur Geschichte des Kirchenrechts und der Normannen, Köln/Wien 1988, 176–208.
1204. J. DEÉR, Byzanz und die Herrschaftszeichen des Abendlandes [zuerst 1957], zuletzt in: Byzanz [wie 1528], 42–69.
1205. DERS., Der Globus des spätrömischen und des byzantinischen Kaisers. Symbol oder Insigne? [zuerst 1961], zuletzt in: Byzanz [wie 1528], 70–124.
1206. E. EICHMANN, Die römischen Eide der deutschen Könige, in: ZRG KA 6 (1916), 140–205.
1207. F.-R. ERKENS, Der Herrscher als *gotes drût*. Zur Sakralität des ungesalbten Königs, in: HJb 118 (1998), 1–39.
1208. J. FLECKENSTEIN, Rex canonicus. Über Entstehung und Bedeutung des mittelalterlichen Königskanonikates [zuerst 1964], zuletzt in: Ordnungen und formende Kräfte [wie in: 326], 193–210.
1209. DERS., Zum Begriff der ottonisch-salischen Reichskirche [zuerst 1974], zuletzt in: DERS., Ordnungen [wie in: 1208], 211–221.
1210. R. FOLZ, Les saintes reines du moyen âge en occident, VIe–XIIIe siècle, Brüssel 1992.
1211. M. GROTEN, Von der Gebetsverbrüderung zum Königskanonikat. Zu Vorgeschichte und Entwicklung der Königskanonikate an den Dom- und Stiftskirchen des deutschen Reiches, in: HJb 103 (1983), 1–34.

1212. DERS., Über Königskanonikat und Krönung, in: DA 48 (1992), 625–629.
1212a. K. HAUCK, Erzbischof Adalbert von Magdeburg als Geschichtsschreiber, in: FS W. SCHLESINGER, hg. H. BEUMANN, Bd. 2, Köln/Wien 1974, 276–353.
1213. Institutionen, Kultur und Gesellschaft im Mittelalter. FS J. FLECKENSTEIN zu seinem 65. Geburtstag, hg. L. FENSKE, W. RÖSENER, T. ZOTZ, Sigmaringen 1984.
1214. K.-U. JÄSCHKE, Frühmittelalterliche Festkrönungen? Überlegungen zur Terminologie und Methode, in: HZ 211 (1970), 556–588.
1215. L. KÖRNTGEN, Königsherrschaft und Gottes Gnade. Zu Kontext und Funktion sakraler Vorstellungen in Historiographie und Bildzeugnissen der ottonisch-frühsalischen Zeit, Berlin 2001.
1216. Krönungen. Könige in Aachen – Geschichte und Mythos, Katalog der Ausstellung, hg. M. KRAMP, 2 Bde., Mainz 2000.
1217. K. J. LEYSER, Rule and Conflict in an Early Medieval Society. Ottonian Saxony, Bloomington/London 1979. Dt.: Herrschaft und Konflikt. König und Adel im ottonischen Sachsen, Göttingen 1984.
1218. J. L. NELSON, The Ford's Anointed and the People's Choice. Carolingian Royal Ritual, in: Rituals of Royalty. Power and Ceremonial in Traditional Societies, hg. D. CANNADINE, S. PRICE, Cambridge 1987, 137–180.
1219. DIES., Politics and Ritual in Early Medieval Europe, London/Ronceverte 1986.
1220. Ordines Coronationis Franciae. Texts and Ordines for the Coronation of Frankish and French Kings and Queens in the Middle Ages 1, hg. R. A. JACKSON, Philadelphia 1995.
1221. Sakralkönigtum, in: Reallexikon der Germanischen Altertumskunde 26, Berlin/New York 2004.
1222. P. E. SCHRAMM, Geschichte des englischen Königtums im Lichte der Krönung, Weimar 1937.
1223. DERS., Der König von Frankreich. Das Wesen der Monarchie vom 9. zum 16. Jh., 2 Bde., Darmstadt ²1960.
1224. N. STAUBACH, Das Herrscherbild Karls des Kahlen. Formen und Funktionen monarchischer Repräsentation im früheren Mittelalter, 2 Bde., Diss. phil., Münster 1981.

Herrscherbilder

1225. D. A. BULLOUGH, ‚Imagines regum' and Their Significance in the Early Medieval West, in: Studies in Memory of D. T. RICE, hg. G. ROBERTSON, G. HENDERSON, Edinburgh 1975, 223–276.
1226. J. DEÉR, Das Kaiserbild im Kreuz. Ein Beitrag zur politischen Theologie des früheren Mittelalters [zuerst 1955], zuletzt in: Byzanz [wie 1528], 125–177.

1227. R. DESHMAN Christus rex et magi reges. Kingship and Christology in Ottonian and Anglo-Saxon Art, in: FMSt 10 (1976), 367–405.
1228. DERS., The Exalted Servant. The Ruler Theology of the Prayerbook of Charles the Bald, in: Viator 11 (1980), 385–417.
1229. H. HOFFMANN, Buchkunst und Königtum im ottonischen und frühsalischen Reich, 2 Bde., Stuttgart 1986.
1230. K. HOFFMANN, Taufsymbolik im mittelalterlichen Herrscherbild, Düsseldorf 1968.
1231. Hagen KELLER, Herrscherbild und Herrschaftslegitimation. Zur Deutung der ottonischen Denkmäler, in: FMSt 19 (1985), 290–311.
1232. DERS., Ottonische Herrschersiegel. Beobachtungen und Fragen zur Gestalt und Aussage und zur Funktion im historischen Kontext, in: Bild und Geschichte. Studien zur politischen Ikonographie. FS H. SCHWARZMAIER zum 65. Geburtstag, hg. K. KRIMM, H. JOHN, Sigmaringen 1997, 3–51.
1233. DERS., Das Bildnis Kaiser Heinrichs im Regensburger Evangeliar aus Montecassino (Bibl. Vat. Ottob. Lat. 74). Zugleich ein Beitrag zu Wipos „Tetralogus", in: FMSt 32 (1998), 400–441.
1234. Harald KELLER, Das Nachleben des antiken Bildnisses von der Karolingerzeit bis zur Gegenwart, Freiburg/Basel/Wien 1970.
1235. M. KEMMERICH, Wie sah Kaiser Otto III. aus?, in: Die christliche Kunst 3 (1906/07), 200–213.
1236. A. NITSCHKE, Ottonische und karolingische Herrscherdarstellungen. Gestik und politisches Verhalten, in: Beiträge zur Kunst des Mittelalters. FS H. WENTZEL zum 60. Geburtstag, hg. R. BECKSMANN, U.-D. KORN, J. ZAHLTEN, Berlin 1975, 157–172.
1237. W. Ch. SCHNEIDER, Die Generatio Imperatoris in der Generatio Christi: Ein Motiv der Herrschaftstheologie Ottos III. in Trierer, Kölner und Echternacher Handschriften, in: FMSt 24 (1991), 226–258.
1238. P. E. SCHRAMM, Die deutschen Kaiser und Könige in Bildern ihrer Zeit: 751–1190. Neuausg. unt. Mitarbeit v. P. BERGHAUS, N. GUSSONE, F. MÜTHERICH hg. F. MÜTHERICH, München 1983.
1239. DERS., Das Herrscherbild in der Kunst des frühen Mittelalters, in: Vorträge d. Bibliothek Warburg 2 (1922/23), 145–224.
1240. St. WEINFURTER, Sakralkönigtum und Herrschaftsbegründung um die Jahrtausendwende. Die Kaiser Otto III. und Heinrich II. in ihren Bildern, in: Bilder erzählen Geschichte, hg. H. ALTRICHTER, Freiburg 1995, 47–103.
1241. J. WOLLASCH, Kaiser und Könige als Brüder der Mönche. Zum Herrscherbild in liturgischen Handschriften des 9. bis 11. Jhs., in: DA 40 (1984), 1–20.

Königswahl

1242. B. Dreyer, Die „reichspolitische" Dimension der Rivalität der Erzbischöfe von Köln, Mainz und Trier bis zum Privileg von 1052, in: Geschichte in Köln 52 (2005), 7–31.
1243. E. Hlawitschka (Hg.), Königswahl und Thronfolge in fränkisch-karolingischer Zeit, Darmstadt 1975.
1244. Ders. (Hg.), Königswahl und Thronfolge in ottonisch-frühdeutscher Zeit, Darmstadt 1971.
1245. H. Hoffmann, Zur Geschichte Ottos des Großen [zuerst 1972], zuletzt in: Otto der Große, hg. H. Zimmermann, Darmstadt 1976, 9–45.
1246. Hagen Keller, Schwäbische Herzöge als Thronbewerber: Hermann II. (1002), Rudolf von Rheinfelden (1077), Friedrich von Staufen (1125). Zur Entwicklung von Reichsidee und Fürstenverantwortung, Wahlverständnis und Wahlverfahren im 11. und 12. Jh., in: ZGO NF 92 (1983), 123–162.
1247. W. Kienast, Die französischen Stämme bei der Königswahl, in: HZ 206 (1968), 1–21.
1248. M. Lintzel, Miszellen zur Geschichte des 10. Jhs. [zuerst 1953], zuletzt in: Ders., Ausgewählte Schriften, Bd. 2, Berlin 1961, 220–296.
1249. H. Mitteis, Die deutsche Königswahl und ihre Rechtsgrundlagen bis zur goldenen Bulle, Brünn/München/Wien ²1944.
1250. U. Reinhardt, Untersuchungen zur Stellung der Geistlichen bei den Königswahlen im Fränkischen und Deutschen Reich (751–1250), Marburg 1975.
1251. U. Reuling, Die Kur in Deutschland und Frankreich. Untersuchungen zur Entwicklung des rechtsförmlichen Wahlaktes bei der Königserhebung im 11. und 12. Jh., Göttingen 1979.
1252. R. Schmidt, Königsumritt und Huldigung in ottonisch-salischer Zeit, in: VuF 6, Konstanz/Stuttgart 1961, 97–233.
1253. R. Schneider, Die Königserhebung Heinrichs II., in: DA 28 (1972), 74–104.
1254. P. E. Schramm, Die Krönung bei den Westfranken und Angelsachsen von 878 bis um 1000, in: ZRG KA 23 (1934), 117–242.
1255. Ders., Ordines-Studien II, in: AUF 15 (1938), 3–55.
1256. G. Tellenbach, Die geistigen und politischen Grundlagen der karolingischen Thronfolge. Zugleich eine Studie über kollektive Willensbildung und kollektives Handeln im neunten Jh. [zuerst 1979], zuletzt in: Ausgewählte Abhandlungen [wie 181], Bd. 2, 503–621.
1257. Ders., Königtum und Stämme in der Werdezeit des Deutschen Reiches, Weimar 1939.
1258. A. Wolf, Königswähler und königliche Tochterstämme, in: Königliche Tochterstämme, Königswähler und Kurfürsten, hg. Ders., Frankfurt a. M. 2002, 1–77.

Königs- und Reichsgut

1259. R.-H. BAUTIER, Quand et comment Paris devint capitale, in: Bulletin de la Société de l'histoire de Paris 105 (1978), 17–46.
1260. W. BERGES, Das Reich ohne Hauptstadt, in: Das Hauptstadtproblem in der Geschichte. Fg. zum 90. Geburtstag F. MEINECKES, Tübingen 1952, 1–29.
1261. C. BRÜHL, Fodrum, gistum, servitium regis. Studien zu den wirtschaftlichen Grundlagen des Königtums im Frankenreich und in den fränkischen Nachfolgestaaten Deutschland, Frankreich und Italien vom 6. bis zur Mitte des 14. Jhs., 2 Bde., Köln/Graz 1968.
1262. DERS., Königspfalz und Bischofsstadt in fränkischer Zeit, in: RhVjbll 23 (1958), 161–274.
1263. DERS., Zum Hauptstadtproblem im frühen Mittelalter [zuerst 1963], zuletzt in: DERS., Aus Mittelalter und Diplomatik. Gesammelte Aufsätze, Bd. 1, Hildesheim/München/Zürich 1989, 89–114.
1264. P. CLASSEN, Die Geschichte der Königspfalz Ingelheim bis zu ihrer Verpfändung an Kurpfalz 1375, in: Ingelheim am Rhein. Forschungen und Studien zur Geschichte Ingelheims, hg. J. AUTENRIETH, Stuttgart 1964, 87–146.
1265. Deutsche Königspfalzen. Beiträge zu ihrer historischen und archäologischen Erforschung, 3 Bde., Göttingen 1961–1979.
1266. Die deutschen Königspfalzen. Repertorium der Pfalzen und übrigen Aufenthaltsorte der Könige im deutschen Reich des Mittelalters, hg. Max-Planck-Institut für Geschichte, Redaktion: T. ZOTZ, Bd. 1 ff., Göttingen 1983 ff.
1267. C. EHLERS (Hg.), Orte der Herrschaft. Mittelalterliche Königspfalzen, Göttingen 2002.
1268. E.-M. EIBL, Zur Stellung Bayerns und Rheinfrankens im Reich Arnulfs von Kärnten, in: Jb. f. Gesch. d. Feudalismus 8 (1984), 73–113.
1269. D. FLACH, Untersuchungen zur Verfassung und Verwaltung des Aachener Reichsgutes von der Karlingerzeit bis zur Mitte des 14. Jhs., Göttingen 1976.
1270. M. GOCKEL, Karolingische Königshöfe am Mittelrhein, Göttingen 1970.
1271. D. HÄGERMANN, A. HEDWIG, Das Polyptychon und die Notitia de Areis von Saint-Maur-des-Fossés. Analyse und Edition, Sigmaringen 1990.
1272. M. HARDT, Gold und Herrschaft. Die Schätze europäischer Könige und Fürsten im ersten Jahrtausend, Berlin 2004.
1273. K. HEINEMEYER, Königshöfe und Königsgut im Raum Kassel, Göttingen 1971.
1274. DERS., Der Königshof Eschwege in der Germar-Mark. Untersuchungen zur Geschichte des Königsgutes im hessisch-thüringischen Grenzgebiet, Marburg 1970.

1275. W. A. Kropat, Reich, Adel und Kirche in der Wetterau von der Karolinger- bis zur Stauferzeit, Marburg 1965.
1276. E. Lehmann, Der Palast Ottos des Großen in Magdeburg, in: Architektur des Mittelalters. Funktion und Gestalt, hg. F. Möbius, E. Schubert, Weimar ²1984, 42–62.
1277. K. J. Leyser, Ottonian Government [zuerst 1981], zuletzt in: Ders., Medieval Germany and its Neighbours, 900–1250, London 1982, 69–102.
1278. A. Lombard-Jourdan, Paris. Genèse de la „ville". La rive droite de la Seine des origines à 1223, Paris 1976.
1279. T. Mayer, Das deutsche Königtum und sein Wirkungsbereich [zuerst 1941], zuletzt in: Mittelalterliche Studien [wie in: 1180], 28–44.
1280. W. Metz, Das Servitium Regis. Zur Erforschung der wirtschaftlichen Grundlagen des hochmittelalterlichen deutschen Königtums, Darmstadt 1978.
1281. Ders., Zur Erforschung des karolingischen Reichsgutes, Darmstadt 1971.
1282. H. Müller-Kehlen, Die Ardennen im Frühmittelalter. Untersuchungen zum Königsgut in einem karolingischen Kernland, Göttingen 1973.
1283. E. Müller-Mertens, Die Reichsstruktur im Spiegel der Herrschaftspraxis Ottos des Großen, Berlin 1980.
1284. H. C. Peyer, Das Reisekönigtum des Mittelalters, in: VSWG 51 (1964), 1–21.
1285. H. J. Rieckenberg, Königsstraße und Königsgut in liudolfingischer und frühsalischer Zeit, in: AUF 17 (1942), 32–154.
1286. M. Schalles-Fischer, Pfalz und Fiskus Frankfurt, Göttingen 1969.
1287. B. Scherff, Studien zum Heer der Ottonen und der ersten Salier (919–1056), Diss. phil., Bonn 1985.
1288. Schriftkultur und Reichsverwaltung unter den Karolingern, hg. R. Schieffer, Opladen 1996, 109–166.
1289. H. P. Wehlt, Reichsabtei und König dargestellt am Beispiel der Abtei Lorsch mit Ausblicken auf Hersfeld, Stablo und Fulda, Göttingen 1970.
1290. K. F. Werner, Heeresorganisation und Kriegsführung im deutschen Königreich des 10. und 11. Jhs., in: Ordinamenti militari in occidente nell' alto medioevo, Spoleto 1968, 791–843.
1291. Ders., Missus – Marchio – Comes. Entre l'administration centrale et l'administration locale de l'empire carolingien [zuerst 1980], zuletzt in: Vom Frankenreich [wie 1341], 108–156.
1292. S. Wilke, Das Goslarer Reichsgebiet und seine Beziehungen zu den territorialen Nachbargewalten. Politische, verfassungs- und familiengeschichtliche Untersuchungen zum Verhältnis von Königtum und Landesherrschaft am Nordharz im Mittelalter, Göttingen 1970.

1293. T. ZOTZ, Königspfalz und Herrschaftspraxis im 10. und frühen 11. Jh., in: BDLG 120 (1984), 19–46.
1294. DERS., Vorbemerkungen zum „Repertorium der deutschen Königspfalzen", in: BDLG 118 (1982), 177–203.

Entstehung der Fürstentümer

1295. H. BEUMANN, Die Bedeutung Lotharingiens für die ottonische Missionspolitik im Osten [zuerst 1969], zuletzt in: DERS., Wissenschaft vom Mittelalter. Ausgewählte Aufsätze, Köln/Wien 1972, 377–409.
1296. L. BOEHM, Geschichte Burgunds. Politik – Staatsbildungen – Kultur, Stuttgart u. a. 1979.
1297. E. BOSHOF, Lotharingien – Lothringen. Vom Teilreich zum Herzogtum, in: Zwischen Gallia und Germania, Frankreich und Deutschland. Konstanz und Wandel raumbestimmender Kräfte, Vorträge auf dem 36. Deutschen Historikertag, Trier, 8.–12. Oktober 1986, hg. A. HEIT, Trier 1987, 129–153.
1298. DERS., Lothringen, Frankreich und das Reich in der Regierungszeit Heinrichs III., in: RhVjbll 42 (1978), 63–127.
1299. DERS., Untersuchungen zur Kirchenvogtei in Lothringen im 10. und 11. Jh., in: ZRG KA 66 (1979), 55–119.
1300. M. BUR, La formation du comté de Champagne vers 950 – vers 1150, Nancy 1977.
1301. J. DHONDT, Développement urbain et initiative comtale en Flandre au XIe siècle, in: Revue du Nord 30 (1948), 133–141.
1302. O. ENGELS, Vorstufen der Staatswerdung im Hochmittelalter. Zum Kontext der Gottesfriedensbewegung, in: HJb 97/98 (1978), 71–86.
1303. G. FASOLI, I re d'Italia (888–962), Florenz 1949.
1304. F. J. FELTEN, Äbte und Laienäbte im Frankenreich. Studie zum Verhältnis von Staat und Kirche im früheren Mittelalter, Stuttgart 1980.
1305. V. FUMAGALLI, Coloni e signori nell'Italia settentrionale, secoli VI–XI, Bologna 1978.
1306. F. L. GANSHOF, La Flandre sous les premiers comtes, Brüssel ^{3}1949.
1307. L. GENICOT, Études sur les principautés lotharingiennes, Leuven 1975.
1308. O. GUILLOT, Le comte d'Anjou et son entourage au XIe siècle, Paris 1972.
1309. R. HIESTAND, Byzanz und das Regnum Italicum im 10. Jh., Zürich 1964.
1310. E. HINRICHS (Hg.), Geschichte Frankreichs, Stuttgart 2002.
1311. E. HLAWITSCHKA, Die Anfänge des Hauses Habsburg-Lothringen. Genealogische Untersuchungen zur Geschichte Lothringens und des Reiches im 9., 10. und 11. Jh., Saarbrücken 1969.
1312. DERS., Lotharingien und das Reich an der Schwelle der deutschen Geschichte, Stuttgart 1968.

1313. H. HOFFMANN, Der Kirchenstaat im hohen Mittelalter, in: QFIAB 57 (1977), 1–45.
1314. W. JANSSEN, The International Background of Castle Building in Central Europe, in: Danish Medieval History and Saxo Grammaticus. A Symposium held in Celebration of the 50th Anniversary of the University of Copenhagen, Bd. 1, hg. N. SKYUM-NIELSEN, N. LUND, Kopenhagen 1981, 179–206.
1315. H.-D. KAHL, Die Angliederung Burgunds an das mittelalterliche Imperium. Zum geschichtlichen Hintergrund des Schatzfundes von Corcelles-près-Payerne, in: Schweizerische Numismat. Rundschau 48 (1969), 13–105.
1316. W. KIENAST, Deutschland und Frankreich in der Kaiserzeit (900–1270). Weltkaiser und Einzelkönige, 3 Bde., Stuttgart ^{2}1974.
1317. DERS., Der Herzogtitel in Frankreich und Deutschland (9.–12. Jh.). Mit Listen der ältesten deutschen Herzogsurkunden, München/Wien 1968.
1318. DERS., Studien über die deutschen Volksstämme des Mittelalters, Stuttgart 1968.
1319. R. LEJAN, Histoire de la France. Origines et premier essor 480–1180, Paris 1996.
1320. J.-F. LEMARIGNIER, Autour de la royauté française du IXe au XIIIe siècle, in: BECh 113 (1955), 5–36.
1321. Liber memorialis von Remiremont, bearb. E. HLAWITSCHKA, K. SCHMID, G. TELLENBACH, 2 Bde., Dublin/Zürich 1970.
1322. R. LOCATELLI, G. MOYSE, B. DE VREGILLE, La Franche-Comté entre le Royaume et l'Empire (fin IXe–XIe siècle), in: Francia 15 (1987), 109–147.
1323. Lotharingia. Eine europäische Kernlandschaft um das Jahr 1000 – Une région au centre de l'Europe autour de l'an Mil, hg. H.-W. HERRMANN, R. SCHNEIDER, Saarbrücken 1995.
1324. La Maison d'Ardenne, X^e–XIe siècles, Luxemburg 1981.
1325. J.-M. MARTIN, L',incastellamento": mutation de l'habitat dans l'Italie du Xe siècle, in: Occident et orient [wie in: 1006], 235–249.
1326. F. MENANT u. a., Les Capétiens. Histoire et dictionnaire 987–1328, Paris 1999.
1327. W. MOHR, Geschichte des Herzogtums Lothringen 1. Geschichte des Herzogtums Großlothringen (900–1048), Saarbrücken 1974.
1328. DERS., Imperium Lothariensium, in: Jb. f. westdt. Lg. 13 (1987), 1–42.
1329. R. PAULER, Das Regnum Italiae in ottonischer Zeit. Markgrafen, Grafen und Bischöfe als politische Kräfte, Tübingen 1982.
1330. F. PETRI, G. DROEGE (Hg.), Rheinische Geschichte 1, Düsseldorf 1983.
1331. R. POKORNY, Eine bischöfliche Promissio aus Belley und die Datierung des Vereinigungs-Vertrages von Hoch- und Niederburgund (933?), in: DA 43 (1987), 46–61.

1332. J. F. BÖHMER, Die Regesten des Regnum Italiae und der Burgundischen Regna 840–926, bearbeitet von H. ZIELINSKI (Regesta Imperii 1. Die Regesten des Kaiserreichs unter den Karolingern 751–918 [926/962], 3, 1–3), 3 Bde., Köln/Weimar/Wien 1991/1998/2006.
1333. K. SCHMID, Ein karolingischer Königseintrag im Gedenkbuch von Remiremont, in: FMSt 2 (1968), 96–134.
1334. B. SCHNEIDMÜLLER, Karolingische Tradition und frühes französisches Königtum. Untersuchungen zur Herrschaftslegitimation der westfränkisch-französischen Monarchie im 10. Jh., Wiesbaden 1979.
1335. DERS., Regnum und Ducatus. Identität und Interpretation in der lothringischen Geschichte des 9. bis 11. Jhs., in: RhVjbll 51 (1987), 81–114.
1336. G. TELLENBACH, Der Liber Memorialis von Remiremont. Zur kritischen Erforschung und zum Quellenwert liturgischer Gedenkbücher [zuerst 1969], zuletzt in: Ausgewählte Abhandlungen [wie 181], Bd. 2, 438–484.
1337. H. TAVIANI-CAROZZI, La principauté lombarde de Salerne (IXe–XIe siècle), 2 Bde., Rom 1991.
1338. P. TOUBERT, Les structures du Latium médiéval. Le Latium méridional et la Sabine du IXe à la fin du XIIe siècle, 2 Bde., Rom 1973.
1339. K. F. WERNER, Les duchés „nationaux" d'Allemagne au IXe et au Xe siècle [zuerst 1979], zuletzt in: Vom Frankenreich [wie 1341], 311–328.
1340. DERS., Untersuchungen zur Frühzeit des französischen Fürstentums (9.–10. Jh.), in: Die Welt als Gesch. 18 (1958), 256–289; 19 (1959), 146–193; 20 (1960), 87–119.
1341. DERS., Vom Frankenreich zur Entfaltung Deutschlands und Frankreichs. Ursprünge – Strukturen – Beziehungen, Ausgewählte Beiträge, Sigmaringen 1984.
1342. DERS., Naissance de la noblesse. L'essor des élites politiques en Europe, Paris ^{2}1998.
1343. C. WICKHAM, Early Medieval Italy. Central Power and Local Society, 400–1000, London/Basingstoke 1981.
1344. DERS., Historical and Topographical Notes on Early Medieval South Etruria, 2 Bde., Rom 1978–1979.

Sogenanntes jüngeres Stammesherzogtum

1345. R. E. BARTH, Der Herzog in Lotharingien im 10. Jh., Sigmaringen 1990.
1346. Th. BAUER, Lotharingien als historischer Raum. Raumbildung und Raumbewußtsein im Mittelalter, Köln/Weimar/Wien 1997.
1347. H.-W. GOETZ, „Dux" und „Ducatus". Begriffs- und verfassungsgeschichtliche Untersuchungen zur Entstehung des sogenannten „jünge-

ren" Stammesherzogtums an der Wende vom 9. zum 10. Jh., Bochum ²1981.
1348. Hagen KELLER, Reichsstruktur und Herrschaftsauffassung in ottonisch-frühsalischer Zeit, in: FMSt 16 (1982), 74–128.
1349. H. MAURER, Der Herzog von Schwaben. Grundlagen, Wirkungen und Wesen seiner Herrschaft in ottonischer, salischer und staufischer Zeit, Sigmaringen 1978.
1350. H. STINGL, Die Entstehung der deutschen Stammesherzogtümer, Aalen 1974.
1351. S. WEINFURTER, Die Zentralisierung der Herrschaftsgewalt im Reich durch Kaiser Heinrich II., in: HJb 106 (1986), 241–297.

Ottonisch-salische Reichskirche oder Reichskirchensystem?

1352. A. AMIET, Die liturgische Gesetzgebung der deutschen Reichskirche in der Zeit der sächsischen Kaiser 922–1023, in: Zs. f. schweizerische Kirchengesch. 70 (1976), 1–106, 209–307.
1353. H. H. ANTON, Frühe Stufen der Kirchenreform. Tendenzen und Wertungen, in: Sant'Anselmo. Mantova e la lotta per le investiture, hg. P. GOLINELLI, Bologna 1987, 241–279.
1354. L. AUER, Der Kriegsdienst des Klerus unter den sächsischen Kaisern, in: MIÖG 79 (1971), 316–407 u. 80 (1972), 48–70.
1355. J. M. BAK, Coronation. Medieval and Early Modern Monarchic Ritual, Berkeley/Los Angeles/Oxford 1990.
1356. K. J. BENZ, Untersuchungen zur politischen Bedeutung der Kirchweihe unter Teilnahme der deutschen Herrscher im hohen Mittelalter, Kallmünz 1975.
1357. J. W. BERNHARDT, Itinerant Kingship and Royal Monasteries in Early Medieval Germany, c. 936–1075, Cambridge 1993.
1358. L. BIEHL, Das liturgische Gebet für Kaiser und Reich. Ein Beitrag zur Geschichte des Verhältnisses von Kirche und Staat, Paderborn 1937.
1359. C. A. BOUMAN, Sacring and Crowning. The Development of the Latin Ritual for the Anointing of Kings and the Coronation of an Emperor Before the Eleventh Century, Groningen 1957.
1360. W. BULST, Susceptacula regum. Zur Kunde deutscher Reichsaltertümer, in: Corona quernea. Fg. K. STRECKER zum 80. Geburtstage dargebracht, hg. E. E. STENGEL, Leipzig 1941, 97–135.
1361. I. CRUSIUS (Hg.), Beiträge zu Geschichte und Struktur der mittelalterlichen Germania Sacra, Göttingen 1989.
1362. R. ELZE, Die Herrscherlaudes im Mittelalter [zuerst 1954], zuletzt in: DERS., Päpste – Kaiser – Könige und die mittelalterliche Herrschaftssymbolik. Ausgewählte Aufsätze, hg. B. SCHIMMELPFENNIG, L. SCHMUGGE, London 1982, Nr. X.

1363. DERS. (Hg.), Ordines coronationis imperialis. Die Ordines für die Weihe und Krönung des Kaisers und der Kaiserin, Hannover 1960.
1364. DERS., I segni del potere e altre fonti dell'ideologia politica del medioevo recentemente utilizzate [zuerst 1973], zuletzt in: DERS., Päpste – Kaiser – Könige [wie in: 1362], Nr. XII.
1365. H. FILLITZ, Die Insignien und Kleinodien des Heiligen Römischen Reiches, Wien/München 1954.
1366. A. GRAF FINCK ZU FINCKENSTEIN, Bischof und Reich. Untersuchungen zum Integrationsprozeß des ottonisch-frühsalischen Reiches (919–1056), Sigmaringen 1989.
1367. J. FLECKENSTEIN, Die Hofkapelle der deutschen Könige, Bd. 2: Die Hofkapelle im Rahmen der ottonisch-salischen Reichskirche, Stuttgart 1966.
1368. DERS., Königshof und Bischofsschule unter Otto d. Gr. [zuerst 1956], zuletzt in: Ordnungen und formende Kräfte [wie in: 326], 168–192.
1369. DERS., Problematik und Gestalt der ottonisch-salischen Reichskirche [zuerst 1985], zuletzt in: Ordnungen [wie in: 326], 222–242.
1370. DERS., Zum Problem der Abschließung des Ritterstandes [zuerst 1974], zuletzt in: Ordnungen [wie in: 326], 357–376.
1371. R. GROSSE, Das Bistum Utrecht und seine Bischöfe im 10. und frühen 11. Jh., Köln/Wien 1987.
1372. A. HAUCK, Kirchengeschichte Deutschlands, Bd. 3 (911–1122), Berlin/Leipzig ^{8}1954.
1373. H. HOFFMANN, Politik und Kultur im ottonischen Reichskirchensystem, in: RhVjbll 22 (1957), 31–55.
1374. DERS., Grafschaften in Bischofshand, in: DA 46 (1990), 375–480.
1375. DERS., Mönchskönig und *rex idiota*. Studien zur Kirchenpolitik Heinrichs II. und Konrads II., Hannover 1993.
1376. E. N. JOHNSON, The Secular Activities of the German Episcopate, 919–1024, Lincoln (Neb.) 1932.
1377. R. KAISER, Bischofsherrschaft zwischen Königtum und Fürstenmacht. Studien zur bischöflichen Stadtherrschaft im westfränkisch-französischen Reich im frühen und hohen Mittelalter, Bonn 1981.
1378. DERS., Münzprivilegien und bischöfliche Münzprägung in Frankreich, Deutschland und Burgund im 9.–12. Jh., in: VSWG 63 (1976), 289–338.
1379. E. H. KANTOROWICZ, The King's Two Bodies. A Study in Mediaeval Political Theology, Princeton 1957. Dt.: Die zwei Körper des Königs. Eine Studie zur politischen Theologie des Mittelalters, München 1990.
1380. DERS., Laudes Regiae. A Study in Liturgical Acclamations and Mediaeval Ruler Worship, Berkeley/Los Angeles 1946.
1381. O. KÖHLER, Das Bild des geistlichen Fürsten in den Viten des 10., 11. und 12. Jhs., Berlin 1935.
1382. DERS., Die ottonische Reichskirche. Ein Forschungsbericht, in: Adel und Kirche. G. TELLENBACH zum 65. Geburtstag dargebracht von

Freunden und Schülern, hg. J. FLECKENSTEIN, K. SCHMID, Freiburg/ Basel/Wien 1968, 141–204.
1383. J. LAUDAGE, Priesterbild und Reformpapsttum im 11. Jh., Köln/Wien 1984.
1384. H. R. LOYN, The English Church, 940–1154, Harlow 2000.
1385. M. MCCORMICK, Eternal Victory. Triumphal Rulership in Late Antiquity, Byzantium, and Early Medieval West, Cambridge 1986.
1386. DERS., The Liturgy of War in the Early Middle Ages. Crisis, Litanies and the Carolingian Monarchy, in: Viator 15 (1984), 1–23.
1387. DERS., A New Ninth-Century Witness to the Carolingian Mass Against the Pagans (Paris, B. N. lat. 2812), in: Revue Bénédictine 97 (1987), 68–86.
1388. B. OPFERMANN, Die liturgischen Herrscherakklamationen im Sacrum Imperium des Mittelalters, Weimar 1953.
1389. J. OTT, Krone und Krönungen. Die Verheißung und Verleihung von Kronen in der Kunst von der Spätantike bis um 1200 und die geistige Auslegung der Krone, Mainz 1998.
1390. Otto III. – Heinrich II. Eine Wende?, hg. B. SCHNEIDMÜLLER, St. WEINFURTER, Sigmaringen 1997.
1391. B. REPSHER, The Rite of Church Dedication in the Early Medieval Era, Lewiston (N.Y.) 1998.
1392. T. REUTER, The ‚Imperial Church System' of the Ottonian and Salian Rulers. A Reconsideration, in: Journal of Ecclesiastical History 33 (1982), 347–374.
1393. Die Reichskleinodien. Herrschaftszeichen des Heiligen Römischen Reiches, mit Beiträgen von H.-J. BECKER u. a., Göppingen 1997.
1394. Le sacre des rois. Actes du Colloque international d'histoire sur les sacres et couronnements royaux (Reims 1975), Paris 1985.
1395. L. SANTIFALLER, Zur Geschichte des ottonisch-salischen Reichskirchensystems, Wien ²1964.
1396. H.-M. SCHALLER, Die Wiener Reichskrone – entstanden unter Konrad III., in: Die Reichskleinodien. Herrschaftszeichen, Göppingen 1997, 58–105.
1397. R. SCHIEFFER, Der ottonische Reichsepiskopat zwischen Königtum und Adel, in: FMSt 23 (1989), 291–301.
1398. DERS., Der geschichtliche Ort der ottonisch-salischen Reichskirchenpolitik, Opladen 1998.
1399. S. SCHOLZ, Die Wiener Reichskrone. Eine Krone aus der Zeit Konrads III.?, in: Grafen, Herzöge, Könige. Der Aufstieg der frühen Staufer und das Reich (1079–1152), hg. H. SEIBERT, J. DENDORFER, Ostfildern 2005, 341–362.
1400. P. E. SCHRAMM, Herrschaftszeichen und Staatssymbolik. Beiträge zu ihrer Geschichte vom dritten bis zum sechzehnten Jh., mit Beiträgen verschiedener Verfasser, 3 Bde., Stuttgart 1954–1956.

1401. DERS., Kaiser, Könige und Päpste. Gesammelte Aufsätze zur Geschichte des Mittelalters, Bd. 2: Vom Tode Karls des Großen (814) bis zum Anfang des 10. Jhs., Stuttgart 1968; Bd. 3: Vom 10. bis zum 13. Jh., Stuttgart 1969.
1402. P. E. SCHRAMM, F. MÜTHERICH, Denkmale der deutschen Könige und Kaiser. Ein Beitrag zur Herrschergeschichte, Bd. 1: Von Karl dem Großen bis Friedrich II. 768–1250, München ²1981.
1403. M. SCHULZE-DÖRRLAMM, Die Kaiserkrone Konrads II. (1024–1039). Neue Untersuchungen zu Alter und Herkunft der Reichskrone, Sigmaringen 1990.
1404. B. SCHWINEKÖPER, Christus-Reliquien-Verehrung und Politik. Studien über die Mentalität der Menschen des frühen Mittelalters, insbesondere über die religiöse Haltung und sakrale Stellung der früh- und hochmittelalterlichen deutschen Kaiser und Könige, in: BDLG 117 (1981), 183–281.
1405. R. STAATS, Theologie der Reichskrone, Stuttgart 1976.
1406. E. THIELE, Klosterimmunität, Wahlbestimmungen und Stiftervogteien im Umkreis des ottonischen Königtums, in: BDLG 131 (1995), 1–50.
1407. C. VIOLANTE, „Chiesa feudale" e riforme in Occidente (secc. X–XII). Introduzione a un tema storiografico, Spoleto 1999.
1408. C. VOGEL, R. ELZE (Hg.), Le pontifical romano-germanique du Xe siècle, 2 Bde., Città del Vaticano 1963.
1409. P. WILLMES, Der Herrscher-„Adventus" im Kloster des Frühmittelalters, München 1976.
1410. G. WOLF, Der „Waise". Bemerkungen zum Leitstein der Wiener Reichskrone, in: DA 41 (1985), 39–65.
1411. DERS., Die Wiener Reichskrone, Wien 1995.
1412. H. ZIELINSKI, Der Reichsepiskopat in spätottonischer und salischer Zeit (1002–1125), Teil 1, Stuttgart 1984.

Münzhoheit

1413. W. R. O. HAHN, Moneta Radasponensis. Bayerns Münzprägung im 9., 10. und 11. Jh., Braunschweig 1976.
1414. N. KAMP, Probleme des Münzrechts und der Münzprägung in salischer Zeit, in: Beiträge zum hochmittelalterlichen Städtewesen, hg. B. DIESTELKAMP, Köln/Wien 1982, 94–110.
1415. B. KLUGE, Deutsche Münzgeschichte von der späten Karolingerzeit bis zum Ende der Salier, Sigmaringen 1990.

Grundlinien der politischen Entwicklung. Perspektivenwechsel

1416. G. ALTHOFF, Die Ottonen. Königsherrschaft ohne Staat, Stuttgart/Berlin/Köln 2000.

1417. DERS., Otto III., Darmstadt 1996.
1418. H. BEUMANN, Die Ottonen, Stuttgart u. a. 1987.
1419. E. BOSHOF, Die Salier, Stuttgart u. a. 1987.
1420. J. DUNBABIN, France in the Making, 843–1180, Oxford 1985.
1421. E. EICKHOFF, Theophanu und der König. Otto III. und seine Welt, Stuttgart 1996.
1422. DERS., Kaiser Otto III. Die erste Jahrtausendwende und die Entfaltung Europas, Stuttgart 1999.
1423. L. FALKENSTEIN, Otto III. und Aachen, Hannover 1998.
1424. M. GIESE (Hg.), Die Annales Quedlinburgenses, Hannover 2004.
1425. Herrschaftsrepräsentation im ottonischen Sachsen, hg. G. ALTHOFF, E. SCHUBERT, Sigmaringen 1998.
1426. K.-F. KRIEGER, Geschichte Englands von den Anfängen bis zum 15. Jh., München 1990.
1427. E.-R. LABANDE, „Mirabilia mundi". Essai sur la personnalité d'Otton III, in: Cahiers de civilisation médiévale 6 (1963), 297–313, 455–476.
1428. G. B. LADNER, L'immagine dell'imperatore Ottone III, Rom 1988.
1429. Lantbert von Deutz, Vita Heriberti. Miracula Heriberti. Gedichte. Liturgische Texte, Hannover 2001.
1430. H. MÜLLER, Heribert, Kanzler Ottos III. und Erzbischof von Köln, Köln 1977.
1431. DERS., Heribert, Kanzler Ottos III. und Erzbischof von Köln, in: Rhein. Vjbll. 60 (1996), 16–64.
1432. Otto der Große, Magdeburg und Europa. Eine Ausstellung im Kulturhistorischen Museum Magdeburg vom 27. August – 2. Dezember 2001, hg. M. PUHLE, 2 Bde., Mainz 2001.
1433. R. SCHIEFFER, Die Karolinger, Stuttgart ³2005.
1434. W. Chr. SCHNEIDER, Imago Christi – Mirabilia Mundi. Kaiser Otto III. im Aachener Evangeliar, in: Castrum Peregrini 173/74 (1986), 98–153.
1435. H. THOMAS, Kaiser Otto III. Eine Skizze. Goch 1980.
1436. Bischof Ulrich von Augsburg 890–973. Seine Zeit – sein Leben – seine Verehrung. FS aus Anlaß des tausendjährigen Jubiläums seiner Kanonisation im Jahr 993, hg. M. WEITLAUFF, Weissenborg 1993.

Entstehung der europäischen regna

1437. G. ALTHOFF, Königsherrschaft und Konfliktbewältigung im 10. und 11. Jh., in: FMSt 23 (1989), 265–290.
1438. DERS., H. KELLER, Heinrich I. und Otto der Große. Neubeginn auf karolingischem Erbe, 2 Bde., Göttingen/Zürich ²1994.
1439. I. BAUMGÄRTNER (Hg.), Kunigunde – eine Kaiserin an der Jahrtausendwende, Kassel 1997.

1440. Bernward von Hildesheim und das Zeitalter der Ottonen. Katalog der Ausstellung Hildesheim 1993, 2 Bde., hg. M. BRANDT, A. EGGEBRECHT, Hildesheim/Mainz 1993.
1441. H. BEUMANN, Ausgewählte Aufsätze aus den Jahren 1966–1986. FS zu seinem 75. Geburtstag, hg. J. PETERSOHN, R. SCHMIDT, Sigmaringen 1987, 44–65.
1442. E. BOSHOF, Das Reich in der Krise. Überlegungen zum Regierungsausgang Heinrichs III., in: HZ 228 (1979), 265–287.
1443. DERS., Ludwig der Fromme, Darmstadt 1996.
1444. B. BIGOTT, Ludwig der Deutsche und die Reichskirche im Ostfränkischen Reich (826–876), Husum 2002.
1445. K. BRUNNER, Oppositionelle Gruppen im Karolingerreich, Wien/Köln/Graz 1979.
1446. K. BUND, Thronsturz und Herrscherabsetzung im Frühmittelalter, Bonn 1979.
1447. Byzanz und das Abendland im 10. und 11. Jh., hg. E. KONSTANTINOU, Köln u. a. 1997.
1448. Charles the Bald. Court and Kingdom, Papers based on a Colloquium held in London in April 1979, hg. M. GIBSON, J. NELSON, Oxford 1981.
1449. P. CLASSEN, Die Verträge von Verdun und Coulaines 843 als politische Grundlagen des westfränkischen Reiches [zuerst 1963], zuletzt in: Ausgewählte Aufsätze von P. CLASSEN, unt. Mitw. v. C. J. CLASSEN, J. FRIED, hg. J. FLECKENSTEIN, Sigmaringen 1983, 249–277.
1450. O. P. CLAVADETSCHER, Das churrätische Reichsguturbar als Quelle zur Geschichte des Vertrages von Verdun, in: ZRG GA 70 (1953), 1–63. Dazu: DERS., Nochmals zum churrätischen Reichsguturbar, in: ZRG GA 76 (1959), 319–328.
1451. F.-R. ERKENS, Fürstliche Opposition in ottonisch-salischer Zeit, in: AKG 64 (1982), 307–370.
1452. DERS., Konrad II. (um 990–1039). Herrschaft und Reich des ersten Salierkaisers, Regensburg 1998.
1453. A. FRIESE, Studien zur Herrschaftsgeschichte des fränkischen Adels. Der mainländisch-thüringische Raum vom 7. bis 11. Jh., Stuttgart 1979.
1454. V. FUMAGALLI, Le origini di una grande dinastia feudale. Adalberto-Atto di Canossa, Tübingen 1971.
1455. DERS., Vescovi e conti nell'Emilia occidentale da Berengario I a Ottone I, in: Studi medievali 14 (1973), 137–204.
1456. F. L. GANSHOF, Zur Entstehungsgeschichte und Bedeutung des Vertrages von Verdun (843), in: DA 12 (1956), 313–330. Engl.: On the Genesis and Significance of the Treaty of Verdun (843), in: DERS., The Carolingians and the Frankish Monarchy. Studies in Carolingian History, London 1971, 289–302.
1457. W. GIESE, Der Stamm der Sachsen und das Reich in ottonischer und salischer Zeit. Studien zum Einfluß des Sachsenstammes auf die poli-

tische Geschichte des deutschen Reiches im 10. und 11. Jh. und zu ihrer Stellung im Reichsgefüge mit einem Ausblick auf das 12. und 13. Jh., Wiesbaden 1979.
1458. W. HARTMANN, Ludwig der Deutsche, Darmstadt 2002.
1459. DERS. (Hg.), Ludwig der Deutsche und seine Zeit, Darmstadt 2004.
1460. Herrschaftsrepräsentation im ottonischen Sachsen. Texte, Bau- und Bildkunst, Sigmaringen 1998.
1461. Kaiser Arnolf. Das ostfränkische Reich am Ende des 9. Jh.s, hg. F. FUCHS, P. SCHMID, München 2002.
1462. Kaiser Heinrich II. 1002–1024, hg. J. KIRMEIER u. a. Katalog der Bayerischen Landesausstellung 2002 Bamberg, Augsburg 2002.
1463. H. KELLER, Zum Sturz Karls III. Über die Rolle Liutwards von Vercelli und Liutberts von Mainz, Arnulfs von Kärnten und der ostfränkischen Großen bei der Absetzung des Kaisers, in: DA 22 (1966), 333–384.
1464. A. KRAH, Absetzungsverfahren als Spiegelbild von Königsmacht. Untersuchungen zum Kräfteverhältnis zwischen Königtum und Adel im Karolingerreich und seinen Nachfolgestaaten, Aalen 1987.
1465. J. LAUDAGE, Otto der Große (912–973). Eine Biographie, Regensburg 2001.
1466. E. MAGNOU-NORTIER, Foi et fidélité. Recherches sur l'évolution des liens personnels chez les Francs du VIIe au IXe siècle, Toulouse 1976.
1467. J. L. NELSON, Charles the Bald, London ^{2}1996.
1468. U. PENNDORF, Das Problem der „Reichseinheitsidee" nach der Teilung von Verdun (843). Untersuchungen zu den späten Karolingern, München 1974.
1469. T. REUTER, Germany in the Early Middle Ages, 800–1056, New York 1991.
1470. B. H. ROSENWEIN, The Family Politics of Berengar I. King of Italy (888–924), in: Speculum 71 (1996), 247–289.
1471. W. SCHLESINGER, Die Auflösung des Karlsreiches [zuerst 1965], zuletzt in: Ausgewählte Aufsätze [wie 1187], 49–124.
1472. K. SCHMID, Das Problem der ‚Unteilbarkeit des Reiches', in: Reich und Kirche vor dem Investiturstreit. Vorträge beim wissenschaftlichen Kolloquium aus Anlaß des 80. Geburtstages von G. TELLENBACH, hg. K. SCHMID, Sigmaringen 1985, 1–15.
1473. B. SCHNEIDMÜLLER, St. WEINFURTER (Hg.), Ottonische Neuanfänge, Mainz 2001.
1474. H. K. SCHULZE, Reichsaristokratie, Stammesadel und fränkische Freiheit. Neuere Forschungen zur frühmittelalterlichen Sozialgeschichte, in: HZ 227 (1978), 353–373.
1475. FS B. SCHWINEKÖPER zu seinem 70. Geburtstag, hg. H. MAURER, H. PATZE, Sigmaringen 1982.
1476. J. SEMMLER, Traditio und Königsschutz. Studien zur Geschichte der königlichen monasteria, in: ZRG KA 45 (1959), 1–33.

1477. W. Störmer, Adelsgruppen im früh- und hochmittelalterlichen Bayern, München 1972.
1478. G. Tellenbach (Hg.), Studien und Vorarbeiten zur Geschichte des großfränkischen und frühdeutschen Adels, Freiburg 1957.
1479. Ders., Die Unteilbarkeit des Reiches. Ein Beitrag zur Entstehungsgeschichte Deutschlands und Frankreichs [zuerst 1941], zuletzt in: Ausgewählte Abhandlungen [wie 181], Bd. 2, 633–687.
1480. Ders., Vom karolingischen Reichsadel zum deutschen Reichsfürstenstand [zuerst 1943], zuletzt in: Ausgewählte Abhandlungen [wie 181], Bd. 3, 889–940.
1481. J. M. Wallace-Hadrill, A Carolingian Renaissance Prince: The Emperor Charles the Bald, London 1978.
1482. St. Weinfurter, Heinrich II. (1002–1024). Herrscher am Ende der Zeiten, Regensburg 1999.
1483. R. Wenskus, Sächsischer Stammesadel und fränkischer Reichsadel, Göttingen 1976.
1484. K. F. Werner, La genèse des duchés en France et en Allemagne [zuerst 1981], zuletzt in: Vom Frankenreich [wie 1341], 278–310.
1485. H. Wolfram, Konrad II. 990–1039. Kaiser dreier Reiche, München 2000.

Politische Ereignisgeschichte

1486. H. Appelt, Die Schlacht auf dem Lechfeld, in: Bll. f. Heimatkunde 29 (1955), 39–47.
1487. H. Aubin, Rückblick auf das Jubiläum der Lechfeldschlacht 955–1955, in: FS H. Benedikt. Überreicht zum 70. Geburtstag, hg. H. Hantsch, A. Novotny, Wien 1957, 9–25.
1488. T. v. Bogyay, Lechfeld. Anfang und Ende, München 1955.
1489. Ch. R. Bowlus, The Battle of the Lechfeld and its Aftermath, August 955. The End of the Age of Migrations in the Latin West, Burlington (VT) 2006.
1490. C. Brühl, Karolingische Miszellen, in: DA 44 (1988), 355–389.
1491. B. Eberl, Die Ungarnschlacht auf dem Lechfeld (Gunzenlê) im Jahre 955, Augsburg/Basel 1955.
1492. W. Glocker, Die Verwandten der Ottonen und ihre Bedeutung in der Politik. Studien zur Familienpolitik und zur Genealogie des sächsischen Kaiserhauses, Köln/Wien 1989.
1493. V. Huth, Erzbischof Arnulf von Reims und der Kampf um das Königtum im Westfrankenreich, in: Francia 22/I (1994), 85–124.
1494. E. James, The Origins of France. From Clovis to the Capetians, 500–1000, London/Basingstoke 1982.
1495. M. G. Kellner, Die Ungarneinfälle im Bild der Quellen bis 1150. Von der „Gens detestanda" zur „Gens ad fidem Christi conversa", München 1997.

1496. K. J. LEYSER, The Battle at the Lech, 955. A Study in Tenth-Century Warfare, in: History 50 (1965), 1–25.
1497. M. PARISSE, Arenga et pouvoir royal en France du Xe au XIIe siècle, in: Mediaevalia Augiensia 54 (2001), 13–27.
1498. Religion et culture autour de l'an mil. Royaume capétien et Lotharingie, Actes du Colloque international „Hugues Capet 987–1987. La France de l'an mil", Auxerre, 26 et 27 juin 1987 – Metz, 11 et 12 sept. 1987, hg. D. IOGNA-PRAT, J.-C. PICARD, Paris 1990.
1499. D. SCHÄFER, Die Ungarnschlacht von 955, in: SB Berlin, Jg. 1905, Nr. 27, 552–568.
1500. T. SCHIEFFER, Adnotationes zur Germania Pontificia und zur Echtheitskritik überhaupt, in: AfD 32 (1986), 503–545 u. 34 (1988), 231–277.
1501. R. SCHNEIDER, Brüdergemeine und Schwurfreundschaft. Der Auflösungsprozeß des Karlingerreiches im Spiegel der caritas-Terminologie in den Verträgen der karlingischen Teilkönige des 9. Jh., Lübeck/Hamburg 1964.
1502. F. J. TSCHAN, Saint Bernward of Hildesheim, 3 Bde., Notre Dame (Ind.) 1942–1951.
1503. I. VOSS, Herrschertreffen im frühen und hohen Mittelalter. Untersuchungen zu den Begegnungen der ostfränkischen und westfränkischen Herrscher im 9. und 10. Jh. sowie der deutschen und französischen Könige vom 11. bis 13. Jh., Köln/Wien 1987.
1504. L. WEINRICH, Tradition und Individualität in den Quellen zur Lechfeldschlacht 955, in: DA 27 (1971), 291–313.

Kaiserpacta

1505. A. M. DRABEK, Die Verträge der fränkischen und deutschen Herrscher mit dem Papsttum von 754 bis 1020, Graz/Wien/Köln 1976.
1506. W. H. FRITZE, Papst und Frankenkönig. Studien zu den päpstlich-fränkischen Rechtsbeziehungen von 754–824, Sigmaringen 1973.
1507. J. FRIED, The „Donation of Constantine" and the „Constitutum Constantini". The Misinterpretation of a Fiction, its Original Meaning, and the Lateran Palace, Berlin/New York 2007.
1508. H. FUHRMANN, Konstantinische Schenkung und abendländisches Kaisertum. Ein Beitrag zur Überlieferungsgeschichte des Constitutum Constantini, in: DA 22 (1966), 63–178.
1509. A. Th. HACK, Das Empfangszeremoniell bei mittelalterlichen Papst-Kaiser-Treffen, Köln/Weimar/Wien 1999.
1510. A. HAHN, Das Hludowicianum. Die Urkunde Ludwigs d. Fr. für die römische Kirche von 817, in: AfD 21 (1975), 15–135.
1511. H. ZIMMERMANN, Das Privilegium Ottonianum von 962 und seine Problemgeschichte, in: FS zur Jahrtausendfeier der Kaiserkrönung Ottos des Großen, Teil 1: Festbericht, Vorträge, Abhandlungen, Graz/Köln 1962, 147–190.

Kaisertum Ottos I.

1512. H. BEUMANN, Widukind von Korvei. Untersuchungen zur Geschichtsschreibung und Ideengeschichte des 10. Jhs., Weimar 1950.
1513. H. KELLER, Das Kaisertum Ottos des Großen im Verständnis seiner Zeit, in: DA 20 (1964), 325–388.
1514. DERS., Entscheidungssituationen und Lernprozesse in den ‚Anfängen der deutschen Geschichte'. Die ‚Italien- und Kaiserpolitik' Ottos des Großen, in: FMSt 33 (1999), 20–48.
1515. H. LÖWE, Kaisertum und Abendland in ottonischer und frühsalischer Zeit [zuerst 1963], zuletzt in: DERS., Von Cassiodor zu Dante. Ausgewählte Aufsätze zur Geschichtsschreibung und politischen Ideenwelt des Mittelalters, Berlin/New York 1973, 231–259.
1516. W. MALECZEK, Otto I. und Johannes XII. Überlegungen zur Kaiserkrönung von 962, in: Mediaevalia Augiensia 54 (2001), 151–203.
1517. W. SMIDT, Deutsches Königtum und deutscher Staat des Hochmittelalters während und unter dem Einfluß der italienischen Heerfahrten. Ein 200jähriger Gelehrtenstreit im Lichte der historischen Methode, Wiesbaden 1964.

Gründung des Erzbistums Magdeburg

1518. M. BANASZAT, Das Problem der kirchlichen Abhängigkeit Poznańs von Magdeburg in der polnischen Geschichtsschreibung, in: Beiträge zur Geschichte des Erzbistums Magdeburg, hg. F. SCHNEIDER, Leipzig 1968, 214–228.
1519. D. CLAUDE, Geschichte des Erzbistums Magdeburg bis in das 12. Jh., Teil 1: Die Geschichte der Erzbischöfe bis auf Ruotger (1124), Köln/Wien 1972.
1520. O. ENGELS, Die Gründung der Kirchenprovinz Magdeburg und die Ravennater „Synode" von 968, in: Annuarium Historiae Conciliorum 7 (1975), 136–158.
1521. S. M. JEDLICKI, La création du premier archevêché polonais à Gniezno et ses conséquences au point de vue des rapports entre la Pologne et l'empire germanique, in: Revue historique du droit français et étranger 12 (1933), 645–695.
1522. P. F. KEHR, Das Erzbistum Magdeburg und die erste Organisation der christlichen Kirche in Polen, Berlin 1920.
1523. E. QUITER, Untersuchungen zur Entstehungsgeschichte der Kirchenprovinz Magdeburg. Ein Beitrag zur Geschichte des kirchlichen Verfassungsrechts im zehnten Jh., Paderborn 1969.
1524. J. SIMON, Die Kirchenprovinz Magdeburg. Stufen der Gründungsgeschichte anhand der Papsturkunden, in: Hundert Jahre Papsturkundenforschung, hg. R. HIESTAND, Göttingen 2003, 105–120.

1525. B. STASIEWSKI, Die ersten Spuren des Christentums in Polen, in: ZS f. ost-europ. Gesch. NF 4 (1934), 238–260.
1526. Urkundenbuch des Erzstiftes Magdeburg, Teil 1, bearb. F. ISRAEL unter Mitw. v. W. MÖLLENBERG, Magdeburg 1937.

Renovatio

1527. H. BLOCH, Der Autor der „Graphia aureae urbis Romae", in: DA 40 (1984), 55–175.
1528. J. DEÉR, Byzanz und das abendländische Herrschertum. Ausgewählte Aufsätze, hg. P. CLASSEN, Sigmaringen 1977.
1529. P. E. SCHRAMM, Kaiser, Rom und Renovatio. Studien zur Geschichte des römischen Erneuerungsgedankens vom Ende des karolingischen Reiches bis zum Investiturstreit, 2 Bde., zuerst Leipzig/Berlin 1929, Bd. 1, Darmstadt ³1962.
1530. G. TELLENBACH, Kaiser, Rom und Renovatio. Ein Beitrag zu einem großen Thema [zuerst 1982], zuletzt in: Ausgewählte Abhandlungen [wie 181], Bd. 2, 770–792.

7. DAS PAPSTTUM IM FRÜHEREN MITTELALTER

1531. H. APPELT, Die Anfänge des päpstlichen Schutzes, in: MIÖG 62 (1954), 101–111.
1532. Aus Kirche und Reich. Studien zu Theologie, Politik und Recht im Mittelalter, FS F. KEMPF zu seinem 75. Geburtstag und 50jährigen Doktorjubiläum, hg. H. MORDEK, Sigmaringen 1983.
1533. R. L. BENSON, Plenitudo potestatis. Evolution of a Formula from Gregory IV. to Gratian, in: Studia Gratiana 14 (1967), 193–218.
1534. O. BERTOLINI, La dottrina gelasiana dei due poteri nella polemica per la successione nel regno di Lorena (869–870), in: DERS., Scritti scelti di storia medioevale 2, hg. O. BANTI, Livorno 1968, 739–762.
1535. S. DE BLAAUW, Cultus et decor. Liturgie en architectuur in laatantiek en middeleeuws Rome, Delft 1987; ital. Cultus et decor. Liturgia e architettura nella Roma tardoantica e medievale: Basilica Salvatoris, Sanctae Mariae, Sancti Petri, Città del Vaticano 1995.
1536. M. BORGOLTE, Petrusnachfolge und Kaiserimitation. Die Grablegen der Päpste, ihre Genese und Traditionsbildung, Göttingen 1995.
1537. E. BOSHOF, Odo von Beauvais, Hinkmar von Reims und die kirchenpolitischen Auseinandersetzungen im westfränkischen Reich, in: Ecclesia et regnum. Beiträge zur Geschichte von Kirche, Recht und Staat im Mittelalter, FS F.-J. SCHMALE zu seinem 65. Geburtstag, hg. D. BERG, H.-W. GOETZ, Bochum 1989, 39–59.

1538. W. Chraska, Johannes XII. Eine Studie zu einem problematischen Pontifikat, Kiel ²1981.
1539. Y. Congar, Droit ancien et structures ecclésiales, London 1982.
1540. Ders., L'ecclésiologie du haut moyen âge. De Saint-Grégoire le Grand à la désunion entre Byzance et Rome, Paris 1968.
1541. L'Église de France et la papauté (X^e–XIIIe siècles). Die französische Kirche und das Papsttum (10.–13. Jh.), hg. R. Grosse, Bonn 1993.
1542. F. Eichengrün, Gerbert (Silvester II.) als Persönlichkeit, Berlin 1928.
1543. E. Eichmann, Weihe und Krönung des Papstes im Mittelalter, München 1951.
1544. R. Elze, Das „Sacrum Palatium Lateranense" im 10. und 11. Jh. [zuerst 1952], zuletzt in: Ders., Päpste – Kaiser – Könige [wie in: 1362], Nr. I.
1545. A. Franzen, R. Bäumer, Papstgeschichte, aktualis. Neuausg. Freiburg 1988.
1546. C. G. Fürst, Cardinalis. Prolegomena zu einer Rechtsgeschichte des römischen Kardinalskollegiums, München 1967.
1547. Autour de Gerbert d'Aurillac le Pape de l'An Mil. Album de documents commentés réunis sous la direction d' O. Guyotjeannin, E. Poulle, Paris 1996.
1548. Gerbert L'Européen, éd. par N. Charbonnel, J.-E. Iung, Paris 1997.
1549. Gerberto d'Aurillac – Silvestro II: linee per una sintesi, Bobbio 2005.
1550. W. Goez, Translatio imperii. Ein Beitrag zur Geschichte des Geschichtsdenkens und der politischen Theorien im Mittelalter und in der frühen Neuzeit, Tübingen 1958.
1551. H. Grotz, Erbe wider Willen. Hadrian II. (867–872) und seine Zeit, Wien/Köln/Graz 1970.
1552. N. Gussone, Thron und Inthronisation des Papstes von den Anfängen bis zum 12. Jh. Zur Beziehung zwischen Herrschaftszeichen und bildhaften Begriffen, Recht und Liturgie im christlichen Verständnis von Wort und Wirklichkeit, Bonn 1978.
1553. E.-D. Hehl, Der wohlberatene Papst. Die römische Synode Johannes XII. vom Februar 964, in: Ex ipsis rerum documentis. FS H. Zimmermann, hg. K. Herbers, H.-H. Kortüm, C. Servatius, Sigmaringen 1991, 257–275.
1554. K. Herbers, Leo IV. und das Papsttum in der Mitte des 9. Jhs. Möglichkeiten und Grenzen päpstlicher Herrschaft in der späten Karolingerzeit, Stuttgart 1996.
1555. I. Herklotz, Der Campus Lateranensis im Mittelalter, in: Rom. Jb. 22 (1985), 1–43.
1556. Ders., Gli eredi di Costantino. Il papato, il Laterano e la propaganda visiva nel XII secolo, Rom 2000.
1557. K. J. Herrmann, Das Tuskulanerpapsttum (1012–1046). Benedikt VIII., Johannes XIX., Benedikt IX. Stuttgart 1973.
1558. H. Hoffmann, Ottonische Fragen, in: DA 51 (1995), 53–82.

1559. U. Hussong, Studien zur Geschichte der Reichsabtei Fulda bis zur Jahrtausendwende, in: AfD 31 (1985), 1–125 u. 32 (1986), 129–304.
1560. J. Johrendt, Papsttum und Landeskirchen im Spiegel der päpstlichen Urkunden (896–1046), Hannover 2004.
1561. F. Kempf, Die päpstliche Gewalt in der mittelalterlichen Welt. Eine Auseinandersetzung mit W. Ullmann, in: Saggi storici intorno al Papato dei professori della Facoltà di storia ecclesiastica, Rom 1959, 117–169.
1562. H. M. Klinkenberg, Der römische Primat im 10. Jh., in: ZRG KA 41 (1955), 1–57.
1563. L. Knabe, Die gelasianische Zweigewaltentheorie bis zum Ende des Investiturstreits, Berlin 1936.
1564. H.-H. Kortüm, *Gerbertus qui et Silvester*. Papsttum um die Jahrtausendwende, in: DA 55 (1999), 29–62.
1565. S. Kuttner, Cardinalis. The History of a Canonical Concept, in: Traditio 3 (1945), 129–214.
1566. A. Lapôtre, Études sur la papauté au IXe siècle, 2 Bde., Turin 1978.
1567. Ph. Lauer, Le Palais de Latran. Ètude historique et archéologique, Paris 1911.
1568. J.-F. Lemarignier, L'exemption monastique et les origines de la réforme grégorienne, in: A Cluny. Congrès scientifique, Dijon 1950, 288–340.
1569. D. Lohrmann, Eine Arbeitshandschrift des Anastasius Bibliothecarius und die Überlieferung der Akten des 8. ökumenischen Konzils, in: QFIAB 50 (1971), 420–431.
1570. Ders., Das Register Papst Johannes' VIII. (872–882), Tübingen 1968.
1571. Ders., Le rôle pacificateur du pape dans *Girard de Roussillon* et le concile de Troyes de 878, in: La chanson de geste et le mythe carolingien. Mélanges à R. Louis, Bd. 2, St.-Père-sous-Vézelay 1982, 877–887.
1572. T. E. Moehs, Gregorius V., 996–999. A Biographical Study, Stuttgart 1972.
1573. K. F. Morrison, The Two Kingdoms. Ecclesiology in Carolingian Political Thought, Princeton 1964.
1574. E. Perels, Die Briefe Papst Nikolaus' I., in: NA 37 (1912), 535–586 u. 39 (1914), 43–153.
1575. P. Rabikauskas, Cancellaria Apostolica, in: Periodica de re morali, canonica, liturgica 63 (1974), 243–273.
1576. Ders., Die römische Kuriale in der päpstlichen Kanzlei, Rom 1958.
1577. M. Rathsack, Die Fuldaer Fälschungen. Eine rechtshistorische Analyse der päpstlichen Privilegien des Klosters Fulda von 751 bis ca. 1158, 2 Bde. zuerst dän. 1980, dt. Stuttgart 1989.
1578. Regesta Pontificum Romanorum. GP, Bd. 4. 5,1.2: Provincia Moguntinensis, Teil 4, 5,1.2, congessit H. Jakobs, Göttingen 1978. 2003. 2005;

Bd. 6: Provincia Hammaburgo-Bremensis, congesserunt W. SEEGRÜN et T. SCHIEFFER, ebd. 1981.
1579. K. RICHTER, Die Ordination des Bischofs von Rom. Eine Untersuchung zur Weiheliturgie, Münster 1976.
1580. B. H. ROSENWEIN, Negotiating Space, Power, Restraint, and Privileges of Immunity in Early Medieval Europe, Ithaca 1999.
1581. L. SANTIFALLER, Liber Diurnus. Studien und Forschungen, hg. H. ZIMMERMANN, Stuttgart 1976.
1582. B. SCHIMMELPFENNIG, Das Papsttum. Von der Antike bis zur Renaissance, Darmstadt ^{4}1996.
1583. S. SCHOLZ, Politik – Selbstverständnis – Selbstdarstellung. Die Päpste in karolingischer und ottonischer Zeit, Stuttgart 2006.
1584. W. ULLMANN, The Growth of Papal Government in the Middle Ages. A Study in the Ideological Relation of Clerical to Lay Power, London 1955. Dt.: Die Machtstellung des Papsttums im Mittelalter. Idee und Geschichte, Graz/Wien/Köln ^{2}1969.
1585. DERS., A Short History of the Papacy in the Middle Ages, London 1972.
1586. H. ZIMMERMANN, Papstabsetzungen des Mittelalters, Graz/Wien/Köln 1968.
1587. DERS., Das Papsttum im Mittelalter. Eine Papstgeschichte im Spiegel der Historiographie, mit einem Verzeichnis der Päpste vom 4. bis zum 15. Jh., Stuttgart 1981.
1588. DERS. (Hg.), Papsturkunden 896–1046, 3 Bde., Wien ^{2}1988–1989.

8. RELIGIOSITÄT UND KIRCHE

Kirchenrecht

1589. Th. BAUER, Kontinuität und Wandel synodaler Praxis nach der Reichsteilung von Verdun, in: Annuarium Historiae Conciliorum 23 (1991), 11–114.
1590. P. BROMMER, „Capitula episcoporum". Die bischöflichen Kapitularien des 9. und 10. Jh., Turnhout 1985.
1591. DERS., Ein Fund zur „Collectio duodecim partium", in: Bulletin of Medieval Canon Law 13 (1983), 57–58.
1592. P. CORBET, Autour de Burchard de Worms. L'Église allemande et les interdits de parenté (IXeme–XIIeme siècle), Frankfurt a. M. 2001, 123–128.
1593. Cristianizzazione ed organizzazione ecclesiastica delle campagne nell'alto medioevo: Espansione e resistenze, 10–16 aprile 1980, Spoleto 1982.
1594. G. DILCHER, Der Kanonist als Gesetzgeber. Zur rechtshistorischen Stellung des Hofrechts Bischof Burchards von Worms 1024/25, in:

Grundlagen des Rechts. FS P. LANDAU zum 65. Geburtstag, hg. R. H. HELMHOLZ, P. MIKAT, J. MÜLLER, M. STOLLEIS, Paderborn u. a. 2000, 105–129.
1595. G. HÄGELE, Das Paenitentiale Vallicellianum, Bd. 1: Ein oberitalienischer Zweig der frühmittelalterlichen kontinentalen Bußbücher, Sigmaringen 1984.
1596. W. HARTMANN, Das Konzil von Worms 868. Überlieferung und Bedeutung, Göttingen 1977.
1597. DERS., La transmission et l'influence du droit synodal carolingien, in: Revue historique de droit français et étranger 63 (1985), 483–497.
1598. DERS., Unbekannte Kanones aus dem Westfrankenreich des 10. Jhs., in: DA 43 (1987), 28–45.
1599. DERS. (Hg.), Bischof Burchard von Worms 1000–1025, Mainz 2000.
1600. DERS. (Hg.), Das Sendhandbuch des Regino von Prüm, unter Benutzung der Edition von F. W. H. WASSERSCHLEBEN hg. und kommentiert von W. HARTMANN, Darmstadt 2004.
1601. A. HEDWIG, Die Eigenkirche in den urbarialen Aufzeichnungen zur fränkischen Grundherrschaft zwischen Loire und Rhein, in: ZRG KA 78 (1992), 1–64.
1602. H.-H. KORTÜM, Zur päpstlichen Urkundensprache im frühen MA: Die päpstlichen Privilegien 896–1046, Sigmaringen 1995.
1603. F. KERFF, Der Quadripartitus. Ein Handbuch der karolingischen Kirchenreform. Überlieferung, Quellen und Rezeption, Sigmaringen 1982.
1604. M. KERNER, Studien zum Dekret des Bischofs Burchard von Worms, 2 Bde., Diss. phil., Aachen 1969.
1605. M. KERNER, F. KERFF, R. POKORNY, K.-G. SCHON, H. TILLS, Textidentifikation und Provenienzanalyse im Decretum Burchardi, in: Studia Gratiana 20 (1976), 19–63.
1606. L. KERY, W. HARTMANN, K. PENNINGTON, Canonical Collections of the Early Middle Ages (Ca. 400–1140). A Bibliographical Guide to the Manuscripts and Literature, Washington 1999.
1607. Die Konzilsordines des Früh- und Hochmittelalters, hg. H. SCHNEIDER, Hannover 1996.
1608. R. KOTTJE, Die Bußbücher Halitgars von Cambrai und des Hrabanus Maurus. Überlieferung und Quellen, Berlin/New York 1980.
1609. DERS., Einheit und Vielfalt des kirchlichen Lebens in der Karolingerzeit, in: ZKiG 76 (1965), 323–342.
1610. DERS., Erfassung und Untersuchung der frühmittelalterlichen kontinentalen Bußbücher. Probleme, Ergebnisse, Aufgaben eines Forschungsprojektes an der Universität Bonn, in: Studi Medievali 26 (1985), 941–950.
1611. DERS., Kirchenrechtliche Interessen im Bodenseeraum vom 9. bis 12. Jh., in: Kirchenrechtliche Texte im Bodenseegebiet. Mittelalterliche

Überlieferung in Konstanz, auf der Reichenau und in St. Gallen, hg. J. AUTENRIETH, R. KOTTJE, Sigmaringen 1975, 23–41.

1612. F. LOTTER, Ein kanonistisches Handbuch über die Amtspflichten des Pfarrklerus als gemeinsame Vorlage für den Sermo synodalis „Fratres presbyteri" und Reginos Werk „De synodalibus causis", in: ZRG KA 62 (1976), 1–57.

1613. MGH Capitula Episcoporum, Teil 1, hg. P. BROMMER, Hannover 1984; Teil 2, hg. R. POKORNY, M. STRATMANN, Hannover 1995.

1614. H. MORDEK, Kirchenrecht und Reform im Frankenreich: Die Collectio Vetus Gallica, die älteste systematische Kanonessammlung des fränkischen Gallien. Studien und Edition, Berlin/New York 1975.

1615. R. POKORNY, Die drei Versionen der Triburer Synodalakten von 895, in: DA 48 (1992), 429–511.

1616. DERS., Neue Texte zur kirchlichen Gesetzgebung der Jahre um 900 aus der Reimser Kirchenprovinz, in: DA 52 (1996), 487–508.

1617. O. PONTAL, Les conciles de la France capétienne jusqu'en 1215, Paris 1995.

1618. R. SCHIEFFER, Papsttum und Bistumsgründung im Frankenreich, in: Studia in honorem Eminentissimi Cardinalis Alphonsi M. Stickler, cur. R. J. Card. CASTILLO LARA, Rom 1992, 517–528.

1619. G. SCHMITZ, Ansegis und Regino. Die Rezeption der Kapitularien in den Libri duo de synodalibus causis, in: ZRG KA 74 (1988), 95–132.

1620. DERS., De presbiteris criminosis. Ein Memorandum Erzbischof Hinkmars von Reims über straffällige Kleriker, Hannover 2004.

1621. I. SCHRÖDER, Die westfränkischen Synoden von 888–987 und ihre Überlieferung, München 1980.

1622. M. STRATMANN, Zur Wirkungsgeschichte Hinkmars von Reims, in: Francia 22/1 (1995), 1–43.

1623. C. VOGEL, Les „Libri Paenitentiales", Turnhout 1978.

1624. H. VOLLRATH, Die Synoden Englands bis 1066, Paderborn u. a. 1985.

Pseudo-Isidor

1625. J. J. I. VON DÖLLINGER, Das Papstthum. Neubearbeitung von: JANUS, Der Papst und das Concil, Leipzig 1869, im Auftr. d. Verf. hg. J. FRIEDRICH, München 1892.

1626. Fortschritt durch Fälschung? Ursprung, Gestalt und Wirkungen der pseudoisidorischen Fälschungen, hg. W. HARTMANN, G. SCHMITZ, Hannover 2002.

1627. H. FUHRMANN, Einfluß und Verbreitung der pseudoisidorischen Fälschungen. Von ihrem Auftauchen bis in die neuere Zeit, Stuttgart 1972–1974.

1628. DERS., Reflections on the Principles of Editing Texts. The Pseudo-Isidorian Decretals as an Example, in: Bulletin of Medieval Canon Law 11 (1981), 1–7.
1629. J. HALLER, Nikolaus I. und Pseudoisidor, Stuttgart 1936.
1630. H. MORDEK, Codices Pseudo-Isidoriani. Addenda zu dem gleichnamigen Buch von S. Williams, in: Archiv f. kath. Kirchenrecht 147 (1978), 471–478.
1631. J. RICHTER, Stufen pseudoisidorischer Verfälschung. Untersuchungen zum Konzilsteil der pseudoisidorischen Dekretalen, in: ZRG KA 64 (1978), 1–72.
1632. K.-G. SCHON, Eine Redaktion der pseudoisidorischen Dekretalen aus der Zeit der Fälschung, in: DA 34 (1978), 500–511.
1633. DERS., Unbekannte Texte aus der Werkstatt Pseudoisidors: Die Collectio Danieliana, Hannover 2006.
1634. E. SECKEL, Die erste Zeile Pseudoisidors, die Hadriana-Rezension In nomine domini incipit praefatio libri huius und die Geschichte der Invokationen in den Rechtsquellen. Aus d. Nachlaß hg. H. FUHRMANN, Berlin 1959.
1635. S. WILLIAMS, Codices Pseudo-Isidoriani. A Palaeographico-Historical Study, with a Foreword by H. FUHRMANN, Città del Vaticano 1971.
1636. K. ZECHIEL-ECKES, Zwei Arbeitshandschriften Pseudoisidors (Codd. St. Petersburg F.v. 1.11 und Paris lat. 11611), in: Francia 27/1 (2000), 205–210.
1637. DERS., Ein Blick in Pseudoisidors Werkstatt. Studien zum Entstehungsprozess der falschen Dekretalen. Mit einem exemplarischen editorischen Anhang (Pseudo-Julius an die orientalischen Bischöfe, JK †196), in: Francia 28/1 (2001), 37–90.
1638. DERS., Auf Pseudoisidors Spur. Oder: Versuch, einen dichten Schleier zu lüften, in: Fortschritt durch Fälschung? [wie in: 1626], 1–28.

Kirchenrechtliche Einzelfragen

1639. D. L. D'AVRAY, Medieval Marriage. Symbolism and Society, Oxford 2005.
1640. Th. BAUER, Rechtliche Implikationen des Ehestreits Lothars II. Eine Fallstudie zu Theorie und Praxis des geltenden Eherechts in der späten Karolingerzeit, in: ZRG Kan. 80 (1994), 41–87.
1641. R. L. BENSON, Provincia = Regnum, in: Prédication et propagande au moyen âge. Islam, Byzance, Occident, Penn – Paris – Dumbarton Oaks Colloquia 3, Paris 1983, 41–69.
1642. J. BISHOP, Bishops as Marstal Advisors in the Ninth Century, in: Women of the Medieval World. Essays in Honour of J. H. MUNDY, hg. J. KIRSHNER, S. F. WEMPLE, Oxford 1985, 3–84.

1643. P. Daudet, Les origines carolingiennes de la compétence exclusive de l'église en France et en Germanie en matière de juridiction matrimoniale, Paris 1933.
1644. F.-R. Erkens (Hg.), Die früh- und hochmittelalterliche Bischofserhebung im europäischen Vergleich, Köln u. a. 1998.
1645. S. Esders, H. J. Mierau, Der althochdeutsche Klerikereid. Bischöfliche Diözesangewalt, kirchliches Benefizialwesen und volkssprachliche Rechtspraxis im frühmittelalterlichen Baiern, Hannover 2000.
1646. J. Gaudemet, Sociétés et mariage, Straßburg 1979.
1647. Ders., Indissolubilité et consommation du mariage. L'apport d'Hincmar de Reims, in: Revue de droit canonique 30 (1980), 28–40.
1648. W. Goffart, The Le Mans Forgeries. A Chapter from the History of Church Property in the Ninth Century, Cambridge (Mass.) 1966.
1649. W. Hartmann, Der Bischof als Richter. Zum geistlichen Gericht über kriminelle Vergehen von Laien im früheren Mittelalter (6.–11. Jh.), in: Röm. Hist. Mitteilungen 28 (1986), 103–124.
1650. W. Hellinger, Die Pfarrvisitationen nach Regino von Prüm. Der Rechtsgehalt des 1. Buches seiner ‚Libri duo de synodalibus causis et disciplinis ecclesiasticis', in: ZRG KA 48 (1962), 1–114 u. 49 (1963), 76–137.
1651. M. Kloft, Oratores vestri monent. Das Bischofsamt des karolingischen Reiches im Spiegel juristischer und theologischer Texte, Münster 1994.
1652. R. Kottje, Ehe und Eheverständnis in den vorgratianischen Bußbüchern, in: Love and Marriage in the Twelfth Century, hg. W. van Hoecke, A. Welkenhuysen, Leuven 1981, 18–40.
1653. J. H. Lynch, Godparents and Kinship in Early Medieval Europe, Princeton 1986.
1654. Il matrimonio nella società altomedievale, Spoleto 1977.
1655. Ph. L. Reynolds, Marriage in the Western Church. The Christianization of Marriage during the Patristic and Early Medieval Periods, Leiden/New York 1994.
1656. K. Ritzer, Le mariage dans les églises chrétiennes du Ier au XIe siècle, Paris 1970.
1657. B. Wavra, Salzburg und Hamburg. Erzbistumsgründung und Missionspolitik in karolingischer Zeit, Berlin 1991.
1658. M. Weidemann, Geschichte des Bistums LeMans von der Spätantike bis zur Karolingerzeit. Actus pontificum Cenomannis in urbe degentium und Gesta Aldrici, 3 Bde., Mainz 2002.

Klosterreformen

1659. H. H. Anton, Trier im frühen Mittelalter, Paderborn u. a. 1987.
1660. J. Bauer, Die Schrift ‚De pressuris ecclesiasticis' des Bischofs Atto von Vercelli. Untersuchung und Edition, Diss. phil., Tübingen 1975.

1661. U.-R. BLUMENTHAL, Der Investiturstreit, Stuttgart u. a. 1982.
1662. N. BULST, Untersuchungen zu den Klosterreformen Wilhelms von Dijon (962–1031), Bonn 1973.
1663. Die Cluniazenser in ihrem politisch-sozialen Umfeld, hg. G. CONSTABLE, G. MELVILLE, J. OBERSTE, Münster 1998.
1664. H. E. J. COWDREY, The Cluniacs and the Gregorian Reform, Oxford 1970.
1665. A. DIERKENS, Abbayes et chapitres entre Sambre et Meuse (VIIe–XIe siècles). Contribution à l'histoire religieuse des campagnes du haut moyen âge, Sigmaringen 1985.
1666. J. DYER, Monastic Psalmody of the Middle Ages, in: Revue Bénédictine 99 (1989), 41–74.
1667. L'eremitismo in occidente nei secoli XI e XII, Mailand 1965.
1668. J. FECHTER, Cluny, Adel und Volk. Studien über das Verhältnis des Klosters zu den Ständen (910–1156), Stuttgart 1966.
1669. Fonte Avellana nel suo millenario, Teil 1: L'origini, Avellana 1981; Teil 2: Idee, figure, luoghi, Avellana 1983.
1670. K. S. FRANK, Grundzüge der Geschichte des christlichen Mönchtums, Darmstadt ^{4}1983.
1671. J. GILCHRIST, Die Epistola Widonis oder Pseudo-Paschalis. Der erweiterte Text, in: DA 37 (1981), 576–604.
1672. W. GOEZ, Kirchenreform und Investiturstreit 910–1122, Stuttgart 2000.
1673. K. HALLINGER, Consuetudo. Begriff, Formen, Forschungsgeschichte, Inhalt, in: Untersuchungen zu Kloster und Stift, hg. Max-Planck-Institut für Geschichte, Göttingen 1980, 140–166.
1674. DERS., Gorze – Kluny. Studien zu den monastischen Lebensformen und Gegensätzen im Hochmittelalter, 2 Bde., Rom 1950–1951.
1675. DERS., Überlieferung und Steigerung im Mönchtum des 8. bis 12. Jhs., in: Studia Anselmiana 68 (1979), 125–187.
1676. P. HAWEL, Das Mönchtum im Mittelalter. Geschichte – Kultur – Lebensform, Freiburg 1993.
1677. D. IOGNA-PRAT, *Agni immaculati*. Recherches sur les sources hagiographiques relatives à Saint-Maieul de Cluny (954–994), Paris 1988.
1678. M. DE JONG, In Samuel's Image. Child Oblation in the Early Medieval West, Leiden u. a. 1996.
1679. H. KELLER, Kloster Einsiedeln im ottonischen Schwaben, Freiburg 1964.
1680. DERS., F. NEISKE (Hg.), Vom Kloster zum Klosterverband. Das Werkzeug der Schriftlichkeit, Münster 1997.
1681. R. KOTTJE, H. MAURER (Hg.), Monastische Reformen im 9. und 10. Jh., Sigmaringen 1989.
1682. J. LECLERCQ, Aux sources de la spiritualité occidentale, Paris 1964.
1683. W. LOURDAUX, D. VERHELST (Hg.), Benedictine Culture. 750–1050, Leuven 1983.

1684. H. LUTTERBACH, Monachus factus est. Die Mönchwerdung im frühen Mittelalter. Zugleich ein Beitrag zur Frömmigkeits- und Liturgiegeschichte, Münster 1995.
1685. J. MEHNE, Cluniazenserbischöfe, in: FMSt 11 (1977), 241–287.
1686. W. METZ, Nekrologische Quellen zum „Wirkungsbereich" des deutschen Königtums (919–1250), in: HJb 107 (1987), 254–295.
1687. M. MOSTERT, The Political Theology of Abbo of Fleury. A Study of the Ideas about Society and Law of the Tenth-Century Monastic Reform Movement, Amsterdam 1986.
1688. A. MÜSSIGBROD, Zur Necrologauswertung aus cluniazensischen Klöstern, in: Revue Bénédictine 98 (1988), 62–113.
1689. M. PARISSE (Hg.), Le nécrologe de Gorze. Contribution à l'histoire monastique, Nancy 1971.
1690. DERS., O. G. OEXLE (Hg.), L'abbaye de Gorze au Xe siècle, Nancy 1993.
1691. DERS., Restaurer un monastère au Xe siècle. L'exemple de Gorze, in: Vita Religiosa im Mittelalter. FS K. ELM zum 70. Geburtstag, hg. F. F. FELTEN, N. JASPERT, Berlin 1999, 55–78.
1692. D. POECK, Laienbegräbnisse in Cluny, in: FMSt 15 (1981), 68–179.
1693. DERS., Cluniacensis Ecclesia. Der cluniacensische Klosterverband (10.–12. Jh.), München 1998.
1694. H. RICHTER (Hg.), Cluny. Beiträge zu Gestalt und Wirkung der Cluniazensischen Reform, Darmstadt 1975.
1695. B. H. ROSENWEIN, Rhinoceros Bound. Cluny in the Tenth Century, Philadelphia 1982.
1696. DIES., To be the Neighbor of Saint Peter. The Social Meaning of Cluny's Property, 909–1049, Ithaca 1989.
1697. Spiritualità cluniacense. Convegni del Centro di studi sulla spiritualità medievale 2, 12–15 ottobre 1958, Todi 1960.
1698. J. STAUB, Studien zu Iotsalds Vita des Abtes Odilo von Cluny, Hannover 1999.
1699. B. SZABÓ-BECHSTEIN, Libertas ecclesiae. Ein Schlüsselbegriff des Investiturstreits und seine Vorgeschichte, 4.–11. Jh., Rom 1985.
1700. G. TELLENBACH (Hg.), Neue Forschungen über Cluny und die Cluniacenser, Freiburg 1959.
1701. C. VIOLANTE, Per una riconsiderazione della presenza cluniazense in Lombardia, in: Cluny in Lombardia 2, Cesena 1981, 521–664.
1702. Th. VOGTHERR, Die Reichsabteien der Benediktiner und das Königtum im hohen Mittelalter (900–1125), Stuttgart 2000.
1703. U. WINZER, Cluny und Mâcon im 10. Jh., in: FMSt 23 (1989), 154–202.
1704. J. WOLLASCH, Der Einfluß des Mönchtums auf Reich und Kirche vor dem Investiturstreit, in: Reich und Kirche vor dem Investiturstreit. Vorträge beim wissenschaftlichen Kolloquium aus Anlaß des 80. Ge-

burtstags von G. TELLENBACH, hg. K. SCHMID, Sigmaringen 1985, 35–48.
1705. DERS., Cluny. Licht der Welt. Aufstieg und Niedergang der klösterlichen Gemeinschaft, Zürich/Düsseldorf 1996.
1706. DERS., Zur Erforschung Clunys, in: FMSt 31 (1997), 32–45.
1707. DERS., Cluny und das Grabkloster der Kaiserin Adelheid in Selz, in: StMGB 116 (2005), 19–31.
1708. DERS., *Eleemosynarius*. Eine Skizze, in: Sprache und Recht. Beiträge zur Kulturgeschichte des Mittelalters, FS R. SCHMIDT-WIEGAND zum 60. Geburtstag, hg. K. HAUCK u. a., Bd. 2, Berlin/New York 1986, 972–995.
1709. DERS., Gérard von Brogne und seine Klostergründung, in: Revue Bénédictine 70 (1960), 62–82.
1709 a DERS., Gérard von Brogne im Reformmönchtum seiner Zeit, in: ebd. 224–231.
1710. DERS., Mönchtum des Mittelalters zwischen Kirche und Welt, München 1973.
1711. DERS., Neue Methoden der Erforschung des Mönchtums im Mittelalter, in: HZ 225 (1977), 529–571.
1712. DERS., Les obituaires, témoins de vie clunisienne, in: Cahiers de civilisation médiévale 22 (1979), 139–171.
1713. DERS., Sulla presenza cluniacense in Germania (a proposito di un'opera récente), in: L'Italia nel quadro dell'espansione europea del monachesimo cluniacense, hg. C. VIOLANTE, A. SPICCIANI, G. SPINELLI, Mailand 1985, 327–351.
1714. DERS. (Hg.), Synopse der cluniazensischen Necrologien, 2 Bde., München 1982.

Gottesfrieden

1715. M. AUBRUN, L'ancien diocèse de Limoges des origines au milieu du XIe siècle, Clermont-Ferrand 1981.
1716. D. BARTHÉLEMY, L'an mil et la paix de Dieu. La France chrétienne et féodale 980–1060, Paris 1999.
1717. D. F. CALLAHAN, Adémar de Chabannes et la paix de Dieu, in: Annales du Midi 89 (1977), 21–43.
1718. H. E. J. COWDREY, The Peace and the Truce of God in the Eleventh Century, in: P&P 46 (1970), 42–67.
1719. H.-W. GOETZ, Gottesfriede und Gemeindebildung, in: ZRG GA 105 (1988), 122–144.
1720. Th. HEAD, The Development of the Peace of God in Aquitaine (970–1005), in: Speculum 74 (1999), 656–686.
1721. H. HOFFMANN, Gottesfriede und Treuga Dei, Stuttgart 1964.
1722. L. HUBERTI, Studien zur Rechtsgeschichte der Gottes- und Landfrieden, Bd. 1: Die Friedensordnungen in Frankreich, Ansbach 1892.

1723. H. KELLER, Der Übergang zur Kommune. Zur Entwicklung der italienischen Stadtverfassung im 11. Jh., in: Beiträge zum hochmittelalterlichen Städtewesen [wie in: 1414], 55–72.
1724. T. KÖRNER, Juramentum und frühe Friedensbewegung (10.–12. Jh.), Berlin 1977.
1725. J.-F. LEMARIGNIER, Paix et réforme monastique en Flandre et en Normandie autour de l'année 1023, in: Droit privé et institutions régionales. Études historiques offertes à J. YVER, Rouen 1976, 443–468.
1726. E. MAGNOU-NORTIER, La place du concile du Puy (vers 994) dans l'évolution de l'idée de paix, in: Mélanges offerts à J. DAUVILLIER, Toulouse 1979, 489–506.
1727. The Peace of God. Social Violence and Religious Response in France around the Year 1000, hg. Th. HEAD, R. LANDES, Ithaca 1992.
1728. R. E. REYNOLDS, Odilo and the *Treuga Dei* in Southern Italy. A Beneventan Manuscript Fragment, in: Medieval Studies 46 (1984), 450–462.
1729. B. TÖPFER, Volk und Kirche zur Zeit der beginnenden Gottesfriedensbewegung in Frankreich, Berlin 1957.
1730. E. WOHLHAUPTER, Studien zur Rechtsgeschichte der Gottes- und Landfrieden in Spanien, Heidelberg 1933.

Religiosität und Liturgie

1731. T. L. AMOS, The Origin and Nature of the Carolingian Sermon, Diss. phil. Ann Arbor (Mich.) 1983.
1732. A. ANGENENDT, Missa specialis. Zugleich ein Beitrag zur Entstehung der Privatmessen, in: FMSt 17 (1983), 153–221.
1733. DERS., Liturgik und Historik. Gab es eine organische Liturgie-Entwicklung?, Freiburg/Basel/Wien 2001.
1734. DERS., Th. BRAUCKS, J. W. BUSCH, Th. LENTES, H. LUTTERBACH, Gezählte Frömmigkeit, in: FMSt 29 (1995) 1–71.
1735. H. BARRÉ, Les homéliaires carolingiens de l'école d'Auxerre. Authenticité, inventaire, tableaux comparatifs, initia, Città del Vaticano 1962.
1736. P. BROWE, Die Eucharistie im Mittelalter. Liturgiehistorische Forschungen in kulturwissenschaftlicher Absicht. Mit einer Einführung hg. H. LUTTERBACH, Th. FLAMMER, Münster/Hamburg/London 2003.
1737. C. M. CHAZELLE, The Cross, the Image and Passion in Carolingian Thought and Art, 2 Bde., Diss. phil., Yale University 1985.
1738. J. E. CROSS, Cambridge Pembroke College Ms. 25. A Carolingian Sermonary Used by Anglo-Saxon Preachers, London 1987.
1739. R. CRUEL, Geschichte der deutschen Predigt im Mittelalter, Detmold 1897.
1740. J. DAHLHAUS, Aufkommen und Bedeutung der Rota in den Urkunden des Papstes Leo IX., in: AHP 27 (1989), 7–84.

1741. J. Deshusses, Les sacramentaires. État actuel de la recherche, in: Archiv f. Liturgiewissensch. 24 (1982), 19–46.
1742. Divina officia. Liturgie und Frömmigkeit im Mittelalter, Wolfenbüttel 2004.
1743. C. Eggenberger, Psalterium Aureum Sancti Galli. Mittelalterliche Psalterillustration im Kloster St. Gallen, Sigmaringen 1987.
1744. F.-R. Erkens (Hg.), Die früh- und hochmittelalterliche Bischofserhebung im europäischen Vergleich, Köln/Weimar/Wien 1998.
1745. P. J. Geary, Furta Sacra. Thefts of Relics in the Central Middle Ages, Princeton 1978.
1746. R. Grégoire, Les homéliaires du moyen âge. Inventaire et analyse des manuscrits, Rom 1966.
1747. A. A. Häussling, Mönchskonvent und Eucharistiefeier. Eine Studie über die Messe in der abendländischen Klosterliturgie des frühen Mittelalters und zur Geschichte der Meßhäufigkeit, Münster 1973.
1748. F. Kerff, Mittelalterliche Quellen und mittelalterliche Wirklichkeit. Zu den Konsequenzen einer jüngst erschienenen Edition für unser Bild kirchlicher Reformbemühungen, in: RhVjbll 51 (1987), 275–286.
1749. M. Klöckener, Die Liturgie der Diözesansynode. Studien zur Geschichte und Theologie des „Ordo ad Synodum" des Pontificale Romanum, Münster 1986.
1750. J. Laudage (Hg.), Frömmigkeitsformen in Mittelalter und Renaissance, Düsseldorf 2004.
1751. A. Legner, Reliquien in Kunst und Kult. Zwischen Antike und Aufklärung, Darmstadt 1995.
1752. H. Lutterbach, Gotteskindschaft. Kultur- und Sozialgeschichte eines christlichen Ideals, Freiburg i. Br. 2003.
1753. M. McC. Gatch, Preaching and Theology in Anglo-Saxon England, Toronto 1977.
1754. M. Metzger, Les sacramentaires, Turnhout 1994.
1755. O. Nussbaum, Kloster, Priestermönch und Privatmesse. Ihr Verhältnis im Westen von den Anfängen bis zum hohen Mittelalter, Bonn 1961.
1756. U. Önnerfors, Abbo von Saint-Germain-des-Prés. 22 Predigten, Frankfurt u. a. 1985.
1757. W. Melczer, The Pilgrim's Guide to Santiago de Compostela. First English Translation, with Introduction, Commentaries, and Notes, New York 1993.
1758. H. Röckelein, Reliquientranslationen in Sachsen im 9. Jh. Über Kommunikation, Mobilität und Öffentlichkeit im Frühmittelalter, Stuttgart 2002.
1759. Santi e demoni nell'alto medioevo occidentale (secoli V–XI), Spoleto 1989.
1760. Santiago, Camino de Europa. Culto y Cultura en la Peregrinación a Compostela. Monasterio de San Martín Pinario Santiago, 1993.

1761. H. SCHNEIDER, Eine Freisinger Synodalpredigt aus der Zeit der Ungarneinfälle (clm 6245), in: Papsttum, Kirche und Recht im Mittelalter. FS H. FUHRMANN zum 65. Geburtstag, hg. H. MORDEK, Tübingen 1991, 95–115.
1762. K. SCHREINER, Maria. Jungfrau – Mutter – Herrscherin, München/ Wien 1994.
1763. Segni e riti nella chiesa altomedievale occidentale, Spoleto 1987.
1764. G. SIGNORI, Maria zwischen Kathedrale, Kloster und Welt. Hagiographische und historiographische Annäherungen an eine hochmittelalterliche Wunderpredigt, Sigmaringen 1994.
1765. G. SILAGI (Hg.), Liturgische Tropen. Referate zweier Colloquien des Corpus Troporum in München (1983) und Canterbury (1984), München 1985.
1766. La vita comune del clero nei secoli XI e XII, 2 Bde., Mailand 1962.
1767. C. VOGEL, Medieval Liturgy. An Introduction to the Sources, Washington, D.C. 1986.
1768. DERS., Le pécheur et la pénitence au moyen âge, Paris 1969.

Eschatologie

1769. Actas del simposio para el estudio de los codices del „Comentario al Apocalipsis" de Beato de Liébana, hg. Grupo de estudios Beato de Liébana, 3 Bde., Madrid 1978–1980.
1770. Adso Dervensis De ortu et tempore Antichristi necnon et tractatus qui ab eo dependunt, hg. D. VERHELST, Turnhout 1976.
1771. Beati in Apocalipsin libri duodecim, hg. H. A. SANDERS, Rom 1930.
1772. G. A. BEZZOLA, Das ottonische Kaisertum in der französischen Geschichtsschreibung des 10. und beginnenden 11. Jhs., Graz/Köln 1956.
1773. W. BRANDES, Liudprand von Cremona (Legatio cap. 39–41) und eine bisher unbeachtete west-östliche Korrespondenz über die Bedeutung des Jahres 1000 A.D., in: Byzantinische Zs. 93 (2000), 435–463.
1774. DERS., Das „Meer" als Motiv in der byzantinischen apokalyptischen Literatur, in: Griechenland und das Meer, hg. E. CHRYSOS u. a., Mannheim/Möhnesee 1999, 119–131.
1775. B. BRENK, Tradition und Neuerung in der christlichen Kunst des ersten Jahrtausends. Studien zur Geschichte des Weltgerichtsbildes, Wien 1966.
1776. Das Buch mit 7 Siegeln. Die Bamberger Apokalypse. Eine Ausstellung der Staatsbibliothek Bamberg in Verbindung mit dem Haus der Bayerischen Geschichte. Katalog, hg. G. SUCKALE-REDLEFSEN, B. SCHEMMEL, Luzern/Wiesbaden 2000.
1777. Y. CHRISTE, L'Apocalypse de Jean. Sens et développements de ses visions synthétiques Paris 1996.

1778. G. Duby, Le mythe des terreurs de l'an mil, in: Les terreurs de l'an 2000, hg. H. Cavanna, Paris 1976, 21–30.
1779. Endzeiten, hg. W. Brandes, F. Schmieder, Berlin/New York 2008.
1780. J. van Ess, Chiliastische Erwartung und die Versuchung der Göttlichkeit. Der Kalif al-Hakim (386–411 H.), Heidelberg 1977.
1781. J. Fried, Endzeiterwartung um die Jahrtausendwende, in: DA 45 (1989), 381–473. Ital. (gekürzt): L'attesa della fine dei tempi alla svolta del millenio, in: L'attesa della fine dei tempi nel medioevo, hg. O. Capitani, J. Miethke, Bologna 1990, 37–86.
1782. Ders., „Die Liebe erkaltet". Das 11. Jh. erwartet das Jüngste Gericht und erneuert die Kirche, in: M. Jeismann (Hg.), Das 11. Jh. Kaiser und Papst, München 2000, 13–34.
1783. Ders., Die Endzeit fest im Griff des Positivismus? Zur Auseinandersetzung mit Sylvain Gouguenheim, in: HZ 275 (2002), 283–321.
1784. S. Gouguenheim, Les fausses terreurs de l'an mil, Paris 1999.
1785. P. K. Klein, Der ältere Beatus-Kodex Vitr. 14–1 der Biblioteca Nacional zu Madrid. Studien zur Beatus-Illustration und der spanischen Buchmalerei des 10. Jhs., 2 Bde., Hildesheim/New York 1976.
1786. Ders., L'art et l'idéologie impériale des Ottoniens vers l'an mil. L'évangéliaire d'Henri II et l'apocalypse de Bamberg, in: Les cahiers de Saint-Michel de Cuxa 16 (1985), 177–220.
1787. R. Konrad, De ortu et tempore Antichristi: Antichristvorstellungen und Geschichtsbild des Abtes Adso von Montier-en-Der, Kallmünz 1964.
1788. R. Landes, The Fear of an Apocalyptic Year 1000: Augustinian Historiography, Medieval and Modern, in: Speculum 75 (2000), 97–143.
1789. F. Lot, Le mythe des terreurs de l'an mil [zuerst 1947], zuletzt in: Ders., Recueil des travaux historiques, Bd. 1, Genf/Paris 1968, 398–414.
1790. P. Magdalino, Une prophétie inédite des environs de l'an 965 attribuée à Léon de philosophe (Ms *Karakallou* 14, f.253^r–254^r), in: Mélanges G. Dagron, Paris 2002, 391–402.
1791. H. Möhring, Der Weltkaiser der Endzeit. Entstehung, Wandel und Wirkung einer tausendjährigen Weissagung, Stuttgart 2000.
1792. C. Morris, The Sepulchre of Christ and the Medieval West From the Beginning to 1600, Oxford 2005.
1793. R. Quadri, Aimone di Auxerre alla luce dei „Collectanea" di Heiric de Auxerre, in: Italia medioevale e umanistica 6 (1963), 1–48.
1794. M. Rangheri, La „Epistola ad Gerbergam reginam de ortu et tempore Antichristi" di Adsone di Montier-en-Der e le sue fonti, in: Studi medievali 14 (1973), 677–732.
1795. H.-D. Rauh, Das Bild des Antichrist im Mittelalter. Von Tyconius zum Deutschen Symbolismus, Münster ²1979.

1796. Sancti Beati a Liébana in Apocalypsin Codex Gerundensis, hg. J. MARQUÉS CASANOVAS, C. E. DUBLER, W. NEUSS, 2 Bde., Olten/ Lausanne 1962.
1797. H. M. SCHALLER, Die Kreuzzugsenzyklika Papst Sergius IV., in: Papsttum, Kirche und Recht im Mittelalter. FS H. FUHRMANN [wie in: 1761], 135–153.
1798. I. ŠEVČENKO, Unpublished Byzantine Texts on the End of the World About the Year 1000 AD, in: Mélanges G. DAGRON, Paris 2002, 561–578.
1799. B. TÖPFER, Das kommende Reich des Friedens. Zur Entwicklung chiliastischer Zukunftshoffnungen im Hochmittelalter, Berlin 1964.
1800. D. VERHELST, Adso van Montier-en-Der en de angst voor het jaar duisend, in: Tijdschrift voor geschiedenis 90 (1977), 1–10.
1801. D. WEBB, Pilgrims and Pilgrimage in the Medieval West, London 1999.
1802. The Year 1000. Religious and Social Response to the Turning of the First Millennium, hg. M. FRASSETTO, London 2002.

Ketzertum

1803. R.-H. BAUTIER, L'hérésie d'Orléans et le mouvement intellectuel au début du XIe siècle. Documents et hypothèses, in: Enseignement et vie intellectuelle (IXe–XVIe siècles). Actes du 95e congrès national des Sociétés savantes 1, Reims 1970, Paris 1975, 63–88.
1804. O. CAPITANI, Al di là di una commemorazione, in: Studi Gregoriani 9 (1972), 17–35.
1805. G. CRACCO, Riforma ed eresia in momenti della cultura europea tra X e XI secolo, in: Rivista di storia e letteratura religiosa 7 (1971), 411–477.
1806. H. FICHTENAU, Die Ketzer von Orléans (1022), in: Ex ipsis rerum documentis [wie in: 1553], 417–427.
1807. M. D. LAMBERT, Medieval Heresy. Popular Movements from Bogomil to Hus, London 1977. Dt.: Ketzerei im Mittelalter. Häresien von Bogumil bis Hus, München 1981.
1808. R. LANDES, La vie apostolique en Aquitaine en l'an mil: paix de Dieux, culte de reliques, et communautés hérétiques, in: Annales ESC 46 (1991), 573–593.
1809. R. MANSELLI, L'eresia del male, Neapel ^{2}1980.
1810. R. I. MOORE, The Origins of European Dissent, Oxford ^{2}1985.
1811. DERS., Literacy and the making of heresy, c. 1000–c.1150, in: Heresy and Literacy, 1000–1530, hg. P. BILLER, A. HUDSON, Cambridge 1994, 19–37.
1812. R. MORGHEN, Medioevo cristiano, Bari ^{2}1968.
1813. H. TAVIANI, Le mariage dans l'hérésie de l'an mil, in: Annales ESC 32 (1977), 1074–1089.

1814. C. Violante, Studi sulla cristianità medioevale. Società, istituzioni, spiritualità, Mailand ²1975.
1815. E. Werner, Häresie und Gesellschaft im 11. Jh., Berlin 1975.

9. Schulen und Bildung

Rahmenbedingungen

1816. U.-R. Blumenthal (Hg.), Carolingian Essays. Andrew W. Mellon Lectures in Early Christian Studies, Washington, D.C. 1983.
1817. F. Brunhölzl, Geschichte der lateinischen Literatur des Mittelalters, Bd. 1: Von Cassiodor bis zum Ausklang der karolingischen Erneuerung, München 1975.
1818. Carolingian Culture: emulation and innovation, hg. R. McKitterick, Cambridge 1994.
1819. M. L. Colish, Medieval Foundations of the Western Intellectual Tradition 400–1400, New Haven/London 1997.
1820. Committenti e produzione artistico-letteraria nell'alto medioevo occidentale, Spoleto 1992.
1821. J. Fried, In den Netzen der Wissensgesellschaft. Das Beispiel des mittelalterlichen Königs- und Fürstenhofes, in: Wissenskulturen. Beiträge zu einem forschungsstrategischen Konzept, hg. J. Fried, Th. Kailer, Berlin 2003, 141–193.
1822. Kloster Fulda in der Welt der Karolinger und Ottonen, hg. G. Schrimpf, Frankfurt a. M. 1996.
1823. P. Godman, Poets and Emperors. Frankish Politics and Carolingian Poetry, Oxford 1987.
1824. K. Gugel, Welche erhaltenen mittelalterlichen Handschriften dürfen der Bibliothek des Klosters Fulda zugerechnet werden? Teil 1: Die Handschriften; Teil 2: Die Fragmente aus Handschriften, 2 Bde., Frankfurt a. M. 1995/96.
1825. W. Haubrichs, Geschichte der deutschen Literatur von den Anfängen bis zum Beginn der Neuzeit, Bd. 1,1: Die Anfänge: Versuche volkssprachlicher Schriftlichkeit im frühen Mittelalter, Tübingen ²1995.
1826. M. Irvine, The Making of Textual Culture. ,Grammatica' and Literary Theory, 350–1100, Cambridge 1994.
1827. D. Kartschoke, Geschichte der deutschen Literatur im frühen Mittelalter, München 1990.
1828. Die Kultur der Abtei Sankt Gallen, hg. W. Vogler, Zürich 1990.
1829. G. Schrimpf (Hg.), Mittelalterliche Bücherverzeichnisse des Klosters Fulda, Frankfurt a. M. 1992.
1830. Science in Western and Eastern Civilization in Carolingian Times, hg. P. L. Butzer, D. Lohrmann, Boston 1993.

Handschriftenforschung

1831. W. BERSCHIN, Griechisch-lateinisches Mittelalter. Von Hieronymus zu Nikolaus von Kues, Bern/München 1980.
1832. B. BISCHOFF, Italienische Handschriften des 9. bis 11. Jhs. in frühmittelalterlichen Bibliotheken außerhalb Italiens, in: Il libro e il testo. Atti del convegno internazionale, Urbino, 20–23 settembre 1982, hg. C. QUESTA, R. RAFFAELLI, Urbino 1984, 169–194.
1833. DERS., Lorsch im Spiegel seiner Handschriften, Lorsch ²1989.
1834. DERS., Mittelalterliche Studien. Ausgewählte Aufsätze zur Schriftkunde und Literaturgeschichte, 3 Bde., Stuttgart 1966, 1967, 1981.
1835. DERS., Die südostdeutschen Schreibschulen und Bibliotheken in der Karolingerzeit, 2 Bde., Wiesbaden 1974–1980.
1836. DERS., Katalog der festländischen Handschriften des neunten Jhs. (mit Ausnahme der wisigotischen), Wiesbaden 1998 (dazu H. HOFFMANN in: DA 55, 1999, 549–590).
1837. B. BISCHOFF, J. HOFMANN, Libri Sancti Kyliani. Die Würzburger Schreibschule und die Dombibliothek im VIII. und IX. Jh., Würzburg 1962.
1838. D. A. BULLOUGH, Le scuole cathedrali e la cultura dell'Italia settentrionale prima dei comuni, in: Vescovi e diocesi in Italia nel medioevo (sec. IX–XIII), Padua 1964, 111–143.
1839. Byzantium and the West, c. 850–c. 1200, hg. J. D. HOWARD-JOHNSTON, Amsterdam 1988.
1840. N. DANIEL, Handschriften des zehnten Jhs. aus der Freisinger Dombibliothek. Studien über Schriftcharakter und Herkunft der nachkarolingischen und ottonischen Handschriften einer bayerischen Bibliothek, München 1973.
1841. C. E. EDER, Die Schule des Klosters Tegernsee im frühen Mittelalter im Spiegel der Tegernseer Handschriften, München o. J. [1973].
1842. D. GANZ, Corbie in the Carolingian Renaissance, Sigmaringen 1990.
1843. M.-C. GARAND, Copistes de Cluny au temps de Saint-Maieul (948–994), in: BECh 136 (1978), 5–36 (mit 6 Tafeln).
1844. M. HELLMANN, Tironische Noten in der Karolingerzeit am Beispiel eines Persius-Kommentars aus der Schule von Tours, Hannover 2000.
1845. H. HOFFMANN, Bamberger Handschriften des 10. und 11. Jhs., Hannover 1995.
1846. DERS., Handschriftenfunde, Hannover 1997.
1847. Lectures médiévales de Virgile, Rom 1985.
1848. K. J. LEYSER, The Tenth Century in Byzantine-Western Relation, in: Relations Between East and West in the Middle Ages, hg. D. BAKER, Edinburgh 1973, 29–63.
1849. J. D. A. OGILVY, Books Known to the English, 597–1066, Cambridge (Mass.) 1967.

1850. P. Rück (Hg.), Graphische Symbole in mittelalterlichen Urkunden. Beiträge zur diplomatischen Semiotik, Sigmaringen 1996.
1851. I. Schäfer, Buchherstellung im frühen Mittelalter. Die Einbandtechnik in Freising, Wiesbaden 1999.
1852. A. J. Stoclet, Le „De civitate Dei" de Saint-Augustin. Sa diffusion avant 900 d'après les caractères externes des manuscrits antérieurs à cette date et les catalogues contemporains, in: Recherches Augustiniennes 19 (1984), 185–209.
1853. P. Wolff, The Awakening of Europe, Harmondsworth (Msx.) 1968.

Schulstoff und Unterricht

1854. Abbon de Fleury, Questions grammaticales. Texte établi, traduit et commenté par A. Guerreau-Jalabert, Paris 1982.
1855. L'école carolingienne d'Auxerre de Murethach à Remi 830–908, publ. par D. Iogna-Prat, C. Jeudy, G. Lobrichon, Paris 1991.
1856. H. Backes, Die Hochzeit Merkurs und der Philologie. Studien zu Notkers Martian-Übersetzung, Sigmaringen 1982.
1857. W. Bergmann, Innovationen im Quadrivium des 10. und 11. Jhs. Studien zur Einführung von Astrolab und Abakus im lateinischen Mittelalter, Stuttgart 1985.
1858. A. Borst, Das mittelalterliche Zahlenkampfspiel, Heidelberg 1986.
1859. J. J. Contreni, Codex Laudunensis 468. A Ninth-Century Guide to Virgil, Sedulius, and the Liberal Arts, Turnhout 1984.
1860. Ders., Carolingian Learning, Masters, and Manuscripts, Aldershot 1992.
1861. M. Folkerts, Die älteste mathematische Aufgabensammlung in lateinischer Sprache: Die Alkuin zugeschriebenen Propositiones ad acuendos iuvenes. Überlieferung, Inhalt, Kritische Edition, Wien 1978.
1862. Ders., „Boethius" Geometrie II. Ein mathematisches Lehrbuch des Mittelalters, Wiesbaden 1970.
1863. Gerberto – scienza, storia e mito, Bobbio 1985.
1864. M. M. Hildebrandt, The External School in Carolingian Society, Leiden u. a. 1992.
1865. C. S. Jaeger, Cathedral Schools and Humanist Learning, 950–1150, in: DVjs 61 (1987), 569–616.
1866. T. Klüppel, Reichenauer Hagiographie zwischen Walahfrid und Berno, Sigmaringen 1980.
1867. Lateinische Dichtungen des 10. und 11. Jhs. Fg. W. Bulst zum 80. Geburtstag, hg. W. Berschin, R. Düchting, Heidelberg 1981.
1868. C. Leonardi, I codici di Marziano Capella, in: Aevum 33 (1959), 443–489 u. 34 (1960), 1–99 u. 411–524.
1869. E. Lesne, Histoire de la propriété ecclésiastique en France, Bd. 3: Églises et trésors des églises du commencement du VIIIe à la fin du

XIe siècle, Lille 1936; Bd. 4: Les livres, scriptoria et bibliothèques du commencement du VIIIe à la fin du XIe siècle, Lille 1938; Bd. 5: Les écoles de la fin du VIIIe à la fin du XIIe siècle, Lille 1940.
1870. U. LINDGREN, Gerbert von Aurillac und das Quadrivium. Untersuchungen zur Bildung im Zeitalter der Ottonen, Wiesbaden 1976.
1871. C. E. LUTZ, Schoolmasters of the Tenth Century, Hamden (Conn.) 1977.
1872. L. C. MACKINNEY, Bishop Fulbert and Education at the School of Chartres, Notre Dame (Ind.) 1957.
1873. M. MASI, Boethian Number Theory. A Translation of ‚De institutione arithmetica' with Introduction and Notes, Amsterdam 1983.
1874. R. MCKITTERICK, The Carolingians and the Written Word, Cambridge 1989.
1875. G. MORGAN, Ekkehard's Signature to Waltharius, in: Latomus 45 (1986), 171–177.
1876. M. OLDONI, Gerberto e la sua storia, in: Studi medievali 18 (1977), 629–704.
1876 a DERS., „A fantasia dicitur fantasma". Gerberto e la sua storia II, in: Studi medievali 21 (1980), 493–622.
1877. E. PAUL, Geschichte der christlichen Erziehung, Bd. 1: Antike und Mittelalter, Freiburg u. a. 1993.
1878. S. REYNOLDS, Medieval Reading. Grammar, Rhetoric and Classical Text, Cambridge 1996.
1879. Remigii Autissiodorensis commentum in Martianum Capellam libri IX, ed. with an Introduction C.E. LUTZ, Buch 1–2, Leiden 1962, Buch 3–9, Leiden 1965.
1880. P. RICHÉ, Les écoles et l'enseignement dans l'occident chrétien de la fin du Ve siècle au milieu du XIe siècle, Paris 1979.
1881. DERS., Instruction et vie religieuse dans le haut moyen âge, London 1981.
1882. L. M. DE RIJK, On the Curriculum of the Arts in the Trivium at St.-Gall from c. 850 – c. 1000, in: Vivarium 1 (1963/65), 35–86.
1883. La scuola nell'occidente latino dell'alto medioevo, 15–21 aprile 1971, Spoleto 1972.
1884. P. STOTZ, Dichten als Schulfach. Aspekte mittelalterlicher Schuldichtung, in: Mittellatein. Jb. 16 (1981), 1–16.
1885. J. SZÖVÉRFFY, Die Annalen der lateinischen Hymnendichtung. Ein Handbuch, Bd. 1: Die lateinischen Hymnen bis zum Ende des 11. Jhs., Berlin 1964.
1886. DERS., Latin Hymns, Turnhout 1989.
1887. M. M. TISCHLER, Die ottonische Klosterschule in Einsiedeln zur Zeit Abt Gregors. Zum Bildungsprofil des hl. Wolfgang, in: StMGB 107 (1996), 93–181.
1888. J. TROPFKE, Geschichte der Elementarmathematik, Bd. 1: Arithmetik und Algebra, 4. Aufl. hg. K. VOGEL, K. REICH, H. GERICKE, Berlin/New York 1980.

1889. D. L. WAGNER (Hg.), The Seven Liberal Arts in the Middle Ages, Bloomington 1983.
1890. K. ZECHIEL-ECKES, Florus von Lyon als Kirchenpolitiker und Publizist, Stuttgart 1999.
1891. M. ZUCCATO, Gerbert of Aurillac and a Tenth-Century Jewish Channal for the Transmission of Arabic Science to the West, in: Speculum 80 (2005), 742–63.

Computus

1892. W. BERGMANN, Chronographie und Komputistik bei Hermann von Reichenau, in: Historiographia mediaevalis. Studien zur Geschichtsschreibung und Quellenkunde des Mittelalters, FS F.-J. SCHMALE zum 65. Geburtstag, hg. D. BERG, H.-W. GOETZ, Darmstadt 1988, 103–117.
1893. A. BORST, Astrolab und Klosterreform an der Jahrtausendwende, Heidelberg 1989.
1894. DERS., Computus. Zeit und Zahl im Mittelalter, in: DA 44 (1988), 1–82.
1895. DERS., Ein Forschungsbericht Hermanns des Lahmen, in: DA 40 (1984), 379–477.
1896. DERS., Die karolingische Kalenderreform, Hannover 1998.
1897. A.-D. VON DEN BRINCKEN, Historische Chronologie des Abendlandes. Kalenderreform und Jahrtausendrechnungen. Eine Einführung, Stuttgart 2000.
1898. A. CORDOLIANI, Abbon de Fleurie, Hériger de Lobbes et Gerlaud de Besançon sur l'ère de l'incarnation de Denys le Petit, in: RHE 44 (1949), 463–487.
1899. DERS., Les traités de comput du haut moyen âge (526–1003), in: Archivum Latinitatis Medii Aevi 17 (1943), 51–72.
1900. C. W. JONES, An Early Medieval Licensing Examination, in: History of Education Quarterly 3 (1963), 19–29.
1901. B. KRUSCH, Studien zur christlich-mittelalterlichen Chronologie. Die Entstehung unserer heutigen Zeitrechnung, Berlin 1938.
1902. J. WIESENBACH, Einführung zu: Sigebert von Gembloux, Liber decennalis, hg. DEMS., Weimar 1986, 9–169.

Erneuerung philosophischen Denkens

1903. A. H. ARMSTRONG (Hg.), The Cambridge History of Later Greek and Early Medieval Philosophy, Cambridge 1967.
1904. Ch. BURNETT (Hg.), Glosses and Commentaries on Aristotelian Logical Texts. The Syriac, Arabic and Medieval Latin Traditions, London 1993.
1905. J. CANNING, A History of the Medieval Political Thought, 300–1450, London/New York 1996.

1906. P. COURCELLE, La ‚Consolation de Philosophie' dans la tradition littéraire, Paris 1967.
1907. E.-M. ENGELEN, Zeit, Zahl und Bild. Studien zur Verbindung von Philosophie und Wissenschaft bei Abbo von Fleury, Berlin/New York 1993.
1908. M. GIBSON (Hg.), Boethius. His Life, Thought and Influence, Oxford 1981.
1909. Jean Scot Érigène et l'histoire de la philosophie. Colloque international du Centre national de la recherche scientifique, Laon, 7–12 juillet 1975, Paris 1977.
1910. E. JEAUNEAU, L'héritage de la philosophie antique durant le haut moyen âge, in: La cultura antica nell'occidente latino dal VII all'XI secolo, 18–24 aprile 1974, Spoleto 1975, 15–54.
1911. DERS., Quatre thèmes érigéniens (Conférence Albert-le Grand 1974), Montréal 1978.
1912. N. H. KAYLOR Jr., The Medieval Translations of Boethius' *Consolation of Philosophy* in England, France, and Germany. An Analysis and Annotated Bibliography, Diss. phil., Nashville (Tenn.) 1985.
1913. J. MARENBON, From the Circle of Alcuin to the School of Auxerre. Logic, Theology and Philosophy in the Early Middle Ages, Cambridge 1981.
1914. DERS., Early Medieval Philosophy (480–1150), London/New York ²1988.
1915. The Mind of Eriugena. Papers of a Colloquium, Dublin, 14–18 July 1970, hg. J. J. O'MEARA, L. BIELER, Dublin 1973.
1916. K. OTTEN, König Alfreds Boethius, Tübingen 1964.
1917. F. A. PAYNE, King Alfred and Boethius. An Analysis of the Old-English Version of the ‚Consolation of Philosophy', Madison 1968.
1918. P. PRODI, Il sacramento del potere. Il giuramento politico nella storia costituzionale dell'Occidente, Bologna 1992.
1919. P. RICHÉ, Divina pagina, ratio et auctoritas dans la théologie carolingienne, in: Nàscita dell'Europa ed Europa carolingia: un'equazione da verificare, 19–25 aprile 1979, Spoleto 1981, 719–758.
1920. W. Ch. SCHNEIDER, Die Kunstwerke Bernwards und die Disputation von Ravenna zwischen Gerbert und Otrich. Kunstform und Denkform in der Ottonenzeit, in: Denkformen – Lebensformen, hg. T. BORSCHE, Hildesheim/Zürich/New York 2003, 257–315 (mit 9 Abb.).
1921. G. SCHRIMPF, Die Axiomenschrift des Boethius (De hebdomadibus) als philosophisches Lehrbuch des Mittelalters, Leiden 1966.
1922. DERS., Das Werk des Johannes Scottus Eriugena im Rahmen des Wissenschaftsverständnisses seiner Zeit. Eine Hinführung zu Periphyseon, Münster 1982.
1923. I. SCHRÖBLER, Notker III. von St. Gallen als Übersetzer und Kommentator von Boethius' De consolatione philosophiae, Tübingen 1953.

1924. L. Sturlese, Die deutsche Philosophie im Mittelalter von Bonifatius bis zu Albert dem Großen, 748–1280, München 1993.
1925. B. Töpfer, Urzustand und Sündenfall in der mittelalterlichen Gesellschafts- und Staatslehre, Stuttgart 1999.

Frühe Theologie

1926. H. H. Anton, Fürstenspiegel und Herrscherethos in der Karolingerzeit, Bonn 1968.
1927. Ders., Gesellschaftsspiegel und Gesellschaftstheorie in Westfranken/Frankreich, in: Specula principum. A cura di A. de Benedictis, Frankfurt a. M. 1999, 51–120.
1928. Ders., Fürstenspiegel (Königsspiegel) des frühen und hohen Mittelalters. Ein Editionsprojekt an der Universität Trier, in: Jb. der hist. Forsch. in der Bundesrepublik Deutschland 2003 (ersch. 2004), 15–32.
1929. Ders., *Solium Imperii* und *Principatus sacerdotum* in Rom, fränkische Hegemonie über den Okzident/Hesperien. Grundlagen, Entstehung und Wesen des karolingischen Kaisertums, in: Von Sacerdotium und Regnum. Geistliche und weltliche Gewalt im frühen und hohen Mittelalter. FS E. Boshof zum 65. Geburtstag, hg. F.-R.Erkens, H. Wolff, Köln/Weimar/Wien 2002, 203–274.
1930. J.-P. Bouhot, Ratramne de Corbie. Histoire littéraire et controverses doctrinales, Paris 1976.
1931. Les genres littéraires dans les sources théologiques et philosophiques médiévales, Louvain-la-Neuve 1982.
1932. E. Heyse, Rabanus Maurus' Enzyklopädie „De rerum naturis". Untersuchungen zu den Quellen und zur Methode der Kompilation, München 1969.
1933. J. Jolivet, Godescalc d'Orbais et la trinité, Paris 1958.
1934. Jonas d'Orléans: Le metier de Roi (De institutione regia). Introduction, texte critique, traduction, notes et index, Paris 1995.
1935. R. Kottje, H. Zimmermann (Hg.), Hrabanus Maurus. Lehrer, Abt und Bischof, Wiesbaden 1982.
1936. C. Lambot (Hg.), Œuvres théologiques et grammaticales de Godescalc d'Orbais, Leuven 1945.
1937. J. Pelikan, The Christian Tradition. A History of the Development of Doctrine 3. The Growth of Medieval Theology, Chicago 1978.
1938. M. Reuter, Text und Bild im Codex 132 der Bibliothek von Montecassino „Liber Rabani de originibus rerum". Untersuchungen zur mittelalterlichen Illustrationspraxis, München 1984.
1939. M. Rissel, Rezeption antiker und patristischer Wissenschaft bei Rabanus Maurus. Studien zur karolingischen Geistesgeschichte, Bern/Frankfurt 1976.
1940. K. Vielhaber, Gottschalk der Sachse, Bonn 1956.

Kunst

1941. H. BELTING, Probleme der Kunstgeschichte Italiens im Frühmittelalter, in: FMSt 1 (1967), 94–143.
1942. DERS., Bild und Kult. Eine Geschichte des Bildes vor dem Zeitalter der Kunst, München ²1991.
1943. C. BEUTLER, Bildwerke zwischen Antike und Mittelalter. Unbekannte Skulpturen aus der Zeit Karls des Großen, Düsseldorf 1964.
1944. DERS., Statua. Die Entstehung der nachantiken Statue und der europäische Individualismus, München 1982.
1945. P. BLOCH, H. SCHNITZLER, Die ottonische Kölner Malerschule, 2 Bde., Düsseldorf 1967–1970.
1946. M. BRANDT (Hg.), Das Kostbare Evangeliar des Heiligen Bernward, München 1993.
1947. W. BRAUNFELS, Die Welt der Karolinger und ihre Kunst, München 1968.
1948. Exultet. Rotoli liturgici del medioevo meridionale, Direzione Scientifica G. CAVALLO, Rom 1994.
1949. H. FILLITZ, R. KAHSNITZ, U. KUDER, Zierde für ewige Zeit. Das Perikopenbuch Heinrichs II., Laachen am Zürichsee 1994.
1950. I. H. FORSYTH, The Throne of Wisdom. Wood Sculptures of the Madonna in Romanesque France, Princeton 1972.
1951. J. GERCHOW (Hg.), Das Jahrtausend der Mönche. Kloster Welt Werden 799–1803, Köln 1999.
1952. H. HAGER, Die Anfänge des italienischen Altarbildes. Untersuchungen zur Entstehungsgeschichte des toskanischen Hochaltarretabels, Wien 1962.
1953. D. JAKOBS, Sankt Georg in Reichenau-Oberzell. Der Bau und seine Ausstattung, 3 Bde., Stuttgart 1999.
1954. W. KÖHLER, F. MÜTHERICH, Die karolingischen Miniaturen, 5 Bde., Berlin 1958–1982, Bd. 1: W. KÖHLER, Die Schule von Tours, Berlin 1930; Bd. 2: DERS., Die Hofschule Karls des Großen. Berlin 1958; Bd. 3: DERS., Teil 1: Die Gruppe des Wiener Krönungsevangeliars; Teil 2: Metzer Handschriften, Berlin 1960; Bd. 4: F. MÜTHERICH, Die Hofschule Kaiser Lothars. Einzelhandschriften aus Lothringen, Berlin 1971; Bd. 5: DIES., Die Hofschule Karls des Kahlen, Berlin 1982.
1955. G. KORNBLUTH, Engraved Gems of the Carolingian Empire, Pennsylvania State University 1995.
1956. D. KÖTZSCHE (Hg.), Der Quedlinburger Schatz – wieder vereint (Katalog der Ausstellung Berlin 1992–1993), Berlin 1992.
1957. G. B. LADNER, Handbuch der frühchristlichen Symbolik. Gott, Kosmos, Mensch, Stuttgart/Zürich 1992.
1958. P. LASKO, Ars Sacra, 800–1200, New Haven 1994.
1959. H. MAYR-HARTING, Ottonische Buchmalerei. Liturgische Kunst im Reich der Kaiser, Bischöfe und Äbte, Stuttgart/Zürich 1991.

1960. V. MILOJČIĆ (Hg.), Kolloquium über spätantike und frühmittelalterliche Skulptur, Bd. 3: Vortragstexte 1972, Mainz 1974.
1961. F. MÜTHERICH, J. E. GAEHDE, Karolingische Buchmalerei, München 1976.
1962. Regensburger Buchmalerei. Von frühkarolingischer Zeit bis zum Ausgang des Mittelalters, Ausstellung der Bayerischen Staatsbibliothek München und der Museen der Stadt Regensburg, hg. F. MÜTHERICH, K. DACHS, München 1987.
1963. F. RONIG (Hg.), Egbert Erzbischof von Trier 977–993. Gedenkschrift der Diözese Trier zum 1000. Todestag, 2 Bde., Trier 1993.
1964. W. Chr. SCHNEIDER, Semantische Symmetrien in mittelalterlichen Handschriften und Beinschnitzwerken, in: (Ausstellungskatalog) Symmetrien in Kunst, Natur und Wissenschaft, 2 Bde., Darmstadt 1986, hier Bd. 1, 197–230.
1965. DERS., Die ‚Aufführung' von Bildern beim Wenden der Blätter in mittelalterlichen Codices. Zur performativen Dimension von Werken der Buchmalerei, in: Zs. f. Ästhetik und Allgemeine Kunstwissenschaft 47 (202), 7–35.
1966. M. SCHULZE-DÖRRLAMM, Juwelen der Kaiserin Theophanu. Ottonischer Schmuck im Spiegel zeitgenössischer Buchmalerei, in: Archäologisches Korrespondenzblatt 19 (1989), 415–422.
1967. DIES., Der Mainzer Schatz der Kaiserin Agnes aus dem mittleren 11. Jh. Neue Untersuchungen zum sogenannten „Gisela-Schmuck", Sigmaringen 1990.
1968. E. TEMPLE, Anglo-Saxon Manuscripts, 900–1066, London 1976.
1969. R. WESENBERG, Frühe mittelalterliche Bildwerke. Die Schulen der rheinischen Skulptur und ihre Ausstrahlung, Berlin 1972.
1970. H. WESTERMANN-ANGERHAUSEN, Egbert von Trier und Gregor der Große – Tradition und Repräsentation, in: Sancta Treveris. Beiträge zu Kirchenbau und bildender Kunst im alten Erzbistum Trier. FS F. RONIG zum 70. Geburtstag, hg. M. EMBACH u. a., Trier 1999, 709–731.
1971. J. WIEDER, Höhepunkte Ottonischer Buchkunst, in: Das alte Buch als Aufgabe für Naturwissenschaft und Forschung, hg. D.-E. PETERSEN, Bremen/Wolfenbüttel 1977, 167–244.

Geschichtsschreibung

1972. Ph. BUC, Writing Ottonian hegemony: Good rituals and bad rituals in Liutprand of Cremona, in: Majestas 4 (1996), 3–38.
1973. J. DEVISSE, Hincmar. Archevêque de Reims 845–882, 3 Bde., Genf 1975–1976.
1974. Flodoard von Reims, Die Geschichte der Reimser Kirche, hg. M. STRATMANN, Hannover 1998.

1975. G. Fransen, La lettre de Hincmar de Reims au sujet du mariage d'Etienne. Une relecture, in: Pascua mediaevalia. Studies voor J.-M. de Smet, hg. R. Lievens, E. van Mingroot, W. Verbeke, Leuven 1983, 133–146.
1976. J. Fried, „...vor fünfzig oder mehr Jahren.' Das Gedächtnis der Zeugen in Prozeßurkunden und in familiären Memorialtexten, in: Pragmatische Dimensionen mittelalterliche Schriftkultur, hg. Ch. Meier, V. Honemann, H. Keller, R. Suntrup, München 2002, 23–61.
1977. W. Giese, „Genus und Virtus". Studien zum Geschichtswerk des Richer von St. Remi, Augsburg 1969.
1978. H.-W. Goetz, Verschriftlichung von Geschichtskenntnissen. Die Historiographie der Karolingerzeit, in: Schriftlichkeit im frühen Mittelalter [wie in: 1825], 229–253.
1979. L. Hageneier, Jenseits der Topik. Die karolingische Herrscherbiographie, Husum 2004.
1980. Hinkmar von Reims, De ordine palatii, hg. u. übers. T. Gross, R. Schieffer, Hannover ²1980.
1981. Hinkmar von Reims, De divortio Lotharii regis et Theutbergae reginae, hg. L. Böhringer, Hannover 1992.
1982. Die Streitschriften Hinkmars von Reims und Hinkmars von Laon 869–871, hg. R. Schieffer, Hannover 2003.
1983. Historiographie im frühen Mittelalter, hg. A. Scharer, G. Scheibelreiter, München 1994.
1984. P. C. Jacobsen, Flodoard von Reims. Sein Leben und seine Dichtung „De triumphis Christi", Leiden/Köln 1978.
1985. E. Karpf, Herrscherlegitimation und Reichsbegriff in der ottonischen Geschichtsschreibung des 10. Jhs., Stuttgart 1985.
1986. H.-H. Kortüm, Richer von Saint-Remi. Studien zu einem Geschichtsschreiber des 10. Jhs., Stuttgart 1985.
1987. R. A. Landes, Relics, Apocalypse, and the Deceits of History. Ademar of Chabannes, 989–1034, Cambridge (Mass.)/London 1995.
1988. J. Laudage (Hg.), Von Fakten und Fiktionen. Mittelalterliche Geschichtsdarstellungen und ihre kritische Aufarbeitung, Köln/Weimar/Wien 2003.
1989. Ders., Widukind von Corvey und die deutsche Geschichtswissenschaft, in: 1988 Laudage, 193–224.
1990. K. J. Leyser, Liutprand of Cremona. Preacher and Homilist, in: The Bible in the Medieval World [wie in: 237], 43–60.
1991. H. Lippelt, Thietmar von Merseburg, Reichsbischof und Chronist, Köln/Wien 1973.
1992. P. R. McKeon, Hincmar of Laon and Carolingian Politics, Urbana/Chicago/London 1978.
1993. M. Meyer-Gebel, Zur annalistischen Arbeitsweise Hinkmars von Reims, in: Francia 15 (1987), 75–108.

1994. O. G. OEXLE, Von Fakten und Fiktionen. Zu einigen Grundsatzfragen der historischen Erkenntnis, in: Von Fakten [wie 1988], 1–42.
1995. M. RENTSCHLER, Liudprand von Cremona. Eine Studie zum ost-westlichen Kulturgefälle im Mittelalter, Wiesbaden 1981.
1996. Richer von Saint-Remi, Historiae, hg. H. HOFFMANN, Hannover 2000.
1997. G. SCHMITZ, Wucher in Laon. Eine neue Quelle zu Karl dem Kahlen und Hinkmar von Reims, in: DA 37 (1981), 529–558.
1998. K. SCHULMEYER-AHL, Der Anfang vom Ende der Ottonen. Konstitutionsbedingungen historiographischer Nachrichten in der Chronik Thietmars von Merseburg, Berlin 2008.
1999. J. M. WALLACE-HADRILL, History in the Mind of Archbishop Hincmar, in: The Writing of History in the Middle Ages. Essays Presented to R. W. SOUTHERN, hg. R. H. C. DAVIS, J. M. WALLACE-HADRILL, Oxford 1981, 43–70.
2000. S. F. WEMPLE, Atto of Vercelli. Church, State, and Christian Society in Tenth Century Italy, Rom 1979.
2001. G. A. WILLHAUCK, The Letters of Atto, Bishop of Vercelli. Text, Translation and Commentary, Diss. phil., Tufts University 1984.

ANHANG

Abkürzungs- und Siglenverzeichnis

AfD	Archiv für Diplomatik, Schriftgeschichte, Siegel- und Wappenkunde
ahd.	althochdeutsch
AHP	Archivum historiae pontificiae
AHR	American Historical Review
AKG	Archiv für Kulturgeschichte
Ann. ESC	Annales. Économies, sociétés, civilisations
APH	Acta Poloniae historica
AUF	Archiv für Urkundenforschung
Bd.; Bde.	Band; Bände
BDLG	Blätter für deutsche Landesgeschichte
bearb.	bearbeitet von
BECh	Bibliothèque de l'École des chartes
Beih.	Beiheft
Ber. RGK	Bericht der Römisch-Germanischen Kommission
Bll.	Blätter
BM²	Böhmer, J. F., Regesta Imperii I. Die Regesten des Kaiserreichs unter den Karolingern 751–918/Böhmer, Johann Friedrich, neubearb. v. E. Mühlbacher, vollendet v. J. Lechner. Mit einem Vorwort, Konkordanztabellen und Ergänzungen v. C. Brühl u. H. H. Kaminsky.
DA	Deutsches Archiv für Erforschung (bis 7 [1944]: Geschichte) des Mittelalters
DVjs	Deutsche Vierteljahrsschrift für Literaturwissenschaft und Geistesgeschichte
Ebd.	Ergänzungsband
erw.	erweitert
FMSt	Frühmittelalterliche Studien
Fg.	Festgabe
FS	Festschrift für
GH	Grundherrschaft
GP	Germania Pontificia
GWU	Geschichte in Wissenschaft und Unterricht
Hg.; hg.	Herausgeber; herausgegeben von
HJb	Historisches Jahrbuch
HRG	Handwörterbuch zur deutschen Rechtsgeschichte
HZ	Historische Zeitschrift
Jb.	Jahrbuch
Jh.	Jahrhundert

Lg.	Landesgeschichte
LexMA	Lexikon des Mittelalters
MA	Mittelalter(s)
MGH	Monumenta Germaniae historica
Conc.	Concilia
Fontes	Fontes iuris Germanici antiqui in usum scholarum
LM	Libri memoriales
Migne	Patrologiae cursus completus, Series Latina [Patrologia Latina]
MIÖG	Mitteilungen des Instituts für österreichische Geschichtsforschung
NA	Neues Archiv der Gesellschaft für ältere deutsche Geschichtskunde…
ND	Neu- bzw. Nachdruck
NF; NS	Neue Folge; neue Serie u. ä.
PBB	Beiträge zur Geschichte der deutschen Sprache und Literatur (Pauls und Braunes Beiträge)
P&P	Past and Present
QFIAB	Quellen und Forschungen aus italienischen Archiven und Bibliotheken
RAC	Reallexikon für Antike und Christentum
RE	Realenzyklopädie für protestantische Theologie und Kirche
RH	Revue historique
RHE	Revue d'histoire ecclésiastique
RhVjbll	Rheinische Vierteljahrsblätter
SB…	Sitzungsberichte der Akademie der Wissenschaften zu …, phil.-hist. Klasse
Sbd.	Sonderband
Settimane…	Settimane di studio del Centro italiano di studi sull'alto medioevo
Sh.	Sonderheft
StMGB	Studien und Mitteilungen zur Geschichte des Benediktinerordens und seiner Zweige
übers.	übersetzt von
VSWG	Vierteljahrschrift für Sozial- und Wirtschaftsgeschichte
VuF	Vorträge und Forschungen, hg. Konstanzer Arbeitskreis für mittelalterliche Geschichte
ZfG	Zeitschrift für Geschichtswissenschaft
ZGO	Zeitschrift für die Geschichte des Oberrheins
ZKiG	Zeitschrift für Kirchengeschichte
ZRG	Zeitschrift der Savigny-Stiftung für Rechtsgeschichte,
GA	Germanistische Abteilung
KA	Kanonistische Abteilung
Zs.	Zeitschrift

Zeittafel

Karolingische und ottonische Herrscherdaten bleiben weitgehend unberücksichtigt. Sie können den Stammtafeln 1 und 2 entnommen werden.

827–844	Papst Gregor IV.
840	Tod Ludwigs des Frommen.
841	Errichtung eines Sultanats der Sarazenen in Bari.
842	Straßburger Eide.
843	Vertrag von Verdun.
846	Plünderung Roms rechts des Tibers durch die Sarazenen; Ummauerung des rechten Tiberufers (Civitas Leonina).
847–855	Papst Leo IV.
858–867	Papst Nikolaus I.
860–933	Harald I. Schönhaar, König von Norwegen.
862	Erster Einfall der Ungarn in das Ostfrankenreich.
867–872	Papst Hadrian II.
869/870	Achtes Ökumenisches Konzil in Konstantinopel.
870	Vertrag von Meersen, Teilung Lothringens.
870–894	Svatopluk von Mähren.
871–899	König Alfred der Große von Wessex.
871	Eroberung Baris durch Ludwig II.; Langobardischer Aufstand und zeitweilige Gefangenschaft Ludwigs.
872–882	Papst Johannes VIII.
um 872	Harald I. Schönhaar eint die Kleinstämme Norwegens.
um 874	Taufe des ersten historisch bezeugten Přemysliden Bořivoj durch den hl. Methodios.
875	Kaiserkrönung Karls des Kahlen in Rom.
876	Tod Ludwigs des Deutschen; Aufteilung seines Reichs unter seinen Söhnen; Sieg Ludwigs des Jüngeren über Karl den Kahlen bei Andernach.
877	Kapitular von Quierzy-sur-Oise; Tod Karls des Kahlen.
879	Boso von Vienne König in Burgund.
880	Vertrag von Ribémont.
881	Kaiserkrönung Karls des Dicken, Sieg Ludwigs III. über die Normannen bei Saucourt; Ludwigslied.
886	Belagerung von Paris durch die Normannen.
887	Erzwungene Abdankung Karls des Dicken.
888	Berengar (I.) von Friaul König von Italien.
888–898	Odo, Graf von Paris, erster nichtkarolingischer König des Westfrankenreichs.
891–896	Papst Formosus.
896	Kaiserkrönung Arnulfs von Kärnten in Rom.

seit 900	Fast alljährliche Ungarneinfälle.
906	Zerstörung des Großmährischen Reichs durch die Ungarn.
907	Verlust der Ostmark an die Ungarn.
911	Vertrag Karls des Einfältigen mit den Normannen bei St. Clair-sur-Epte; Konrad I. ostfränkischer König.
915	Kaiserkrönung Berengars I.
916	Synode von Hohenaltheim.
919	Königserhebung Heinrichs I.
911	Vertrag von Bonn zwischen Heinrich I. und Karl dem Einfältigen.
921/2–935	Fürst Wenzel von Böhmen.
922	Der Kapetinger Robert zum westfränkischen König erhoben.
923	Treffen Heinrichs I. und Roberts I. an der Ruhr, Bonner Bündnis damit gelöst; Tod Roberts; Niederlage Berengars I. gegen Rudolf II. von Hochburgund (seit 922 als König in Pavia).
923–936	Rudolf von Burgund, westfränkischer König.
925	Lothringen fällt an das ottonische Reich.
926–946	Hugo von Vienne, König von Italien.
929	Hausordnung Heinrichs I.
930	Königskrönung Ottos I. in Mainz?
933	Sieg Heinrichs I. über die Ungarn bei Riade (wohl an der Unstrut).
935	Freundschaftsbündnis Heinrichs I. mit Rudolf von Frankreich und Rudolf II. von Burgund; Wenzel von Böhmen durch seinen Bruder Boleslav I. ermordet.
936	Aachener Krönung Ottos I.
937	Gründung des Magdeburger Mauritiusklosters.
938	Aufstand unter Ottos I. älterem Bruder Thankmar.
945–986	Harald Blauzahn, dänischer König gewinnt dänische Oberherrschaft über Norwegen.
948	Synode von Ingelheim.
951–952	Erster Italienzug Ottos I.
953/954	Aufstand Liudolfs.
955–964	Papst Johannes XII.
955	Sieg Ottos über die Ungarn auf dem Lechfeld (10. August); Sieg über die Slavenstämme an der Raxa (16. Oktober).
959–975	Edgar, König von England.
961–965	Zweiter Italienzug Ottos I.
962	Kaiserkrönung Ottos I.
963–965	Papst Leo VIII.
966–972	Dritter Italienzug Ottos I.
966	Taufe Mieszkos I.; Errichtung des Bistums Posen.
967	Synode von Ravenna; Gründung des Erzbistums Magdeburg.
972	Heirat Ottos II. mit Theophanu.
973/976	Errichtung des Bistums Prag.

978–1016	Ethelred II., König von England.
978	Feldzug des westfränkischen Königs Lothar gegen Otto II.; kurzfristige Eroberung Aachens.
982	Niederlage Ottos II. bei Kap Colonne gegen die Sarazenen.
983	Königswahl Ottos III., Aufstand der Lutizen; Tod Ottos II. in Rom.
984–994	Regentschaft der Kaiserinnen Theophanu (bis 991) und Adelheid.
985–996	Papst Johannes XV.
987–996	Hugo Capet, König von Frankreich.
988	Taufe Vladimirs von Kiew (978–1015).
991–997	Reimser Bistumsstreit.
992–1025	Boleslaw I. Chrobry von Polen.
996–999	Papst Gregor V.
999–1003	Papst Silvester II.
1000	Freundschaftsvertrag Ottos III. mit Boleslaw Chrobry; dessen Krönung durch den Kaiser.
1001/1002	Synode von Ravenna; Gründung des Erzbistums Gran; Krönung Stephans des Heiligen von Ungarn.
1002	Markgraf Arduin von Ivrea König von Italien.
1003–1018	Wiederholte Kriege Heinrichs II. mit Boleslaw Chrobry.
1004	Erster Italienzug Heinrichs II.
1006	Rudolf III. von Burgund setzt Heinrichs II. als Reichserben ein; Freundschaftsvertrag Heinrichs II. mit Robert II. von Frankreich.
1007	Gründung des Bistums Bamberg.
1012–1024	Papst Benedikt VIII.
1013/1014	Zweiter Italienzug Heinrichs II.; Kaiserkrönung.
1015–1030	Olaf II. der Heilige, Christianisierung Norwegens.
1018–1035	Knut der Große, König von Dänemark und England (1016).
1018	Frieden Heinrichs II. mit Boleslaw Chrobry in Bautzen.
1023	Erneuerter Freundschaftsvertrag zwischen Heinrich II. und Robert II.
1026/1027	Erster Italienzug Konrads II.; Kaiserkrönung in Rom.
1032	Tod König Rudolfs III. von Burgund.
1033	Konrad II. burgundischer König; Wiederherstellung der Lehensabhängigkeit Polens.
1037/1038	Zweiter Italienzug Konrads II. 1042–1066 Eduard der Bekenner, König von England.
1043	Vertreibung König Peters von Ungarn.
1044	Nach Heinrichs III. Sieg bei Menfö an der Raab Wiedereinsetzung Peters; erkennt Lehenshoheit Heinrichs an.
1046	Synoden von Sutri und Rom; Erhebung Bischof Suidgers von Bamberg zum Papst Clemens II.; Kaiserkrönung Heinrichs III.

STAMMTAFEL 1
Übersicht zur Genealogie der wichtigsten Spätkarolinger

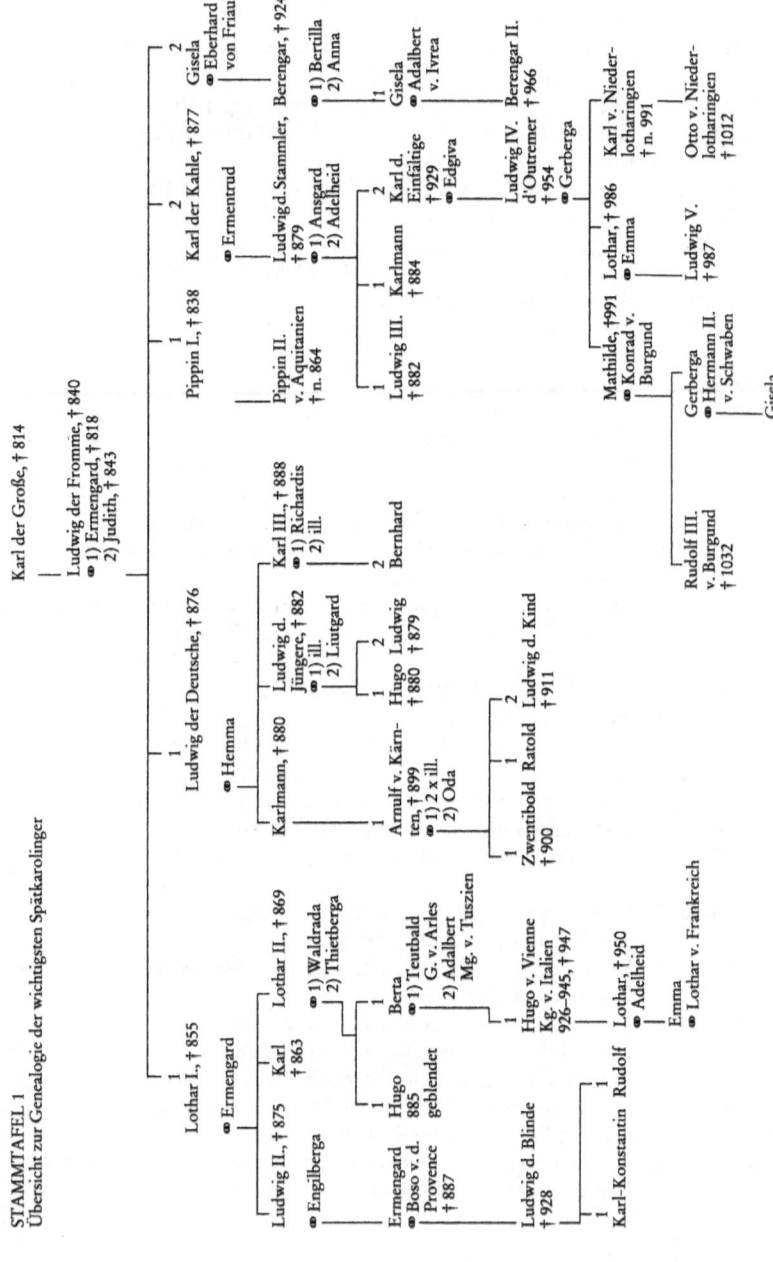

STAMMTAFEL 2
Übersicht zur Genealogie der wichtigsten Ottonen und der wichtigsten frühen Salier

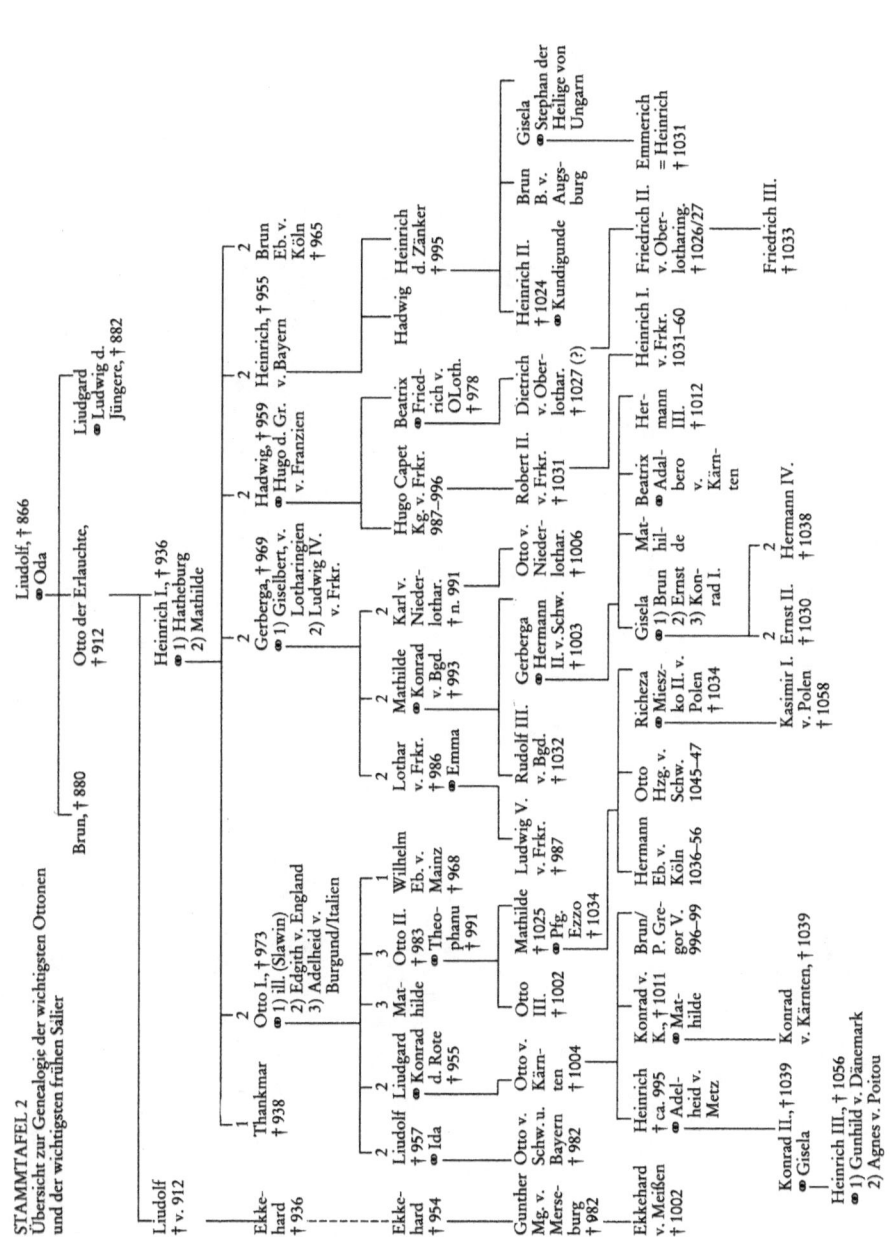

Autorenregister

Abadal i de Vinyals, R. d' 176
Abel, W. 130
Adam, A. 147, 158
Affeldt, W. 144
Agus, I. A. 152 f.
Aisne, D. 40
Algazi, G. 159, 174
Althoff, G. 120, 124, 132, 141, 144, 146, 176, 186–188, 190
Amiet, A. 185, 195
Amos, T. L. 200
Angenendt, A. 118, 177, 199
Anton, H. H. 185, 198, 205
Appelt, H. 189, 194
Applebaum, S. 159
Ariés, P. 153
Aschoff, D. 151
Ashtor, E. 168
Assmann, J. 119, 123
Astuti, G. 172
Aubin, H. 159, 164, 189
Aubrun, M. 199
Auer, L. 184
Awerbuch, M. 152 f.

Bach, A. 134
Bachrach, B. S. 146, 152
Backes, H. 203
Bader, K. S. 163
Bak, J. M. 185
Banaszat, M. 191
Bantelmann, A. 124
Barbero, A. 145
Barion, H. 192
Barley, M. W. 148
Baron, S. W. 151, 153
Baronius, C. 117
Barré, H. 200
Barth, R. E. 182
Barthélemy, D. 198
Bartmuß, H.-J. 131, 158
Bauer, J. 198, 207
Bauer, T. 183, 195, 197
Bäumer, R. 192
Baumgärtner, I. 144, 155, 187
Bautier, R.-H. 181, 201
Becher, M. 132, 183
Behre, K.-E. 124, 126 f., 130, 166
Beloch, K. J. 125
Belting, H. 205
Benson, R. L. 193
Benton, J. F. 128
Benz, K. J. 185

Berges, W. 180
Berghaus, P. 167
Bergier, J.-F. 163
Bergmann, R. 123
Bergmann, W. 203 f.
Berlière, U. 140
Berman, H. J. 172
Bernhardt, J. W. 184, 197
Berschin, W. 128, 203, 207
Bertolini, O. 193
Besch, W. 156
Bessmertny, Y. 144
Betz, W. 133 f., 157
Beumann, H. 82, 131 f., 177, 182, 186 f., 190 f., 208
Beutler, C. 206
Bezzola, G. A. 200
Biehl, L. 185
Bigott, B. 183
Binding, G. 148
Bischoff, B. 122, 123, 200, 202
Bishop, J. 197
Blaauw, S. de 194
Blackburn, M. A. S. 167
Blaschke, K. 149
Bleiber, W. 161, 167
Bloch, M. 125, 146, 156, 176 f.
Bloch, P. 206
Blöcker, M. 153
Blumenkranz, B. 152 f.
Blumenthal, U.-R. 198, 202
Böckenförde, E. W. 163
Boehm, L. 182
Bogyay, T. von 189
Böhme, H. W. 129, 143
Bois, G. 145, 164
Boissonnade, P. 147
Bonnassie, P. 158, 164
Boockmann, H. 177
Borchardt, K. 163
Borchers, H. 168
Bordone, R. 150 f.
Borgolte, M. 119, 124, 126, 140 f., 177, 183, 194
Born, M. 129
Bornscheuer, L. 154
Borst, A. 3, 119, 121 f., 127, 146, 156, 203 f.
Boshof, E. 151, 181 f., 186, 188, 194
Bosl, K. 117, 145, 151, 162, 168, 172, 174 f.
Boswell, J. 126
Bouchard, C. B. 197
Bougard, F. 172

Bouhot, J. 205
Bouman, C. A. 185, 190
Bournazel, E. 145
Bowlus, C. R. 189
Brandes, W. 200
Brandt, K. 129, 148, 150, 166
Brandt, M. 205
Braunfels, W. 205
Bredero, A. H. 197
Brenk, B. 106, 200
Brezzi, P. 118
Brincken, A.-D. von den 155, 203
Brinkmann, H. 134
Brommer, P. 195
Browe, P. 200
Brühl, C. 131 f., 144, 149 f., 161, 165, 177, 180 f., 184
Brundage, J. A. 126
Brunhölzl, F. 201 f.
Brunner, K. 176, 181, 188
Brunner, O. 157, 159, 174 f.
Brüsch, T. 141
Buc, P. 120,
Bühler, A. 173
Bühler, H. 142
Buisson, L. 177
Bullough, D. A. 178
Bulst, N. 197
Bund, K. 188
Bur, M. 164, 182
Burckhardt, J. 127
Burnett, C. 205
Büttner, H. 149 f., 168
Byock, J. 169

Cahen, C. 168
Callahan, D. F. 199
Canning, J. 204
Capitani, O. 198
Cardini, F. 146
Carile, A. 165
Carruthers, M. 123
Castagnetti, A. 160
Chazan, R. 152
Chazelle, C. M. 199
Chédeville, A. 164
Chiesa, P. 207
Chraska, W. 192
Christe, Y. 200
Cipolla, C. M. 163
Clarke, H. B. 148
Clason, A. T. 127
Classen, P. 176, 180, 187
Claude, D. 167, 191
Clavadetscher, O. P. 168, 187
Cohen, J. 152

Cohen, M. R. 117
Colish, M. L. 202
Congar, Y. 193
Constable, G. 155
Contreni, J. J. 123, 203
Corbet, P. 128, 145, 164, 195
Cordoliani, A. 204
Cortese, E. 172
Coupland, S. 169
Courcelle, P. 127, 205
Cowdrey, H. E. J. 198 f.
Cross, J. E. 200
Crumlin-Pedersen, O. 170
Curschmann, F. 127

Dahlhaus, J. 182, 199
Daniel, Natalia 202
Daniel, Norman 169
Dannenbauer, H. 159
Dasberg, L. 151
Daudet, P. 197
David, M. 147
Davis, N. 130
Dawson, Ch. 19, 117
Deér, J. 177 f., 191
Delaruelle, E. 148
Delogu, P. 144
Denecke, D. 148
Deshman, R. 177 f.
Deshusses, J. 199
Dette, C. 161
Devisse, J. 151, 207
Devroey, J.-P. 126, 160 f.
Dhondt, J. 149, 169, 181
Dierkens, A. 197
Dilcher, G. 147, 149–151, 153, 156, 160, 174, 184
Dilg, P. 124
Dirlmeier, U. 125
Dobbertin, H. 142
Doehaerd, R. 126
Döllinger, J. J. I. von 196
Dopsch, A. 159, 163
Dove, A. 19, 131
Drabek, A. M. 190
Dreyer, B. 180
Dröge, G. 182
Droste, C.-D. 161
Droysen, J. G. 122
Dubnov, S. 153
Duby, G. 125, 126, 144–146, 148, 153 f., 156, 160, 163 f.
Dufermont, J.-C. 151
Dufourcq, C.-E. 169
Dumas-Dubourg, F. 167
Dunbabin, J. 186

Dutton, P. E. 121, 154
Düwel, K. 135
Dyer, J. 198

Ebel, W. 156, 171 f.
Eberl, B. 189
Ebrei, G. 152
Eder, C. E. 202
Eggenberger, C. 200
Eggers, H. 133, 156
Eggert, W. 132
Ehlers, C. 150, 181
Ehlers, J. 131 f.
Ehrismann, O.-R. 134
Eibl, E.-M. 181
Eichenberger, T. 132
Eichmann, E. 177, 194
Eickhoff, E. 187
Elenchus 148
Ellmers, D. 166, 170
Elze, R. 185, 190, 193
Emmerich, B. 40, 157, 163
Endemann, T. 150
Engel, E. 149, 174, 183
Engelen, E.-M. 204
Engels, F. 163
Engels, O. 181, 191
Engen, J. van 118
Englisch, B. 155
Ennen, E. 148 f., 168, 174
Enzensberger, H. 169, 170
Epperlein, S. 151
Erdmann, C. 146
Erkens, F.-R. 144, 179, 187 f., 196, 200
Es, W. A. van 148
Ess, J. van 201
Euw, A. von 144, 187

Facinger, M. F. 144
Fasoli, G. 168, 182
Fawtier, R. 175
Febvre, L. 129
Fechter, J. 198
Fedalto, G. 165
Federbush, S. 147
Fehn, K. 129
Fehring, G. P. 124 f., 130, 143
Felten, F. J. 181
Février, P.-A. 165
Fichtenau, H. 121, 175, 193, 201
Fillitz, H. 185, 205
Finck zu Finkenstein, C. W. Graf 183
Finke, W. 129
Finley, M. 40,
Flach, D. 181
Flandrin, J.-L. 126

Fleckenstein, J. 131 f., 141, 146, 177, 183, 185, 203
Flint, V. I. J. 154
Flori, J. 145, 147
Folkerts, M. 203
Forsyth, I. H. 206
Forte, A. 169, 170
Fössel, A. 144
Fossier, R. 125 f., 130, 145, 157, 159, 164
Fournier, G. 143
Fourquin, G. 126, 163
Frank, K. S. 197
Fransen, G. 207
Franzen, A. 192
Freed, J. B. 141
Frei, H. 164
Freudenthal, K. F. 134
Fried, J. 119–121, 123, 131, 140–143, 145, 155 f., 169, 171, 176, 178, 184, 188, 191–194, 196 f., 200–202, 206–208
Friese, A. 188
Frings, T. 133
Fritze, W. H. 190
Fuhrmann, H. 96, 99,123, 177, 189, 193, 195, 196, 207
Fumagalli, V. 165, 182, 188
Funkenstein, A. 123, 152
Fürst, C. G. 194

Gaehde, J. E. 206
Ganshof, F. L. 148, 156, 160–162, 173, 176, 181, 187
Ganz, D. 202
Ganzer, K. 194
Garand, M.-C. 202
García de Valdeavellano, L. 176
Garnier, F. 120, 205
Gasnault, P. 159
Gaudemet, J. 197
Gautier-Dalché, J. 158
Gauwerky, U. 144
Geary, P. J. 121, 123, 199
Geisel, C. 152
Genicot, L. 182
Gerchow, J. 140, 206
Geuenich, D. 134
Gibson, M. 205
Giese, M. 128
Giese, W. 188, 190, 207
Gil, M. 168
Gilchrist, J. 198
Glick, T. F. 169
Glocker, W. 189
Gockel, M. 129, 161, 180
Godman, P. 117, 202
Goehrke, C. 150

Goetz, H.-W. 130, 153, 161 f., 176, 182, 198
Goez, W. 183, 193, 198
Goffart, W. 159, 193
Goitein, S. D. 122, 153, 168
Golb, N. 153
Goody, J. 140
Görich, K. 192, 201
Gouguenheim, S. 201
Grabois, A. 153
Gradmann, R. 17, 129
Graham-Campbell, J. 135
Graus, F. 156, 174 f., 190
Grégoire, R. 200
Grierson, P. 185
Grimm, J. 132, 172
Grimm, P. 130
Gringmuth-Dallmer, E. 129
Grosse, R. 184
Groten, M. 177
Grotz, H. 192
Guerreau, A. 172, 176
Guerreau-Jalabert, A. 203
Guichard, P. 169
Guillot, O. 181
Guillotelle, H. 164
Gurjewitsch, A. J.118, 121 f., 128, 154, 157
Gussone, N. 194
Györffy, G. 171

Haarnagel, W. 124
Haase, C. 150
Hack, A. T. 190
Hadley, D. M. 170
Haenens, A. d' 170
Hägele, G. 195
Hagemann, H. R. 171
Hageneder, O. 159
Hageneier, L. 127, 207
Hager, H. 206
Hägermann, D. 160 f., 164, 181
Hahn, W. R. O. 186
Hailperin, H. 153
Hall, R. 170
Haller, J. 99, 196
Hallinger, K. 124, 197 f.
Halsall, G. 153
Hamilton, B. 144
Hamilton, S. 119
Hannig, J. 176
Hanssens, J.M. 103
Hardt, M. 180
Hardt-Friederichs, F. 164
Harmening, D. 154
Hart, C. R. 170
Hartmann, W. 20, 122, 186 f., 195 f.
Häse, A. 128

Hattenhauer, H. 169
Hatz, G. 167, 170
Haubrichs, W. 133
Hauck, A. 184
Hauck, K. 141, 177
Häussling, A. A. 198
Haverkamp, A. 152
Hawel, P. 197
Head, T. 199
Hechberger, W. 141
Hedwig, A. 181, 195
Heene, K. 126
Hehl, E.-D. 128, 191 f., 199
Heidrich, I. 198
Heil, J. 152
Heinemeyer, K. 180
Heinzelmann, J. 129
Hellinger, W. 196
Hellmann, M. 142, 203
Hennig, R. 164
Henning, J. 124, 143, 160
Herbers, K. 192
Herder, J. G. 118
Herklotz, I. 193 f.
Herlihy, D. 125, 144, 157
Herrmann, B. 124, 126
Herrmann, J. 149
Herrmann, K. J. 192
Herzog, E. 148
Heyse, E. 205
Hiestand, R. 182
Higounet, C. 17, 128
Hildebrandt, M. M. 202
Hinrichs, E. 132
Hintze, K. 126
Hintze, O. 176
Hinz, H. 143
Hirschmann, F. 148
Hlawitschka, E. 131 f., 141 f., 145, 178 f., 181 f., 186–190
Hocquet, J.-C. 127
Hodges, R. 166
Hoffmann, H. 123, 128, 141, 144, 177–179, 181, 183, 185, 190, 195, 198, 202, 207
Hoffmann, J. 165
Hoffmann, K. 178
Hofmann, J. 202
Holtzmann, R. 122
Houtte, J. A. van 125, 163
Hübinger, P. E. 167
Huizinga, J. 121
Huntington, E. 127
Hüpper, D. 133
Huschner, W. 119, 165, 175, 183
Hussong, U. 194
Huth, V. 189

Huyghebaert, N. 124
Hyam, J. 144

Ingstad, A. S. 169
Iogna-Prat, D. 122, 154, 198
Irsigler, F. 151
Irvine, M. 202
Isenberg, G. 163
Israel, F. 191

Jackman, D. C. 142
Jacob, G. 16,
Jacobsen, P. C. 207
Jaeger, C. S. 128, 184, 203
Jäger, H. 129, 148
Jakobs, D. 206
Jakobs, H. 120, 132 f., 141, 144, 151, 179, 194, 198
Jankuhn, H. 124, 129, 148 f., 164–166
Janssen, W. 124, 127, 129 f., 143, 164, 181
Jansson, S. 135, 166
Jarnut, J. 133, 151
Jäschke, K.-U. 143, 170, 177
Jeauneau, E. 204 f.
Jedlicki, S. M. 191
Johanek, P. 164, 167
Jóhannesson, J. 169
Johrendt, J. 194
Jolivet, J. 205
Jolliffe, J. E. A. 175
Jones, C. W. 204
Jones, G. 135
Jong, M. de 198
Jorden, W. 140
Junghanns, K. 150
Jussen, B. 207

Kahl, H.-D. 182
Kahsnitz, R. 144
Kaiser, R. 154, 167, 184 f.
Kaiser-Guyot, M.-T. 167
Kamp, H. 120,
Kamp, N. 185
Kämpf, H. 131
Kantorowicz, E. H. 178, 185
Karpf, E. 177, 207
Kartschoke, D. 202
Kasten, B. 176
Kaylor, N. H. 205
Keel, G. 147
Keen, M. 146
Kehr, P. F. 191
Kellenbenz, H. 125
Keller, Hagen 120, 132, 146, 149 f., 165, 178 f., 183, 187–190, 198 f.
Keller, Harald 178

Kellner, M. G. 171
Kemmerich, M. 178
Kempf, F. 192
Kennedy, K. 193
Kerff, F. 195, 199
Kern, F. 171 f.
Kerner, M. 195
Kery, L. 155, 195
Keutgen, F. 174
Kidd, D. 135
Kieckhefer, R. 154
Kienast, W. 179, 181 f.
Kisch, G. 151 f.
Klein, P. K. 201
Klein, T. 133
Klinkenberg, H. M. 172, 193
Klöckener, M. 199
Kloft, M. 196
Kluge, B. 167, 186
Klüppel, T. 203
Knabe, L. 193
Knörzer, K.-H. 126
Köbler, G. 116, 157, 172–174
Köder, S. 206
Köhler, O. 128, 183
Köhler, W. 206
Konecny, S. 144
Konrad, R. 200
Körber-Grohne, U. 127
Kornbluth, G. 206
Körner, T. 199
Körntgen, L. 177
Kortüm, H.-H. 156, 159, 174, 190, 192, 194, 207
Kottje, R. 173, 195, 197, 199, 205, 207
Kötzschke, R. 157, 159
Koziol, G. 120
Krah, A. 175, 188
Kraume, E. 164
Krause, H. 144, 172
Krautheimer, R. 165
Kress, H.-J. 149
Kreutz, B. M. 169
Krieger, K.-F. 186
Kroeschell, K. 144, 171, 174 f.
Kropat, W. A. 180
Krusch, B. 204
Kuchenbuch, L. 117, 126, 144, 151, 157–159, 161–163, 175
Kunstmann, H. 143
Kuttner, S. 194

Labande, E.-R. 186
Ladner, G. B. 117, 120, 187, 205
Lamb, H. H. 127
Lambert, M. D. 201

Lambot, C. 205
Lamprecht, K. 122, 127
Landau, P. 195
Landes, R. 152, 201, 208
Lange, H. 172
Langenberg, I. 169
Lapôtre, A. 193
Lasker, D. L. 153
Lasko, P. 205
Latouche, R. 153
Lau, D. 147
Lauda, R. 173
Laudage, J. 185 f., 198, 207 f.
Le Goff, J. 118, 121, 131, 145, 147 f., 154 f.
Le Jan-Hennebicque, R. 151
Le Roy Ladurie, E. 127
Lebecq, S. 166
Leciejewicz, L. 149
Leclercq, J. 198
Legner, A. 199
Lehmann, E. 180
LeJan, R. 141
Lemarignier, J.-F. 155, 175, 181, 194, 199
Leonardi, C. 128, 203
Lesne, E. 203
Levison, W. 122
Lewis, A. R. 168
Lewis, B. 117, 151
Leyser, K. J. 120, 125, 131, 146, 177, 180, 188 f., 203, 206 f.
Linder, A. 151
Lindgren, U. 125, 203
Lintzel, M. 179
Lippelt, H. 208
Locatelli, R. 182
Lohrmann, D. 150, 194
Lombard, M. 148, 163 f., 168
Lombard-Jourdan, A. 149, 167, 181
Lopez, R. S. 117, 167 f.
Lot, F. 175
Lotter, F. 128, 152, 195
Lotter, G. 151
Loud, G. A. 170
Löwe, H. 122, 127, 190
Łowmiański, H. 191
Loyn, H. R. 175, 184
Lubich, G. 132
Ludwig, K.-H. 164
Ludwig, U. 124
Lütge, F. 159
Lutterbach, H. 126, 195, 198, 200
Lutz, C. E. 203
Lützow, B. 161
Luyn, P. van 146
Lynch, J. H. 197

MacKinney, L. C. 203
Magdalino, P. 200
Magnou-Nortier, E. 156, 161, 164, 176, 187, 199
Magnusson, M. 169
Maleczek, W. 190
Manitius, M. 183
Manselli, R. 117, 201
Mansi, G.B. 101, 104
Marenbon, J. 119, 123, 205
Martin, J.-M. 181
Masi, M. 203
Masser, A. 157
Matz, K.-J. 131
Matzel, K. 134
Matzinger-Pfister, R. 156
Maurer, H. 120, 164, 182
Mauro, F. 147
Mauss, M. 121
Mayer, T. 174, 180
Mayr-Harting, H. 206
McCormick, M. 184 f.
McKeon, P. R. 207
McNamara, J.-A. 197
McNeill, W. H. 127
Mehne, J. 198
Melczer, W. 201
Ménager, L.-R. 126
Mercier, P. 147
Metcalf, D. M. 167, 185
Metz, W. 161, 180, 198
Metzger, M. 199
Meyer, U. 176
Meyer-Gebel, M. 207
Michael, B. 158
Mickwitz, G. 40
Miller, D. H. 94
Milojčič, V. 206
Mitteis, H. 172, 176, 178 f.
Mitterauer, M. 20, 121, 125, 127, 131, 148 f., 164
Moehs, T. E. 192
Mohr, W. 182
Möhring, H. 200
Mollat, M. 151
Möllenberg, W. 191
Moore, R. I. 201
Moraw, P. 165
Mordek, H. 122, 173, 194–196
Morgan, G. 203
Morghen, R. 201
Morris, C. 127, 201
Morrison, K. F. 193
Mostert, M. 193, 198
Müllenhoff, K. 134
Müller, H. 187

Müller, K. E. 119
Müller-Kehlen, H. 180
Müller-Lindenlauf, H. G. 144
Müller-Mertens, E. 48, 132, 145, 150, 158 f., 165, 181
Müller-Wille, M. 143, 169
Müller-Wille, W. 129
Murray, A. 36, 163
Musset, L. 166, 169 f.
Müssigbrod, A. 198
Mussot-Goulard, R. 186
Mütherich, F. 185, 194, 206
Mutius, H. G. von 122, 153, 168

Nehlsen, H. 173
Nelson, J. L. 177, 186 f.
Niebuhr, B. G. 122
Niermeyer, J. F. 153
Nitschke, A. 38, 119, 154, 156, 178
Nitz, H.-J. 129
Noonan Jr., J. T. 126
Nussbaum, O. 199

Obermeier, M. 126
Oexle, O. G. 122, 124, 140 f., 147, 154–156, 197, 207
Offergeld, T. 144
Ogilvy, J. D. A. 203
Oldoni, M. 203
Önnerfors, U. 101, 122
Opfermann, B. 185
Oram, R. 169, 170
Orléans, J. von 205
Ott, A. G. 125
Ott, J. 185
Otten, K. 205

Palme, R. 163
Parisse, M. 189, 197 f.
Patschovsky, A. 118
Patzelt, E. 119
Pätzold, B. 132
Paul, E. 203
Pauler, R. 182, 184
Payer, P. J. 126
Payne, F. A. 205
Peddie, J. 170
Pedersen, F. 169 f.
Pelikan, J. 205
Penndorf, U. 187
Pennington, K. 195
Perels, E. 193
Perrin, C.-E. 159
Peters, J. 170
Petri, F. 174, 182
Peyer, H. C. 180

Pirenne, H. 148, 167
Planitz, H. 147, 174
Poeck, D. 198
Pognon, E. 153
Pokorny, R. 123, 182, 195
Poláček, L. 124
von Polenz, P. 134
Poly, J.-P. 145, 164
Pontal, O. 195
Poulin, J.-C. 128, 164
Prinz, F. 151
Pritsak, O. 37, 166
Prodi, P. 204
Pryor, J. H. 168

Quadri, R. 200
Quak, A. 170
Quiter, E. 190

Rabikauskas, P. 194
Rabinowitz, L. I. 153, 168
Radding, C. M. 154, 172
Rädlinger-Prömper, C. 168
Rangheri, M. 200
Ranke, L. v. 19, 122
Rathsack, M. 194
Rauh, H.-D. 200
Reichstein, H. 127
Reiffenstein, I. 133 f.
Reindel, K. 141, 176
Reinhardt, U. 179
Remensnyder A. G. 123
Rentschler, M. 207
Repsher, B. 185
Reuling, U. 179
Reuter, M. 205
Reuter, T. 183
Reynolds, P. L. 196
Reynolds, R. E. 195, 198
Reynolds, S. 156, 176, 202
Riché, P. 119, 140, 145, 153, 173, 186, 203, 205
Richter, J. 196
Richter, K. 194
Richter, M. 120
Richter-Bernburg, L. 168
Rieckenberg, H. J. 180
Rijk, L. M. de 203
Rissel, M. 205
Ritzer, K. 197
Röckelein, H. 199
Ronig, F. 206
Rörig, F. 179
Rösch, G. 165
Rösener, W. 120, 158, 160 f., 163
Rosenstock, E. 133, 144, 179

Rosenwein, B. H. 188, 194, 198
Rouche, M. 127
Rück, P. 203
Ruprecht, A. 135
Russell, J. B. 154
Russell, J. C. 18, 125 f.

Sanchez Albornoz, C. 176
Santiago, M. P. 201
Santifaller, L. 183, 194
Sawver, B. 169
Sawver, P. H. 169 f.
Schabram, H. 157
Schäfer, D. 189
Schäfer, I. 203
Schaller, H.-M. 185, 201
Schalles-Fischer, M. 180
Scheler, D. 159
Scherff, B. 180
Schieffer, R. 152, 183, 186, 193, 197 f., 207
Schieffer, T. 160, 176, 188, 197 f.
Schier, B. 164
Schietzel, K. 165
Schimmelpfennig, B. 128, 192
Schlesinger, W. 124, 131, 149 f., 156, 159, 162 f., 166, 169, 173, 179 f., 187
Schlüter, O. 17, 129
Schmale, F.-J. 122
Schmid, H. F. 149
Schmid, K. 124, 128, 140 f., 179, 182, 187
Schmid, P. 166, 168, 181
Schmidt, R. 179 f.
Schmidt-Wiegand, R. 134, 147, 156 f.
Schmitt, J. 151
Schmitt, J-C. 118, 120
Schmitz, G. 122, 151, 195, 207
Schmitz, H.-J. 158, 194
Schneider, G. 186
Schneider, H. 171, 208
Schneider, J. 125
Schneider, R. 176, 179, 188
Schneider, W. 141, 178
Schneider, W. Chr. 156, 187, 204, 206
Schneidmüller, B. 132 f., 141, 175, 182, 186
Schnitzler, H. 206
Schnyder, W. 168
Scholz, S. 140, 185, 191 f.
Schon, K.-G. 196
Schott, C. 173
Schramm, P. E. 177–179, 185, 191, 194
Schreckenberg, H. 152
Schreiber, G. 140
Schreiner, K. 124, 155, 158, 198
Schreiner, P. 144
Schrimpf, G. 205
Schröbler, I. 205

Schröder, I. 195
Schroeter, K. R. 120
Schubert, K. 152
Schuler, P.-J. 164
Schulmeyer-Ahl, K. 208
Schulze, H. K. 141, 145, 160, 163, 171, 175, 188
Schulze-Dörrlamm, M. 185, 206
Schütte, B. 128
Schütte, L. 150
Schützeichel, R. 123, 134, 157
Schwab, I. 160 f.
Schwanitz, F. 126
Schwarz, G. M. 126
Schwarz, K. 129, 143
Schwarz, U. 168
Schwarzmaier, H. 150, 164 f.
Schwenk, P. 128
Schwind, F. 163
Schwineköper, B. 150, 165, 185
Seckel, E. 96, 195 f.
See, K. von 135
Seibt, G. 119
Semmler, J. 188
Settia, A. A. 143, 171
Ševčenko, I. 200
Sezgin, F. 130, 168
Siems, H. 163, 167, 173
Sierck, M. 119, 177
Sieverding, W. 129
Sievers, E. 39
Signori, G. 198, 201
Silagi, G. 123, 171, 200
Simms, A. 148
Simon, D. 171
Simon, H. 153
Simon, J. 191
Simon, M. 153
Slicher van Bath, B. H. 125, 127, 160
Smet, G. de 134
Smidt, W. 190
Smyth, A. P. 124, 170
Sombart, W. 157
Sonderegger, S. 134, 156, 172
Sonnleitner, K. 144
Sousa Costa, A. de 123
Sprandel, R. 121, 126, 154, 164, 172, 175
Springer, M. 133
Spufford, P. 167
Squatriti, P. 125
Staats, R. 185
Stach, W. 156
Stafford, P. 140
Staňa, Č. 124
Starr, J. 152
Staub, J. 198

Staubach, N. 175, 177
Steinen, W. v. d. 121, 127 f., 178
Steinmeyer, E. 39
Sternagel, P. 148
Steuer, H. 130
Stingl, H. 182
Stock, B. 154
Stoclet, A. J. 202
Störmer, W. 143, 188
Stotz, P. 203
Stow, K. R. 152
Strasser, I. 134
Stratmann, M. 207
Streich, G. 143
Struve, K. W. 143, 148
Struve, T. 155
Stuard, S. M. 163
Sturlese, L. 204
Suntrup, R. 156
Szabó-Bechstein, B. 198
Szövérffy, J. 203

Taviani, H. 201
Taviani-Carozzi, H. 181
Tellenbach, G. 118, 123, 141, 164, 176, 179, 182, 187, 192, 197 f.
Temple, E. 206
Thiele, E. 183
Thomas, H. 133 f., 187
Thorndike, L. 154
Tidow, K. 166
Tiefenbach, H. 123,
Tischler, M. M. 202
Toch, M. 152, 163
Töpfer, B. 154, 199, 204
Toubert, P. 160 f., 165, 181
Trabant, J. 118,
Tropfke, J. 203

Ullmann, W. 127, 192

Vaccari, P. 149, 172
Vajay, S. de 171
Varga, L. 117
Vauchez, A. 118
Vercauteren, F. 167
Verdon, J. 144
Verhelst, D. 200
Verhulst, A. 149, 157, 159–162, 168, 174
Verlinden, C. 150, 153, 163, 165
Verwers, W. J. H. 148
Vielhaber, K. 205
Violante, C. 149–151, 160, 165, 181, 198, 201
Vismara, G. 143
Vogel, B. 187
Vogel, C. 185, 199

Stauffer, M. 154

Vogel, W. 169
Vogelsang, T. 144
Vogtherr, T. 197
Vogüé, A. de 148
Vollrath, H. 157, 162, 195
Voss, I. 182, 188

Wagner, D. L. 203
Wagner, K. 134
Wagner, W. 140
Waldhoff, S. 140
Wallace-Hadrill, J. M. 170, 187, 207
Walther, H. G. 169
Wanderwitz, H. 163
Ward, B. 154
Warner, D. A. 120
Warnke, C. 167
Watson, A. M. 126 Wattenbach, W. 122
Webb, D. 201
Weber, M. 157, 175
Wehlt, H. P. 180
Weidemann, M. 193
Weinfurter, S. 177 f., 183, 186, 187
Weinrich, L. 189
Weinryb, B. D. 153
Weisgerber, L. 133
Weitzel, J. 171, 172
Weltin, M. 159
Wemple, S. F. 144, 186, 197, 207
Wenskus, R. 131 f., 141, 144, 188
Wenzel, H. 120, 126
Werner, E. 201
Werner, K. F. 141, 180–182, 187 f.
Wernli, F. 163
Wesenberg, R. 206
Westermann-Angerhausen, H. 206
White Jr., E. 146, 166
Whitelock, D. 30, 32
Wickham, C. 181 f.
Wiesenbach, J. 204
Wiethold, J. 130
Wilke, S. 180
Willerding, U. 127, 130
Willhauck, G. A. 207
Williams, A. 175, 196
Willmes, P. 185
Willoweit, D. 175
Wilson, D. M. 135
Winzer, U. 198
Wittich, W. 159
Wolf, A. 142, 180, 189
Wolf, G. 128, 185
Wolf, W. 128
Wolff, P. 147, 156, 202
Wolfram, H. 132, 176, 187
Wollasch, J. 124, 140 f., 177 f., 197 f.

Worstbrock, F. J. 133 f.
Wulf, Ch. 119
Wunder, H. 158

Yerushalmi, Y. H. 123

Zechiel-Eckes, K. 196, 202
Zeddies, N. 154
Zeillinger, K. 190
Zender, M. 164
Zettel, H. 170

Zielinski, H. 176, 182, 185
Zimmermann, A. 121
Zimmermann, G. 154
Zimmermann, H. 117 f., 186, 189, 192, 194, 205
Zippelius, R. 175
Zirfas, J. 119
Zöllner, E. 134
Zotz, T. 119, 132, 162, 164, 180
Zuccato, M. 122
Zuckerman, A. 152

Personenregister

Abaelard 113
Abbo von Fleury, Abt 36, 111, 114, 193, 204
Abo von St-Germain-des-Prés 101
Adalbero von Laon 108
Adalbert von Prag, Hl. 58, 88, 136
Adalhard von Corbie 43
Adalhard (Seneschall) 69
Adalhard (Pfalzgraf) 69
Adelheid 69
Adelheid, Gemahlin Otto des Großen 84, 87 f., 144
Ademar von Chabannes 208
Adso von Montier-en-Der 200
Ælfric von Eynsham 9, 33
Æthelbald, Kg. von Wessex 97
Æthelflæd, Tochter Alfreds des Großen 80
Æthelred der Ratlose 80
Æthelstan 80
Æthelwulf, Kg. v. Wessex 97
Aglabiden 53
Agnes, Frau Heinrichs III. 93
Alberich, Patricius von Rom, Vater Pp. Johannes VII. 86, 99
Albuin 12, 200
Alemannen 19, 22 f., 82
Alexius, Hl. 99
Alfred der Große, Kg. v. England 15, 79, 80, 114, 170, 204
al-Hakim, Kalif 201
Alkuin 205
al-Mansur 54
Alpert von Metz 53,
Amalarius von Metz 102
Ambroslus Autbertus 200
Angeln 23
Angelsachsen 19, 133, 203
Ansgar, Ebf. 56
Ansgard 69
Aquitanier 21 f.

Arduin, Mgf. von Ivrea 89
Aribert von Mailand, Erzbischof 91 f.
Aristoteles 115
Arnulf von Bayern 64
Arnulf von Kärnten 73–75, 80 f., 187
Arpad, ungarischer Dynastiegründer 171
Asilo, Würzburger Kleriker 111
at-Tartuschi vgl. Ibrâhîm ibn Ja'qûb Atto von Vercelli 207
Augustinus 2, 111, 113, 128, 202
Awaren 171

Babenberger 85
Balduin, Vasall Karls II. 90, 97
Balten 23
Barbaren 19, 86,
Baronius, Caesar 6
Basken 22
Bayern 19, 21–23, 57, 82, 134
Beatrix, Herzoginwitwe von Oberlothringen 88
Beda Venerabilis 119, 169, 204
Benedictus Levita 195
Benedikt VIII., Pp. 92
Benedikt von S. Andrea del Monte Soratte 86
Berengar I (von Italien) 76,
Berengar II. (von Italien) 76, 86
Berengar von Friaul 74
Berengar von Torus 113
Berengar von Tours 36, 205
Berengaudus 200
Bern, lothringischer Mönch 114
Bernhard von Halberstadt 85
Berno, Abt von Cluny 104
Bernward von Hildesheim 7, 11, 201, 204
Bismarck 184
Boethius 113, 173, 204 f.
Bogomilen 201

Personenregister

Boleslaw Chrobry von Polen 17, 88 f., 136 f.
Boleslaw II. von Böhmen 87
Bonifatius, Hl. 99
Boso von Vienne 73
Bretonen 23
Brun von Köln 11, Ebf. 64, 78, 128, 151, 168
Brun von Querfurt 8, 144
Brunonen 141
Bulgaren 56
Burchard von Worms 32, 44, 90, 195
Burgunder 21 f., 54, 74
Byzantiner 23 f., 54, 87

Cassiodor 3
Christus 1
Claudius von Turin 36
Clemens I., Pp. 195

Dänen 20, 23, 79–81, 83, 85, 135
Deutsche 22–24, 133 f., 193
Dhuoda 13, 25, 27, 74, 140, 144
Dionysius Exiguus 204
Dudo von St. Quentin (†1026) 19, 55
Dunstan, Ebf. von Canterbury 104

Eberhard von Franken 84
Ebles, Gf. von Poitou 105
Ebo von Reims 56
Edgar, Kg. von England 104
Edith, Frau Ottos des Großen 80, 83 f.
Edward der Ältere von England 80
Egbert von Trier, Ebf. 206
Einhard 55
Ekkehard 12
Ekkehardiner 141
Elbslawen, 88, 135
Engilberga 72,
Ernst, Herzog von Schwaben 92
Ezzo, Pfalzgraf 142
Ezzonen 137

Ficker 190
Finnen 23
Flodoard 42, 207
Florus von Lyon 202
Formosus, Pp. 99
Franci 76,
Franken 19, 21–24, 35, 46, 54 f., 58, 60, 62, 65, 76, 119, 132–134, 170, 188, 193
Franzosen 20, 22, 76
Friesen 170
Fulbert von Chartres 36, 60, 92, 114, 203
Fulco von Reims 186

Gallus, Hl. 115
Gauzlin von Bourges 36

Gerald von Aurillac, Hl. 11, 14, 52, 128
Geramnus, Reimser Domschullehrer 114
Gerard von Vienne 97, 104
Gerberga 78, 83
Gerbert von Aurillac, Ebf. von Reims, Pp. Silvester II. 112, 114, 122, 190, 192, 203 f.
Gerhard von Cambrai, Bf. 108
Germanen 19
Geysa, Vater Stephans des Heiligen 171
Gisela, Frau Konrads II. 90
Giselbert von Lothringen 84
Giselher von Magdeburg 88
Gog 57
Goten 19, 21 f., 54
Gottschalk der Sachse 13, 110, 113, 205
Grafen von Anjou 79
Grafen von Barcelona 79
Grafen von Flandern 79
Grafen von Toulouse 79
Grafen von Vermandois 79
Gratian 193
Gregor der Große 13, 193
Gregor II., Pp. 195
Gregor IV., Pp. 96, 98
Gregor V., Pp. 192
Gregor VII., Pp. 197
Griechen 88
Guido von Arezzo 111
Gunthar von Köln 123
Gunther von Worms 22
Gunzo von Novara 115
Guthrum, Däne 79

Hadrian II., Pp. 71, 96, 99, 192
Hagen von Tronje 22
Haimo von Auxerre 200
Halinard von Lyon 93
Harald Blauzahn 87
Hatheburg 84
Hauteville 59
Heinrich der Zänker 87
Heinrich I. 48, 64, 71, 74, 81–84, 90, 180, 188
Heinrich II. 13, 17, 21, 60, 64, 89–93, 95, 98, 136 f., 164, 178 f., 181, 183, 185, 187, 189, 190
Heinrich III. 1, 64, 93 f., 99, 109, 178, 182
Heinrich (von Bayern), Sohn Heinrichs I. 84
Heiric von Auxerre 113
Helisachar, Kanzler Ludwigs des Frommen 95
Heribert von Köln 187, 201
Hermann Billung 12
Hermann der Lahme 111, 114, 204
Herveus von Reims 101
Herzöge von Burgund 79
Herzöge der Normandie 79, 109

Hinkmar von Laon 207
Hinkmar von Reims 41, 69, 74, 202, 207
Hildebrand 25
Hilduin, Abt von St. Denis 96
Hrabanus Maurus 101, 113, 205
Hugo (von Italien) 76
Hugo Capes 78
Hugo der Große von Franzien 78, 83, 85
Hugo, Sohn Ludwigs des Jüngeren 12
Hunnen 171

Ibrâhîm ibn Ja'qûb 16, 52 f., 130, 168
Ignatius, Patriarch von Konstantinopel 98
Innocenz III., Pp. 95
Iren 19, 113,
Isidor von Sevilla 113
Isidorus Mercator 196
Ita, Tochter Kunos von Öhningen 141 f.
Italer 23
Italiener 20, 89

Johannes VIII., Pp. 72, 96, 99, 194
Johannes XII., Pp. 86, 189, 192
Johannes XV., Pp. 128
Johannes Scotus Eriugena 113, 202, 205
Johannes Tzimiskes, byzant. Ks. 87
Johannes von Gorze 15, 52, 78
Jonas von Orléans 205
Jordan, Bf. in Polen 191
Juden 52, 163, 168
Judith, Gemahlin Karls II. 141
Judith, mögl. Frau Konrads von Schwaben 142

Kapetinger 48, 58, 62, 78, 149, 165, 179
Karl der Große 1, 17 f., 23 f., 29, 32, 35, 38, 42, 46, 56, 60–62, 65, 76, 82, 96, 99 f., 105, 112, 119, 140, 145, 162, 179, 181, 190, 192, 196, 201 f., 204 f.
Karl II. der Kahle 12, 62, 65 f., 68–71, 95–97, 104, 112, 177, 184 f., 187, 194
Karl III. der Dicke 35, 72 f., 187
Karl der Einfältige 74, 76, 82, 132
Karl, Sohn Karls des Kahlen 12
Karlmann, Sohn Ludwigs des Stammlers 12
Karolinger 1, 4, 6 f., 12, 19, 23, 41, 48, 50, 55, 58, 60, 63, 65–67, 70, 72–74, 76–78, 81, 83, 87, 95, 112, 141, 146, 149, 152, 161, 165, 172, 177, 179, 180, 182, 186, 188, 195, 200, 206
Kastilianer 22
Katalanen 22, 54
Katharer 201
Kelten 19
Kimbern und Teutonen 54
Knut der Große von Dänemark 80, 91

Konrad I. 48, 74, 76, 80–82, 132, 142
Konrad II. 8, 11, 62, 75, 77, 80, 90, 91 f., 95, 179, 183, 185
Konrad der Rote von Lothringen 90
Konrad, Hz. von Schwaben (†997) 142
Konradiner 141–143, 188
Kuno von Öhningen 141 f.
Kunigunde, Gemahlin Heinrich II. 144, 187

Lambert (von Italien) 76
Langobarden 19, 23, 54
Lateiner 23,
Laurentius, Hl. 88
Leo I., Pp. 193
Leo III., Pp. 96
Leo IV., Pp. 53, 98, 192
Leuteric von Sens, Erzbischof 110
Liudgeriden 141
Liudolf, Sohn Ottos des Großen 84 f., 142
 Liudolfinger 48, 63, 72, 80–83
Liudprand von Cremona 15, 87, 122, 207
Lombarden 90 f.
Lorenza Valla 95
Lothar I. 42, 65 f., 68, 71, 96
Lothar II. 66, 71, 96, 112, 197
Lothar III. 87
Lothar (von Italien) 76
Lothar (Ottonenenkel) 78
Lothringer 22, 82, 91
Ludwig I. der Fromme 1, 42, 60, 65, 67, 72, 95 f., 112, 140, 145, 152, 179, 181, 185, 190, 193, 202
Ludwig der Deutsche 8, 56, 65–72, 80 f., 184, 187
Ludwig II. 71 f., 96
Ludwig III. 12
Ludwig IV. 12, 78, 84
Ludwig das Kind 74, 76
Ludwig der Blinde 73 f., 76
Ludwig der Jüngere 12, 66, 69, 72
Ludwig der Stammler 69, 71, 73
Ludwig der Überseeische 80, 83
Ludwig, Sohn Ludwig des Jüngeren 12
Luitpoldinger 141
Lutizen 88, 136

Magog 57
Mährer 24, 57
Mailänder 93
Maiolus von Cluny 104
Makkabäer 13
Markus, Hl. 52
Martianus Capella 203
Mathilde, Frau Heinrichs I. 12, 84, 144
Mathilde, Tochter Ottos II. 142
Meinwerk von Paderborn 48

Personenregister

Method, Hl. 58, 98, 135
Mieszko I. von Polen 137
Mieszko II. von Polen 91
Mieszko von Polen 87
Muslime 23, 54

Nikephoros Phokas, byzant. Ks. 87
Nikolaus I., Pp. 1, 36, 71, 96–98, 135, 192 f.
Normannen 1, 18, 23, 37, 47, 51, 54 f., 66, 70, 101, 105, 133, 143, 170
Norweger 23, 135
Notker von Lüttich 201
Notker von St. Gallen 52, 205
Notker der Deutsche 115 f., 133 f., 173

Odilo von Cluny, Abt 104, 109, 175, 183
Odo (Robertiner) 74
Odo von Cluny, Abt 14, 104 f., 109, 128
Oliba Cabreta, Gf. von Cerdaiia-Besalú 105
Onogur-Stämme 56
Orosius 15
Ostfranken 68, 73, 132
Ostjaken 56
Otfried von Weissenburg 134
Othere 15
Otto I. der Große 6, 8, 15, 39, 52, 54, 61, 64, 80, 83–87, 89 f., 95, 102, 115, 123, 130, 141 f., 144, 174, 179, 184, 189–191, 207
Otto II. 87–89, 142, 144, 203
Otto III. 11, 64, 83, 88 f., 95, 134, 137, 171, 177–179, 183, 185–187, 191 f., 200, 204 f.
Otto von Freising 86
Ottonen 6, 7, 27, 48, 50, 58, 60, 62, 72, 78, 81, 83, 87, 89, 90, 95, 99, 132, 144, 146, 149, 165, 169, 171, 176, 178, 182, 184–186, 188
Ovid 113

Paschasius Radbertus 95, 196, 205, 207
Paulikianer 201
Pavesen 89, 91
Petrus Damiam 11
Petschenegen 56
Photius, Patriarch von Konstantinopel 98
Piasten (Adelsfamilie) 58
Pippin der Jüngere III. 190
Pippin II. von Aquitanien 68
Pippin, Enkel Ludwigs des Frommen 66
Platon 115
Polen 20, 24, 87
Poppo von Stablo 8, 13, 93
Ps.-Dionysius Areopagita 113
Ps.-Isidor 95–98, 122, 193, 195 f., 207
Ps.-Konstantin 96

Râdhâniten 168
Radulf von Lüttich 114

Ragimbold von Köln 114
Ramnulf von Aquitanien (Rorgonide) 74
Rather von Verona 13, 31, 33, 122, 147
Ratramnus von Corbie 205
Regino von Prüm 12, 20 f., 23, 74, 98, 195
Remigius von Auxerre 200, 203
Remigius von Reims 113 f.
Richard iusticiarius 105
Richenza 142
Richlint, Mutter Itas 141 f.
Rimbert, Ebf. 56
Robert der Tapfere von Franzien 105
Robert II. von Frankreich 36, 54, 90
Robert, Sohn Hugo Capets 79
Robert, Bruder Odos 74
Robertiner 68, 74, 77–79, 141
Rodrigo Diaz de Vivar 59
Rollo, Normannenherzog 55, 105
Romanen 19, 23
Römer 18, 86
Romuald von Camaldoli, Hl. 104 f., 197
Rorgoniden 69, 74, 141
Rudolf III., Kg. von Burgund 75, 91
Rudolf von Hochburgund (Welfe) 74 Rudolf von Rheinfelden 179
Rudolfinger 182
Ruodlieb 39
Rus 24, 55

Sachsen 20, 22 f., 60, 62, 80–82, 87–91, 132, 170, 190 f.
Salier 27, 60, 62, 165, 185 f., 188
Sarazenen 18, 47, 51, 53, 70, 88
Schotten 23
Schwaben 183
Schweden 23, 135
Silvester I., Pp. 195
Silvester II., Pp. vgl. Gerbert von Aurillac
Slawen 19, 23, 70, 83, 85
Spanier 22
Staufer 177
Stephan der Heilige von Ungarn 57 f., 88 f., 171
Suidger von Bamberg 94
Svea 56
Sybel 190

Tacitus 159
Tagino, Ebf. von Magdeburg 36, 85
Thangmar 84, 128
Theophanu, Frau des Nikephoros Phokas 87
Theophanu, Frau Ottos II. 88, 144, 187
Theophylakt 99
Thietberga 71,
Thietmar von Merseburg 6, 8, 36, 81, 86, 208

Thüringer 22
Tschechen 24

Ulrich von Augsburg, Hl.8, 128
Umaiyaden 53
Ungarn 18, 31, 51, 57, 80 f., 83, 85, 189
Unger von Posen 191

Veit, Hl. 102
Venezianer 52
Vermandois 78
Vikinger 14, 17, 31, 41, 52, 54, 55, 70, 79, 105, 137, 170
Vladimir der Heilige 138, 142

Wala, Abt von Corbie 95 f., 196
Walafrid Strabo 101
Waldrada 71
Waltharius 22
Wandalbert von Prüm 180
Wandalen 54

Waräger 55, 137
Wazo von Lüttich 93 f.
Welfen 68, 74, 141 f.
Wenzel, Hl. 58, 136
Westfranken 68, 83, 132, 179
Westslawen 24, 126, 135
Wido (von Italien) 76
Wido von LePuy, Bf. 108
Wido von Spoleto 74
Widonen 68, 141
Widukind von Corvey 31, 56, 82, 102, 132, 190, 207 f.
Wilhelm V. von Aquitanien 90
Wilhelm von Dijon 93
Wilhelm von Fruttuaria 104
Wilhelm von Mainz 85
Willigis von Mainz 88
Wipo, Biograph Konrads II. 60, 77, 91
Wogulen 56
Wolfgang von Regensburg, Hl. 46
Wulfstan von York 30–32

Ortsregister

Aachen 60, 66, 71, 87, 181
Aargau 33
Aarhus, Bistum 85
Aden 39
Afrika 4, 53, 70, 168
– Nordafrika 39, 52
Ägypten 39
Aisne 62
Alemannien 72, 80, 133
– Stammesherzogtum 74
Alpen 39, 58, 66, 77, 85, 90, 92, 111, 134, 140, 149, 160, 168
Amalfi 168
Amerika 169
Andalusien (al-Andalus) 15, 48
Anjou 78, 160
Aostatal 52
Aquileia 70, 149
Aquitanien 30, 36, 70, 74, 78, 108–110, 140, 144
– Herzogtum 73
Aragón (Königreich) 59
Ardennen 17, 180
Arras 110
Artois 160
Aschkenas 152
Asiatische Steppe 54
Asturien 22

Atlantikküste 55
– Nordatlantik 17, 55
Augsburg 57, 149
Auvergne 51, 108 f.
Auxerre 34, 104, 154, 202
Aversa, Normannenherrschaft 85

Badorf 164
Bagdad 53, 168
Balkan 201
Bamberg 13, 50, 92, 150
Barcelona 30, 49, 53 f.
– Grafschaft 59
Bari 54
Bayern 57, 62, 70, 72, 76, 80, 183
Benevent, Fürstentum 85, 87
Bernmünster 59
Berry 109
Birka 49, 56, 148
Bodenseeraum 18
Böhmen 4, 17, 50, 14, 46, 53, 58, 122, 135
Böhmerwald 17
Bonn 104
– Vertrag von (921) 76
Bordeaux, Ebf. von 101
Bourges 108
Brandenburg, Bistum 85
Bremer Kirchenprovinz 58

Ortsregister

Brenner 52
Bretagne 51, 164
Britische Inseln 79, 145, 170
Brogne 104
Brunanburh, Schlacht bei (937) 74
Buchoma 99
Bulgarien 4
Burgund 57, 58, 60, 78, 88, 91, 104 f., 109, 160, 182
– Hochburgund 74 f.
– Niederburgund 74 f.
Byzanz 4, 5, 20, 52, 56, 58, 76, 87, 94, 98, 110, 121, 135 f., 152, 191, 200
– Konstantinopel 2, 12, 35, 46, 47, 52, 80 f., 89, 125

Capua, Fürstentum 84, 87
Champagne 57, 164
Charroux 108
Chartres 105, 114
Chazaren-Reich 56
China 20, 39, 121
Clermont 108
Cluny 59, 97, 104 f., 145 f., 197 f.
Corbie 82, 95, 112, 202
Cordoba, Kalifat 4, 15, 52, 58 f.
Corvey 81 f., 102
– Corvey-Höxter 150
Coulaines 63, 69, 166

Dalmatien 136, 165
Dänemark 53, 55 f., 58, 74, 135
Deutschland 4, 15, 18, 38, 43, 57, 61, 91, 93 f., 100, 104, 109, 115 f., 124, 126 f., 137, 143, 147, 152 f., 167 f., 179, 183, 197
Dnjepr 52
Don 56
Donau 50–52, 56 f., 62, 68
Dorestad 124, 148, 150
Douai 150
Dublin 124, 148
Duero 58
Duisburg 124
Düna 52

Ebro 78
Edington, Sieg über die Vikinger (878) 73
Eider 83, 124
Einsiedeln 202
Elbe 136
– Elb-Gebiet 51
Elne 108
Emden 124, 148
Ems 166

England 4, 14, 17 f., 36, 41, 44, 49 f., 53, 55 f., 58, 62, 73, 79 f., 85, 97, 104, 109, 140, 163, 167, 200, 206
Europa 18–20, 44, 165
– Lateineuropa 59, 81
– Mitteleuropa 129
– Osteuropa 23

Flandern, Grafschaft 30, 49, 52, 109, 149, 160 f., 168 f.
Flavigny 104
Fleury 103, 114
Fontenoy 65
Francia 42, 52, 72, 78, 144, 158
Franken 57, 66, 72, 77 f., 80, 83 f.
Frankreich 1, 4, 18 f., 23, 26, 37, 41, 50, 56, 58, 62, 67, 69 f., 74, 79, 81, 94 f., 97, 104, 126, 133, 144, 159, 162, 169,187, 194
– Ostfrankenreich (ostfränk.-dt. Reich) 17, 31, 36, 68, 71, 74, 82, 97, 180, 184, 187, 196
– Westfrankenreich 35, 48, 50, 53, 55, 58, 68, 74, 77 f., 80, 90, 96, 98, 120, 167, 169, 181, 196
Frankfurt 72, 124, 150, 165
Frankreich 4, 57, 76, 79, 115, 118, 125, 132, 143, 146–148, 158, 167, 175, 179, 181
– Nordfrankreich 109, 160
– Ostfrankreich 134, 158
– Südfrankreich 31, 152
– Westfrankreich 134
Fraxinetum (Fréjus) 54
Friesland 47, 49, 55, 166
Fruttuaria 104
Fulda 112, 202
Fünen 49

Galicien-Asturien (Königreich) 58
Gallien 17 f., 39, 51 f., 68, 164 f.
– Südgallien 27, 31, 42, 60, 140, 158
Gascogne 51
Genua 168
Gibraltar, Straße von 55
Glandève 108
Gnesen 49, 58, 88, 137
Gorze 104, 197 f.
Goslar 47, 60, 150, 164, 180, 186
– Münzprägestätte 168
– Rammelsberg 16, 42
Gran, Kirchenprovinz 88
Greatley, Landfriede von 74
Griechenland 3
Grönland 4, 14, 55, 58, 169

Haithabu 47, 52, 124, 148, 150, 165 f., 170
Halberstadt 79

Hamburg-Bremen 53, 170, 189
Harz 16, 17, 48, 53, 60,164 f.
Havelberg, Bistum 85
Hellweg 50
Hennegau 160
Herford, Damenstift 81
Hessen (Nord-) 180
Hildesheim 150
Holstein 135
Huy 52

Iberische Halbinsel 145
Ile de France 18, 48, 60, 165
Indien 39, 122
Ingelheim 84
Irland 55, 170
Island 14, 55 f., 58, 124, 169
Italien 4, 18, 31, 38 f., 42, 57 f., 60, 67 f., 71, 74 f., 77, 86, 88, 91 f., 95, 109, 111 f., 124, 133, 140, 143, 145 f., 149, 158, 161, 163, 171, 182, 188, 190, 195, 197, 202, 206
– Mittelitalien 172
– Norditalien 93, 131, 172, 181
– Oberitalien 104
– Süditalien 23, 54 f., 57, 87, 152, 170, 181, 184
Ivrea, Diözese 104

Jerusalem 4, 57, 201
Jütland 49

Kairo 201
Kalabrien 54
Kärnten 53
Kap Colonne 88
Karpaten 51
– Karpatenbecken 58
Kastilien (Alt-) 22, 53
– Kastilien-León (Königreich) 59
Katalonien 44, 109, 111, 114, 131, 164, 172, 176
Kaupang 52
Kensington, Runenstein von 152 f.
Kiew 39, 52, 55, 137 f., 168
Kirchenstaat 88 f.
Kohlenwald 17
Köln 47, 49, 104, 109, 114, 150, 168, 180,186 f.
Konstantinopel 4, 15, 39, 51 f., 57, 87, 94, 138
Konstanz 91
Krakau 168
– Krakowien 49
Kroatien 58, 136

Langobardenreich 89, 181
Languedoc 161

Laon 36, 106, 184
Latium 160
Lechfeld 79, 86, 90, 170
León 22, 53
Le Puy 108
Lobbes 114, 161
Lodève 108
Loire 52, 149, 160, 162, 167
Lombardei 23, 51, 67, 164, 173
London 52
Lorsch, Kloster 16, 112
Lotharingien 71, 182
– Mittelreich 65 f.
– Lothringen 15, 50, 57, 62, 67 f., 80, 84, 87, 93, 104, 115, 164, 182
Lucca 165
Luna (Tuszien) 55
Lüneburg 150
Lüttich 52, 104, 114, 136
Lyon 40, 114, 152

Maas 78, 168
Maas-Rhone-Linie 66
Mâcon 66
Mâconnais 146, 164
Magdeburg 31, 50, 52, 60, 85, 130, 136, 150, 180, 191
– Erzbistum 79, 81
Mähren 58, 70, 97, 135
– Großmähren 123
– mährisches Reich 57, 122
Mailand 91, 149, 165, 199
Mainz 31, 47, 52 f., 58, 110, 152, 168, 180, 186
Mälarsee 49
Marchfeld 57
Marseille 153
Massif Central 17
Mediterranée 86, 176
Meersen 66
Meißen, Bistum 85
Memleben 191
Merseburg 21, 85, 87, 102
Metz 114
Mittelmeer 52, 55, 122, 167
Montecassino 105
Montier-en-Der 161
Mosel 160

Narbonnne 164
Naumburg, Bistum 79
Navarra (Königreich) 59
Neufundland 55, 169
Neuilly-St-Front (Dep. Aise) 41
Newa 52
Niederlande 129

Nil 52
Nivelles 52
Norddeutsche Tiefebene 17, 51
Nordhessen 17, 161
Nordseeküste 17, 47, 50, 55, 148, 165
Normandie 19, 37, 55, 70, 105, 109, 167
Norwegen 55 f., 58, 85
Nowgorod 55, 137

Odenwald 16, 99
Oder 85, 136
Oise 62
Oldenburg in Wagrien 85, 148
Orient 137, 166, 170
Orleans 110
Orléanais 160
Ostfalen 51
Ostfriesland 45
Ostmark, bayerische 85
Ostseeküste 55, 165

Paderborn 111
Pannonien 24, 51, 57 f., 135, 170
Paris 101, 181
– Pariser Becken 160, 162
– Schule von 106
Passau 70
Pavia 52, 75, 86, 89, 149, 165, 173, 181
Pfalz 66
Picardie 164
Pingsdorf 164
Pisa 168
Po 52, 168
Poitou 79
Polen 4, 17, 49, 85, 100, 135–137, 191
Pommern 51
Ponthieu 52
Posen 49, 86, 191
Pothieres, Männerkloster 97, 104
Prag 17, 58, 130, 168
– Prager Becken 49, 124
Provence 54, 131, 164 f.
Prüm 43, 47, 104, 161

Quierzy, Capitular von (877) 64

Raffelstetten 164
Ravenna 149, 204
Regensburg 12, 17 f., 48, 52, 60, 70, 72, 114, 152, 162, 165, 168, 181, 186
Reichenau 112, 201, 206
Reims 114, 161, 189, 207
Remiremont 182
Rhein 31, 47, 50, 52, 62, 68, 165, 167 f.
– Rhein-Maas-Gebiet 46
– Rhein-Main-Gebiet 18, 48, 60, 80

Rheinland 50
Rhone 52
Ripen, Bistum 85
Rodez 108
Rom 36, 53, 55, 58, 66, 71, 75, 81, 83, 86 f., 89, 91, 94, 97, 99, 104 vgl., 135 f., 151, 165, 190–193, 196
– St. Paul 53
– St. Peter 17, 53 f., 194
Romagna 149
Rotes Meer 52
Rouen 52
Ruhrgebiet 66
Russland 4, 17, 52, 117, 166

Saale 85
Sachsen 15, 31, 50, 57, 62, 72, 80–82, 84–86, 93, 158, 160 f., 191
– Ostsachsen 49 f.
Salerno, Fürstentum 181
Salzburg 47, 70, 135
Samarkand 48
Santiago di Compostella 59, 201
Saucourt, Schlacht (881) 12
Schlesien 51
Schleswig 85
Schwaben 62, 76, 133; vgl. Alemannien
Schwarzwald 17
Schweden 55, 58, 166 f.
Seeland 49
Sefarad 152
Seine 160
Septimanien 144
Siegerland 17
Sirmium, Kirchenprovinz 98, 135
Sizilien 39, 54, 58, 168 f.
Skandinavien 4, 15, 19, 52–54, 58, 62, 70, 126, 137, 143, 166 f.
Solothurn 91
Sowjetunion 137 f.
Spanien 4, 18, 22, 39, 48, 52, 54, 58 f., 62, 70, 104, 152, 169, 176
Speyer 90, 140, 150, 165
Spoleto, Fürstentum 87
St. Benigne (Dijon) 104
St. Denis 167
St. Gallen 112, 114, 202
St. Germain-des-Près 160
Stablo 104
Straßburg 8

Tarragona 55
Theiß 57
Tiel 53
Tilleda, Pfalz 124
Tirol 53

Tortosa 168
Toulouse 108
Tours 112, 159
– St-Martin 143
Trier 104, 114, 180
Troyes 31, 104
Turin 110

Ungarn 4, 24, 57 f., 91, 100, 135, 170
Unstrut, Schlacht an der (955) 79
Unterregenbach 124
USA 117
Utrecht 87, 114

Valence, Bf. von 108
Venedig 49, 52, 58, 149, 164, 165, 168
– Venedig-Dalmatien 88
Verdun 52, 66 f., 71
Vermandois, Grafschaft 73
Vezelay, Frauenkloster 97, 104

Vienne 108
Vinland 4, 14, 55, 169
Viviers 108
Vogesen 17

Weissenburg 161
Werden, Kloster 47
Wessex 73
Westfalen 51
Wetterau 180
Worms 103
Würzburg 114, 150, 186

Xanten 149

Yütz bei Diedenhofen (Thionville) 66

Zeitz, Bistum 85
Zürich, Münsterhofgrabung 7

Sachregister

Abacus 114
Aberglaube 103, 154
Abendmahlstreit 36, 205
Abgaben 31 f., 40, 42 f., 46, 75, 79, 107, 158, 162
Abtei, Abt 20, 61, 63 f., 72, 105 f., 182 f.
Adel 9, 11, 13 f., 22, 24–27, 29 f., 32, 35, 38 f., 41, 46, 49, 53, 56, 60, 62, 64 f., 69 f., 74, 77 f., 81–83, 89, 92 f., 97, 101, 107, 110, 112, 131 f., 140, 142 f., 145 f., 174–176, 180, 182, 185, 187 f.
– Adelsbesitz 41, 103
– Adelshaus 103, 108
– Bauernadel 56
– Familie 26 f., 66, 72, 82, 139
– Grundherrschaft 41, 43 f., 46, 53, 78, 92
– Hochadel 10, 84, 90, 92, 104
– Kämpfe 99
– Kriegeradel 39, 108
– Laienadel 12, 39, 69, 89, 92, 106
– Stammesadel 80, 82, 188
Allodialisierung 75
– Allodialgut 25
amicitia 14, 66
Angst 9, 154
Animismus 36
Annalistik 111
Antichrist 102, 106, 153, 200 f.
Antike 2, 5, 11, 13, 16, 18 f., 29, 34 f., 37 f., 40, 42, 45, 50, 60 f., 63, 68, 112, 116, 131, 145, 147–149, 155, 157, 159, 165, 167, 174, 176, 194, 204
Apokalyptik 152, 200 f.
– Chiliasmus 200
– Eschatologie 105, 198, 200
– Gog und Magog 57
– Jüngstes Gericht 1, 13, 101, 106
– Weltbrand, endzeitlicher 5, 101, 106
Apostelfürst 86, 94, 96, 99, 105, 192
Apostelgräber 86, 193
Arbeit, Arbeiter 33, 147 f., 154
– Arbeitsteilung 30, 33, 150
– Bauarbeiter 47
– Handarbeit 33, 147
Arme, Armut, *pauper* 28–31, 151
– Armutsideal 201
– *potens, dives* 29 f., 151
artes 114, 203
– Quadrivium 112, 114, 203
– Trivium 112, 114
Astrolab 111, 114
Astronomie 54, 122
Aufklärung 117

Bauern 32–34, 38, 45 f., 92, 108, 110
– Bauernhof 28 f.
– Hufe 19, 42–44, 162
– Kriegsdienst 33
Beowulf-Lied 12
Bevölkerungsanstieg 18, 28, 30, 43, 126, 185

Bevölkerungsdichte 18
Bibel 36, 102
Bibliotheken 34, 114
Bildung 19, 20, 79, 112, 114 f., 185, 203
- Bildungsträger 67
- Bildungszentren 51
- Bücher 34, 67, 112, 113
- höhere 112
- kirchliche 6
Bischof, Bistum 11, 20, 25, 50, 58, 61, 63–65, 67, 72, 78, 85, 88 f., 92 f., 96, 98, 100, 102, 104, 106–108, 110, 112, 149 f., 182–184, 186, 191, 193, 196, 198, 200
- Bischofserhebung 196
- Bischofsideal 184
- Bischofskirche 64 f., 89, 90, 149
- Erzbischof, Erzbistum 42, 58, 88, 191
Buchmalerei 111, 206
Burgen 16, 18, 27, 55, 109, 139, 143, 150, 164, 181
- Burgenbau 18, 139, 143
- Burgherr 143
- Burgrecht 174
Buße 93, 101, 103, 109, 120, 138
- Bußbücher 7, 13, 36, 103, 195, 197, 199
- Bußwesen 7, 199

caritas 14, 297
Christentum 31, 56, 58, 81, 85, 100, 111, 117 f., 134, 136, 140, 153
Christianisierung 36, 85, 136, 138
Computus 111, 119, 203
„Constitutum Constantini" 95–97, 123, 189, 193, 196

Dagome iudex 24, 136
Dänenangriffe 80 f.
Dekretale 96, 98, 195 f.
Demographie 42
Designation 75, 179
Dichtung 13, 54, 102
- Hymnendichtung 203
- Skaldendichtung 135
- volkssprachliche 112
Doge 49, 52, 88
Domkapitel 107
Domschule 100, 111, 114, 203
Drachenboote 14, 55, 70

Ehe 132, 140, 143
- Ehebruch 14, 197
- Ehelosigkeit 201
- Eherecht 25, 27 f., 71, 140, 196
- Exogamiegebote 24 f., 139 f.
- Morgengabe 26
Episkopat 64, 69, 100, 184 f., 196

Erbrecht 25, 27, 83, 140, 178
Eremitentum 198
Erfindungen 46
- Doppelanspannung 46
- Hufeisen 46
- Kummet 46
- Nockenwelle 46
- Schwengel 46
- Steigbügel 146
- Wagenbaum 46
Ernährung 9, 28, 125–127, 153, 166, 199
- Lebensmittelversorgung 4, 9
Erziehung 38, 112
Ethnogenese 20, 22, 24, 131, 135

Familie 24 f., 138–140
Fegefeuer 102
Fehde 9, 11, 107, 109, 199
„Feudalismus", Feudalisierung 30, 145, 155 f., 158, 176
fiscus 41, 44, 183
Fiskalrecht 63 f.
fraternitas 66
Frauen 9, 10 f., 26–28, 47, 57, 88, 140, 143 f.
Freie, Unfreie 24, 26, 29, 30–33, 45, 47, 92, 144 f., 151, 159, 163
Freiheit, Unfreiheit 29–33, 38, 92, 94, 105, 107, 145, 147
Freundschaft 14, 59, 66, 69, 82 f., 87, 97, 124, 190
Friedensbewegung 39, 78, 107, 109
- Gottesfriedensbewegung 107 f., 155, 198 f.
- Treuga Dei 109, 198
Frömmigkeit 43, 109, 118, 199
Fürst, Fürstentum 6, 27, 29 f., 52, 55, 59–64, 69 f., 73, 75–79, 84, 86, 91–93, 97, 102, 104 f., 107 f., 110, 120, 128, 135, 144, 168, 179, 181 f., 184, 190, 194, 202
- Fürstenspiegel 38, 68, 205

Gedächtnis 7, 120, 123, 188
- kollektives 7, 120, 123
- kulturelles 7, 123, 188
Geistlicher, Geistlichkeit 8, 12, 29, 36, 39, 46, 50, 60, 63, 69, 70, 96, 98, 100–102, 106–108, 184 f., 195, 197, 199, 200
Geld 4, 30, 46, 47, 53, 108, 138, 148, 161, 163, 167, 186
- Geldwirtschaft 30, 38, 44, 51 f.
Gelehrsamkeit 96, 100, 115, 118 f., 202
Genossenschaft 91, 151, 174–176
- Dinggenossenschaft 23, 172
- Dorfgenossenschaft 31, 163
- Fahrtgenossenschaft 166
- Markgenossenschaft 31, 44 f., 159, 163

Sachregister

Gerichtswesen 23, 31, 62, 116, 150f., 158, 172, 174
Geschichtsschreiber, Geschichtsschreibung 6, 9, 82, 102, 113, 122f., 126, 206f.
Gilde 62, 141, 147, 150
Glossa ordinaria 101
Gold 55, 163, 180
Goldschmiedekunst 106, 111
Graf, Grafschaft 59, 62, 64, 72, 79, 89, 91, 108, 183–185
– Grafschaftsverfassung 62, 181
– Markgraf 182
Grundbesitz 40, 44, 65, 106, 163, 180
Grundherr, Grundherrschaft 4, 26–28, 30, 32f., 37f., 43–45, 47, 157, 159–162, 164
– *dominium* 158, 172
– *familia* 20, 32, 44, 47, 162
– Herrenland 42f., 160
– Hörige 28, 31f., 44, 47, 159
– Hufe 19, 42–44, 161f.
– und spätantike Latifundienwirtschaft 159f.
– *mancipia* 32, 151
– Mansen, *mansus* 43, 45, 144, 160–162
– Polyptycha 42, 60, 125, 159–161
– Schollenbindung 32
– Urbare 16, 42f., 60, 161
– *villa* 41, 161

Hagiographie 82, 125, 203
Handel 32, 40, 46f., 51, 166–168
– Fernhandel 4, 6, 44, 52, 54, 163, 138, 153, 167f., 170
– Handelswaren 53, 163f.
– Handelszentren 67, 168
Handwerk 27, 143, 148, 164
Heer 20, 35, 133, 180, 182
Heidentum, Heiden 36, 110, 134, 185
– Heidenmission 85
Heiligenverehrung 128
Heilsgeschichte 1, 2, 100
Herrschaftsbildung 22, 24, 51, 68, 80, 92
Herrschaftsintensivierung 79, 105, 163
Herrschaftsrechte 29, 64, 89, 159, 184
Herrschaftsverband 22, 56, 77, 177
Herrschaftszentren 27, 78, 84, 131
Herrscherbilder 178
Herrscherlaudes 185
Herrscherparänese 68, 100
Herzog, Herzogtum 81–84, 90, 182f.
– „duces" 182
„Hildebrandslied" 14, 25, 140
Hölle 9, 101f., 106
Humanismus 117, 203
Hungersnöte 40, 46, 127
Hygiene 124, 154

Imitatio Imperii 193
Individualität 8, 11, 24, 127f., 156
Infrastruktur 49, 60
Inquisition 117
Investitur 64, 93
– Laieninvestitur 110, 200
– Investiturrecht 63, 78
– Investiturstreit 27, 62, 107, 186, 198, 201
Islam 53 f., 121, 167
Italienzug 69, 85, 91

Jenseitsvorstellung 199
Juden, Judentum 30f., 39, 54, 117, 122, 151–153, 163, 168, 201
Jüngstes Gericht, Jüngster Tag 1, 5, 13, 101, 106

Kaiser, Kaisertum 15, 58, 72, 74, 76, 80, 86–88, 93, 95, 98f., 141, 177f., 189f.
– deutscher „Sonderweg" 86
– Renovatio-Politik 137, 171, 178, 192
– theokratisches 94
– „Zweikaiserproblem" 87
Kaiseridee 178
Kaiserpactum 92
Kanoniker 106, 177
Kapital 44, 49, 52, 67, 70, 170
Kapitular 60, 68, 107, 122
Kaufleute 39, 53, 148, 150, 153, 167
– Fernkaufleute 51f., 148, 150
– jüdische 52
– Kaufmannsrecht 174
Ketzer, Ketzertum 40, 98, 110, 117, 201
– Bogomilen 201
– Katharer 201
– Manichäertum 201
– Paulikianer 201
Kinder 28, 112
– Kindersterblichkeit 10
Kirche 2, 24, 34, 36, 41, 51, 58f., 61, 63f., 66, 68f., 78, 80–82, 88f., 92–94, 98, 100, 110, 112, 122f., 138, 140, 177, 183, 185, 201
– Anathem 98
– Eigenkirchenrecht 105
– Eigenkirchenwesen 63
– Ekklesiologie 110
– „Landeskirchen" 194
– Niederkirchen 107, 195
– Prälaten 5, 9, 105
– Priester 37, 102, 107
– Reformkirche 95
– Zehnt 63
Kirchenbau 47
Kirchenbesitz 96
Kirchengründung 50, 85, 140
Kirchengut 108, 162

Sachregister

Kirchenherrschaft 93
Kirchenorganisation 24, 68, 136, 138
Kirchenprovinz 88, 100
Kirchenrecht 24, 100, 111, 137, 194–196
- Kompilationen 96, 173, 195
Kirchenreform 1, 63 f., 93 f., 109 f., 198–201
Kirchenschatz 57, 70
Kirchenväter 5, 111, 116
Kleriker, Klerus 20, 28, 52, 66 f., 77, 106 f., 109 f., 128, 185
Klima 16, 17, 55, 124, 127, 129
Kloster 4, 11, 25–28, 30, 48 f., 51, 61, 63, 65, 67 f., 78, 80 f., 90, 97, 99 f., 103–107, 112, 114, 124, 140, 154, 161, 176, 183 f., 197, 202
- Homiliare 103, 200
- Klosterbesitz 68, 106
- Klostergründung 11, 50, 102 f., 106, 140
- Klosterreform 59, 80, 93, 99, 104–106, 197 f., 200, 203
- Klosterschule 28, 100, 114, 203
- Klostervogtei 65, 106, 139
- Königsklöster 106
- Konvent 26, 93, 104, 197
- Reformklöster 43, 105
Knechte 29 f.
Komputistik 2, 3, 204
König, Königin, Königtum 8 f., 23, 27, 29, 31, 33 f., 38, 41, 46 f., 49, 56–70, 73–77, 79, 81–87, 89–97, 100 f., 104, 107, 109 f., 128, 131 f., 140–142, 150, 152, 160, 175–178, 180–184, 187 f., 206
- Friedenswahrung 63, 79, 183
- Herrscherlaudes 185
- Höfische Kultur, curialitas 13, 52, 128
- Hofkapelle 63 f., 185
- Hofschule 68, 112
- Hoftage 160
- „imitatio Christi" 178
- Insignien, Herrschaftszeichen 75, 120, 171, 179, 185, 189
- Marktregal 50
- Pfalzen 12, 60, 89 f., 150, 180 f.
- Reichsbildung 23, 49, 59
- Reisekönigtum 180
- Sakralisierung 177 f., 183 f.
- Salbung 69, 75, 83, 89, 94, 179
- und Episkopat 64, 69, 100, 184 f.
- Verkirchlichung des Königtums 63, 70, 100
- Zentrallandschaften 48 f., 60, 181
Königsgut 26, 42, 62, 65, 67 f., 72, 75–77, 80, 82–84, 92, 180, 187
Königsherrschaft 49, 60, 62 f., 80–82, 84, 89 f., 95, 177, 179, 181, 183
Königshaus 144, 179

Königshof 68, 74 f., 112, 202
Königskanonikat 177
Königsmacht 63, 72, 91, 94
Königsnähe 21, 61, 90
Königsname 75 f.
Königsperson vs. „Reich" 75
Königsrecht 64, 80, 173, 185
Königsschutz 30, 53, 63, 97, 103 f.
Königstreffen 66 f., 69, 83
Königsumritt 179
Kolonisation 16, 17, 106, 130, 162
Kommunikation 4, 7, 17, 20, 34, 38 f., 48 f., 119 f., 156 f., 175
Konstantinische Schenkung 95 f., 123, 196
Konzilskanon 96
Krankheiten 10, 124, 127
Kreuzzüge 16, 153
Krieg, Krieger 32–34, 39, 45, 87 f., 90, 146–148, 154
- Kriegsschiff 35, 170
- miles 146
- Reiterkrieger 57, 146
Krone 185
Krönung 86, 177, 179, 189 f., 194
- Krönungsordines 120, 185, 199
Kudrunlied 56
Kulturkontakte 4, 54, 206
Kulturregion 48, 67, 82, 165
Kunst 3, 54, 100, 187, 202, 205
- des Lesens 38
- des Schreibens 38

Laie 38 f., 63, 67–70, 96, 100, 106 f., 110, 140, 147, 198
- Laienbildung 112
Landesausbau 17–19, 28, 30, 45, 129 f., 143
Landeserschließung 18, 49
Landfrieden 33, 80
Landgemeinde 174
Landtag, herzoglicher 182 f.
Landwirtschaft 42, 45, 48, 127, 150
- Ackerbau 32, 44
- Blockflure 45
- Drei-/Vierfelderwirtschaft 45
- Flurzwang 44 f.
- Langstreifenflure 45
- Pflug 20, 45, 160
- Viehweidewirtschaft 44
Lebensformen 5, 6, 19, 21 f., 31, 36, 53, 56, 103, 121, 167, 197
Lebenswelt 7, 24, 34, 36, 38 f., 116, 153
Lehen 9, 26, 29, 59, 62, 65, 69, 70, 75, 82
- Besitz 26, 92
- Dienstverpflichtung 62
- Erblichkeit 26, 69 f.
Lehnsbindung 91

Lehnsherr 76
Lehnrecht 69
Lehnsträger 59
Lehnswesen 38, 56, 59, 62, 156, 176
– beneficia 62
Literalität 1, 5, 38, 68, 100
– litteratus, illitteratus 34
Liturgie 2, 6, 40, 98, 118, 120 192, 194, 199, 202
Logik 111, 205
– aristotelische 35, 113
Ludwigslied 12

Magie 6, 103, 154
Markt 4, 39 f., 46, 50, 53, 161, 164, 167, 170
– Binnenmarkt 46
– Jahrmarkt 149, 167
– Nahmarkt 150
– Immobilienmarkt 44, 158
Marktprivileg 51, 53
Marktrecht 64
Mathematik 54, 111, 203
Mediävistik 3
– Adelsforschung 141, 187
– Alltagsgeschichte 153 f., 195
– Archäologie 118, 124
– Demographie 42, 125
– Geistesgeschichte 42, 122, 202
– Genealogie 129, 140, 142
– Institutionengeschichte 175
– Kanonistik 194
– Kirchengeschichte 131
– Klimaforschung 127
– Kulturanthropologie 221
– Kulturgeschichte 153
– Landesgeschichte 174
– Liturgiewissenschaft 199
– Memorialforschung 141
– Mentalitätsgeschichte 128, 156, 195
– Numismatik 137
– Paläographie 123, 178
– Papstgeschichte 192
– Personenforschung 141
– Politische Ereignisgeschichte 186
– Rechtsgeschichte 157
– Religionsgeschichte 137
– Sakramentarienforschung 199
– Siedlungsgeschichte 129, 166
– Sozialgeschichte 42, 166, 174
– Sprachgeschichte 156
– und Archäologie 118, 125, 129
– und Erkenntnistheorie 118
– und Ethnologie 118, 153
– und Handlungstheorie 157
– und Hermeneutik 118
– und Kognitionswissenschaft 119

– und Kulturanthropologie 118
– und Kommunikationstheorie 157
– und Linguistik 118, 157
– und Literaturwissenschaft 118, 157
– und Psychologie 118
– und Religionswissenschaft 118, 202
– und Soziologie 118
– und Sprachwissenschaft 118
– und Wirtschaftswissenschaft 118
– Verfassungsgeschichte 175, 186
– Verhaltensforschung 154
– Wirtschaftsgeschichte 42, 157
– Wüstungsforschung 130
– Zivilisationsgeschichte 13, 121
Medizin 54
Memorialwesen 25–27, 121, 123 f., 138–141, 146, 151, 156, 182, 197
Menschenbild 128
Messe (kirchliche) 36, 102, 199
Messen (Handels-) 167
Metropolit 96
Metropolitanrechte 81
Migrationsprozess 30, 50
Minderheiten 117
Ministerialität, Ministerialen 31, 92
ministerium 41, 44
missi dominici 62 f.
Mission, Missionare 5, 37, 49, 56, 58, 70, 85, 98, 100, 135, 138
Mobilität 44
– gesellschaftliche 170
– wirtschaftliche 48 ,170
Monarchie 155
– Wahlmonarchie 77
Mönche, Mönchstum 6, 10–12, 14, 20, 24, 28, 38, 47, 51, 100, 103, 106, 115, 148, 154 f., 176, 184, 198–200
– Arbeit 147
– Armut 103
– Askese 198
– Gebet 103
– Ideal 11
– Keuschheit 11, 28, 103
– Reformmönch 78
– Totengedenken 25, 124, 198
Monochord 114
Mühle 4, 20, 41, 67, 150, 164
– Handmühle 46
– Wassermühle 46, 125, 158
Münze 40, 50, 137, 167, 185 f.
Münzgeldwirtschaft 52
Münzgewicht 186
Münzprägung 186
Münzprivilegien 53, 185
Münzrecht 64
Münzschatzfunde 167

Muslime 54, 58, 168
- Gihâd 53

Nachrichtenwesen 60
„Nationalstaaten" 67
Natur 124
Nestorchronik 23, 137, 138
Neuthomismus 117
Nibelungenlied 56
nobilis 146
Normanneneinfälle 79, 104, 125, 149, 167, 170
Normannengefahr 70, 125, 143
Notare 175, 183

optimates 29
Oralität 1, 38, 120, 154
ars amatoria (Ovid) 113

Papst, Papsttum 1, 2, 4, 24, 59, 63, 70 f., 86, 88 f., 92–99, 105, 177, 189–194, 202 f.
- Absetzungen 99, 194
- Gegenpapsttum 99
- Jurisdiktionsgewalt 98
- Jurisdiktionsprimat 94
- Lehrprimat 96
- Reformpapstum 193, 195
- Tuskulaner-Papsttum 99
- Urkunden 194
- Weihe 174
Papstschutz 103 f.
„Patria" 82, 131
Patriarch, Patriarchium 94, 96
Patrimonialisierung 62, 75, 181
Patrimonialstaat 159
Pest 18, 125
Philosophie 16, 113, 116
- jüdische 153
Pilgertum 4, 5, 15, 51 f., 57, 59, 86, 105, 201
Pogrom 117, 152
Prädestination 103, 113, 205
Prediger, Predigt 100–103, 111, 122, 147, 200
Prinzipat 62 f., 105, 187
Produktion 45 f., 166
- Getreideproduktion 44
- Salzproduktion 47
- Tuchproduktion 47, 50 f., 166
- Warenproduktion 40

Rationalismus 36
- Wirtschaftsrationalismus 40, 162 f.
Recht 16, 22, 60 f., 91 f., 116, 171–174
- alemannisches 23, 173
- bayerisches 23, 173
- fränkisches 23, 171
- Gewohnheitsrecht 174

- kanonisches 85, 90
- Landrecht 173 f.
- langobardisches 23, 91
- Metropolitanrecht 81
- römisches 172 f., 196
Rechtsgelehrsamkeit 91 f.
Rechtsverband 138
Rechtwahrung 139
Rechtswissenschaft 38, 157, 172 f.
Reconquista 22, 54, 59
Reformation 6, 118
- Gegenreformation 6, 118
regnum 59, 77, 91 f., 100, 132, 176, 187
- deutsches 77, 165, 167, 197
- *italicum* 76
- *teutonicorum* 22, 132, 152
- und *sacerdotium* 95, 196
Reich 59–61, 64, 70, 72, 74–77, 80, 82 f., 87, 90 f., 131 f., 181, 185, 187
„Reichsaristokratie" 68, 188
Reichsbildung 23, 49 f., 137 f.
Reichseinheit 66 f., 187
Reichsgewalt 81, 99, 162
Reichsgut 76, 83, 180
Reichsidee 100
Reichsinsignien 185
- Heilige Lanze 102, 188
Reichskirche 62 f., 65, 81, 183, 185
- fränkische 95
- ottonische 184
„Reichskirchensystem" 183
Reichskloster 90, 183 f.
Reichsordnung 142
Reichsteilungen 74, 84, 181
Reichstradition 69, 71 f.
„Reichs"-Verband 83, 85
Reichtum 40 f., 43, 70, 79
Religiosität 6, 81, 100, 118, 194, 199
- Beichte 7, 102 f., 105
- Glaubensbekenntnis 102, 111
Reliquienkult 50, 52, 81 f., 102, 109, 199
„Renaissance" 5, 6, 117
- karolingische 111
- ottonische 111
Rhetorik 15, 112, 116
Ritter, Rittertum 4, 12, 14, 28, 31, 39, 41, 108, 145 f.
Ritterideal 145 f.
Ritterromantik 145
Ritual, Ritus 2, 8, 11, 36 f., 119 f., 156, 175, 190, 197, 200
Romantik 19, 117
Runenschrift 55

sacerdotium 95, 196
saeculum obscurum 5 f., 117

Sage 26
Sakralisierung 177 f., 183 f.
Sakrament 110
Salbung 69, 75, 179
Salz 47, 163
- Salzgewinnung 165
Scholastik 5, 30, 113
Schriftlichkeit 51, 60
Schüler, Schulen 31, 34, 67, 110, 112, 114 f., 164, 202 f.
- Schulstoff 203
- Unterricht 112, 115, 202 f.
- Wanderlehrer 115
Seelenheil 43, 100
Seeräuberei 54
Semiotik 157
Sexualität 28, 103, 126
- Empfängnisverhütung 126
- Homosexualität 11, 126
Siedlung 16, 17, 51, 60, 130, 148, 152, 166
- Expansion 30
Siedlungsgebiete 45
Siedlungsverband 138
Silber 16, 46, 53, 55, 163, 167
Sippe 24–26, 138–140
Skaldendichtung 135
Sklaven 29, 163, 165
Sklavenhandel 55, 163
Skriptorien 113, 202
Sozialordnungen 30
- drei Stände/ordines (oratores, bellatores, laboratores) 4, 34, 147, 154
Sprache 7, 21, 33, 39, 112, 115 f., 133, 153, 156, 172, 207
Spracheinheit, deutsche 134
Staat 159, 174
Staatsstreich 31, 73
Stadt 16, 18, 27, 32, 38, 46, 49, 50, 55, 60 f., 67, 80, 89, 104, 130, 145, 148–150, 165 f., 173 f.
- *civitas* 23, 51, 149 f.
- Freiheitsprivilegien 148
- Gewerbe 32, 150, 164
- Gründungsstädte 174
- Kommunenbildung 92, 151 f.
- Kontinuitätsfrage 159, 167
- Landschaften 18, 51, 164 f.
- Stadtgemeinde 150
- und Gerichtsgemeinde 150, 174
- und Pfarrgemeinde 150
- Urbanisierung 30, 150
- Verstädterung 48, 51, 150
Stadtentstehung 159, 174
Stadtgründung 150
Stadtherr 150
Stadtrecht 173 f.

Stämme 22, 25, 77, 132, 134, 144, 159, 181 f.
Stammesherzog, Stammesherzogtum 80–84, 182 f.
- Gerichtsgewalt 182
- Heergewalt 182
- „jüngeres" 81
- und Markgrafen 182
Steuerleistungen 70
Stift 63, 106
Stifter 43, 65, 105
Stiftung 41, 103 f.
Sünden 7, 13, 40, 101 f., 105, 111
Symbolik 119 f., 126
Symmachianische Fälschung 94, 99
Synode 85, 93, 101, 104, 109, 195

Technik 45
terror, königlicher 176
Teufel 35, 102, 105, 114
Theologie 1, 113, 205
- Abendmahlstreit 36, 205
- Prädestinationsstreit 103, 205
Thronfolgerecht 178
Thronwechsel 77–79, 87
Todesstrafe 90, 92
Totengedenken 124, 140, 177, 198
Totenkult 121
Treue 86, 89, 176
Tributzahlungen 70, 170
Tuch 30, 53, 80, 164, 166

Untertagebau 47
Urkunde 24, 68, 81, 95, 141, 173, 203
- Pactum 95
- Verfassungsurkunde 69

Vasall, Vasallität 20, 41, 55, 63, 97, 146, 181
- Aftervasall 92
- Königsvasall 30, 75, 79
- Thronvasall 79
- Übervasall 83
- Untervasall 92
Verband 20–26, 59, 61, 82, 100, 139, 147
Verbannung 87
Verdichtung 49 f., 61, 164
Verfassung 58, 171, 175
Verkehr 167
- Brücke 16, 61
- Fluss 52, 55, 150, 166, 168, 189
- Fluvialisation 168
- Schifffahrt 150
- Straße 17, 37, 61, 168
Verlagswirtschaft 47
Versorgung 10, 43, 60, 151
Verstehensmuster 7, 119
Vertrag 42, 66, 69, 71, 75, 83, 96, 187

Verwandtschaft 11, 22, 24–26, 56, 67, 82, 106, 124, 138–142, 178 f., 197
Vikingereinfälle 41, 55, 58, 79, 169 f.
Vilikationssystem 161
villicatio 41
Vogt 105, 183, 193
Völkerwandung 5, 18, 22, 54, 159
Volk 22, 34, 59 f., 70, 75 f., 81, 131, 133 f., 138, 171
– und Blutverwandtschaft 22
– und Nationenbegriff 23
Volksbewusstsein 23, 131
Volksentstehung 131
Volkskultur 118
Volksname 21, 131, 133 f.
Volksrecht 23, 38, 173
Volksreligiosität 121, 199
Volkssprachen 39, 67, 80
– Althochdeutsch 134
– und Latein 39

Wachs 5 f., 47, 164
Wahl 77, 90 f., 107, 142, 178 f.
Wallfahrt 57, 59, 102, 201
Webstuhl 27, 47, 166
Weihe 63, 84, 91, 194
– Fürstenweihe 75
– Kirchenweihe 185

Weltbild 4, 6, 39, 154–156, 195
– anthropomorphes 37
– magisches 35 f., 54
– rationales 113
Weltkarte 37
– Beatus-Welt-Karte 37
– T-Karte 37
Wirtschaft 40 f., 43, 61, 80, 158, 165, 175, 185
Wissen 37, 52, 154
– der Kaufleute 37
– der Missionare 37
– der Seefahrer 37
– geographisches 52
– soziales 154
Wissenschaft 2 f., 54, 100, 111, 113 f.
Wissensvermittlung 114, 202
Witwe 11, 139, 144
Wunder 28, 102, 154

Zauber 36, 114, 154
Zeitberechnung 2, 119
Zeremoniell 67, 156, 177, 190, 192–194
Zoll 40, 50, 53, 64, 158, 164
Zweigewaltenlehre 193

OLDENBOURG GRUNDRISS DER GESCHICHTE

Herausgegeben von Lothar Gall, Karl-Joachim Hölkeskamp und Hermann Jakobs

Band 1a: *Wolfgang Schuller*
Griechische Geschichte
6., aktual. Aufl. 2008. Ca. 267 S., 4 Karten
ISBN 978-3-486-49085-5

Band 1b: *Hans-Joachim Gehrke*
Geschichte des Hellenismus
4., durchges. Aufl. 2008. Ca. 330 S.
ISBN 978-3-486-58785-2

Band 2: *Jochen Bleicken*
Geschichte der Römischen Republik
6. Aufl. 2004. 342 S.
ISBN 978-3-486-49666-6

Band 3: *Werner Dahlheim*
Geschichte der Römischen Kaiserzeit
3., überarb. und erw. Aufl. 2003. 452 S., 3 Karten
ISBN 978-3-486-49673-4

Band 4: *Jochen Martin*
Spätantike und Völkerwanderung
4. Aufl. 2001. 336 S.
ISBN 978-3-486-49684-0

Band 5: *Reinhard Schneider*
Das Frankenreich
4., überarb. und erw. Aufl. 2001. 222 S., 2 Karten
ISBN 978-3-486-49694-9

Band 6: *Johannes Fried*
Die Formierung Europas 840–1046
3., überarb. Aufl. 2008. 359 S.
ISBN 978-3-486-49703-8

Band 7: *Hermann Jakobs*
Kirchenreform und Hochmittelalter 1046–1215
4. Aufl. 1999. 380 S.
ISBN 978-3-486-49714-4

Band 8: *Ulf Dirlmeier/Gerhard Fouquet/ Bernd Fuhrmann*
Europa im Spätmittelalter 1215–1378
2003. 390 S.
ISBN 978-3-486-49721-2

Band 9: *Erich Meuthen*
Das 15. Jahrhundert
4. Aufl., überarb. v. Claudia Märtl 2006.
343 S.
ISBN 978-3-486-49734-2

Band 10: *Heinrich Lutz*
Reformation und Gegenreformation
5. Aufl., durchges. und erg. v. Alfred Kohler. 2002. 283 S.
ISBN 978-3-486-49585-0

Band 11: *Heinz Duchhardt*
Barock und Aufklärung
4., überarb. u. erw. Aufl. des Bandes „Das Zeitalter des Absolutismus" 2007.
302 S.
ISBN 978-3-486-49744-1

Band 12: *Elisabeth Fehrenbach*
Vom Ancien Régime zum Wiener Kongreß
5. Aufl. 2008. 323 S., 1 Karte
ISBN 978-3-486-58587-2

Band 13: *Dieter Langewiesche*
Europa zwischen Restauration und Revolution 1815–1849
5. Aufl. 2007. 260 S., 3 Karten
ISBN 978-3-486-49765-6

Band 14: *Lothar Gall*
Europa auf dem Weg in die Moderne 1850–1890
4. Aufl. 2004. 332 S., 4 Karten
ISBN 978-3-486-49774-8

Band 15: *Gregor Schöllgen*
Das Zeitalter des Imperialismus
4. Aufl. 2000. 277 S.
ISBN 978-3-486-49784-7

Band 16: *Eberhard Kolb*
Die Weimarer Republik
6., überarb. u. erw. Aufl. 2002. 355 S., 1 Karte
ISBN 978-3-486-49796-0

Band 17: *Klaus Hildebrand*
Das Dritte Reich
6., neubearb. Aufl. 2003. 474 S.,
1 Karte
ISBN 978-3-486-49096-1

Band 18: *Jost Dülffer*
Europa im Ost-West-Konflikt
1945–1991
2004. 304 S., 2 Karten
ISBN 978-3-486-49105-0

Band 19: *Rudolf Morsey*
Die Bundesrepublik Deutschland Entstehung und Entwicklung bis 1969
5., durchges. Aufl. 2007. 343 S.
ISBN 978-3-486-58319-9

Band 19a: *Andreas Rödder*
Die Bundesrepublik Deutschland
1969–1990
2003. XV, 330 S., 2 Karten
ISBN 978-3-486-56697-0

Band 20: *Hermann Weber*
Die DDR 1945–1990
4., durchges. Aufl. 2006. 355 S.
ISBN 978-3-486-57928-4

Band 21: *Horst Möller*
Europa zwischen den Weltkriegen
1998. 278 S.
ISBN 978-3-486-52321-8

Band 22: *Peter Schreiner*
Byzanz
3., völlig überarb. Aufl. 2008.
340 S., 2 Karten
ISBN 978-3-486-57750-1

Band 23: *Hanns J. Prem*
Geschichte Altamerikas
2., völlig überarb. Aufl. 2008.
386 S., 5 Karten
ISBN 978-3-486-53032-2

Band 24: *Tilman Nagel*
Die islamische Welt bis 1500
1998. 312 S.
ISBN 978-3-486-53011-7

Band 25: *Hans J. Nissen*
Geschichte Alt-Vorderasiens
1999. 276 S., 4 Karten
ISBN 978-3-486-56373-3

Band 26: *Helwig Schmidt-Glintzer*
Geschichte Chinas bis zur mongolischen
Eroberung 250 v. Chr.–1279 n. Chr.
1999. 235 S., 7 Karten
ISBN 978-3-486-56402-0

Band 27: *Leonhard Harding*
Geschichte Afrikas im 19. und
20. Jahrhundert
2., durchges. Aufl. 2006. 272 S.,
4 Karten
ISBN 978-3-486-57746-4

Band 28: *Willi Paul Adams*
Die USA vor 1900
2000. 294 S.
ISBN 978-3-486-53081-0

Band 29: *Willi Paul Adams*
Die USA im 20. Jahrhundert
2., aktual. Aufl. 2008. 302 S.
ISBN 978-3-486-56466-0

Band 30: *Klaus Kreiser*
Der Osmanische Staat 1300–1922
2., aktual. Aufl. 2008. 262 S., 4 Karten
ISBN 978-3-486-58588-9

Band 31: *Manfred Hildermeier*
Die Sowjetunion 1917–1991
2. Aufl. 2007. 238 S., 2 Karten
ISBN 978-3-486-58327-4

Band 32: *Peter Wende*
Großbritannien 1500–2000
2001. 234 S., 1 Karte
ISBN 978-3-486-56180-7

Band 33: *Christoph Schmidt*
Russische Geschichte 1547–1917
2003. 261 S., 1 Karte
ISBN 978-3-486-56704-5

Band 34: *Hermann Kulke*
Indische Geschichte bis 1750
2005. 275 S., 12 Karten
ISBN 978-3-486-55741-1

Band 35: *Sabine Dabringhaus*
Geschichte Chinas 1279–1949
2006. 282 S., 1 Karte
ISBN 978-3-486-55761-9

www.ingramcontent.com/pod-product-compliance
Lightning Source LLC
Chambersburg PA
CBHW021149230426
43667CB00006B/308